Gesundheitsökonomische Evaluationen

Oliver Schöffski

J.-Matthias Graf v. d. Schulenburg

Herausgeber

Gesundheitsökonomische Evaluationen

Dritte, vollständig überarbeitete Auflage

Mit 86 Abbildungen und 52 Tabellen

 Springer

Professor Dr. Oliver Schöffski
Universität Erlangen-Nürnberg
Lehrstuhl für Gesundheitsmanagement
Lange Gasse 20
90403 Nürnberg
oliver.schoeffski@wiso.uni-erlangen.de

Professor Dr. J.-Matthias Graf v. d. Schulenburg
Universität Hannover
Forschungsstelle für Gesundheitsökonomie
und Gesundheitssystemforschung
Königsworther Platz 1
30167 Hannover

ISBN 978-3-540-69411-3   e-ISBN 978-3-540-49559-8

Library of Congress Control Number: 2008929588

© Springer-Verlag Berlin Heidelberg 2008

Bibliografische Information der Deutschen Nationalbibliothek
Die Deutsche Nationalbibliothek verzeichnet diese Publikation in der Deutschen Nationalbibliografie; detaillierte bibliografische Daten sind im Internet über http://dnb.d-nb.de abrufbar.

Springer ist ein Unternehmen von Springer Science+Business Media

springer.de

Herstellung: LE-TeX Jelonek, Schmidt & Vöckler GbR, Leipzig
Umschlaggestaltung: WMX Design GmbH, Heidelberg

SPIN 12321827   42/3100YL - 5 4 3 2 1 0   Gedruckt auf säurefreiem Papier

Vorwort zur dritten Auflage

„Zwei Schritte vor und einen zurück!" Dieses Prinzip scheint im Gesundheitswesen sehr häufig Anwendung zu finden, insbesondere auch im Bereich der Thematik des hier in der dritten Auflage vorliegenden Buchs. Gesundheitsökonomische Evaluationen (im Volksmund und in den aktuellen Gesetzesentwürfen auch „Kosten-Nutzen-Analysen" genannt) sind in Deutschland zwar immer noch nicht gesetzlich vorgeschrieben, man nähert sich diesem Zustand aber mit großen Schritten. Schon im Jahr 2003 sollte das im Zuge des GKV-Modernisierungsgesetzes (GMG) ins Leben gerufene Institut für Qualität und Wirtschaftlichkeit im Gesundheitswesen (IQWiG) entsprechende ökonomische Betrachtungen vornehmen. Erst in der letzten Überarbeitungsrunde des Gesetzentwurfs machte man wieder den berühmten Schritt rückwärts und beschränkte das IQWiG bei Arzneimitteln auf eine reine Nutzenbetrachtung. Zwar werden auch die Kosten einer Maßnahme beim tatsächlichen Entscheidungsgremium – dem Gemeinsamen Bundesausschuss – betrachtet, dieses geht aber bislang in der Regel über eine budgetäre Betrachtung nicht hinaus, das Verhältnis von Kosten und Nutzen spielt nur eine untergeordnete Rolle.

Mit dem GKV-Wettbewerbsstärkungsgesetz des Jahres 2007 wird der Stellenwert von ökonomischen Evaluationsstudien stark steigen. Nachdem das Deutsche Institut für Medizinische Dokumentation und Information (DIMDI) in den vergangen Jahren wertvolle methodische Erfahrungen in der Durchführung von Health Technology Assessment Studien für Gesundheitsleistungen gesammelt hat, kommt nun dem IQWiG die Aufgabe zu, Kosten-Nutzen-Analysen für Arzneimittel durchzuführen. Sie werden unter anderem als Grundlage für Preisverhandlungen und Höchsterstattungsbeträge herangezogen werden. So groß die Widerstände in Deutschland auch sind, die notwendige Rationierung in der GKV auf transparente gesundheitsökonomische Konzepte und Analysen zu basieren, dem internationalen Trend kann man sich offensichtlich nicht entziehen.

Traditionell ist es vor allem die pharmazeutische Industrie gewesen, die in der gesundheitsökonomischen Evaluation ihrer Produkte eine Gefahr bzw. eine „ungerechtfertigte" vierte Hürde sah. Aber auch in der Industrie ist ein Umdenken bezüglich Wirtschaftlichkeitsuntersuchungen für ihre Produkte festzustellen. War man Anfangs strikt gegen entsprechende Studien, da sie Geld und insbesondere Zeit kosten, bevor sich ein Produkt am Markt etablieren kann, gab es eine zweite Phase, in der man zwar gern entsprechende Studien in Auftrag gab, wenn man sich positive Marketingaspekte vom Ergebnis versprach, einem gesetzlichen oder anders gearteten Zwang zur Durchführung wollte man aber auf keinen Fall unterworfen sein. Aktuell geht die Auffassung etwa in die Richtung, dass es gut wäre, wenn man entsprechende Studien hätte, aber diese müssen natürlich qualitativ hochwertig sein und die Anforderungen an das Studiendesign müssen im Vorfeld feststehen, damit nicht sinnlos Geld investiert wird und die Ergebnisse hinterher keinen der Entscheidungsträger interessieren.

1997 ist die erste Auflage dieses Buchs erschienen. Damals war es ein hartes Stück Arbeit den Verlag zu überzeugen, dass es sich um ein kommendes Thema handelt. Man war sehr skeptisch, da sich gerade Bücher auf der Schnittstelle zwischen zwei Disziplinen (hier Medizin und Wirtschaftswissenschaften) nicht – wie man meinen könnte – besonders gut sondern besonders schlecht verkaufen. Trotzdem hat es funktioniert, so dass im Jahr 2000 die zweite, vollständig überarbeitete Auflage erstellt wurde. Da auch diese relativ schnell vergriffen war wurde eine inhaltsgleiche Studienausgabe im Jahr 2002 auf den Markt gebracht, die es ermöglichte die Inhalte auch verstärkt im Rahmen der Lehre an den Universitäten zu behandeln. Viele hundert, wahrscheinlich sogar einige tausend Studenten haben sich seitdem allein in Deutschland intensiv mit entsprechenden Fragen auseinandergesetzt und auch für die weitere Verbreitung nach ihrem Studium gesorgt. Nach sechs Jahren haben sich einige Rahmenbedingungen geändert und auch die Methodik hat sich weiterentwickelt, so dass die dritte Auflage nun dringend notwendig ist.

Es handelt sich bei dieser dritten Auflage wiederum um eine vollständig überarbeitete Auflage und das betrifft nicht nur die aktuelle Rechtschreibung, die uns hoffentlich geglückt ist. Einige weniger relevante Kapitel wurden aus der zweiten Auflage nicht übernommen (z. B. die krankheitsspezifischen Lebensqualitätsmessinstrumente, die bei ökonomischen Studien nur eine untergeordnete Bedeutung haben, und das Kapitel zum Datenschutz, der keine spezifische Fragestellung für dieses Thema ist), andere Themen sind neu hinzugekommen (z. B. eine Abhandlung über Budget Impact Modelle, um deren Unterschiede zu den Evaluationsstudien aber auch deren Berechtigung bei Entscheidungen aufzuzeigen, eine Diskussion über das Schwellenwertkonzept, die Analyse von relevanten Institutionen wie NICE oder IQWiG sowie die Darstellung des Health Technology Assessment), noch andere wurden anders gewichtet (z. B. haben die Ausarbeitungen zur Modellierung einen breiteren Rahmen erhalten, eine Entwicklung, die sich schon in der zweiten Auflage abzeichnete). Die übrigen Kapitel wurden überarbeitet und aktualisiert.

Die Autoren waren wieder spontan bereit an der Überarbeitung des Buchs mitzuwirken. Dafür gebührt ihnen unser besonderer Dank. Aber auch bei dieser Ausgabe wirkten im Hintergrund viele Personen mit, ohne die eine Realisierung nicht möglich gewesen wäre. Zu nennen ist hier insbesondere Stefan Schmidt, der sich in der heißen Phase der Manuskripterstellung nahezu Tag und Nacht um das Projekt gekümmert hat. Wir hoffen, dass unser aller Einsatz gerechtfertigt war und die Leser einen möglichst hohen Nutzen aus dieser dritten Auflage ziehen.

Nürnberg/Hannover, im Januar 2007

O. Schöffski
J.-M. Graf v. d. Schulenburg

Vorwort zur zweiten Auflage

Wie bereits in der ersten Auflage prognostiziert, hat sich das Interesse an ökonomischen Aspekten des Gesundheitswesens weiter verstärkt. Diskussionen über Globalbudgets, Notprogramme und Leistungseinschränkungen zeigen, dass Ökonomie und Medizin weitaus mehr miteinander verknüpft sind, als dieses noch vor wenigen Jahren deutlich war. Die Evaluationsforschung in der Medizin erhält dadurch eine immer breitere Basis. Nicht mehr nur Ökonomen beschäftigen sich mit dem Thema, sondern auch Mediziner, Apotheker und Sozialwissenschaftler haben mittlerweile ein profundes Grundlagenwissen auf diesem Gebiet und sind bei der Methodenentwicklung aktiv beteiligt.

Dieses große Interesse an der Thematik hat dazu geführt, dass die erste Auflage des Buchs schnell vergriffen war. Bei der Erstellung einer zweiten Auflage hat man prinzipiell zwei Möglichkeiten: Man kann keine (oder nur geringe) Änderungen zur ersten Auflage vornehmen („Nachdruck") oder man überarbeitet das Buch komplett. Die zweite Möglichkeit ist für alle Beteiligten sehr zeit- und arbeitsaufwendig, führt allerdings (hoffentlich) zu einem größeren Nutzen für die Leser.

Wir haben uns aus verschiedenen Gründen für die zweite Lösung entschieden. In den letzten beiden Jahren hat sich ergeben, dass eine Reihe von methodischen Fortschritten bei der gesundheitsökonomischen Evaluierung erzielt worden sind, die unbedingt berücksichtigt werden mussten. Weiterhin hat sich gezeigt, dass in der ersten Auflage einige inhaltliche Lücken vorhanden waren, die die praktische Umsetzung von Studien erschwerten. Hier handelt es sich beispielsweise um eine explizite Darstellung der Entscheidungsbaum-Technik und der Markov-Modelle, die sich immer größerer Beliebtheit in Studien erfreuen. Die Fallzahlberechnung bei ökonomischen Studien war in der Vergangenheit häufig ein heißes Eisen, das ungern angefasst wurde. Ähnliches gilt für Fragen des Datenschutzes und der Datensicherheit. Die Internationalität der Studien führt zu der Frage, ob und gegebenenfalls wie eine Übertragung von nationalen Ergebnissen auf andere Länder erfolgen kann. Diese Fragen tauchen bei Studien regelmäßig auf, wurden jedoch bislang noch nicht in zusammenhängender Form beantwortet. Die zweite Auflage des Buchs füllt diese Lücke. Zusätzlich zu den neu aufgenommenen Themen wurden viele Kapitel, die bereits in der ersten Auflage vorhanden waren, wesentlich ausführlicher behandelt. Dieses gilt beispielsweise für die Studienformen, wo die Entscheidungsregeln für die Auswahl der effizientesten Behandlungsform bzw. des effizientesten Gesundheitsprogramms dargestellt werden. Die nutzentheoretische Lebensqualitätsmessung wird breiter diskutiert. Auch den Alternativen zum QALY-Konzept wurde ein größerer Raum zur Verfügung gestellt.

Durch die zusätzlichen Kapitel und die ausführlichere Darstellung der bisherigen Kapitel hat der Umfang des Buchs wesentlich zugenommen. Um in einem halbwegs vertretbaren Rahmen zu bleiben, mussten wir uns schweren Herzens von Teilen der ersten Auflage trennen. Der Teil C der ersten Auflage („Standortbestimmung") musste komplett entfallen, obwohl er eine Fülle von interessanten Informationen geliefert hatte. Den Lesern, die sich insbesondere für die Akzeptanz der Studien bei den Adressaten und gesundheitspolitische Aspekte interessieren, sei daher weiterhin auch die erste Auflage des Buchs ans Herz gelegt. Die Herausgeber überlegen jedoch, zu den Themen, welche in Teil C der vorherigen Ausgabe angesprochen wurden, in absehbarer Zeit einen gesonderten Band herauszugeben, denn Ökonomie ist eine entscheidungsorientierte Wissenschaft und leitet daher ihren Wert aus der Akzeptanz der von ihr entwickelten Instrumente bei den Entscheidungsträgern ab.

An dieser Stelle möchten wir uns noch sehr herzlich bei allen Autoren der einzelnen Kapitel bedanken, die motiviert die umfänglichen Überarbeitungen, Ergänzungen und Neuerstellungen vorgenommen haben. Bei der technischen Realisierung der zweiten Auflage war wiederum eine Reihe von Personen beteiligt, denen ebenfalls unser Dank gilt. Insbesondere ist hier Michael Sachse zu nennen, der für die graphische Umsetzung der Gedanken der Autoren sorgte.

Wir hoffen, dass sowohl der Durchschnittsnutzen dieses Buchs (für den Erstleser) als auch der Grenznutzen der zweiten im Vergleich zur ersten Auflage (für den Leser, der bereits die erste Auflage kennt) unsere Bemühungen (Grenzkosten) übersteigt. Damit wäre das Ziel, das wir uns gesteckt haben, erreicht.

Hannover, im Januar 2000

O. Schöffski
J.-M. Graf v. d. Schulenburg

Vorwort zur ersten Auflage

„Rationalisierung vor Rationierung!" Diese Forderung beschreibt sehr anschaulich die derzeitige Situation des deutschen Gesundheitswesens. Trotz zahlreicher Kostendämpfungsgesetze konnten die Beitragssätze zur Gesetzlichen Krankenversicherung (GKV) nur kurzfristig stabil gehalten werden. Die seit 1988 im SGB V geforderte Beitragssatzstabilität erweist sich als nicht realisierbar, zumindest nicht ohne regelmäßige externe Eingriffe in das System, d. h. neue Gesetze. Die Hoffnung auf ein stabiles, selbst steuerndes Gesundheitssystem blieb ein Traum. Zwar wurde mit einer Reihe von Gesetzen in den letzten Jahren (zuletzt den beiden GKV-Neuordnungsgesetzen, die zum 1. Juli 1997 in Kraft getreten sind) verstärkt marktwirtschaftliche Elemente eingeführt, gleichzeitig wurden jedoch die Handlungsspielräume der Beteiligten weiter beschnitten. Umstritten sind vor allem die Einschränkungen im Leistungskatalog der GKV. Die Selbstbeteiligungen der Patienten haben in der Zwischenzeit eine Höhe erreicht, die noch vor wenigen Jahren kaum vorstellbar war. In anderen Bereichen des Gesundheitssystems wurden die Kapazitäten nicht so ausgebaut, wie es aus medizinischer Sicht wünschenswert gewesen wäre. Warteschlangen sind zu beobachten, d. h. es wird bereits jetzt eine Rationierung der Leistungen über die Zeit in einigen Bereichen vorgenommen.

Auf der anderen Seite besteht kein Zweifel an der Tatsache, dass im Gesundheitssystem noch erhebliche Wirtschaftlichkeitsreserven schlummern. Negativ formuliert bedeutet dies nichts anderes, als dass noch immer eine enorme Mittelverschwendung existiert. Von einer effizienten Ressourcenallokation, d. h. der Zuweisung knapper Mittel auf die bestmögliche Verwendungsart, kann bislang nicht gesprochen werden. Unstrittig ist, dass die Rationalisierung einer Rationierung vorzuziehen ist, wenn es gilt, die Ausgaben stabil zu halten.

Die effiziente Ressourcenallokation bzw. Rationalisierung setzt voraus, dass sowohl die Kosten als auch die Nutzen medizinischer Leistungen und Programme erkannt, erfasst, bewertet und gegeneinander abgewogen werden. Genau dies ist die Aufgabe ökonomischer Evaluationsstudien im Gesundheitswesen. Waren entsprechende Untersuchungen vor 1990 in Deutschland eher die Ausnahme, so kann man jetzt feststellen, dass die Nachfrage nach entsprechenden Studien zunimmt. Immer mehr innovative Arzneimittel kommen auf den Markt, für die eine Kosten-Nutzen-Betrachtung vorgenommen wurde. Auch in anderen Bereichen des Gesundheitswesens nimmt die Zahl ökonomischer Studien zu. Mittlerweile existiert auch eine umfangreiche methodische Literatur zu diesem neuen Wissenschaftszweig an der Schnittstelle von Ökonomie und Medizin.

Warum bedarf es dennoch eines neuen Buches zum Thema? Wurden doch bereits unzählige Monographien, Beitragswerke und Publikationen in Fachzeitschriften, nicht nur im englischsprachigen Raum, sondern auch in Deutschland, veröf-

fentlicht. Was bisher fehlt ist ein umfassender Überblick. Zwar gibt es einige
Sammelwerke, die die Ergebnisse von Konferenzen zusammenfassen. Darin werden einige Aspekte sehr detailliert dargestellt, bei anderen Themen gibt es Über-
schneidungen, einzelne Teilbereiche werden gar nicht behandelt und das Fachvo-
kabular wird häufig in unterschiedlicher Art und Weise verwendet. Immer
häufiger kommen Personengruppen (z. B. Ärzte, Apotheker, Krankenhausverwal-
tungsleiter, Krankenkassenvertreter) mit ökonomischen Evaluationen in Berüh-
rung – sei es, dass sie an der Studie aktiv beteiligt sind oder dass ihnen die Ergebnisse präsentiert werden –, für die diese Art von Untersuchungen etwas Neues ist.
Einen umfassenden Überblick über das Themengebiet gesundheitsökonomischer
Evaluationen konnten diese Personengruppen anhand der verfügbaren Literatur
bisher nicht gewinnen.

Aus diesem Grund wurde dieses Buch konzipiert, bei dem alle Aspekte gesundheitsökonomischer Evaluationen auch für Nicht-Ökonomen verständlich behandelt werden. Im Teil A des Buches werden dabei die eher „klassischen" ökonomischen Fragen diskutiert, der Teil B ist den Lebensqualitätseffekten gewidmet.
Beide Teile wurden im Wesentlichen (bis auf einige Spezialgebiete) von Wissenschaftlern der Forschungsstelle für Gesundheitsökonomie und Gesundheitssystemforschung der Universität Hannover angefertigt. Zielsetzung war die Verwendung
eines einheitlichen Vokabulars, die Überschneidungsfreiheit der einzelnen Kapitel
sowie die Berücksichtigung insbesondere der Verhältnisse im deutschen Gesundheitswesen. Gerade in den entsprechenden englischsprachigen Publikationen dominieren häufig die Eigenheiten des amerikanischen oder britischen Gesundheitssystems, die eine Übernahme der vorgestellten Methodik wesentlich erschweren.

Wie erwähnt, ist auch in Deutschland bereits eine Reihe von Studien durchgeführt worden. Allerdings ist nicht klar, inwieweit diese auch tatsächlich zur Entscheidungsfindung im Gesundheitswesen herangezogen werden. Um die derzeitige und zukünftige Umsetzung gesundheitsökonomischer Ergebnisse abschätzen zu
können, wurden Repräsentanten der in der Konzertierten Aktion im Gesundheitswesen vertretenen Institutionen (z. B. Krankenkassen, Ärzteschaft, Apotheker-
schaft, Krankenhäuser, Ministerium) gebeten, den Nutzen solcher Studien aus der-
zeitiger Sicht zu bewerten, Qualitätsanforderungen aufzustellen und die
zukünftige Entwicklung zu prognostizieren. Diese Standortbestimmung befindet
sich im Teil C des Buches.

Allen Autoren, den hannoveraner Kollegen und vor allem den Praktikern aus
dem Gesundheitswesen sei ganz herzlich gedankt. Obwohl keinerlei ökonomische
Anreize gesetzt wurden, waren die angesprochenen Personen ohne zu zögern bereit, sich an diesem Buch zu beteiligen. Dies bestätigt die Relevanz der Thematik.
Besonders bemerkenswert ist, dass die zum Teil umfangreichen Manuskripte in
einer Zeit verfasst wurden, in der das Gesundheitswesen durch die Neuordnungs-
gesetze wie selten zuvor verändert wurde.

Unser Dank gilt insbesondere auch der Firma Lilly Deutschland GmbH, die die
Finanzierung des Buches übernommen hat. Weiterhin erhielten die Herausgeber
Unterstützung durch das EU-Biomed-II-Projekt „European Network on Methodo-
logy and Application of Economic Evaluation Techniques" (Projekt-Nr. BMH4-
CT96-1666).

Ein nicht unerheblicher Teil der Arbeit an einem Buchprojekt ist eher organisatorischer als wissenschaftlicher Art. Es muss Korrektur gelesen werden, die Manuskripte sind zu vereinheitlichen, Graphiken müssen angefertigt werden, Verzeichnisse sind zu erstellen und vieles mehr. Für die Unterstützung bei diesen Tätigkeiten bedanken wir uns ganz herzlich bei Colette Böhm, Uwe Grabosch und Wenjiang Zhou. Insbesondere in der „heißen Phase" des Buchprojekts konnten wir uns immer auf ihre Hilfe verlassen.

Wir hätten die Arbeit der Herausgabe des Buches nicht auf uns genommen, wenn wir nicht der Meinung gewesen wären, dass der Nutzen die direkten und indirekten Kosten des Werkes überwiegt. Ob das tatsächlich stimmt, muss der Leser entscheiden. Jedenfalls würden wir uns sehr freuen, wenn dieser Band eine Hilfe bei der Durchführung ökonomischer Evaluationsstudien im Gesundheitswesen bietet und damit einen Beitrag zur effizienteren Ressourcenallokation leistet.

Hannover/Bad Homburg, im September 1997

O. Schöffski
P. Glaser
J.-M. Graf v. d. Schulenburg

Inhaltsverzeichnis

Teil B: Das Studiendesign: Field Research und Desk Research

Teil A:

Methodische Grundlagen

1 Einführung

O. Schöffski

Lehrstuhl für Gesundheitsmanagement, Universität Erlangen-Nürnberg

1.1
Ökonomie im Gesundheitswesen

Schon seit einigen Jahren ist zu beobachten, dass bei Fragen, die das Gesundheitswesen betreffen, nicht mehr ausschließlich Ärzte gehört werden, sondern auch die Kompetenz von Wirtschaftswissenschaftlern gefragt ist. Von ärztlicher Seite wird häufig kritisiert, dass dadurch fachfremde Personen bei Entscheidungen beteiligt werden, die eigentlich eine medizinische Domäne sind.[1]

Der Einsatz von Ökonomen im Gesundheitswesen wäre tatsächlich unnötig, wenn die zur Verfügung stehenden Mittel für das Gesundheitswesen unbegrenzt wären. Dieses ist leider nicht der Fall.[2] Die Mittel, die für das Gesundheitswesen eingesetzt werden können, sind begrenzt. In einer Volkswirtschaft können auf lange Sicht nur die Ressourcen[3] verbraucht werden, die auch produziert worden sind. Dieses bedeutet aber nicht, dass die Mittel für das Gesundheitswesen auch genau in der Höhe begrenzt sind, wie sie heute zur Verfügung gestellt werden. Dass der Beitragssatz zur Gesetzlichen Krankenversicherung irgendwo zwischen 13 und 15 Prozentpunkten stabil gehalten werden soll, ist eine politische Entscheidung. Sie hat mit wirtschaftswissenschaftlicher Theorie erst einmal nichts zu tun.[4] Aus ökonomischer Sicht könnte theoretisch ein Beitragssatz von über 30 % noch akzeptabel oder ein Beitragssatz von 10 % schon zu viel sein. Dieses hängt allein von den Präferenzen der Bürger ab, die entscheiden müssen, wie viel Geld sie kollektiv für Gesundheit ausgeben wollen. Die politischen Entscheidungsträger sind aber au-

---

[1] Vgl. Rüther, E. (1996), S. 27.
[2] Vgl. Schulenburg, J.-M. Graf v. d., Schöffski, O. (1993), S. 169.
[3] Als Ressourcen werden in der Ökonomie alle Bestände an Produktionsfaktoren (Arbeit, Kapital, Boden) bezeichnet, die als Input für die Produktion, hier also speziell für die Produktion von Gesundheit, eingesetzt werden können.
[4] Vgl. Schöffski, O. (1994b), S. 45.

genscheinlich als gewählte Vertreter der Bevölkerung zu dem Entschluss gekommen, dass mit dem derzeitigen Beitragssatz eine kritische Grenze der Belastung der Bürger (und der Belastung der Arbeitgeber mit Lohnnebenkosten) erreicht wurde.

Man muss sich dabei immer vor Augen halten, dass die in einer Volkswirtschaft verfügbaren Ressourcen durchaus auch in Bereichen außerhalb des Gesundheitswesens sinnvoll eingesetzt werden können. Jeder Euro, der im Gesundheitswesen ausgegeben wird, steht beispielsweise nicht mehr für das Bildungswesen, die Landesverteidigung, die innere Sicherheit oder den sozialen Wohnungsbau zur Verfügung. Eventuell haben dort zusätzlich eingesetzte Mittel sogar einen größeren positiven Einfluss auf die Gesundheit der Bevölkerung als dieselben Mittel im Gesundheitswesen. Genau dieses wird aber von Ärzten vernachlässigt, die auf den Hinweis, dass die Mittel begrenzt sind, antworten, dass man dann einfach einen größeren Topf nehmen muss. Wie weit man auch bereit ist, die Ausgaben für das Gesundheitswesen auszudehnen, irgendwann kommt man an eine Grenze, wo andere Dinge wichtiger werden als die Gesundheit. Ökonomen sprechen hier vom abnehmenden Grenznutzen, der auch für Gesundheitsgüter und -dienstleistungen existiert. Spätestens wenn das gesamte Sozialprodukt des Landes in die Gesundheit der Bevölkerung investiert wird, wird man an die Grenze stoßen, obwohl auch darüber hinaus noch sinnvolle Gesundheitsausgaben möglich wären. Dieses macht deutlich, dass die Ausgaben für Gesundheitsleistungen nicht über alle Grenzen wachsen können, sondern dass ihrer Entwicklung durch das allgemeine Wirtschaftswachstum Grenzen gesetzt sind.[5] Will man den aktuell für das Gesundheitswesen verfügbaren Topf an Mitteln darüber hinaus vergrößern, so muss nachgewiesen werden, dass der Nutzengewinn eines weiteren Euro im Gesundheitswesen größer ist als der Nutzenverlust durch einen Euro weniger in einem anderen Bereich der Volkswirtschaft. Dieser Nachweis ist sehr schwer zu führen, insbesondere auch, weil die Menschen in einer Volkswirtschaft unterschiedliche Bedürfnisse haben.

Fasst man dieses nochmals thesenförmig zusammen, kann man feststellen, dass das Weltbild eines Ökonomen auf drei fundamentalen Beobachtungen beruht:[6]

1. Ressourcen sind im Gegensatz zu den Bedürfnissen der Menschen beschränkt.
2. Ressourcen können unterschiedlich verwendet werden.
3. Menschen haben unterschiedliche Bedürfnisse.

Geht man davon aus, dass die Politiker tatsächlich im Sinne ihrer Wähler gehandelt haben, als sie die Beitragssatzstabilität für die Gesetzliche Krankenversicherung 1988 im Sozialgesetzbuch (SGB) V festgeschrieben haben, kann es jetzt

---

[5] Auf die Gründe, warum die Ausgaben im Gesundheitswesen schneller zunehmen als die Einnahmen, kann hier nicht detailliert eingegangen werden. Zu nennen sind beispielsweise die sich ändernde Altersstruktur der Bevölkerung, kostspielige medizinische Innovationen, das sich ändernde Nachfrageverhalten der Patienten, die angebotsinduzierte Nachfrage, Verschiebungen im Morbiditäts- und Mortalitätsspektrum sowie volkswirtschaftliche Aspekte (z. B. hohe Arbeitslosigkeit, geringeres Produktivitätswachstumspotential des Dienstleistungssektors).

[6] Vgl. Fuchs, V. R. (1974), S. 4.

nur darum gehen, die zur Verfügung stehenden knappen Mittel dort im Gesundheitswesen einzusetzen, wo das beste Ergebnis zu erwarten ist. Die Entscheidung der Politik ist als Datum zu betrachten. Hier ist das Betätigungsfeld von Wirtschaftswissenschaftlern. Sie beschäftigen sich ausschließlich mit Fragen der Knappheit und wie die negativen Auswirkungen der Knappheit möglichst gering gehalten werden. Jede Geldeinheit, die für das Gesundheitswesen ausgegeben wird, muss in dem Bereich verwendet werden, wo sie den größten Nutzen stiftet. Durch diese Forderung wird klar, dass der reine medizinische Nutzen zur Beurteilung einer Maßnahme nicht ausreichend ist. Anstelle der Effektivität (= medizinisches Ergebnis) der Maßnahme muss der Ökonom die Effizienz, d. h. die dem Ergebnis der Maßnahme gegenübergestellten Kosten, beurteilen.

Diese Wirtschaftlichkeitsuntersuchungen werden von Ökonomen mit ihrem speziellen Instrumentarium durchgeführt. Dabei unterscheiden sich ökonomische Evaluationen im Prinzip nicht von denen in anderen Bereichen der Volkswirtschaft. So sind entsprechende Studien beispielsweise zwingend vorgeschrieben für alle vom Staat geplanten Großvorhaben (z. B. Tunnelbau, Straßenbau). Während ein Individuum immer in der Lage ist, den Nutzen und die Kosten einer Maßnahme oder Investition für sich selbst abzuschätzen (z. B. Besuch beim Friseur, Kauf eines Kraftfahrzeugs), muss diese Gegenüberstellung für eine Maßnahme, die das Kollektiv betrifft, durch eine Wirtschaftlichkeitsuntersuchung erfolgen.[7] Bei vielen Entscheidungen setzen wir daher (innerhalb bestimmter Grenzen) auf das Prinzip des Ausgleichs von Angebot und Nachfrage. Dieses gilt beispielsweise für Nahrungsmittel, Wohnen, Kleidung oder Unterhaltung. Bei anderen Gütern erscheint uns dieser Allokationsmechanismus als nicht geeignet, so beispielsweise bei den Stimmen zu öffentlichen Wahlen, Kinderarbeit und menschlichen Organen.[8] Auch der Bereich der Gesundheit wird in weiten Teilen nicht als freier Markt organisiert. Hier muss quasi ein funktionierender Markt simuliert werden.

Obwohl prinzipiell die Evaluationsstudien in allen Bereichen der Volkswirtschaft ähnlich sind, ist die Gegenüberstellung von Nutzen und Kosten im Gesundheitswesen besonders schwierig, da hier sowohl auf der Kosten- als auch auf der Nutzenseite Faktoren zu berücksichtigen sind, die sich einer einfachen Bewertung in Geldeinheiten entziehen. In den letzten Jahren wurden jedoch methodisch enorme Fortschritte gemacht, so dass entsprechende Studien nun auch qualitativ hochwertig im Gesundheitswesen durchgeführt werden können. Der Einsatz ökonomischer Instrumente stellt dabei keinen Widerspruch zur Therapiequalität dar, sondern bedeutet erst einmal nur eine weitere Informationsquelle zur rationalen Entscheidungsfindung.[9]

---

[7] Vgl. Schöffski, O. (1995), S. 89.
[8] Vgl. Hammitt, J. K. (2003), S. 5.
[9] Vgl. Berger, K. (2002), S. 41.

1.2
Kurze Begriffsabgrenzung

Wie bereits erwähnt, wäre bei der Frage nach der effizienten Mittelverteilung in einer Volkswirtschaft erst einmal zu untersuchen, wie die knappen Ressourcen auf die einzelnen Bereiche der Volkswirtschaft (Gesundheitswesen, Bildungswesen, Verteidigungswesen etc.) aufgeteilt werden sollen. Aufgrund der Komplexität sind solche Studien derzeit nicht möglich bzw. sie würden nur zu sehr fragwürdigen Ergebnissen führen. Daher wird es im Folgenden nur darum gehen, die exogen dem Gesundheitswesen zur Verfügung gestellten Mittel innerhalb des Gesundheitssystems rational zu verteilen, d. h. eine optimale Ressourcenallokation sicherzustellen.

Zu diesem Zweck werden gesundheitsökonomische Evaluationen durchgeführt. *Gesundheitsökonomische Evaluation* ist damit der Überbegriff für alle Studien im Gesundheitswesen, bei denen es darum geht, medizinische Maßnahmen im weitesten Sinn ökonomisch zu bewerten. Gesundheitsökonomische Evaluationen können dabei prinzipiell einen vergleichenden oder einen nicht-vergleichenden Charakter haben. Nicht-vergleichend sind Kosten-Studien oder Krankheitskosten-Studien, in denen nur ermittelt wird, welche Kosten bei einer bestimmten medizinischen Maßnahme anfallen bzw. welche Kosten durch eine Krankheit verursacht werden. Positive Auswirkungen auf die Allokation im Gesundheitswesen sind mit der Kenntnis dieser Kosten erst einmal nicht verbunden, da erst durch den Vergleich zweier oder mehrerer Alternativen eine Auswahl getroffen werden kann. Diesen Vergleich bieten andere Studienformen (z. B. Kosten-Wirksamkeits-Analysen, Kosten-Nutzwert-Analysen), die in Kapitel A 5 ausführlich dargestellt werden.

Da die Gesundheitsökonomie in Deutschland immer noch eine junge Fachdisziplin ist (vgl. Kap. A 2), haben sich die Begrifflichkeiten noch nicht endgültig verfestigt.[10] Häufig werden als Synonyme für den Oberbegriff „Gesundheitsökonomische Evaluation" auch die Begriffe *Wirtschaftlichkeitsuntersuchung im Gesundheitswesen, Kosten-Nutzen-* bzw. *Nutzen-Kosten-Analyse* verwendet oder es werden die englischen Äquivalente benutzt (z. B. *Economic Evaluations*). Teilweise werden diese Begriffe aber auch für bestimmte Spezialformen verwendet (z. B. die Kosten-Nutzen-Analyse). Der Leser einer Studie steht daher zunächst vor der Aufgabe herauszufinden, in welchem Kontext die Begriffe verwendet werden.

Neben diesen Unterscheidungen kommt noch eine weitere hinzu. Die meisten gesundheitsökonomischen Studien wurden bisher für Arzneimittel durchgeführt, nur verhältnismäßig selten werden andere medizinische Maßnahmen (z. B. Operationstechniken, verhaltensmedizinische Maßnahmen) bewertet. Dieses hat unterschiedliche Gründe. Zum einen existieren für Arzneimittel genügend Daten, auf denen ökonomische Evaluationen aufbauen können. Diese werden im Rahmen von klinischen Studien, die für die Zulassung erforderlich sind, gewonnen. Bei nicht-medikamentösen Maßnahmen ist die Datenbasis wesentlich schlechter. Zum anderen ist natürlich das ausgeprägte kommerzielle Interesse der Arzneimittelher-

---

[10] Vgl. Schöffski, O. (1990), S. 12.

steller ein Grund dafür, dass alle positiven Aspekte des neu entwickelten Produkts untersucht und marketingmäßig verwertet werden. Da die pharmazeutische Industrie als Auftraggeber den Bereich der gesundheitsökonomischen Studien bislang dominiert, verwundert es nicht, dass eine eigene Begrifflichkeit entwickelt wurde: die *Pharmakoökonomie.* Von einer pharmakoökonomischen Studie spricht man, wenn mindestens ein Arzneimittel bei der Evaluation als Alternative beteiligt ist.[11] Methodisch und inhaltlich ist die Unterscheidung in pharmakoökonomische und sonstige Studien allerdings irrelevant, man kann daher darauf verzichten.[12] In diesem Buch wird der umfassende Begriff *gesundheitsökonomische Evaluation* verwendet, der selbstverständlich auch die Bewertung von pharmazeutischen Produkten mit einschließt.

1.3
Relevanz der Studien für Deutschland

Wie häufig werden entsprechende Studien überhaupt durchgeführt? Handelt es sich eher um Einzelerscheinungen oder kann man schon davon sprechen, dass gesundheitsökonomische Evaluationen allgemein verbreitet sind? Diese Frage wurde in der vergangenen Jahren eindeutig beantwortet: Es gibt so gut wie keine medizinische Innovation mehr, für die nicht auf die eine oder andere Art und Weise auch versucht wird, eine Aussage über die ökonomischen Auswirkungen zu treffen. Seit den frühen 70er Jahren hat sich quasi in jedem 5-Jahres Zeitraum die Zahl der weltweit durchgeführten Studien verdoppelt,[13] es ist in der Zwischenzeit unmöglich geworden, einen genauen Überblick über alle Studien zu behalten. Eine Reihe von internationalen und nationalen Fachzeitschriften hat sich explizit auf die Publikation entsprechender Arbeiten spezialisiert (z.B. PharmacoEconomics, Value in Health, Gesundheitsökonomie & Qualitätsmanagement) und auch in jedem medizinischen Journal werden gesundheitsökonomische Studien publiziert.

Die Entwicklung der Gesundheitsökonomie und insbesondere auch der Evaluationsforschung wurde in der angelsächsischen Ländern vorangetrieben, auch heute noch werden die meisten Studien in den USA und in Großbritannien durchgeführt. Dieses ist insofern interessant, als es sich dabei um diametral zueinander stehende Gesundheitssysteme handelt.[14] Das Gesundheitssystem der Vereinigten Staaten ist durch eine weitreichende Liberalität gekennzeichnet, der britische National Health Service ist der Prototyp einer rein staatliche Institution. In diesen Systemen scheinen demzufolge auch in der Vergangenheit schon entsprechende Studien einen

---

[11] Die Besonderheiten von pharmakoökonomischen Studien im Vergleich zu allgemeinen gesundheitsökonomischen Evaluationen (z. B. Finanzierung durch die pharmazeutische Industrie, geringer Anteil an Methodenforschung in der Studie, enger zeitlicher Rahmen, oft internationale Ausrichtung) werden dargestellt bei Schöffski, O. (1995), S. 90.

[12] Evans bezeichnet die Pharmakoökonomie sogar als „Pseudo-Disziplin", vgl. Evans, R. G. (1995), S. 59.

[13] Vgl. Backhouse, M. E., Backhouse, R. J., Edey, S. A. (1992), S. 7.

[14] Vgl. Schöffski, O. (1994b), S. 50.

Sinn gemacht zu haben, während in Sozialversicherungssystemen vom Typ Deutschland keine (oder zumindest wenig) Notwendigkeit solcher Studien bestand. Worauf ist das zurückzuführen? Der Grund liegt in der Verteilung der Entscheidungskompetenzen und der Budgetverantwortlichkeiten im Gesundheitssystem. In den USA und England existieren Ansprechpartner für die Studien, die die ermittelten Konsequenzen auch umsetzen können. In den Vereinigten Staaten ist dies beispielsweise der Manager einer Health Maintenance Organisation (HMO), der entscheidet, welches Verfahren oder welches Produkt in seinem Bereich zugelassen wird. Da er die Budgetverantwortlichkeit hat, wird er die Ergebnisse von ökonomischen Evaluationen auch konsequent umsetzen. Dasselbe gilt für die staatlichen Manager des National Health Service in Großbritannien.[15] Das System in Deutschland ist dagegen durch eine Trennung der Entscheidungskompetenzen und der Budgetverantwortlichkeiten gekennzeichnet. Der Arzt entscheidet über die Verwendung eines Arzneimittels, bezahlt und konsumiert es aber nicht. Der Patient konsumiert das Arzneimittel, bezahlt es aber nicht (zumindest nicht direkt) und entscheidet nicht über die Verwendung (das macht der Arzt für ihn). Die Krankenkasse bezahlt das Medikament, konsumiert es aber nicht und entscheidet ebenfalls nicht über die Verwendung. In solch einem System können Ergebnisse von gesundheitsökonomischen Evaluationen nicht entscheidungsrelevant sein. Die Krankenkassen werden die positiven ökonomischen Ergebnisse einer Maßnahme zwar zur Kenntnis nehmen, sie sind aber nicht in der Lage, die Verwendung zu forcieren. Für den Arzt spielt die Kosten-/Nutzenrelation erst einmal keine Rolle, er wird sich überwiegend an anderen Entscheidungskriterien (z. B. Wunsch des Patienten nach einem bestimmten Produkt oder dem absoluten Preis) orientieren.

Diese beschriebene Situation hat sich aber in den letzten Jahren in Deutschland radikal geändert. Es wurden durch die unterschiedlichen Gesetzesänderungen immer mehr steuernde Elemente im Gesundheitswesen implementiert. Die Selbstbeteiligungen der Patienten sind enorm angestiegen, die Mitsprache der Krankenkassen und der Ärzte bei der Aufnahme von Leistungen in den Erstattungskatalog wurde verstärkt und für jeden medizinischen Bereich existieren mehr oder weniger strenge Budgetvorgaben, die eingehalten werden müssen. Aus diesem Grund sind die Entscheidungsträger im Gesundheitswesen auch in Deutschland immer mehr an den Ergebnissen gesundheitsökonomischer Evaluationen interessiert. Dieses steigende Interesse führt dazu, dass auch mehr Studien durchgeführt werden.

Haben bis Mitte der 90er Jahre gesundheitsökonomische Evaluationen nur eine untergeordnete Rolle in Deutschland gespielt, so kann jetzt gesagt werden, dass es praktisch keine innovative Arzneimittelneuentwicklung mehr gibt, für die nicht in irgendeiner Art und Weise der Versuch unternommen wird, die Wirtschaftlichkeit nachzuweisen. Aber auch in den übrigen medizinischen Bereichen (z. B. Blutbank einer Universitätsklinik, offene psychiatrische Einrichtung, Suchtberatungsstelle, Transplantationszentrum) wird immer häufiger ökonomisch argumentiert. Oft werden die entsprechenden Berechnungen eher primitiv durchgeführt, d. h. ohne den ökonomischen Sachverstand, der dazu notwendig wäre. Dieser kann von der jeweiligen Institution nicht vorgehalten oder finanziert werden. Auf der anderen

---

[15] Vgl. Schulenburg, J.-M. Graf v. d. (1996), S. 40–41.

Seite existiert aber auch eine Reihe von privat und öffentlich geförderten Projekten, die zeitlich und finanziell aufwändig konzipiert sind.

Auch eine Quantifizierung der Studien, die in Deutschland durchgeführt und publiziert worden sind, ist nicht möglich. Dieses liegt einerseits an der Vielzahl der möglichen deutschen und internationalen Publikationsorgane und andererseits daran, dass viele Studien nicht mehr national begrenzt durchgeführt werden. Oft wird ein international zu verwendendes Modell entwickelt, das mit entsprechenden nationalen Daten gefüllt wird. Hier ist eine Abgrenzung auf ein bestimmtes Land nicht mehr möglich.

Stellt man sich die Frage, warum gesundheitsökonomische Evaluationen überhaupt durchgeführt werden, so kommen – kurz gesagt – zwei Gründe in Betracht. Zum einen kann es sein, dass mit den Ergebnissen Entscheidungen über die Verwendung der evaluierten Maßnahmen beeinflusst werden können (in welcher Form auch immer), zum anderen ist es möglich, dass Vorschriften existieren, die die Durchführung zwingend vorschreiben. Schaut man sich letzteren Bereich an, so muss man zwischen zwei unterschiedlichen Hürden unterscheiden, denen sich jegliche neue medizinische Maßnahme stellen muss (insbesondere gilt dies für Arzneimittel): die *Zulassung* eines neuen Präparats und die Festlegung der *Erstattungsfähigkeit*. Es existieren weltweit keine gesetzlichen Vorschriften, die die Durchführung von gesundheitsökonomischen Studien in einem Zulassungsverfahren fordern. Für die Zulassung einer neuen Methode oder eines neuen Präparats sind ausschließlich die Wirksamkeit und die Sicherheit relevant. Dies gilt auch für Deutschland. Gesundheitsökonomische Evaluationen stellen damit keine zusätzliche Zulassungshürde dar.

Anders stellt sich die Situation bei der Festlegung der Erstattungsfähigkeit dar. Hier existieren in einigen Ländern (z. B. Kanada, Australien, Großbritannien, Portugal, Finnland, Schweden, Niederlande) explizite Vorschriften darüber, dass und in welcher Form Studien durchgeführt werden müssen.[16] Obwohl es sich bei der Zulassung und der Erstattungsfähigkeit um zwei unterschiedliche Aspekte handelt, und insbesondere von Seiten der Industrie immer wieder darauf hingewiesen wird, dass Wirtschaftlichkeitsaspekte bei der Zulassung keine Rolle spielen und auch nicht spielen dürfen, ist die Unterscheidung häufig nur theoretischer Natur. Ohne die Erstattungsfähigkeit im Rahmen von Sozialversicherungssystemen oder anderer Gesundheitssysteme können viele Maßnahmen und Produkte im Gesundheitswesen nicht platziert werden.

Wie sieht die Situation im deutschen Gesundheitswesen aus? Auch hier spielen gesundheitsökonomische Evaluationen bei der Zulassung keine Rolle. Anders als in den bereits erwähnten Ländern gibt es in Deutschland auch keine expliziten Durchführungsvorschriften im Rahmen der Festlegung der Erstattungsfähigkeit. Eine zwingende Verpflichtung für gesundheitsökonomische Evaluationen existiert demzufolge bislang nicht, trotzdem kann man implizit anhand der einschlägigen Gesetzestexte davon ausgehen, dass der Nachweis der Wirtschaftlichkeit durchaus gewünscht wird. Insbesondere der § 12 des SGB V definiert in Absatz 1: „Die Leistungen müssen ausreichend, zweckmäßig und wirtschaftlich sein; sie dürfen das Maß des Notwendigen nicht überschreiten. Leistungen, die nicht notwendig

---

[16] Vgl. Dietrich, E. S. (2003), S. 523.

oder unwirtschaftlich sind, können Versicherte nicht beanspruchen, dürfen die Leistungserbringer nicht bewirken und die Krankenkassen nicht bewilligen." Auch der § 135 SGB V gibt direkte Hinweise darauf, dass praktisch eine Verpflichtung zur Durchführung von Wirtschaftlichkeitsuntersuchungen existiert. In diesem Paragraphen geht es um die Feststellung der Erstattungsfähigkeit. Dort heißt es in Absatz 1:

„(1) Neue Untersuchungs- und Behandlungsmethoden dürfen in der vertragsärztlichen und vertragszahnärztlichen Versorgung zu Lasten der Krankenkassen nur erbracht werden, wenn der Gemeinsame Bundesausschuss auf Antrag einer Kassenärztlichen Bundesvereinigung, einer Kassenärztlichen Vereinigung oder eines Spitzenverbandes der Krankenkassen in Richtlinien (...) Empfehlungen abgegeben hat über

1. die Anerkennung des diagnostischen und therapeutischen Nutzens der neuen Methode sowie deren medizinische Notwendigkeit und *Wirtschaftlichkeit* – auch im Vergleich zu bereits zu Lasten der Krankenkassen erbrachte Methoden – nach dem jeweiligen Stand der wissenschaftlichen Erkenntnisse in der jeweiligen Therapierichtung,
2. die notwendige Qualifikation der Ärzte, die apparativen Anforderungen sowie Anforderungen an Maßnahmen der Qualitätssicherung, um eine sachgerechte Anwendung der neuen Methode zu sichern, und
3. die erforderlichen Aufzeichnungen über die ärztliche Behandlung.

Der Gemeinsame Bundesausschuss überprüft die zu Lasten der Krankenkassen erbrachten vertragsärztlichen und vertragszahnärztlichen Leistungen daraufhin, ob sie den Kriterien nach Satz 1 Nr. 1 entsprechen. Falls die Überprüfung ergibt, dass diese Kriterien nicht erfüllt werden, dürfen die Leistungen nicht mehr als vertragsärztliche oder vertragszahnärztliche Leistungen zu Lasten der Krankenkassen erbracht werden."

Dieses bedeutet (zumindest aus Sicht von jemandem, der von der Notwendigkeit und dem Nutzen von ökonomischen Evaluationen überzeugt ist), dass nicht nur neue Behandlungsmethoden evaluiert werden müssen, sondern auch der gesamte bisherige Leistungskatalog systematisch bezüglich Wirtschaftlichkeitsaspekten überprüft werden muss. Diese Überprüfung kann sicherlich nicht durch einfaches Abschätzen erfolgen. Hier sind qualifizierte Evaluationen notwendig, die dann auch zur Entscheidungsunterstützung herangezogen werden. Daran mangelt es derzeit allerdings noch in Deutschland. Das neu gegründete Institut für Qualität und Wirtschaftlichkeit im Gesundheitswesen (IQWiG) hat – trotz des Namens – in erster Linie die Aufgabe der Nutzenbewertung von medizinischen Maßnahmen. Die ökonomische Bewertung erfolgt dann beim Gemeinsamen Bundesausschuss, häufig beschränkt man sich dort aber auf eine reine Beurteilung der budgetären Auswirkungen, was aus ökonomischer Sicht vollkommen unzureichend ist. Auf der aktuellen politischen Agenda ist jetzt aber erneut die Kosten-Nutzen-Bewertung, es bleibt abzuwarten, ob diese tatsächlich in Zukunft systematisch gefordert wird.

1.4
Verwendung von gesundheitsökonomischen Studien

Nachdem gezeigt wurde, dass auch heute noch in Deutschland praktisch kein gesetzlicher Zwang existiert gesundheitsökonomische Studien durchzuführen, bleibt die Frage, warum dennoch eine Reihe von Untersuchungen in Auftrag gegeben wurden. Die Durchführung von ökonomischen Evaluationsstudien ist kostspielig, daher muss es einen wie auch immer gearteten Nutzen gegeben haben, da die Studien sonst nicht durchgeführt worden wären.

Ein Grund für die – sicherlich zögerliche – Einsicht in die Notwendigkeit der Durchführung entsprechender Studien sind die Erfahrungen aus dem Ausland. Dort sind in vielen Ländern entsprechende Evaluationen entweder explizit gesetzlich vorgeschrieben oder die Entscheidungsträger im Gesundheitswesen fordern die Vorlage von Studien, bevor sie eine Entscheidung über die Erstattungsfähigkeit oder die Aufnahme in Behandlungsrichtlinien treffen. Es ist schon seit einigen Jahren abzusehen, dass auch Deutschland von dieser Entwicklung nicht ausgenommen bleiben würde. Um auf die neuen Anforderungen vorbereitet zu sein, wurden praktisch präventiv Pilotstudien in Deutschland durchgeführt. So hat man erste Ergebnisse bereits vorliegen, konnte Erfahrung mit entsprechenden Studien sammeln und Kontakte zu den Gruppen aufbauen, die entsprechende Studien durchführen können bzw. später bewerten müssen. Durch dieses Know-how war es möglich, Wettbewerbsvorteile gegenüber Mitanbietern aufzubauen und ein neues Argumentationsfeld zu besetzen.

Mittlerweile ist die Situation in Deutschland aber so, dass mit den Ergebnissen von Studien tatsächlich Entscheidungen beeinflusst werden können. Dieses soll an einigen Beispielen dargestellt werden. In fast jedem Krankenhaus existiert eine Liste mit Arzneimitteln und anderen Medizinprodukten, die standardmäßig verwendet werden können. Nicht gelistete Produkte werden nur auf Sonderanforderung mit einer speziellen Begründung beschafft. Da die Krankenhäuser einem strengen Budget unterworfen sind, ist es in ihrem Interesse, möglichst effizient zu wirtschaften. Daher fallen bei den Klinikapothekern und den Krankenhausverwaltungsleitern Argumente auf fruchtbaren Boden, die belegen, dass ein neu entwickeltes Arzneimittel zwar teurer ist als die bisher verwendeten, dafür aber überproportional Einsparungen in anderen Bereichen des Krankenhauses zulässt (z. B. Verkürzung der Aufenthaltsdauer).

Im ambulanten Bereich sind die Ärzte immer mehr gezwungen, auf ihr Arzneimittelbudget zu achten. Sie werden zwar in erster Linie auf den reinen Verkaufspreis des Arzneimittels fixiert sein, doch auch hier gibt es Konstellationen, bei denen durch die Verordnung eines teureren Arzneimittels die Arzneimittelkosten insgesamt gesenkt werden können. Dabei spielen auch die medizinischen Fachgesellschaften eine wichtige Rolle. Es gibt immer mehr Konsensusgespräche, in denen Behandlungsleitlinien aufgestellt werden. An diesen Gesprächen werden zum Teil Ökonomen beteiligt, um in den Richtlinien nicht nur eine effektive, sondern eine effiziente Behandlungsstrategie zu entwickeln.

Auch bei den Krankenkassen gibt es mittlerweile Fachleute, die sich mit Fragen der gesundheitsökonomischen Evaluation auseinandersetzen. Krankenkassen beteiligen sich an Studien und liefern häufig aussagekräftige Daten zu speziellen Problemen. Die Möglichkeiten der Beeinflussung des Leistungskatalogs der GKV durch die Krankenkassen nehmen im Zeitablauf immer weiter zu (auch wenn sie bis jetzt immer noch als gering zu bezeichnen sind).

Aber auch auf der politischen Entscheidungsebene finden Ergebnisse gesundheitsökonomischer Analysen zunehmend Berücksichtigung. Das Bundesministerium für Gesundheit nimmt entsprechende Ergebnisse zur Kenntnis, wenn es um Diskussionen über den Leistungskatalog geht. Health Technology Assessment (HTA) ist das Stichwort, unter dem eine systematische Evaluierung medizinischer Maßnahmen erfolgen soll. Auch auf Länderebene werden die Entscheidungen immer mehr auf eine rationale Basis gestellt (z. B. bei der Großgeräteplanung).

Selbstverständlich können positive Ergebnisse von gesundheitsökonomischen Evaluationen auch zur Beeinflussung der Öffentlichkeit herangezogen werden. Es existieren mehr und mehr Fachorgane, die entsprechende Ergebnisse publizieren, aber auch in der Publikumspresse (Tageszeitungen, Zeitschriften) werden sie veröffentlicht. Es gibt eine Reihe von Patienten, die kostenbewusst sind und entsprechend die Verordnung ihres Arztes beeinflussen, insbesondere auch im Hinblick auf die steigende Selbstbeteiligung.

In den folgenden Kapiteln des Buchteils A wird es nach einer Einordnung der Gesundheitsökonomie und der Darstellung der ethischen Aspekte insbesondere um die Methodik von gesundheitsökonomischen Studien gehen. Es werden die verschiedenen Studienformen, die zu berücksichtigenden Kosten- und Nutzenkomponenten sowie die ökonomischen Prinzipien, nach denen eine Studie durchgeführt werden sollte, detailliert dargestellt. In Teil B geht es um die Frage in welchem Setting die Daten erhoben werden. Hier werden beispielsweise die klinischen Studien aber auch die verschiedenen Ansätze der Modellierung vorgestellt. Der Teil C des Buchs ist der immer wichtiger werdenden Frage nach der Einbeziehung von Lebensqualitätseffekten gewidmet. Hier werden unterschiedliche Methoden zur Erfassung der Lebensqualität vorgestellt und kritisch gewürdigt. Weiterhin wird dargestellt, inwieweit die Lebensqualität in die Studien integriert werden kann und damit auch entscheidungsrelevant wird. In Teil D des Buchs geht es insbesondere um die Diskussion der 4. Hürde, d. h. wie und inwieweit die Ergebnisse gesundheitsökonomischer Evaluationen dann tatsächlich entscheidungsrelevant werden.

2 Die Entwicklung der Gesundheitsökonomie und ihre methodischen Ansätze

J.-M. Graf v. d. Schulenburg

Forschungsstelle für Gesundheitsökonomie und Gesundheitssystemforschung, Universität Hannover

2.1 Prolog

Zwischenzeitlich kann man die Gesundheitsökonomie als etabliertes Fach bezeichnen, das sich auch schon bereits – wie das für ein etabliertes Fach üblich ist – in verschiedene Teilgebiete ausdifferenziert hat. Zu nennen sind hier als Subdisziplinen z. B. die mikroökonomisch basierte Entscheidungstheorie, welche sich u. a. mit dem Verhalten von Versicherten, Ärzten und Krankenversicherungen beschäftigt,[17] die auf der neoklassischen Wohlfahrtstheorie aufbauende ökonomische Evaluationsforschung und Pharmakoökonomie,[18] die betriebswirtschaftlich orientierte Krankenhausökonomie[19] und die mit der Versorgungsforschung und der Public Health Forschung verwandte ökonomische Gesundheitssystemforschung.[20] Insbesondere die gesundheitsökonomische Evaluationsforschung hat in den letzten Jahren an Bedeutung hinzugewonnen, da die Diskussion um die Notwendigkeit der Rationierung in den gesetzlichen und öffentlichen Gesundheitsversorgungssystemen die Gesundheitspolitik dominiert, Institutionen – wie das schwedische LFN, das englische NICE und das deutsche IQWiG – gegründet worden sind, welche zur Aufgabe haben, die Nutzen und Kosten von medizinischen Leistungen zu evaluieren und immer häufiger die Frage stellt, ob die zusätzlichen Kosten von z. B. innovativen Arzneimitteln durch deren zusätzliche Nutzen gerechtfertigt sind. Der Arbeitsmarkt für Gesundheitsökonomen war nie so gut wie heute.

---

[17] Vgl. Breyer, F., Zweifel, P., Kifmann, M. (2005).
[18] Vgl. Müller-Bohn, T., Ulrich, V. (2000).
[19] Vgl. Eichhorn, P., Seelos, H.-J., Schulenburg, J.-M. Graf v. d. (Hrsg.) (2000).
[20] Vgl. Schwartz, F. W. (2003), und Rebscher, H. (Hrsg.) (2006).

Gesundheitsökonomie gehört – wie die Umweltökonomie, die Bildungsökonomie und die Arbeitsökonomie – zu den so genannten „Bindestrichökonomien", bei der das gesamte Instrumentarium der ökonomischen Theorie auf spezifische Fragestellungen und konkrete Zusammenhänge in einem Wirtschaftsbereich angewandt wird. So verwenden gesundheitsökonomische Studien industrieökonomische, makroökonomische, mikroökonomische und finanztheoretische Ansätze und Modelle. Hinzu kommt, dass die Analyse ökonomischer Vorgänge des Gesundheitswesens durch eine Disziplin allein gar nicht leistbar ist. Ohne die Beachtung medizinischer, soziologischer, technologischer, politischer und psychologischer Erkenntnisse ist es dem Ökonomen kaum möglich, nutzbringende Erkenntnisse in diesem Bereich zu erarbeiten. Gesundheitsökonomie ist somit auf interdisziplinäre Zusammenarbeit angewiesen. Dies wird insbesondere deutlich durch das Lehr- und Forschungsgebiet Public Health.[21]

In diesem Beitrag wird nach einer Definition des Begriffes Gesundheitsökonomie ein kurzer geschichtlicher Rückblick zu der Entwicklung dieses Faches gegeben. Im Anschluss darin werden einige zentrale Fragestellungen und vor allem Ansätze der gesundheitsökonomischen Forschung herausgearbeitet. Da Pharmakoökonomie ein Teilgebiet der Gesundheitsökonomie ist, sollte sie den Bezug zur gesundheitsökonomischen Forschung und zur generellen ökonomischen Forschung nicht verlieren, da sie sonst leicht zu einer reinen theorielosen Technik verkümmert.

2.2
Was ist Gesundheitsökonomie?

Ein wissenschaftlicher Untersuchungsgegenstand bedarf einer Definition. Eine Definition sollte operational sein, d. h. man sollte mit ihr arbeiten können und sie sollte weder zu weit noch zu eng sein. Leider liegt keine Definition für die Gesundheitsökonomie vor. Als auf der Jahrestagung des Vereins für Socialpolitik die Frage nach einer Definition gestellt wurde, war die Antwort: 1. Gesundheitsökonomie ist das, was Gesundheitsökonomen machen; und 2. „ein Gesundheitsökonom ist keiner, der die Gesundheitsausgaben schon deshalb für zu hoch hält, weil sie zu hoch sind."[22] Dies deutet darauf hin, dass Gesundheitsökonomie mit Kostendämpfung gleichgesetzt wurde, obwohl sich Gesundheitsökonomen diesen Schuh ungern anziehen.

Gesundheitsökonomie ist einfach die Analyse der wirtschaftlichen Aspekte des Gesundheitswesens unter Verwendung von Konzepten der ökonomischen Theorie. Es gibt nur eine ökonomische Theorie; ihre Gesetze sind entweder generell gültig oder gar nicht. Die Behauptung, auf diesem oder jenem Markt sei alles anders, stimmt meist nicht und begründet schon gar nicht, dass dort alle sonstigen Gesetze über die relative Knappheit und menschliches Verhalten als homo oeconomicus ausgeschaltet werden. Klarman (1965) macht dies mit seiner Definition deutlich:

---

[21] Vgl. Walter, U., Paris, W. (Hrsg.) (1996).
[22] Gäfgen, G. (1986), S. 657.

„In a formal sense the economics of health may be defined as economic aspects of health services – those aspects of the health problem that deal with the determination of quantity and prices of scarce resources devoted to this and related purposes and with the combinations in which resources are employed."[23] Dabei ist die Hauptannahme der Wirtschaftswissenschaften: „The economic perspective assumes that resources have alternative uses, and that people have diverse wants, not all of which can be sacrificed."[24] Dass diese Hauptannahme nicht unrealistisch ist, zeigt die Kostenexplosions- und Kostendämpfungsdebatte.

Dennoch ist die Anwendung der ökonomischen Theorie auf Fragen des Gesundheitswesens zum Teil heftig kritisiert worden, da behauptet wird „Gesundheit ist das höchste Gut". Allerdings gilt dieser Satz bei vielen Menschen erst, wenn sie krank sind. Die Kritik basiert auf einem Missverständnis. Natürlich wird man bei einem konkreten Krankheitsfall alles tun, was möglich ist, um dem Patienten zu helfen. Aber welche Möglichkeiten die Gesellschaft dem Gesundheitswesen geben kann, um die Versorgung der Kranken vorzunehmen, ist eine generelle Allokationsfrage, bei der die Gesundheitsökonomie hilft. Jeder Euro, der für eine Gesundheitsversorgungsinstitution – z. B. ein neues Transplantationszentrum – ausgegeben wird, steht für eine alternative Verwendung innerhalb oder außerhalb des Gesundheitswesens – wie z. B. dem Bildungssektor – nicht zur Verfügung.

Innerhalb des Gesundheitswesens gibt es auch viele Fehlanreize und Ineffizienzen, die einerseits in allen Wirtschaftssektoren anzutreffen sind („nobody is perfect"), andererseits durch die staatlichen Regulierungen und Besonderheiten der „Gesundheitsproduktion" hervorgerufen werden. Die Schlagworte „Pillensee", „Ärzteschwemme", „Bettenberg" und „Pflegenotstand" machen dies deutlich. Manchmal erscheint das Gesundheitswesen wie das städtische Symphonieorchester. Das Orchester fordert eine maximale Quantität und Qualität an Musikern und beschimpft jeden als Kulturbanausen, der hier gegen hält („Der Bürger weiß sowieso nicht, was gute Musik ist"). Die Stadt meint, es geht auch mit der Hälfte, da das Geld an allen Ecken und Enden fehlt („Kindergärten gehen vor Kultur") und obwohl der Bürger gerne Chopin und Mozart hören möchte, spielt das Orchester Hindemith. Deshalb muss das Konzertwesen subventioniert werden, denn sonst wäre der Konzertsaal leer.

Ansatzpunkte der Gesundheitsökonomie sind einerseits die Akteure im Gesundheitswesen mit ihren Zielen, d. h. die Versicherten, Patienten, Ärzte, Gesundheitsmanager und Gesundheitspolitiker. Andererseits geht es um das Zusammenspiel dieser Akteure im Gesundheitssystem, was durch dessen rechtliche Rahmenbedingungen und die ökonomischen Anreize wesentlich beeinflusst wird. Dabei kann bei den ökonomischen Anreizen zwischen monetären, nicht-monetären und Normen unterschieden werden.

---

[23] Klarman, H. E. (1965).
[24] Fuchs, V. R. (1983).

Grundlage ökonomischer Analysen und damit auch gesundheitsökonomischer Studien sind folgende Annahmen:

- Jeder Akteur ist eigennützig und verfolgt bestimmte Ziele.
- Jeder Akteur verhält sich rational, d. h. er wählt die Alternative aus, die nach seinem Kenntnisstand seinen Nutzen bei gegebenen Kosten maximiert bzw. ein Ziel mit minimalen Kosten verwirklicht.
- Die Kosten einer Handlungsalternative sind der Nutzen einer anderen Handlungsalternative, die nun nicht gewählt werden kann (Opportunitäts- oder Alternativkostenkonzept).
- Jeder Akteur ist risikoavers („lieber den Spatz in der Hand als die Taube auf dem Dach").

Natürlich sind die Annahmen in der Realität häufig nur partiell zutreffend. So handeln Menschen auch altruistisch oder verhalten sich irrational und risikofreudig. Die Erklärung dieses Verhaltensmusters sollte aber dann anderen Disziplinen überlassen bleiben, wie z. B. der Psychologie oder Sozialmedizin.

Gesundheitsökonomische Fragestellungen hängen häufig mit Aspekten der Krankenversicherung zusammen. Viele Probleme, die im Gesundheitswesen heftig diskutiert werden, würden sich gar nicht als solche darstellen, gäbe es nicht eine Krankenversicherung, die zudem noch für einen großen Teil der Bevölkerung eine Pflichtversicherung darstellt. Beispielsweise wird das Phänomen der Kostenexplosion, d. h. der Umsatzzunahme des Gesundheitssektors, nur deshalb als bedrohliches Phänomen wahrgenommen, weil sie sich in steigenden Beitragssätzen zur Krankenversicherung und in steigenden Lohnnebenkosten niederschlägt. Über Umsatzzuwächse anderer Wirtschaftssektoren redet man meist wesentlich positiver. Die Krankenhausfinanzierung, die Bezahlung der Ärzte und Zahnärzte und die Preise von Arzneimitteln werden deshalb zu einem Problem und einem Gegenstand öffentlicher Diskussion, weil die Preisbildung im Gesundheitswesen nicht dem Marktallokationsmechanismus überlassen wird, sondern durch die Existenz der Krankenversicherung als Hauptzahler stark in Höhe und Struktur beeinflusst wird.

Es ist daher auch nicht von ungefähr, dass die Krankenversicherungstheorie die Gesundheitsökonomie wesentlich beeinflusst hat et vice versa. Beide Subdisziplinen haben auch eine ganze Reihe von Gemeinsamkeiten, wie Tabelle 2.1 in einer Gegenüberstellung verdeutlicht. Es hat sich deshalb sowohl an ausländischen als auch an deutschen Universitäten als geeignete Fächerkombination herausgebildet, Versicherungsökonomie und Gesundheitsökonomie als gemeinsames Lehr- und Forschungsgebiet zu wählen.[25]

---

[25] So enthalten auch die beiden Lehrbücher für Gesundheitsökonomie jeweils Abschnitte, die in die Versicherungsökonomik eine Einführung geben: Breyer, F., Zweifel, P., Kifmann, M. (2005), Kapitel 6 und 7, sowie Schulenburg, J.-M. Graf v. d., Greiner, W. (2000), Kapitel III.

Tabelle 2.1. Gemeinsamkeiten zweier ökonomischer Subdisziplinen

Gesundheitsökonomie	Versicherungsökonomie
1. Wie sollen „Agents" (Ärzte, Krankenhäuser, Zahnärzte) bezahlt werden?	1. Wie sollen „Agents" (Versicherungsmakler und -vertreter) bezahlt werden?
2. Starke staatliche Regulierung der betreffenden Märkte	2. Starke staatliche Regulierung der betreffenden Märkte
3. Economies of Scale in der Versorgung Economies of Scope in der Versorgung	3. Gesetz der großen Zahl bei Versicherung Verbundeffekte im Vertrieb (Allfinanz etc.)
4. Gesundheitsproduktion Unsichere Input-Output-Beziehung	4. Versicherungsproduktion Unsichere Input-Output-Beziehung
5. Warum erkranken Menschen? Wie können Erkrankungen verhindert werden? Wie können chronisch Erkrankte effizient behandelt werden?	5. Warum passieren Risiken? Wie können Risiken vermieden werden? Wie können Folgeschäden vermieden werden?
Transformation von Risiken	

Diese Verbindung wird auch deutlich, wenn man sich die Entstehungsgeschichte der Gesundheitsökonomie vergegenwärtigt.

2.3
Geschichte der Gesundheitsökonomie

Die Gesundheitsökonomie hat verschiedene geschichtliche Wurzeln und Entwicklungslinien. Dies ist auch nicht verwunderlich, da sie nicht eine theoriegeleitete Subdisziplin der Ökonomie ist, wie beispielsweise die Mikro- oder Makroökonomie, sondern die Anwendung theoretischer Konzepte auf Frage- und Problemstellungen darstellt, die sich bei der Organisation, Regulierung und Weiterentwicklung des Gesundheitswesens und der in ihr tätigen Institutionen ergeben.[26] In dem liberalen, bottom up geplanten, d. h. einem dezentralen Entscheidungsmechanismus unterworfenen, Gesundheitssystem der USA stellen sich naturgemäß andere Fragen als in einer top down Planung des britischen Nationalen Gesundheitsdienstes oder dem deutschen dezentral-zentralistischen sich z. T. selbst verwaltenden Krankenkassen-System, in dem der Staat sowohl Regulator als auch Moderator zwischen in Verbänden organisierten Interessengruppen ist.

Die Geburtsstunde einer systematischen Beschäftigung mit gesundheitsökonomischen Fragen in Deutschland ist das Jahr 1978, als sich erstmals eine Gruppe deutscher Ökonomen zum ersten Colloquium „Gesundheitsökonomie" auf Einladung der Robert-Bosch-Stiftung trafen. Natürlich gab es schon davor gesundheits-

---

[26] Einen umfassenden Überblick über die gesundheitsökonomische Forschung gibt das mehrbändige Sammelwerk Culyer, A., Newhouse, J. (Hrsg.) (2000).

ökonomische Schriften.[27] Obwohl die frühen gesundheitsökonomischen Publikationen vereinzelt waren und – soweit sie einen wirtschaftswissenschaftlichen Kern hatten – zum Teil unveröffentlichte Dissertationen blieben, wurden in ihnen schon die Kernfragen – wenn auch nicht mit der heute üblichen Diktion und Terminologie angesprochen:[28]

- Was wird im Gesundheitswesen produziert und wie kann man dies aus ökonomischer Sicht bewerten?
- Welchen Einfluss können, sollen und haben Institutionen wie Verbände, Körperschaften öffentlichen Rechts und Versicherungen auf die Allokation der Ressourcen und die Verteilung von Einkommen und Gesundheitsleistungen?
- Wie kann man angesichts der asymmetrischen Informationsverteilungen Anreize setzen, die eine effiziente Allokation der Ressourcen herbeiführt?
- Warum gibt es eine Kostenexplosion im Gesundheitswesen, d. h. ein stärkeres Ansteigen der Gesundheitsausgaben als das Bruttonationaleinkommen, und was kann und sollte man dagegen tun?

Gerade das Phänomen der Kostenexplosion im Gesundheitswesen beflügelte die gesundheitsökonomische Forschung und steigerte das Interesse an gesundheitsökonomischen Überlegungen in Deutschland. Allerdings waren fast alle deutschen gesundheitsökonomischen Studien bis Mitte der 80er Jahre eher deskriptiv oder versuchten eine zaghafte Positionsbestimmung, was Ökonomen eigentlich in diesem Bereich zu suchen haben.

Als im November 1978 das erste Robert-Bosch-Colloquium unter der Leitung von Philipp Herder-Dorneich zusammenkam – weswegen man Herder-Dorneich zusammen mit Thiemeyer und dem zuständigen Referenten der Robert-Bosch-Stiftung, Hans-Jürgen Firnkorn, als die Väter der deutschen Gesundheitsökonomie bezeichnen kann – war die Gesundheitsökonomie in Deutschland noch eine ganz kleine Pflanze.

Ganz anders die Situation in den USA. Hier hatte sich bereits eine Gruppe von Ökonomen aufgemacht, Verhaltensweisen und Marktstrukturen im Gesundheitswesen sowie die Krankenversicherung durch rigorose Anwendung ökonomischer Modelle zu analysieren. Der Nobelpreisträger Kenneth J. Arrow hatte bereits 1963 seinen berühmten Aufsatz „Uncertainty and the Welfare Economics of Medical Care" veröffentlicht.[29] In ihm zeigte er die Vorteile eines Krankenversicherungssystems und wies in einem Modell zur optimalen Versicherungsnachfrage nach, dass es nicht sinnvoll ist, sich gegen dieses Risiko voll zu versichern. Mark V. Pauly, der spätere Direktor des bekannten gesundheitswissenschaftlichen Leonard Davis Institute an der University of Pennsylvania, beschäftigte sich bereits 1968 in

---

[27] Zu nennen sind hier beispielsweise Rahner, E. (1965), Zöllner, D. (1965), Knöfferl, G. (1971), Herder-Dorneich, P., Kötz, W. (1972), Böge, U. (1973), Thiemeyer, T. (1975), Eichhorn, S. (1975), Rosenberg, P. (1975), sowie der frühe Sammelband von Schreiber, W., Allekotte, H. (Hrsg.) (1970) zur „Kostenexplosion in der Gesetzlichen Krankenversicherung?" Damals wurde dieser Titel noch mit einem Fragezeichen versehen, das später wegfiel.

[28] Vgl. zu der Entwicklung der deutschsprachigen gesundheitsökonomischen Literatur Andersen, H. H., Schulenburg, J.-M. Graf v. d. (1987), insbesondere Kapitel 1. 3.

[29] Vgl. Arrow, K. J. (1963).

seinem Beitrag „Efficiency in Public Provision of Medical Care"[30] mit den Bedingungen einer optimalen Versorgung Kranker. 1968 erschien in der American Economic Review die berühmt gewordene Kontroverse zwischen Arrow und Pauly zum Phänomen Moral Hazard:[31] Ist die Ausbeutung der Versicherung durch den Versicherten moralisch verwerflich (Arrows Position) oder rationales Verhalten (Paulys Position) oder beides (meine Position)?[32] Weiterhin ist Uwe E. Reinhardts theoretische und empirische Untersuchung zur ärztlichen Produktionsfunktion und Nachfrage nach ärztlichen Leistungen zu nennen.[33] Mitte der 70er Jahre begann Joseph P. Newhouse mit dem größten empirischen gesundheitsökonomischen Forschungsprojekt aller Zeiten, dem von der Rand-Corporation in Santa Monica durchgeführten „Health Insurance Experiment". In ihm wurde gezeigt, dass die Preiselastizität nach Gesundheitsleistungen zwischen 0,04 und 0,16 liegt, womit die Bedeutung von Selbstbeteiligungsregelungen in der Krankenversicherung gezeigt wurde.[34] Zum Vergleich: Für deutsche PKV-Versicherte wurde eine Nachfrageelastizität von 0,08 (bei 10 %iger Selbstbeteiligung) bis 0,39 (bei 50 %iger Selbstbeteiligung geschätzt).[35]

Aus der frühen Gruppe der anglo-amerikanischen und britischen Gesundheitsökonomen sind sicherlich noch R. R. und W. G. Campell (1952/53) zu nennen, die die Frage der Pflichtversicherung behandelten, sowie Martin S. Feldstein, Robert G. Evans, Viktor R. Fuchs, Michael Grossman, Herbert E. Klarman[36] und Frank A. Sloan. Alle haben gemeinsam, dass sie das mikroökonomische Instrumentarium der Nachfrage- und Angebotstheorie auf gesundheitsökonomische Fragestellungen anwendeten.

In Deutschland wurden diese Entwicklungen kaum beachtet. Zu sehr hatte sich die Meinung in der traditionellen deutschen universitären Sozialpolitik festgesetzt, dass im Gesundheitswesen die Uhren anders laufen und es sich deshalb einer ökonomischen Analyse entzieht. So schreibt Phillip Herder-Dorneich: „So hatte sich die deutsche Wirtschaftswissenschaft seit mehreren Jahrzehnten daran gewöhnt, ihre Modelle und Theorien (...) aus Amerika zu übernehmen. Diese Verfahrensweise glaubten einige auch für die Gesundheitsökonomik anwenden zu können. Sie erweist sich allerdings sehr rasch als unergiebig (...)".[37] Man begnügte sich in Deutschland mit ordnenden deskriptiven Darstellungen des Krankenversicherungssystems und der Ausformulierung allgemeiner ordnungspolitischer Positionen (mehr Markt, Bewahrung des gegliederten Krankenversicherungssystems, So-

---

[30] Vgl. Pauly, M. V. (1968b).
[31] Vgl. Arrow, K. J. (1968), und Pauly, M. V. (1968a).
[32] Vgl. Schulenburg, J.-M. Graf v. d. (1978).
[33] Vgl. Reinhardt, U. E. (1975).
[34] Vgl. zu den Ergebnissen der US-amerikanischen Untersuchungen Phelps, E. C., Newhouse, J. P. (1974a), Davis, K., Russel, L. B. (1972), Feldstein, M. S. (1971), Feldstein, P. J., Severson, R. (1964), Kelly, T. F., Schieber, G. J. (1972), Phelps, C. E., Newhouse, J. P. (1974b), Rosenthal, G. (1970), Rosett, R. N., Huang, L. F. (1973), Keeler, E. B., Morrow, P. T., Newhouse, J. P. (1977), Newhouse, J. P., Manning, W. G., Morris, C. N. (1981), Brook, R., Ware, J., Rogers, W. (1983).
[35] Vgl. Schulenburg, J.-M. Graf v. d. (1987), S. 62.
[36] Vgl. Klarman, H. E. (1965).
[37] Herder-Dorneich, P. (1989), S. 111.

lidarität vs. Subsidiarität usw.) bzw. der Darstellung der Entwicklung und möglichen Ursachen aus der Ausgabenentwicklung in der GKV.

Mittlerweile ist aber aus dem Pflänzchen „Gesundheitsökonomie in Deutschland" ein prächtiger Baum geworden. Es wuchs im Garten des Robert-Bosch-Colloquium Gesundheitsökonomie, welches in 11 Jahren über zwanzigmal tagte und den jährlichen Tagungen des Ausschusses Gesundheitsökonomie des Vereins für Socialpolitik. Beachtliche Forschungsarbeiten wurden und werden angegangen, und in den letzten Jahren kamen die ersten übergreifenden Lehrbücher auf den Markt.[38] Trotz einiger Studiengänge „Public Health" und der Etablierung des Faches Gesundheitsökonomie sowie Gesundheitsmanagement in Forschung und Lehre an wirtschaftswissenschaftlichen Fakultäten (u. a. Bayreuth, Berlin, Essen, Göttingen, Greifswald, Hannover, Köln, München, Nürnberg, Ulm), ist die Zahl der Forscher in diesem Gebiet noch recht gering.

2.4
Ansätze der Gesundheitsökonomie

Je nach Fragestellung bedient sich die Gesundheitsökonomie Modellkonzepten und Methoden der allgemeinen ökonomischen Forschung. Diese Modelle entstammen vor allem folgenden Gebieten:

- der mikroökonomischen Verhaltenstheorie (z. B. zur Erklärung des Arztverhaltens angesichts unterschiedlicher Honorierungsmethoden)
- der Wettbewerbstheorie (z. B. zur Erklärung der Strategien von Pharmafirmen)
- der Versicherungstheorie (z. B. zur Erklärung der Tarifierung von Krankenversicherern)
- der Entscheidungstheorie unter Unsicherheit (z. B. zur Erklärung des Verhaltens von Versicherten angesichts unterschiedlicher Selbstbeteiligungsmodelle)
- der ökonomischen Theorie der Politik (z. B. zur Erklärung der Rolle der mächtigen Verbände im Gesundheitssystem)
- der Ordnungstheorie und -politik (z. B. zur Erklärung der optimalen Mischung zwischen Transfer und Markt)
- der Managementtheorie (z. B. zur Erklärung der operativen und strategischen Planung im Krankenhaus)
- der Evaluationstheorie (z. B. zur Erklärung der Kosten-Nutzen-Relationen verschiedener Therapiekonzepte)

Gerade die beiden zuletzt genannten Ansätze erleben derzeit einen forschungsmäßigen „Boom". Krankenhäuser erhielten früher ihre Kosten über Investitionsbeihilfen und Tagessätze erstattet. Wirtschaftliche Überlegungen spielten deshalb eine eher untergeordnete Rolle. Entsprechend war die betriebswirtschaftliche Füh-

---

[38] Vgl. Schulenburg, J.-M. Graf v. d., Greiner, W. (2000) und Breyer, F., Zweifel, P., Kifmann (2005).

rung der Krankenhäuser unterentwickelt. Dies hat sich angesichts der Reform der Krankenhausfinanzierung, d. h. der Einführung von Diagnosebezogenen Fallpauschalen (Diagnosis Related Groups, DRGs) und Integrierten Versorgungsprogrammen drastisch geändert. Tabelle 2.2 zeigt die Ansätze gesundheitsökonomischer Forschung im Überblick.

Tabelle 2.2. Forschungsgebiet Gesundheitsökonomie

Ansätze und Fragestellungen der Gesundheitsökonomie		
Versicherungstheorie	**Finanztheorie**	**Entscheidungstheorie**
• Krankenversicherungstheorie und -technik	• Finanzstromanalyse	• Bedarf, Nachfrage, Inanspruchnahme
• Tarifpolitik und Tarifgestaltung		• Verhaltenstheorie von Gesundheitsleistungsnachfragern und -anbietern
• Kassenwettbewerb und Risikostrukturausgleich		• Ordnungstheorie und -politik und Systemgestaltung
		• Wettbewerbstheorie
		• Ökonomische Theorie der Politik, z. B. zur Erklärung der Gesundheitspolitik und der Verhandlungen zwischen Kassen und Anbieterverbänden
		• Evaluationstheorie

Angesichts der Kostendynamik im Gesundheitssystem und dem erklärten politischen Willen, die Kosten des Krankenversicherungssystems in Relation zum Bruttosozialprodukt konstant zu halten, stellt sich insgesamt die Frage, wie die knappen Ressourcen des solidarisch finanzierten Krankenversicherungssystems effizient eingesetzt werden können. Um die Kostenentwicklung zu dämpfen, bieten sich folgende Instrumente an:

• Rationalisierung (z. B. durch Ausnutzung von Wirtschaftlichkeitsreserven in Krankenhäusern und Praxen)
• Rationierung der Krankenkassenleistungen (z. B. durch Einfrieren von Operationskapazitäten)
• Kostenverlagerung (z. B. durch Selbstbeteiligung und Leistungsausschluss)

Rationalisierung ist nur in einem begrenzten Maße möglich. Sie wird um so schwerer, je stärker man sich der Produktionsmöglichkeitengrenze (Transformationskurve) nähert.

Für die Rationierung und Kostenverlagerung müssen Kriterien entwickelt werden. Außerdem gilt es Methoden der Messung von Nutzen und Kosten zu entwickeln, was Aufgabe der ökonomischen Evaluationstheorie ist. Die Verfahren der Evaluationstheorie sind keineswegs neu, sondern im Rahmen der Investitionstheorie und Nutzen-Kosten-Analyse zur Beurteilung privater und öffentlicher Investitionen entwickelt worden. Aber die gesundheitsökonomische Forschung auf diesem Gebiet war ungemein innovativ und hat einen wesentlichen Beitrag zur allgemeinen ökonomischen Theorie geleistet. Dies liegt vor allem daran, dass die Nutzen gesundheitlicher Maßnahmen bzw. Investitionen schwer messbar und in Geldeinheiten quantifizierbar sind. Dies gilt beispielsweise für eine Senkung der Mortalität oder eine Erhöhung der Lebensqualität. Man kann deshalb zu Recht behaupten, dass die Gesundheitsökonomie nicht nur von der allgemeinen Entwicklung der ökonomischen Theorie profitiert, sondern auch einen beachtenswerten Beitrag zur Weiterentwicklung der ökonomischen Forschung zu leisten vermag.

Einen weiteren Impuls bekommt die Evaluationsforschung dadurch, dass in vielen Ländern es mittlerweile Standard ist, Gesundheitsleistungen – insbesondere Arzneimittel – durch eine Nutzen-Kosten-Bewertung und ein Health Technology Assessment evaluieren zu lassen. Die Evaluation ist Grundlage für Entscheidungen über den Einsatz der Gesundheitsleistungen, die Preisbildung und die Erstattungsfähigkeit durch die Krankenversicherung. In vielen Ländern sind Institutionen gegründet worden, die zur Aufgabe haben, diese Nutzen-Kosten-Bewertung durchzuführen. Die gesundheitsökonomische Forschung konnte für die Evaluation von Gesundheitsleistungen nicht nur wertvolle Methoden entwickeln, sondern stand auch Pate für die Formulierung von Leitlinien zur Durchführung gesundheitsökonomischer Evaluationsstudien.[39]

2.5
Epilog

Gesundheitsökonomie ist ein sehr junges, aber spannendes Forschungsgebiet. Dies liegt einerseits an der unumgänglichen Interdisziplinarität, andererseits an der Vielfalt der ökonomischen Denkansätze und Theorien, welche in die gesundheitsökonomische Forschung Eingang finden. Derzeit konzentrieren sich Forschungsaktivitäten insbesondere auf die beiden Subdisziplinen Krankenhausökonomie und Evaluationstheorie. Ob das in den nächsten Jahren so bleiben wird, ist derzeit kaum zu prognostizieren. Eins scheint jedoch sicher zu sein: Gesundheitsökonomie wird angesichts der ungelösten und auch z. T. unlösbaren Probleme weiterhin ein spannendes Gebiet bleiben.

---

[39] Zu Guidelines für gesundheitsökonomische Evaluationen vgl. Hoffmann, C., Schulenburg, J.-M. Graf v. d. (2000), Schulenburg, J.-M. Graf v. d., Hoffmann, C. (2000), Murray, C. J., Evans, D. B., Acharya, A., Baltussen, R. M. (2000), Hjelmgren, J., Berggren, F., Andersson, F. (2001), Weinstein, M. C., O Brien, B., Hornberger, J. u. a. (2003).

3 Gerechtigkeitsethische Überlegungen zur Gesundheitsversorgung

W. Kersting

Philosophisches Seminar der Universität Kiel

3.1 Einleitung

Die moderne Medizin hat ersichtlich ein *Moralproblem*: Es bereitet uns beträchtliche Schwierigkeiten, den ungestüm wachsenden technischen Fortschritt in der Intensivmedizin, Reproduktionsmedizin und Transplantationsmedizin mit unseren alten moralischen Überzeugungen in Übereinstimmung zu bringen; es besteht die Befürchtung, dass die Technik die Moral entmachtet, dass das, was machbar ist, trotz aller moralischer Bedenken auch gemacht werden wird.

Die moderne Medizin hat aber auch ein *Gerechtigkeitsproblem*: Die explodierenden Kosten des öffentlichen Gesundheitswesens sind mit dem hehren programmatischen Sozialstaatsziel einer maximalen Gesundheitsversorgung für jedermann immer schwerer in Übereinstimmung zu bringen; es besteht die Befürchtung, dass das ökonomische und ethische Gleichgewicht des öffentlichen medizinischen Versorgungssystems zerstört wird, dass die Ökonomie sich über die Forderungen der Gerechtigkeit hinwegsetzt und die Gesundheitsversorgung dem Markt übertragen wird.

Dort ein Konflikt zwischen Moral und Technik, hier ein Konflikt zwischen Gerechtigkeit und Ökonomie. Wir sind an einer gerechten Organisation der gesellschaftlichen Gesundheitsversorgung interessiert, müssen aber das gerechtigkeitsethisch Notwendige mit dem ökonomisch Vertretbaren ausbalancieren, denn moralische Forderungen, die gesellschaftliche Realität missachten und sich somit um die Bedingungen ihrer Verwirklichung nicht kümmern, sind ebenso billig wie lächerlich. Im Folgenden wird versucht, diesen Konfliktbereich der gesellschaftlichen Gesundheitsversorgung gerechtigkeitsethisch auszumessen und die normativen Grundprinzipien einer gerechten Gesundheitsversorgung in Umrissen zu skizzieren.

3.2
Gerechte Gesundheitsversorgung als Verteilungsproblem

Das Gerechtigkeitsproblem der Medizin ist ein Verteilungsproblem. Insgesamt gibt es fünf Ebenen, auf denen Verteilungsprobleme medizinischer Ressourcen angetroffen werden und diskutiert werden müssen. Da ist zum ersten die grundlegende Systementscheidung: Soll das Gut der Gesundheitsversorgung auf dem Markt als privates Gut oder im Rahmen eines zentralen und öffentlichen Gesundheitswesens als öffentliches Gut verteilt werden. Unter der Voraussetzung, dass die Systementscheidung zugunsten der wohlfahrtsstaatlichen Option ausfällt, haben wir dann zweitens die oberste Ebene der Makroallokation, der Konkurrenz der ministeriellen Etats, auf der festgelegt wird, welcher Bruttosozialproduktanteil dem öffentlichen Gesundheitswesen einschließlich der medizinischen Forschung zugeteilt wird. Auf der nächsten Ebene, der unteren Ebene der Makroallokation finden dann die internen Verteilungen statt, die den bestimmten Zielen, Sparten und Leistungsbereichen des Gesundheitswesens bestimmte Anteile zuordnen. Soll in die Entwicklung einer neuen Technologie investiert werden? Soll der Präventionsbereich stärker bedacht oder eingeschränkt werden? Oder, um einmal spekulativ eine Entscheidungsfrage vorwegzunehmen, die uns in naher Zukunft beschäftigen wird: Soll die apparative Intensivmedizin abgebaut und Tod und Sterben wieder renaturalisiert werden? Haben wir es hier mit institutionell-organisatorischen Allokationsebenen zu tun, fallen die folgenden Ebenen der Mikroallokation in den Bereich des ärztlichen Handelns: da ist einmal die obere Prinzipienebene, auf der die Regeln aufgestellt werden, nach denen die Ressourcen der Gesundheitsversorgung an bestimmte Einzelpersonen zugeteilt werden. Und auf der untersten Ebene findet dann die konkrete Verteilungshandlung statt, die mit dem Repertoire der auf der vorigen Ebene zu entwickelnden Grundsätze und Kriterien zu begründen ist, von den Ärzten jedoch oft hinter expertokratischen Rationalisierungen versteckt wird: Wo es objektive medizinische Gründe für Verteilungsentscheidungen zu geben scheint, muss man sich mit gerechtigkeitsethischen Rechtfertigungen nicht belasten.[40]

Im Folgenden wird sich allein mit dem oberen Teil dieser Verteilungshierarchie beschäftigt und es werden einige philosophische Überlegungen zu einer Ethik der Makroallokation von Gesundheitsversorgungsleistungen angestellt. Dabei geht es zuerst um die Systementscheidung. Hier stehen drei Möglichkeiten zur Wahl: Erstens die *Option des reinen Marktes*, die besagt, dass die Verteilung des Guts der medizinischen Versorgung ausnahmslos privatwirtschaftlich organisiert werden soll; sodann die *Option des absoluten Wohlfahrtsstaats*, die besagt, dass die medizinische Versorgung der Bevölkerung im Rahmen einer allumfassenden gesetzlichen Sozialversicherung erfolgen soll; und drittens schließlich die *Option einer angemessenen Mischung privater und öffentlicher Versorgungsformen*. Es werden einige Gründe für die Vorzugswürdigkeit der dritten Option genannt, für ein System also, das eine egalitaristische marktunabhängige Grundversorgung mit einem differenzierten privaten Versicherungsmarkt kombiniert, und dadurch sowohl dem

---

[40] Vgl. Schöne-Seifert, B. (1988), und Kersting, W. (1995), S. 14–15.

gleichen Recht eines jeden auf einen fairen Anteil an einer öffentlichen Gesundheitsversorgung als auch dem liberalen Prinzip individuell-selbstverantwortlicher Daseinsgestaltung und Zukunftsvorsorge Rechnung trägt. Diese Gründe lassen sich im Rahmen vertrauter gerechtigkeitstheoretischer Argumentation entwickeln. Ein hinreichend modifizierter Begriff des sozialen Grundgutes zum einen und eine angemessene Erweiterung des aus der politischen Philosophie der Neuzeit bekannten kontraktualistischen Entscheidungsszenarios[41] zum anderen reicht aus, um die Entscheidung für eine solidargemeinschaftlich finanzierte medizinische Grundversorgung gerechtigkeitsethisch zu rechtfertigen.

3.3
Gerechte Gesundheitsversorgung als Rationierungsproblem

Die Theorie eines gerechten Gesundheitssystems wird jedoch noch von einem zweiten Gerechtigkeitsproblem belastet. Es ist ungleich komplizierter als das erste und mithilfe großformatiger Prinzipienargumentation nicht zu lösen. Denn es betrifft nicht die Systemfrage, die institutionelle Organisation der Gesundheitsversorgung, sondern die Kriterien einer gerechten Mittelverteilung innerhalb des Leistungspanoramas des kollektiven Gesundheitswesens. Hier besteht ein eigenständiges Gerechtigkeitsproblem, weil aufgrund der sowohl moralischen Unzulässigkeit als auch ökonomischen Unmöglichkeit einer maximalistischen Versorgung Leistungsrationierung notwendig ist. Innerhalb des kollektiven Systems der Gesundheitsversorgung nimmt das Gerechtigkeitsproblem damit also die Gestalt des Problems der Ermittlung *rationierungsethischer Prinzipien* an. Jenseits staatlicher Gesundheitsversorgung gibt es natürlich kein Rationierungsproblem.

Es ist evident, dass die beiden Gerechtigkeitsprobleme auf eine bestimmte Weise miteinander verknüpft sind. Nur dann gibt es überhaupt ein zweites Gerechtigkeitsproblem der Medizin, nur dann sieht sich die Gerechtigkeitsphilosophie vor die Aufgabe gestellt, rationierungsethische Prinzipien zu entwickeln, wenn die Systementscheidung zuungunsten des absoluten Marktes erfolgt, wenn das erste Gerechtigkeitsproblem nicht ausschließlich auf dem Markt gelöst wird. Wenn sich jeder lediglich durch eigenen Mitteleinsatz auf dem Markt direkt mit Gesundheitsleistungen versorgt, übernimmt im Fall einer Diskrepanz von Nachfrage und Angebot der Preismechanismus die selektive Funktion des Rationierungskriteriums. Nur wenn wir die Gesundheitsversorgung ganz oder teilweise einem kollektiven Verteilungssystem anvertrauen, in dem die Allgemeinheit zugleich Verteilungssubjekt und Verteilungsadressat ist, muss eine zwischen Angebot und Nachfrage klaffende Versorgungslücke durch allgemein zustimmungsfähige Rationierungsregeln geschlossen werden, durch die die Allgemeinheit als Verteilungssubjekt festlegt, nach welchen Bestimmungen welche Leistungen an den Verteilungsnutznießer verteilt werden oder welche Merkmale ein Mitglied des Adressatenkreises

---

[41] Vgl. Kersting, W. (1994).

hinsichtlich der in Frage stehenden medizinischen Leistung aufweisen muss, damit es in den Genuss dieses knappen Gutes gelangen kann.

Die Suche nach rationierungsethischen Prinzipien setzt natürlich voraus, dass sich das Angebot gesundheitlicher Versorgungsleistungen funktional strukturieren und ordinal stufen lässt, dass es Gründe gibt, wichtige von weniger wichtigen Leistungszweigen zu unterscheiden, zwecknähere von zweckentfernteren Behandlungsweisen zu sondern. Ohne die Unterstellung einer derartigen Wichtigkeitshierarchie könnte die Rationierung arbiträren Auszeichnungsverfahren übertragen werden. Da es aber, so jedenfalls unsere intuitive Überzeugung, Dringlichkeitsgrade und eine skalierte Wichtigkeit gibt, ist die Rationierungspolitik genötigt, bei der Ermittlung medizinischer Erfolgsparameter sich des kooperativen Beistands aller Einteilungs- und Unterscheidungsgesichtspunkte zu versichern und medizinische Kompetenz mit ökonomischer Rationalität und gerechtigkeitsethischer Vernunft zu verbinden. Denn offenkundig ziehen hier Gesundheitsökonomie und Rationierungsethik an einem Strang, haben beide hier ein gemeinsames theoretisches Interesse. Die Gesundheitsökonomie muss, um überhaupt ökonomisch tätig werden und Nutzen-Kosten-Analysen anstellen zu können, sich erst einmal eine angemessene Vorstellung vom Nutzen machen, den medizinischen Nutzen operationalisieren. Die Kosten liegen vor, aber um den effizientesten Mitteleinsatz zu finden, muss klar sein, welchen Nutzen die Aufwendungen erbringen. Dieser medizinische Nutzen ist aber auch eine wichtige Zielgröße der Rationierungsethik. Daher bedarf es kooperativer Anstrengungen, um den gesamten körperlich-seelischen Befindlichkeitsbereich zwischen den Extremen der Mortalität und der gesundheitlichen Wiederherstellung nutzentheoretisch auszumessen.

Leistungsrationierung bedeutet, dass die maximalistische Versorgungsregel *alles (zum gegenwärtigen medizintechnischen Entwicklungsstand Mögliche) für alle (im medizinisch einschlägigen Sinne Bedürftigen), koste es, was es wolle* nicht befolgt werden kann, dass die Unfinanzierbarkeit des Versorgungsmaximalismus Knappheit erzeugt, die Leistungen und Therapien in Konkurrenz treten lässt und daher Entscheidungen darüber erforderlich macht, welche Leistungen und welche Therapien für wen unter welchen Umständen von der kollektiven Versicherung bezahlt werden sollen und welche nicht. Ethische Prinzipien des Umgangs mit einem rationierten Leistungsumfang zu entwickeln bedeutet, Kriterien für die Vorzugswürdigkeit bestimmter Leistungen, für die Entscheidung für bestimmte Therapien zu ermitteln. Derartiges ist ungemein schwierig, und es gehört zweifellos zu den strategischen Vorzügen des Maximalismus, diese Schwierigkeit verschleiern zu können, daher pflegen öffentliche Verlautbarungen noch einer Abundanzrhetorik zu folgen, wenn die Wirklichkeit schon längst rationiert. Wer alles für alle fordert, muss keine Zuteilungsentscheidungen fällen und kann vorgeben, wohl zu tun, ohne weh zu tun, ist aller Priorisierungsnötigkeit enthoben.

Sobald sich aber der Maximalismus als Illusion erweist, wird Priorisierung nötig, beginnt das Regiment des Mehr oder Weniger, das Vergleichskriterien verlangt, um Dringlichkeiten zu wägen und Erfolge zu messen. Daher wird jede Rationierungsethik teleologisch strukturiert sein und wie der Utilitarismus die Behandlungsweise mit dem größeren Nutzen auszeichnen; daher wird jede Rationierungsethik sich auf die Strategie der Outcome-Maximierung einlassen müssen.

Die dabei zu berücksichtigenden Outcome-Parameter können hier freilich nicht diskutiert werden, obwohl die zuständige Evaluationsökonomik dringend des philosophischen Beistands bedarf, da aller empirischen Messung notwendige begrifflich-normative Klärungsarbeit vorangehen muss.[42] Ich werde zufrieden sein, wenn es mir hier gelingt, hinsichtlich dieser zweiten gerechtigkeitsethischen Problemregion des Gesundheitswesens dreierlei zu zeigen: zum einen, dass es notwendig ist, in diesem multikontextuellen und plural-kriteriellen Bereich nach fairen Entscheidungsverfahren und gerechten Verteilungsregeln zu suchen, und zum anderen, dass und warum es so ungemein schwierig ist, diese normativen Entscheidungsregeln und fairen Abwägungsgesichtspunkte zu finden, und drittens, dass, wenn überhaupt, diese nur in Zusammenarbeit mit der medizinischen Praxis und den zuständigen Einzelwissenschaften, insbesondere mit der sich um die Entwicklung von Bewertungsstandards und Bewertungsverfahren bemühenden Gesundheitsökonomie, gefunden werden können.[43]

Zwar ist es die Hauptaufgabe der Gesundheitsökonomie, durch Wirtschaftlichkeitsuntersuchungen eine effizientere Ressourcenallokation zu sichern und die beträchtlichen Wirtschaftlichkeitsreserven unseres komplizierten Gesundheitswesens aufzuzeigen und zu nutzen. Daher dient das gesundheitsökonomische Evaluationsprogramm auch als Rationierungsprophylaxe, stellt es doch die Rationalisierung vor die Rationierung, erlaubt es dem Gesundheitspolitiker damit, die Rationierungsentscheidung bis zur Ausschöpfung aller Rationalisierungsmöglichkeiten aufzuschieben. Aber wenn alle ökonomischen Reserven ausgeschöpft und selbst die effizienteste Verwendung der verfügbaren medizinischen Leistungsangebote nicht mehr bezahlbar ist, ist der Weg in die Leistungsrationierung unvermeidbar. Und da sind die Ergebnisse der Gesundheitsökonomie gleichermaßen von Nutzen, denn die Suche nach fairen Rationierungsprinzipien muss sich auf Kriterien der medizinischen Effizienz stützen, mit deren Hilfe der sanitäre Ertrag, der Heilerfolg, die gesundheitliche Zustandsbesserung bestimmt werden kann. Derartige Kriterien müssen entwickelt werden, um konkurrierende Leistungen und Therapien vergleichen, um den Nutzen von Vorsorge- und Rehabilitationsprogrammen messen und verlässlich in größere Wertgleichungen einrechnen zu können. Letztlich muss die Gesundheitsökonomie das vertraute Terrain der ökonomischen Optimierung verlassen und sich an die schwierige Aufgabe der Quantifizierung der Gesundheit und der Messung der Lebensqualität machen. Oder auch und genauer gesagt: um ihrer angestammten Arbeit der ökonomischen Evaluation medizinischer Anwendungen überhaupt angemessen nachgehen zu können, muss sie sich an die Operationalisierung dessen machen, was sich nach unserer intuitiven Überzeugung aller Operationalisierung entzieht.

Diese schwierige Diskussion um eine nachvollziehbare Bewertung der Lebensqualität, um die Auswirkungen unterschiedlicher medizinischer Behandlungsweisen auf die verschiedenen Dimensionen und Indices der Lebensqualität kann nicht von den Gesundheitsökonomen allein geführt werden, sondern bedarf der Beteili-

---

[42] Zu den Outcome-Parametern im Allgemeinen und der Lebensqualität als Outcome-Parameter im Besonderen vgl. auch Teil C des Buchs.

[43] Ein Überblick über den Stand gesundheitsökonomischer Lebensqualitätsbewertung findet sich in Teil C dieses Buchs.

gung der normativen Philosophie und darüber hinaus der gesamten gesellschaftlichen Öffentlichkeit. Gemeinsam müssen diese begrifflich-empirischen Grundlagen geklärt werden, damit sie von der Gesundheitsökonomie zuverlässig in ihre ökonomische Medizinbewertung einbezogen werden können und von der um Rationierungsfairness besorgten Gerechtigkeitsphilosophie angemessen bei der Formulierung ihrer Verteilungsprinzipien berücksichtigt werden können.

3.4
Das erste Gerechtigkeitsproblem der Medizin oder Warum die Verteilung der medizinischen Versorgungsleistungen nicht allein dem Markt überlassen werden darf

Ich gehe jetzt zur Erörterung des ersten Gerechtigkeitsproblems der Medizin über und frage nach dem grundlegenden Organisationsprinzip einer gerechten Gesundheitsversorgung. Menschliches Leben steht unter einem unerbittlichen Knappheitsregiment. Nichts ist im Überfluss vorhanden. Alles ist knapp: nicht nur die äußeren Güter, auch die Güter des Leibes und die Güter der Seele und des Verstandes erst recht. Auch das Leben selbst ist knapp; wir haben nicht allzu viel davon und hätten gern mehr. Knappheit macht erfinderisch: aus der Menge der Erfindungen, die die Menschen gemacht haben, um die Last der Knappheit zu mindern, ragen zwei heraus: da ist einmal die gesellschaftliche Kooperation; und da ist zum anderen die gesellschaftliche Solidarität.

Unter einer Kooperationsgemeinschaft versteht man ein allseits nützliches System der Arbeitsteilung und gesellschaftlichen Zusammenarbeit zu wechselseitigem Vorteil, gleichermaßen durch Interessenidentität und Interessenkonflikt geprägt: durch Interessenidentität, weil alle die gesellschaftliche Zusammenarbeit wollen, denn sie ist für jedermann von Vorteil. Interessenkonflikte jedoch entstehen dann hinsichtlich der Verteilung der kooperativ erwirtschafteten Güter, hinsichtlich des Kooperationsgewinns, denn es ist den Menschen nicht im mindesten gleichgültig, wie die Kooperationserträge, die durch ihre Zusammenarbeit erwirtschafteten Güter, verteilt werden. Zumindest möchte jeder lieber mehr als weniger haben.

Unter einer Solidaritätsgemeinschaft versteht man hingegen ein kompensatorisches System der wechselseitigen gesellschaftlichen Sorge, die insbesondere den Bedürftigen und Schwachen gilt, den Kranken und Gescheiterten, den Pechvögeln und den Opfern. Solidaritätsgemeinschaften modernen Zuschnitts sind abstrakt; Solidaritätsgemeinschaften traditionellen Zuschnitts sind konkret. Im Zuge der sozio-ökonomischen Modernisierungsprozesse sind die heilsamen Wirkungen der konkreten Solidaritätsgemeinschaft immer schwächer geworden, und daher mussten modernitätsspezifische neue Solidaritätsorganisationen an die Stelle der Solidaritätsgemeinschaften der Traditionswelt treten. Zwischen Kooperationsgemeinschaft und Solidaritätsgemeinschaften, insbesondere modernen Solidaritätsgemeinschaften, besteht eine eindeutige logische und historische Beziehung: Solidaritätsgemeinschaften sind logisch und geschichtlich später als Kooperationsgemeinschaften; sie therapieren die Versorgungsmängel und Ungleichheitsopfer von Kooperationsgemeinschaften; insbesondere kompensieren sie die sozialen Defizite der effizientesten Kooperationsgemeinschaft, die Menschen bislang entwickelt haben, des kompetitiven Marktes.

Die gesellschaftliche Kooperation ist eine Erfindung der Ökonomie, sie versucht, die Knappheit durch Gütermehrung zu mildern. Die gesellschaftliche Solidarität ist eine Erfindung der Moral: sie versucht, die Knappheit durch Umverteilung zu mildern. Welchem dieser beiden Verteilungsmodelle soll nun die medizinische Versorgung anvertraut werden? Wie sieht ein gerechtes Gesundheitswesen aus? Es lassen sich drei unterschiedliche, freilich aufeinander verweisende Argumente dafür angeben, dass die Gesundheitsversorgung nicht ausschließlich dem Markt anvertraut werden darf, dass eine zumindest in ihren basalen Leistungen marktunabhängige Gesundheitsversorgung jedem anderen Verteilungsmodell gegenüber vorzugswürdig ist. Da ist erstens das *Argument des Marktversagens*; es begründet die rationale Vorzugswürdigkeit einer nicht ausschließlich Marktmechanismen folgenden Gesundheitsversorgung. Da ist zweitens das *Argument von dem transzendentalen Charakter des Gutes der Gesundheit*; es begründet die ethische Vorzugswürdigkeit einer nicht ausschließlich über den Markt verteilten Gesundheitsversorgung. Da ist drittens das *Argument des Vertrages*; es begründet die gerechtigkeitstheoretische oder moralische Vorzugswürdigkeit der marktunabhängigen Erwerbbarkeit zumindest einer gesundheitlichen Grundversorgung.

3.4.1
Das Argument vom Marktversagen

Die medizinische wie ökonomische Qualität gesellschaftlicher Gesundheitsversorgung ist in hohem Maße davon abhängig, dass der medizinische Leistungsbereich von dem wissenschaftlichen Wissenserwerb in der Grundlagenforschung bis zur flächendeckenden, nicht-exklusiven Basisversorgung aller Bevölkerungsteile als ein Gut betrachtet und behandelt wird, das öffentlicher Natur ist, dessen Nutzen unteilbar allen zugute kommt. Bei der Produktion derartiger Güter von großer externer Nützlichkeit, die von der inneren und äußeren Sicherheit bis zur bekömmlichen natürlichen Umwelt reichen, erweist sich der Markt bekanntlich als ineffizient. Ebenso wenig vermag er auf Zustände angemessen zu reagieren, die sich durch gesamtgesellschaftliche Schädlichkeit auszeichnen und in hohem Maße Kosten verursachen. Weder auf Epidemien und ansteckende Krankheiten noch auf eine signifikante Verschlechterung des Gesundheitszustandes von Kindern oder Armen könnte der Markt angemessen reagieren. Spezialisiert auf die Produktion und Verteilung privater Güter wird er keinen Anreiz für die Abwendung kollektiv-extern schädlicher und die Herbeiführung kollektiv-extern nützlicher Zustände entwickeln. Daher kann weder die Entwicklung der medizinisch-technischen Kompetenz noch die Sorge um die Volksgesundheit dem Markt überlassen bleiben. Da sich medizinisch-technische Ratlosigkeit bei Epidemien, mangelnde Volksgesundheit, hohe Kinderkränklichkeit und armutsbedingte unzureichende Gesundheitsversorgung auch als ökonomisch überaus nachteilig erweisen, ist der

Markt auch um seines eigenen Leitkriteriums der ökonomischen Effizienz genötigt, zum Staat Zuflucht zu nehmen, die Gesundheitsversorgung kollektiv zu organisieren, die Grundlagenforschung staatlicher Unterstützung anzuvertrauen und eine einkommensabhängige medizinische Grundversorgung zu gewährleisten. Aus ökonomischer Perspektive lässt sich also die Etablierung einer solidargemeinschaftlichen Gesundheitsversorgung durchaus als effizienzsteigernde Strategie verstehen: Individuen haben nur zwei Möglichkeiten, ihre Nutzenpositionen zu verbessern, durch den Erwerb privater Güter zum einen und durch die Etablierung eines Systems öffentlicher Güter zum anderen.

Mit dieser ökonomischen Entscheidung für die Etablierung eines kollektiven Gesundheitswesens ist freilich keine Festlegung zugunsten eines ausschließlich staatlichen Systems verbunden. Im Gegenteil, die um Effizienzsteigerung bemühte Betrachtung, die eine ausschließlich über den Markt gehandelte Gesundheitsversorgung ablehnt, muss aus den gleichen Gründen auch eine ausschließlich staatliche Gesundheitsversorgung ablehnen. Denn ein ausschließlich über Steuern finanziertes Gesundheitssystem produziert komplementäres Staatsversagen, das sich sowohl in ökonomischen als auch moralischen Kosten niederschlägt. Zum einen werden aufgrund der bekannten Unehrlichkeits-, Fahrlässigkeits-, Verschwendungs- und Überkonsumtionseffekte die Kosten ganz schnell die Grenze der Finanzierbarkeit überschreiten, was zu Budgetierung, Festlegung von Honorarobergrenzen und Leistungsrationierung führt. Aufgrund der diesem System infolge aller Abwesenheit marktförmiger Elemente inhärenten ökonomischen Irrationalität ist es zugleich auch das rationierungsfreundlichste. Zum anderen wird dieses *Single-Payer-System* auch beträchtliche moralische Kosten erzeugen, da es die Fähigkeit der Bürger zu einem eigenverantwortlichen, für die Folgen der eigenen Entscheidungen einstehenden Leben aushöhlt und keinerlei Anreiz enthält, private Gesundheitsverantwortlichkeit zu entwickeln. Führt man die beiden hier nur angedeuteten Argumentationsstränge vom komplementären Markt- und Staatsversagen zusammen, dann erweist sich das Mischmodell, das eine marktunabhängige medizinische Grundversorgung mit privater Gesundheitsverantwortung im Rahmen eines sich dann schnell etablierenden privaten Versicherungsmarktes kombiniert, somit einen Egalitarismus kollektiver Basisversorgung mit einem Liberalismus privater Zusatzversorgung kombiniert, als ökonomisch vorzugswürdig.

3.4.2
Das Argument vom transzendentalen Charakter des Gutes der Gesundheit

Ein weiteres Argument gegen eine vollständige Privatisierung der Gesundheitsversorgung einerseits und für einen egalitaristischen Versorgungssockel andererseits gewinnen wir, wenn wir die Natur des Gutes Gesundheit näher betrachten. Denn die Gesundheit ist keinesfalls ein Bedürfnis unter anderen, wie Marktradikale gern behaupten. Wie Frieden, Freiheit, Sicherheit und das Leben selbst ist Gesundheit ein transzendentales oder ein konditionales Gut. Von derartigen Gütern gilt allgemein, dass sie *nicht alles sind*, aber ohne sie *alles nichts ist*. Sie besitzen einen Ermöglichungscharakter; ihr Besitz muss vorausgesetzt werden, damit die Individuen ihre Lebensprojekte überhaupt mit einer Aussicht auf Minimalerfolg angehen, verfolgen und ausbauen können. In Zeiten der Normalität sind sie unauffällig; denn dann sind wir uns ihres Besitzes sicher und achten in der Routine des Lebensalltags nicht sonderlich auf sie. Wenn sie uns jedoch knapp werden und wir darum in existentielle Grenzsituationen und Notlagen geraten, dann bilden sie den einzigen Inhalt unserer Sorge; alle anderen Interessen verblassen, der Erwerb und Wiedererwerb der konditionalen Güter wird zum ausschließlichen Ziel unseres ganzen Bestrebens.

Wir haben mit diesen transzendentalen Gütern offenkundig ein vorzügliches Mittel an der Hand, um die Gerechtigkeit von Gesellschaften zu untersuchen: eine Gesellschaft, in der eine selektive Unterversorgung mit transzendentalen Gütern anzutreffen ist, die also keine egalitaristische Grundversorgung mit transzendentalen Gütern ermöglicht, verdient sicherlich nicht das Prädikat einer wohlgeordneten Gesellschaft. Eine gerechte Gesellschaft wird daher auch nicht die Versorgung mit sozialen Grundgütern dem Markt überlassen können, denn der Markt ist ungerecht und wird eine Gleichverteilung der sozialen Grundgüter nicht garantieren. In einer freien Marktgesellschaft wird der Grundgüterbesitz immer funktional abhängig von der Marktmacht der einzelnen sein. In der neuzeitlichen Tradition der politischen Philosophie bezeichnet man einen Zustand, der durch eine allseitige eklatante Unterversorgung mit transzendentalen Gütern charakterisiert ist, als Naturzustand. Die staatliche Ordnung ist ihrerseits dadurch ausgezeichnet, dass sie im Gegensatz zum Naturzustand eine allseitige Grundversorgung der Individuen mit transzendentalen Gütern sicherstellen kann, so dass diese nicht mehr ihre ganzen Mittel und ihre ganze Energie und Phantasie in die gleichzeitig rationale und zum Scheitern verurteilte Strategie einer eigenständigen Grundgüterversorgung investieren müssen, sondern auf dem Fundament einer selbstverständlichen Versorgtheit mit diesen transzendentalen Gütern ihren unterschiedlichen Interessen nachgehen können. Der Staat ist also Inbegriff der kollektiv-kooperativen Bereitstellung transzendentaler Güter; daher bildet gerade ihre Verteilung den gerechtigkeitstheoretischen Lackmustest; daher bilden gerade sie die Währung der Verteilungsgerechtigkeit, die unterschiedliche Verteilungsmuster vergleichbar macht.

Die These, dass die Gesundheit ein transzendentales Gut sei, die Befriedigung der Gesundheitsbedürfnisse daher nicht ausschließlich über den Markt erfolgen darf, evoziert einen Einwand. Bedürftigkeitsorientierte Überlegungen besitzen einen alles-umarmenden Charakter und gewinnen keine kriterielle Schärfe. Menschliche Bedürftigkeit ist plastisch und in hohem Maße kulturimprägniert, sozial codiert und interpretationsabhängig. Das gilt auch für den Begriff des Gesundheitsbedürfnisses. Liefern wir den Leistungsumfang des mit Hilfe des transzendentalen Charakters des Gesundheitsgutes begründeten solidarischen Gesundheitssystems den vorhandenen Gesundheitsbedürfnissen der Individuen und ihren gegebenen Versorgungspräferenzen aus, dann droht das Gesundheitswesen alle öffentlichen Mittel zu verschlingen und ökonomisch zu kollabieren. Um dieser Gefahr zu begegnen, muss die semantische Offenheit des Begriffs des Gesundheitsbedürfnisses verringert und die Orientierung an den faktischen Versorgungspräferenzen, der faktischen Nachfragesituation aufgegeben werden. Nur dann kann das Argument vom transzendentalen Charakter des Gesundheitsgutes gerettet werden, wenn das Gesundheitsbedürfnis standardisiert wird, wenn wir dem Begriff des Gesundheitsbedürfnisses eine objektive, sich an dem Kernbereich der biologischen Funktionalität ausrichtende und von den faktischen Präferenzen unabhängige Bedeutung geben.

Das öffentliche Gesundheitswesen kann seinen Leistungsumfang nicht den Horizonten subjektiver Befindlichkeiten anpassen; der das marktkritische Argument tragende Ermöglichungscharakter des Gesundheitsgutes muss anthropologisch ausgelegt werden. Nur durch die Einbeziehung anthropologischer, sich an grundlegenden biologischen Funktionsbedingungen orientierende und über alle subjektiven Befindlichkeitsurteile hinwegsetzende Kriterien lässt sich dem Begriff des transzendentalen Gesundheitsgutes eine objektive Bedeutung geben. Anderenfalls verliert der Begriff alle Kontur. Die hier erforderliche Grenzziehung ist nicht schwierig; mit Hilfe des Kriteriums des intersubjektiv zuschreibbaren und objektiv wichtigen Gesundheitsbedürfnisses lässt sich leicht der Bereich des Gesundheitsbedürfnisses ermitteln, der einer Bestimmung des Leistungsumfangs eines öffentlichen medizinischen Versorgungssystems zugrunde gelegt werden muss.[44]

Die Bestimmungen der intersubjektiven Zuschreibbarkeit und der objektiven Wichtigkeit beleuchten sich wechselseitig. Niemand vermag von außen eine vollständige Beschreibung der Bedingungen des körperlich-seelischen Wohlbefindens eines Subjektes zu geben; aber jeder wird bestimmte Bedürfnisse benennen können, die jedermann notwendigerweise hat, die daher extern oder intersubjektiv zugeschrieben werden können. Und dann gelingen intersubjektive Bedürfniszuschreibungen, wenn sich diese auf objektiv wichtige Bedürfnisse beziehen, auf den Zustand des biologischen und daher empirisch verallgemeinerbaren Fundaments unserer Bedürftigkeit gerichtet sind und der Pflege oder Wiederherstellung grundlegender körperlicher Funktionen und Fähigkeiten gelten. Der Umfang der biologischen Basisfunktionalität definiert den für das Gesundheitswesen relevanten Krankheitsbegriff. Nicht das subjektive Wohlbefinden, das subjektive Dringlichkeitsgefühl, sondern der ordnungsgemäße Zustand unserer biologischen Grundfunktionen und Grundfähigkeiten bestimmt die dem Ermöglichungscharakter des Gesundheitsgutes eingeschriebene Zielausrichtung. Gesundheit gehört zu den lebenslangen Bedürfnissen, besitzt einen Ermöglichungscharakter für die Lebensführung der Individuen, da weitgehend unbeeinträchtigtes, normales körperliches Funktionieren und eine Ausübung grundlegender Fähigkeiten ohne nennenswerte Leistungseinbußen eine für jede nur denkbare Lebensgestaltung gleichermaßen unerlässliche Kontinuitäts- und Gelingensvoraussetzung ist. Und insofern ein Gesundheitssystem eine marktunabhängige medizinische Grundversorgung garantiert, die sich vor allem um eine Wiederherstellung aller krankheitsbedingt beeinträchtigten Kapazitäten und Fähigkeiten der humanbiologischen Normalfunktionalität bemüht, diese hinwiederum unabwendbare Bedingung jeder Lebensführung ist, ist es gegenüber einer ausschließlich Marktmechanismen beanspruchenden Versorgung ethisch vorzugswürdig. Was ich hier unter dem Titel *humanbiologischer Normalfunktionalität* als objektiv wichtiges und intersubjektiv zuschreibbares Bedürftigkeitssegment aus dem Feld subjektiver Wohlbefindens-

---

[44] Vgl. Daniels, N. (1996a).

präferenzen herausgeschnitten habe, lässt sich unter der Perspektive der Wichtigkeit des normalen körperlichen Funktionierens für individuelle Lebenspläne auch als *normal opportunity range* charakterisieren. Sobald durch Krankheit wichtige körperliche Schlüsselfunktionen und Basisfähigkeiten beeinträchtigt werden oder gar völlig ausfallen, ist der Kranke nicht mehr in der Lage, ein Leben auf dem durchschnittlichen Opportunitätsniveau zu führen.[45]

3.4.3
Das Vertragsargument

Das folgende Gedankenexperiment der amerikanischen Wirtschaftswissenschaftler E. K. Hunt und H. J. Sherman zeigt eindrucksvoll, warum es beträchtliche gerechtigkeitsethische Bedenken gibt, die Verteilung medizinischer Versorgungsleistungen gänzlich den Marktgesetzen zu unterwerfen:

„Wir stellen uns eine Gesellschaft auf einer Insel vor, die von Zeit zu Zeit von einer Seuche heimgesucht wird, die allerdings nur für Kinder gefährlich ist. Aus früheren Erfahrungen weiß man, dass ihr etwa 80% Kinder erliegen. Man verfügt auf der Insel auch über einen Impfstoff, der die Sterbewahrscheinlichkeit verringert, wenn er vor Ausbruch der Seuche verabreicht wird. Infiziert sich ein ungeimpftes Kind, so stirbt es mit einer Wahrscheinlichkeit von 90%. Bei einer Impfung reduziert sich die Sterbewahrscheinlichkeit auf 10%, bei zwei Impfungen auf 8%, bei drei auf 6% und bei vier auf 5%. Erhöht man die Anzahl der Impfungen über vier hinaus, so ändert sich nichts mehr, und die Sterbewahrscheinlichkeit bleibt bei 5%.

Nehmen wir an, auf der Insel gibt es 1.000 Kinder, und die Inselbewohner haben bis zu den ersten Anzeichen eines Ausbruchs der Seuche 1.000 Einheiten des Impfstoffes hergestellt. Er muss sofort verabreicht werden, wenn das Leben der Kinder gerettet werden soll. Welches Verteilungssystem sollten die Inselbewohner für dieses höchst wichtige und knappe Gut anwenden? Wenn die Regierung der Insel den Impfstoff so rationiert, dass jedes Kind eine Impfung erhält, so würde sich vermutlich folgendes ergeben: 800 Kinder werden erkranken; da aber jedes Kind geimpft ist, werden nur 80 sterben und 920 werden die Epidemie überleben.

Nun gehen wir davon aus, dass die Einkommensverteilung auf der Insel exakt der im Deutschland von heute entspricht. Die Inselbewohner überlassen das Verteilungsproblem dem Marktmechanismus des kapitalistischen Wirtschaftssystems, so dass sich der Impfstoff wie das Einkommen verteilt. Das Resultat wäre: die 250 Kinder mit den reichsten Eltern werden je viermal geimpft. Von ihnen werden etwa 200 erkranken, 10 davon tödlich. 600 der übrigen 750 Kinder werden ebenfalls erkranken, und 540 von ihnen (das sind 90% der erkrankten übrigen 600 Kinder) werden sterben. Wenn sie den Markt als Verteilungssystem aufgeben würden, könnten die Inselbewohner 920 von 1.000 Kindern retten. Geht man von der ungleichen Einkommens- und Vermögensverteilung eines privatwirtschaftlichen

---

[45] Vgl. Daniels, N. (1996a), S. 187.

Systems aus, so würden die Inselbewohner 450 Kinder retten und 550 würden der Seuche zum Opfer fallen."[46]

Diese Geschichte ist überaus aufschlussreich. Sie bietet nicht nur ein überraschendes Beispiel dafür, dass utilitaristische, am Prinzip der Maximierung des Durchschnittsnutzens orientierte Marktkritik und egalitaristische, menschenrechtsfundierte Marktskepsis konvergieren können. Sie macht auch den strukturellen Unterschied zwischen einer individuenadressierten und einer institutionenorientierten Moral deutlich: Während die Institution des Marktes hier gerechtigkeitstheoretisch versagt, ist den Eltern, die sich ihrer bedienen, nicht der geringste Vorwurf zu machen. Es gehört nach unseren Vorstellungen zur Pflicht der Eltern, alles ihnen zu Gebote stehende moralisch und rechtlich Zulässige zu tun, um das Wohl ihrer Kinder zu mehren; daher verhalten sich die begüterten Eltern nur pflichtgemäß, wenn sie ihre überlegenen finanziellen Mittel einsetzen, um für ihre Kinder so viele Impfungen wie möglich und für den besten erreichbaren Schutz erforderlich zu erwerben. Wenn der dadurch verursachte Verteilungszustand unseren Gerechtigkeitsüberzeugungen nicht entspricht, sollten wir nicht an die Eltern appellieren, ihre Pflichtauffassung und ihr elterliches Interesse den Regeln institutioneller Gerechtigkeit anzupassen, sondern durch die Instituierung gerechter Verteilungsmuster für angemessene Rahmenbedingungen sorgen, die eine einkommensneutrale Verteilung des Impfstoffs ermöglichen.

Die intuitive gerechtigkeitsethische Einsicht, die diese Geschichte vermittelt, lässt sich mithilfe des berühmten Gedankenexperiments vom Gesellschaftsvertrag bekräftigen. Eine Verteilung ist dann gerecht, wenn sie nach Standards erfolgt, die für alle Beteiligten von einem unparteilichen Standpunkt aus annehmbar sind. Nur aus einer unparteilichen Perspektive können Regeln ermittelt werden, die gleichermaßen benachteiligungs- und bevorzugungsunempfindlich sind und einem jeden einen fairen Anteil an dem zu verteilenden knappen Gut garantieren. Hätte man die Eltern auf der Insel vor der Verteilung gefragt, nach welchen Regeln der Impfstoff unter die Kinder verteilt werden soll, hätten sich die begüterten Eltern sicherlich für das Verteilungsprinzip des Marktes ausgesprochen, da es unter den gegebenen Bedingungen ihren Interessen am besten dienen würde. Würden die reichen Eltern jedoch im Rahmen eines weiteren Gedankenexperiments die Erinnerung an ihren Reichtum verlieren und nicht mehr wissen, ob sie reich oder arm sind, dann würden sie sich fraglos für eine solidargesellschaftliche Organisation der Verteilung der Gesundheitsversorgungsleistungen zumindest im Bereich der medizinischen Grundversorgung entscheiden, die niemanden bevorzugt oder benachteiligt, sondern jedem Mitglied der Gemeinschaft einen fairen Anteil sichert.

Verallgemeinern wir diese Überlegung, und fragen uns, auf welches Gesundheitswesen sich rational ihre Interessen verfolgende Individuen unter den Bedingungen der Unparteilichkeit einigen würden. Und diese Unparteilichkeitsbedingung kann dadurch erfüllt werden, dass man die Individuen, die über die Etablierung eines Systems von Verteilungsregeln für medizinische Versorgungsleistungen zu entscheiden hätten, unter einen *Schleier der Unwissenheit* steckt. Dadurch wird ihnen alles Wissen über sich genommen, das ihnen eine parteiliche Wahl erlauben würde. Unsere Gründer eines gerechten gesundheitlichen Versor-

---

[46] Hunt, E. K., Sherman, H. J. (1974), Band 1, S. 28–29.

gungssystem wissen von sich also nichts, sie kennen weder ihre biologische noch ihre soziale Position, wissen nicht, ob sie jung oder alt, reich oder arm sind, sie kennen auch nicht ihre körperliche und seelische Verfassung, wissen nicht ob sie eine kränkliche Disposition oder eine robuste Gesundheit besitzen, sie kennen weder die Krankheitsgeschichte ihrer Familie, noch ihren Beruf, ihren Arbeitsplatz und ihre Wohngegend. Sie wissen nur Allgemeines: Dass Menschen mit Krankheit und Unfall zu rechnen haben, dass Krankheit und Unfall erheblich unerwünscht sind, da sie die Leistungsfähigkeit und das körperliche und geistige Befinden in hohem Maße beeinträchtigen und einen ganzen Reigen negativer Folgen hervorrufen können, vom Schmerz über die temporäre oder bleibende körperliche Funktionsschädigung bis zur Ausgrenzung aus der gesellschaftlichen Alltäglichkeit und dem Tod. Weiterhin kennen sie den transzendental-konditionalen Charakter des Gutes der Gesundheit und seinen objektiven Ort in der menschlichen Präferenzordnung; sie wissen, dass der Besitz des Gutes der Gesundheit Voraussetzung des Erwerbs aller anderen Güter ist; und sie wissen natürlich auch, dass das Gesundheitsbedürfnis ein vorsozial-natürliches und daher lebenslang währendes und mit zunehmendem Alter auch an Dringlichkeit zunehmendes Bedürfnis ist, so dass späte Altersgruppen Gesundheitsversorgungsleistungen stärker nachfragen werden als jüngere, was notwendigerweise im Fall einer Entscheidung für ein öffentliches Gesundheitswesen zu einem Gerechtigkeitsproblem hinsichtlich der Transferzahlungen zwischen den Altersgruppen führen und die Frage einer altersbedingten Versorgungsrationierung zumindest in Fällen fortschreitender gesellschaftlicher Überalterung aufwerfen muss. Die Gerechtigkeitsplaner eines Gesundheitsversorgungssystems wissen außerdem, dass jeder ein starkes Interesse hat, möglichst schnell wieder einen möglichst stabilen und anhaltenden Gesundheitszustand zu erreichen und eine dem Krankheitsbefund angemessene und von den je vorliegenden medizintechnischen Möglichkeiten her erlaubte medizinische Versorgung zu erhalten.

Es scheint mir plausibel, dass sich innerhalb dieses vertragstheoretischen Szenarios folgende Standardüberlegung entwickeln wird: Da ich nicht weiß, ob ich reich oder arm sein werde, möchte ich nicht, dass die Befriedigung meines fundamentalen Gesundheitsbedürfnisses von der Höhe meiner finanziellen Mittel abhängt. Damit ist der Markt durch das Solidargemeinschaftsprinzip ersetzt: die Verteilung der Gesundheitsversorgungsleistungen wird nicht über den Marktpreis reguliert, sondern orientiert sich direkt an der Bedürftigkeit; und die Finanzierung des Gesundheitsversorgungssystems wird in die Hände der politischen Gemeinschaft gelegt. Weiterhin gilt: die Ausrichtung am Bedürfnisprinzip impliziert die grundsätzliche Priorität des Bedürftigeren: d. h. im Falle knappheitsbedingter Rationierungsnotwendigkeiten hat der Bedürftigere vor dem weniger Bedürftigen Vorrang. Weiterhin werden wir vor dem Hintergrund unserer Voraussetzung, dass die Krankheit eine Beeinträchtigung unserer Lebensführungskompetenz darstellt, auch bei der Entscheidung für Rationierungsstrategien auf die gesamte Lebensspanne blicken und die unterschiedlichen Bereiche innerhalb eines durchschnittlich langen Lebens entsprechend gewichten, und das wird zu einer Entscheidung führen, die eine altersgruppenrelative Ungleichheit der finanziellen Belastung in Kauf nimmt und die Jugend und die Lebensmitte gegenüber einer weitaus kosten-

trächtigeren medizinischen Verwaltung des Alters im allgemeinen und altersbe-
dingter Spezialkrankheiten im besonderen bevorzugt.

Bei der Erörterung der Prinzipien einer gerechten Gesundheitsversorgung begegnet uns also eine bereichsspezifische Variante des Problems der intergenerati-
onellen Gerechtigkeit. Grundsätzlich gilt, dass die altersgruppenbedingte allokative Ungleichheit der Gesundheitsversorgungsaufwendungen kein Gerechtigkeitsproblem darstellt, da wir als Beurteilungsrahmen vernünftigerweise die ganze
Lebensspanne wählen sollten und die in allen sozialen Versicherungssystemen
immer überproportional zahlende Jugend unter normalen Umständen irgendwann
auch zur Gruppe der überproportional nutznießenden Alten gehören wird.[47] Sobald
aber Rationierungsentscheidungen fällig sind, wird sich das Bild ändern. Da die
medizinische Betreuung des Alters den weitaus größten Teil der Ressourcen verbraucht, werden ökonomisch motivierte Behandlungseinschränkungen auf der systematischen Allokationsebene zuerst zulasten der medizinischen Spezialbetreuung
des Alters gehen.[48] Das folgende Zitat zeigt, wie ein solches Argument für eine al-
tersbenachteiligende Rationierung im Rahmen vertragstheoretischer Überlegungen
aussehen kann. „A policy will be fair to different age groups if prudent planners
who do not know how old they are would choose it as a way of allocating a life-
time fair share of health care among the stages of life. Under very special conditions of resource scarcity, the following might happen: providing very expensive
or very scarce life-extending services to those who have reached normal life expectancy can be accomplished only by reducing access by the young to those resources. That is, saving these resources by giving ourselves claim to them in our
old age is possible only if we give ourselves reduced access to them in earlier
stages of life. A central effect of this form of saving is that we increase our
chances of living a longer-than-normal life-span at the cost of reducing our
chances of reaching a normal life-span. Under some conditions, it would be prudent for planners to agree to ration such technologies by age, making them more
available to the young than to the very old. More precisely, if we consider only information about life years saved and if rationing by age and rationing by lottery
both yield the same life expectancy, it is not imprudent to prefer an increased
chance of reaching that life expectancy through age rationing. If we add more information – e. g., that years later in life are more likely to contain disabilities or
that years earlier in life are typically more important to carrying out central pro-
jects in life – then we can get the stronger result that age rationing is preferred to
rationing by lottery."[49]

Wie sich gezeigt hat, können wir mit dem Gedankenexperiment des Gesellschaftsvertrags eine Argumentation entwickeln, die überzeugende Gründe für eine
einkommensneutral verteilte und folglich solidargemeinschaftlich finanzierte basale Gesundheitsversorgung bereitstellt. Doch ist mit dieser nachgewiesenen Gerechtigkeitspräferenz für ein öffentliches Gesundheitswesen noch nichts Genaue-
res über den Charakter und Inhalt des individuellen Anspruchs, die Höhe der
korrespondierenden Verpflichtung der Gemeinschaft und das Ausmaß der Versor-

---

[47] Vgl. Daniels, N. (1988), und Daniels, N. (1996b).
[48] Vgl. Kamm, F. (1993), und Brock, D. (1988).
[49] Daniels, N. (1996b), S. 272, und Daniels, N. (1988), Kap. 5.

gungsleistungen gesagt. Was umfasst der jedem zustehende faire Anteil an den öffentlichen Gesundheitsversorgungsleistungen?

3.5
Es gibt kein Recht auf eine maximale Gesundheitsversorgung

Die oben entwickelten Argumente vom komplementären Markt- und Staatsversagen zum einen und vom objektiv wichtigen und intersubjektiv eingrenzbaren Kernbereich des Gesundheitsbedürfnisses zum anderen haben bereits angedeutet, dass das gleiche Recht auf einen fairen Anteil an öffentlichen Gesundheitsversorgungsleistungen keine maximalistische Lesart erlaubt. Eine maximalistische Interpretation dieses Basisrechts überdehnt den Gerechtigkeitsbegriff. Die gerechtigkeitstheoretisch motivierte wohlfahrtsstaatliche Einschränkung des Marktsystems der Tauschbeziehungen impliziert weder eine Politik der Maximierung des Gesundheitsnutzens noch eine Politik der Sicherung einer gleichen Gesundheitsversorgung für alle. Sie muss sich mit der Gewährleistung einer gleichen und einkommensneutral erhältlichen medizinischen Grundversorgung für alle begnügen. Wenn der Wohlfahrtsstaat seine dirigistischen Befugnisse über diese Grundversorgungsgarantie hinaus ausdehnt, wird das Selbstbestimmungsrecht der Individuen, das mit dem Recht auf eigenverantwortliche Daseinsgestaltung, Zukunftsplanung und Risikovorbeugung auch das Recht umfasst, über sein Einkommen, seinen Lohn, seine Vermögens- und Transaktionsgewinne selbst zu verfügen, auf ethisch nicht mehr zulässige Weise eingeschränkt.[50]

Politiker und Standesvertreter pflegen unverdrossen die beste Gesundheitsversorgung für alle zu verlangen; Forderungen dieser Art sind sich des Wählereinverständnisses sicher und gehören daher zum Standardrepertoire wohlfahrtsstaatlicher Rhetorik. Jedoch ist die Forderung nach einer maximalen Gesundheitsversorgung überaus gedankenlos; maximale Gesundheitsversorgung ist weder in ökonomischer noch in ethischer Hinsicht ein erstrebenswertes Ziel. *Ein fairer Anteil an den öffentlichen Gesundheitsversorgungsleistungen impliziert keinesfalls einen Anspruch auf maximale Gesundheitsversorgung.* Er impliziert noch nicht einmal einen Anspruch auf einen gleichen Zugang zu den grundsätzlich verfügbaren Gesundheitsversorgungsleistungen; denn einen solchen Anspruch einzuräumen bedeutete, ein Gesundheitsversorgungssystem aufzubauen, das an jedem Punkt der Gesellschaft die gleiche Leistungsdichte aufweist und das gleiche Angebotsniveau bereithält. Der hier Anwendung findende Gleichheitsbegriff bezieht sich lediglich auf einkommensbegründete Zugangsbarrieren, nicht jedoch auf Zugangsbarrieren anderer Art. Es ist der Gleichheitsbegriff, der aus dem Kriterium eines einkommensneutralen Zugangs zu allen verfügbaren Versorgungsleistungen ableitbar ist und alle ökonomische Diskriminierung ausschließt.[51] Dieser Gleichheitsbegriff

---

[50] Vgl. Kersting, W. (1996).
[51] Vgl. Daniels, N., Light, D. W., Caplan, R. L. (1996), S. 39–41.

kann seinen versicherungsökonomischen Ausdruck beispielsweise in einer Art Bürgerkrankengeld finden, das als einkommensunabhängige Kopfpauschale behandelt wird und vom zu versteuernden Einkommen abzuziehen ist.

Eine maximale Gesundheitsversorgung würde zu einer Monopolisierung des Ressourcenverbrauchs durch medizintechnischen Fortschritt und Ausbau des Versorgungsnetzes führen: Alle gesundheitstechnischen Verbesserungspotentiale müssten ausgeschöpft werden bis zu dem Zeitpunkt, an dem der gesundheitliche Grenznutzen gegen Null geht. Die politische Gemeinschaft würde nur noch in medizintechnische Optimierung, Verbesserung der medizinischen Versorgungseinrichtungen und Ausbau der Pflegestationen investieren; sie würde eine obsessive Politik der Maximierung des Gesundheitsnutzens betreiben und jede medizinische Maßnahme in ihr Versorgungsprogramm aufnehmen, wie gering auch immer ihr gesundheitlicher Nutzen und wie kostspielig auch immer ihre Anwendung sein mag. Die Minimierung des Gesundheitsrisikos, die Minimierung der Wahrscheinlichkeit von Tod und Krankheit ist weder für Individuen noch für Kollektive ein dominierendes, alle anderen Projekte unterdrückendes Handlungsziel. Individuen führen ein komplexes Leben, verfolgen mehrere Interessen und verwenden ihre Ressourcen für unterschiedliche Ziele, die ausbalanciert werden müssen und daher jeweils nur mit limitierten Budgets unterstützt werden können. Entsprechendes gilt für die Gemeinschaft: auch sie muss die konkurrierenden Grundgüter ausbalancieren. Eine maximalistische, gesundheitsfanatische Versorgungspolitik würde keine Mittel für die Bereitstellung anderer öffentlicher Güter übrig lassen und zu einer beträchtlichen kulturellen und sozialen Verarmung des öffentlichen Lebens führen.

Das aus Gerechtigkeitsüberlegungen zu fordernde System einer fairen Verteilung der Gesundheitsleistungen ist also notwendig minimalistisch, im Sinne der Gewährleistung einer allgemeinen medizinischen Grundversorgung, auszulegen. Was aber muss der Leistungskatalog einer medizinischen Grundversorgung enthalten? Welche Gesichtspunkte sind bei der Bestimmung seines Inhalts heranzuziehen? Die Verfechter eines wohlfahrtsstaatlichen Versorgungsminimalismus sind sich bewusst, dass die Bestimmung dessen, was als *adequate care*, *decent minimum*, *decent basic minimum* oder *angemessenes Niveau* oder *ein garantiertes Minimum an Gesundheitsversorgung* bezeichnet werden kann,[52] erhebliche Schwierigkeiten bereitet. Weder gibt es ein allgemeines Kriterium, mit dessen Hilfe sich medizinische Leistungen eindeutig als Bestandteil der Basisversorgung ausmachen lassen; noch besitzen wir ein formales Ableitungsverfahren zur Gewinnung des Minimums; auch die schlichte Auflistung bietet ein wenig Erfolg versprechendes Vorgehen, weil es immer möglich ist, alternative Listen zusammenzustellen. Charles Fried meint, „that the decent minimum should reflect some conception of what constitutes tolerable life prospects in general. It should speak quite strongly to things like maternal health and child health, which set the terms under which individuals will compete and develop".[53] Aber diese Bestimmung enthält nun wirklich kaum nennenswerte Operationalisierungshinweise. Konkreter

---

[52] Vgl. Fried, C. (1982), S. 399, Buchanan, A. (1988), S. 193, und Daniels, N. (1985), S. 74–85.
[53] Fried, C. (1982), S. 399.

wird da schon Allen Buchanan: „Zur Minimalversorgung gehört unbestritten die professionelle Geburtshilfe während der Entbindung, mindestens eine Untersuchung durch einen Arzt oder eine Hebamme während der Schwangerschaft, moderne und vertretbar schnelle Notarztversorgung für Unfallgeschädigte, routinemäßige Vorsorgeuntersuchungen und Arztbesuche mindestens alle 3 Jahre sowie relativ billige chirurgische Eingriffe mit geringem Risiko zur Behebung von Zuständen, die Körperfunktionen unmöglich machen oder ernsthaft behindern. Zumindest dort, wo diese Eingriffe eine hohe Wahrscheinlichkeit bieten, die Funktionsfähigkeit zu erhalten oder wiederherzustellen."[54] Aber auch hier wären natürlich Detaillierungen einzuklagen; überdies enthält diese Passage selbst kein Argument gegen beliebige enumerative Erweiterungen.

Das Grundproblem ist die „subtle and perilous task of determining the decent minimum in respect to health which accords with sound ethical judgements, while maintaining the virtues of freedom, variety, and flexibility which are thought to flow from a mixed system such as ours."[55] Das Ausmaß einer anständigen medizinischen Basisversorgung lässt sich nicht definitiv bestimmen; es ist sowohl abhängig von dem kulturell codierten Anspruchsniveau der Bürger als auch von dem Entwicklungsstand der Medizin und der ökonomischen Leistungsfähigkeit der Gesellschaft. Es gibt keinen medizinischen Algorithmus zur Identifizierung eines unerlässlichen Kernbereichs der Versorgungsleistungen; wie sollte dann die Philosophie einschlägige Abgrenzungsvorschläge machen können. Man würde die hier entwickelte philosophische Argumentation beträchtlich missverstehen, wenn man verlangte, dass sie in ein inhaltlich bestimmtes Versorgungsprogramm einmünden oder eine abgeschlossene Leistungsliste erstellen müsste. *Ihre Aufgabe kann allein darin bestehen, eine institutionalistische Grundorientierung für die verantwortliche gesellschaftliche Gestaltung des Gesundheitswesens zu skizzieren, die einen rationierungsimmunen Minimalegalitarismus der allgemeinen Versorgung von rationierungszugänglichen und inegalitären Versorgungsbereichen unterscheidet.* Und sie würde ihrem Ziel näher kommen, wenn sie zu einem Umdenken bei der politischen Ausgestaltung unseres Gesundheitswesen führen würde, wenn die Neigung zur maximalistischen Programmatik bekämpft würde, wenn die Anspruchsroutinen aufgebrochen würden, wenn in der Gesundheitspolitik zur Prioritätenbildung ermutigt würde und die zwar variable, aber doch durchaus orientierungstaugliche Unterscheidung zwischen einer medizinischen Basisversorgung und einer medizinisch wie ökonomisch sinnlosen Bagatellmedizin, zwischen einer flächendeckenden Grundversorgung und einer ökonomisch untragbaren, weder utilitaristisch noch wohlfahrtsrechtlich begründbaren Spitzenversorgung, zwischen einer obligatorischen Basisversorgung und einem fakultativen individuellen Risikomanagement für einen effizienzsteigernden Umbau des Gesundheitssystems genutzt würde. Und bei dem Versuch, aus diesen Prioritierungen wirksame Grenzziehungen zu gewinnen, ist die Orientierung an dem gesundheitsdefinitorischen Kernbereich normalen humanbiologischen Funktionierens, normaler humanbiologischer Fähigkeiten- und Kapazitätswahrnehmung durchaus hilfreich.

---

[54] Buchanan, A. (1988), S. 194.
[55] Fried, C. (1982), S. 399.

3.6
Das zweite Gerechtigkeitsproblem der Medizin oder Rationalisierung und Rationierung in der Gesundheitsversorgung

Der Minimalegalitarismus der medizinischen Basisversorgung kann kein generelles Rationierungsverbot begründen. Da wir uns mit Knappheitsbedingungen arrangieren müssen, muss der Egalitarismus mit einem Inegalitarismus der Ressourcenrationierung kompatibel sein. Er enthält aber die moralische Forderung, dass sich die knappheitsbedingten Rationierungsentscheidungen auf der Grundlage des zentralen Prinzips der Unparteilichkeit rechtfertigen müssen. *Gerechtigkeit erweist sich damit als die Summe aus gerechtfertigter Gleichheit und gerechtfertigter Ungleichheit.* Da es jedoch keinen moralphilosophischen Kalkül gibt, mit dessen Hilfe sich die Kriterien einer unparteilich gerechtfertigten Ethik der Rationierung medizinischer Ressourcen deduzieren ließen, bleibt dem moralischen Erkenntnisinteresse nichts anderes übrig, als sich des modernitätstypischen Mediums der deliberativen Öffentlichkeit und des sich mit den gesellschaftlichen Diskursen kommunikativ kurzschließenden politischen Entscheidungsprozesses zu bedienen.

Der rationierungsbedingte Inegalitarismus muss moralischen Rationalitätsbedingungen unterworfen sein. Neben dem Recht auf einen Egalitarismus der öffentlichen medizinischen Grundversorgung besitzen wir auch das Recht, nur solche knappheitsbegründeten Rationierungsentscheidungen, also Ungleichbehandlungen akzeptieren zu müssen, die aus unparteilicher Perspektive gerechtfertigt werden können. Dieses zweite Recht impliziert die moralische Forderung nach einer diskursiven Transparenz der ökonomischen und ethischen Rationierung der medizinischen Ressourcen auf allen Allokationsebenen. Im einzelnen ist damit eine ökonomische und ethische Effizienzüberprüfung gefordert, die zum einen wissenschaftliche Nutzen-Kosten-Analysen medizinischer Strategien auf allen Bereichen der medizinischen Versorgung von den Vorsorgeuntersuchungsprogrammen bis zur High-Tech-Medizin in den Operationssälen und Intensivstationen durchführt und zum anderen eine öffentliche deliberative Überprüfung der moralischen Kriterien von Rationierungsentscheidungen verlangt.

Der Ausschluss bestimmter Patientengruppen von bestimmten medizinischen Leistungen, die Brachlegung bestimmter Versorgungssegmente darf nicht die Folge einer Arkanpolitik der Gesundheitsbehörden und Sozialversicherungssysteme sein. Dass gesundheitsökonomische Nutzen-Kosten-Analysen in die wertungsdurchsetzten öffentlichen Erörterungen eingebettet werden müssen, ist eine Folge der semantischen Offenheit des Nutzenbegriffs. Nichts ist an sich nützlich; nützlich und weniger nützlich ist etwas immer nur in Hinblick auf bestimmte Interessen, Werte, Zielstellungen und Endzustände, über die und deren Berechtigung und Vernünftigkeit man sich also immer klar sein muss, wenn man eine solide nutzenmaximierende Kalkulation unternimmt. Man benötigt nicht nur einen umfassenden Kostenbegriff, man bedarf auch eines hinreichend komplexen Nutzenbegriffs und einer allgemein anerkannten Vergleichswährung, die den Nutzenvergleichen als Maßeinheit dient. Es kann nicht verwundern, dass dabei genau die Schwierig-

keiten auftauchen werden, die aus der allgemeinen utilitaristischen und wohlfahrtsökonomischen Diskussion bekannt sind, und die allesamt etwas damit zu tun
haben, dass der Bereich der individuellen Interessen, unterschiedlichen Lebens-
konzeptionen und Qualitätsorientierungen grundsätzlich nicht das Ausmaß an O-
perationalisierung zulässt, die eine Nutzenvergleichsuntersuchung mit dem Ziel,
den ökonomisch vernünftigsten Einsatz unserer knappen medizinischen Ressourcen ausfindig zu machen, nun einmal benötigt.

Das menschliche Leben hat einen Wert und keinen Preis: das ist unser ethisches
Credo. Aber daraus folgt eben nicht, dass uns für unsere Gesundheit nichts zu teuer sein darf. Wir können uns der Rationierungspflicht nicht entziehen und müssen
quantitative Verfahren entwickeln, um die Lebensqualitätseffekte der medizinischen Leistungen messen zu können. Freilich steht die Ethik der Rationierung
konzeptionell noch am Anfang. Die Philosophie hat in ihrer natürlichen Hinnei-
gung zu Grundsatzfragen die Notwendigkeit einer begrifflichen Vermessung des
rationierungsethischen Geländes gewaltig unterschätzt. Bislang glaubte die Ge-
rechtigkeitstheorie, sich einen konzeptionell wohlfeilen Maximalismus leisten zu
können; die zunehmende moralische Attraktivität des Egalitarismus führte zu aus-
ladenden Gleichheitsforderungen, mit denen eine obstinate, interessenpolitisch
verkrustete gesellschaftliche und politische Wirklichkeit zur moralischen Vernunft
gebracht werden sollte. Dies war erfolgreich, der Egalitarismus ist zum Gestal-
tungsprinzip des Sozialstaats der westlichen Industrienationen geworden; die sozialen Sicherungssysteme sind unaufhörlich ausgebaut worden. Nun aber zeigt sich,
dass infolge des verlängerten Lebensalters einerseits und der technologischen
Entwicklungsfortschritte andererseits sich im Gesundheitswesen wie auch in anderen Bereichen des Sozialstaates ein welfaristischer Angebot-Nachfrage-Mecha-
nismus explodierender Präferenzen und explodierender Möglichkeiten etabliert
hat, der die Leistungsfähigkeit der Volkswirtschaft zu überfordern droht und bereits jetzt derart große Anteile der staatlichen Ressourcen bindet, dass die politische Handlungsfähigkeit und Verantwortlichkeit beeinträchtigt werden und beispielsweise der Unterhalt wichtiger, vor allem den Edukations- und Ausbildungs-
bereich betreffender öffentlicher Güter nicht mehr in einem angemessenen
Umfang gewährleistet werden kann. Rationierung wird also unvermeidlich; und
die Philosophie muss sich daran gewöhnen, neben dem anspruchslosen Begrün-
dungsfundamentalismus den weitaus anspruchsvolleren Abwägungspragmatismus
in ihr Pensum aufzunehmen und etwa Richtlinien, *benchmarks of fairness for
health care reform* vorzuschlagen.[56] Auch die Philosophie muss sich der Einsicht
öffnen, dass unter Bedingungen der Moderne die kognitiv-praktische Hauptaufgabe der Menschen darin liegt, ein Management der Unsicherheit zu entwickeln.

---

[56] Vgl. Daniels, N., Light, D. W., Caplan, R. L. (1996), Daniels, N. (1996c), und Menzel,
P. T. (1990).

3.6.1
Überfluss-Illusion und Expertokratie-Illusion

In den knappheitsbedingten Rationierungsdebatten müssen wir nicht nur für ökonomische Transparenz sorgen; wir müssen auch ethische Transparenz herstellen.
Wir müssen medizinische Versorgungsrationierungen in Übereinstimmung mit
unseren Gerechtigkeitsvorstellungen vornehmen. Am Anfang dieses Unternehmens muss die entschiedene Verabschiedung von zwei Illusionen stehen: die Ü-
berfluss-Illusion und die Expertokratie-Illusion. Beide zusammen verursachen einen Zustand der ethischen Undurchsichtigkeit des gesundheitlichen Versorgungssystems. Beide Illusionen sind das Resultat von Vermeidungsstrategien und verständlichen Fluchtinstinkten. Die Überfluss-Illusion besagt: medizinische Versorgung ist hinreichend vorhanden, jeder Nachfrager bekommt den erwünschten und
notwendigen Service; Rationierungsentscheidungen müssen nicht getroffen werden; also ist eine öffentliche Freilegung einer Entscheidungssituation und ihrer
moralischen Implikationen ebenso wenig notwendig wie eine öffentliche Diskussion und Abwägung der hier infrage kommenden und in ihrem Geltungsanspruch
konkurrierenden Zuteilungsprinzipien. Diese Überfluss-Illusion wird durch selektive Information und durch eine Politik des Verschweigens abgestützt, die bis an
den Rand des Patientenbetruges gehen kann. Ist die Überfluss-Illusion nicht auf-
rechtzuerhalten, tritt die Expertokratie-Illusion an ihre Stelle. Sie besagt, dass aller
Rationierungsbedarf, alle allokativen Entscheidungen allein aus dem Begrün-
dungsfundus medizinischen Fachwissens gerechtfertigt werden können.
  Diese These vernachlässigt den Doppelaspekt aller allokativen Beschlüsse: sie
haben sowohl eine deskriptive medizinisch-technische Komponente als auch eine
normative ethische Komponente. Das gilt für die Entscheidungen auf allen Vertei-
lungsebenen: aber da die jeweils übergeordnete Verteilungsebene strukturbestim-
mend für die Entscheidungsmöglichkeiten und für den Ressourcenpool der unter-
geordneten ist, ist hinsichtlich der richtigen Beachtung der normativ-ethischen
Komponenten die Ebene der medizinischen Makroallokation die wichtigste, die
Ebene also der ökonomisch-ethischen Doppelbewertung konkurrierender Funkti-
onssegmente, konkurrierender Therapien und Diagnoseverfahren. Wichtig ist, dass
diese ethischen Entscheidungskriterien diskutiert werden: Gerade weil Rationierungsentscheidungen moralische Kosten mit sich bringen, können sie nicht auf
medizinisch-technische Erwägungen reduziert werden. Der Mediziner besitzt keinesfalls aufgrund seines Spezialwissens einen privilegierten Zugang zu einer adäquaten Vermessung des ethischen Gesamtkontextes; diese muss den deliberativen
Anstrengungen der öffentlichen Diskussionen vorbehalten bleiben. Und genauso
wenig wie es eine medizinische Sonderzuständigkeit für allokative Entscheidungen gibt, können wir die Verteilung und Rationierung der Leistungen des Gesundheitswesens ausschließlich dem „managerial elitism"[57] der Versicherer, Gesund-
heitsbürokraten, Gesundheitsindustriellen, Krankenhausadministratoren und Politiker anvertrauen. Die Transparenz der Verteilungsmechanik des Gesundheitswesens ist eine unerlässliche Gerechtigkeitsforderung in einem demokratischen,

---

[57] Daniels, N., Light, D. W., Caplan, R. L. (1996), S. 57.

dem menschenrechtlichen Egalitarismus verpflichteten Gemeinwesen. Die Verteilungsentscheidungen müssen offen gelegt werden; sie müssen sich rechtfertigen und die Zustimmung der Bürger finden. Die expandierenden moralischen Diskurse in allen Bereichen unserer modernen wohlfahrtsstaatlichen Industrie- und Dienstleistungsgesellschaften sind der Preis, den wir für die ökonomische, politische, technische und kulturelle Modernisierung entrichten müssen.

3.6.2
Medizinische Grundversorgung und persönliche Verantwortung

Die Kostenexplosion im öffentlichen Gesundheitswesen verlangt zweifellos nach einer Rationierungsstrategie. Und kritische Einstellungen gegenüber wirtschaftlichen Bewertungsprogrammen sind gänzlich unangebracht. Wie jede gesellschaftliche Versorgung findet auch die Verteilung medizinischer Leistungen unter Knappheitsbedingungen statt, die sich durch das wachsende Leistungsangebot zum einen und die steigenden Kosten zum anderen noch verstärken. Ökonomische Evaluierungen sind also unerlässlich und Wirtschaftlichkeitsüberprüfungen des gesamten Leistungskatalogs des öffentlichen Gesundheitswesens geradezu geboten. Aber nicht nur allein aufgrund der prinzipiellen Knappheit medizinischer Ressourcen, nicht nur aufgrund des allgemeingültigen ökonomischen Imperativs einer möglichst effektiven, d. h. zweckentsprechenden, hinsichtlich ihrer Wirkungen und Nebenwirkungen kontrollierten, verschwendungsfreien und konsistenten Verwendung knapper Mittel, sondern auch aus ethischen Gründen. Gerade wenn wir eine Gerechtigkeitspräferenz für ein kollektives Gesundheitsversorgungssystem akzeptieren und somit für den Bereich der solidargemeinschaftlich finanzierten medizinischen Leistungen auf das ökonomische Rationalitätsprogramm des Marktes verzichten, müssen wir die damit außer Kraft gesetzte ökonomische Disziplinierung durch zentrale Wirtschaftlichkeitskontrollen ersetzen. Die Bürger haben nicht nur ein Recht darauf, dass sich das von ihnen zwangsfinanzierte System der öffentlichen Gesundheitsversorgung im Legitimitätsrahmen der Grundversorgung hält, sie haben darüber hinaus auch ein Recht auf eine möglichst effektive Verwendung ihrer Abgaben und Steuern.

Andererseits muss grundsätzlich einer Politik widersprochen werden, die durch drastisch überzogene Sparmaßnahmen die Dienstleistungsqualität des Gesundheitswesens so weit schmälert, dass eine egalitäre Grundversorgung nicht mehr gewährleistet ist. Es gibt eindeutige Rationierungsgrenzen. Selbst minimalegalitaristische wohlfahrtsstaatliche Systeme besitzen eine eingebaute Ineffizienz- und Missbrauchsmarge, die nur um den Preis der Zerstörung des Systems aufzuheben ist. Darüber hinaus sind wohlfahrtsstaatliche Systeme eingebettet in eine normative Grammatik der individuellen Rechte und Ansprüche, die das System unserer moralischen Überzeugungen prägt und die Rahmenbedingungen menschenwürdigen Lebens und legitimer gesellschaftlicher Organisation formuliert. Diese normative Grammatik setzt jeder Kostendämpfungs- und Rationierungspolitik moralische Grenzen. Es gibt ein moralisches Anspruchsniveau, das nicht unterschritten werden darf und das bestimmte Formen des Luxus verlangt. Wenn wir

gute Gründe haben, die gesundheitliche Betreuung als nicht marktförmig distribu-
ierbares Gut anzusehen, müssen wir auch in Kauf nehmen, dass die ökonomischen
Rationalitätsstandards des unerbittlichen Angebot-Nachfrage Mechanismus des
Marktes auf dem Gesundheitsversorgungssektor grundsätzlich nicht erreicht werden können. Aber diese gerechtigkeitsphilosophische Ermahnung des Marktradi-
kalen impliziert kein Plädoyer für eine Sozialisierungsstrategie, durch die der Gesundheitsversorgung alle Marktelemente ausgetrieben werden. Im Gegenteil, es
gibt nicht nur ökonomische sondern auch moralische Argumente für eine Ausweitung eines privatwirtschaftlich organisierten Gesundheitsmarktes jenseits der solidargemeinschaftlich bereitgestellten Grundversorgung.

Das öffentliche System der Gesundheitsversorgung leidet wie jeder andere Sektor des umfassenden wohlfahrtsstaatlichen Sozialversicherungssystems an einer
sowohl ökonomischen und als auch ethischen Aporie. Als solidargemeinschaftlich
finanziertes System ermöglicht es den Bürgern, die individuelle Inanspruchnahme
seiner Leistungen von eigenen und rational kalkulierten, mit allen anderen Interes-
senbudgets des persönlichen Lebensprojekts abgeglichenen Versorgungsaufwen-
dungen abzukoppeln, so dass man sich seine Gesundheit immer von anderen bezahlen lassen kann. Er ist antinomisch strukturiert und wird in ethischer wie in
ökonomischer Hinsicht durch divergierende Tendenzen charakterisiert; er ist daher
ein Gelände voller Rationalitätsfallen und Defektionsanreize. Als Rationalitätsfal-
le bezeichnet man ein Verhalten, dass aus subjektiver Perspektive rational ist, aber
die objektive Irrationalität, die Irrationalität des Gesamtsystems dadurch erhöht.
Diese Rationalitätsfallen sind bekannt: Die Patienten erzeugen eine Übernachfrage
nach Gesundheitsversorgung, um eine möglichst große individuelle Ausnüt-
zungsmarge zu erzielen; die Ärzte haben wenig Veranlassung zur Korrektur dieser
Irrationalität; im Gegenteil, sie betreiben eine Politik der Nachfragestimulierung
und Behandlungsprolongation. Beide verhalten sich marktgetreu, verfolgen markt-
gerechte Strategien der Maximierung des Eigennutzens. Da aber das Gesamtsystem selbst nicht marktförmig organisiert ist, wird seine ökonomische Leistungsfähigkeit überstrapaziert.

Diese Rationalitätsfallen lassen sich nicht durch moralische Appelle schließen.
Moralische Appelle sind individuenadressierte Argumentationen, die auf die Entstehung moralischer Motivationslagen hoffen. Individualmoralische Appelle sind
jedoch völlig ungeeignete Instrumente einer Rationalitätsoptimierung, wenn sie
innerhalb von hochgradig interdependenten Handlungszusammenhängen vorge-
bracht werden. Handlungssysteme, die durch eine Divergenz von subjektiver und
objektiver Rationalität charakterisiert sind, die antinomisch strukturiert sind, so
dass die Steigerung der subjektiven Rationalität zur Minderung der objektiven Rationalität führen kann, die Defektionsanreize enthalten und den Schwarzfahrer mit
einem Rationalitätspreis belohnen, können ökonomisch wie ethisch nur durch eine
geeignete Veränderung der Rahmenbedingungen, also durch institutionenethische
oder ordnungspolitische Mittel kuriert werden, zu denen das Strafrecht ebenso gehört wie die interne Effizienzkontrolle. Es kommt auf kollektive Lösungen an,
durch die die sektoralen Rahmenbedingungen der unterschiedlichen Rationalitäts-
strategien der Patienten, Ärzte, Krankheitsverwaltungen und so fort so geändert
werden, dass die Kluft zwischen subjektiver Rationalität und objektiver Rationali-

tät vermindert wird. Das kann am besten durch den Einbau marktwirtschaftlicher Instrumente erreicht werden, deren detaillierte Ausgestaltung der institutionellen Phantasie der Politiker und Versicherungsingenieure überlassen bleiben muss.

Das verlangt aber auch die unnachsichtige Verfolgung aller betrügerischen und missbräuchlichen Verwendung öffentlicher Ressourcen im Gesundheitswesen. Grundsätzlich geht Rationalisierung vor Rationierung. Und zu den diversen Mitteln, einen möglichst ökonomischen Ressourceneinsatz zu gewährleisten, gehört auch die unnachsichtige strafrechtliche Verfolgung betrügerischer Abrechnungen, die Unterbindung aller rein ökonomisch motivierten Behandlungsverlängerungen, eines medizinisch nicht gerechtfertigten Geräteeinsatzes oder medizinisch überflüssiger Operationen. Die Medizin ist eine expertokratische Veranstaltung und daher durch ein steiles Informationsgefälle geprägt. Dies führt zu der ökonomisch paradoxen Situation, dass der Leistungsanbieter in hohem Maße sich die Nachfrage auf den Leib schneidern und den Konsumenten Bedürfnisinterpretationen aufreden und so nach seinem eigenen Bilde formen kann. Diese Situation ist nicht nur für den Patienten autonomieethisch riskant, sie begründet auch eine einzigartige wirtschaftliche Vorteilsposition mit hohem ökonomischen Missbrauchsanreiz, dem durch geeignete Maßnahmen begegnet werden muss. Der Eid des Hippokrates hat sich dabei längst als ein gänzlich ungeeignetes Mittel erwiesen. Geeigneter ist allemal die Strategie der Marktöffnung auf allen Gebieten, die Vermehrung von Wettbewerbsstrukturen, die Reduktion zentraler Planungsvorgaben, die zu Niederlassungsbeschränkungen und Marktzutrittsbegrenzungen führt. Nur diese strukturellen Veränderungen können die Monopolpositionen der wohlfahrtsstaatlich eingehegten Leistungsanbieter aufbrechen, können die Kontrolleffekte kompetitiver Strukturen für die Patienten nutzen. Und nichts spricht dagegen, dass diese Marktöffnung so weit gerät, dass letztlich Arzt und Patient in individuelle Preis-Leistungsverhandlungen eintreten und ihre Einigung werkvertraglich besiegeln.

Aber die Paradoxie wohlfahrtsstaatlicher Systeme hat auch eine ethische Dimension. Auch in rein ethischer Betrachtungsperspektive wird eine antinomische Struktur sichtbar. Systemimmanente Entwicklungstendenzen schwächen die Fähigkeit wohlfahrtsstaatlicher Systeme, die für sie zuständigen divergierenden ethischen Prinzipien angemessen auszubalancieren, so dass die Gefahr ethischer Selbstvereitelung wächst. Wohlfahrtsstaatliche Systeme sind gesellschaftspolitische Hilfsmittel, mit denen die Phänomene ethischen Marktversagens kompensatorisch abgefedert werden. Wie Markt und Demokratie stehen wohlfahrtsstaatliche Systeme auf dem geltungstheoretischen Sockel des normativen Individualismus. Wie bei diesen auch gründet ihre Legitimität in der Fähigkeit, im Verbund mit Markt und Demokratie die institutionellen Voraussetzungen dafür zu schaffen, dass die Individuen ein selbst bestimmtes und selbst verantwortetes Leben führen können. Es gehört aber zur eigentümlichen Dialektik wohlfahrtsstaatlicher Systeme, dass sie, obzwar als Kompensation ethischen Markt- und Demokratieversagens ins Leben gerufen, ihrerseits ethisch versagen können, indem sie ein Verhaltens- und Erwartungsprofil in den von ihnen betreuten Bürgern erzeugen, das für eine Entwicklung der für eine selbst bestimmte Lebensführung unerlässlichen Fähigkeiten der rationalen Lebensplanung, der Risikovorsorge und die Bereitschaft, die Kosten der eigenen Entscheidungen zu tragen, wenig gedeihlich ist.

Im Gesundheitswesen können wir dann beobachten, wie sich die ökonomische und ethische Antinomie überlagern und verstärken. Da nicht lebensethisch integriert, nicht in die Eigenverantwortung für Gestalt und Kosten des individuellen Lebensprojekts eingebunden, vermag die subjektive Rationalität ihr Programm der privaten Nutzenmaximierung ungehindert unter der fiktiven Perspektive vollständiger Kostenfreiheit abzuspulen. Staatliche Versorgungssysteme haben die verhängnisvolle Tendenz, die Eigenverantwortlichkeit der Individuen für ihre Lebensprojekte auszuhöhlen. Sie sind Orte der Enteignung und führen zu einer strukturellen Unterbeanspruchung der Rationalität und Moralität der Individuen. Es ist darum nicht nur ökonomisch vorteilhaft, sondern geradezu moralisch geboten, wenn die individuelle Gesundheitsversorgung wieder stärker sowohl durch die vorteilsorientierte Rationalität der sich selbst versorgenden Konsumenten als auch durch den Gedanken der Eigenverantwortlichkeit der Individuen für ihre Gesundheit bestimmt werden kann; wenn das Gesundheitsversorgungssystem individuelle Gesundheitsautonomie ermutigt und nicht erschwert, wenn die wohlfahrtsstaatliche Heteronomie im Gesundheitswesen durch sowohl ökonomische als auch ethische Selbstbeteiligung gemindert wird. Es ist dabei ratsam, die Strategie der Stärkung der Eigenverantwortung durch unterstützende institutionelle Maßnahmen zu begleiten: durch Liberalisierung der vertragsrechtlichen Beziehungen zwischen den Krankenkassen einerseits und den Krankenhäusern und Kassenärzten andererseits, durch das Zugeständnis eines größeren Freiheitsspielraums für die Krankenkassen bei der Gestaltung ihres Leistungsangebots, durch die Sichtbarmachung und Erlebbarkeit der tatsächlichen Krankenversicherungskosten, indem der bislang anonyme Arbeitgeberbetrag jetzt dem Bruttolohn der Zwangsversicherten zugeschlagen und ihnen zur selbständigen, vielfältig selbstbehaltoffenen Finanzierung ihrer Versicherungspolicen überlassen wird; durch Auflockerung der Leistungsangebote der Versicherungen durch die Auszeichnung eigenverantwortlich abwählbarer Leistungssegmente.[58]

Man sollte das moralische Gewicht dieses Arguments nicht unterschätzen; es entstammt nicht der Peripherie unserer moralischen Überzeugungen, sondern wurzelt in ihrem Zentrum. Der normative Individualismus, der den menschenrechtlichen Egalitarismus und damit das System einer egalitären medizinischen Grundversorgung gerechtigkeitstheoretisch begründet, stützt auch unsere Vorstellungen eines selbst bestimmten und selbst verantworteten individuellen Lebens, eines Lebens, das Wahlmöglichkeiten besitzt und die vielfältigen Kosten der getroffenen Entscheidungen selbst tragen muss. Es verlangt keinen großen argumentativen Aufwand, um unser Autonomieideal auf das Gesundheitsproblem anzuwenden: Es impliziert ein Bewusstsein individueller Gesundheitsverantwortung, ein Wissen um die kausalen Verbindungen zwischen gewählter Lebensweise und Krankheitsrisiken und die moralische Bereitschaft, die Gesundheitskosten frei gewählter medizinisch irrationaler Lebensweisen durch geeignete private Risikoversicherungen abzudecken und nicht auf die anonyme Beitragsgemeinschaft abzuwälzen.[59] Ein solches ethisch wie ökonomisch rationalisiertes System, das eine einkommensneutrale medizinische Grundversorgung mit einem differenzierten

---

[58] Vgl. Monopolkommission (1998).
[59] Vgl. Sass, H.-M. (1988).

privaten Krankenversicherungsmarkt kombiniert, hat überdies den gerechtigkeitsethischen Vorzug, unter einem weitaus geringeren Rationierungsdruck zu stehen
als jedes alternative Gesundheitsversorgungsmodell.

4 Die Berechnung von Kosten und Nutzen

W. Greiner

Fakultät für Gesundheitswissenschaften, Gesundheitsökonomie und Gesundheitsmanagement, Universität Bielefeld

4.1
Einleitung

Das Ergebnis einer Wirtschaftlichkeitsuntersuchung ist nicht unerheblich davon
abhängig, auf welche Weise die zugrunde liegenden Daten erhoben wurden und
welche Methodik zur Berechnung der Kosten und Nutzen verwendet wurde. Es ist
daher von großer Bedeutung, bei der Präsentation der Studienresultate die Herkunft der Daten des Ressourcenverzehrs, die Bewertungsgrößen (vor allem Preise
und Gebühren) sowie die verwendeten Kalkulationstechniken (z. B. Modellierung)
präzise anzugeben. Die Einhaltung bestimmter Standards ist für die Qualitätssicherung gerade bezüglich dieser drei genannten Bereiche unabdingbar, damit
Wirtschaftlichkeitsuntersuchungen bei Allokationsentscheidungen im Gesundheitswesen (aber auch in anderen Bereichen der nicht-marktlichen Bereitstellung
von Leistungen) von Relevanz sein können. Im folgenden Abschnitt sollen daher
zunächst mögliche Datenquellen auf ihre Eignung analysiert werden. Nach einer
Einführung in die direkten, indirekten und intangiblen Kosten- und Nutzeneffekte,
die mit medizinischen Interventionen verbunden sind, werden Verfahren zu ihrer
Erfassung vorgestellt. Schließlich wird das beschriebene Schema in einer Schluss-
betrachtung nochmals zusammenfassend gewürdigt.

4.2
Datenquellen für Wirtschaftlichkeitsuntersuchungen

Für Wirtschaftlichkeitsuntersuchungen kommen verschiedene Datenquellen in
Frage. Dazu gehören neben öffentlichen Quellen (z. B. die Statistiken der gesetzli-

chen Krankenkassen, des Statistischen Bundesamts, des Bundesministeriums für Gesundheit) klinische Wirksamkeitsstudien, Meta-Analysen und Anwendungsbeobachtungen. Diese Datenquellen sind für Wirtschaftlichkeitsuntersuchungen nicht gleich gut geeignet. So bilden Daten aus klinischen Wirksamkeitsstudien die reale Welt der ärztlichen Praxis nicht ab und müssen daher in unterschiedlicher Weise modifiziert werden. Die ökonomischen Evaluationsanalysen auf klinischen Wirksamkeitsstudien zu basieren, ist allerdings auch in verschiedener Hinsicht vorteilhaft. So erhöht dieses Vorgehen die Homogenität der betrachteten Behandlungsgruppen und die Genauigkeit der Dokumentation des Ressourcenverzehrs. Die Randomisierung (also zufällige Verteilung) der Behandlungsgruppen in klinischen Studien schafft außerdem gute statistische Voraussetzungen auch für Auswertungen in ökonomischen Analysen.

Ein Nachteil der Verwendung von Daten klinischer Studien in sozioökonomischen Untersuchungen ist deren eher kurzfristiger Zeithorizont. Die volle ökonomische Relevanz wird häufig erst langfristig sichtbar. Zusätzliche Daten zu den langfristigen Nebenwirkungs- und Komplikationsraten sind daher nicht selten ergänzend notwendig. Häufig wird gegen die Nutzung der Ergebnisse von klinischen Studien in ökonomischen Studien auch eingewendet, dass die Hospitäler, die an solchen klinischen Studien teilnehmen, meist einen wesentlich höheren medizinischen Standard repräsentieren und die dortigen Ärzte in ihrem Fach kompetenter seien als dies in der allgemeinen Praxis der Fall ist.[60] Mit diesem Argument ist auch der Unterschied zwischen dem bestmöglichen Einsatz einer Gesundheitsleistung und deren tatsächlicher Anwendung angesprochen. In der englischen Literatur wird dabei zwischen den Begriffen efficacy, effectiveness und efficency unterschieden. Die *efficacy* bezeichnet die klinische Wirksamkeit unter kontrollierten Bedingungen, also bei bestmöglicher Indikation und Anwendung. *Effectiveness* dagegen kennzeichnet die Wirksamkeit im klinischen Alltag, wobei Verschwendungen, nicht angemessene Verordnungen, mangelnde Compliance der Patienten, Therapieabbrüche etc. miteinbezogen sind. Mit *efficiency* schließlich ist die unter Berücksichtigung der gegebenen Mittel optimale Produktion einer Gesundheitsleistung gemeint (Effizienz). Entscheidend für die ökonomisch zutreffende Ermittlung von Kosten und Nutzen ist somit nicht die klinische Wirksamkeit unter idealen Bedingungen, sondern wie die Ressourcen in der Praxis tatsächlich eingesetzt werden.

Multizentrische Studiendesigns, bei denen nicht selten Patienten aus einer Reihe verschiedener Länder einbezogen werden, sind für die ökonomische Analyse ebenfalls nicht unproblematisch, da die Behandlungsgewohnheiten verschieden sind. Unterschiede bestehen nicht nur zwischen Ländern, sondern auch innerhalb eines Gesundheitssystems bei der klinischen Praxis, der Verfügbarkeit und den relativen Preisen von Versorgungseinrichtungen und -gütern sowie und den Anreizstrukturen für Anbieter von Gesundheitsleistungen. Die so genannten *protocol-driven costs* sind ein weiteres Problem beim Einsatz der Ergebnisse klinischer Studien in ökonomischen Untersuchungen. Damit werden Ressourcenverbräuche bezeichnet, die durch im Studienprotokoll vorgeschriebene medizinische Leistungen (z. B. Tests, Krankenhausaufenthalte oder regelmäßige Arztbesuche) entste-

---

[60] Vgl. Johnston, K., Buxton, M. J., Jones, D. R., Fitzpatrick, R. (1999), S. 19.

hen, aber in der Praxis nicht oder nicht derart häufig anfallen. Auch dies kann zu einer Überschätzung des Ressourcenverbrauchs führen.[61]

Zusammenfassend kann festgestellt werden, dass die Messung des Ressourcenverbrauchs parallel zu klinischen Studien heute vielfach bereits zum Standarddesign entsprechender empirischer Untersuchungen zählt.[62] Zukünftig wird es vor allem darauf ankommen, die Erfassung der ökonomischen Variablen nicht nur als Anhängsel zur medizinischen Wirksamkeitsprüfung zu sehen (so genanntes *piggyback Design*), sondern schon bei der Studienplanung die Erfordernisse gesundheitsökonomischer Analysen zu berücksichtigen (z. B. Stichprobengröße). Es werden daher auch so genannte „pragmatische" klinische Studien an Bedeutung gewinnen, die eine größere Patientenzahl aufweisen und daher eine höhere Heterogenität der einbezogenen Patienten aufweisen. Dies kann ein zutreffenderes Bild des tatsächlichen Ressourcenverbrauchs in der alltäglichen Praxis aufzeigen ohne auf eine zufällige Aufteilung in klar abgegrenzte Behandlungsgruppen verzichten zu müssen.[63] Trotzdem wird man auch bei sorgfältiger Planung mit Über- oder Unterschätzungen bei der Messung des Ressourcenverzehrs innerhalb klinischer Studien rechnen müssen. Eine Überprüfung derartiger Daten in Anwendungsbeobachtungen oder mittels retrospektiver Patientenaktenauswertungen können Nachteile, die sich aus den speziellen Eigenschaften klinischer Versuche ergeben, ausgleichen.[64] Allerdings sind damit zusätzliche Aufwendungen zeitlicher und auch finanzieller Art verbunden, so dass weitere Verzögerungen und höhere Kosten für die Studie selbst in die Überlegungen zur Studiendurchführung miteinbezogen werden müssen. Auf diese Weise können aber die ökonomischen Konsequenzen des Einsatzes eines Gesundheitsgutes bzw. die dabei auftretenden realen Ressourcenverbräuche im praktischen ärztlichen Alltag genauer ermittelt werden.[65] Ein völliger Verzicht auf die Daten aus klinischen Wirksamkeitsstudien für ökonomische Untersuchungen erscheint aber nicht angemessen, da andernfalls Daten von hoher Qualität (Randomisierung, Vergleichbarkeit, Patientenmatching) nicht mit einbezogen werden könnten.

4.3
Kosten und Nutzen im Gesundheitswesen

Die Zurechnung von Kosten und Nutzen auf bestimmte Leistungen hängt von der Perspektive der jeweiligen Untersuchung ab. Je nachdem, aus welcher Sicht Kosten und Nutzen ermittelt werden, kann das Ergebnis der Untersuchung sehr unter-

---

[61] Vgl. Baltussen, R., Leidl, R., Ament, A. (1999), S. 449.
[62] Dowie meint sogar, dass die Unterscheidung zwischen klinischen Studien und gesundheitsökonomischen Evaluationen ganz aufgegeben werden sollte, vgl. Dowie, J. (1997), S. 88. Auf die genannten Problembereiche wie *protocol-driven costs* oder multizentrisches Studiendesign geht er aber nicht ein.
[63] Vgl. Tunis, S. R., Stryer, D. B., Clancy, C. M. (2003), S. 1624.
[64] Vgl. Drummond, M. F., Sculpher, M. J., Torrance, G. W., O'Brien, B. J., Stoddart, G. L. (2005).
[65] Vgl. Bloom, B. S., Fendrick, A. M. (1996), S. 186.

schiedlich ausfallen. Neben einer volkswirtschaftlichen, umfassenden Betrachtungsweise können Kosten und Nutzen einer medizinischen Leistung auch aus der Sicht der Leistungserbringer (z. B. Krankenhausmanagement, Ärzte) oder der Patienten berechnet werden. Für die zuerst genannten ist es beispielsweise besonders wichtig, welche Auswirkungen die Erbringung einer bestimmten Leistung auf die Rentabilität des Krankenhauses bzw. der Praxis hat und nicht, welche Einsparungen durch diese Leistungen in anderen Bereichen des Gesundheitswesens ermöglicht werden.

So sind beispielsweise Kosten von Rettungsfahrzeugen für die Kostenrechnung eines Krankenhauses nur dann relevant, wenn diese aus dem Entgelt, das das Hospital erhält, bezahlt werden müssen und insofern aus Sicht des Krankenhauses Kosten verursachen. Werden die Krankenwagenkosten dagegen separat den Krankenversicherungen in Rechnung gestellt (und gegebenenfalls auch nicht vom Krankenhaus selbst erbracht), so sind diese aus Krankenhausperspektive keine relevanten Kosten, obwohl der betreffende Ressourcenverzehr eng mit der Leistung, die das Krankenhaus erbringt, verbunden ist. Schließlich hätte der Patient ohne die Transportleistung gar nicht behandelt werden können. Für die Patienten sind die direkten monetären Kosten und Nutzen einer medizinischen Maßnahme bei vollem Krankenversicherungsschutz (abgesehen von relativ geringen – aber beständig steigenden – Selbstbeteiligungen) dagegen gänzlich ohne Belang. Für diese Gruppe sind in erster Linie intangible Effekte (z. B. eine Besserung der Lebensqualität) von Bedeutung.

Neben den direkten Kosten einer Gesundheitsleistung (z. B. den Behandlungskosten) und den direkten Nutzen werden in ökonomischen Evaluationsstudien auch indirekte Wirkungen bei den Berechnungen berücksichtigt. Mit indirekten Kosten und Nutzen werden die negativen und positiven externen Effekte einer Gesundheitsleistung bezeichnet. In Tabelle 4.1 ist der Zusammenhang von tangiblen und intangiblen sowie direkten und indirekten Kosten übersichtsartig dargestellt. Die volkswirtschaftlichen Produktivitätsverluste, die durch einzelne Krankheiten oder Behinderungen ausgelöst werden, sind bei einer rein quantitativen Betrachtung häufig relevanter als die direkt zurechenbaren Kosten.

Tabelle 4.1. Kosten medizinischer Therapieverfahren nach Zurechenbarkeit und Tangibilität [66]

	direkte Kosten	indirekte Kosten
tangibel	z. B. Kosten des ärztlichen und pflegerischen Dienstes	z. B. Verringerung der gesamtwirtschaftlichen Produktivität
intangibel	z. B. Schmerzen bei der Behandlung	z. B. Einbuße an Lebensqualität wegen Gefahr der Ansteckung

[66] Quelle: In Anlehnung an Oberender, P. (1991), S. 147.

4.3.1
Direkte Kosten und Nutzen

Zu den direkten Kosten und Nutzen wird derjenige bewertete zusätzliche Ressourcenverzehr gezählt, der unmittelbar mit der Anwendung bzw. Ausführung der Behandlung verbunden ist (Kosten) bzw. vermieden werden kann (Nutzen), d. h. im Wesentlichen

- Kosten/Nutzen, die jetzt oder später durch die Erstellung der Gesundheitsleistung entstehen (oder vermieden werden), z. B. Personalkosten, Medikamentekosten, Labor- und Verwaltungskosten,
- Kosten/Nutzen durch Tests und Behandlungen, die veranlasst (oder vermieden) werden aufgrund der Information, die sich aus der evaluierten Gesundheitsleistung ergeben (z. B. Kosten der Bluthochdruckbehandlung nach Blutdruckmessung) und
- Kosten/Nutzen von Tests und Behandlungen für die Behandlung (bzw. Vermeidung) von Nebenwirkungen und Komplikationen (z. B. Kosten einer allergischen Reaktion nach Medikamenteneinnahme).

Im ambulanten Sektor des deutschen Gesundheitswesens erfolgt eine Erfassung des Ressourcenverzehrs meist über die abgerechneten Gebührenordnungsziffern, die anschließend mit dem aktuellen Punktwert multipliziert werden, um so die finanziellen Belastungen für die Krankenversicherungen abzuschätzen. Insbesondere ist diese Vorgehensweise angebracht, wenn die Kostenerfassung aus Sicht der Kostenträger (also im Allgemeinen der Krankenkassen) erfolgt. Hinzu kommen Kosten, die vom ambulant tätigen Arzt veranlasst werden (z. B. Arznei- und Verbandmittel, Heilmittel, Hilfsmittel). Die Erfassung wird häufig dadurch erschwert, dass durch die Überweisungen an andere (Fach-) Ärzte Lücken in der Dokumentation des Behandlungsverlaufes möglich sind. In solchen Fällen werden ersatzweise beispielsweise Auswertungen der entsprechenden Arztbriefe an die überweisende Praxis durchgeführt oder aber die durchschnittlichen Fallkosten bei einer bestimmten Facharztgruppe verwendet.

In den letzten Jahren sind auch Angaben der Patienten zur Inanspruchnahme von Gesundheitsleistungen als Datenquelle genutzt worden. Diese werden beispielsweise mit Interviews, standardisierten Fragebögen und Patiententagebüchern erhoben. Allerdings sind diese Methoden nicht frei von möglichen systematischen Fehlern, da die Erinnerung der Patienten an die Inanspruchnahme von Gesundheitsleistungen gegebenenfalls selektiv erfolgt oder bestimmte Behandlungsepisoden bewusst verschwiegen werden.[67]

Im stationären Bereich werden trotz einschneidender Änderungen bei dem Honorierungssystem von Krankenhäusern (mit pauschalisierten Entgelten gemäß dem System der Diagnosis Related Groups - DRGs -) derzeit noch häufig tagesgleiche Pflegesätze verwendet. Bei einer gesellschaftlichen (sozialen) Perspektive reicht die Durchschnittsbewertung von Leistungsbündeln, wie sie bei den DRGs

---

[67] Ruof, J., Hülsemann, J. L., Mittendorf, T., Schulenburg, J.-M. Graf v. d., Zeidler, H., Merkesdal, S. (2004), S. 372.

der Fall ist, nicht mehr aus. In diesem Fall müssen Personalkosten, Kosten für Medikamente, Verbrauchsmaterial, Röntgenaufnahmen, Laboruntersuchungen etc. sowie die Verwaltungskosten des Krankenhauses möglichst detailliert erfasst werden, um sämtliche anfallenden Kosten einzubeziehen. Die Einbeziehung der Investitionskosten (z. B. Erstellung der Krankenhausgebäude) hängt wiederum davon ab, welche Perspektive gewählt wurde und wie die Krankenhausfinanzierung konkret geregelt ist (monistische oder duale Finanzierung). Die Erstellung eines Mengengerüstes (also die Zusammenfassung der verbrauchten Ressourcen) stellt dabei ein nicht zu unterschätzendes Problem dar, weil in den meisten Krankenhäusern ein funktionierendes Controllingsystem, das abteilungsbezogene Aussagen zu Kosten und Ergebnisbeitrag zuließe, noch kaum vorhanden ist. Eine Bewertung erfolgt in diesen Fällen mit Fremdbezugs- oder Herstellungspreisen. Betriebliche Verrechnungspreise müssen wegen der häufig mangelnden internen Dokumentation zunächst erst mühsam errechnet werden. Dieses Problem stellt sich insbesondere bei Krankenhausgemeinkosten, für deren Zuschlüsselung auf einzelne Kostenträger zunächst geeignete Schlüsselgrößen festgelegt werden müssen.

Ein neueres Verfahren zur Zurechnung von Gemeinkosten ist die so genannte Prozesskostenrechnung.[68] Diese geht über die traditionelle Kostenarten-, Kostenstellen- und Kostenträgerrechnung hinaus und gliedert die Leistungserstellung in Einzeltätigkeiten auf, denen anhand von so genannten Kostentreibern Anteile an den Gemeinkosten direkt zugerechnet werden können. Je nach Aktivität werden sehr unterschiedliche Kostentreiber als Bezugsgrößen gewählt. Die Auswahl und Anzahl ist abhängig von dem jeweiligen Produktionsprozess sowie dem Grad der Zurechnungsgenauigkeit, der gewünscht wird. Im Krankenhausbereich sind beispielsweise die Zahl der Patientenaufnahmen, die Zahl der Laboruntersuchungen, die Zahl der Konsile oder die Zahl der Visiten als Kostentreiber möglich.

Hauptziel der Prozesskostenrechnung ist, in größerem Umfang Einzelkosten auszuweisen, um so zu zuverlässigeren Informationen für Preisuntergrenzen zu gelangen. Außerdem sinken bei einem höheren Anteil zurechenbarer Einzelkosten im Allgemeinen die Stückkosten. Dies kann im Krankenhaus zu einer verursachungsgerechten Belastung von Abteilungen und Gesundheitsleistungen beitragen. Grenzen der Prozesskostenrechnung liegen im Bereich der Overheadkosten, z. B. für die Leitung und Verwaltung eines Krankenhauses bzw. einer Kostenstelle, da diese nur partiell in Leistungsprozesse für bestimmte Kostentreiber aufgeschlüsselt werden können.

Zur Verallgemeinerung von Resultaten auf mehr als ein Krankenhaus sollten möglichst verschiedene Hospitäler (bzw. Praxen im ambulanten Bereich) in die Analyse mit einbezogen werden. Dies ist kostenrechnerisch ebenfalls nicht unproblematisch, da sich Preise, Kosten- und Erlösgrößen von Krankenhaus zu Krankenhaus unterscheiden (z. B. die Abteilungspflegesätze oder die vereinbarten Pauschalen) und daher auch hier mit Durchschnittsgrößen gearbeitet werden muss.[69]

---

[68] Vgl. Güssow, J., Greulich, A., Ott, R. (2002), S. 179.
[69] Vgl. Drummond, M. F., Sculpher, M. J., Torrance, G. W., O'Brien, B. J., Stoddart, G. L. (2005).

4.3.2
Indirekte Kosten und Nutzen

Zur Berechnung der indirekten Kosten und Nutzen wird im Allgemeinen nach dem so genannten Humankapital-Ansatz vorgegangen. Die Bezeichnung des Ansatzes unterstellt, dass Gesundheitsausgaben aus volkswirtschaftlicher Sicht immer auch Investitionen in die Erhaltung der Berufsausübungsfähigkeit der Patienten, also in das Humankapital darstellen. Demnach sind die indirekten Kosten einer Krankheit gerade so groß wie der Verlust an Arbeitspotential, der einer Volkswirtschaft durch krankheitsbedingtes Fernbleiben oder nur eingeschränkte Leistung am Arbeitsplatz entsteht. Auch der vorzeitige Tod einer erwerbstätigen Person bedeutet nach diesem Ansatz einen volkswirtschaftlichen Produktivitätsverlust (s. Abb. 4.1). Zur Berechnung dieser Verluste wird der bis an das statistisch zu erwartende Lebensende zukünftige Einkommensstrom des Patienten auf den Gegenwartszeitpunkt diskontiert.[70]

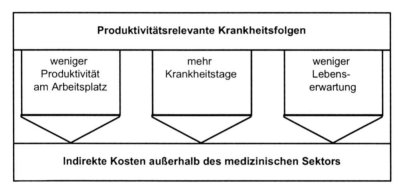

Abb. 4.1. Aspekte indirekter Kosten außerhalb des medizinischen Sektors

Da in der Praxis in den letzten Jahren indirekte Kosten in der oben dargestellten Weise immer mehr ausschließlich auf die Bewertung des Verlustes von Arbeitspotential bzw. gesamtwirtschaftlicher Produktivität reduziert worden sind, verwendet eine Reihe von Wissenschaftlern den etwas unkonkreten und manchmal missverständlichen Begriff „indirekte Kosten" nicht mehr, sondern spricht in diesem Zusammenhang nur noch von „Produktivitätsverlusten". Man wird in dieser semantischen Frage abwarten müssen, welche Begrifflichkeit sich letztlich international in Studien und Guidelines durchsetzen wird.

Zu den indirekten Kosten gehören keine Transferzahlungen wie beispielsweise Rentenzahlungen oder Krankengeld.[71] Diese Zahlungen stellen zwar nicht unerhebliche Folgelasten von Krankheit für die Sozialversicherungsträger dar. Es handelt sich aber aus volkswirtschaftlicher Sicht nicht um Kosten, da sie kein Entgelt für einen Ressourcenverbrauch darstellen, sondern lediglich der sozialpolitisch motivierten Umverteilung dienen. Die Berechnung der finanziellen Folgelasten

---

[70] Vgl. Brouwer, W. B., van Exel, N. J., Koopmanschap, M. A., Rutten, F. F. (2002).
[71] Vgl. Gold, M. R., Siegel, J. E., Russel, L. B., Weinstein, M. C. (1996), S. 183.

einzelner Krankheiten für Sozialversicherungsträger ist im Rahmen gesundheitsökonomischer Analysen zwar durchaus möglich und üblich, um eine höhere
Transparenz über diese Effekte aus Sicht der Parafisci zu erlangen. Die Daten sind
aber getrennt von den Kosten auszuweisen und als Transferleistungen zu kennzeichnen.

Um eine Abschätzung der Produktivitätsverluste vorzunehmen, ist vor allem
die genaue Berechnung und Bewertung des patientenindividuellen Beitrages zur
gesamtgesellschaftlichen Produktion nicht unproblematisch. Die Kritik an der
Humankapitalmethode setzt an verschiedenen methodischen Schwächen des Kon-
zeptes an, die dazu geführt haben, dass heute der Humankapital-Ansatz in einfacher Form allgemein als überholt gilt. Trotzdem wird immer noch überwiegend
diese Methode zur Berechnung indirekter Kosten eingesetzt, da Ansätze, die eine
genauere Erfassung ermöglichen, ebenfalls nicht unumstritten und bislang mit wesentlich höherem Aufwand verbunden sind.

Zudem wird dem Humankapital-Ansatz entgegengehalten, nur einen Teil der
durch die Krankheit bedingten indirekten Kosten abzubilden. Die ausschließliche
Fokussierung auf Produktivitätsverluste führe dazu, dass die Nutzen einer Maßnahme (z. B. weniger Krankheitstage) nicht aus Patientensicht bewertet werden,
sondern ausschließlich aus der Sicht Dritter (in diesem Falle des Arbeitgebers
bzw. der Volkswirtschaft als Ganzes).[72]

Aus ethischer Sicht wird gegen eine Einbeziehung von Produktivitätsverlusten
in gesundheitsökonomischen Studien eingewendet, dass auf diese Weise der er-
werbstätige Teil der Bevölkerung systematisch bevorzugt wird, da beispielsweise
für Hausfrauen, Kinder, Studenten, Arbeitslose und Rentner kein indirekter Nutzen aus Produktivitätssteigerungen nachweisbar ist. Bei strenger Anwendung der
Maßstäbe für eine effiziente Allokation müssen arbeitende Personen umso mehr
bevorzugt werden, je höher ihr Einkommen ist. Diese Besserstellung infolge des
individuellen Status bzw. der relativen Einkommenssituation ist allerdings kaum
mit dem in der Gesundheitspolitik postulierten Grundsatz des für jeden Bürger
gleichen Zugangs zu Gesundheitsleistungen zu vereinbaren.[73]

Es wurde aus diesem Grunde auch vorgeschlagen, die unbezahlte Arbeit in
gleicher Weise wie Erwerbsarbeit bei der Berechnung indirekter Kosten und Nutzen zu bewerten. Theoretische Grundlage dieser Vorgehensweise ist die Überlegung, dass Individuen ihr Arbeitsangebot ausdehnen werden, bis der Grenznutzen
von Freizeit und Arbeit gleich ist. Als Näherungswert der Opportunitätskosten
nicht bezahlter Hausarbeit wird dabei beispielsweise das Markteinkommen von
Haushaltshilfen zugrunde gelegt. Obwohl der Frage, Hausarbeit bei der Berechnung indirekter Kosten zu berücksichtigen oder nicht, in der Literatur großer
Raum zugebilligt worden ist, stellt dies in der Praxis der Evaluation von Gesundheitsleistungen kein wichtiges Thema dar. In einem Review publizierter Studien,
in denen auch indirekte Kosten berechnet worden waren, wurde keine einzige Untersuchung gefunden, die explizit auch unbezahlte Hausarbeit bei der Berechnung
indirekter Kosten berücksichtigte.[74]

---

[72] Vgl. Szucs, T. D. (1999), S. 31.
[73] Vgl. Williams, A., Cookson, R. (2000), S. 1893–1894.
[74] Vgl. Jacobs, P., Fassbender, K. (1998), S. 805.

Theoretisch ist für die Kalkulation der Produktivitätsverluste eine individuelle Berechnung für jeden einzelnen berufstätigen Patienten erforderlich. Die jeweilige Einkommenssituation würde dann die Grundlage für die Abschätzung der krankheitsbedingten indirekten Kosten bilden. Dabei geht man von der Annahme aus, dass die Entlohnung der Grenzproduktivität der Arbeit entspricht. Zusätzlich müsste der Bruttolohn (incl. den Lohnnebenkosten) dazu noch um Urlaubs-, Feiertags- und arbeitsfreie Wochenendtage bereinigt werden. Diese Vorgehensweise ist aber häufig nicht durchführbar, da Daten über die Einkommenssituation der Probanden von hoher Sensibilität sind und die Verweigererquote bei der Beantwortung erheblich ist. Nach den aktuellen deutschen Empfehlungen zur gesundheitsökonomischen Evaluation können daher auch Durchschnittswerte auf der Basis der amtlichen Einkommensstatistik ersatzweise für diese Berechnungen verwendet werden. Folgende Formel wird dazu vorgeschlagen:[75]

$$\text{durchschnittl. Prod.verlust} = \text{Arbeitsunfähigkeitstage} \cdot \frac{\text{Bruttoeinkommen aus unselbständiger Arbeit}}{\text{Zahl abhängig Erwerbstätiger} \times 365 \text{ Tage}}$$

Dieser durchschnittliche Produktivitätsverlust wird auch für selbständig Tätige verwendet. Die Formel stellt allenfalls einen Näherungswert für die tatsächlichen Produktivitätsverluste aufgrund von Erkrankungen dar. Soweit möglich ist daher einer detaillierten Auswertung und Berechnung der Vorrang zu geben.

Aus ökonomischer Sicht wird die Humankapitalmethode vor allem wegen der ihr zugrunde liegenden Annahmen der Vollbeschäftigung und der Produktion zu (Lohn-)Grenzkosten kritisiert. Der Volkswirtschaft entsteht nur dann ein Produktivitätsverlust, wenn tatsächlich bedingt durch die Krankheit weniger Waren oder Dienstleistungen produziert werden. Dies ist aber bei einer Abwesenheit des Patienten von seinem Arbeitsplatz über nur wenige Tagen häufig nicht der Fall, da die anfallenden Aufgaben dann meist von Kollegen mit erledigt oder von dem Patienten selbst später nachgeholt werden. Wenn dies ohne zusätzliche Kosten (z. B. durch Überstunden) und ohne Qualitätsverlust möglich ist, liegt kein volkswirtschaftlicher Produktivitätsverlust vor.

Bei einer längerfristigen Abwesenheit ist der Ersatz des betreffenden Arbeitnehmers durch eine andere Arbeitskraft wahrscheinlich, da der Arbeitsmarkt in den meisten Industrienationen von einem Angebotsüberhang gekennzeichnet ist. Somit ist bei einer langfristigen Abwesenheit des Patienten vom Arbeitsplatz die Annahme eines ebenso langfristigen Produktivitätsverlustes unrealistisch. Mit neueren Verfahren wie dem *Friktionskostenansatz*[76] soll diese Überschätzung von Produktivitätsverlusten vermieden werden, indem in höherem Maße der Möglichkeit Rechnung getragen wird, krankheitsbedingt arbeitsunfähige Patienten an ihrem Arbeitsplatz durch bislang Arbeitslose zu ersetzen. Bei dem Friktionskostenansatz wird pro Patient und Krankheitsperiode ein Produktivitätsverlust höchstens für die Dauer der durchschnittlichen Vakanz unbesetzter Stellen angenommen.

---

[75] Vgl. Hannoveraner Konsens Gruppe (1999), S. A64.
[76] Vgl. Johannesson, M., Karlsson, G. (1997), S. 249.

Die durchschnittliche Laufzeit offener Stellen, die den Arbeitsämtern gemeldet wurden, stellt einen Näherungswert für die mittlere Friktionsperiode aller offenen Stellen am Arbeitsmarkt dar.

Allerdings suggeriert der Friktionskostenansatz gleiche Produktivitätsverluste unabhängig davon, ob der Arbeitnehmer nach der Krankheit an seinen Arbeitsplatz zurückkehrt oder nicht. Tatsächlich liegen die Kosten der Anstellung eines Arbeitslosen aus mikroökonomischer Sicht wegen des Aufwandes für die Suche eines geeigneten Bewerbers (Ausbildungs- und Einarbeitungskosten) wesentlich höher, als wenn der Arbeitnehmer nach einer Krankheitsperiode, die genau der Friktionsperiode entspricht, gesund an seinen Arbeitsplatz zurückkehrt. Der Gesamtbetrag der Friktionskosten ist also im Normalfall größer als der Gegenwert der Produktionsausfälle in der Friktionsdauer. Zur Operationalisierung des Ansatzes müssen daher in weiteren Studien spezifische Such- und Ausbildungskostenzuschläge ermittelt werden, um einen adäquaten Schätzwert für die indirekten Kosten krankheitsbedingter Abwesenheit vom Arbeitsplatz angeben zu können.

Der Friktionskostenansatz unterstellt zudem, dass bei längerfristiger Abwesenheit ein kranker Arbeitnehmer nach Ablauf der Friktionsperiode immer durch einen Arbeitslosen ersetzt wird. Diese Annahme ist dann verletzt, wenn ein bereits in einem Beschäftigungsverhältnis stehender Arbeitnehmer abgeworben wird, um die vakante Stelle zu besetzen. Auf diese Weise würden durch die Erkrankung statt einer Friktionsperiode indirekte Kosten in Höhe von mindestens zwei Friktionsperioden anfallen, da auch für die bisherige Stelle des wechselnden Arbeitnehmers Ersatz gefunden werden muss.[77]

Außerdem wird dem Friktionskostenansatz aus neoklassischer Sicht entgegengehalten, die Annahme, dass nach Ablauf der Friktionsperiode keine indirekten Kosten mehr anfallen, sei gleichbedeutend mit einem Lohnsatz nahe Null nach diesem Zeitpunkt.[78] Dies sei weder empirisch belegbar noch konsistent mit der neoklassischen ökonomischen Theorie. Von den Befürwortern des Friktionskostenansatzes wird dem allerdings entgegengehalten, die neoklassische Modellwelt sei gerade bezüglich der Vollbeschäftigungsannahme als Grundlage der Berechnung indirekter Kosten zu unrealistisch.[79]

Für die Bewertung der Produktivitätsminderung in Geldeinheiten ist eine möglichst objektive Abschätzung vorzunehmen. Der traditionelle Humankapital-Ansatz führt allerdings zu einer nicht unerheblichen Überschätzung der tatsächlichen indirekten Kosten. Der Friktionskostenansatz stellt hier eine wichtige Weiterentwicklung dar, für die aber die statistischen Datengrundlagen noch verbessert werden müssen. Dazu sind regelmäßige, nach Branchen und Regionen differenzierte Erhebungen der durchschnittlichen Friktionsdauer für offene Stellen erforderlich.

Ein anderes Problem, das insbesondere bei Kosten-Nutzwert-Analysen auftreten kann, ist die Frage, ob indirekte Kosten im Nenner oder Zähler des Kosten-Nutzwert-Quotienten berücksichtigt werden sollte. Das Washington Panel, das die

---

[77] Vgl. Liljas, B. (1998), S. 5.
[78] Vgl. Johannesson, M., Karlsson, G. (1997), S. 253.
[79] Vgl. Koopmanschap, M. A., Rutten, F. F. H., Ineveld, B. M. v., Roijen, L. v. (1997), S. 259.

US-amerikanischen Guidelines entwickelt hat, plädiert dafür, Produktivitätsverluste ausschließlich im Nenner aufzuführen, da eine enge Beziehung zwischen der
Fähigkeit, produktiv tätig zu sein, und Lebensqualität besteht.[80] Um Doppelzäh-
lungen zu vermeiden, empfiehlt das Panel daher, Produktivitätsverluste nur implizit im Lebensqualitätseffekt zu berücksichtigen. Da Produktivitätsverluste eher
volkswirtschaftliche Größen sind (insbesondere wenn die finanziellen Folgen von
Krankheit für den Einzelnen durch Versicherungssysteme gemildert werden), wird
aber weiterhin der Verlust an Arbeitspotential durch Krankheit in der Regel im
Zähler von Kosten-Nutzwert-Analysen einbezogen.[81]

4.3.3
Intangible Effekte

Mit intangiblen Kosten und Nutzen werden monetär nicht messbare Effekte wie
Schmerz, Freude oder physische Beschränkung bezeichnet. Sie sind als Folge von
Krankheit (bzw. dem Einsatz von Gesundheitsleistungen) auch aus gesundheitsökonomischer Sicht bedeutsam. Gerade bei chronischen Erkrankungen, bei denen
es keine vollständige Heilung oder Verminderung von Mortalität gibt, ist es für
die Beurteilung einer Leistung wichtig, die Wohlbefindensverbesserungen für den
Patienten transparent zu machen, um den Nutzen einer Maßnahme korrekt anzugeben. Das gilt in erster Linie aus Patientensicht, kann aber auch für seine
Sachwalter (z. B. Ärzte, Krankenhäuser und Krankenkassen) wichtig sein, wenn
sie das Ziel haben, für ihre beschränkten Ressourcen einen möglichst hohen Nutzen (der im Gesundheitswesen nicht immer einen monetären Preis hat) zu realisieren.
   In den letzten Jahren haben zur Abschätzung der intangiblen Effekte daher auch
Lebensqualitätswirkungen von Gesundheitsleistungen Eingang in ökonomische
Wirtschaftlichkeitsanalysen gefunden. Im Teil B dieses Buchs wird daher die Bewertung von Lebensqualitätseffekten und insbesondere deren Einbeziehung in ö-
konomische Studien ausführlich dargestellt.

4.4
Die Erfassung von Kosten- und Nutzeneffekten

4.4.1
Kostenerfassung

Wie bereits im vorhergehenden Abschnitt erläutert, werden Kosten sehr häufig parallel zu klinischen Wirksamkeitsstudien erhoben. Dies ist wegen des speziellen

---

[80] Vgl. Gold, M. R., Siegel, J. E., Russel, L. B., Weinstein, M. C. (1996), S. 181–182.
[81] Vgl. Brouwer, W. B., Koopmanschap, M. A., Rutten, F. H. (1997), S. 259.

Designs dieser medizinischen Studien aus ökonomischer Sicht nicht unproblematisch. Gerade bei klinischen Studien, die in anderen Ländern durchgeführt wurden, stellt sich die Frage der Vergleichbarkeit der Ergebnisse. In solchen Fällen ist eine Modellierung auf die jeweiligen konkreten Umstände in dem Gesundheitssystem, für das die Analyse durchgeführt wird, notwendig.[82] Um die Übertragbarkeit der Ergebnisse des klinischen Versuchs auf die nationale Situation im Einzelfall zu prüfen bzw. die Resultate entsprechend zu modifizieren, kommen verschiedene Maßnahmen in Frage. Dazu gehören:

- Prospektive oder retrospektive Überprüfung der Ergebnisse des klinischen Versuches mit einer kleinen Patientengruppe im nationalen Rahmen,
- strukturierte oder freie Expertengespräche mit anerkannten einheimischen Medizinern,
- ein zusätzlicher klinischer Versuch mit ausschließlich inländischen Leistungserbringern (Praxen, Kliniken etc.),
- Anpassung bestimmter, ökonomisch relevanter Parameter nach statistischen oder heuristischen Prinzipien (z. B. die lineare Anhebung der durchschnittlichen Hospitaltage, die im multizentrischen Versuch gemessen wurden, um einen bestimmten Prozentsatz, der die nationalen Bedingungen widerspiegeln soll),
- Mischung mit Daten über Ressourcenverbräuche aus anderen Quellen (z. B. andere klinische Versuche, die im nationalen Rahmen durchgeführt wurden).

Eine entsprechende Modellierung der Daten ist nicht unproblematisch, da die Auswahl der Modellierungstechnik und gegebenenfalls der weiteren Datenquellen ein Werturteil darstellt und Raum für Beliebigkeit und Manipulation bildet. Es ist daher unbedingt notwendig, Modifizierungen deutlich zu machen und eingehend zu begründen. Üblich sind beispielsweise so genannte Entscheidungsbäume, bei denen in visualisierter Form (anhand eines Baumdiagramms) eine Gewichtung einzelner möglicher Therapieergebnisse anhand ihrer jeweiligen Wahrscheinlichkeit vorgenommen wird. Wenn man diese Prozesse modellhaft über mehrere Behandlungsperioden abbilden möchte, bieten sich verkettete Entscheidungsbäume (so genannte Markov-Ketten) an. Diese stoßen allerdings häufig schon nach wenigen Perioden wegen ihres immensen Datenbedarfes (z. B. bezüglich der Übergangswahrscheinlichkeit von einem Gesundheitszustand zu anderen und dessen Variabilität über die Zeit) an Grenzen der Machbarkeit und Glaubwürdigkeit.

Für eine korrekte Kostenerfassung sind neben der möglichst genauen Ermittlung der verbrauchten Ressourcenmengen adäquate Bewertungsgrößen notwendig. Da die Kosten ein Produkt aus Preis und Menge darstellen, sind beide Komponenten im Studienbericht ausführlich zu dokumentieren. In den meisten Gesundheitssystemen erfolgt die Preisbildung häufig nicht durch das Zusammenwirken von Angebot und Nachfrage, sondern durch Verhandlungen zwischen staatlichen und halbstaatlichen Organisationen. In ökonomischen Evaluationsstudien wird daher die Kostenermittlung häufig auf der Grundlage von Gebührenordnungen (z. B. GOÄ, EBM, G-DRG) durchgeführt, mit denen Krankenversicherungen Leistun-

---

[82] Vgl. Johnston, K., Buxton, M. J., Jones, D. R., Fitzpatrick, R. (1999), S. 32.

gen abrechnen.[83] Auch die Arzneimittelpreise bilden sich nicht am Markt, sondern werden zum überwiegenden Teil noch bundeseinheitlich festgelegt (wenn auch nicht direkt staatlich bestimmt). Die so gebildeten Preisstrukturen sind kaum variabel gegenüber Schwankungen der Nachfrage, so dass ihnen nur eine eingeschränkte Funktion der Markträumung zukommt.

Es hängt von der gewählten Perspektive ab, die in der jeweiligen Analyse angenommen wird, ob die Verwendung solcher nicht-marktlichen Preise in gesundheitsökonomischen Studien angemessen ist oder nicht. So sind die Gebührenordnungen zwar kaum ein Maßstab für den tatsächlichen Ressourceneinsatz, sie bestimmen aber den realen Umfang der Aufgaben der jeweiligen Kostenträger (z. B. Krankenkassen) für die evaluierte Maßnahme. Die Folge davon ist allerdings, dass in diesen Preisen nicht leistungsgerechte Gewinne einzelner Marktteilnehmer enthalten sein können, wodurch eine Verdrängung durch Anbieter günstigerer Gesundheitsleistungen unterbleibt.

Für die Kostenerfassung beispielsweise aus Sicht von Leistungserbringern wie ambulanten Praxen oder Krankenhäusern haben Gebührenordnungen keine Bedeutung. In diesen Fällen sind stattdessen die einzelnen Behandlungskosten detailliert in den Institutionen zu erfassen. Dies ist aufwändig und trifft zudem auf methodische Probleme. Wie in anderen Wirtschaftsbereichen sind auch im Gesundheitswesen die Gemeinkosten stark angestiegen. Die so genannten *Overhead-Kosten* für Verwaltung, Leitung, Abschreibung etc. sind mit der Kapitalintensität der Medizin in den letzten Jahren tendenziell gestiegen. Während früher als Zuschlagsbasis für die Verteilung der Gemeinkosten meist der Lohn diente, ist dies heute daher immer weniger angemessen. Gerade im Gesundheitswesen ist die Annahme einer proportionalen Zunahme von Gemeinkosten mit den Lohneinzelkosten nicht angebracht, da innerbetriebliche Krankenhausleistungen (z. B. Laborleistungen), die für die Behandlung Dienstleistungs- und Zuliefercharakter haben, nicht proportional mit dem Umfang der ärztlichen direkten Behandlungsleistungen ansteigen.

Dies wird beispielsweise beim pflegerischen Aufwand deutlich, da Pfleger und Krankenschwestern auch Hotelleistungen wie die Essenausgabe und das Bettenmachen übernehmen und daher nicht vollständig der Kostenart „Pflegekosten" zuzurechnen sind. Da außerdem die Pflegeintensität von Patient zu Patient stark differiert, ist eine genaue Zurechnung der Pflegekosten auf den einzelnen Patienten schwierig. Es handelt sich somit um unechte Gemeinkosten, die zwar im Hinblick auf ihre technische Zurechenbarkeit Einzelkosten sind, aber wie Gemeinkosten zugerechnet werden, um einen unverhältnismäßigen Erhebungsaufwand zu vermeiden.

4.4.2
Nutzenerfassung

Der Nutzen einer Maßnahme besteht zum einen aus monetären Einsparungen, die durch ihren Einsatz möglich werden (z. B. den Ersatz einer kostenintensiven The-

---

[83] Vgl. Le Pen, C. (2000), S. 115.

rapie durch eine kostengünstigere Medikation). Die Erfassungsmethoden für diese Effekte unterscheiden sich grundsätzlich nicht von der Ermittlung der direkten und indirekten Kosten.

Der Nutzen drückt sich zum anderen aber auch in nicht-montären Größen aus, die in Kosten-Wirksamkeits- und Kosten-Nutzwert-Analysen eingehen. In Frage kommen dazu unterschiedlichste medizinische oder epidemiologische Outcome-Einheiten wie z. B. gewonnene symptomfreie Tage, gewonnene Arbeitstage, Anzahl vermiedener Tumore, Veränderungen des Blutdrucks oder auch zusätzliche Lebensjahre, wenn es sich um lebensrettende Interventionen handelt. Unterschieden wird dabei zwischen finalen Outcome-Parametern (z. B. gewonnene Lebensjahre) und intermediären Outcome-Maßen (z. B. erfolgreich behandelte Patienten). Welche Ergebnisparameter im konkreten Fall angemessen sind, ist eine schwer objektivierbare Frage und kann nur medizinisch bestimmt werden. Die Messung erfolgt ebenfalls entsprechend den medizinischen Standards.

Auf die besondere Bedeutung der Lebensqualität als medizinischer Outcome-Parameter ist an anderer Stelle schon hingewiesen worden. Hier besteht bereits eine ganze Reihe von unterschiedlichen Instrumenten zur Erfassung dieser Veränderungen. Einige Beispiele für diese Erfassungsinstrumente sowie für Methoden zur Verknüpfung ihrer Ergebnisse mit Mortalitätsdaten (QALYs) werden im Teil C dieses Buchs noch genauer vorgestellt.

4.5
Zusammenfassung

Die korrekte Erfassung der Kosten und Nutzen einer Gesundheitsleistung stellt die Grundlage jeder gesundheitsökonomischen Evaluation dar. Für die Ermittlung direkter, indirekter und intangibler Effekte stellen sich recht unterschiedliche Probleme, wobei bei den direkten Kosten und Nutzen eher kostenrechnerische Fragen im Vordergrund stehen (z. B. adäquate Schlüsselungsgrößen bei Gemeinkosten). Die Erfassung indirekter Kosten ist dagegen heute noch ein nicht vollständig gelöstes theoretisches Problem. Die größten Fortschritte wurden in den letzten Jahren bei der Erfassung der intangiblen (Lebensqualitäts-)Effekte einer Maßnahme erzielt, was an der großen Zahl entsprechender Instrumente und Veröffentlichungen auch im Zusammenhang mit gesundheitsökonomischen Studien deutlich wird.

Für die Bewertung der Produktivitätsminderung in Geldeinheiten ist eine möglichst objektive Abschätzung vorzunehmen. Der traditionelle Humankapital-Ansatz führt allerdings zu einer Überschätzung der realen indirekten Kosten. Der Friktionskostenansatz stellt daher eine wichtige Weiterentwicklung dar, deren statistische Datengrundlage noch verbessert werden muss. Dazu sind regelmäßige, nach Branchen und Regionen differenzierte Erhebungen der durchschnittlichen Friktionsdauer für offene Stellen erforderlich.

Zu den Kostenberechnungen können (in Abhängigkeit von der Studienperspektive) auch so genannte *Cost Impact Assessments* gehören. Gemeint ist, dass für bestimmte Szenarien die Kostenwirkung der Einführung einer Gesundheitsleistung

(z. B. eines Medikamentes) auf das Budget eines Gesundheitssystems, eines Krankenversicherers oder eines Nutzers dieser Leistungen (z. B. Krankenhäuser) berechnet wird (vgl. dazu auch Kapitel B 4). Wenn beispielsweise aus der Primärstudie die Mehrkosten pro Patient bei Einführung eines Medikamentes bekannt sind, so könnte es für einen Krankenversicherer interessant sein, welche Mehrausgaben sich daraus für dessen spezielle Situation ergeben. In solche Berechnungen gehen neben der Anzahl der von der Krankheit betroffenen Versicherten die Schweregradverteilung der Erkrankung bei diesem Versicherer sowie der so genannte *switching ratio* (d. h. der Anteil der betroffenen Patienten, der realistischerweise tatsächlich auf die neue Therapiealternative wechselt) ein. Die Berechnung solcher Szenarien ist beispielsweise vorgeschrieben, um Aufnahme in die Medikamentepositivlisten der amerikanischen Krankenversicherer BlueCross and BlueShield (BCBS) zu erlangen.[84]

Im Bereich der Modellierung von Studienergebnissen ist noch eine Reihe von Weiterentwicklungen zu erwarten. Als Datengrundlage für Kosten- und Nutzenberechnungen kämen dann auch jeweils unterschiedliche Quellen in Frage, die z. B. mittels Entscheidungsbaumtechnik, Delphi-Befragung oder Markov-Ketten miteinander verbunden werden (vgl. dazu auch die Kapitel B 2 und B 3). Einerseits ist durch diese Entwicklung zwar die Transparenz über die Vorgehensweise tendenziell kleiner und das Risiko der methodischen Beliebigkeit größer als bei einfacheren Studiendesigns. Andererseits ist gleichzeitig zu erwarten, dass größere Kenntnisse über die Techniken der sozioökonomischen Evaluation bei den Adressaten die Fähigkeit zur kritischen Reflexion der verwendeten Methoden zunehmen lassen und so einen Ausgleich zu unangemessenen Vereinfachungen schaffen werden.

---

[84] Vgl. Langley, P. C. (1999), S. 220.

5 Grundformen gesundheitsökonomischer Evaluationen

O. Schöffski

Lehrstuhl für Gesundheitsmanagement, Universität Erlangen-Nürnberg

5.1 Vorbemerkungen

Hinter dem Überbegriff *gesundheitsökonomische Evaluation* verbirgt sich kein einheitliches Studiendesign. Es sind vielmehr verschiedene Studienformen zu unterscheiden, die insbesondere die Kosten- und Nutzenkomponenten unterschiedlich berücksichtigen. Die Wahl der Analyseart hängt dabei vom Untersuchungsgegenstand und dem Zweck der Studie ab.[85]

Grob unterscheiden kann man Studien ohne vergleichenden und Studien mit vergleichendem Charakter. Obwohl für eine Optimierung der Ressourcenallokation im Gesundheitswesen generell vergleichende Studien erforderlich sind, haben für bestimmte Fragestellungen auch nicht vergleichende Studien ihre Berechtigung. Die Systematik der verschiedenen Formen von gesundheitsökonomischen Evaluationen stellt sich gemäß Abb. 5.1 dar.

Problematisch ist, dass die Bezeichnungen für die einzelnen Studienformen nicht einheitlich verwendet werden. Im Rahmen dieses Buches wird jedoch immer die im Folgenden dargestellte Begrifflichkeit eingehalten.

---

[85] Vgl. Konsensgruppe „Gesundheitsökonomie" (1996), S. 485.

Gesundheitsökonomische Evaluationen					
nicht vergleichend		**vergleichend**			
Kosten-Analyse	Krankheits-kosten-Analyse	Kosten-Kosten-Analyse	Kosten-Nutzen-Analyse	Kosten-Wirksamkeits-Analyse	Kosten-Nutzwert-Analyse

Abb. 5.1. Systematik gesundheitsökonomischer Evaluationen

5.2
Studien ohne vergleichenden Charakter

5.2.1
Kosten-Analyse

Die einfachste Form einer ökonomischen Evaluation ist eine reine Kosten-Analyse (cost analysis, cost identification analysis). Diese umfasst, wie der Name schon sagt, ausschließlich die Kosten einer bestimmten Maßnahme, d. h. den Input. Dabei ist eine Beschränkung auf die direkten Kosten möglich, häufig werden aber auch die indirekten Kosten berücksichtigt.[86] Auf die verschiedenen Kostenarten, die sich hinter den direkten und indirekten Kosten verbergen, braucht an dieser Stelle nicht gesondert eingegangen werden, da dieses schon im vorigen Kapitel geschehen ist.

Die Kosten-Analyse ist aber mehr als die Darstellung des Marktpreises der Maßnahme. Bei einem Arzneimittel muss beispielsweise bei der Bewertung zusätzlich berücksichtigt werden, dass ein ärztlicher Besuch vor der Verordnung des Präparats erforderlich ist, der ebenfalls Kosten verursacht. Eventuell ist ein laufendes ärztliches Monitoring während der Verwendung des Produkts erforderlich. In einem bestimmten Prozentsatz sind vielleicht Nebenwirkungen zu erwarten, die dann ebenfalls behandlungspflichtig sind. Ebenso ist eine gegebenenfalls erforderliche Co-Medikation bei den Kosten zu erfassen.

Als Ergebnis einer Kosten-Analyse erhält man beispielsweise, dass eine bestimmte Behandlungsmethode (z. B. Einsatz eines Stents) x € kostet oder ein Gentest für y € durchführbar ist. Allein aus der Kenntnis dieser Kosten lässt sich allerdings keine Entscheidung für oder gegen die Methode treffen, da dazu ein Vergleich mit Alternativen notwendig ist. Dieser Vergleich wird möglich, wenn

---

[86] Vgl. Schöffski, O. (1990), S. 31.

auch die alternative Behandlungsmethode mit einer Kosten-Analyse bewertet wird. In diesem Fall wird von einer Kosten-Kosten-Analyse gesprochen, die in Abschnitt 5.3.2 dargestellt wird.

5.2.2
Krankheitskosten-Analyse

Bei der Krankheitskosten-Analyse (cost-of-illness analysis) handelt es sich um einen Spezialfall der Kosten-Analyse. Sie wird in Deutschland relativ häufig durchgeführt. Krankheitskostenstudien werden primär eingesetzt, um die gesamtgesellschaftliche Bedeutung von Krankheiten zu ermitteln. Es erfolgt keine Differenzierung nach einzelnen alternativen medizinischen Maßnahmen, sondern vielmehr werden direkte und indirekte Kosten für eine Krankheit als Ganzes evaluiert. Ziel dabei ist es, die volkswirtschaftlichen Kosten verschiedener Krankheiten zu erkennen und Anhaltspunkte für eine sinnvolle Verwendung von Forschungsgeldern zu ermitteln.

Zur Durchführung einer Krankheitskosten-Analyse existieren zwei verschiedene Möglichkeiten, die im folgenden Unterkapitel noch ausführlicher dargestellt werden. Beim *top down-Ansatz* werden als Ausgangsbasis hoch aggregierte volkswirtschaftliche Daten verwendet, die beispielsweise vom Statistischen Bundesamt oder den Verbänden der Krankenkassen zur Verfügung gestellt werden (z. B. Morbiditäts- und Mortalitätsstatistiken, Krankheitsartenstatistiken, Statistiken über durchschnittliche Krankenhausaufenthalte und Arbeitsunfähigkeitstage). Man ermittelt die Kosten, die der Volkswirtschaft durch eine Krankheit (z. B. Brustkrebs) oder durch eine Krankheitsgruppe (z. B. ernährungsbedingte Krankheiten)[87] entstehen. Diese globale Zahl kann durch Division mit der Zahl der Betroffenen auf den einzelnen Patienten heruntergebrochen werden.

Beim *bottom up-Ansatz* geht man von der Ebene des einzelnen Patienten aus. Hier wird quasi ein Durchschnittspatient mit einer bestimmten Erkrankung definiert, für den die Behandlungskosten ermittelt werden. Die direkten Kosten können entweder gemäß ihres tatsächlichen Anfalls (bei einem tatsächlich existierenden, als „typisch" definierten Fall) oder anhand der „üblichen" Behandlung (z. B. aufgrund von Behandlungsrichtlinien einer Fachgesellschaft), bewertet mit Hilfe von repräsentativen Entgelten (z. B. Tagessätzen, Punktwerten oder Fallpauschalen), ermittelt werden.

Auch bei der Krankheitskosten-Analyse können indirekte Kosten in die Evaluation einbezogen werden, um volkswirtschaftliche Kosten, die durch vorzeitige Mortalität, Erwerbs- oder Arbeitsunfähigkeit entstanden sind, zu berücksichtigen. Krankheitskostenstudien zeigen allerdings nicht, welche Behandlung bei mehreren Alternativen zu präferieren ist. Vielmehr sollen mittels Krankheitskostenstudien quantitative Relationen deutlich gemacht und somit eine gute Grundlage für eine rationalere gesundheitspolitische Allokationsdiskussion geschaffen werden.[88]

---

[87] Vgl. z. B. Kohlmeier, L., Kroke, A., Pötzsch, J., Kohlmeier, M., Martin, K. (1993).
[88] Vgl. Schulenburg, J.-M. Graf v. d. (1995), S. 40.

Die Durchführung einer Krankheitskostenstudie lässt sich in drei Phasen einteilen. In der ersten Phase erfolgt die Definition des Zeithorizonts. In der zweiten Phase werden die direkten und indirekten Kosten mit Blick auf die in Phase 1 gewählten Zeiträume ermittelt. Phase 3 ist der Beurteilung der Sensitivität der Krankheitskosten-Analyse bezüglich der getroffenen Annahmen bestimmter Parameter vorbehalten.

Beim Zeithorizont unterscheidet man zwischen einer Inzidenz- und einer Prävalenzbetrachtung. Der *Prävalenzansatz* misst die direkten und die indirekten Kosten innerhalb eines fixierten Betrachtungszeitraums.[89] In der Regel handelt es sich um eine jährliche Betrachtungsweise. Der *Inzidenzansatz* basiert auf dem Prinzip, dass alle mit einer Krankheit verbundenen direkten und indirekten Kosten bis zum Lebensende dem Zeitraum (in der Regel ein Jahr) anzulasten sind, in dem die Krankheit das erste Mal diagnostiziert wird.[90] Er ist damit sehr nützlich für die Bewertung von Präventionsstrategien, die erst sehr langfristig wirksam werden.[91]

Welcher von beiden Ansätzen gewählt wird, hängt in erster Linie von der gewählten Perspektive und dem Zweck der Studie ab. Werden von einem Entscheidungsträger beispielsweise Informationen über das Kosten-Schweregrad-Verhältnis erwartet, ist die Inzidenzmethode gegenüber dem Prävalenzansatz vorzuziehen. Sind die durchschnittlichen Kosten bestimmter Symptome oder Schweregrade einer Krankheit ermittelt worden, so können diese Durchschnittswerte mit den Inzidenzzahlen verschiedener Perioden in Beziehung gesetzt werden. Bei dieser Vorgehensweise erhält man neben der Aussage über die gesamten Kosten einer Krankheitskohorte auch Hinweise darauf, wie hoch der Anteil eines bestimmten Symptoms oder Schweregrades an den Gesamtkosten ist. Diese Informationen können beispielsweise für den gezielten Einsatz von Präventiv- oder Rehabilitationsprogrammen genutzt werden, um den Kostenanteil bestimmter Schweregrade oder Symptome zu reduzieren. Allerdings erfordert die Inzidenzmethode eine detaillierte und verifizierte Datenbasis über den idealtypischen Verlauf einer Erkrankung, die Epidemiologie sowie die Lebenserwartung.

Während eine Inzidenzbetrachtung zukunftsorientiert ist, zeigt der Prävalenzansatz die Kosten einer Krankheit in einer vergangenen Periode auf. Eine Durchschnittspatientenbetrachtung bezüglich der entstandenen Kosten ist auch beim Prävalenzansatz möglich. Dieser Ansatz ist dann auszuwählen, wenn eine reine Kostenübersicht erstellt wird. Mit der Identifizierung der Größenordnungen der verschiedenen Kostenkomponenten können mögliche Behandlungsstrategien aufgezeigt werden. Die Tabelle 5.1 zeigt nochmals den Zusammenhang zwischen Prävalenz- bzw. Inzidenzansatz und dem Aggregationsniveau der Daten.

Es handelt sich bei der Krankheitskosten-Analyse prinzipiell um eine nicht-vergleichende Studienform, auch wenn häufig versucht wird, die unterschiedliche Wertigkeit von Krankheiten aufzuzeigen.[92] Die volkswirtschaftlichen Kosten einer Erkrankung werden entweder aggregiert oder auf Patientenebene ermittelt. Durch

---

[89] Vgl. Rice, D. P. (1994), S. 1519, und Deutsche Gesellschaft für Ernährung e. V. (1988), S. 49.

[90] Vgl. Hartunian, N. S., Smart, C. N., Thompson, M. S. (1980), S. 1250.

[91] Vgl. Kohlmeier, L., Kroke, A., Pötzsch, J., Kohlmeier, M., Martin, K. (1993), S. 263.

[92] Vgl. Henke, K.-D., Martin, K., Behrens, C. (1997), S. 124.

die reine Kenntnis der Kosten können allerdings keinerlei Handlungsempfehlungen abgeleitet werden. Man kann zwar zeigen, dass eine Krankheit volkswirtschaftlich bedeutende Auswirkungen hat, interessant wird diese Aussage allerdings erst dann, wenn die Kosten anderer Krankheiten bekannt sind. Nur wenn feststeht, dass eine bestimmte Krankheit relativ zu anderen Krankheiten hohe Kosten verursacht, ist eine Entscheidungsrelevanz gegeben.

Tabelle 5.1. Prävalenz- und Inzidenzansatz bei Krankheitskostenstudien[93]

| | Aggregationsniveau | |
	Individuum	Gesellschaft
Prävalenzansatz	Kosten pro Individuum innerhalb einer bestimmten Periode	Gesamtkosten der Erkrankung innerhalb einer bestimmten Periode für das Gesundheitssystem
Inzidenzansatz	Kosten eines neu diagnostizierten Patienten über seine Restlebenszeit	---

Diese Vorgehensweise ist allerdings nicht unproblematisch, da nicht festgelegt ist, auf welcher Aggregationsstufe Krankheiten miteinander verglichen werden sollten. So macht es sicherlich keinen Sinn, die globalen Kosten von malignen Neubildungen zu vergleichen mit den Kosten, die durch Vorhofflimmern entstehen. Bei ersterem handelt es sich um eine breite Indikationsgruppe, letzteres ist eine sehr spezielle Krankheit innerhalb einer Gruppe. Vergleiche sollten sich deshalb zumindest auf der gleichen Ebene der ICD-Klassifizierung bewegen. Prinzipiell muss man sich aber immer bewusst sein, dass es sich bei der Krankheitskosten-Analyse um eine nicht-vergleichende Studienform handelt. Ein Vergleich mit anderen Krankheiten ist auch deshalb fragwürdig, weil die Studien selten im gleichen Kontext durchgeführt werden und die Annahmen sich bei separat durchgeführten Studien sehr stark unterscheiden. Ein Beispiel, das auf die im vorigen Kapitel dargestellten Probleme bei der Erfassung der indirekten Kosten zurückgreift, soll dieses verdeutlichen:[94]

Es sei einmal angenommen, dass schizophrene Psychosen und grippale Infekte die gleiche Prävalenz haben, d. h. zu einem bestimmten Zeitpunkt gleich viele Fälle vorhanden sind. Während die schizophrenen Psychosen durch eine Langfristigkeit des Krankheitsbildes gekennzeichnet sind, heilen grippale Infekte in der Regel nach wenigen Tagen aus. Es besteht nun die Frage, welche der beiden Erkrankungen volkswirtschaftlich bedeutender ist. Je nachdem, welche Berechnungsgrundlage für die Produktivitätsverluste verwendet wird, werden unterschiedliche Ergebnisse generiert. Bei Verwendung der Humankapitalmethode wäre die Schizophrenie volkswirtschaftlich wesentlich relevanter, da jeder arbeitsunfähige Tag der Patienten (natürlich begrenzt bis zur Regelaltersgrenze für den

---

[93] Quelle: Greiner, W. (1999), S. 55.
[94] Vgl. Roick, C. (1999), S. 10.

Rentenbezug) mit dem Produktivitätsverlust bewertet würde. Verwendet man allerdings den Friktionskostenansatz und kalkuliert nur die Tage bis zur durchschnittlichen Wiederbesetzung einer Stelle, so werden bei den meisten Patienten mit schizophrener Psychose die arbeitsunfähigen Tage nicht mehr bei der Kalkulation berücksichtigt. Die grippalen Infekte würden demgegenüber als Erkrankung von immenser gesellschaftlicher Bedeutung imponieren, da bei jedem zum Betrachtungszeitpunkt Erkrankten die Arbeitsunfähigkeitstage voll berücksichtigt werden.[95]

Damit wird deutlich, dass eine Vergleichbarkeit von separat durchgeführten Krankheitskostenstudien in der Regel nicht gegeben sein wird. Daher ist es auch keine akzeptable Strategie zur Beeinflussung von Entscheidungen, einer selbst durchgeführten Krankheitskosten-Analyse eine Liste mit weniger kostenintensiven Krankheiten beizufügen, deren Kosten aber auf andere Art und Weise ermittelt wurden.

Auch ohne einen Vergleich der Kosten verschiedener Krankheiten lässt sich oft das Interesse der Öffentlichkeit an der Problematik gewinnen. Allein durch die Veröffentlichung der volkswirtschaftlichen Verluste durch eine Krankheit in absoluten Zahlen wird man Aufmerksamkeit erregen. Dieses liegt daran, weil die Ergebnisse allein durch die Größe der Zahlen beeindrucken, was bei einer Aggregation auf die volkswirtschaftliche Ebene aber nicht verwunderlich ist.

Welche Entscheidungen lassen sich aber überhaupt durch die Ergebnisse von Krankheitskosten-Analysen beeinflussen? In erster Linie werden Ansatzpunkte für eine Prioritätensetzung in der Gesundheitspolitik gesucht, beispielsweise indem der Prävention eine stärkere Bedeutung zugemessen wird.[96] Ziel kann es dabei auch sein, dass mehr öffentliche Mittel zur Bekämpfung einer Krankheit (z. B. Forschung, Intensivierung von präventiven Maßnahmen, Erstellung von Behandlungskapazitäten) zur Verfügung gestellt werden.[97] Die pharmazeutische und medizintechnische Industrie kann anhand der gewonnenen Erkenntnisse abschätzen, dass Investitionen in diesem Bereich der Medizin sinnvoll sind, da ökonomische Evaluationen von neu entwickelten Produkten aufgrund der volkswirtschaftlichen Bedeutung der Erkrankung eher positive Ergebnisse bringen werden. Allgemein kann der privat und öffentlich finanzierte krankheitsbezogene Forschungsbedarf konkretisiert werden. Nicht zuletzt erfolgt bei Krankheitskosten-Analysen auch regelmäßig eine Diskussion des Zusammenhangs zwischen Gesundheit, Arbeitskosten und Beschäftigung.[98] Auch die Auswirkungen der sektoralen Untergliederung der deutschen Sozialversicherung werden bei Krankheitskosten-Analysen häufig problematisiert.

Einen besonderen Sinn machen Krankheitskosten-Analysen aber häufig allein dadurch, dass nicht nur eine einzige globale Zahl ermittelt wird, sondern Subgruppen innerhalb der Krankheit analysiert werden. Man betrachtet hier beispielsweise einzelne Kostenkomponenten getrennt (z. B. Arzneimittelkosten, Pflegekosten) oder es werden verschiedene Stadien bzw. Schweregrade der Erkrankung unter-

---

[95] Vgl. Roick, C. (1999), S. 10.
[96] Vgl. Henke, K.-D., Martin, K., Behrens, C. (1997), S. 124.
[97] Vgl. Schöffski, O. (1995), S. 90.
[98] Vgl. Henke, K.-D., Martin, K., Behrens, C. (1997), S. 124.

schieden. Anhand dieser Subgruppenanalysen lassen sich Forschungs- und Behandlungsstrategien ableiten. Man setzt die Ressourcen insbesondere dort ökonomisch vorteilhaft ein, wo überproportional Kosten eingespart werden. Krankheitskostenstudien sind allerdings nicht unumstritten. Es besteht immer die Gefahr, dass durch sie falsche Signale gegeben werden. Dieses liegt nicht unbedingt an den vielen nicht endgültig zu verifizierenden Daten, die in die Berechnungen mit eingehen (dieses ist bei fast allen ökonomischen Evaluationen der Fall und kann beispielsweise durch Sensitivitätsanalysen gehandhabt werden), sondern dass Entscheidungen aufgrund der Veröffentlichung eines absoluten Betrags getroffen werden. Letztendlich ist aber nicht dieser absolute Betrag entscheidend, sondern die ökonomische Vorteilhaftigkeit einer Handlungsalternative gegenüber einer anderen.[99] Ist eine Erkrankung ein erheblicher Kostentreiber im Gesundheitswesen, lassen sich aber durch erhebliche finanzielle Investitionen in diesem Bereich nur marginale Verbesserungen erzielen, so wären diese Gelder sicherlich bei einer ökonomisch weniger bedeutenden Erkrankung besser aufgehoben, wenn dort positivere Effekte erzielt werden.

5.2.3
Exkurs: Top down- vs. bottom up-Ansatz

Wie bereits weiter oben erwähnt, gibt es insbesondere zwei Bezugspunkte für die Ergebnisse von Krankheitskosten-Analysen. Zum einen können die Kosten pro Patient ermittelt werden, zum anderen die Kosten aller Erkrankten in einer Volkswirtschaft. Häufig werden in Krankheitskostenstudien beide Ergebnisse publiziert. Es ist offensichtlich, dass sich jeweils das andere Ergebnis einfach generieren lässt, indem entweder durch die Zahl der Betroffenen dividiert bzw. mit dieser Zahl multipliziert wird. Betragen die durchschnittlichen Krankheitskosten pro Patient 2.000 € und gibt es 100.000 Betroffene, so betragen die volkswirtschaftlichen Kosten der Erkrankung 200 Millionen €.

Während also sowohl die Mikro- als auch die Makrobetrachtung relevant ist, besteht die Frage, wo man bei der Erhebung der notwendigen Daten ansetzt. Man unterscheidet dabei den top down- und den bottom up-Ansatz. Beide Verfahren haben spezifische Vor- und Nachteile und sollen im Folgenden kurz vorgestellt werden.

Beim *top down-Ansatz* wird auf Datenmaterial mit sehr hohem Aggregationsgrad zurückgegriffen, das für die gesundheitsökonomische Fragestellung heruntergebrochen werden muss. In der Bundesrepublik Deutschland können die Ausgaben für Gesundheit derzeit nicht krankheitsbezogen aus der Routinestatistik dargestellt werden. Routinemäßig werden die Ausgaben nur nach den sieben Ausgabeträgern (Gesetzliche Krankenversicherung, Gesetzliche Unfallversicherung usw.) und den Leistungsarten (ambulante Behandlung, stationäre Behandlung, Arzneimittel usw.) dargestellt.[100]

---

[99] Vgl. Schulenburg, J.-M. Graf. v. d., Kielhorn, A., Greiner, W., Volmer, T. (1998), S. 96.
[100] Vgl. Henke, K.-D., Martin, K., Behrens, C. (1997), S. 125.

Bei einer krankheitsbezogenen Darstellung der Gesundheitsausgaben auf die 17 Diagnosegruppen des ICD ist eine sehr aufwändige Schlüsselung notwendig. Für die ambulanten Kosten kann man beispielsweise Daten einer Stichprobe bezüglich der Verteilung der Patientenkontakte nach Krankheitsarten hochrechnen auf alle Patienten. Wenn man von der Annahme ausgeht, dass jeder Patientenkontakt unabhängig von Diagnose und Schwere des Krankheitsbilds zu gleichen Kosten führt, lassen sich die ambulanten Kosten den Krankheiten zuordnen. Bei der Verteilung der Arzneimittelkosten können bestimmte Arzneimittelgruppen, für die gute Ausgabendaten vorliegen, einzelnen Krankheiten zugeordnet werden (z. B. Beta-Blocker den Krankheiten des Kreislaufsystems). Ein Zuordnungsproblem entsteht bei der Nutzung identischer Arzneimittel für unterschiedliche Erkrankungen. Bei den stationären Kosten ist die Zuordnung vergleichsweise einfach, da hier Statistiken bezüglich der Aufnahme- und Entlassungsdiagnosen vorliegen. Auch für die weiteren Kostenarten ist eine mehr oder weniger plausible Schlüsselung denkbar.

In einer Studie von Henke u. a. wurde für die Jahre 1980 und 1990 eine entsprechende Schlüsselung für die 17 Diagnosegruppen nach ICD-9 vorgenommen.[101] Insgesamt 70,2 % der gesamten Ausgaben für Gesundheit konnten den einzelnen Krankheitsarten zugeschlüsselt werden. Die Ergebnisse sind in Tabelle 5.2 dargestellt.

Während üblicherweise Herz-Kreislauf-Erkrankungen und bösartige Neubildungen als die Kostentreiber im Gesundheitswesen angegeben werden, ergibt sich in der zitierten Untersuchung eine eher unerwartete Rangfolge der einzelnen Erkrankungen, die mit Besonderheiten bei der Schlüsselung zu erklären sind. Hier dominieren beispielsweise bei den direkten Kosten die Krankheiten der Verdauungsorgane mit über 15 Milliarden €. Dieses ist insbesondere darauf zurückzuführen, dass die Kosten von Zahnbehandlung und Zahnersatz dieser Position mit über 10 Milliarden € zugeordnet wurden. In Deutschland ist eine sehr aufwändige Zahnbehandlung üblich, wesentlicher für die große Bedeutung dieser Position ist aber, dass 100 % der Zahnkosten dieser Position zugeschlüsselt werden konnten, da in der Routinestatistik die Zahnkosten separat erfasst werden. Bei allen anderen Leistungsarten konnten im Schnitt kaum mehr als 70 % der Ausgaben zugeordnet werden.

An Platz zwei bis vier der direkten Kosten folgen die Krankheiten des Kreislaufsystems, die Krankheiten des Skeletts sowie die Unfälle.

Bei den indirekten Kosten wurde der Humankapital-Ansatz herangezogen, bei dem der gesamte Produktivitätsverlust durch Mortalität, (vorübergehende) Arbeitsunfähigkeit und (dauerhafte) Invalidisierung bis zum Eintritt in das Rentenalter der Krankheit zugeordnet wird.[102] Zur Ermittlung des Verlusts an Erwerbstätigkeitsjahren konnte auf die Todesursachenstatistik, die Sterbetafel und die Daten zur Erwerbstätigkeit zurückgegriffen werden, auch für die Erwerbsunfähigkeit existieren entsprechende Statistiken.

---

[101] Vgl. Henke, K.-D., Martin, K., Behrens, C. (1997).
[102] Vgl. Henke, K.-D., Martin, K., Behrens, C. (1997), S. 125.

Tabelle 5.2. Die Kosten von Krankheiten in der Bundesrepublik Deutschland 1990[103]

Krankheitsgruppen (K=Krankheiten)	Direkte Kosten in Mill. €	Rg.	Indirekte Kosten verlorene Erwerbstätigkeitsjahre	in Mill. €	Rg.	Gesamtkosten in Mill. €	Rg.
infektiöse u. parasitäre K.	1.656	13	95.484	1.379	10	3.035	12
Neubildungen	3.603	9	485.011	6.981	4	10.584	5
Störungen der Drüsen, Ernähr./Stoffwechselk.	3.629	8	69.133	1.018	11	4.648	10
K. des Blutes und der blutbildenden Organe	398	15	9.066	119	17	517	16
Seelische Störungen	4.199	6	336.330	4.937	6	9.136	7
K. des Nervensystems und der Sinnesorgane	3.760	7	161.981	2.311	8	6.071	8
K. des Kreislaufsystems	11.700	2	588.313	9.336	3	21.037	2
K. der Atmungsorgane	4.933	5	347.044	5.161	5	10.093	6
K. der Verdauungsorgane	15.343	1	249.626	3.856	7	19.200	3
K. der Harn- und Geschlechtsorgane	3.448	10	74.973	989	12	4.335	11
Komplika. bei Schwangerschaft und Entbindung	2.322	12	31.341	319	15	2.641	13
K. der Haut und des Unterhautzellgewebes	1.452	14	35.458	541	13	1.994	14
K. des Skeletts, der Muskeln und des Bindegewebes	6.998	3	689.719	10.956	2	17.954	4
Angeborene Missbildungen	206	16	68.094	448	14	654	15
Best. Ursachen d. perinatalen Mortalität u. Morbidi.	173	17	56.827	275	16	448	17
Symptome u. mangelhaft bezeichnete K.	2.823	11	175.029	2.081	9	4.904	9
Unfälle, Vergiftungen und Gewalteinwirkungen	5.353	4	1.147.427	17.273	1	22.626	1
Sonstige Diagnosen	1.004		1.029	15		1.018	
Alle Krankheiten	73.001		4.621.889	67.995		140.996	

Beim Vergleich der direkten mit den indirekten Kosten fällt auf, dass sich sehr unterschiedliche Rangfolgen der einzelnen Krankheitsarten ergeben. Während die Berechnung der direkten Kosten praktisch die Bevölkerung im gesamten Altersgruppenbereich zum Gegenstand hat, beschränken sich die indirekten Kosten auf die (potentiell) Erwerbstätigen. Unfälle, Vergiftungen und Gewalteinwirkungen

---

[103] Quelle: Henke, K.-D., Martin, K., Behrens, C. (1997), S. 126–127. Die ursprünglich in DM angegebenen Werte wurden in € umgerechnet.

nehmen deshalb den ersten Rang ein, gefolgt von Krankheiten des Skeletts, des Kreislaufsystems und den seelischen Störungen. Da diese Erkrankungen eher Personen in jüngeren und mittleren Jahren betreffen und zum Teil auch sehr langwierig sind, ergeben sich sehr hohe indirekte Kosten.

Bei den Gesamtkosten stehen die hohen indirekten Kosten der Unfälle im Vordergrund, so dass diese ICD-Position (unerwartet) an erster Stelle steht, gefolgt von den (schon eher erwarteten) Krankheiten des Kreislaufsystems. Die Krankheiten der Verdauungsorgane (mit den Aufwendungen für die Zähne) und die Krankheiten des Skeletts folgen auf den Plätzen drei und vier.

Wie an dieser sehr aufwändigen Studie deutlich zu erkennen ist, krankt der top down-Ansatz bei der Krankheitskosten-Analyse insbesondere an dem ungenauen, zu hoch aggregierten Datenmaterial, das benutzt werden muss. Es sind zu viele Annahmen bezüglich der Schlüsselung vorzunehmen, die Ergebnisse können somit kaum als valide gelten. Da die amtlichen Statistiken oft auch erst mit beträchtlicher Zeitverzögerung (time lag) publiziert werden, sind die Daten in der Regel veraltet. Eine weitere Aufsplitterung der Ergebnisse (z. B. nach einzelnen Krankheiten innerhalb der Krankheitsgruppe oder sogar nach verschiedenen Schweregraden) ist zwar prinzipiell möglich, allerdings nur mit Hilfe von weiteren ungesicherten Annahmen. Der große Vorteil des top down-Ansatzes besteht darin, dass nicht nur eine Krankheit bewertet werden kann, sondern eine Vielzahl von Erkrankungen bzw. sogar alle Krankheitsgruppen im gleichen Kontext bewertet werden können. Damit ist zumindest eine (prinzipielle) Vergleichbarkeit der ökonomischen Auswirkungen verschiedener Krankheiten gegeben, die allerdings abhängig von den gewählten Annahmen ist (z. B. Zuschlüsselung der Kosten für die zahnärztliche Behandlung, Wahl des Humankapital-Ansatzes). Bei alternativen Annahmen würden sich unterschiedliche relative Wertigkeiten ergeben. Der top down-Ansatz lässt sich relativ kostengünstig und zeitnah durch die ausschließliche Beschränkung auf publizierte Daten und Annahmen realisieren.

Um regelmäßige Vergleiche anstellen und auch Veränderungen der Wertigkeit der Krankheiten im Zeitablauf beobachten zu können, sollte sich die krankheitsbezogene Darstellung der Ressourcenverbräuche und der Kosten zu einer Routinestatistik entwickeln. Wenn aus Datenschutzgründen schon keine Vollauswertung aller patienten- und diagnosebezogenen Daten möglich ist, so sollte doch wenigstens eine repräsentative Stichprobe regelmäßig ausgewertet werden, damit mehr als nur 70 % der Ausgaben mit hinreichender Sicherheit zugeordnet werden können.[104]

Alternativ können die Krankheitskosten mit dem *bottom up-Ansatz* ermittelt werden.[105] Es werden keine hoch aggregierten volkswirtschaftlichen Daten genutzt, sondern die Datenerhebung wird beim einzelnen Patienten vorgenommen. Die dort erhobenen Primärdaten müssen verdichtet werden, um volkswirtschaftliche Aussagen über die Grunderkrankung treffen zu können. Die Kostenerfassung, die retrospektiv oder prospektiv erfolgt, kann beliebig detailliert durchgeführt werden. Dabei sind allerdings die für das deutsche Gesundheitssystem charakteristischen Probleme bezüglich der Preise und Gebühren zu berücksichtigen.

---

[104] Vgl. Henke, K.-D., Martin, K., Behrens, C. (1997), S. 138.
[105] Vgl. beispielsweise Schöffski, O., Schulenburg, I. Gräfin v. d. (1999).

Die Krankheiten können nach Belieben spezifiziert werden, eine sehr enge Eingrenzung ist problemlos möglich (z. B. Kosten für schwere und mittelschwere Psoriasis). Auch verschiedene Schweregrade der Erkrankung können bei der Kostenerhebung berücksichtigt werden. Bezüglich der indirekten Kosten ist man nicht unbedingt auf die Verwendung von durchschnittlichen Produktivitätsverlusten angewiesen, sondern man kann prinzipiell die tatsächliche Einkommenssituation des Betroffenen berücksichtigen. Ist die Stichprobe der Patienten groß genug, kann auch die Verteilung der Schweregrade bei der Ermittlung der durchschnittlichen Kosten pro Patient und der aggregierten Kosten für die Gesamtwirtschaft ermittelt werden. Will man die Daten nicht selbst bei einer Patientenstichprobe erheben, sind modellhafte Annahmen möglich. So kann man einen „typischen" Patienten definieren und die Kosten anhand von Behandlungsrichtlinien ermitteln. Auch Kostenwirkungen zwischen der individuellen und der gesamtgesellschaftlichen Ebene (z. B. für eine bestimmte Krankenkasse, eine Pflegekasse oder den Rentenversicherungsträger) lassen sich aufzeigen.

Die Problematik des bottom up-Ansatzes ist, dass die Datenerhebung sehr zeit- und kostenintensiv ist, dafür sind die Ergebnisse aber aussagekräftiger und besser akzeptiert bei den Adressaten der Studien. Ein Vergleich zwischen verschiedenen Krankheitskostenstudien ist im Regelfall nicht möglich, da sich die Erfassung der Kosten auf Patientenebene zu stark unterscheidet. Man ist auch nicht völlig unabhängig von publizierten Daten, die in unterschiedlicher Qualität vorliegen. So benötigt man beispielsweise Angaben zur Prävalenz und Inzidenz, um auf die volkswirtschaftlichen Kosten hochrechnen zu können.

Top down- und bottom up-Ansatz haben demzufolge jeweils spezifische Vor- und Nachteile. Optimal wäre es sicherlich, beide Ansätze miteinander zu verbinden. Man könnte in diesem Fall von einem *Gegenstrom-Ansatz* sprechen. Erst werden top down die Krankheitskosten auf den einzelnen Patienten heruntergebrochen, dieses Ergebnis wird dann bottom up verifiziert und gegebenenfalls korrigiert. Diese gegenläufige Bewegung wird solange durchlaufen, bis sich die jeweils verbesserten Annahmen und Ergebnisse bei beiden Verfahren entsprechen. Dieser Ansatz wird sich aber aufgrund zeitlicher und finanzieller Restriktionen nicht durchführen lassen, obwohl sehr valide Ergebnisse zu erwarten wären. Solange diese nicht erreicht werden, fallen Krankheitskosten-Analysen immer noch in den Bereich der experimentellen Gesundheitsberichterstattung.[106]

---

[106] Vgl. Henke, K.-D., Martin, K., Behrens, C. (1997), S. 123.

5.3
Studien mit vergleichendem Charakter

5.3.1
Die Beziehung zwischen medizinischem Ergebnis und Kosten

In den folgenden Abschnitten wird dargestellt, dass bei vergleichenden ökonomischen Evaluationsstudien nie die Kosten allein betrachtet werden, sondern immer auch das medizinische Ergebnis einer Intervention mitberücksichtigt wird. Dieses trifft auch bei der Kosten-Kosten-Analyse zu (s. Kap. 5.3.2), bei der zwar auf den ersten Blick nur die Kosten betrachtet werden, aber die implizite Annahme der Ergebnisgleichheit getroffen wurde. Die einzelnen Studienformen unterscheiden sich insbesondere darin, wie dieses medizinische Ergebnis gemessen wird.

Während der Begriff *Kosten* eindeutig verwendet wird, geht die Begrifflichkeit des Gegenstücks stark auseinander. Es wird häufig allgemein von *Nutzen* gesprochen, dieser kann aber auch monetäre Komponenten umfassen, die häufig nicht gemeint sind. Während in der Ökonomie regelmäßig der Begriff *Output* verwendet wird, ist im Bereich des Gesundheitswesens der Terminus *Outcome* geläufiger. Man könnte ganz allgemein auch von Effekt oder Wirkung sprechen, am klarsten beschreibt allerdings der Terminus *medizinisches Ergebnis* den Sachverhalt. Die *effectiveness* bzw. *efficacy*, die schon weiter vorn dargestellt wurden, erläutern, um wie viel die Wirkung einer medizinischen Maßnahme im Vergleich zu einer Alternative besser ist.

Wird eine medizinische Intervention mit einer relevanten Alternative verglichen, so kann das medizinische Ergebnis besser oder schlechter sein und die Kosten sind entweder höher oder niedriger. Es ergibt sich somit allgemein eine 4-Felder-Matrix. Werden die Kosten- und Ergebnisdifferenzen quantifiziert, entsteht ein zweidimensionales Diagramm (s. Abb. 5.2). Den Nullpunkt des Diagramms stellt dabei die relevante Alternative dar, deren Wahl bei einer vergleichenden gesundheitsökonomischen Evaluation ausführlich begründet werden muss. Es kann sich beispielsweise um die derzeit am häufigsten verwendete Alternative (Standardtherapie) handeln, die bisher effizienteste oder auch um die Nullalternative (d. h. keine Intervention).

Es stellt sich die Frage, ob eine neue Intervention einer bereits bestehenden Alternative (hier: 0) vorgezogen werden soll. Je nachdem, in welchem Quadranten die neue medizinische Maßnahme angesiedelt ist, ergibt sich eine einfache oder eine etwas kompliziertere Antwort. Für Interventionen, die in den Quadranten II und IV liegen, ist die Antwort sehr einfach. Die im Quadranten IV liegenden Interventionen sind medizinisch überlegen und kostengünstiger. Sie dominieren demzufolge die hier als 0 bezeichnete Alternative und sollten daher unbedingt eingeführt werden. Man spricht in diesem Zusammenhang auch von einer starken Dominanz. In Quadrant II dominiert die 0-Alternative die neue Intervention, die medizinisch unterlegen und kostspieliger ist. Sie ist daher abzulehnen.

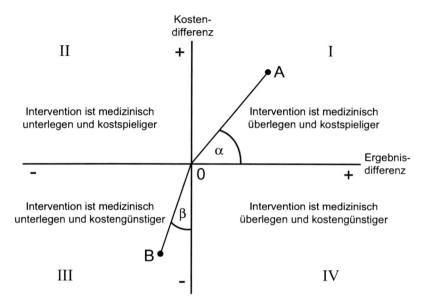

Abb. 5.2. Das Kosten-Effektivitäts-Diagramm[107]

Während man medizinische Innovationen gern in Quadrant IV sehen würden, zeigt die Praxis, dass sie meist in Quadrant I angesiedelt sind. Hier kann man nicht mehr von einer Dominanz sprechen, da dem besseren Ergebnis höhere Kosten gegenüberstehen und es daher völlig unklar ist, ob die Innovation eingeführt werden sollte oder nicht. Die Wahl hängt davon ab, welches Verhältnis zwischen Kosten und Ergebnis man gewillt ist zu akzeptieren. Je kleiner der Winkel α ist, mit desto geringeren zusätzlichen Kosten wird das bessere Ergebnis erreicht. Hat man mehrere Alternativen in Quadrant I zur Auswahl, kann aber wegen Budgetrestriktionen nur eine davon verwirklichen, sollte aus gesundheitsökonomischer Sicht die Alternative gewählt werden, die sich auf der am weitesten rechts außen liegenden Gerade befindet.

Was passiert aber mit neuen Interventionen, die in Quadrant III angesiedelt sind? Diese sind medizinisch unterlegen, dafür aber kostengünstiger. In der Literatur wird argumentiert, dass Maßnahmen mit entsprechender Charakterisierung abzulehnen sind, da sie keinen medizinischen Nutzen erbringen. Diese Argumentation ist allerdings nicht richtig. Lehnt man im Quadrant I Maßnahmen ab, bei denen sich das Verhältnis zwischen Kosten und Ergebnis zu ungünstig darstellt, so muss dieses auch für die 0-Alternative im Vergleich zu einer Innovation im Quadranten III gelten: Das, was man durch die Beibehaltung der vorhandenen Maßnahme 0 an zusätzlichem Ergebnis erhält, kann eventuell nur zu inakzeptabel hohen Kosten erreicht werden. Diese Ressourcen können möglicherweise in einem anderen Sektor des Gesundheitswesens besser eingesetzt werden. Je kleiner der Winkel β ist, desto eher wird man auf medizinischen Nutzen verzichten, da damit überproportional

---

[107] Vgl. Drummond, M. F., Sculpher, M. J., Torrance, G. W. u. a. (2005), S. 40.

Kosteneinsparungen verbunden sind. Auch medizinisch unterlegene Innovationen können demzufolge kosteneffektiv sein.

Ein Beispiel soll dieses verdeutlichen: Wird bisher routinemäßig ein Test angewendet, der bei einer Prävalenz der Erkrankung von 10% in der Bevölkerung 90% der Fälle entdeckt und pro Test 10 € kostet, so werden bei einer Anwendung des Tests bei einer Population von 100.000 Personen 9.000 Fälle ermittelt. Die Gesamtkosten der Screening-Maßnahme betragen 1 Million €, pro entdecktem Fall (= medizinisches Ergebnis) müssen 111,11 € aufgewendet werden. Wird nun ein Testverfahren neu entwickelt, das wesentlich preiswerter ist (5 € pro Test), aber eine schlechtere Erfolgsquote hat (80% erkannte Fälle), so ergeben sich Kosten in Höhe von 62,50 € pro entdecktem Fall (Gesamtkosten 500.000 €, 8.000 entdeckte Fälle). Diese Innovation wäre in Quadrant III angesiedelt und bedeutet eine Verschlechterung der medizinischen Versorgung, sollte sie anstelle der bisherigen Screening-Maßnahme eingeführt werden. Dieses müsste aber in Kauf genommen werden, wenn für die Kostendifferenz (500.000 €) in einem anderen Bereich des Gesundheitswesens bessere Erfolge erzielt werden können als 1.000 zusätzlich entdeckte Fälle.

Interventionen in den Quadranten I und III müssen demzufolge gleichberechtigt nebeneinander gesehen werden. Es hängt in beiden Fällen vom Verhältnis zwischen Kosten und Ergebnis ab, ob sie eingeführt werden sollen oder nicht. Trotzdem lässt sich empirisch feststellen, dass es kaum Beispiele für Innovationen gibt, die im Quadranten III angesiedelt sind. Es scheint doch so zu sein, als ob in der Praxis eher ein zweistufiges Verfahren eingehalten wird: Als erstes muss das medizinische Ergebnis einer Innovation besser sein als bei bislang verfügbaren Alternativen. Ist dieses nicht gegeben (z. B. bei neu entwickelten Arzneimitteln), wird die Produktentwicklung eingestellt. Erst in einem zweiten Schritt werden dann die Kostenimplikationen überprüft. Diese Vorgehensweise ist wahrscheinlich dadurch begründet, dass die Entwickler von medizinischen Innovationen es derzeit marketingmäßig nicht verwerten können, wenn die neue Alternative vom medizinischen Ergebnis her schlechter ist und die Finanzmittel im Gesundheitswesen doch noch nicht so knapp sind. Mit weiter verschärften Budgetrestriktionen wird sich dieses aber in Zukunft ändern, denn im Saldo ergibt sich dadurch eine Verbesserung der Wirtschaftlichkeit im Gesundheitswesen.

Eine kurze Anmerkung soll noch zu der Abb. 5.2 gemacht werden. Dieses Diagramm wird häufig dazu verwendet darzustellen, in welchen Fällen eine ökonomische Evaluationsstudie sinnvoll ist und in welchen Fällen nicht. Es wird behauptet, dass wegen der Dominanz eine Studie in den Quadranten II und IV unnötig ist, sie aber wegen der Ermittlung des Quotienten aus Kosten und Ergebnis in den Quadranten I und III durchgeführt werden sollte.[108] Dieses ist natürlich nicht richtig, denn ohne eine Evaluationsstudie kennt man weder die Kosten noch das Ergebnis und kann eine Einordnung in das Diagramm überhaupt nicht vornehmen. Das einzige, was man sich nach Quantifizierung der Kosten und der Ergebnisse in den Quadranten II und IV erspart, ist die Abschätzung, ob der Quotient für das Gesundheitswesen akzeptabel ist oder nicht.

---

[108] Vgl. dazu z. B. Berger, K. (2002), S. 41.

Tabellarisch lassen sich die oben genannten Ergebnisse und Handlungsempfehlungen gemäß der Tabelle 5.3. zusammenfassen.

Tabelle 5.3. Entscheidungsregeln für eine allokativ optimale Mittelverwendung[109]

	mehr Kosten	gleiche Kosten	weniger Kosten
mehr Nutzen	+/-	+	+
gleicher Nutzen	-	0	+
weniger Nutzen	-	-	+/-

+	medizinische Maßnahme finanzieren.
-	medizinische Maßnahme nicht finanzieren.
+/-	Finanzierungsentscheidung hängt vom Kosten-Nutzen-Verhältnis ab.
0	neutrale Finanzierungsentscheidung.

5.3.2
Kosten-Kosten-Analyse

Bei der Kosten-Kosten-Analyse (cost-cost analysis, cost-minimization analysis) handelt es sich im Prinzip um nichts anderes, als um die separate Kosten-Analyse von zwei oder mehr alternativen Maßnahmen (z. B. Bewertung zweier Arzneimittel, Bewertung der Nierentransplantation und der Dialyse).[110] Ziel der Analyse ist es, die kostengünstigere Alternative zu ermitteln. Aus diesem Grund wird auch häufig von einer *Kostenminimierungs-Analyse* gesprochen.[111] Wichtig ist allerdings, dass die Bewertung der verschiedenen Maßnahmen im gleichen Kontext erfolgt, d. h. man darf nicht die Ergebnisse einer Kosten-Analyse mit den Ergebnissen einer anderen Kosten-Analyse vergleichen. Die Annahmen, die bei beiden Studien getroffen worden sind, werden sich im Regelfall unterscheiden. Dieses würde bei der Interpretation der Ergebnisse zu Verzerrungen führen.

Eine Kosten-Kosten-Analyse macht im Gesundheitswesen nur unter ganz bestimmten, sehr stringenten Annahmen einen Sinn. Um tatsächlich am Studienende eine Aussage über die Vorteilhaftigkeit einer der Maßnahmen treffen zu können, ist es unbedingt erforderlich, dass die Maßnahmen vom Ergebnis (Output, Outcome) her identisch sind. Wenn dieses gegeben ist, kann die Beurteilung der Vorteilhaftigkeit auf einen reinen Kostenvergleich reduziert werden.[112] Dieses widerspricht auch nicht der im vorigen Kapitel aufgestellten Behauptung, dass bei einer vergleichenden ökonomischen Evaluation immer Kosten und Ergebnis betrachtet

---

[109] Quelle: In Anlehnung an Rothgang, H., Niebuhr, D., Wasem, J., Greß, S. (2004), S. 308.

[110] Eine weitere Studienform in diesem Zusammenhang stellt die cost-consequence analysis dar, bei der die Kosten- und die Nutzeneffekte von unterschiedlichen Programmen zwar aufgelistet werden, ohne aber die Nutzeneffekte zu einer einzigen Maßzahl zusammenzufassen, vgl. Neumann, P. J., Goldie, S. J., Weinstein, M. C. (2000), S. 589.

[111] Vgl. Kori-Lindner, C., Berlin, M., Eberhardt, R. u. a. (1996), S. 2.

[112] Gemäß des *ökonomischen Prinzips* ist immer die Maßnahme zu wählen, die bei einem gegebenen Mitteleinsatz den höchsten Zielerreichungsgrad besitzt oder zur Erreichung eines fixierten Ziels den geringsten Mitteleinsatz erfordert, vgl. Schöffski, O. (1990), S. 23.

werden müssen, denn eine Einordnung in das 4-Felder-Diagramm ist auch bei Ergebnisgleichheit möglich. Die medizinische Innovation und die Basisannahme
werden sich in diesem Fall direkt auf der Kostenachse befinden (s. Abb. 5.3).

Der Vergleich zwischen den Alternativen reduziert sich dabei auf einen reinen
Kostenvergleich und es besteht eine Dominanz der Intervention A, wenn sie weniger Kosten verursacht als die 0-Alternative.

Eine bedeutende Anwendung der Kosten-Kosten-Analyse, bei der diese Vorgehensweise auf der Hand liegt, sind Generika. Wenn diese wirklich wirkungsgleich
gegenüber dem Originalpräparat sind (d. h. im Extremfall auf dem gleichen Fließ-
band hergestellt worden sind), dann gibt es aus gesundheitsökonomischer Sicht
keinerlei Grund das Originalpräparat zu bevorzugen. Bei einer gleichen Wirksamkeit muss als allgemeiner ökonomischer Grundsatz das preiswertere Präparat gewählt werden.[113]

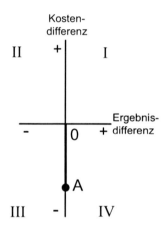

Abb. 5.3. Das Kosten-Effektivitäts-Diagramm bei Ergebnisgleichheit

Ansonsten ist die Situation der Wirksamkeitsgleichheit im Gesundheitswesen allerdings eher selten anzutreffen. Trotzdem werden Kosten-Kosten-Analysen sehr
häufig in Auftrag gegeben. Dieses liegt insbesondere an der leichten Durchführ-
barkeit. Man kann sich auf die relativ einfache Ermittlung der direkten Kosten beschränken, die Einbeziehung von indirekten Kosten ist selbstverständlich auch
möglich. Die problematische Bewertung des nicht-monetären Erfolgs (z. B. der
Lebensqualität) einer medizinischen Maßnahme kann somit entfallen. Man benötigt allerdings valide Belege über die Wirkungsgleichheit der Maßnahmen, dieses

---

[113] Dieses gilt – wie erwähnt – aus gesundheitsökonomischer Sicht. Es kann aber andere
Gründe geben (z. B. wirtschaftspolitische), durch die man zu einem anderen Urteil kommen kann. Wurde das Originalpräparat beispielsweise in Deutschland entwickelt und
produziert und schafft damit hier in Deutschland Arbeitsplätze und das Generikum wird
vielleicht aus dem Ausland importiert, dann könnte es rein national gesehen auch sinnvoll sein, dem Gesundheitswesen etwas Ineffizienz aufzuerlegen und das Originalpräparat zu bevorzugen, um damit die heimische Wirtschaft zu stärken.

können beispielsweise die Ergebnisse von klinischen Arzneimittelprüfungen sein oder – wenn publizierte Daten nicht vorliegen – Experteneinschätzungen.[114]

Aus Kostengründen beschränkt man sich häufig auch auf eine Kosten-Kosten-Analyse, wenn das klinische Ergebnis der neuen Maßnahme besser ist als das der bisher verfügbaren. Man kann dann anhand der ermittelten Daten argumentieren, dass die neue Maßnahme kostengünstiger ist als die bisher eingeführte und zusätzlich noch einiges dafür spricht (ohne dass man die Größenordnung exakt belegen kann), dass sie auch medizinisch überlegen ist. Durch diese Argumentationsweise verzichtet man zwar auf der einen Seite auf einige positive Argumente für die neue Behandlungsform, auf der anderen Seite kann die ökonomische Studie weitaus schneller und preiswerter durchgeführt werden.

5.3.3
Kosten-Nutzen-Analyse

Die Kosten-Nutzen-Analyse (cost-benefit analysis, benefit-cost analysis) ist weitreichender als die Kosten-Kosten-Analyse. Es handelt sich um die klassische Form einer ökonomischen Evaluation. Sie wird regelmäßig in allen Bereichen außerhalb des Gesundheitswesens angewendet. Hauptkennzeichen ist, dass sämtliche Kosten und der gesamte Nutzen der zu evaluierenden Maßnahme in Geldeinheiten bewertet werden. Die ersten Studien, die von Ökonomen im Gesundheitswesen durchgeführt wurden, waren genau nach diesem Muster konzipiert und wurden dann auch erheblich kritisiert, da in ihnen nicht die Besonderheiten des Gesundheitswesens berücksichtigt wurden.

Besonders erwähnt werden muss an dieser Stelle, dass der Begriff Kosten-Nutzen-Analyse oft sehr allgemein verwendet wird, er gilt häufig als Synonym für alle Formen von ökonomischen Evaluationen. Dieses ist historisch zu erklären. Als die ersten ökonomischen Gedanken im Gesundheitswesen auftauchten, verwendete man diesen Begriff, um Medizinern klarzumachen, in welcher Art und Weise Wirtschaftswissenschaftler denken.[115] Heute hat sich allerdings erwiesen, dass mit der Kosten-Nutzen-Analyse bestimmte Spezifika verbunden sind, die sie zu einer eigenständigen Analyseform machen.

Im Prinzip ist die Kosten-Nutzen-Analyse der Kosten-Kosten-Analyse sehr ähnlich, es gibt nur zwei Besonderheiten. Werden bei der Kosten-Kosten-Analyse zwei Maßnahmen im Gesundheitswesen parallel bewertet und anschließend die Ergebnisse verglichen, so wird bei der Kosten-Nutzen-Analyse nur eine Berechnung durchgeführt. Der Nutzen der zu bewertenden Maßnahme entspricht dabei den Kosten der alternativen Behandlungsform, die durch den Einsatz vermieden werden können. Dieser in Geldeinheiten ausgedrückte Nutzen kann von den Kosten der zu bewertenden Maßnahme subtrahiert werden und man erhält einen positiven oder negativen Saldo. Neben dieser Differenzbildung ist auch eine Division der Kosten durch den Nutzen möglich. Das Ergebnis kann dann beispielsweise lauten, dass das alte Verfahren 1,7 mal kostspieliger ist als das neue.

---

[114] Vgl. Evans, C. (1997).
[115] Vgl. Williams, A. (1974).

Ist dieser erste Unterschied zur Kosten-Kosten-Analyse rein formaler Art, so ist die zweite Besonderheit weitaus bedeutsamer. Bei der Kosten-Nutzen-Analyse werden sämtliche Kosten- und Nutzenkomponenten – auch die so genannten *intangiblen*, die bei der Kosten-Kosten-Analyse nicht berücksichtigt bzw. höchstens „unter dem Strich" genannt werden[116] – monetär bewertet. Dieses gilt für Änderungen in der Lebensqualität genauso wie für klinische Effekte der Behandlung und die Auswirkungen auf die Morbidität und Mortalität. Die Ordnung der Alternativen ist daher eindimensional (Geldeinheiten) und deshalb in der Regel eindeutig.[117] Bei der Bewertung dieser Effekte in Geldeinheiten existieren aber einige methodische Probleme, die bereits im Kapitel A 4 dargestellt wurden.

Aus diesem Grund wird allgemein von der Durchführung einer Kosten-Nutzen-Analyse abgeraten, zumindest in Deutschland.[118] Insbesondere die Zuweisung eines bestimmten Geldbetrags für ein menschliches Lebensjahr oder ein menschliches Leben insgesamt wird in der Öffentlichkeit häufig als Provokation angesehen. Die Reduzierung aller Effekte im Gesundheitswesen auf monetäre Größen hat sich bislang als nicht gangbarer Weg zur Allokationsverbesserung im Gesundheitswesen erwiesen.

In der jüngsten Zeit ist allerdings eine gegenläufige Entwicklung festzustellen, insbesondere in Großbritannien und den skandinavischen Ländern. Hier wird die Kosten-Nutzen-Analyse immer häufiger als die komplexeste und kraftvollste Form von ökonomischen Evaluationen angesehen, die breiter angelegt ist als die Kosten-Effektivitäts- und Kosten-Nutzwert-Analyse (s. dazu auch die folgenden Kapitel).[119] Da alle Kosten- und Nutzenkomponenten in Geldeinheiten bewertet werden, ist ein Vergleich zwischen medizinischen Programmen und Maßnahmen außerhalb des Gesundheitswesens prinzipiell möglich.[120] Ein Nichtraucherprogramm kann somit mit dem Bau einer Brücke, ein Transplantationszentrum mit der Entwicklung eines Kampffliegers und ein innovatives Mittel gegen Impotenz mit den neuen Uniformen der Polizei verglichen werden. Lebensqualität und Lebensjahre werden monetär bewertet und verlieren damit ihre Einzigartigkeit.

Der Boom im Bereich der Kosten-Nutzen-Analysen ist insbesondere dadurch begründet, dass man bei der Bewertung der „intangiblen" Kosten- und Nutzenkomponenten in den letzten Jahren wesentliche Fortschritte gemacht hat. Insbesondere der Willingness-to-pay-Ansatz spielt hier eine wichtige Rolle. Bislang nicht bewertbaren Wirkungen medizinischer Maßnahmen können dadurch monetäre Werte zugeordnet werden, die den Präferenzen der Bürger entsprechen. Auf die Möglichkeiten und Probleme des Willingness-to-pay-Ansatzes wird in Kapitel C 2.7 dieses Buchs ausführlicher eingegangen.

---

[116] Vgl. Wille, E. (1996), S. 8.
[117] Vgl. Mildner, R. (1983), S. 43.
[118] Vgl. Hannoveraner Konsens Gruppe (1999), S. A62.
[119] Vgl. Drummond, M. F., Sculpher, M. J., Torrance, G. W. u. a. (2005), S. 214-215 und S. 240.
[120] Vgl. Drummond, M. F., Stoddart, G. L. (1995).

5.3.4
Kosten-Wirksamkeits-Analyse

Wie können nun aber die medizinischen Ergebnisse einer Maßnahme im Gesundheitswesen in ökonomischen Evaluationsstudien berücksichtigt werden, ohne dass eine problematische Bewertung in Geldeinheiten notwendig ist? Es ist unbestritten, dass dieses erforderlich ist, da der Sinn des Gesundheitswesens nicht darin besteht, Kosten einzusparen, sondern Krankheiten zu heilen und den Gesundheitszustand der Bevölkerung zu verbessern. Die Annahme, dass die medizinischen Ergebnisse zweier Maßnahmen identisch sind und daher ein reiner Kostenvergleich ausreichend ist, ist sicherlich nur in Ausnahmefällen akzeptabel. Im Regelfall werden sich sowohl die Kosten, als auch die Ergebnisse zweier Maßnahmen unterscheiden.[121] Mit der Kosten-Wirksamkeits-Analyse (cost-effectiveness analysis) wird auch in diesen Fällen ein Vergleich möglich.

Die Kosten-Wirksamkeits-Analyse (häufig auch *Kosten-Effektivitäts-Analyse* genannt) bietet die Möglichkeit, auch die nicht problemlos in monetären Einheiten zu bewertenden Effekte einer medizinischen Maßnahme in gesundheitsökonomischen Evaluationen zu berücksichtigen.[122] Dabei werden die nicht in monetären Einheiten bewertbaren Komponenten in *naheliegenden natürlichen Einheiten* gemessen.[123] Die Beurteilung des Erfolgs der Maßnahme erfolgt dabei anhand von Größen, die von Medizinern festgelegt werden. Dabei kann es sich um sehr spezifizierte Erfolgsgrößen handeln, die anhand von physischen Einheiten quantifiziert werden[124] (z. B. Senkung des Blutdrucks, Reduzierung des Cholesterinspiegels, Verlängerung der schmerzfreien Gehstrecke, Reduzierung der Tumorgröße, Vergrößerung des Gefäßlumens), oder um eher globale Erfolgskriterien (z. B. Anzahl der erfolgreich behandelten Fälle, Lebensverlängerung in Jahren).

Diesem messbaren Erfolg der Maßnahme werden die Kosten gegenübergestellt.[125] Es wird also die Frage beantwortet, welche Kosten pro Einheit eines medizinischen Parameters anfallen.[126] Durch dieses Vorgehen wird die Vergleichbarkeit zweier unterschiedlich wirksamer Maßnahmen im Gesundheitswesen möglich. Das Ergebnis einer Kosten-Wirksamkeitsstudie kann dann beispielsweise folgendermaßen aussehen: „Eine Senkung des Blutdrucks um 10 % kostet bei der einen Maßnahme x € und bei der anderen Maßnahme y €" oder „ein erfolgreich

---

[121] Vgl. Schulenburg, J.-M. Graf v. d., Schöffski, O. (1993), S. 177.

[122] Vgl. Schöffski, O. (1990), S. 32.

[123] Vgl. Drummond, M. F., Teeling Smith, G., Wells, N. (1989), S. 23.

[124] Vgl. Wille, E. (1996), S. 8.

[125] Bei dieser Gegenüberstellung ist es erst einmal egal, ob die Kosten im Zähler oder Nenner des Bruchs stehen. In der gesundheitsökonomischen Evaluationsforschung hat es sich mehr oder weniger eingebürgert, dass die Kosten im Zähler und der Nutzen im Nenner genannt werden, d. h. die Kosten werden auf eine Einheit des Nutzens bezogen. Je kleiner dieser Bruch ist, desto besser. Im Bereich der Umweltökonomik ist es dagegen üblicher, den Bruch genau umgekehrt zu formulieren, hier wird die Ergebnisgröße bezogen auf eine Geldeinheit und der Quotient sollte möglichst groß sein, z. B. Pearce, D., Atkinson, G., Mourato, S. (2006), S. 274. Spricht man allgemein von einer „Optimierung" des Bruchs, so kann man erst einmal nichts falsch machen.

[126] Vgl. Häussler, B., Ecker, T. (2004).

behandelter Fall kostet in dem einen Fall x €, im anderen Fall y €". Durch das Gleichnamigmachen des Kosten-Wirksamkeits-Quotienten hat man die Möglichkeit, den Vergleich beider Maßnamen auf die Kosten zu reduzieren, die zum Erreichen des standardisierten Behandlungserfolgs aus medizinischer Sicht notwendig sind. Da bei jeder Behandlung standardisierte, gut messbare Erfolgsparameter existieren (diese sind häufig die Zielkriterien in klinischen Studien), stellt die Kosten-Wirksamkeits-Analyse eine gute Möglichkeit zum Vergleich von unterschiedlichen Maßnahmen im Gesundheitswesen dar. Sie wird derzeit am häufigsten von allen Studienformen durchgeführt.[127]

Der Vergleich zwischen der Kosten-Effektivität zweier Maßnahmen ist in der Praxis aber häufig komplexer als bisher dargestellt. Dieses soll an einem Beispiel erläutert werden. Es werden zwei fiktive medizinische Programme völlig unterschiedlicher Natur verglichen. Angewendet werden diese Programme jeweils bei einer Population von 1.000 Personen. Die Programme seien dadurch gekennzeichnet, dass sie in einer unterschiedlichen Intensität durchgeführt werden können. Das Programm I sei eine Screening-Maßnahme, die entweder nur bei Hochrisikopersonen angewendet wird, oder auch bei Patientengruppen, bei denen das Risiko offensichtlich geringer ist. Die Gruppe wird demnach von Stufe zu Stufe weiter gefasst (Ausweitung der Indikationsstellung). Das Programm II sei beispielsweise eine Krebsbehandlung, bei der bestimmte Behandlungen nacheinander durchgeführt werden können (z. B. Operation, Chemotherapie, Hormontherapie, Strahlentherapie). Beiden Programmen ist gemeinsam, dass sich durch eine intensitätsmäßige Ausweitung das medizinische Ergebnis verbessern lässt, die Kosten dadurch aber überproportional steigen. Es besteht nun die Frage, welche der beiden Programme durchgeführt werden sollen und bis zu welcher Intensitätsstufe. Die Programme und die einzelnen Intensitätsstufen sind dabei miteinander zu vereinbaren, d. h. es können mehrere Programme/Intensitätsstufen nebeneinander durchgeführt werden. Im Gesundheitswesen existieren aber häufig auch Fälle von nicht miteinander zu vereinbarenden Alternativen, auf diese Problematik wird im Anschluss eingegangen.

Um überhaupt einen Vergleich durchführen zu können, müssen die Ergebnisse beider Programme in gleichen Einheiten gemessen werden. Hier bietet sich als allgemeines Ergebnismaß die Anzahl von gewonnenen Lebensjahren an, eine häufig gewähltes Ergebnismaß. Die beiden Programme sind dabei durch folgende Kosten und Ergebnisse gekennzeichnet (s. Tabelle 5.3):[128]

---

[127] Eine Übersicht über die Ergebnisse von 500 Kosten-Wirksamkeits-Analysen aus dem medizinischen und nicht-medizinischen Bereich findet sich bei Tengs, T. O., Adams, M. E., Pliskin, J. S. u. a. (1995).

[128] Das Beispiel orientiert sich von seiner Konzeption her an den Beiträgen von Karlsson, G., Johannesson, M, (1996), und Drummond, M. F., O'Brian, B. J., Stoddart, G. L., Torrance, G. W. (1997), S. 131–135.

Tabelle 5.4. Kosten und gewonnene Lebensjahre zweier alternativer medizinischer Programme

Inten-sitäts-stufe	Programm I		Inten-sitäts-stufe	Programm II	
	Kosten/Patient (in 1.000 €)	Ergebnis/Patient (in gewonnenen Lebensjahren)		Kosten/Patient (in 1.000 €)	Ergenis/Patient (in gewonnenen Lebensjahren)
A	50	10	G	100	10
B	90	15	H	150	14
C	140	17	I	190	16
D	190	21	K	240	17
E	240	22	L	290	19
F	300	23			

Da beide Programme im Sinne einer Inkrementalanalyse verglichen werden sollen, ist es notwendig, aus den Kosten- und Ergebnisdifferenzen der einzelnen Intensitätsstufen die Kosten-Effektivitäts-Verhältnisse zu ermitteln. Diese sind in der folgenden Tabelle abgebildet (s. Tabelle 5.4).

Tabelle 5.5. Grenzkosten, Grenznutzen und Kosten-Effektivität pro Patient

Inten-sitäts-stufe	Programm I			Inten-sitäts-stufe	Programm II		
	ΔKosten (in 1.000 €)	ΔErgebnis (in gew. Lebensj.)	ΔKosten/ ΔErgebnis		ΔKosten (in 1.000 €)	ΔErgebnis (in gew. Lebensj.)	ΔKosten/ ΔErgeb-nis
A	50	10	5	G	100	10	10
B	40	5	8	H	50	4	12,5
C	50	2	25	I	40	2	20
D	50	4	12,5	K	50	1	50
E	50	1	50	L	50	2	25
F	60	1	60				

Betrachtet man die Kosten-Effektivität der einzelnen Intensitätsstufen, ist festzustellen, dass diese mit zunehmender Intensität der beiden Programme immer schlechter werden, allerdings gibt es bei beiden Programmen jeweils eine Ausnahme. Bei Programm I hat die Stufe C eine sehr schlechte Kosten-Effektivität (25), die in Stufe D wieder besser wird (12,5). Dasselbe gilt für Stufe K in Programm II, die mit 50 schlechter ist als die darauf folgende Intensitätsstufe mit 25. Man spricht in diesem Zusammenhang von einer schwachen Dominanz (weak dominance).[129] Wendet man die Intensitätsstufe C bei Programm I bei 1.000 Personen an, so entstehen Kosten in Höhe von 140 Millionen € und es werden 17.000 Lebensjahre gewonnen. Werden allerdings Stufe B und Stufe D bei jeweils 500 Personen angewendet, so entstehen ebenfalls Kosten in Höhe von 140 Millionen €

---

[129] Vgl. Ament, A., Baltussen, R. (1997). Weinstein, M. C. (1990) verwendet dagegen den Begriff *extended dominance*.

(= 45 Millionen € + 95 Millionen €), es werden allerdings 18.000 Lebensjahre generiert. Diese Kombinationsalternative dominiert somit die Alternative C, die damit nicht weiter im Entscheidungsprozess berücksichtigt werden muss. Das Gleiche gilt für die Alternative K des Programms II. Auch diese fällt vorzeitig aus dem Entscheidungsprozess.

Dieser Sachverhalt kann auch sehr anschaulich graphisch dargestellt werden. In der folgenden Abbildung ist das Kosteneffektivitätsdiagramm der beiden Programme visualisiert (s. Abb. 5.4). Dabei kann man sich auf den Quadranten I beschränken, da die anderen Quadranten im gewählten Beispiel nicht tangiert werden.

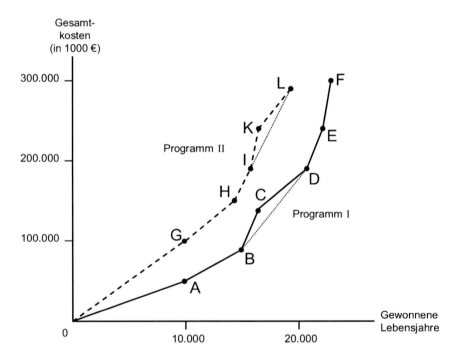

Abb. 5.4. Gesamtkosten und Gesamtergebnis zweier medizinischer Programme

Die Verbindungslinien zwischen den Punkten B und D bzw. I und L liegen im Quadranten I weiter außen als die Punkte C bzw. K. Jede Kombination der beiden Intensitätsstufen B und D bzw. I und L ist damit kosteneffektiver. C und K brauchen somit nicht weiter berücksichtigt zu werden. Voraussetzung dafür ist allerdings, dass beide Programme vollständig teilbar sind und dass sich das Kosteneffektivitätsergebnis bei einer kleiner werdenden Zahl von Patienten nicht verschlechtert. In der Realität wird allerdings häufig eine dieser beiden Voraussetzungen nicht gegeben sein, wodurch sich das Entscheidungsproblem komplizierter gestaltet.

In welcher Reihenfolge sollen nun aber die beiden Programme bzw. deren Intensitätsstufen verwirklicht werden? Es ist offensichtlich, dass anhand der Kosteneffektivitätsverhältnisse vorgegangen werden muss. Als erstes wird die Intensitätsstufe A des Programms I verwirklicht (Kosteneffektivitätsverhältnis von 5), danach die Stufe B desselben Programms (8). Es schließt sich die Stufe G des zweiten Programms an, die ein Kosteneffektivitätsverhältnis von 10 hat. Zwischen D und H ist dann keine Entscheidung möglich, da sie beide dasselbe Verhältnis (12,5) aufweisen. Es folgen I, L, E und F. Wie bereits dargestellt werden die Alternativen C und K nicht berücksichtigt.

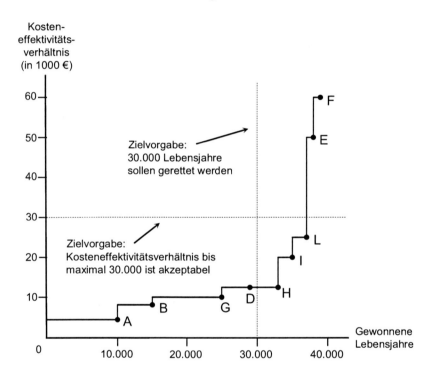

Abb. 5.5. Kumulierte Lebensjahre nach steigendem Kosteneffektivitätsverhältnis

Es ist allerdings unwahrscheinlich, dass die Programme tatsächlich bis zu ihrer jeweils intensivsten Stufe F bzw. L verwirklicht werden, da in der Regel Budgetrestriktionen dagegen stehen werden. Ohne Restriktionen wären gesundheitsökonomische Berechnungen unnötig. Die rationale Reihenfolge der Verwirklichung der einzelnen Stufen steht durch die ermittelte Kosteneffektivität fest. Bis zu welchem Grad aber tatsächlich verwirklicht wird, ist entweder ein Werturteil (z. B. wir akzeptieren nur ein Kosteneffektivitätsverhältnis bis zu 30.000 € pro gewonnenem Lebensjahr oder wir wollen genau 30.000 Lebensjahre retten) bzw. ein Sachzwang (uns stehen nur Mittel in Höhe von 300 Millionen € zur Verfügung). Zur Entscheidungshilfe lassen sich die bislang ermittelten Ergebnisse entsprechend graphisch aufbereiten. In Abbildung 5.5 sind das Kosteneffektivitätsverhältnis und die kumulierten gewonnenen Lebensjahre dargestellt. Hier können Zielvorgaben bezüglich dieser beiden Dimensionen berücksichtigt werden.

In der Abbildung 5.6 sind dagegen die kumulierten Gesamtkosten der beiden Programme in Abhängigkeit von den Kosteneffektivitätsverhältnissen dargestellt. Hier kann durch eine Budgetrestriktion die optimale Verwirklichung der Programme ermittelt werden. Zusätzlich lassen sich auch die Gesamtkosten ablesen, wenn eine Zielvorgabe bezüglich des maximalen Kosteneffektivitätsverhältnisses gegeben wird. Lautet diese Vorgabe maximal 30.000 €, dann folgen daraus Gesamtkosten für die beiden Programme in Höhe von 380 Millionen €.

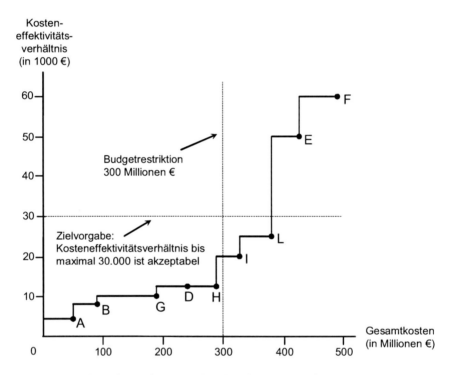

Abb. 5.6. Kumulierte Gesamtkosten nach steigendem Kosteneffektivitätsverhältnis

Beim bisherigen Vergleich wurde immer davon ausgegangen, dass die beiden Programme und die jeweiligen Intensitätsstufen miteinander zu vereinbaren sind (*compatible alternatives*), d. h. dass theoretisch alle gleichzeitig nebeneinander angewendet werden können. Im Gesundheitswesen existieren aber häufig Fälle von nicht miteinander zu vereinbarenden Alternativen (*incompatible alternatives*), das Entscheidungsproblem stellt sich dann anders dar. Dieses soll an Programm II verdeutlicht werden. Wurde bislang davon ausgegangen, dass die einzelnen Stufen der (fiktiven) Krebstherapie aufeinander aufbauen, soll nun die Annahme getroffen werden, dass sie sich gegenseitig ausschließen. Entweder kann man Medikament A geben oder man gibt Medikament B oder man führt eine Strahlentherapie durch oder man nimmt einen operativen Eingriff vor. Es gilt also, die eine Alternative aus Programm II zu ermitteln, die aus gesundheitsökonomischer Sicht optimal ist. Obwohl diese Aufgabe auf den ersten Blick einfacher aussieht als die Optimierung bei miteinander zu vereinbarenden Alternativen, sind hier doch komplexere Lösungsalgorithmen notwendig,[130] die an dieser Stelle nur kurz dargestellt werden:[131]

Die Alternativen werden zuerst in der Reihenfolge ihrer Kosten aufgelistet, beginnend mit der kostengünstigsten Möglichkeit. Danach werden die stark dominierten Alternativen aussortiert. Diese kosten mehr und bringen weniger als die Vergleichsalternativen. Für die übrig bleibenden Alternativen wird das inkrementelle Kosteneffektivitätsverhältnis ermittelt (Grenzkosten geteilt durch Grenzergebnis). Ergibt sich bei einer folgenden Alternative ein geringeres Kosteneffektivitätsverhältnis als bei der vorigen Alternative, dann ist die Alternative mit dem größeren Verhältnis auszusortieren (schwache Dominanz).[132] Durch diese Vorgehensweise erhält man eine Sequenz von Programmen mit steigenden inkrementellen Kosteneffektivitätsverhältnissen. Die Entscheidungsregel, die nun Anwendung findet, lautet, dass man diejenige Alternative wählt, die das größte inkrementelle Kosteneffektivitätsverhältnis aufweist, das höchstens so groß ist, wie das maximale Kosteneffektivitätsverhältnis, das die Gesellschaft bereit ist, für eine Ergebniseinheit zu bezahlen.

Dieser Sachverhalt wird noch einmal anhand eines anderen Verfahrens, der Isoquantenmethode, graphisch verdeutlicht.[133] Beide Verfahren kommen zu demselben Ergebnis. Wesentlich für die Entscheidung für eine Alternative ist, dass man Vorstellungen über die maximal akzeptablen Kosten pro Ergebniseinheit (hier: gewonnene Lebensjahre) hat. Bei unterschiedlichen Annahmen diesbezüglich können sich auch unterschiedliche Vorteilhaftigkeiten der Alternativen ergeben.

Man kann nun jeder Alternative einen (fiktiven) monetären Nutzen zuordnen, der sich aus der Subtraktion der tatsächlichen Kosten von den Kosten ergibt, die man maximal zu zahlen bereit gewesen wäre (hier: Anzahl Lebensjahre x 30.000 €). Man wählt letztendlich die Alternative, bei der die Differenz, d. h. der (fiktive) Nutzen, maximal groß ist.

Bei der graphischen Darstellung werden zuerst die in Tabelle 5.3 angegebenen Kosten und Lebensjahre des Programms II in ein Diagramm eingezeichnet (s. Abb. 5.7). Als nächstes werden die stark und schwach dominierten Alternativen ausgesondert. Stark dominierte Alternativen liegen nordwestlich von irgendeiner anderen Alternative, die damit zu geringeren Kosten mehr Lebensjahre generieren würde. Im gewählten Beispiel ist eine solche Alternative nicht vorhanden. Es würde sich beispielsweise um die Kombination 140.000 € und 9 Lebensjahre handeln (wenn es solch eine Alternative gäbe), diese würde von G stark dominiert werden. Wie bereits im vorigen Beispiel dargestellt, handelt es sich bei K um eine schwach dominierte Alternative, da sie (graphisch ausgedrückt) nordwestlich der

---

[130] Diese werden beispielsweise ausführlich dargestellt bei Kamlet, M. S. (1992), und Weinstein, M. C. (1990).
[131] Vgl. Ament, A., Baltussen, R. (1997), S. 626.
[132] Dieses ist die gleiche Vorgehensweise wie bei miteinander vereinbaren Alternativen.
[133] Vgl. dazu das Beispiel von Ament, A., Baltussen, R. (1997).

Verbindungslinie zwischen I und L liegt. K wird damit aus dem Entscheidungsprozess eliminiert und spielt bei der weiteren Betrachtung keine Rolle mehr.

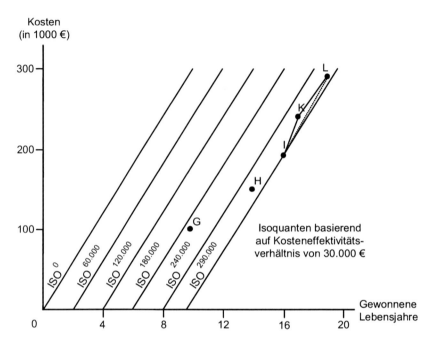

Abb. 5.7. Isoquantenmethode zur Entscheidungsfindung bei nicht vereinbaren Alternativen

Im Folgenden wird eine Isoquante in das Diagramm eingezeichnet, die alle die
Kombinationen aus Kosten und Lebensjahren beinhaltet, die das maximal akzeptierte Kosteneffektivitätsverhältnis (hier: 30.000 € pro Lebensjahr) ergeben (z. B.
150.000 € und 5 Lebensjahre, 300.000 € und 10 Lebensjahre). Alle Alternativen,
die über dieser Isoquante liegen, fallen aus der weiteren Betrachtung heraus, da sie
ein schlechteres als das maximal akzeptierte Verhältnis aus Kosten und Lebensjahren aufweisen. In diesem Beispiel existiert ein solcher Fall nicht, da alle Kosteneffektivitätsverhältnisse kleiner sind als das maximale. Parallel zu dieser ersten
Isoquante werden weitere eingezeichnet. Alle Kombinationen, die auf einer Isoquante liegen, weisen denselben monetären Nutzen auf. Beispielsweise liegt die
Kombination (240.000 €, 10 Lebensjahre) auf ISO[60.000], da 10 Lebensjahre maximal 300.000 € hätten kosten dürfen (10 x 30.000 €), tatsächlich aber nur 240.000 €
kosten. Die Alternative, die auf der am weitesten außen liegenden Isoquante liegt,
ist diejenige mit dem höchsten monetären Nutzen. In diesem Fall ist das Alternative I, die einen Nutzen von 290.000 € aufweist (16 Jahre x 30.000 € - 190.000 €).

Das Ergebnis hängt dabei ganz wesentlich von der Wahl der 1. Isoquante ab,
d. h. dem maximal akzeptablen Kosteneffektivitätsverhältnis. Wird hier ein anderer Wert gewählt, ergibt sich auch eine andere Vorteilhaftigkeit. Würde man ein
maximales Verhältnis von 11.000 € pro Lebensjahr akzeptieren, würden die Alter-

nativen I und L aus dem Entscheidungsprozess herausfallen, da diese ein schlechtes Verhältnis ausweisen. H würde einen monetären Nutzen von 4.000 € aufweisen (14 Jahre x 11.000 € - 150.000 €), G einen Nutzen von 10.000 € (10 Jahre x 11.000 € - 100.000 €) und wäre damit zu wählen.

Das Prinzip der Entscheidungsfindung bei miteinander unvereinbaren Alternativen ist damit im Prinzip recht einfach: Es wird die Alternative gewählt, die den Nutzen für die Volkswirtschaft maximiert, immer gemessen an der maximalen Zahlungsbereitschaft. Problematisch an diesem Ansatz ist allerdings, dass man keine allgemeingültigen Vorstellungen darüber hat, wie viel ein Lebensjahr (oder ein anderes medizinisches Ergebnis) maximal wert sein darf.

Hat man die optimale Lösung zwischen den miteinander nicht vereinbaren Alternativen gefunden, so kann in einem nächsten Schritt diese Alternative mit anderen Programmen verglichen werden. Unsere optimale Krebstherapie lässt sich dann vergleichen mit Screening-Maßnahmen, präventiven Maßnahmen, Investitionen in Großgeräte etc. Diese Maßnahmen wären dann wieder miteinander vereinbar und können, je nach Budget, alle oder nur teilweise durchgeführt werden.

Kosten-Wirksamkeits-Analysen stellen derzeit die am häufigsten durchgeführte ökonomische Evaluationsform im Gesundheitswesen dar. Sie verbindet das medizinische Ergebnis mit den Kosten und ist relativ weit einsetzbar. Kritik setzt allerdings an zwei Punkten an: Zum einen wird behauptet, dass die medizinische Sicht des Behandlungserfolgs für den Patienten irrelevant ist, da es sich dabei nur um intermediäre Erfolgskriterien handelt. Für den Patienten ist es erst einmal unerheblich, wie hoch der Blutdruck oder wie groß der Tumor ist. Für ihn ist einzig und allein relevant, wie sich seine Lebensqualität und seine Lebenserwartung entwickelt. Wenn tatsächlich die Patientensicht bei der Entscheidung über Behandlungsmethoden im Gesundheitswesen von Bedeutung ist, so müssen als Erfolgskriterien andere Faktoren zur Beurteilung herangezogen werden, z. B. Schmerzen, soziale Kontakte oder die Fähigkeit, für sich selbst zu sorgen. Dieses leistet eine Kosten-Wirksamkeits-Analyse nicht, da sie sich auf eher technisch definierte Erfolgskriterien stützt.

Ein weiterer Kritikpunkt an Kosten-Wirksamkeits-Analysen lautet, dass mit ihnen nur sehr eingeschränkte Vergleiche innerhalb des Gesundheitswesens möglich sind.[134] Man kann sie nur innerhalb einer Indikation einsetzen, da nur hier die gleichen medizinischen Erfolgskriterien aussagekräftig sind. Mit einer Kosten-Wirksamkeits-Analyse kann beispielsweise die Frage beantwortet werden, welche Behandlung bei Brustkrebs effizient ist, nicht aber die Frage, ob eine Brustkrebsbehandlung effizienter ist als eine sekundärpräventive Maßnahme bei koronarer Herzkrankheit. Da entsprechende globale Vergleiche für eine effiziente Allokation im Gesundheitswesen immer relevanter werden, wurden die bisher dargestellten Studienformen weiterentwickelt.

---

[134] Vgl. Wille, E. (1996), S. 8.

5.3.5
Kosten-Nutzwert-Analyse

Mit der Kosten-Nutzwert-Analyse (cost-utility analysis), die in der angelsächsischen Literatur häufig als Unterform der Kosten-Wirksamkeits-Analyse bezeichnet wird,[135] wurde den beiden Kritikpunkten an der Kosten-Wirksamkeits-Analyse begegnet und (zumindest theoretisch) eine Lösung gefunden. Hier erfolgt die Bewertung des Behandlungserfolgs einer medizinischen Maßnahme aus Patientensicht, d. h. es werden die Effekte auf die Lebensqualität und die Lebenserwartung des Patienten berücksichtigt. Zusätzlich erfolgt eine Normierung des Behandlungsergebnisses für alle Indikationen, d. h. jede medizinische Maßnahme ist nach dem gleichen Muster bewertbar. Damit werden sehr weitreichende Vergleiche innerhalb des Gesundheitswesens, auch über Indikationen hinweg, möglich.
Aus unterschiedlich dimensionierten Ergebnisgrößen werden bei dieser Studienform Nutzwerte ermittelt, die den Kosten gegenübergestellt werden. Das am häufigsten verwendete Verfahren zur Ermittlung von Nutzwerten ist das QALY-Konzept.[136] Dieses und andere Modelle werden wegen der großen zukünftigen Bedeutung ausführlich im folgenden Kapitel dargestellt und diskutiert. Bei der Entscheidung, ob ein medizinisches Programm durchgeführt werden soll oder nicht, ist wiederum zu berücksichtigen, ob es sich um miteinander zu vereinbarende oder nicht zu vereinbarende Alternativen handelt. Es finden dann dieselben Verfahren zur Entscheidungsfindung Anwendung, die bereits bei der Kosten-Effektivitäts-Analyse im vorangegangenen Kapitel dargestellt wurden.

5.4
Zusammenfassung

Die Grundformen einer gesundheitsökonomischen Evaluation unterscheiden sich insbesondere dadurch, welche Kosten- und Nutzenkomponenten berücksichtigt werden und welche Vergleiche zwischen den eingesetzten Ressourcen und dem Ergebnis der Maßnahme gezogen werden. In Abbildung 5.8 sind diese Komponenten nochmals systematisch dargestellt.

---

[135] Vgl. Liljas, B., Lindgren, B. (2002), S. 325.
[136] Vgl. Schöffski, O. (1990), S. 33.

Input
(eingesetzte
Ressourcen)

$K_{dir.}$ = direkte Kosten
$K_{ind.}$ = indirekte Kosten
$K_{int.}$ = intangible Kosten

**Maßnahme
im
Gesundheits-
wesen**

Ergebnis

N: Nutzen in *monetären Einheiten*
$N_{dir.}$ = direkter Nutzen
$N_{ind.}$ = indirekter Nutzen
$N_{int.}$ = intangibler Nutzen
W: Wirksamkeit in gleichen
physischen Einheiten
U: Aus verschiedenen Ergebnisgrößen
zusammmengesetzter Nutzwert (z.B. QALYs)

Abb. 5.8. Komponenten einer gesundheitsökonomischen Evaluation[137]

Diese Komponenten werden in den einzelnen Studienformen folgendermaßen verwendet:

- Kosten-Analyse, Krankheitskosten-Analyse
  $K_{dir.}$ oder $K_{dir.} + K_{ind.}$

- Kosten-Kosten-Analyse
  $K_{dir.}$ oder $K_{dir.} + K_{ind.}$
  (jeweils separat für alle zu bewertenden Maßnahmen, Vergleich der Maßnahmen durch Bildung der Ergebnisdifferenz oder des Ergebnisquotienten, nur anwendbar bei Annahme der klinischen Ergebnisgleichheit)

- Kosten-Nutzen-Analyse
  $(N_{dir.} + N_{ind.} + N_{int.}) - (K_{dir.} + K_{ind.} + K_{int.})$
  oder $(N_{dir.} + N_{ind.} + N_{int.}) / (K_{dir.} + K_{ind.} + K_{int.})$

- Kosten-Wirksamkeits-Analyse
  $K_{dir.} / W$ oder $(K_{dir.} + K_{ind.}) / W$

---

[137] Quelle: In Anlehnung an Drummond, M. F. (1987b), S. 607.

(jeweils für alle zu bewertenden Maßnahmen, der kleinste Quotient stellt die
Maßnahme der Wahl dar)

- Kosten-Nutzwert-Analyse
  $$K_{dir.} / U \qquad \text{oder} \qquad (K_{dir.} + K_{ind.}) / U$$
  (jeweils für alle zu bewertenden Maßnahmen, der kleinste Quotient stellt die
  Maßnahme der Wahl dar)

Das Ergebnis einer gesundheitsökonomischen Evaluation hängt damit ganz wesentlich von der gewählten Studienform ab. Durch die Berücksichtigung der verschiedenen Kosten- und insbesondere Ergebniskomponenten wird auch die Evaluation unterschiedlich ausfallen. Es ist daher sehr intensiv über die Frage
nachzudenken, welche Studienform für welche Fragestellung die geeignete ist.
Die Wahl einer bestimmten Form ist ausführlich zu begründen.

6 Das QALY-Konzept als prominentester Vertreter der Kosten-Nutzwert-Analyse

O. Schöffski, W. Greiner

Lehrstuhl für Gesundheitsmanagement, Universität Erlangen-Nürnberg
Fakultät für Gesundheitswissenschaften, Gesundheitsökonomie und Gesundheitsmanagement, Universität Bielefeld

6.1 Das Konzept der qualitätskorrigierten Lebensjahre (QALYs)

Nachdem in den letzten Kapiteln dargestellt wurde, in welcher Studiensystematik ökonomische Untersuchungen durchgeführt werden können, wird in diesem Kapitel speziell noch einmal die Kosten-Nutzwert-Analyse thematisiert und hier insbesondere die wohl prominenteste Form, das QALY-Konzept.

Entscheidungsfindungen sind häufig zu komplex, als dass einfache Vergleiche der Alternativen ausreichend sind. Sobald man mehr als eine Dimension misst, kann man sich im Regelfall zwischen zwei Alternativen nicht mehr entscheiden. Etwas provokant ausgedrückt: Individuen sind nur in der Lage zwei Werte miteinander zu vergleichen und zu entscheiden, welcher von beiden größer und welcher kleiner ist. Sobald mehr Dimensionen mit ins Spiel kommen, ist man eigentlich schon überfordert.

Ein Beispiel soll das verdeutlichen: Sind bei zwei Behandlungsalternativen die Kosten bekannt und seien auch nur diese entscheidungsrelevant, dann kann man problemlos die Alternative mit den geringeren Kosten identifizieren und auswählen. Kommt aber als zweite Dimension noch eine wie auch immer quantifizierte Nutzengröße hinzu und ist der Nutzen der Maßnahme mit den höheren Kosten höher als der Nutzen der Maßnahme mit den niedrigeren Kosten, so ist schon keine Entscheidung „auf den ersten Blick" mehr möglich. Man hat durch diese getrennte Erfassung der relevanten Dimensionen zwar verhältnismäßig viele Informationen und kann sehr detailliert über die kosten- und nutzenmäßigen Auswirkungen der Behandlungen referieren, eine Entscheidung für oder gegen eine Alternative wird dadurch aber nicht erleichtert. Die Komplexität der Entscheidungssituation muss daher reduziert werden. Durch die Komplexitätsreduktion gehen naturgemäß Informationen gegenüber einer detaillierteren Erfassung der Lebensqualität verloren. Es gilt daher immer einen Kompromiss zwischen möglichst umfassenden Informationen einerseits und einer möglichst geringen Komplexität andererseits zu finden, um noch Entscheidungen treffen zu können.

Schon bei der simultanen Berücksichtigung von Kosten- und Nutzenaspekten bei der Bewertung von Maßnahmen im Gesundheitswesen hat man damit schon die gleiche Problematik, wie sie bei der Bewertung von Lebensqualitätsaspekten noch viel deutlicher auftreten wird (s. Teil C dieses Buchs): Es sind zu viele Dimensionen zu berücksichtigen, als dass eine klare Entscheidung getroffen werden könnte. Die Dimensionen, die bei der Kosten-Nutzwert-Analyse von Interesse sind, sind monetärer und nicht-monetärer Natur, d. h. eine einfache Zusammenfassung wie bei der Kosten-Nutzen-Analyse im engeren Sinne ist damit nicht möglich. Neben den Kosten müssen die Lebensqualität und die Lebenserwartung als Ergebnisse einer Behandlung berücksichtigt werden. Man hat damit zumindest drei Dimensionen (von denen die Lebensqualität auch schon eine zusammengesetzte Größe ist), die in ihrer Komplexität soweit reduziert werden müssen, dass eine Entscheidung zwischen Behandlungsalternativen möglich ist.[138] Wie sollte man sonst eine Entscheidung für oder gegen eine Behandlung treffen, die beispielsweise die Lebensqualität wesentlich senkt, dafür aber die Lebenserwartung um einige Wochen verlängert? Durch die Aufbereitung der komplexen Daten zur besseren Entscheidungsfindung werden aber auch hier wieder Informationen verloren gehen.

Diese Komplexitätsreduktion kann mit Hilfe des Konzepts der *qualitätskorrigierten Lebensjahre* (quality-adjusted life-years, QALYs) erfolgen. Es wird davon ausgegangen, dass sich das menschliche Leben anhand der beiden Dimensionen *Restlebenserwartung* (quantitative Komponente) und *Lebensqualität* (qualitative Komponente) darstellen lässt.[139] Die Restlebenserwartung reicht vom Beobachtungszeitpunkt bis zum Tod des Individuums, die Lebensqualität sei durch die beiden Werte 1 (= vollständige Gesundheit, keinerlei Einschränkungen der Lebensqualität) und 0 (= Tod) normiert („Anker").[140] Die Bewertung der Lebensqualität muss dabei gemäß den Präferenzen von Individuen erfolgen. Das Konzept beruht auf der Erwartungsnutzentheorie, die zuerst von John von Neumann und Oskar Morgenstern axiomatisch formuliert wurde.[141] Bei dieser Erwartungsnutzentheorie wird nicht der Erwartungswert einer Verteilung maximiert, sondern der Erwartungswert des Nutzens, der den einzelnen Werten der Verteilung entspricht.

---

[138] Vgl. Gerard, K. (1992), S. 250.

[139] Vgl. Schöffski, O. (1990), S. 65. Die Losung „add years to life and life to years" beschreibt sehr gut die Verbindung zwischen beiden Komponenten, vgl. McGuire, A., Henderson, J., Mooney, G. (1988), S. 21.

[140] Vgl. Neumann, P. J., Goldie, S. J., Weinstein, M. C. (2000), S. 592.

[141] Vgl. Neumann, J. v., Morgenstern, O. (1974). Es ist aber zumindest zweifelhaft, ob alle Voraussetzungen für die Erwartungsnutzentheorie im Gesundheitswesen erfüllt sind, vgl. Mooney, G., Olsen, J. A. (1991). Die Beziehung zwischen QALYs und den individuellen Präferenzen wird diskutiert in Johannesson, M., Jönsson, B., Karlsson, G. (1996), S. 285.

Damit wird die Risikoeinstellung der Individuen explizit mitberücksichtigt. Die Normierung der Lebensqualitätsskala auf die Werte 1 und 0 bedeutet dabei allerdings keineswegs, dass nicht auch Zustände existieren können, die schlechter als der Tod bewertet werden, d. h. mit Werten kleiner als 0 (vgl. dazu auch Kap. 6.3).

Beim QALY-Konzept werden die beiden Dimensionen Lebensqualität und Lebenserwartung zu einem neuen Aggregat zusammengefasst, es handelt sich demzufolge um ein eindimensionales Outcome-Maß. Dieses ist insbesondere deshalb von Bedeutung, als dadurch später sehr weitreichende Vergleiche möglich sind.[142] Ein QALY stellt das für das gesamte Gesundheitswesen normierte Nutzenmaß dar und aus ökonomischer Sicht sollte die medizinische Maßnahme ausgewählt werden, bei der die Kosten pro normiertem Nutzenwert minimal bzw. die Anzahl der normierten Nutzenwerte pro fixierter Geldeinheit maximal ist.[143]

Dieses Konzept der unterschiedlichen Gewichtung von Lebensjahren wurde erstmalig im Jahr 1968 angewendet, ohne dass damals schon die Bezeichnung QALY verwendet wurde.[144] In einer Studie zu Therapiealternativen zum chronischen Nierenversagen wurde angenommen, dass die Lebensqualität nach einer Nierentransplantation pauschal 25 % besser ist als bei einer Dialyse. Die Kosten wurden damals alternativ für ein gewonnenes Lebensjahr und für ein qualitätsbereinigtes gewonnenes Lebensjahr ermittelt. Verwendet wurde die Bezeichnung *quality-adjusted life-years* und das Akronym *QALY* erstmalig in einem Aufsatz aus dem Jahr 1977 im New England Journal of Medicine.[145] Es dauerte eine Weile, bis sich eine entsprechende deutsche Übersetzung eingebürgert hat. Populär wurde der Ausdruck *qualitätsbereinigte bzw. qualitätskorrigierte Lebensjahre* durch die Übersetzung eines Buch von Drummond u. a. aus dem Jahr 1989, das von der Medizinisch Pharmazeutischen Studiengesellschaft (den Vorgänger des Verbands Forschender Arzneimittelhersteller – VFA –) herausgegeben wurde.[146] Während in der Anfangsphase die Begriffe „bereinigt" und „korrigiert" synonym verwendet wurden, nutzt man derzeit häufiger letzteren Begriff, da „bereinigt" im Zusammenhang mit Lebensqualität und Lebenserwartung immer einen gewissen Nachgeschmack hat. Im Folgenden wird das Konzept der qualitätskorrigierten Lebensjahre zur besseren Veranschaulichung auch immer graphisch dargestellt.

Es sei einmal angenommen, dass sich die Lebensqualität des Individuums zu jedem Zeitpunkt ermitteln lässt, entsprechende Instrumente werden in Teil C des Buchs noch ausführlich behandelt werden. Die Lebensqualität wird auf einer Ordinate abgetragen, die Zeitachse entspricht der Abszisse. Es wird in den folgenden Beispielen jeweils eine Behandlung mit der Alternative Nicht-Behandlung verglichen, es könnten allerdings ebenso zwei alternative Behandlungsformen gegenübergestellt werden. Obwohl sich Aussagen später nur auf der aggregierten Ebene treffen lassen, wird zur Verdeutlichung des Sachverhalts im Folgenden exemplarisch nur ein Individuum betrachtet.

---

[142] Vgl. Wasem, J. (1997), S. 14.
[143] Vgl. McKie, J. (1998), S. 18.
[144] Vgl. Klarman, H., Francis, J., Rosenthal, G. (1968).
[145] Vgl. Weinstein, M. C., Stason, W. B. (1977).
[146] Vgl. Drummond, M. F., Teeling Smith, G., Wells N. (1989), S. 25.

Lange Zeit hat man in der Medizin zur Beurteilung von Behandlungsmethoden nur die quantitative Dimension eines menschlichen Lebens betrachtet, d. h. inwieweit eine Behandlung geeignet ist, das Leben zu verlängern. Mit fortschreitender Entwicklung der Medizintechnologie ist dieses Konzept aber immer seltener einsetzbar, da die meisten neuen Therapieformen kaum noch einen nennenswerten positiven Einfluss auf die Lebenserwartung haben und allgemein akzeptiert ist, dass die subjektive Patientensicht, d. h. die Frage der Lebensqualität, eine weitere ausschlaggebende Rolle spielen sollte. Der Erfolg einer Behandlung, die nur die Lebenserwartung eines Patienten positiv beeinflusst, die Lebensqualität aber auf gleichem Niveau hält, kann graphisch gemäß dem QALY-Konzept wie in Abbildung 6.1 dargestellt werden. Es werden jeweils die Größen der vom Koordinatenkreuz und dem Lebensqualitätsverlauf begrenzten Flächen mit Behandlung und ohne Behandlung ermittelt und voneinander subtrahiert (alternative Berechnungsmethode: Ermittlung der Fläche zwischen den beiden Lebensqualitätsverläufen). Die positive (oder negative) Differenz zeigt die Größe des Erfolgs (des Misserfolgs) der Behandlung an. Die Maßeinheit, in der diese Messung vorgenommen wird, ist das QALY.

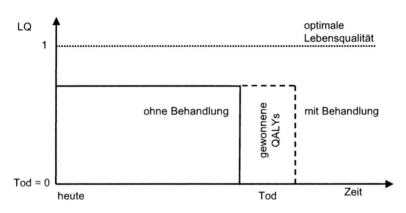

Abb. 6.1. Ermittlung der QALYs für eine Behandlung, die nur die Lebenserwartung beeinflusst

Die Ermittlung der QALYs sei hier einmal an einem fiktiven Beispiel dargestellt: Der Lebensqualitätswert sei 0,7 und die bisherige Lebenserwartung 10 Jahre. Durch die Therapie verlängert man die Lebenserwartung auf 13 Jahre. Die zusätzlichen QALYs berechnen sich dabei wie folgt: 3 zusätzliche Jahre Lebenserwartung mit einer Lebensqualität von 0,7 ergeben durch multiplikative Verknüpfung 2,1 QALYs. Dieses stellt den Nutzen der Maßnahme dar. Die drei gewonnenen Lebensjahre gehen bei der Kalkulation nicht jeweils mit dem Wert 1 ein sondern nur mit 0,7, da durch die Behandlung keine optimale Lebensqualität erreicht wird, sondern nur eine eingeschränkte. Vom Nutzen her ist diese Maßnahme daher schlechter zu beurteilen als eine Maßnahme, die die Patienten tatsächlich auf den Indexwert 1 bringt. Die Idee, die hinter dem QALY-Konzept steht, ist damit einleuchtend: „Nur ein vollkommen gesund verbrachtes Jahr ist wirklich 365 Tage wert; von Krankheit überschattete Jahre müssten dagegen [korrigiert werden], so dass sie nur noch ein effektives Gewicht von 300, 200 oder noch weniger Tagen haben."[147] Solch eine Nutzenmessung ist eigentlich nicht die Aufgabe von Gesundheitsökonomen, genau genommen handelt es sich um eine allgemeingültige medizinische Beurteilung. Der Ökonom kommt genau genommen erst in einem späteren Schritt hinzu: Er würde fragen, wie viel die Durchführung dieser Maßnahme eigentlich kostet. Seien es einmal 42.000 €. In der Kosten-Nutzwert-Analyse werden diese Kosten durch die gewonnenen QALYs dividiert, man erhält im Beispiel einen Wert von 20.000 €/QALY. Das QALY stellt damit den standardisierten medizinischen Erfolg einer Behandlung dar und die 20.000 € sind der Betrag, den man benötigt um solch eine Nutzeneinheit zu generieren.

Das QALY-Konzept bietet nun den Vorteil, dass nicht nur eine Verlängerung des Lebens bewertet werden kann, sondern auch eine Verbesserung der Lebensqualität der Patienten, wobei in beiden Fällen die gleiche Maßeinheit (QALY) verwendet wird. Bei einer Behandlung, die ausschließlich die Lebensqualität des Patienten verbessert, aber keinerlei Einfluss auf die Lebenserwartung hat, stellt sich der QALY-Gewinn gemäß Abbildung 6.2 dar.

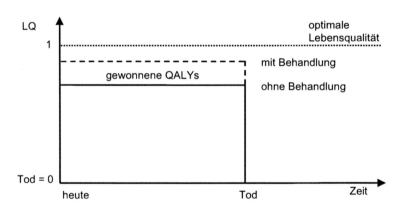

Abb. 6.2. Ermittlung der QALYs für eine Behandlung, die nur die Lebensqualität beeinflusst

Auch hier noch einmal ein fiktives numerisches Beispiel zur Verdeutlichung: War der Lebensqualitätswert in der Ausgangssituation 0,7, soll er sich durch die hier dargestellte Therapie umgehend und für die nächsten 10 Jahre auf 0,9 verbessern. Die gewonnenen QALYs ergeben sich aus der Verbesserung der Lebensqualität um 0,2 multipliziert mit Jahren als 2,0 QALYs. Diese medizinische Maßnahme koste angenommenermaßen 30.000 €, es ergibt sich ein Kosten-Nutzwert-Verhältnis von 15.000 €/zusätzlichem QALY. Wenn aus irgendeinem Grund die gleichzeitige Durchführung der hier genannten und der in Abbildung 6.1 vorgestellten medizinischen Maßnahme nicht möglich ist (z. B. schließen sich beide Maßnahmen medizinisch aus oder es stehen nur finanzielle Mittel für die Durchführung

---

[147] Pedroni, G., Zweifel, P. (1990), S. 53.

einer dieser beiden Maßnahmen zur Verfügung), dann würde der Gesundheitsökonom empfehlen den standardisierten medizinischen Erfolg dort zu „kaufen", wo er
preiswerter zu erreichen ist. Der Ökonom spricht hier vom „Minimalprinzip", ein
gegebener Output soll mit minimalem Mitteleinsatz erreicht werden. In diesem
Fall wäre es die zweite Maßnahme, bei der ein QALY für 15.000 € anstelle von
20.000 € zu erhalten ist.

Beide bislang dargestellten Möglichkeiten bieten für sich gesehen kaum Vorteile gegenüber den etablierten Messverfahren. Auch bei Kosten-Effektivitäts-Unter-
suchungen werden häufig die gewonnenen Lebensjahre berücksichtigt und eine
reine Messung der Lebensqualität ist ebenfalls schon länger Standard. Neu ist hingegen die Möglichkeit der kombinierten Betrachtung sowohl von Lebensqualitätsänderungen als auch von Einflüssen auf die Lebenserwartung. Abbildung 6.3 zeigt
diesen Zusammenhang.

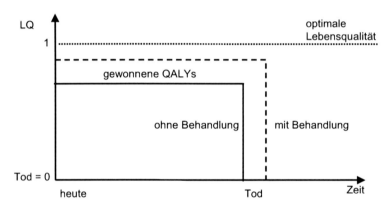

Abb. 6.3. Ermittlung der QALYs für eine Behandlung, die sowohl Lebenserwartung als
auch Lebensqualität beeinflusst

Auch hier noch einmal das Zahlenbeispiel: Die Lebensqualität wird von 0,7 auf
0,9 durch die medizinische Maßnahme verbessert und zusätzlich die Lebenserwartung um ein Jahr verlängert. Die gewonnenen QALYs ergeben sich aus 10 x 0,2 +
1 x 0,9 = 2,9 QALYs.

Nun ist es allerdings unrealistisch anzunehmen, dass der Lebensqualitätsverlauf
über die Zeit durch eine lineare Funktion beschrieben wird. Insbesondere der
plötzliche Tod ohne eine vorherige Reduzierung der Lebensqualität entspricht nur
in Ausnahmefällen den realen Gegebenheiten. Viel wahrscheinlicher ist es, dass
die Lebensqualität durch eine wie auch immer geartete Kurve beschrieben wird
und die Lebensqualität vor dem Tod (langsam oder schneller) abnimmt. Ein solcher Verlauf ist in Abbildung 6.4 wiedergegeben.[148]

---

[148] Dieser Fall wird auch beschrieben von Drummond, M. F., Teeling Smith, G., Wells, N.
(1989), S. 25.

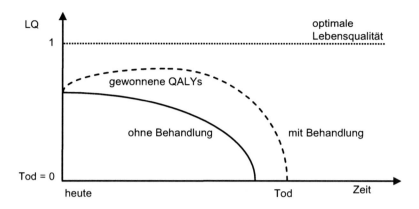

Abb. 6.4. Ermittlung der QALYs bei einem nicht-linearen Verlauf der Lebensqualität

An dieser Stelle kommt häufig der Einwand, dass es sich bei den QALYs zwar um
ein interessantes theoretisches Konzept handelt, die zugehörige Funktion der Kurve in der Praxis aber nicht ermittelt werden kann. Damit sind auch die weiteren
Berechnungen unmöglich. Es ist sicherlich richtig, dass dieser modellhafte Verlauf der Lebensqualitätskurve in tatsächlich durchgeführten Studien kaum gene-
rierbar ist. Dazu müsste im Extremfall zu jedem Moment des Restlebens die Lebensqualität gemessen werden. Erstens sind kaum Studien denkbar, die einen so
langen Beobachtungshorizont haben,[149] zweites können die Lebensqualitätsbefra-
gungen nur in bestimmten Zeitintervallen durchgeführt werden. Hier kann man
aber durch plausible Annahmen durchaus zu akzeptablen Ergebnissen kommen.
Beispielsweise kann für die Zeit nach dem Beobachtungsende bis zum Tod ein bestimmter Lebensqualitätsverlauf nach Konsultation von Experten oder schon früher behandelter Patienten angenommen werden (z. B. die Lebensqualität mit und
ohne Behandlung ist nach Beobachtungsende identisch oder beide Kurven nähern
sich binnen einer bestimmten Anzahl von Jahren an) oder der Lebensqualitätsverlauf zwischen zwei Messpunkten wird als linear angenommen.[150] In der Praxis
kann so ein stufenförmiger Lebensqualitätsverlauf ermittelt werden, der die Realität zumindest angenähert wiedergibt. Solch ein stufenförmiger Verlauf ist in Abbildung 6.5 dargestellt. Je häufiger die Lebensqualitätsmessungen vorgenommen

---

[149] In der Praxis existieren durchaus Beobachtungsstudien, die viele Jahre und sogar Jahrzehnte dauern. Allerdings werden bei diesen die entsprechenden Lebensqualitätsmessungen nicht durchgeführt und man wird im Regelfall auch an schnelleren Ergebnissen
interessiert sein. Auf der anderen Seite gibt es auch Krankheiten, bei denen die Restlebenserwartung der Patienten wenige Monate beträgt. Hier sind durchaus Studien denkbar, die die Patienten bis zum Tod begleiten.

[150] Etwas zu einfach gemacht hat man es sich wohl aber bei einer QALY-Studie zu Coch-
lear-Implantaten, bei der die Lebensqualität von Kindern im Durchschnittsalter von ca. 7
Jahren mit und ohne Implantat bewertet wurden. Die Differenz der Lebensqualität wurde dann für die Folgejahre als konstant angenommen und mit der durchschnittlichen
Restlebenserwartung von 7jährigen Kindern (mehr als 70 Jahre) multipliziert. Dadurch
ergab sich natürlich ein erheblicher Nutzen der Maßnahme, vgl. Cheng, A. K., Rubin, H.
R., Powe, N. R. (2000).

werden können, desto genauere Ergebnisse wird man erzielen.[151] Hier muss zwischen den zusätzlichen Kosten der Studie und dem Gewinn an Studienqualität abgewogen werden.

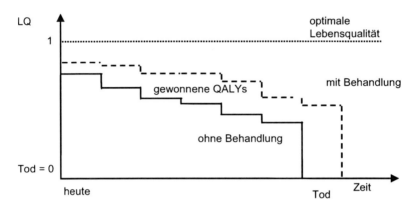

Abb. 6.5. Ermittlung der QALYs bei einem stufenförmig gemessenen Verlauf der Lebensqualität

Bei allen bisherigen Fällen wurde angenommen, dass durch die Behandlung sowohl die Lebenserwartung als auch die Lebensqualität nicht negativ beeinflusst werden. Dieses ist in der Realität aber nicht der Regelfall, wie am Beispiel einer Chemotherapie oder eines operativen Eingriffs gezeigt werden kann. Direkt nach der Behandlung ist die Lebensqualität des Patienten meist erst einmal geringer als ohne Behandlung. Dieses wird der Patient nur in der Hoffnung auf eine später wesentlich verbesserte Lebensqualität und/oder längere Lebenserwartung auf sich nehmen. An dieser Stelle muss ermittelt werden, ob das Feld mit den gewonnenen QALYs größer ist als mit den verlorenen QALYs. Solch ein Fall, bei dem das Nettoergebnis positiv ist, ist in Abbildung 6.6 wiedergegeben.

---

[151] Vgl. Schöffski, O. (1994b), S. 54.

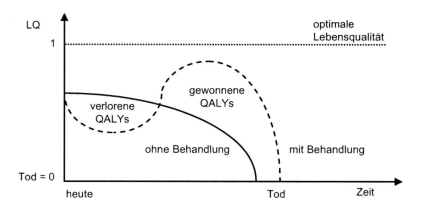

Abb. 6.6. Ermittlung der QALYs bei Gewinnen und Verlusten der Lebensqualität

Besonders schwierig sind dabei zwei Spezialfälle zu beurteilen. Beim ersten Fall wird eine Behandlung durchgeführt, mit der eine Lebensverlängerung nur auf Kosten der Lebensqualität erreicht werden kann (s. Abb. 6.7). Die Verluste durch die Lebensqualitätsreduzierung sind dabei größer als die Gewinne durch die Lebensverlängerung. Hätte man solch eine Kurve von einem realen Patienten vorliegen, müsste man die Frage stellen, ob die Behandlung durchgeführt werden sollte oder nicht. Man sieht, dass eine reine Fixierung der Entscheidung auf die Lebenserwartung dem Problem nicht gerecht wird und aus Patientensicht (und die Lebensqualitätsbewertung stellt ja definitionsgemäß die Patientensicht dar) vielleicht auf die Behandlung verzichtet werden sollte.

Allerdings muss an dieser Stelle nochmals betont werden, dass das QALY-Konzept nicht dazu geeignet ist, über die Behandlung einzelner Personen zu entscheiden, sondern dass es „nur" um Allokationsentscheidungen geht. Obwohl in den Beispielen zur Verdeutlichung immer nur von *einem* Patienten die Rede war, müssen die abgebildeten Kurven immer als Durchschnittswerte einer *Vielzahl* von Patienten mit gleicher Krankheit interpretiert werden. Das QALY-Konzept ist damit auch nicht für den Einsatz auf der Ebene zwischen Arzt und Patient gedacht („Schauen Sie sich doch einmal Ihre QALYs an, da werden Sie doch verstehen, dass man Ihnen diese Leistung nicht gewähren kann!"). Da das Konzept auf Durchschnittswerten basiert, kann der Lebensqualitätsverlauf eines einzelnen Falls durchaus anders aussehen. Es geht beim QALY-Konzept in der Regel darum, ob eine Technologie oder ein Verfahren überhaupt in dem Gesundheitssystem zur Verfügung gestellt wird und nicht ob ein bestimmter Patient sie erhält oder nicht. Es wäre aber durchaus denkbar, die graphische Darstellung des Lebensqualitätsverlaufs wie im QALY-Konzept für das Aufklärungsgespräch zwischen Arzt und Patient zu nutzen, um so die Entscheidungssituation für den Patienten transparenter zu machen.

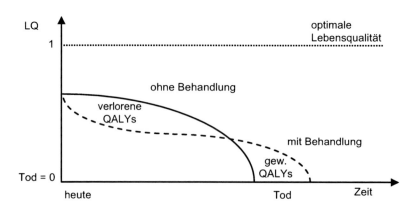

Abb. 6.7. Ermittlung der QALYs bei Lebensverlängerung und Verringerung der Lebensqualität

Genau entgegengesetzt zum vorherigen Beispiel wirkt eine Behandlung, die das Leben des Patienten (besser: eines durchschnittlichen Patienten einer definierten Gruppe) zwar verkürzt, ihm aber für die restlich zur Verfügung stehende Zeit eine größere Lebensqualität ermöglicht (s. Abb. 6.8). Auch hier ist zu ermitteln, ob ein positiver oder negativer Nettoeffekt entsteht.

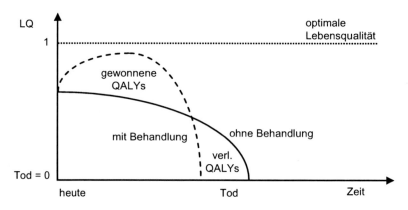

Abb. 6.8. Ermittlung der QALYs bei Lebensverkürzung und Verbesserung der Lebensqualität

Verschärft wird diese Problematik noch, wenn bei der Lebensqualität auch negative Werte zugelassen werden. Solch ein Fall ist in Abbildung 6.9 schematisch wiedergegeben. Rein rechnerisch kann hier genauso der Nettogewinn oder der Nettoverlust an QALYs ermittelt werden. Die Auswirkungen der Einbeziehung von negativen Lebensqualitätswerten werden in Kap. 6.3 diskutiert.

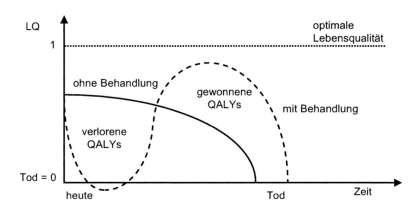

Abb. 6.9. Ermittlung der QALYs bei negativer Lebensqualität

Nachdem nun anhand verschiedener Beispiele dargestellt wurde, welche unterschiedlichen Entscheidungssituationen bei der Berechnung von QALYs auftreten, können den gewonnenen QALYs (wie bereits oben dargestellt) die zusätzlichen Kosten der Behandlungsmaßnahme gegenübergestellt werden. Soweit keine Diskontierung von Kosten und Nutzen vorgesehen ist, erhält man durch eine einfache Division der Zusatzkosten durch die Anzahl der gewonnenen QALYs den Geldbetrag, der nötig ist, um ein zusätzliches QALY zu erhalten. Durch das ganze Verfahren wurde erreicht, dass man jeglicher medizinischen Maßnahme eine einzige Kenngröße zuordnen kann, genau den Betrag, der notwendig ist, um ein QALY zu gewinnen. Man hat demzufolge einen einheitlichen Nenner, der es erlaubt, Vergleiche über das gesamte Gesundheitssystem anzustellen. Die QALYs sind krankheitsübergreifend, d. h. die Methode kann prinzipiell bei jeglicher Maßnahme im Gesundheitswesen eingesetzt werden. So können die Auswirkungen von neu entwickelten Arzneimitteln, verhaltensmedizinischen Maßnahmen, neuen Operationstechniken, diagnostischen Maßnahmen, Qualitätssicherungsmaßnahmen etc. miteinander vergleichbar gemacht werden. Man kann dadurch den Nutzen eines zusätzlichen im Gesundheitswesen zu verwendenden Geldbetrags maximieren[152] oder anders ausgedrückt die Anzahl von QALYs bei einem gegebenen Geldbetrag maximieren.

Ein besonderer Vorteil dieser Vorgehensweise besteht darin, dass dadurch Allokationsentscheidungen möglich werden, ohne dass man einem Lebensjahr oder dem menschlichen Leben an sich einen Wert zuweist. Es wird erst einmal nicht festgelegt, dass ein qualitätskorrigiertes Lebensjahr x € wert ist, und dass alle Maßnahmen, die ein zusätzliches QALY für weniger erreichen, durchgeführt werden und alle anderen nicht. Diese feste Grenze existiert erst einmal nicht. Sie müsste dann auch dahingehend interpretiert werden, dass es sich maximal bis zu diesem Wert lohnt, Geld für die Wiederherstellung von Gesundheit auszugeben. Stattdessen wird beim Grundkonzept der qualitätskorrigierten Lebensjahre erst einmal ermittelt, dass ein bestimmtes Ergebnis (1 QALY) in einem Fall mit einem

---

[152] Vgl. Birch, S., Gafni, A. (1992), S. 284.

geringeren und in einem anderen Fall mit einem höheren Ressourceneinsatz erreicht werden kann. Es bleibt weiterhin eine politische Entscheidung, wie viel
Geld im Gesundheitswesen eingesetzt werden soll und wie viel Gesundheit man
sich damit leisten will. Auf die Schwellenwertproblematik, d. h. bis zu welchem
Betrag die Investition in QALY als sinnvoll erscheint, wird im folgenden Kapitel
ausführlich eingegangen.

6.2
League-Tables

Die Ergebnisse von Kosten-Nutzwert-Analysen, die auf dem QALY-Konzept beruhen, können in einem nächsten Schritt zu einer Liste zusammengefasst werden.
Man spricht dann von einer *League-Table* (auch Rangliste oder „Hit-Liste").[153]
Diese Liste ist so geordnet, dass die Maßnahmen, bei denen ein QALY relativ
preiswert erzeugt werden kann, oben stehen, Maßnahmen mit einem eher schlechten Nutzwertergebnis stehen weiter unten.[154] Diese Liste kann dann als Entscheidungshilfe zur Optimierung der Allokation dienen. Steht man vor dem Problem
entscheiden zu müssen, wo im Gesundheitswesen eine zusätzliche Geldeinheit
eingesetzt werden soll, wäre es ökonomisch rational, diese dort einzusetzen, wo
man ein zusätzliches QALY relativ preiswert erhält. Da die League-Table aber nur
als Entscheidungshilfe konzipiert ist, kann man sich bei der Allokationsentscheidung natürlich auch für schlechter bewertete Maßnahmen entscheiden. Die League-Table gibt dann Auskunft darüber, auf was man verzichtet, wenn man diese
zusätzliche Geldeinheit nicht der effizientesten Verwendung zuführt. Ein Beispiel
einer League-Table, die häufig in der Literatur diskutiert wurde, ist in Tabelle 6.1
wiedergegeben.[155] Diese Tabelle gibt sicherlich keine aktuell gültigen Werte mehr
wieder, da sie schon einige Jahre alt ist. Man kann an ihr aber noch einmal schön
die generelle Vorgehensweise beschreiben. Diese Tabelle soll anhand von zwei
Beispielen nochmals interpretiert werden, um kurz darzustellen, wie es zu den Ergebnissen kommt. Dabei wird aber nicht detailliert auf die hinter der Tabelle stehenden Kosten-Nutzwert-Analysen eingegangen. Inwieweit diese Ergebnisse ü-
berhaupt für Deutschland Relevanz haben, kann nicht beurteilt werden, da sie

---

[153] Vgl. Jefferson, T., Mugford, M., Demicheli, V. (1994).
[154] Vgl. Maynard, A. (1991), S. 1284.
[155] In der Literatur existieren noch weitere publizierte League Tables. Zu nennen ist hier
    beispielsweise die 66seitige Auflistung aller Kosten-Nutzwert-Analysen der Jahre 1976
    bis 1997 des Harvard Center For Risk Analysis (HCRA). Hier werden die Analysen dif-
    ferenziert nach Krankheitskategorien mit ihrem Kosten-Nutzwert-Ergebnis dargestellt.
    In einer „Unter-League Table" werden nur die Studien aufgenommen und mit ihren Er-
    gebnissen in 1998er US$ dargestellt, die den Anforderungen des US Public Health Ser-
    vice Panel on Cost-Effctiveness in Health and Medicine (USPHS) entsprechen. Diese
    League Table enthält 228 Studien mit 647 Kosten pro QALY-Quotienten. Es existiert
    auch schon ein Auflistung in einer überarbeiteten 115seitigen Version mit den Kosten-
    Nutzwert-Analysen bis 2001, allerdings bislang ohne Unter-League Table, vgl. Harvard
    Center For Risk Analyis (o. J.).

speziell für die Gegebenheiten im britischen Gesundheitswesen und schon vor einigen Jahren erhoben wurden.

Tabelle 6.1. League-Table der Kosten eines zusätzlichen QALYs[156]

Maßnahme	Gegenwartswert der Kosten eines zusätzlichen QALYs (in £ 1990)
Cholesteroltest und ausschließliche Diät	220
Neurochirurgischer Eingriff bei einer Kopfverletzung	240
Rat des Hausarztes, das Rauchen einzustellen	270
Neurochirurgischer Eingriff bei subarachnoidaler Hirnblutung	490
Anti-hypertensive Therapie zur Vermeidung eines Schlaganfalls	940
Schrittmacherimplantation	1.100
Herzklappen-Ersatz bei einer Aortenstenose	1.140
Hüftendoprothese	1.180
Cholesteroltest und anschließende Behandlung	1.480
Koronare Bypass-Operation wegen schwerer Angina pectoris	2.090
Nierentransplantation	4.710
Brustkrebsreihenuntersuchung	5.780
Herztransplantation	7.840
Kontrolle des Gesamt-Serumcholesterins und Behandlung	14.150
Heim-Hämodialyse	17.260
Koronare Bypass-Operation wegen leichter Angina pectoris	18.830
Ambulante Peritonealdialyse	19.870
Krankenhaus-Hämodialyse	21.970
Erythropoietin Behandlung bei Anämie von Dialyse-Patienten (bei angenommener 10 %iger Reduktion der Mortalität)	54.380
Neurochirurgischer Eingriff bei bösartigen intrakraniellen Tumoren	107.780
Erythropoietin Behandlung bei Anämie von Dialyse-Patienten (bei angenommener Konstanz der Mortalität)	126.290

An dritter Position der Tabelle steht der Rat des Hausarztes, das Rauchen einzustellen. Die Kosten eines zusätzlichen QALYs werden dafür mit 270 £ angegeben. Obwohl die Vergütung von ambulanten Leistungen sich in Großbritannien wesentlich von der in Deutschland unterscheidet, kann davon ausgegangen werden, dass der einzelne Arzt sicherlich nicht einen solch hohen Betrag für den reinen Ratschlag abrechnen kann. Wie kommt der Betrag aber zustande? Folgende (fiktive) Rahmenbedingungen könnten dafür verantwortlich sein: Der britische National Health Service will etwas gegen die vielen Lungenkrebsfälle tun und initiiert

---

[156] Quelle: Maynard, A. (1991), S. 1284. Diese League-Table geht zurück auf eine schon früher von Drummond, M. F., Teeling Smith, G., Wells, N. (1989), S. 76, publizierte Liste, die Maynard ergänzt und die Werte an das Jahr 1990 anpasst. Eine weitere (ältere) Liste findet sich bei Russell, L. B. (1984).

eine Nichtraucherkampagne. Für jeden Patienten, mit dem ein definiertes Schulungsprogramm absolviert wird, erhält der Arzt 5 £. Der Arzt findet das Programm aus medizinischer Sicht gut und hält auch die Vergütung für angemessen. Daher greift er sich die nächsten 108 rauchenden Patienten, die zu ihm in die Praxis kommen, führt mit Ihnen das Programm durch und erhält dafür 108 x 5 £ = 540 £. Von den 108 Patienten gehen 100 aus der Praxis und stecken sich erst einmal eine Zigarette an. Das eingesetzte Geld (= Honorar des Arztes) hat damit überhaupt keinen Nutzen gebracht. Die übrigen 8 Patienten werden sofort zu Nichtrauchern, leider werden 4 davon auf den Nachhauseweg von einem LKW überfahren und sterben. Das Programm war bei Ihnen zwar erfolgreich, hat aber zu keinem QALY-Gewinn geführt. Was mit diesem drastischen Beispiel nur gezeigt werden soll: Nicht jeder Raucher stirbt an einer durch das Rauchen bedingten Krankheit, man kann auch an etwas anderem sterben. Bleiben noch rauchentwöhnte 4 Patienten übrig. Zwei davon haben eine so fantastische genetische Ausstattung, dass, egal wie viel Teer und Nikotin sie sich in den Körper holen, die Lebenserwartung und die Lebensqualität unbeeinträchtigt bleibt (wenn es das tatsächlich geben sollte). Auch bei diesen beiden gibt es keinen QALY-Gewinn. Nur bei den beiden letzten erfolgreich geschulten Patienten ergibt sich ein QALY-Gewinn: Der Eine lebt exakt ein Jahr länger bei einer absolut beeinträchtigungsfreien Lebensqualität und gewinnt damit ein QALY, der Andere lebt zwar nicht länger, hat aber in den 10 letzten Jahren seines Lebens eine um jeweils 0,1 verbesserte Lebensqualität und gewinnt damit auch exakt ein QALY. Insgesamt hat die Raucherentwöhnungsmaßnahme damit zu einem Gewinn von 2 QALYs geführt, insgesamt sind dafür 540 £ an Kosten angefallen. Durch die Division der Kosten durch den QALY-Gewinn erhält man exakt die 270 £/QALY, die in der League-Table abgetragen sind. (Nochmalige Anmerkung: Das Zahlenbeispiel ist absolut fiktiv gewählt und hat mit der zu Grunde liegenden Studie nicht das Geringste zu tun).

Da der ermittelte Wert ja augenscheinlich sehr attraktiv ist (er steht sehr weit oben in der Liste) könnte man auf die Idee kommen, das gesamte verfügbare Geld im Gesundheitswesen für Nichtraucherprogramme zu verwenden, da dort das Geld anscheinend gut angelegt ist. Dieses ist natürlich nicht sinnvoll, da die angegebene Kosteneffizienz im Sinne einer Marginalanalyse nur für die nächste zusätzlich ausgegebene Geldeinheit gilt. Je mehr Nichtraucherprogramme initiiert werden, desto schlechter wird die Effizienz jedes weiteren Programms. Beim ersten Nichtraucherprogramm wird man relativ viele Personen vom Nichtrauchen überzeugen können, der Gewinn an QALYs wird relativ hoch sein. Beim folgenden Programm hat man es schon mit den uneinsichtigeren Fällen zu tun und mit Fällen, bei denen der Leidendruck nicht so hoch ist. Bei gleichen Kosten des zweiten Programms wird der Erfolg (gemessen in QALYs) geringer, die Kosten pro QALY werden damit höher sein.

In eine ähnliche Richtung geht das zweite Beispiel. Die koronare Bypass-Operation wegen schwerer Angina pectoris wird mit 2.090 £ pro QALY bewertet, dieselbe Operation wegen leichter Angina pectoris dagegen mit 18.830 £. Es handelt sich in beiden Fällen um dieselbe Operation, die auch ähnliche Kosten verursachen dürfte. Die Unterschiede in den ermittelten Ergebnissen können demzufolge nicht von der Kostenseite her begründet werden, sondern nur durch die Ergebnisseite. Es sei einmal angenommen, dass durch die Operation die Lebensqualität und die Lebenserwartung sowohl bei schwerer als auch bei leichter Angina pectoris auf das gleiche Niveau angehoben werden. In der Ausgangssituation waren allerdings die Lebensqualität und die Lebenserwartung bei dem Fall mit schwerer Angina pectoris wesentlich eingeschränkter als beim leichten Fall. Der QALY-Zugewinn beim schweren Fall ist daher wesentlich größer als beim leichten Fall. Einer größeren Zahl von zusätzlichen QALYs werden nun ähnliche Kosten gegenübergestellt. Es ergibt sich dadurch ein wesentlich besseres Kosten-Nutzwert-Verhältnis als beim leichten Fall. Auch an diesem Beispiel lässt sich gut zeigen, dass nur eine Grenzbetrachtung zu sinnvollen Ergebnissen führt. Fördert man die Durchführung von immer mehr Bypass-Operationen (z. B. durch Zurverfügungstellung von zusätzlichen Krankenhauskapazitäten), so wird klar, dass bald die schweren Fälle behandelt sind und man auf immer leichtere Fälle übergehen kann bzw. muss. Bei diesen ist das Kosten/QALY-Verhältnis aber wesentlich schlechter. Es ist daher zu entscheiden, wie viele Bypass-Operationen durchgeführt werden sollen und ab welchem Zeitpunkt andere Maßnahmen im Gesundheitswesen voraussichtlich effizienter sind.

Einer der Vorreiter bei der Berücksichtigung von ökonomischen Aspekten im Gesundheitswesen ist das NICE-Institut aus Großbritannien (vgl. dazu auch Kapitel D 1). Seit dem Jahr 2000 hat NICE insgesamt 79 medizinische Verfahren zu 54 Indikationen untersucht und die Ergebnisberichte sowohl komplett als auch als verkürzte Informationsberichte ins Internet gestellt. Sechs dieser 79 publizierten Studien sind in der Zwischenzeit als „zurückgezogen" oder „ersetzt" gekennzeichnet, von den übrigen 73 Berichten beruhen 41 auf dem QALY-Konzept. Der Anteil der QALY-Studien ist im Zeitablauf massiv ansteigend (2000: 12%, 2001: 40%, 2002: 68%, 2003: 74%), allein dies belegt die Relevanz dieses Konzepts. Innerhalb dieser 41 Studien wurden 101 Kosten/QALY-Quotienten ermittelt. Im Rahmen einer wissenschaftlichen Arbeit wurden diese in € konvertiert, falls nur Kostenintervalle vorlagen die Mittelwerte gebildet und diese dann in eine Rangreihenfolge nach Art der League-Table gebracht.

Tabelle 6.2. League-Table zu ausgewählten NICE Appraisals[157]

Indikation	Bewertete Behandlung	Kosten pro QALY in €
Epilepsie bei Kindern	Topiramate als Monotherapie versus Sodium Valproate	938
Epilepsie bei Kindern	Topiramate als Monotherapie versus Carbamazepine	1.084
Hämodialyse	Zu Hause versus Krankenhaus bei Patienten im Endstadium von Nierenversagen (bei 5 Jahren)	2.894
chronische Hepatitis C	Peginterferon alfa Monotherapie versus Interferon alfa Monotherapie für Genotyp 4-6	2.954
schwere Menstruationsblutung	Hysterektomie versus zweite Generation endometrischer Ablation	2.955
Hepatitis C	6-monatige Kombinationstherapie Interferon Alpha und Ribavarin versus 12-monatige Monotherapie	3.692
Grippe	Behandlung nach Kontakt: Oseltamivir versus keine Behandlung bei geimpften gefährdeten Personen in Pflegeanstalten	4.431
Hepatitis C	6-monatige Kombinationstherapie Interferon Alpha und Ribavarin versus Monotherapie bei rückfälligen Patienten	4.504
Grippe	Hochrisiko-Patienten, Amantadine für Referenzfall	6.351
Angstzustände und Depression	Computergestützte kognitive Verhaltenstherapie	6.651
Eierstockkrebs	Paclitaxel	7.788
Wachstumshormonstörung bei Kindern	Hormonersatztherapie mit Somotropin bei Kindern mit Wachstumshormonmangel	8.862
morbide Fettleibigkeit	Magen-Bypass	9.289
Grippe	Behandlung nach Kontakt: Oseltamivir versus keine Behandlung bei ungeimpften gefährdeten Personen	10.338
Hepatitis C	6-monatige Kombinationstherapie Interferon Alpha und Ribavarin versus Monotherapie Interferon Alpha	10.339
chronische Hepatitis C	Peginterferon alfa Monotherapie versus Interferon alfa Monotherapie für Genotyp 2 und 3	10.339
Wachstumshormonstörung bei Kindern	Hormonersatztherapie mit Somotropin bei Kindern mit Prader-Willi-Syndrom	10.383
Non-Hodgkin-Lymphom	Rituximab bei Patienten jünger 60 Jahre	11.077
chronische Hepatitis C	Peginterferon alfa Kombinationstherapie versus Ribavarin Kombinationstherapie für Genotyp 1, Behandlung 48 Wochen	11.085
Akuter Herzinfarkt	Alteplase versus Streptokinase	11.155
Akutes Herzsyndrom	Glykoprotein IIb/IIa Inhibitor	12.028
Hepatitis C	6-monatige Kombinationstherapie Interferon Alpha und Ribavarin versus 12-monatige Monotherapie bei Patienten Genotype I	12.109
Diabetes	Subkutane Dauer-Insulinpumpe	12.406
morbide Fettleibigkeit	Gastric banding	12.594
Angina pectoris und Herzinfarkt	Diagnose und Handhabung durch Myokard-Perfusion-Szintigrafie SPECT-CA	12.886
Akuter Herzinfarkt	Tenecteplase versus Streptokinase	13.174
chronische Hepatitis C	Peginterferon alfa Kombinationstherapie versus Ribavarin Kombinationstherapie für Genotyp 4-5, Behandlung 48 Wochen	13.293
Akuter Herzinfarkt	Reteplase versus Streptokinase	13.403

[157] Quelle: Stich, B. I. (2004), XXII-XXVII, auf der Basis der publizierten NICE Appraisals, http://nice.org.uk/page.aspx?o=appraisals.completed, Stand Juni 2004.

Diabetes Typ 1	Insulinanalog Glargine versus NPH	14.400
Diabetes Typ 2	Kombinationstherapie Metformin + Rosiglitazone	14.769
morbide Fettleibigkeit	Magenverkleinerung	15.120
Fettleibigkeit bei Erwachsenen	Orlistat	15.361
Non-Hodgkin-Lymphom	Rituximab bei Patienten älter 60 Jahre	15.508
Grippe	Gesunde: Oseltamivir für Referenzfall	16.477
Grippe	Gefährdete Patienten: Zanamivir für Referenzfall	16.773
Erstschwangerschaft bei Rhesus-negativen Frauen	Routine Anti-D Prophylaxe (inkl. Vermeidung von Behinderung)	17.723
Grippe	Saisonale Prophylaxe: Oseltamivir bei ungeimpften älteren Personen in Pflegeheimen	17.727
Aufmerksamkeitsdefizit-Hyperaktivitätsstörungen	Methylphenidate	18.474
Grippe	Gesunde: Amantadine für Referenzfall	19.205
Epilepsie bei Kindern	Lamotrigine als Erstbehandlung in Monotherapie	19.266
Metall-Arthroplastie der Hüfte	Gebrauch von Metall (bei 5 Jahren)	19.349
fortgeschrittener Brustkrebs	Monotherapie: Docetaxel versus Vinorelbine	21.415
Diabetes	Patientenerziehungsmodell DAFNE	21.898
Grippe	Gefährdete Patienten: Oseltamivir für Referenzfall	22.093
Grippe	Kinder: Oseltamivir für Referenzfall	22.166
Herzinfarkt oder stabile bzw. instabile Angina	Koronare Gefäßstents (DES) für ein Herzkrankgefäß für Patienten ohne Diabetes und langestreckige Läsionen	22.908
Wachstumshormonstörung bei Kindern	Hormonersatztherapie mit Somotropin bei Kindern mit chronischer Niereninsuffizienz	23.262
Epilepsie bei Kindern	Lamotrigine als Zusatzbehandlung	24.304
Wachstumshormonstörung bei Kindern	Hormonersatztherapie mit Somotropin bei Kindern mit Turner-Syndrom	24.444
chronische Hepatitis C	Peginterferon-Kombinationstherapie Behandlung 24 Wochen versus Peginterferon Kombinationstherapie Behandlung 48 Wochen für Genotyp 1	25.126
Grippe	Gesunde: Zanamivir für Referenzfall	28.062
chronische Hepatitis C	Peginterferon alfa Monotherapie versus Interferon alfa Monotherapie für Genotyp 1	28.063
Brustkrebs	Monotherapie: Trastuzumab versus Vinorelbine	28.068
Alzheimer	Donepezil, Rivastigmine, Galantamine	29.559
Hepatitis C	6 Monate zusätzlich Kombinationstherapie (von 6 auf 12 Monate) Interferon Alpha und Ribavarin	30.299
Angina und Herzinfarkt	Diagnose und Handhabung durch Myokard-Perfusion-Szintigrafie direkte CA	31.818
Fettleibigkeit bei Erwachsenen	Sibutramine	33.255
chronische Hepatitis C	Peginterferon alfa Kombinationstherapie versus Ribavarin Kombinationstherapie für Genotyp 2-3, Behandlung 48 Wochen	33.255
Idiopathische Arthritis bei Jugendlichen	Etanercept versus Placebo	33.525
Chronisch myeloische Leukämie	Imatinib versus INF-α	38.401

Wachstumshormonstö-rung bei Erwachse-nen	Hormonersatztherapie mit Somotropin	36.575
Grippe	Behandlung nach Kontakt: Oseltamivir versus keine Be-handlung bei ungeimpften gesunden Personen	41.353
Grippe	Behandlung nach Kontakt: Oseltamivir versus keine Be-handlung bei geimpften Hochrisiko-Personen	42.830
Grippe	Behandlung nach Kontakt: Amantadine versus keine Be-handlung bei ungeimpften gesunden Personen	45.783
Wachstumshormonstö-rung bei Erwachse-nen	Hormonersatztherapie mit Somotropin	48.075
Epilepsie bei Erwachse-nen	Topiramate adjunktive Therapie versus Monotherapie	48.146
Grippe	Kinder: Oseltamivir für Alternativfall	51.722
Akuter Herzinfarkt	Alteplase versus Streptokinase	53.764
Brustkrebs	Trastuzumab in Kombinationstherapie	55.398
Amyotrophe Lateralskle-rose (ALS)	Riluzole	57.232
Chronisch myeloische Leukämie	Imatinib versus Hydroxyureal in der progressiven Phase	67.682
Fettleibigkeit bei Erwach-senen	Orlistat	67.941
Grippe	Gesunde: Oseltamivir für Alternativfall	69.455
Schwangerschaft bei Rhe-sus-negativen Frauen	Routine Anti-D Prophylaxe (inkl. Vermeidung von Be-hinderung)	72.367
Grippe	Gefährdete Patienten: Zanamivir für Alternativfall	73.149
Leistenbruch	laparoskopische Chirurgie versus offene Chirurgie	73.838
Diabetes Typ 2	Insulin Analog Glargine versus NPH	77.171
Chronisch myeloide Leu-kämie	Imatinib versus Hydroxyureal in der Endphase	86.486
Schwerer aktiver Morbus Crohn mit Fistelbil-dung	Infliximab Einmaltherapie	88.618
Grippe	Saisonale Prophylaxe: Oseltamivir bei geimpften gefähr-deten und älteren Personen	> 88.637
Grippe	Gesunde: Zanamivir für Alternativfall	93.838
Rheumatische Arthritis	Etanercept	94.482
Schwerer aktiver Morbus Crohn mit Fistelbil-dung	Infliximab Mehrfachtherapie	96.003
Multiple Sklerose	Beta Interferon und Glatiramer Acetat im 20-Jahres-Modell	96.070
chronische Hepatitis C	Peginterferon alfa Kombinationstherapie Behandlung 24 Wochen versus Peginterferon Kombinationstherapie Behandlung 48 Wochen für Genotyp ≠1	101.912
Grippe	Gefährdete Patienten: Oseltamivir für Alternativfall	117.482
Grippe	Saisonale Prophylaxe: Oseltamivir bei ungeimpften ge-fährdeten Patienten	118.183
Stressinkontinenz	Kolposuspension versus spannungsfreies Vaginalband	130.630
Herzinfarkt oder stabile bzw. instabile Angina	Koronare Gefäßstents (DES) für ein Herzkrankgefäß für alle Patienten	138.827
Rheumatische Arthritis	Infliximab	146.762
Grippe	Saisonale Prophylaxe: Amantadine oder Oseltamivir bei ungeimpften gesunden Personen	>147.728

Grippe	Gesunde: Amantadine für Alternativfall	190.569
Grippe	Hochrisiko-Patienten:Amantadine für Alternativfall	192.005
altersbedingte Sehschwäche bzw. Erblindung / makulare Degeneration	Photodynamische Therapie über zwei Jahre	246.086
Chronisch myeloische Leukämie	Imatinib versus Hydroxyurea in der chronischen Phase	256.466
Herzinfarkt oder stabile bzw. instabile Angina	Koronare Gefäßstützen (DES) für zwei Herzkrankgefäße für Patienten ohne Diabetes	287.992
Schwerer aktiver Morbus Crohn mit Fistelbildung	Infliximab	297.574
Multiple Sklerose	Beta Inferon und Glatiramer Acetat im 10-Jahres-Modell	454.484
Rheumatoide Arthritis	Anakinra	496.085
Multiple Sklerose	Beta Inferon und Glatiramer Acetat im 5-Jahres-Modell	857.237
Rheumatoide Arthritis	Anakinra als dritte Behandlungsalternative innerhalb DMARDs	1.069.161

Dieses Beispiel einer League-Table zeigt sehr schön, dass trotz der Studien keine einfache Entscheidung für oder gegen einen neuen Wirkstoff bzw. eine neue Maßnahme möglich ist, zu differenziert sind die Vergleiche, die durchgeführt werden. Es wird nicht untersucht, wie sich das Kosten-Nutzwert-Verhältnis insgesamt, sondern wie es sich in einer bestimmten, wohldefinierten Situation darstellt (z.B. bestimmte Subpopulation, bestimmte Vorbehandlungen).

In jüngerer Zeit gibt es aber auch kritischere Abhandlungen zu der Verwendbarkeit von League Tables. Insbesondere die knappen Informationen, die dort standardmäßig geliefert werden, werden kritisiert. Das Kosten-/Nutzwertverhältnis ist zwar eine relevante Größe, für die abschließende Beurteilung einer Maßnahme aber nicht ausreichend. So werden beispielsweise standardmäßig keine Informationen geliefert, wie die Werte generiert wurden (Lebensqualitätsmessverfahren, Diskontierung etc.). Die Größe der betroffenen Bevölkerungsgruppe ist ebenfalls eine relevante Information: sind 200 oder 200.000 Personen betroffen? Auch die budgetären Auswirkungen der Implementierung der Maßnahme interessieren die Entscheidungsträger. Häufig werden in League Tables nur die Durchschnittswerte über alle Betroffenen gezeigt und nicht die differenzierten Ergebnisse für Teilpopulationen, bei denen das Ergebnis sich wesentlich von Durchschnitt unterscheiden kann. Auch relevant zur Beurteilung der Ergebnisse ist gegen wen man sich überhaupt vergleicht (Kopf-zu-Kopf-Studie, Vergleich gegen die Null-Alternative). Auch die Unsicherheit der Ergebnisse sollte dargestellt werden.

Man steht demzufolge vor einem Konflikt: Die hohe Attraktivität der League Tables liegt in ihrer Einfachheit, dadurch sind aber auch die Probleme bei der praktischen Nutzung bedingt. Mauskopf u. a. stellen daher die Forderung auf, die League Tables um zusätzliche Informationen zu erweitern, um eine gute Entscheidungsbasis zu haben[158]:

- Es sollten nur Kosten-Nutzwertverhältnisse für die gleiche Erkrankung aufgenommen werden.

---

[158] Vgl. Mauskopf, J., Rutten, F., Schonfeld, W. (2003), S. 998.

- Die Konfidenzintervalle sollten mit angegeben werden, um die Unsicherheit bei den Ergebnissen zu dokumentieren.
- Die relevanten Subpopulationen sollten getrennt aufgelistet werden.
- Es sollten zusätzlich auch die inkrementellen Kosten- und Nutzenwerte aufgelistet werden und nicht nur das sich daraus ergebende Verhältnis.

6.3
Exkurs: Negative Lebensqualität und Lebensqualität von ungeborenem Leben

In Vorwegnahme der Darstellung der Methoden zur Messung der Lebensqualität in Teil B dieses Buchs soll hier ein Spezialproblem angesprochen werden. Wie bereits erwähnt, ist es beim Konzept der qualitätskorrigierten Lebensjahre vorgesehen, dass die Lebensqualität durch die beiden Fixpunkte 0 und 1 normiert wird, wobei 1 für ein Leben ohne gesundheitliche Beeinträchtigung und 0 für den Tod steht. Dabei ist man anfangs davon ausgegangen, dass negative Lebensqualitätswerte nicht möglich sind. Allein die „Spielregeln" der verschiedenen Messinstrumente schlossen entsprechende Antworten der Befragten aus. Soll auf einer Rating Scale (Thermometer) die Lebensqualität bewertet werden und die Werte 0 und 1 sind durch die untere und obere Blattkante festgelegt, so wird kaum ein Befragter einen Zustand so einsortieren, dass er nicht mehr in die Skala passt. Wenn bei den Untersuchungen trotzdem jemand außerhalb der Skala anordnete, wurden diese Ergebnisse oft als Ausrutscher betrachtet und nicht in die Bewertung mit einbezogen.

Die Studien, in denen über eine negative Lebensqualität berichtet wurde, waren nicht ausdrücklich zur Erfassung dieser Zustände konzipiert, die Aussagen fielen praktisch als Nebenprodukt ab. Auch bei den anderen Bewertungsmethoden (Standard Gamble, Time Trade-off etc.) wurden negative Lebensqualitätswerte lange Zeit nicht berücksichtigt.

In der ersten Hälfte der 80er Jahre wurde dieses Problem dann systematisch untersucht.[159] Die Methoden zur Lebensqualitätsmessung wurden insoweit modifiziert, dass man mit ihnen auch Zustände quantifizieren kann, die schlechter als der Tod beurteilt werden.[160] Gemäß dem QALY-Konzept erhält dabei der Tod weiterhin den Wert 0. Die Werte für die anderen Zustände ergeben sich aus der Entfernung zum Zustand Tod und dem Abstand zwischen 0 und 1, sie können demzufolge negativ sein.

Wertet man die zu diesem Thema verfügbare Literatur aus, so kann man feststellen, dass in 7 verschiedenen kardinalen Lebensqualitätsstudien bis zur Mitte der 80er Jahre Zustände identifiziert wurden, die eine Einstufung „schlechter als der Tod" erhielten.[161] Diese Studien kamen aus 4 verschiedenen Ländern (Finn-

---

[159] Vgl. Torrance, G. W., Boyle, M. H., Horwood, S. P. (1982).
[160] Vgl. Torrance, G. W. (1986).
[161] Vgl. Torrance, G. W. (1984).

land, Großbritannien, Kanada, USA) und es wurden unterschiedliche Bewertungsverfahren angewandt. Die Personengruppen, die die Bewertung durchführten, waren heterogen. Es scheint demzufolge klar zu sein, dass für eine Vielzahl von Personen entsprechende Zustände existieren. Torrance u. a. haben in ihren Untersuchungen herausgefunden, dass etwa 80 Prozent der befragten Personen mindestens einen der ihnen vorgelegten Zustände als schlechter als der Tod bewerten.[162]

Ein schwerwiegendes Problem bei der Nutzung der negativen Werte ist das offene Ende auf der einen Seite der Skala. Während die positiven Werte zwischen 0 und 1 normiert sind, werden in der Literatur als negative Werte z. B. -27, -19 oder -1,5 genannt. Die Asymmetrie kann die Nutzung solch einer Skala in Wirtschaftlichkeitsuntersuchungen einschränken, da wenige schlechte Ergebnisse eine Vielzahl von guten Ergebnissen überkompensieren können.

Die ersten, die bei einer kardinalen Messung der Lebensqualität von Zuständen schlechter als der Tod berichteten, waren Rachel Rosser und Paul Kind im Jahr 1978.[163] Hier soll nun kurz die in den darauf folgenden Jahren entwickelte *Rosser-Matrix* dargestellt werden, die sehr häufig in Wirtschaftlichkeitsuntersuchungen Verwendung fand.[164] Bei der Rosser-Matrix wird die Lebensqualität des Patienten anhand der beiden Dimensionen Schmerz und Behinderung gemessen. Die Dimension Schmerz ist dabei vierfach unterteilt (kein, milder, mäßiger, schwerer Schmerz), die Dimension Behinderung achtfach (keine Behinderung, geringfügige Behinderung, ..., ans Bett gebunden, bewusstlos). Kombiniert man diese beiden Dimensionen, enthält man eine Matrix, die aus 32 Feldern besteht. Jedem dieser Felder wurde nun durch eine Befragung (Ärzte, Krankenschwestern, Patienten, Gesunde) ein Lebensqualitätswert zugewiesen. Bei den Fallbeschreibungen wurde darauf hingewiesen, dass sich die Zustände bis zum Lebensende nicht verändern. Da man von der Annahme ausging, dass ein Bewusstloser keinen Schmerz verspüren kann, wurden 3 der 32 Felder der Matrix als nicht relevant gestrichen. Es wurden die in Tabelle 6.2 wiedergegebenen Werte ermittelt.

Es fällt auf, dass 18 von den 29 Feldern Lebensqualitätswerte über 0,9 erhalten. Die Qualität des Lebens wird demzufolge auch noch bei erheblichen Beeinträchtigungen relativ hoch bewertet. Allerdings existieren zwei Felder, die wesentlich schlechter als der Tod bewertet werden. Diese beiden Felder sind definiert als „an das Bett gebunden mit schweren Schmerzen" (Feld VII D) und „Bewusstlosigkeit" (Feld VIII A), jeweils bis zum Lebensende. Sicherlich lassen sich die Ergebnisse der Rosser-Matrix nicht verallgemeinern, da die Stichprobe der Personen, die für die Bewertung herangezogen worden sind, nicht repräsentativ war.[165] Trotzdem kann man feststellen, dass es Zustände gibt, die von bestimmten Personen schlechter als der Tod angesehen werden.

---

[162] Vgl. Torrance, G. W., Boyle, M. H., Horwood, S. P. (1982), S. 1062.

[163] Vgl. Rosser, R., Kind, P. (1978).

[164] Vgl. z. B. Schulenburg, J.-M. Graf v. d., Klein, S., Piojda, U., Schöffski, O. (1990).

[165] In einer empirischen Untersuchung an der Universität Hannover wurde der Versuch unternommen, die Werte der Rosser-Matrix nachzuvollziehen. Die Ergebnisse finden sich in Schöffski, O., Rose, K. (1995), S. 599–600.

Tabelle 6.3. Rosser-Bewertungsmatrix[166]

		Schmerz			
		A	B	C	D
	I	1,000	0,995	0,990	0,967
	II	0,990	0,986	0,973	0,932
	III	0,980	0,972	0,956	0,912
Behin-	IV	0,964	0,956	0,942	0,870
derung	V	0,946	0,935	0,900	0,700
	VI	0,875	0,845	0,680	0,000
	VII	0,677	0,564	0,000	-1,486
	VIII	-1,028	-	-	-

Wie müssen solche Werte aber interpretiert werden? Sind daraus Handlungsempfehlungen abzuleiten? Wie bereits weiter oben dargestellt, eignen sich die beschriebenen Instrumente nicht für Handlungsempfehlungen bei der direkten Beziehung zwischen Arzt und Patient. Die Frage der Behandlung oder Nichtbehandlung eines individuellen Patienten kann durch die Kenntnis der negativen Lebensqualität nicht entschieden werden. Das Argument, dass bei entsprechenden Patienten eine *Sterbehilfe* zu einer Verbesserung der Lebensqualität führt (von einem negativen Wert auf den Wert 0), greift nicht, da eine Verbesserung des Zustandes des Patienten durch eine Behandlung oder auch durch Nichtstun immer im Bereich des Möglichen liegt. Neben den ethischen Einwänden gegen die Euthanasie muss auch die Restwahrscheinlichkeit einer Besserung vom Arzt berücksichtigt werden. Auf der individuellen Ebene läst sich daher keinerlei Handlungsempfehlung ableiten.

Anders sieht es dagegen auf der Ebene aus, in der es um die Zuteilung von Mitteln im Gesundheitswesen geht. Hier wird in einer kollektiven Betrachtung die Lebensqualität einer Vielzahl von Patienten aggregiert. Ein Argument gegen Ansätze, bei denen auch Zustände mit einer negativen Lebensqualität berücksichtigt werden, lautet, dass dadurch Bestrebungen gefördert würden, durch Euthanasie-Programme die durchschnittliche Lebensqualität der Bevölkerung zu erhöhen, indem man die Fälle mit einer negativen Lebensqualität herausnimmt. Dieser Einwand kann allerdings nicht akzeptiert werden, denn die Erhöhung der durchschnittlichen Lebensqualität bringt für den Einzelnen keinerlei Verbesserungen. Außerdem trifft dieser Sachverhalt für alle Fälle zu, deren Lebensqualität geringer als der Durchschnitt der Bevölkerung ist und nicht nur für die Fälle mit negativer Lebensqualität.

Wenn man bei Wirtschaftlichkeitsuntersuchungen im Gesundheitswesen negative Lebensqualitätswerte zulässt, hat dies im Gegenteil sogar positive Auswirkungen für die Patienten, deren Lebensqualität so schlecht beurteilt wird.[167] Behandlungstechniken, die gerade dieser Patientengruppe zugute kommen, werden wahrscheinlich in Wirtschaftlichkeitsuntersuchungen sehr gut bewertet, da die zusätzliche Anzahl von QALYs bei einer Verbesserung des Zustands größer ist als

---

[166] Quelle: Kind, P., Rosser, R., Williams, A. (1982), S. 160.
[167] Vgl. Schöffski, O. (1996), S. 147.

bei Lebensqualitätszuständen, die schon in der Ausgangsbeurteilung sehr weit o-
ben liegen. Aus diesem Grund sollte generell den Messinstrumenten der Vorrang
gegeben werden, die bei der Lebensqualitätsbeurteilung auch negative Werte zulassen und nicht die Präferenzfunktion der Bewerter bei einem Wert von 0 kappen.
Dadurch wird die Allokation optimiert und es werden tendenziell mehr Mittel für
die Behandlung von Schwerstkranken eingesetzt.

Eine weitere interessante Frage ist, warum überhaupt der Wert Null gerade mit
dem Tod gleichgesetzt wird. Denkbar wäre auch, den individuell schlechtest denkbaren Gesundheitszustand auf Null zu setzen und den Tod dann auf gleichem Niveau oder (je nach Präferenz) darüber. Tatsächlich handelt es sich bei dieser Annahme um eine Konvention, die ähnlich wie bei der Konstruktion einer
Temperaturskala am oberen und unteren Ende gesetzt werden muss, um zu einer
kardinalen Einschätzung der Lebensqualität zu kommen. So wird bei der Temperaturskala nach Celsius erst durch den Gefrier- und den Siedepunkt des Wassers
eine kardinale Einteilung der Temperatur zwischen kalt und warm möglich. Genauso ergeben sich auch Lebensqualitätsindexwerte zwischen zwei so genannten
Ankerpunkten, beim QALY-Konzept der bestmögliche Gesundheitszustand und
der Tod. Die verwendeten Lebensqualitätsmessinstrumente müssen dieser Konvention Rechnung tragen, wenn sie von QALY-Analysten eingesetzt werden sollen, damit valide Ergebnisse abgeleitet werden können.

Neben der Frage der negativen Lebensqualität ist noch ein weiterer Themen-
kreis von großer Brisanz, dieser wurde allerdings in der Literatur noch nirgends
ausführlich diskutiert. Mit den verbesserten Möglichkeiten der Gendiagnostik
stellt sich immer häufiger die Frage, ob eine Schwangerschaftsunterbrechung
durchgeführt werden soll, wenn ein erheblicher Gendefekt (oder auch nur eine bestimmte Wahrscheinlichkeit dafür) bei einem ungeborenen Kind festgestellt
wird.[168] Gerade im Bereich der Zystischen Fibrose (Mukoviszidose), bei dem die
Identifizierung der zugrunde liegenden Gendefekte weit fortgeschritten ist, taucht
diese Frage auf. Es existieren bereits ökonomische Evaluationen zum Thema, bei
denen bislang Fragen der Lebensqualität sträflich vernachlässigt wurden. Als Nutzen einer Screening-Maßnahme zur Identifizierung des Zystische Fibrose Gende-
fekts werden beispielsweise die gesamten lebenslangen Behandlungskosten angesetzt, die durch die Abtreibung eines betroffenen Feten eingespart werden.[169]

Hier wird nun auch aus ökonomischer Sicht die Frage relevant, bei der schon
bei der Abtreibungsdiskussion um den § 218 StGB seit Jahrzehnten kein Konsens
innerhalb der Bevölkerung gefunden werden konnte: Wann beginnt ein menschliches Leben? Beginnt es erst mit der Geburt, bedeutet dies, dass Lebensqualität
vorher tatsächlich kein Argument sein kann. Beginnt sie allerdings schon mit der
Befruchtung der weiblichen Eizelle oder zu einem späteren Zeitpunkt vor der Geburt, so besteht ab diesem Zeitpunkt eine Lebensqualität. Eine positive Lebensqualität (wenn auch auf eingeschränktem Niveau) wird in vielen Fällen auch nach
der Geburt vorhanden sein, diese muss dann mit der Lebenserwartung gewichtet
werden.[170] Durch eine Schwangerschaftsunterbrechung verliert man demnach Le-

---

[168] Vgl. zur Problematik der Gendiagnostik Schöffski, O. (2000a).
[169] Vgl. z. B. Ginsberg, G., Blau, H., Kerem, E. u. a. (1994).
[170] Vgl. Schöffski, O. (2000b), S. 22.

benserwartung und Lebensqualität. Dieses müsste der Kostenseite der Maßnahme zugeschlagen werden.

Auf der Nutzenseite ist die reduzierte Belastung der Frau zu berücksichtigen, die nach dem derzeit gültigen Abtreibungsgesetz die Voraussetzung für einen straffreien Schwangerschaftsabbruch ist. Brüngger schreibt bereits 1974 in Vorwegnahme der heute notwendigen Diskussion: „Die Festlegung eines allgemein geltenden Anfangszeitpunkts der gesellschaftlich relevanten Existenz ist deshalb ein vor jeglicher Evaluation zu treffender Grundsatzentscheid. Die in der Cost-Benefit-Analyse bisher unbestrittene Übernahme des Zeitpunkts der Geburt ist deshalb nicht einfach gegeben und drängt sich nur wegen seiner Eindeutigkeit und Praktikabilität auf."[171]

Die Frage der Behandlung von ungeborenem Leben in ökonomischen Evaluationsstudien und ob das QALY-Konzept auch hier anwendbar ist, ist stark von Werturteilen und persönlichen Moralvorstellungen abhängig. Ob sich hier eine einheitliche Vorgehensweise etablieren lässt, ist in weiteren Forschungsarbeiten zu klären.

6.4
Kritische Würdigung der im QALY-Konzept enthaltenen Annahmen

Das Konzept der qualitätskorrigierten Lebensjahre ist in sich geschlossen und leicht sowohl für Entscheidungsträger als auch Patienten, Konsumenten und Versorger nachvollziehbar. So würde beispielsweise die Behandlung eines Aneurysmas der Aorta eines 95jährigen mit mehreren 100.000 €/QALY zu Buche schlagen (bei Einbeziehung der hohen Sterbewahrscheinlichkeit bei der Operation), während die Blinddarmoperation eines 20jährigen nur wenige 100 €/QALY kosten. Es erscheint auf dem ersten Blick plausibel, dass die letztgenannte Operation „rentabler" ist als die erstgenannte.[172] Bei einer konsequenten Allokation nach Kosten/QALY-Koeffizienten können bei insgesamt gleichem Budget gegenüber der Augangssituation mehr QALYs „eingekauft" werden, d. h. die aggregierte Volksgesundheit wird erhöht.[173] Zusätzlich können die QALYs einen Beitrag zur Versachlichung der Diskussion leisten, auch wenn sie nicht automatisch entscheidungsrelevant sind.[174]

Trotzdem sind in dem Konzept eine Reihe von impliziten Annahmen enthalten, die die praktische Anwendbarkeit zumindest erschweren.[175] Diese Annahmen sollen im Folgenden kritisch gewürdigt werden. Einige der genannten Kritikpunkte sind allerdings nicht spezifisch für das QALY-Konzept, sondern gelten für alle Formen gesundheitsökonomischer Evaluationen.

---

[171] Brüngger, H. (1974), S. 23.
[172] Vgl. Brown, G. C., Sharma, S., Brown, M. M., Garrett, S. (1999), S. 22.
[173] Vgl. Wasem, J., Hessel, F., Kerim-Sade, C. (2001), S. 17.
[174] Vgl. Schulenburg, J.-M. Graf. v. d., Greiner, W. (2000), S. 241.
[175] Vgl. Drummond, M. (1991), S. 114-118.

Ein generelles Problem der League-Tables und des dahinter stehenden QALY-Konzepts besteht erstens darin, dass sie durch ihre **hohe Aggregation** dem Entscheidungsträger vorspiegeln, dass es sich bei der Allokation von knappen Mitteln um eine schnelle und leichte Entscheidung handelt. Der Entscheidungsträger wird kaum noch über die Schwierigkeiten und die Komplexität des Problems nachdenken und daher die Tragweite seiner Entscheidung unterschätzen.[176] League-Tables werden nie vollständig sein, da nie alle Krankheiten und alle Therapien differenziert nach unterschiedlichen Schweregraden evaluiert werden können. Daher sind die Tabellen nicht vorbehaltlos präzise und genau.

Ist denn weiterhin ein inter- oder intrapersoneller Nutzenvergleich, wie er hier vorausgesetzt wird, überhaupt möglich?[177] Hinsichtlich der unterschiedlichen Nutzenbewertungen sieht eine Gruppe von Autoren nur geringe Unterschiede zwischen verschiedenen sozialen und ethischen Gruppen[178], wohingegen andere Autoren doch erhebliche Bewertungsunterschiede in Abhängigkeit vom sozioökonomischen Status[179] oder Alter angeben.[180] Ist es denn tatsächlich der Fall, dass ein Lebensqualitätsgewinn von 0,25 für die Dauer von 4 Jahren exakt dasselbe bedeutet wie ein Lebensqualitätsgewinn von 0,1 für 10 Jahre oder wie ein Lebensjahr mit einer optimalen Lebensqualität?[181] Sollten die beiden Dimensionen Lebensqualität und Lebenserwartung tatsächlich zu einer Zahl zusammengefasst werden oder ist eine getrennte Berücksichtigung nicht sinnvoller, auch wenn dadurch keine einfachen Entscheidungen getroffen werden können? Besteht ein linearer Zusammenhang zwischen Quantität und Qualität eines Lebens, d. h. sind Individuen tatsächlich indifferent zwischen diesen beiden Dimensionen?[182] Diese und ähnliche Fragen muss jeder Entscheidungsträger erst einmal für sich beantworten, bevor er die League-Tables zur Entscheidungsfindung heranzieht. Aus diesem Grund müssen auch die Wissenschaftler, die an der Erstellung der League-Tables mitwirken, immer wieder darauf hinweisen, dass diese nur eine Unterstützung bei den Entscheidungen darstellen, auf keinen Fall aber das eigene Denken abnehmen können.

Akzeptiert man die problematische Ermittlung der QALYs durch Multiplikation der Dauer mit dem Lebensqualitätswert, so besteht als weiteres Problemfeld die Frage, ob denn das **Niveau**, von dem aus eine Lebensqualitätsverbesserung erfolgt, nicht auch relevant für die Bewertung ist. Ist ein Zuwachs von 0,1 auf 0,2

---

[176] Vgl. Duru, G., Auray, J. P., Méresniak, A. u. a. (2002), S. 472-473.
[177] Vgl. Kriedel, T. (1980b), S. 346, und Lerner, M. (1973), S. 4. Dabei muss man sich vor Augen halten, dass ein impliziter Nutzenvergleich bei jeder Allokationsentscheidung im Gesundheitswesen vorgenommen wird, vgl. Kawachi, I. (1989), S. 119.
[178] Vgl. Kaplan, R. M. (1995), S. 51.
[179] Vgl. Williams, A. (1997), S. 117.
[180] Vgl. Carr-Hill, R. A. (1989), S. 469, sowie Praag, B. M. S. v., Ferrer-i-Carbonell, A. (2001), S. 13.
[181] Vgl. Schöffski, O., Rose, K. (1994), S. 33.
[182] Vgl. Schwartz, F. W., Dörning, H. (1992), S. 188. Dass entsprechende Trade-offs tagtäglich vorgenommen werden, sieht man allein daran, dass viele Patienten schmerzhafte und riskante Eingriffe erdulden in der Hoffnung, ihre Gesundheit für eine gewisse Zeit zu verbessern, vgl. Zweifel, P., Zysset-Pedroni, G. (1992), S. 10.

gleichbedeutend wie von 0,9 auf 1,0?[183] Schon bei einer prozentualen Darstellung erkennt man große Unterschiede (+ 100 % vs. + 11 %). Nach dem Gesetz des abnehmenden Grenznutzens ist wohl eher davon auszugehen, dass der Nutzen einer Veränderung des Gesundheitszustands umso höher ist, je schlechter der Ausgangszustand ist.[184] Diese Problematik wird beim QALY-Konzept nicht berücksichtigt.[185]

Ein dritter Punkt bezieht sich wiederum auf die konzeptionelle Gestaltung des QALY-Konzepts. So wie das Konzept bislang durchgeführt wird, spielt es keine Rolle, in welchem **Alter** ein Lebensjahr gewonnen wird. Das implizit enthaltene Werturteil besagt, dass ein gewonnenes QALY in jedem Alter denselben Wert hat. Problematisiert wird hier nicht die Frage der Diskontierung (d. h. ob ein QALY heute oder in 10 Jahren anfällt), sondern ob heute ein QALY bei einer jüngeren oder älteren Person anfällt. Es ist völlig unklar, ob die Annahme der Gleichwertigkeit tatsächlich den Vorstellungen der Gesellschaft als Ganzes entspricht.

In einer Untersuchung von Cropper u. a. aus dem Jahr 1994 wurde ermittelt, dass das gerettete Leben eines 30jährigen gleich bewertet wurde wie 11 gerettete Leben von 60jährigen.[186] Die Fragestellung in der Untersuchung war nicht besonders präzise gewählt, da klar ist, dass man Leben nicht retten, sondern den Tod nur hinausschieben kann. Demzufolge sind Lebensjahre und nicht gerettete Leben relevant. Auch die Lebensqualität wurde in dieser Untersuchung nicht berücksichtigt. Auf gewonnene Lebensjahre heruntergebrochen würde dieses Ergebnis bedeuten, dass eine Gleichwertigkeit nur vorliegt, wenn von einer allgemeinen Lebenserwartung von 63 Jahren auszugehen ist. Man hätte dann 33 Lebensjahre beim 30jährigen und ebenfalls 33 Lebensjahre (= 11 x 3 Lebensjahre) bei den 60jährigen gewonnen. Da die durchschnittliche Lebenserwartung (und insbesondere die altersspezifische Restlebenserwartung) in allen Industrienationen wesentlich höher ist, kann daraus gefolgert werden, dass die gewonnenen Lebensjahre des 30jährigen als wertvoller betrachtet werden.

In einer jüngeren Untersuchung wurde die unterschiedliche Alterswertigkeit auch auf der QALY-Ebene nachgewiesen.[187] 3 zusätzliche QALYs für 50jährige und 9 zusätzliche QALYs für 70jährige wurden dort identisch bewertet wie ein QALY bei einer 30jährigen Person. Wird zusätzlich noch eine Diskontierung der QALYs vorgenommen, reduziert sich der Wert eines QALYs wesentlich stärker bezüglich des Alters (4 bzw. 16 zusätzliche QALYs gleichwertig mit einem QALY bei einem 30jährigen bei 5 % Diskontierung). Aufgrund dieser Untersuchungen kann man feststellen, dass die bislang häufig aufgestellte Behauptung, dass das QALY-Konzept Ältere benachteiligt, da bei ihnen weniger Lebensjahre zu gewinnen sind, nicht stichhaltig ist.[188] Im Gegenteil: Ältere werden bislang bevorzugt, da ein QALY bei ihnen gleichhoch bewertet wird wie bei Jüngeren, obwohl wahrscheinlich in der Bevölkerung (auch bei der älteren Bevölkerung selbst)

---

[183] Vgl. Neumann, P. J., Goldie, S. J., Weinstein, M. C. (2000), S. 591.
[184] Vgl. Nord, E. (1992), S. 875.
[185] Vgl. Greiner, W. (1999), S. 152.
[186] Vgl. Cropper, M. L., Aydele, S. K., Portney, P. R. (1994).
[187] Vgl. Johannesson, M., Johansson, P.-O. (1997).
[188] Vgl. Harris, J. (1987), und Harris, J. (1988), S. 262.

eine andere Sichtweise vorherrscht.[189] Prinzipiell wäre aufgrund dieser Ergebnisse eine unterschiedliche Gewichtung der QALYs nach Alter zu fordern.[190] Bevor diese eingeführt würde, müssten allerdings noch umfangreichere Forschungen zur Validierung der dargestellten Ergebnisse erfolgen.

Als vierter Kritikpunkt kann angeführt werden, dass die Ermittlung der QALYs auf Mortalitäts- und Morbiditätsdaten beruht, deren **Genauigkeit** häufig ungenügend ist. Insbesondere die Situation in Deutschland ist dadurch gekennzeichnet, dass die epidemiologische Datengrundlage sehr schlecht ist. Es ist allerdings fraglich, ob wegen dieses Mankos das gesamte Konzept verworfen werden sollte. Immerhin sind die verwendeten Daten die besten, die verfügbar sind. Wenn diese Daten tatsächlich zur Entscheidungsfindung im Gesundheitswesen herangezogen werden, so wird diese Tatsache Epidemiologen nur darin bestärken, die von ihnen ermittelten Zahlen zu verifizieren. In den letzten Jahren hat sich auch schon eine wesentliche Verbesserung der Datenlage ergeben.

Ein fünfter Kritikpunkt am QALY-Konzept besagt, dass bisher **keine einheitliche Methodik** zur Bewertung der Lebensqualität existiert.[191] Je nachdem, für welche Methode man sich entscheidet, wird sich auch das Ergebnis verändern.[192] Damit entstehen natürlich auch Bedenken hinsichtlich der Manipulierbarkeit von Studienergebnissen.[193] Diesem Kritikpunkt kann man auf zweierlei Weise begegnen. Zum einen ist zu fordern, dass die Methodik der Lebensqualitätsbewertung weiterentwickelt wird, wie dieses beispielsweise mit dem EQ-5D (EuroQol) geschieht (vgl. Kap. C 4).[194] Solange man eine Vereinheitlichung noch nicht erreicht hat, ist zum anderen zu fordern, dass bei jeder Wirtschaftlichkeitsuntersuchung im Gesundheitswesen, die auf dem QALY-Konzept beruht, eine Sensitivitätsanalyse durchzuführen ist. Man muss angeben, wie empfindlich das Ergebnis auf die Wahl von unterschiedlichen Messinstrumenten reagiert. Ergibt sich durch die Wahl von anderen Methoden dasselbe oder ein ähnliches Resultat, so kann das Ergebnis als gesichert gelten. Ist dieses nicht der Fall, so hat man die Unsicherheit zumindest dokumentiert und zwingt den Entscheidungsträger, dieses bei der Allokation zu berücksichtigen. Generell muss man allerdings zur Kenntnis nehmen: „Imperfect measurement, however, is a practical human limitation."[195]

Sechstens ist zu kritisieren, dass die **Qualität der Studien** oft nur mangelhaft ist. Die Sammlung der Kosten-Nutzwert-Analysen des Harvard Center for Risk Analysis (HCRA)[196] wurde beispielsweise bezüglich der Erfüllung der Qualitätsanforderungen für entsprechende Studien des US Public Health Service Panel on Cost-Effectiveness in Health and Medicines (USPHS) untersucht (s. Abb. 6.10).

---

[189] Vgl. Johannesson, M., Johansson, P.-O. (1997), S. 598.
[190] Eine ähnliche Forderung existiert auch bezüglich des Potenzials zur Gesundheitsverbesserung, vgl. Nord, E., Pinto, J. L., Richardson, J. u. a. (1999), S. 37, sowie Bryan, S., Roberts, T., Heginbotham, C., McCallum, A. (2002), S. 690.
[191] Vgl. Schulenburg, J.-M. Graf v. d., Schöffski, O. (1993), S. 180.
[192] Vgl. Schöffski, O. (1995), S. 93, sowie o'Brian, B. J., Spath, M., Blackhouse, G. u. a. (2003), S. 978.
[193] Vgl. Schulenburg, J.-M. Graf v. d., Greiner, W. (2000), S. 271.
[194] Vgl. Brooks, R., with the EuroQol-Group (1996).
[195] McKie, J. (1998), S. 42.
[196] Vgl. Harvard Center For Risk Analysis (o. J.).

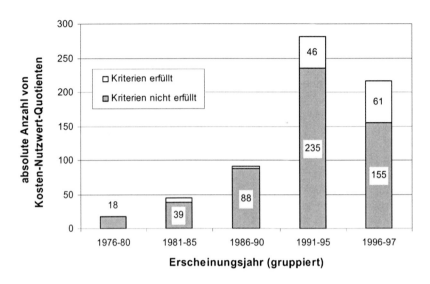

Abb. 6.10. Qualität der Kosten-Nutzwert-Quotienten gemäß USPHS[197]

Es lässt sich feststellen, dass der Anteil von Studien, die die Qualitätskriterien erfüllen, zwar immer noch gering, aber zumindest steigend ist. So ist der Anteil der qualitativ hochwertigen Studien im Zeitraum von 1998 bis 2001 verglichen mit dem Zeitraum 1976 bis 1997 bezüglich der meisten Qualitätskriterien wesentlich gestiegen (s. Abb. 6.11).

Ein häufiger Kritikpunkt bezüglich der Qualität der Studien ist die Ermittlung der Durchschnittswerte der Kosten pro QALY. Für rationale Entscheidungen sind allerdings nur die marginalen Kosten, d. h. die Kosten für die nächste Einheit, zu berücksichtigen. Je häufiger eine bestimmte Behandlung durchgeführt wird, desto weiter muss die Indikation gestellt werden. Entsprechend schlechter werden dann die Ergebnisse einer Wirtschaftlichkeitsuntersuchung, weil die Lebensqualitätsgewinne bei einer nur leichten Erkrankung naturgemäß weitaus geringer sind als bei einer schweren Erkrankung.

---

[197] Quelle: Chapman, R. H., Stone, P. W., Sandberg, E. A., Bell, C., Neumann, P. J. (2000), S. 457.

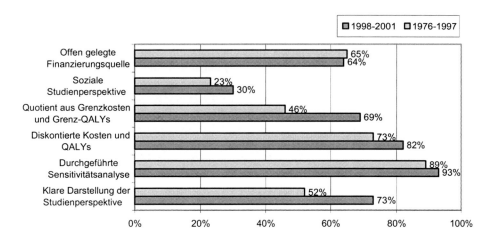

Abb. 6.11. Qualität von publizierten Kosten-Nutzwert-Analysen[198]

Siebter Kritikpunkt an QALY-Studien ist die ungenügende Berücksichtigung von Unsicherheit und Risiko. Momentan finden sich in den publizierten League Tables keine Hinweise auf die Unsicherheit, d. h. der Entscheidungsträger hat keine Möglichkeit einzuschätzen, inwieweit sich die ermittelte Effizienz der Maßnahme tatsächlich in der Realität so darstellen wird.[199] Es gibt auch Indizien dafür, dass die Risikobereitschaft von Rasse, Geschlecht und Bildungsniveau abhängig ist.[200] Auch ist es nicht unwahrscheinlich, dass eventuell eine Altersabhängigkeit vorliegt.[201] Insbesondere bei irreversiblen Effekten ist das Interesse an der Unsicherheit besonders hoch.[202]

Achtens haben einige Kritiker des QALY-Konzepts behauptet, dass es nicht angemessen sei, Kostenvergleiche zwischen **allen Feldern** des Gesundheitswesens vorzunehmen.[203] So ist beispielsweise ein Vergleich zwischen einer präventiven Maßnahme und einer neuen Operationstechnik problematisch, da beide Bereiche durch sehr unterschiedliche Besonderheiten gekennzeichnet sind. In der reinen Form des QALY-Konzepts kann solch ein Einwand allerdings nicht gelten. Wenn die Entscheidungsträger im Gesundheitswesen wissen möchten, wo ein zusätzlich

---

[198] Quelle: Neumann, P. J. (2003), S. 12.

[199] Vgl. Mauskopf, J., Rutten, F., Schonfeld, W. (2003), S. 996. In diesem Zusammenhang wurden verschiedene Methoden vorgestellt, anhand derer der Unsicherheit von Ergebnisse Rechnung getragen werden kann. Zu nennen sind beispielsweise die Fieller-Methode, das nicht-parametrische Bootstrapping, die Taylor-Serien-Methode oder stochastische League Tables, vgl. Bala, M., Mauskopf, J. (1999), sowie Hutubessy, R., Baltussen, R., Barendregt, J. (2001). Aber auch die einfache Angabe der Varianz und des Mittelwerts der Kosten-Nutzwert-Quotienten wäre schon hilfreich, vgl. o'Brian, B., Sculpher, M. (2000), S. 465-466.

[200] Vgl. Rosen, A. B., Tsai, J. S., Downs, S. M. (2003), S. 515.

[201] Vgl. Bleichrodt, H., Crainich, D., Eeckhoudt, L. (2003), S. 815.

[202] Vgl. Mauskopf, J., Rutten, F., Schonfeld, W. (2003), S. 997.

[203] Vgl. Schulenburg, J.-M. Graf v. d. (1993), S. 428.

zur Verfügung stehender Geldbetrag am sinnvollsten eingesetzt werden sollte, dann stehen auch diese Bereiche im Gesundheitswesen in direkter Konkurrenz zueinander. Haben die Entscheidungsträger allerdings schon eine Vorauswahl getroffen, indem sie festgelegt haben, dass ein bestimmter Prozentsatz der verfügbaren Mittel beispielsweise für präventive Maßnahmen oder für bestimmte Bevölkerungsgruppen (z. B. junge oder alte Personen) eingesetzt werden soll, dann müssen auch nur Maßnahmen innerhalb dieser Bereiche verglichen werden. Gefordert werden sollte allerdings, dass auch die Aufteilung der Mittel auf die großen Bereiche Prävention, Behandlung und Rehabilitation rational erfolgt und nicht nur nach politischen Opportunitäten.

Ein schwerwiegendes neuntes Argument gegen den Einsatz von QALYs bei Allokationsentscheidungen besteht darin, dass bestimmte **Bevölkerungsgruppen**, deren Behandlungskosten pro QALY besonders hoch sind, überhaupt keine Behandlung mehr bekommen. Bei der Ermittlung der monetären Kosten und des monetären Nutzens einer Behandlung schlagen häufig die indirekten Kosten (vor allem Produktivitätsverluste) besonders stark zu Buche. Kann eine bestimmte Bevölkerungsgruppe durch eine Behandlung schnell wieder an den Arbeitsplatz zurückkehren, ergibt sich oft ein enormer monetärer Nutzeneffekt, allerdings nur bei solchen Personen, die auch einer bezahlten Beschäftigung nachgehen. Personen, denen es trotz einer Behandlung nicht möglich ist, an den Arbeitsplatz zurückzukehren, oder Personen, die nicht im Erwerbsprozess stehen, können einen solchen Nutzen nicht realisieren und werden demzufolge auch in den Wirtschaftlichkeitsuntersuchungen benachteiligt.[204] Ob dieses sozial gewünscht ist, kann zumindest bezweifelt werden, eine Gleichbehandlung ist aber nicht mehr gegeben.[205] Gerade bei der Berücksichtigung der indirekten Kosten und Nutzen muss daher sehr vorsichtig agiert werden, dieses wurde aber schon weiter oben detailliert dargestellt.

Zehntens besteht die generelle Frage, ob die **zukünftigen Behandlungskosten**, die bei einem verlängerten Leben anfallen, mit bei der Kalkulation der Nutzenwerte berücksichtigt werden müssen. Sollte dieses der Fall sein, würde man Maßnahmen, die nur die Lebensqualität, nicht aber die Lebenserwartung positiv beeinflussen, bevorzugen.[206] In eine ähnliche Richtung geht die Frage nach der Einbeziehung von Lebenszeit von noch ungeborenem bzw. noch ungezeugtem Leben. Wird durch eine medizinische Maßnahme ein Leben in zeugungs- bzw. gebärfähigem Alter gerettet, so hat das natürlich wesentliche Auswirkungen auf zukünftige Generationen. Sollen diese Lebensjahre auch als positives Argument in die Kosten-Nutzwert-Analyse mit eingehen?[207] Dieses würde wahrscheinlich zu kaum lösbaren methodischen Problemen führen, da der Nutzen nachfolgender Generationen, die ihre Existenz dem Überleben ihrer Eltern verdanken, praktisch kaum noch messbar ist.[208]

---

[204] Vgl. Wasem, J. (1997), S. 16.
[205] Vgl. dazu die Diskussionen bei Gafni, A., Birch, S. (1991).
[206] Vgl. Wasem, J. (1997), S. 16.
[207] Vgl. Broome, J. (1993), S. 161.
[208] Vgl. Greiner, W. (1999), S. 155.

Ein elfter Punkt, der bei der Verwendung von QALYs in Wirtschaftlichkeitsuntersuchungen bedacht werden muss, ist, dass die Kosten pro QALY bei einem **bestimmten Entwicklungsstand** der Behandlungstechniken ermittelt werden. In der Regel werden solche Untersuchungen dann durchgeführt, wenn eine Behandlungsmethode neu entwickelt wurde, um festzustellen, ob ihr Einsatz im Gesundheitswesen wirtschaftlich sinnvoll ist oder nicht. Gerade zu diesem Zeitpunkt sind sie oft relativ kostspielig, durch Weiterentwicklung, neue Erkenntnisse und Lerneffekte können sie aber in Zukunft effizienter werden. Durch eine negative Beurteilung zu Beginn ist es aber möglich, dass die Einführung einer Behandlungsmethode unterbunden wird und damit auch die Weiterentwicklung ausgeschlossen ist. Durch eine restriktive Anwendung des QALY-Konzepts kann demzufolge der medizinische Fortschritt behindert werden.[209] Zu fordern ist daher zumindest eine mehrfache Evaluierung im Zeitablauf.[210]

Wie aus den aufgeführten Kritikpunkten ersichtlich ist, ist die Anwendung des Konzepts der qualitätskorrigierten Lebensjahre bei der Beurteilung von Maßnahmen im Gesundheitswesen nicht problemlos möglich. Trotzdem stellt dieses Konzept zumindest theoretisch eine gute Möglichkeit dar, die Ressourcenallokation im Gesundheitswesen auf eine objektivere Basis zu stellen. Es ist nicht unwahrscheinlich, dass bei einer konsequenten Allokation nach Kosten pro Nutzwert mehr QALYs und damit mehr Gesundheit „eingekauft" werden könnte.[211]

Sicherlich gibt es noch eine Reihe von Fragen. So ist selbstverständlich zu fragen, ob denn die „Maximierung der QALYs über die gesamte Gesellschaft" überhaupt das einzige zu verfolgende Ziel darstellt oder ob es nicht auch weitere zu berücksichtigende Ziele gibt:[212]

- Man könnte auch anstelle der QALYs die Anzahl der behandelten Bürger maximieren und somit die individuelle Chance auf Behandlung im Krankheitsfall erhöhen.
- Maßnahmen bei lebensbedrohenden Erkrankungen können reinen lebensqualitätsverbessernden Maßnahmen vorgezogen werden.
- Präventive Maßnahmen könnten bevorzugt werden.
- Das Selbstverschulden von Krankheiten könnte bei der Ressourcenallokation negativ bzw. gesunde Lebensweise (d. h. Schuldlosigkeit an der Erkrankung) positiv berücksichtigt werden.[213]

Weiterhin muss natürlich noch an der Vereinheitlichung der Methodik gearbeitet werden. Aber auch schon heute ist eine Entscheidung, die auf den nachvollziehbaren Annahmen des QALY-Konzepts beruht, bei allen kritisierbaren implizit enthaltenen Annahmen besser als eine Entscheidung, bei der der Entscheidungsträger

---

[209] Vgl. Schöffski, O. (1994a), S. 271.
[210] Vgl. Wasem, J., Hessel, F., Kerim-Sade, C. (2001), S. 18. Beim NICE Institut ist daher die Überprüfung / Überarbeitung der Ergebnisse spätestens nach drei Jahren vorgesehen.
[211] Vgl. Wasem, J. (1997), S. 17. Eine gänzlich andere Meinung vertritt Holle, R. (1996), der QALYs als Grundlage für die Ressourcenallokation im Gesundheitswesen für ungeeignet hält.
[212] Vgl. Stich, B. I. (2004), S. 76-78.
[213] Vgl. Schwappach, D. L. B. (2003), S. 262.

nicht nachvollziehbar handelt, wie es heutzutage im Gesundheitswesen noch der Normalfall ist. Allerdings müssten dem Nutzen der breiten Anwendung des Konzepts auch die Kosten der Studien selbst gegenübergestellt werden, da Kosten-Nutzwert-Analysen sehr aufwändig sind. So bleibt anhand von Wirtschaftlichkeitsuntersuchungen nachzuweisen, ob die ökonomischen Analysen im Gesundheitswesen tatsächlich mehr nutzen als kosten.

Generell verbleibt bei einer Reihe von Autoren aber ein gewisses Unbehagen gegenüber der breiten Anwendung des QALY-Konzepts und es wird die Rückkehr zur Ergebnismessung in natürlichen Einheiten gefordert.[214] Damit bliebe das Grundproblem (In welcher Indikation soll der nächste medizinische Fortschritt finanziert werden?) aber weiterhin ungelöst.

6.5
Mögliche Alternativen zum QALY-Konzept

6.5.1
Wettstreit der Abkürzungen oder „Hauptsache das Akronym stimmt"

Neben dem QALY-Konzept wurden noch verschiedene andere Ansätze entwickelt, um den Nutzen von Gesundheitsleistungen in ökonomischen Evaluationsstudien mit einzubeziehen. Einige Vorschläge sind unproblematisch, da sie einfach andere Zeiteinheiten für sinnvoll erachten. Komplette Lebensjahre werden in der Medizin derzeit durch Innovationen selten gewonnen, meist handelt es sich um Überlebensfortschritte im Tages-, Wochen- oder Monatsbereich. Man kann zwar auch Gewinne im Tagesbereich auf Kosten pro QALY hochrechnen, dieses führt bei nicht einschlägig vorgebildeten Adressaten der Studien aber häufig zu Konfusionen. Teeling Smith schlug daher 1989 vor, statt der QALYs lieber die *QUALMs* (diesmal tatsächlich mit dem „U") als *quality-adjusted life-months* zu verwenden.[215] Eine Ermittlung des einen aus dem anderen ist durch Division bzw. Multiplikation mit 12 problemlos möglich, durchsetzen konnten sich die QUALMs nicht. QALW und QALD (weeks bzw. days) klingen nicht mehr so rund und bringen die inhaltliche Diskussion nicht weiter.

Größere Unterschiede zum QALY-Konzept weisen andere Konzepte auf, die im Regelfall auch über eingängige Akronyme verfügen. Häufig ist es dabei nicht ganz klar, ob tatsächlich neue Denkansätze verfolgt werden, oder ob es sich um alte Ideen in neuen Gewändern handelt. So werden beispielsweise die *years of healthy life (YHL)*[216] vom United States National Centre for Health Statistics, die *health-adjusted person years (HAPY)* und die *health-adjusted life expectancy*

---

[214] Vgl. z. B. McGregor, M. (2003), S. 434.
[215] Vgl. Teeling Smith, G. (1989), S. 11.
[216] Vgl. Erickson, P., Wilson, R., Shannon, I. (1995).

(HALE)[217] von Statistics Canada als Synonyme des QALY-Konzepts angesehen. In eine ähnliche Richtung gehen zwei Ansätze aus Großbritannien, die *healthy life expectancy (HLE)* und die *disability free life expectancy (DFLE)*. Auch hier wird versucht auf der Basis von Routinedaten aus Bevölkerungssurveys die Lebenserwartung mit qualitativen Aspekten zu kombinieren (Lebenserwartung in guter Gesundheit, frei von Erkrankungen oder frei von spezifischen Erkrankungen).[218]

Bein *YHL-Ansatz* werden zwei Fragen kombiniert, die bereits standardmäßig in einer offiziellen Gesundheitsbefragung erhoben werden. Durch diesen Ansatz baut man auf bereits vorhandenes Datenmaterial auf und ist nicht mehr nur auf theoretische Konzepte angewiesen. Die eine Frage bezieht sich auf die Einschränkung der täglichen Aktivitäten durch Erkrankungen, die andere auf die allgemeine Wahrnehmung des Gesundheitszustands. Es ergibt sich eine Matrix aus 30 Antwortkombinationen, denen Nutzwerte zwischen 1,0 (keinerlei Einschränkung der täglichen Aktivitäten, vollständige Gesundheit) und 0,1 (starke Einschränkungen der Aktivitäten, sehr angegriffene Gesundheit) zugeordnet wurden. Diese Bewertungen werden dann mit Alterskohorten verknüpft und die *years of healthy life (YHL)* ermittelt. Die restlichen Lebensjahre einer Alterskohorte (ermittelt anhand der offiziellen Sterbetafeln) können dadurch qualitativ angepasst werden.[219] Die Maximierung dieser YHL kann als Zielkriterium von gesundheitspolitischen Maßnahmen dienen. Der große Vorteil dieses Ansatzes ist es, dass bereits existierende, repräsentative Daten, die auf Selbsteinschätzungen der Patienten zurückgehen, verwendet werden können

Von einigen Autoren wird das *HALE-Konzept (health-adjusted life expectancy)* besonders herausgehoben. Es wird als übergreifend bezeichnet, im Gegensatz dazu all die anderen genannten Verfahren, einschließlich der QALYs, als spezifische Messverfahren innerhalb dieses globalen Konzepts.[220] Beim HALE-Konzept werden die Determinanten der Gesundheit wesentlich weiter gefasst als bei den anderen Ansätzen, die sich auf die Messung der gesundheitsbezogenen Lebensqualität beschränken. Die HALEs berücksichtigen Verbesserungen des sozioökonomischen Status beispielsweise durch ein wachsendes Bildungsniveau oder höheres Haushaltseinkommen, allgemeine Gesundheitsausbildung sowie Investitionen in anderen Sektoren (z. B. im Umweltschutz). Man löst sich demzufolge von der sehr eingeschränkten Sichtweise der einfachen Zurverfügungstellung von Gesundheitsleistungen und berücksichtigt auch nichtmedizinische Interventionen, die direkt oder indirekt auf die Gesundheit der Bevölkerung wirken.[221]

Weiterhin existiert noch der Begriff der *health-adjusted life years (HALYs)* (ja, überprüfen Sie ruhig die vorangegangene Seite, dieses Akronym hatten wir bislang noch nicht). Dieser wird zum Teil in der Literatur als Überbegriff aller Konzepte verwendet, bei denen die Mortalität und die Morbidität zu einer einzigen Kennzahl verschmolzen werden.[222] Unter QALYs, DALYs (letztere werden noch

---

[217] Vgl. Berthelot, J., Roberge, R., Wolfson, M. (1993).
[218] Vgl. Parliamentary Office of Science and Technology (2006).
[219] Vgl. Erickson, P., Wilson, R., Shannon, I. (1995).
[220] Vgl. Kindig, D. A. (1997), S. 45.
[221] Vgl. Kindig, D. A. (1997), S. 45–46.
[222] Vgl. Gold, M. R., Stevenson, D., Fryback, D. G. (2002), S. 116.

weiter unten ausführlicher dargestellt) und andere sind damit nur Subtypen dieses generellen Ansatzes.

Die Unterschiede vieler Ansätze zum QALY-Konzept sind zum Teil eher gering und lassen sich kaum anschaulich herausarbeiten. Dieses liegt insbesondere daran, dass auch das QALY-Konzept von verschiedenen Autoren unterschiedlich interpretiert wird. Einige sehen QALYs als einfachen Index der Lebensqualität, andere betonen die Messung des Nutzens gemäß der Nutzentheorie von von Neumann und Morgenstern (man müsste dann eher schon von *utility-adjusted life-years* sprechen).[223] Prinzipiell geht es in jedem Verfahren um die Kombination von quantitativen Mortalitätsdaten mit krankheits-/lebensqualitätsbezogenen Daten, die für Public Health Aspekte und die medizinische Entscheidungsfindung von großer Bedeutung sind.[224] Dieses gilt auch für die im Folgenden dargestellten alternativen Konzepte, die in der Literatur regelmäßig von Kritikern und Befürwortern diskutiert werden.

6.5.2
Healthy years equivalents (HYE-)Konzept

Eine Alternative zum QALY-Konzept sind die *healthy years equivalents (HYE)* von Mehrez und Gafni.[225] Während QALYs unterschiedlich interpretiert werden können, bedeutet dieses Konzept eindeutig die auf der individuellen Nutzenfunktion aufbauende Messung einer äquivalenten Anzahl von Jahren mit uneingeschränkter Gesundheit im Vergleich zu einem lebenslangen Gesundheitsprofil, das einer zu bewertenden medizinischen Intervention folgt.[226]

Zur Ermittlung der HYEs wird ein zweistufiges Standard Gamble-Verfahren angewendet (vgl. dazu auch Kap. C 2). In Stufe I wird der Nutzen der gesamten potentiellen Lebensqualitätszustände bewertet. Es wird demzufolge nicht ein Zustand allein, sondern die Gesamtheit aller Zustände des Individuums in dem betrachten Zeitraum bewertet. In Stufe II wird dieser Erwartungsnutzen wiederum durch eine Standard Gamble-Lotterie in HYEs umgewandelt.[227]

Dabei wird der Krankheitsverlauf eines Individuums über seine gesamte Lebensdauer als ein Vektor $Q = (q_i)$ gesehen, wobei q_i der Gesundheitszustand des Individuums in der i-ten Periode ist. q^* ist definiert als vollständige Gesundheit in der betreffenden Periode und $\underline{q}$ als Tod. Dieser wird dabei zur Vereinfachung als schlechtester möglicher Gesundheitszustand angenommen. Außerdem wird vorausgesetzt, dass die betrachteten Zeitperioden der Alternativen gleich lang sind.

Das Gesundheitsprofil über die gesamte restliche Lebenszeit ergibt sich durch $Q_T = (q_1, \ldots, q_T)$, wobei T die Anzahl der restlichen Lebensjahre des betreffenden Individuums bezeichnet. Gesucht ist nunmehr die Anzahl der Jahre H, für die gilt

---

[223] Vgl. Gafni, A., Birch, S. (1997), S. 602.

[224] Eine Übersicht über die verschiedenen Ansätze findet sich auch bei Field, J. M., Gold, M. R. (Hrsg.) (1998).

[225] Vgl. Mehrez, A., Gafni, A. (1989), und Birch, S., Gafni, A. (1992).

[226] Vgl. Gafni, A., Birch, S. (1997), S. 602–603.

[227] Vgl. Drummond, M. F., Sculpher, M. J., Torrance, G. W. u. a. (2005), S. 178.

$$U (Q_H) = U (Q_T)$$

mit $Q_H = q_i$; $q_i = q^*$ für i = 1, ... H und $q_i = \underline{q}$ für i > H

Es gilt: T > H

Das zweistufige Verfahren kann anhand des folgenden Beispiels graphisch veranschaulicht werden.[228] Dabei wird als Ausgangsbasis eine fiktive Kalkulation gemäß dem QALY-Konzept gewählt. Es sei einmal angenommen, dass sich das Gesundheitsprofil Q eines Individuums zum Zeitpunkt 0 wie in Abbildung 6.12 darstellt. Normalerweise wird man natürlich nicht ein solches Profil als Ausgangsbasis wählen, da hier die Lebensqualitätswerte schon quantifiziert wurden und damit die weiteren Entscheidungen des Probanden beeinflusst werden. Man muss sich vorstellen, dass der Verlauf des Gesundheitsprofils verbal beschrieben wird, eventuell unterstützt durch Visualisierungshilfen etc. (z. B. „Stellen Sie sich vor, dass ihr Gesundheitszustand im ersten Jahr leicht eingeschränkt ist, dass Sie häufig müde und abgespannt sind, ansonsten aber keinerlei Einschränkungen verspüren. Nach diesem ersten Jahr müssen Sie sich allerdings einer sehr schweren Operation unterziehen, die extrem belastend ist ...“). Das Profil endet nach 20 Jahren mit dem Tod des Individuums.

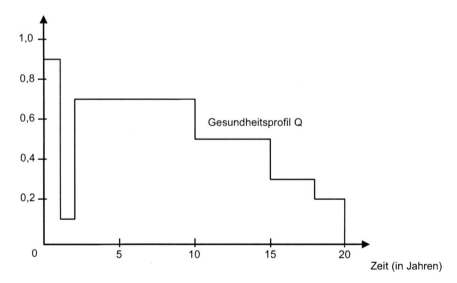

Abb. 6.12. Fiktives Gesundheitsprofil eines Individuums über 20 Jahre

Zur Berechung der QALYs werden die Lebensqualitätswerte, die jedem unterschiedlichen Zustand ohne Berücksichtigung der Dauer,[229] beispielsweise anhand

---

[228] Hier wird Bezug genommen auf die Darstellung bei Drummond, M. F., O'Brian, B. J., Stoddart, G. L., Torrance, G. W. (1997), S. 179.

[229] Wie bereits in Kapitel 2 dargestellt, wird nur zwischen chronischen und temporären Zuständen unterschieden.

des Standard Gamble-Verfahrens zugeordnet wurden, mit der zeitlichen Dimension multiplikativ verknüpft. In diesem Beispiel ergibt sich die Summe dar QALYs aus

$$\Sigma\,QALY = 0{,}9 \times 1 + 0{,}1 \times 1 + 0{,}7 \times 8 + 0{,}5 \times 5 + 0{,}3 \times 3 + 0{,}2 \times 2 = 10{,}4$$

Beim HYEs-Konzept hingegen betrachtet man das Gesundheitsprofil Q als Ganzes. Gemäß der folgenden Abbildung wird in Stufe I des Verfahrens eine typische Standard Gamble-Bewertung zwischen dem sicheren Eintreten des Gesundheitsprofils Q und der Lotterie aus uneingeschränkter Gesundheit und dem sofortigen Tod durchgeführt (s. Abb. 6.13). Der betrachtete Zeitraum ist bei beiden Alternativen identisch (20 Jahre). Die Eintrittswahrscheinlichkeit p für die uneingeschränkte Gesundheit wird dabei solange variiert, bis beide Alternativen als gleichwertig betrachtet werden (p*). Es soll hier einmal angenommen werden, dass p* in diesem Fall 0,6 beträgt.

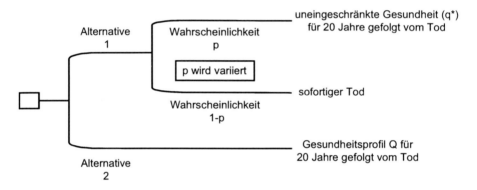

Abb. 6.13. Ermittlung der HYEs, Stufe I

In Stufe II des HYEs-Verfahrens wird wiederum eine Standard Gamble-Bewertung durchgeführt, diesmal allerdings in etwas ungewohnter Form (s. Abb. 6.14). Man betrachtet nicht mehr das Gesundheitsprofil Q an sich, sondern die äquivalente Eintrittswahrscheinlichkeit p*. Bei der Lotterie wird p* mit 0,6 fixiert, die Gegenwahrscheinlichkeit für den sofortigen Tod beträgt demzufolge 0,4. Als Alternative 2 wird dem Probanden die uneingeschränkte Lebensqualität für H Jahre (gefolgt vom Tod) angeboten. Nun wird H solange variiert, bis der Proband beide Alternativen (Lotterie und sichere Entscheidungsmöglichkeit) gleich bewertet. Es sei einmal angenommen, dass H ist diesem Fall 9 Jahre beträgt. Man hat durch dieses zweistufige Verfahren das Gesundheitsprofil Q insgesamt in 9 HYEs umgewandelt.

Das beschriebene zweistufige Verfahren kann je nach Ausgangslage unterschiedlich aussehen. Einfacher wird es, wenn das Gesundheitsprofil nur aus einem (chronischen) Gesundheitszustand besteht. Das Ergebnis sind dann die äquivalenten HYEs für diesen Zustand bis zum Tod.[230] Komplexer wird die Situation, wenn anstelle eines deterministischen Gesundheitsprofils (d. h. eines, das mit Sicherheit genau so eintrifft) ein probabilistisches, beispielsweise in Form eines Entscheidungsbaums mit bestimmten Eintrittswahrscheinlichkeiten, vorliegt. Johannesson spricht in diesem Zusammenhang von *ex ante HYEs*.[231] Hier werden dann auch die praktischen Probleme bei der Messung deutlich. Ein komplexer Entscheidungsbaum bzw. ein Markov-Modell wird die kognitiven Fähigkeiten der bewertenden Individuen sicherlich überfordern.

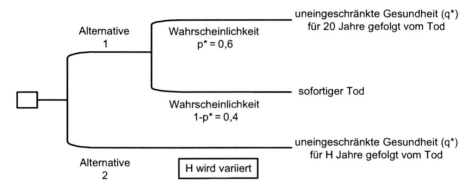

Abb. 6.14. Ermittlung der HYEs, Stufe II

Von einer Reihe von Autoren wird hervorgehoben, dass das zweistufige Vorgehen bei der HYEs-Messung auch in einem Schritt durch die Time Trade-off-Methode durchgeführt werden kann und dieses – zumindest theoretisch – auch zu gleichen Ergebnissen führt.[232] Dadurch verliert man allerdings die Nutzwertbestimmung des ersten Schritts und damit auch einen großen Teil der theoretischen Fundierung des Konzepts.[233] Der Proband wird in diesem Fall vor die Alternative gestellt, entweder für T Jahre ein bestimmtes Gesundheitsprofil zu durchleben oder aber für H Jahre bei vollständiger Gesundheit (q^*) zu sein. Die Zahl H, also die Anzahl der Jahre mit vollständiger Gesundheit, wird dann solange variiert, bis der Befragte zwischen beiden Alternativen indifferent ist.[234]

Dieses Verfahren zur Bestimmung der HYE kann allerdings nur für Gesundheitszustände durchgeführt werden, die für die restliche Lebenszeit vergleichsweise einfach zu beschreiben sind. Das gilt beispielsweise für chronische Krankheiten,[235] deren Krankheitsbild sich bis zum Tod nur wenig ändert. Unterscheiden

---

[230] Vgl. Mehrez, A., Gafni, A (1989).

[231] Vgl. Johannesson, M. (1995b).

[232] Vgl. Morrison, G. C. (1997), S. 569.

[233] Vgl. Ried, W. (1998), S. 620.

[234] Sicher ist es allerdings nicht, dass für jeden denkbaren Krankheitsverlauf eine äquivalente, hypothetische Kombination von vollkommener Gesundheit und dem Tod zu finden ist, vgl. Mehrez, A., Gafni, A. (1991), S. 145.

[235] Vgl. Mehrez, A., Gafni, A. (1992), S. 342.

sich dagegen die Gesundheitszustände von Periode zu Periode bis zum Ende der Lebenszeit stark, ist die Berechnung von HYE praktisch kaum mehr durchführbar, da die Entscheidungssituation für den Probanden zu unübersichtlich wird.

Vor allem bei sehr extremen Krankheitsverläufen mit starken Schwankungen der Lebensqualität im Zeitablauf können die Resultate bei gleichzeitiger Anwendung des QALY- und des HYE-Konzeptes sehr unterschiedlich ausfallen (siehe dazu das oben dargestellt Beispiel). Ist beispielsweise zur Behandlung einer chronischen Krankheit für eine relativ kurze Zeitdauer eine gleichwohl sehr belastende Behandlung notwendig, so fällt diese Phase großer Belastung für den Patienten bei QALY-Berechnungen nicht sehr stark ins Gewicht, da bei der Berechnung von QALYs die Produkte der Zeiteinheiten und der Lebensqualitätswerte (als Gewichtungsfaktoren) aufsummiert werden. Ist einer dieser beiden Faktoren relativ klein, so verändert der betreffende Summand das Gesamtergebnis für die QALY-Berechnung kaum. Befragt man jedoch die Patienten direkt, ob sie, wenn auch nur für eine kurze Zeitspanne, bereit sind, sich einer Behandlung zu unterziehen, die so schmerzhaft ist, dass sie bezüglich der Lebensqualität unter Umständen individuell noch schlechter als der Tod bewertet werden würde, so ist es durchaus denkbar, dass viele Menschen die Behandlung nicht durchführen werden und den Rest ihres Lebens lieber mit der chronischen Krankheit verbringen.

Diese Wahl des kleineren Übels ist nicht irrational, wenn die Nutzenfunktion des Entscheiders dem Kriterium „Einschränkung der Lebensqualität durch die Behandlung" ein größeres Gewicht zuschreibt als dem Zeitkriterium. Beim QALY-Konzept werden dagegen implizit beide Kriterien gleichgewichtet. Es könnte sein, dass dadurch die Präferenzen der Individuen falsch interpretiert werden. Da diese impliziten Annahmen beim HYEs-Konzept nicht erforderlich sind, da es konsistent mit den normativen Annahmen der wohlfahrtsökonomischen Theorie ist und keiner restriktiven Annahmen zur Nutzenfunktion der Probanden bedarf, wird es häufig als methodisch überlegen betrachtet.[236] Bei der Betonung dieses Arguments wird allerdings vernachlässigt, dass prinzipiell auch mit dem QALY-Konzept nicht nur Zustände bewertet werden können, sondern auch der Nutzen eines kompletten Gesundheitsprofils, der dann mit der Profildauer gewichtet werden muss.

Aber auch die HYEs sind aus verschiedenen Gründen nicht unumstritten. So wird beispielsweise eingewendet, dass die Entscheidungssituation für die Befragten zu hypothetisch sei und diese kaum in der Lage wären, zukünftige Gesundheitszustände langfristig zu bewerten. „To ask a person of twenty years how s/he will value health at the age of seventy is to ask an enormous amount of their imagination."[237] Außerdem seien die Annahmen über die Präferenzen der Patienten bei HYE ebenso restriktiv wie bei QALYs, die mit der Time Trade-off-Methode ermittelt worden sind. Die HYE-Methode ist demnach (zumindest in der einstufigen Form) nichts anderes als eine Anwendung des Time Trade-off-Ansatzes (TTO). Daher seien HYE auch ebenso zu interpretieren wie TTO-basierte QALY-Berechnungen.[238]

---

[236] Vgl. Gafni, A., Birch, S. (1993), S. 335.
[237] Buckingham, K. (1993), S. 306.
[238] Vgl. Loomes, G. (1995), S. 1.

Bezüglich der Annahmen über die Risikoneigung der Probanden sind der HYE-und der QALY-Ansatz durchaus vergleichbar, da beide eine Risikoneutralität gegenüber der gewonnenen Lebenszeit, die zweifellos unsicher ist, unterstellen.[239] Außerdem lösen HYEs nicht das Problem der Einbeziehung von Zeitpräferenz, da auch HYEs, die erst in zukünftigen Perioden anfallen, auf einen Gegenwartswert diskontiert werden müssen, wie Culyer und Wagstaff gezeigt haben.[240] Sowohl für QALYs als auch für HYEs gilt also, dass zur Verwendung dieser Outcomemaße bei Allokationsentscheidungen noch eine Reihe von Annahmen beispielsweise bezüglich der Zeit- und Risikopräferenz getroffen werden müssen.[241]

HYEs lösen auch die Aggregationsproblematik nicht, die mit jedem Ergebnisparameter verbunden ist, der auf individuellen Präferenzen aufbaut, aber für Allokationsentscheidungen auf der Meso- und Makroebene genutzt wird. Schließlich kann man auch feststellen, dass QALYs gewöhnlich wesentlich einfacher als HYEs gemessen werden können,[242] da zur Messung der HYEs längere und komplexere Interviews notwendig sind und auch die statistische Auswertung mit wesentlich höherem (auch finanziellen) Aufwand verbunden sind.[243] Ob dieser Vorteil von QALYs tatsächlich erzielt wird, hängt allerdings von der Technik der Lebensqualitätsmessung ab. Bei Anwendung des Standard Gamble-, des Time Trade-off- oder anderer Ansätze zur nutzentheoretischen Lebensqualitätsmessung geht diese Überlegenheit sicherlich verloren.

6.5.3
Saved young life equivalent (SAVE-)Konzept

Aus dem skandinavischen Raum stammt das SAVE-Konzept.[244] Gegenüber dem QALY-Ansatz wird hier nicht auf die individuelle Bewertung abgehoben, sondern es soll eine soziale Evaluierung vorgenommen werden. Dieses wird dadurch deutlich, dass beim QALY-Konzept gefragt wird, welche Wahl man *für sich selbst* treffen würde. Beim SAVE-Ansatz wird gefragt, was man *für andere* wählen würde.[245] Der Standard Gamble- sowie der Time Trade-off-Methode nicht unähnlich werden bei diesem Verfahren Probanden zu einem Vergleich zwischen zwei Alternativen, die zu gleichen Kosten führen, befragt. Bei der Realisierung der ersten Alternative ist damit zu rechnen, dass in jedem Folgejahr das Leben eines jungen Menschen gerettet wird. Dieser Wert gilt als Referenzgröße und wird mit einem *SAVE (saved young life equivalent)* bewertet. Bei der zweiten Alternative wird eine bestimmte Gesundheitszustandsverbesserung in n Fällen erreicht. Der Proband muss entscheiden, wie hoch seiner Ansicht nach n sein muss, damit die erste Alternative der zweiten gleichwertig erscheint.

---

[239] Vgl. Johannesson, M. (1995c), S. 10–11.
[240] Vgl. Culyer, A. J., Wagstaff, A. (1993), S. 314.
[241] Vgl. Loomes, G. (1995), S. 6.
[242] Vgl. Mehrez, A., Gafni, A. (1989), S. 147.
[243] Vgl. Bleichrodt, H. (1995), S. 31, und Keeny, R. L., Raiffa, H. (1976).
[244] Vgl. Nord, E. (1992).
[245] Vgl. Drummond, M. F., Sculpher, M. J., Torrance, G. W. u. a. (2005), S. 186.

Je schwerwiegender der Krankheitszustand in Alternative 2 angesehen wird, desto weniger Personen werden in der Entscheidungssituation nötig sein, um vom Probanden als gleichwertig mit der Rettung eines jungen Lebens bewertet zu werden. Der Kehrwert von n ergibt anschießend den SAVE-Wert, d. h. wenn n beispielsweise den Wert 5 annimmt, würde die zweite Alternative mit 0,2 SAVE bewertet werden. Bei weniger gravierenden Krankheitsbildern wäre das n entsprechend größer und der SAVE-Wert entsprechend kleiner. Auf diese Weise ergibt sich für Krankheiten, die als besonders belastend empfunden werden, auf einer Skala zwischen 0 und 1 ein höherer SAVE-Wert als bei leichteren Erkrankungen.

Auch das SAVE-Konzept versucht, die gesundheitspolitischen Entscheidungsträger bei der Allokation knapper Ressourcen zu unterstützen. Die Bindung an den Referenzwert gerettetes junges Leben soll zu einem besseren Verständnis bei den Adressaten der Kosten-Nutzwert-Analysen führen. Weiterhin ist das Ziel, dass im Gegensatz zu den QALYs nicht nur rein quantitative, sondern auch ethische und distributive Argumente, die in der gesundheitspolitischen Diskussion von Bedeutung sind, mit in die Bewertung einfließen.

Die Validität und Reliabilität des SAVE-Konzepts wurden bislang noch nicht abschließend überprüft und die Messverfahren werden noch entwickelt.[246] Gegen eine breitere Nutzung des SAVE-Konzeptes spricht vor allem, dass die Probanden mit sehr detaillierten Informationen über die zweite Alternative versorgt werden müssen und sie diese häufig als medizinische Laien kaum einschätzen können. Außerdem wäre eine kaum überschaubare Anzahl von derartigen Befragungen notwendig, um allokative Entscheidungen allein auf der Grundlage des SAVE-Konzepts durchführen zu können. Es müsste nicht nur nach unterschiedlichen Behandlungsraten, sondern auch nach diversen Schweregraden von Krankheiten befragt werden.

Weiterhin sind SAVEs bislang nur anhand verschiedener Schweregrade von Gehbehinderungen gemessen worden. Für die Vergleichbarkeit mit anderen Krankheiten wäre aber auch die Evaluation weiterer Dysfunktionen erforderlich.[247] Benachteiligt wären dabei unter Umständen Therapieformen, die nur für einen kleinen, begrenzten Patientenkreis in Frage kommen und nur sehr kleine Verbesserungen der Lebensumstände des Patienten mit sich bringen. Den meisten Befragten wird es sehr schwer fallen, solche marginalen Veränderungen gegen die Rettung eines jungen Menschenlebens abzuwägen.

Die Initiatoren des SAVE-Konzeptes sind sich der Schwächen dieses Ansatzes durchaus bewusst, schlagen aber vor, SAVEs nicht an Stelle von QALYs zu berechnen, sondern zusätzlich derartige Befragungen durchzuführen. Die QALY-Messung würde bei einer solchen Vorgehensweise die quantitative Dimension der sozialen oder patientengruppenspezifischen Einschätzung einer Therapieart abdecken, und das SAVE-Konzept würde ethische und distributive Aspekte mit einführen. Offen bleibt allerdings, wie am Ende diese Ergebnisse gegeneinander gewichtet werden sollen, und ob es überhaupt realistisch ist, einer methodisch und logistisch bereits sehr aufwändigen Lebensqualitätsmessung und QALY-Berechnung zusätzlich noch die Berechnung von Äquivalenten eines geretteten jungen

---

[246] Vgl. Ubel, P. A., Loewenstein, G., Scanlon, D., Kamlet, M. (1996).
[247] Vgl. Nord, E. (1993), S. 229.

Lebens hinzuzufügen. Da allgemein auch die für Wirtschaftlichkeitsuntersuchungen im Gesundheitswesen zur Verfügung stehenden Mittel begrenzt sind, erscheint dies eher fraglich.[248]

6.5.4
Disability-adjusted life years (DALY-)Konzept

Ein weiteres interessantes Instrument zur Ermittlung der Krankheitslasten, das im Umfeld der Weltbank und der Weltgesundheitsorganisation (WHO) zu Beginn der 90er Jahre entwickelt wurde, ist das Instrument der *disability-adjusted life years (DALY)*. Diese sollen zum einen dazu genutzt werden, stark aggregierte Vergleiche zwischen den verschiedensten Ländern durchführen zu können (d. h. als ein Maßstab für eine Art „gross domestic product of health" verwendet zu werden), und zum anderen sollen sie auch als Ergebnismaß in Kosten-Effektivitäts-Analysen dienen, d.h. für die Prioritätensetzung genutzt werden.[249] DALYs kombinieren dabei die Zeit, die man mit einer Erkrankung lebt, sowie die verlorene Zeit durch vorzeitigen Tod. Diese verlorenen Jahre durch vorzeitigen Tod werden gemessen im Verhältnis zu einer standardisierten altersspezifischen Lebenserwartung. Die DALYs beziehen sich dabei auf spezifische Erkrankungen und nicht wie die QALYs auf Gesundheits-/Lebensqualitätszustände.[250]
Die mit einer Krankheit zu lebenden Jahre werden anhand einer Formel in äquivalente Zeitverluste übersetzt, indem man Gewichtungen vornimmt.[251] Diese spiegeln die Reduzierung der Funktionalität durch die Erkrankung wider, höhere Gewichte entsprechen dabei größeren Einschränkungen. Die Gewichte werden differenziert gemäß dem Alter, in dem die Lebensjahre anfallen, und dem zeitlichen Anfall (durch Diskontierung). Im Gegensatz zu den bereits vorgestellten Ansätzen (mit Ausnahme des SAVE-Ansatzes) handelt es sich demzufolge bei den DALYs nicht um ein *Gut*, sondern um ein *Schlecht*, das minimiert werden sollte. Aus der Bezeichnung des Konzepts geht dieses nicht unbedingt hervor, was häufig zu Problemen führt.
Von den Befürwortern dieses Konzepts wird hervorgehoben, dass es gegenüber anderen globalen Ansätzen, die sich ausschließlich auf die verlorenen Lebensjahre beziehen (z. B. *potential years of life lost, PYLL*) und die Diskussion dominieren, vorzuziehen ist, da auch die Belastung durch nicht tödliche Erkrankungen eine wesentliche Rolle spielt.[252] Gegenüber dem QALY-Konzept wird hervorgehoben, dass die Bewertung der einzelnen Gesundheitszustände im Gegensatz zu der dort verwendeten *black box* offener gehandhabt wird[253] und DALYs durch die Annahme einer einheitlichen Lebenserwartung stärker standardisiert sind.[254]

---

[248] Vgl. Greiner, W. (1999), S. 161.
[249] Vgl. Murray, C. J. L., Acharya, A. K. (1997), S. 704, sowie Lyttkens, C. H. (2003).
[250] Vgl. Gold, M. R., Stevenson, D., Fryback, D. G. (2002), 119.
[251] Vgl. Murray, C. J. L. (1994).
[252] Vgl. Murray, C. J. L., Acharya, A. K. (1997), S. 707.
[253] Vgl. Murray, C. J. L. (1994), S. 430.
[254] Vgl. Murray, C. J. L., Acharya, A. K. (1997), S. 704–705.

Die Belastung durch eine Erkrankung wird beim DALY-Konzept durch die Reduktion der menschlichen Funktion (*activities of daily living*, z. B. Lernen, Arbeiten, eigenständige Nahrungszunahme, selbständiges Anziehen) gemessen. Die schlechteste Klasse beinhaltet dabei Krankheitszustände, bei denen das Individuum Hilfe bei allen täglichen Aktivitäten benötigt. Andere Faktoren, beispielsweise das Arrangieren (*coping*) mit der Erkrankung, werden ebenso wenig berücksichtigt wie die Auswirkungen auf Dritte (z. B. die Familie)[255] oder individuelle soziale und emotionale Auswirkungen einer Erkrankung.

Es wird eine eindimensionale Skala angewendet, die zwischen 0 (perfekte Gesundheit) und 1 (Tod) standardisiert ist. Dazwischen werden verschiedene sieben diskrete Krankheitsklassen unterschieden, die gemäß des Person Trade-off-Verfahrens (vgl. dazu Kap. C 2) an 22 „Indikator"-Gesundheitszuständen multinational bewertet wurden.[256] In der Krankheitsklasse 5 befinden sich beispielsweise solche Zustände wie Depression, Blindheit und Querschnittslähmung, die vom Schweregrad her in einer Spannbreite zwischen 0,619 und 0,691 liegen. Durch Extrapolation werden Hunderten von weiteren Zuständen dann ebenfalls Werte zugeordnet.[257] Problematisch bei entsprechenden funktionsorientierten Messverfahren ist, dass sie wenig sensitiv sind. Es ist schon eine erhebliche Funktionseinschränkung notwendig, um berücksichtigt zu werden.[258]

Die standardisierte Lebenserwartung beträgt im DALY-Modell 80 Jahre für Männer und 82,5 Jahre für Frauen. Letztere entspricht der maximalen durchschnittlichen nationalen Lebenserwartung für Frauen (erreicht in Japan). Die gewählten Werte sind wesentlich höher als die, die in anderen Ländern, insbesondere Entwicklungsländern, erreicht werden. Auch der Unterschied zwischen Männern und Frauen ist eher geringer als empirisch nachweisbar. Dieses hat erhebliche Auswirkungen bei der Ermittlung der relativen geschlechtsspezifischen Krankheitslasten. Begründet wird dieser geringe angenommene Unterschied zwischen Männern und Frauen damit, dass die tatsächliche Lebenserwartung der Männer hauptsächlich auf Unterschiede bei den Risikofaktoren (z. B. Tabak- und Alkoholkonsum) zurückzuführen ist, hier aber nur die biologischen Unterschiede betrachtet werden sollten.[259]

Interessant ist in diesem Zusammenhang auch die Kalkulation der unterschiedlichen Altersgewichte. Üblicherweise geht man davon aus, dass die Gewichte von Geburt bis zum Tod abnehmen, beim DALY-Konzept setzt man allerdings das maximale Gewicht im Alter von 25 Jahren. Ein Jahr im Alter von 2 Jahren hat demgegenüber nur ein Gewicht von 20 % und eines im Alter von 70 Jahren 46 % des Maximums. Begründet wird dies mit der unterschiedlich starken sozialen Rolle. Die größte Unabhängigkeit existiert gemäß der allgemeinen Auffassung in der Bevölkerung etwa im Alter von 25 Jahren, während jüngere und oft auch Ältere

---

[255] Vgl. Anand, S., Hanson, K. (1997), S. 689.
[256] Vgl. Gold, M. R., Stevenson, D., Fryback, D. G. (2002), S. 123.
[257] Vgl. Murray, C. J. L., Lopez, A. D. (1996).
[258] Vgl. Kindig, D. A. (1997), S. 64.
[259] Vgl. Murray, C. J. L., Acharya, A. K. (1997), S. 711.

vom Rest der Gesellschaft physisch, emotional und nicht zuletzt finanziell in einem unterschiedlichen Ausmaß unterstützt werden müssen.[260]

Diskontiert wird mit einer empfohlenen Rate von 3 %, aber auch andere Sätze sind möglich. 3 % bedeutet, dass ein Lebensjahr heute mehr als fünfmal soviel wert ist wie eines, das erst in 55 Jahren gerettet wird. Dieses bedeutet eine relative Bevorzugung der derzeitigen Generation im Vergleich zur Folgegeneration.[261]

Obwohl dieser Ansatz in den letzten Jahren zum Teil heftig kritisiert worden ist,[262] kann man doch feststellen, dass er seine Vorteile hat. Er baut auf einer Reihe von verfügbaren Statistiken auf und ist deshalb relativ einfach einzusetzen. Die empirische Basis wurde im Zeitablauf wesentlich verbessert (von Expertenbefragung für die Gewinnung der Gewichte hin zu umfangreichen Stichproben). Trotzdem sind die Annahmen wahrscheinlich zu global, um dieses Konzept bei ökonomischen Analysen anwenden zu können. Kritiker behaupten daher, dass die beiden Ziele der DALYs (Darstellung des „gross domestic product of health" einer Volkswirtschaft und Instrument zur Prioritätensetzung) überhaupt erreicht werden können.[263] Für epidemiologische Bevölkerungsstudien, bei denen es insbesondere um Ländervergleiche geht, sollte es allerdings einsetzbar sein.

---

[260] Vgl. Murray, C. J. L. (1994), S. 434.
[261] Vgl. Anand, S., Hanson, K. (1997), S. 695.
[262] Vgl. z. B. Anand, S., Hanson, K. (1997).
[263] Vgl. Lyttkens, C. H. (2003), sowie Bevan, G., Hollinghurst, S. (2003).

7 Das Schwellenwertkonzept

O. Schöffski, A. Schumann

Lehrstuhl für Gesundheitsmanagement, Universität Erlangen-Nürnberg
Institut für Betriebswirtschaftslehre des öffentlichen Bereichs und Gesundheitswesens, Universität der Bundeswehr München

7.1
Einführung

Wie bereits in den vorangegangenen Kapiteln dargestellt wurde, sind die Mittel, die für das Gesundheitswesen zur Verfügung stehen, nicht ausreichend um alles Wünschenswerte zu finanzieren. Die Gesellschaften müssen sich der Herausforderung stellen eine gerechte, effektive und effiziente Gesundheitsversorgung anzubieten. Nur was der Gesellschaft einen Nutzen stiftet und was sie sich leisten kann, sollte im Rahmen einer solidarisch finanzierten Gesundheitsversorgung angeboten werden.

Es stellt sich demzufolge die Frage, welche medizinischen Maßnahmen anzubieten sind und wie, d. h. gemäß welchen Kriterien, die zur Verfügung stehenden Ressourcen einzusetzen sind. Orientieren sich diese Entscheidungsträger an den Wünschen der Gesellschaft nach einer nutzenmaximalen Gesundheitsversorgung, so können bzw. müssen Ergebnisse aus gesundheitsökonomischen Evaluationsstudien als (ein) Entscheidungskriterium herangezogen werden um eine Prioritätensetzung vornehmen zu können. Diese Prioritätensetzung resultiert aus dem Kosten-Effektivitäts-Verhältnis gesundheitsökonomischer Analysen der jeweils evaluierten medizinischen Leistungen.

Obwohl in den letzten Jahren eine stetige Weiterentwicklung der Methodiken gesundheitsökonomischer Evaluationen stattfand, bleibt allerdings bislang noch unklar, ab welchem Wert eine medizinische Maßnahme als kosteneffektiv betrachtet wird. Grundsätzlich ist dieser Wert definiert als der von der Gesellschaft akzeptierte monetäre Wert für eine bestimmte Nutzeneinheit. Ein solcher *Schwellenwert* ist abhängig von der Höhe der finanziellen Ressourcen, die insgesamt für das Gesundheitswesen aufgewendet werden können. Es existiert kein Konsens darüber, was der exakte Wert des kritischen Kosten-Effektivitäts-Verhältnisses – eines „good value for money" – ist.[264] Allgemein kommt die gesundheitsökonomische Literatur zumindest zur Schlussfolgerung: „[...] the value of an extra year of healthy life – as a result of successfully treating a disease, for example – is worth considerably more than the extra market income that will be earned in the year [...]".[265] Das Ergebnis des Humankapital-Ansatzes könnte damit als *Untergrenze* gelten.

Die Frage nach einem exakten Schwellenwert ist ungleich komplexer. Daher kommt die Intention der gesundheitsökonomischen Evaluation, das Kosten-Effektivitäts-Verhältnis als eindeutiges Entscheidungskriterium anzuwenden, dort zum Erliegen, wo es keinen Preis für eine weitere Einheit Gesundheit gibt. Erst wenn die Gesellschaft den Wert eines zusätzlichen medizinischen Nutzens (z. B. ein zusätzliches Lebensjahr) kennt, kann entschieden werden, welche Gesundheitsleistungen von der Solidargemeinschaft zu tragen sind.

Eine formelle und somit transparente Festlegung eines Schwellenwertes würde von der Wissenschaft, insbesondere der Ökonomie, begrüßt werden, da dies eine Reihe theoretischer Vorteile zur Folge hätte.[266] Allerdings erfasst das Schwellenwertkonzept gesundheitspolitisch ein äußerst sensibles Terrain und den politischen Entscheidungsträgern widerstrebt ein Entscheidungsprozess, der sich auch nur partiell an der Effizienz einer medizinischen Maßnahme ausrichtet. Daher ist es nicht überraschend, dass trotz besseren Wissens kein Land der Welt einen Schwellenwert ausdrücklich implementiert hat.[267]

„The valuation of human life should be made more rational and explicit. There is nothing inhuman in this. By doing so the quality and quantity of health care is likely to be increased, and the onus is on those who remain unconvinced to put forward an alternative scheme".[268] An dieser Forderung von Card und Mooney (1977), die nun dreißig Jahre alt ist, hat sich nichts geändert. Um eine optimale Prioritätensetzung zu realisieren, muss jedoch der Gesellschaft der Schwellenwert bekannt sein. Diese Frage nach dem optimalen Schwellenwert ist allerdings untrennbar mit der Frage nach dem optimalen Gesundheitsbudget verbunden und derzeit existiert keine pragmatische Methode, mit welcher der monetäre Wert für ein menschliches Leben bestimmt werden kann. So bleiben alle Bemühungen um die gesundheitsökonomische Evaluation eine Frage schuldig: Was ist der akzeptable monetäre Wert für eine zusätzliche Nutzeneinheit, z. B. für ein gewonnenes Lebensjahr (Life-year, LY, QALY), infolge einer medizinischen Intervention? Das Ziel dieses Kapitels ist die differenzierte Darstellung verschiedener Ansätze zur Sichtbarmachung bzw. Herleitung eines kritischen Schwellenwertes.

---

[264] Vgl. Sendi, P., Briggs, A. H. (2001), S. 675.
[265] Vgl. World Health Organisation (WHO), Commission on Macroeconomics and Health (2001), S. 31.
[266] Vgl. Coast, J. (2001), 4, S. 244.
[267] Vgl. Eichler, H. G., Kong, S. X., Gerth, W. C. u. a. (2004), S. 519.
[268] Vgl. Card, W. I., Mooney, G. H. (1977), S. 1629.

7.2
Das Kosten-Effektivitäts-Schwellenwertkonzept

Oft wird behauptet, das Leben sei ohne Preis. Dieser Glaube entspringt aber einem Missverständnis, denn das gesamte Gesundheitsbudget ist mit einer bestimmten Summe pro Jahr limitiert, was durchaus Rückschlüsse auf den Wert des Lebens zulässt. Würde man dem Leben einen höheren Wert zumessen, würde man auch mehr Geld in die Gesundheit investieren. Der Schwellenwert kann als Surrogat für einen Marktpreis bzw. als künstlicher Preis für eine (weitere) Nutzeneinheit interpretiert werden, der sich bei knappen Ressourcen, d. h. bei einem begrenzten Budget, ergibt.

Das traditionelle Schwellenwertkonzept geht insbesondere auf Weinstein und Zeckhauser (1973) zurück[269] und bezieht sich auf ein Kosten-Effektivitäts-Verhältnis, das gegeben sein muss, damit eine medizinische Maßnahme im Rahmen des Gesundheitssystems gesellschaftlich akzeptabel ist. Der kritische Schwellenwert als Entscheidungsregel resultiert dabei aus der Lösung eines Optimierungsproblems unter Budgetzwang im Rahmen der Ressourcenallokation im Gesundheitswesen. Hat eine medizinische Maßnahme ein Kosten-Effektivitäts-Verhältnis, das geringer ist als der Schwellenwert, ist die Maßnahme im solidarisch finanzierten Gesundheitssystem zu akzeptieren, ist es höher, ist sie abzulehnen. Im Rahmen des Optimierungsproblems, dessen Lösung einen Schwellenwert ergibt, stehen mehrere medizinische Maßnahmen M zur Auswahl, die gleichzeitig Ressourcen des Budgets B verbrauchen. Wenn der medizinische Nutzen in qualitätskorrigierten Lebensjahren (QALYs) gemessen wird, gilt es die Zielfunktion $QALY = f(K_1, K_2, ..., K_M)$ zu maximieren, wobei $K_1, K_2, ..., K_M$ die Ausgaben für jedes medizinische Programm sind. Die QALY-Maximierung ist somit als Funktion der Kosten aller medizinischen Programme zu sehen. Weiterhin muss die Nebenbedingung $B = K_1 + K_2 + ... + K_M$ beachtet werden.[270]

Im Prinzip gibt es zwei Möglichkeiten, den Schwellenwert exakt zu bestimmen.[271] Grundlage dafür ist die Unterscheidung zwischen dem *wohlfahrtsökonomischen Ansatz* und dem *Decision-Making Approach* (DMA). Der wohlfahrtsökonomische Ansatz bettet die Kosten-Effektivitäts-Analyse im weiteren Sinne in die traditionelle Wohlfahrtsökonomie ein, wonach der gesellschaftliche Nutzen, der sich aus den individuellen Präferenzen der Bürger additiv in einer gesellschaftlichen Wohlfahrtsfunktion zusammensetzt, maximiert wird. Die Wohlfahrtsfunktion ist nach diesem Verständnis die Aggregation aller individuellen Präferenzen und im Fokus des Entscheidungsträgers steht der Nutzen. Die gesellschaftliche Zahlungsbereitschaft (WTP) für eine zusätzliche Nutzeneinheit kann im Rahmen der Kosten-Nutzen Analyse (CBA) ermittelt werden. Dazu benötigt man eine einheitliche Recheneinheit, die beim WTP-Ansatz die Geldeinheiten darstellen. Der Decision-Making Ansatz, der auch unter dem Synonym Extra-Wohlfahrtsökonomie (extra-welfarism) Erwähnung findet, schließt die individuelle Wohlfahrt bei der

---

[269] Vgl. Weinstein, M., Zeckhauser, R. (1973).
[270] Zum QALY-Konzept vergleiche Kapitel A 6.
[271] Vgl. Johannesson, M., Weinstein, M. C. (1993), S. 466.

Beurteilung der gesellschaftlichen Wohlfahrt nicht aus. Das Ziel der gesundheitsökonomischen Evaluation im Rahmen des Decision-Making Ansatzes ist es, immer das zu maximieren, was für den Entscheidungsträger entscheidungs- sowie
budgetrelevant ist. Es wird angenommen der Entscheidungsträger konzentriert
sich bei diesem Vorgehen auf die Gesundheit bzw. auf die Gesundheitseffekte,
d. h. er will die aggregierten Gesundheitseffekte bei einem gegebenen Budget maximieren. Die Methoden der Kosten-Effektivitäts-Analyse (CEA) bzw. der Kosten-Nutzwert-Analyse (CUA) werden angewendet, damit die Alternativen mit
dem besten Verhältnis zwischen Kosten und Nutzen realisiert werden. Alternativ
zum wohlfahrtsökonomischen Ansatz und zum Decision-Making Approach
DMA) existieren weitere Ansätze zur Bestimmung eines Schwellenwertes, die
zumeist praxisnahe Vorgehensweisen darstellen.

Die Festlegung eines Schwellenwerts macht allerdings nur Sinn, wenn dieser
auch implizit oder explizit angewendet wird. Eine *explizite* Verwendung meint eine formelle und im Voraus transparent gemachte Anwendung eines Schwellenwerts durch die Entscheidungsträger, die an diese Vorgabe bei der Entscheidung
über die knappen Mittel gebunden sind. Expliziten Schwellenwerten wird eindeutig der Vorzug eingeräumt, weil diese sowohl die Gerechtigkeit als auch die Effizienz im Gesundheitswesen fördern. Im Gegensatz dazu sind *implizite* Schwellenwerte nicht offiziell und nicht veröffentlicht, werden aber trotzdem von
Entscheidungsträgern angewendet. Für manche Länder (z. B. Großbritannien,
Australien und die Provinz Ontario in Kanada) gibt es eine relativ hohe Evidenz,
dass dort implizite Schwellenwerte in Form von Kosten pro LY oder QALY angewendet werden.[272]

7.3
Optimaler Schwellenwert oder optimales Budget?

Im Grunde kann der Zusammenhang zwischen den verfügbaren Ressourcen (Budget) und dem Schwellenwert in zweierlei Hinsicht der Lösung eines Optimierungsproblems zugeführt werden. Grundsätzlich können Entscheidungsträger entweder den Outcome, also die Gesundheit, bei einem gegebenen Budget maximieren oder sie bestimmen ein Budget, das auf einem akzeptablen Kosten-
Effektivitäts-Verhältnis beruht.[273] Beides gleichzeitig funktioniert allerdings nicht.
Karlsson und Johannesson weisen ausdrücklich darauf hin, dass sich der Schwellenwert entweder durch eine Budgetbeschränkung ergibt oder die Höhe des Budgets durch einen vorgegebenen Schwellenwert bestimmt wird.[274] Wenn man sich
mit dem Problem der Optimierung der Ressourcenallokation im Gesundheitswesen beschäftigt, so ist als erstes die Frage zu stellen, ob man innerhalb eines vorgegebenen Budgets optimieren will oder nur ein Kosten-Effektivitäts-Verhältnis
bis zu einer bestimmten Grenze akzeptiert, was dann allerdings im Zeitablauf zu

---

[272] Vgl. Anell, A. (2004), S. 32.
[273] Vgl. Eichler, H. G., Kong, S. X., Gerth, W. C. u. a. (2004), S. 520.
[274] Vgl. Karlsson, G., Johannesson, M. (1996), S. 113.

unterschiedlichen Budgets führt. In der Praxis verschwindet diese klare Unterscheidung allerdings häufig.

Im Folgenden werden sechs Ansätze vorgestellt, anhand derer mehr oder weniger aufwändig ein Schwellenwert festgelegt bzw. ermittelt werden kann. Der Schattenpreisansatz und der Opportunitätskostenansatz sind als Konzepte zu verstehen, welchen eine explizite Budgetbeschränkung zugrunde liegt. Es wird ein Schwellenwert λ gesucht, bei dem das gegebene Budget optimal ausgeschöpft wird. Für die verbleibenden vier Konzepte – Faustregeln, Vergleichskonzept, retrospektive Analyse sowie WTP-Ansatz – ist es typisch, dass diese Ansätze einen pseudo-optimalen, also willkürlichen Schwellenwert liefern, mit dem das gesuchte optimale Budget bestimmt werden soll.

7.4
Ansätze zur Festlegung von Schwellenwerten ohne Budgetbeschränkung

7.4.1
Faustregeln

Der seit Jahren am weitesten verbreitete und am häufigsten angewandte, aber auch trivialste Ansatz zur Bestimmung kritischer Kosten-Effektivitäts-Verhältnisse ist der der willkürlichen Faustregeln. Derartige Referenzwerte bzw. Benchmarks werden publiziert, ohne ihre Adäquanz zu reflektieren, und sind seither Standard zur Beurteilung der Kosteneffektivität von Maßnahmen im Gesundheitswesen. Paradoxerweise erheben jene Richtschnuren, die teilweise wie „Manna vom Himmel gefallen sind", fast den Anspruch der Allgemeingültigkeit. Einen Konsens über Grenzwerte für akzeptable und nicht-akzeptable Kosten-Effektivitäts-Verhältnisse gibt es aber nicht.

Zwei Autoren, die wesentlich zur Entwicklung einer Faustregel beitrugen, sind Kaplan und Bush, die vorschlugen, dass medizinische Maßnahmen, die bis zu 20.000 US-Dollar pro gewonnenen QALY kosten, effizient, Maßnahmen zwischen 20.000 und 100.000 US-Dollar durchaus diskutabel und Maßnahmen, die mehr als 100.000 US-Dollar pro gewonnenen QALY kosten, fragwürdig und abzulehnen sind.[275] Obwohl diese Werte auf einer vermeintlichen Analyse vorhergehender Studien beruhen, bleibt ihre Herleitung unklar. Zusätzlich zur Behauptung „[...] emerge from several previous analyses" nennen Kaplan und Bush keine Quellen.

Laupacis, Feeny, Detsky u. a. (1992) unternahmen eine Klassifizierung neuer Arzneimittel hinsichtlich ihrer ökonomischen Akzeptanz und orientierten sich dabei an den von Kaplan und Bush publizierten Schwellenwerten. Auch diese Auto-

---

[275] Kaplan, R. M., Bush, J. W. (1982), S. 74.

ren adaptierten die Grenzwerte von 20.000 und 100.000, allerdings in kanadischen Dollar pro QALY basierend auf dem Jahr 1990, mit der vorstehenden Interpretation.[276] Doch unterliegt diese Berechnung methodischen Fehlern.[277]

Seit Jahren wird weiterhin ein kritischer Schwellenwert von 50.000 US-Dollar pro QALY (oder manchmal auch pro LY) als kosteneffektiv angesehen und sehr häufig in medizinischen und gesundheitsökonomischen Publikationen angegeben.[278] Im Wissen um die fehlende Fundierung jenes Schwellenwertes beruft sich sogar das neu gegründete Institut für Qualität und Wirtschaftlichkeit im Gesundheitswesen (IQWIG) auf diesen Referenzwert, wenn es in seinem Methoden-Papier feststellt, es „[...] werden häufig 50.000 € pro gewonnenem QALY als noch akzeptabel bzw. kosteneffizient bezeichnet".[279] Ob das IQWIG diesen Schwellenwert in seinen Empfehlungen berücksichtigen wird, bleibt abzuwarten. Wie das IQWIG in seinem Methoden-Papier argumentiert, sei allerdings anzunehmen, dass es vielmehr „[...] weitere Dimensionen wie Solidarität und Subsidiarität angemessen und ausgewogen berücksichtigt".

Vereinzelt ist auch eine Vermischung der 50.000er und 100.000er Schwellenwerte festzustellen. Beispielsweise nennen Horowitz, Gibb, Menegakis u. a. eine Schwellenwertbandbreite von 50.000 bis 100.000 US-Dollar, innerhalb derer die Maßnahmen diskutabel seien.[280]

Insbesondere in Großbritannien haben sich in den letzten Jahren 30.000 Pfund Sterling bzw. 20.000 bis 30.000 Pfund Sterling pro gewonnenen QALY als Faustregel-Schwellenwert etabliert.[281] Diese Schwellenwerte beruhen auf dem allgemein verbreiteten Glauben, das National Institute for Health and Clinical Excellence (NICE) benutze jene Werte für die Beurteilung der Kosteneffektivität.

Eine etwas andere Faustregel schlagen Garber und Phelps vor.[282] Hergeleitet durch eine klassische von Neumann-Morgenstern Nutzenfunktion, zeigen sie, dass ein Kosteneffektivitätsschwellenwert circa des Zweifachen des jährlichen Einkommens einer Person angemessen erscheint. Bei einem durchschnittlichen jährlichen Einkommen pro Kopf in den USA im Jahre 1989 von 18.000 US-Dollar wären dies laut Garber und Phelps 35.000 US-Dollar. Der Vorschlag der Kommission für Makroökonomie der Weltgesundheitsorganisation (Commission on Macroeconomics and Health der World Health Organisation) geht in eine ähnliche Richtung. Die Kommission für Makroökonomie der WHO stellt fest, dass "[...] each life year is valued at around three times the annual earnings".[283] In ihrem Weltgesundheitsbericht aus dem Jahre 2002 hat auch die WHO diesen Gedanken

---

[276] Vgl. Laupacis, A., Feeny, D., Detsky, A. S. u. a. (1992), S. 475.

[277] Vgl. Naylor, C. D., Williams, J. I., Basinski, A. u. a. (1993), S. 923.

[278] Vgl. Pyne, J. M., Rost, K. M., Zhang, M. u. a. (2003), S. 439, Chapman, R. H., Berger, M., Weinstein, M. C. u. a. (2004), S. 431, und Owens, D. K. (1998), S. 716.

[279] Vgl. Institut für Qualität und Wirtschaftlichkeit im Gesundheitswesen (IQWIG) (2005), S. 44.

[280] Vgl. Horowitz, N. S., Gibb, R. K., Menegakis, N. E. u. a. (2002), S. 774.

[281] Vgl. Martin, S. C., Gagnon, D. D., Zhang, Z. u. a. (2003), S. 1160, sowie McIntosh, E. D. G., Conway, P., Willingham, J. u. a. (2003), S. 2571.

[282] Vgl. Garber, A. M., Phelps, C. E. (1992), S. 28.

[283] Vgl. World Health Organisation (WHO), Commission on Macroeconomics and Health (2001).

aufgegriffen.[284] Demnach sollen medizinische Maßnahmen weniger als das Dreifache des Bruttoinlandsproduktes pro Kopf für jedes verhinderte DALY (vgl. Kapitel A 6.5.4.) kosten. Dies repräsentiert einen „good value for money". Diese Klassifikation definiert sehr kosteneffektive Maßnahmen als jene medizinischen Programme, die für jedes weitere vermiedene DALY weniger als das BIP pro Kopf eines Landes kosten und kosteneffektive Maßnahmen als jene, die für jedes weitere verhinderte DALY zwischen dem Einfachen und Dreifachen des BIP pro Kopf kosten. Das hier skizzierte Vorgehen ist insofern außergewöhnlich, da es keinen willkürlichen Faustregeln unterliegt, sondern auf einer volkswirtschaftlichen Zielgröße basiert, die direkt auf die Zahlungsfähigkeit einer Nation schließen lässt. Dies ist sinnvoll, da eine Volkswirtschaft schließlich nur so viel ausgeben kann, wie sie erwirtschaftet. Gerade das Bruttoinlandsprodukt pro Kopf sagt sehr viel über die statistische Wohlfahrtsverteilung pro Kopf aus. Es bleibt allerdings unklar, warum die WHO ausgerechnet das Dreifache und nicht das Vierfache oder Fünffache etc. des BIP pro Kopf als angemessen erachtet. Somit unterliegt der WHO-Vorschlag doch einer gewissen Willkür.

Abschließend sei festzuhalten, dass die meisten Faustregeln runde, leicht zu merkende Zahlen sind, und sich alle einer rational nachvollziehbaren Begründung entziehen.[285] Die Anziehungskraft der willkürlichen Faustregeln ist aber trotzdem ungebrochen. Schließlich ist kein einheitliches Schema, sei es hinsichtlich territorialer Geltungsbereiche oder bezüglich bestimmter Outcome-Einheiten oder Währungen, erkennbar. Hier erwähnte Faustregeln werden häufig in zahlreichen Ländern als Referenzwert bei der Beurteilung über die Kosteneffektivität herangezogen. Einzig die 30.000 Pfund-Grenze nimmt wegen der Herkunft durch das NICE stark Bezug auf Großbritannien.

Entgegen aller Kritik erhalten Faustregeln ihre Rechtfertigung durch den Wunsch nach einer praxisrelevanten Entscheidungshilfe, wie Laupacis, Feeny, Detsky u. a. bekennen.[286] Die Durchführung gesundheitsökonomischer Evaluationen wäre schlicht ohne Sinn, wenn kein Maßstab existiert. Nur das Ergebnis, ohne zu wissen, was kosteneffektiv ist, bringt keinen Erkenntnisgewinn.

7.4.2
Vergleiche mit anderen medizinischen Maßnahmen

Gemäß diesem Ansatz werden medizinische Maßnahmen im Vergleich mit einer anderen medizinischen Maßnahme als kosteneffektiv oder nicht eingestuft und dementsprechend akzeptiert oder abgelehnt. Der Schwellenwert ist das Kosten-Effektivitäts-Verhältnis der jeweiligen Vergleichsmaßnahme, wobei die Auswahl der Vergleichmaßnahme einer gewissen Willkür unterliegt. Falls die Kosteneffektivität bei der Entscheidung über die Kostenerstattung berücksichtigt wird und keine Faustregel Anwendung findet, wird in der Praxis oft nach diesem Prinzip vorgegangen. Um den Entscheidungsprozess systematischer zu gestalten, wird in

---

[284] Vgl. World Health Organisation (WHO) (2002).
[285] Vgl. Eichler, H. G., Kong, S. X., Gerth, W. C. u. a. (2004), S. 522.
[286] Vgl. Laupacis, A., Feeny, D., Detsky, A. S. u. a. (1993), S. 928.

der Regel die bisherige Standardtherapie einer Indikation als Vergleichsmaßnahme herangezogen, daneben häufig der Vergleich mit der Null-Alternative (Nichtstun). Oft wird allerdings nur die Kosteneffektivität – nach dem Motto: Wenn das schon finanziert wird, dann muss meine neue Methode doch erst recht finanziert werden – mit einer beliebigen etablierten Therapie verglichen.

Eine wichtige Eigenschaft dieses Vorgehens ist die Tatsache, dass wie auch bei den Faustregeln nur implizite Budgetbeschränkungen definiert sind. Es liegt also kein fixes Budget vor. Eine eindeutige Aussage, welche Maßnahme durch ein neues Programm verdrängt werden soll, ist daher nicht möglich.[287] Vielmehr handelt es sich um einen politischen Prozess. Da das Budget nicht fix ist, obliegt es dem Entscheidungsträger, ob die Vergleichsmaßnahme weiterhin angeboten wird, auch wenn diese bzgl. ihrer Kosteneffektivität im Vergleich mit einer anderen Leistung unterliegt. Ebenso bestimmt der Entscheidungsträger mit welcher Maßnahme der Vergleich durchgeführt wird. Da wegen der Beliebigkeit keine eindeutige Handlungsanweisung existiert, ergeben sich logischerweise je nach gewählter Vergleichsgröße unterschiedliche Vorteilhaftigkeiten und Schwellenwerte.

Trotz der praktischen Relevanz dieses Ansatzes, die vor allem aus dem fehlenden „Datenhunger" dieser Vorgehensweise im Vergleich zu anderen Ansätzen resultiert,[288] kann letztendlich resümiert werden, dass dieses Vorgehen suboptimal ist. Die explizite Budgetbeschränkung der Realität wird nicht berücksichtigt. Außerdem ist es geboten, eine inkrementelle Kosten-Effektivitäts-Analyse durchzuführen, da nur so der Aussagegehalt der jeweiligen Kosten- und Nutzeneffekte nicht verloren geht. Das hier beschriebene Vorgehen, welches eben nicht den Nettonutzen und die Nettokosten erfasst, sollte daher keine Anwendung finden, nicht zuletzt deshalb, weil im Gesundheitswesen schließlich mehr als nur zwei medizinische Maßnahmen zu vergleichen sind.

7.4.3
Eine retrospektive Analyse

Die relevantesten und verlässlichsten Informationen über einen Schwellenwert, der im Gesundheitssystem implizit herangezogen wird, kann man einer retrospektiven Analyse vorangegangener Entscheidungen über die Kostenerstattung entnehmen. Frühere Entscheidungen, die eine bestimmte Gesundheitsleistung aus ökonomischen Gründen ablehnen, können als indirekte Evidenz eines gesellschaftlichen Standards der Kosteneffektivität interpretiert werden.[289] Wenn man jenen Standard kennt und annehmen kann, dass eine konsistente Anwendung dieser Entscheidungsregel erfolgt sowie weiß, dass keine anderen konfliktären Regeln existieren, dann kann auf einen impliziten Schwellenwert geschlossen werden,[290] obwohl es sehr gewagt ist, anzunehmen, dass institutionelle Entscheidungsträger rational urteilen. Jedoch wird es methodisch unmöglich sein, einen harten Schwel-

---

[287] Vgl. Weinstein, M. C. (1995), S. 92.
[288] Vgl. Sendi, P., Al, M. J., Gafni, A. u. a. (2003), S. 2208.
[289] Vgl. Weinstein, M. C. (1995), S. 94.
[290] Vgl. Culyer, T. (2002), S. 10.

lenwert, einen Grenzwert als alleiniges Entscheidungskriterium, zu identifizieren, da in die Entscheidung über die Ressourcenallokation neben dem Kosten-Effektivitäts-Verhältnis auch andere Faktoren einfließen.[291] Doch auch jenen nicht quantifizierbaren Faktoren wird ein Teil ihrer Latenz genommen.

Einige aufschlussreiche Beispiele retrospektiver Analysen orientieren sich an Empfehlungen des NICE. Raftery schließt beispielsweise auf einen kritischen Schwellenwert von 30.000 UK-Pfund pro gewonnenen QALY nach der Analyse der Entscheidungen über die Kostenerstattung von 22 Maßnahmen zwischen 1999 und März 2001.[292] Eine andere Analyse bisheriger Empfehlungen des NICE durch Rothgang, Niebuhr, Wasem u. a. lässt erkennen, dass alle Maßnahmen, die uneingeschränkt empfohlen wurden, ein Kosten-Effektivitäts-Verhältnis von weniger als 20.000 UK-Pfund pro QALY aufweisen .[293] Auch nach einer Analyse von 32 Empfehlungen des NICE durch Towse und Pritchard scheint es, dass das NICE einen weichen Schwellenwert in einer Bandbreite von ungefähr 20.000 bis 30.000 UK-Pfund pro gewonnenen QALY verwendet.[294] Eine weitere Untersuchung von Towse und Pritchard, die auch Maßnahmen einschloss, die nicht in QALYs evaluiert wurden, bestätigt diese Erkenntnis.[295] Während das Institut selbst die Anwendung expliziter Schwellenwerte bestreitet – "The Institute does not have such a threshold [...]"[296] und „[...] the Institute has never had an explicit threshold [...]"[297] – bzw. widersprüchliche Aussagen macht,[298] scheinen die Analysen konsistent und überzeugend zu sein. Diese Ansicht vertritt auch die Mehrheit der (britischen) Gesundheitsökonomen, die gemäß einer Befragung einen gemittelten Schwellenwert von 29.000 UK-Pfund pro QALY als den vom NICE verwendeten halten.[299]

In einer weiteren Analyse verfolgten Devlin und Parkin das Ziel, den NICE-Schwellenwert zu beziffern und darüber hinaus die Trade-Offs zwischen der Kosteneffektivität und anderen Faktoren, die in eine Entscheidung über die Akzeptanz oder Nichtakzeptanz einer Maßnahme einfließen, zu beschreiben.[300] Schließlich stellen sie – im Gegensatz zu den vorher genannten Studien – fest, dass es keine Evidenz in Bezug auf einen Schwellenwert von 20.000 bis 30.000 UK-Pfund gibt, da zwei Maßnahmen unterhalb dieser Grenze abgelehnt und fünf Maßnahmen oberhalb der Grenze akzeptiert worden sind. Die Ergebnisse bestätigen aber grundsätzlich die gängige Meinung, dass die Wahrscheinlichkeit einer Ablehnung einer Gesundheitsleistung mit steigenden Kosten pro QALY ebenfalls zunimmt. Ab einem Kosten-Effektivitäts-Verhältnis von 40.000 UK-Pfund pro gewonnenen QALY erhöht sich die Wahrscheinlichkeit der Ablehnung enorm.

---

[291] Vgl. Eichler, H. G., Kong, S. X., Gerth, W. C. u. a. (2004), S. 524.
[292] Vgl. Raftery, J. (2001), S. 1300.
[293] Vgl. Rothgang, H., Niebuhr, D., Wasem, J. u. a. (2004), S. 306.
[294] Vgl. Towse, A., Pritchard, C. (2002), S. 100.
[295] Vgl. Towse, A., Pritchard, C., Devlin, N. (2002), S. 27–28.
[296] Vgl. National Institute for Clinical Excellence (NICE) (2005), S. 1.
[297] Vgl. Littlejohns, P. (2002), S. 31.
[298] Vgl. National Institute for Clinical Excellence (NICE). (2005), S. 5.
[299] Vgl. Towse, A., Pritchard, C., Devlin, N. (2002), S. 135–136.
[300] Vgl. Devlin, N., Parkin, D. (2004).

Schließlich bietet der hier vorgestellte Ansatz nur ein deskriptives Modell, welches auf einer sehr unbefriedigenden Datenlage basiert. Ein normativer Charakter existiert nicht, zumindest nicht direkt. Die Ergebnisse solcher retrospektiven Analysen sind daher mit Vorsicht zu interpretieren, da nicht zuletzt auch andere Kriterien, die aber nicht bekannt sind, die Entscheidung der Kostenerstattungsausschüsse beeinflussen. Hier liegt auch die Herausforderung, wenn die Methode der retrospektiven Analyse mehr als nur eine Allokationsregel (hier die Kosteneffektivität) erschließen soll.[301]

7.4.4
Die Ermittlung der Zahlungsbereitschaft

Im Gesundheitsbereich tangiert jegliches Handeln auch die Gesundheit anderer Individuen. Für den Entscheidungsträger ist daher die aggregierte Zahlungsbereitschaft von Bedeutung um seine Entscheidung an den aggregierten Präferenzen der Gesellschaft auszurichten.[302] Die Bestimmung von Schwellenwerten wird daher sehr häufig mit der Debatte um die gesellschaftliche Zahlungsbereitschaft (social willingness to pay, social WTP) verbunden. Gemäß diesem Ansatz vergleicht die Gesellschaft potentielle Gesundheitsleistungen mit anderen Maßnahmen auch außerhalb des Gesundheitswesens. Die Literatur bietet mittlerweile zahlreiche Studienergebnisse zu dieser Fragestellung.

Pauly behauptet, dass eine Ressourcenallokation, die nur auf einen Wert pro QALY oder Lebensjahr beruht, zu Ineffizienzen führt, wenn heterogene Präferenzen vorliegen.[303] Das Ziel einer pareto-optimalen Ressourcenallokation wird nur durch die Anwendung der WTP-Methode gewährleistet, da der Outcome von verschiedenen Individuen entsprechend ihrer Präferenzen unterschiedlich bewertet wird.[304] Birch und Gafni vertreten einen ähnlichen Standpunkt, wenn sie sich auf die Heterogenität der Präferenzen in einem Lebensdauer-Lebensqualität-Trade-off beziehen.[305] Um allerdings eine Ressourcenallokation auf der Makroebene durchführen zu können, müssen die individuellen WTPs zu einer gesellschaftlichen WTP aggregiert werden, was problematisch ist. Da der „value for money" nur gesellschaftlich von Interesse sein kann, ist der Ermittlung der Zahlungsbereitschaft im Rahmen des Schwellenwertkonzeptes somit eine Grenze gesetzt. Zudem ist die Hypothese, dass Individuen die Gesundheitsversorgung ausschließlich unter Nutzenaspekten betrachten, empirisch inkorrekt, wie Richardson bemerkt. Die Bürger lehnen das WTP-Kriterium ab, wohingegen sie den Paternalismus im Gesundheitswesen akzeptieren und der Extra-Wohlfahrtsökonomischen Zielorientierung (z. B. Maximierung der QALYs) zustimmen. Denn nur so kann eine von der breiten Gesellschaft getragene Prioritätensetzung erfolgen, die danach strebt, jedes

---

[301] Vgl. Culyer, T. (2002), S. 10.
[302] Vgl. Breyer, F., Zweifel, P., Kifmann, M. (2005), S. 46, und Johansson, P. O. (1995), S 115.
[303] Vgl. Pauly, M. V., Sloan, F.A. (1995), S. 107-108.
[304] Vgl. Weinstein, M.C. (1995), S. 96.
[305] Vgl. Birch, S., Gafni, A. (1992), S. 281.

QALY oder Lebensjahr mit einem Wert zu versehen.[306] Zusätzlich zu dieser eher grundlegenden theoriebedingten Problematik ergeben sich methodische Probleme. Ungeachtet aller theoretischen und methodischen Probleme hat die WTP einen ganz pragmatischen Vorteil, da eine alleinige isolierte Prioritätensetzung durch das Kriterium der Kosteneffektivität praktisch und mitunter auch theoretisch nicht zu empfehlen ist. Die WTP berücksichtigt dagegen auch andere für das Individuum entscheidungsrelevante Kriterien indirekt. Die Ermittlung des Schwellenwerts per WTP lässt die schwierig zu beantwortende Frage, wie und vor allem welche weiteren Kriterien Berücksichtigung finden sollen, gar nicht erst aufkommen. Im Rahmen der Ressourcenallokation gilt dieser Ansatz trotzdem als unrealistisch, da auf der Makroebene kein unbegrenztes Budget zur Verfügung steht.[307] Mag auch die gesamtgesellschaftliche Zahlungs**bereitschaft** hoch sein, die gesamtgesellschaftliche Zahlungs**fähigkeit** (das Gesundheitsbudget) ist begrenzt. Allerdings ist dem Ansatz insbesondere zu Gute zu halten, dass er in der Lage ist, die Mängel einer willkürlichen Setzung eines Gesundheitsbudgets auf der Makroebene aufzudecken.

7.5
Ansätze zur Herleitung eines optimalen Schwellenwerts bei Budgetbegrenzung

7.5.1
Das Opportunitätskostenkonzept

Es sei hier angenommen, dass der Entscheidungsträger durch ein begrenztes Budget in seinem Entscheidungshandeln eingeschränkt ist. Ferner sind die zu realisierenden medizinischen Maßnahmen im Rahmen der Ressourcenallokation nicht nur nach dem Kosteneffektivitäts-Paradigma auszuwählen. Der Schwellenwert wird vielmehr durch die Opportunitätskosten bestimmt. Die Grundidee des Opportunitätskostenansatzes besteht darin, dass jede Geldeinheit nur einmal ausgegeben werden kann und eine Entscheidung für eine medizinische Maßnahme immer mit einem Verzicht auf eine andere Leistung verbunden ist.[308] Opportunitätskosten, die diesem Ansatz zugrunde liegen, sind als Alternativkosten zu verstehen. „Hierunter wird der Wert verstanden, den die für ein Programm beanspruchten Ressourcen in alternativer Verwendung für die Gesellschaft haben".[309]

Prinzipiell sind zur Ermittlung der Opportunitätskosten Vergleiche unabhängig von der sektoralen Untergliederung des Gesundheitswesens möglich. Weiterhin sind auch Vergleiche mit nicht-medizinischen Programmen denkbar. Die Frage

---

[306] Vgl. Richardson, J. (1999), S. 5.
[307] Vgl. Al, M. J., Feenstra, T., Brouwer, W. B. F. (2004), S. 41.
[308] Vgl. Kapitel A 8.
[309] Vgl. Kriedel, T. (1980), S. 31.

lautet somit, auf wie viel privaten Konsum oder öffentliche Leistungen müsste die Gesellschaft verzichten um ein zusätzliches (qualitätskorrigiertes) Lebensjahr zu erhalten?

Richardson sieht beispielsweise ein technisch korrektes Kriterium zur Beurteilung einer erfolgreichen Investition im Gesundheitswesen in den Opportunitätskosten des Kapitals ausgedrückt und schlägt vor, den Return on Investment (ROI) zur Entscheidung über die Ressourcenallokation zu betrachten.[310] Der Nettonutzen, der sich aus dem monetären Nutzen abzüglich der Kosten ergibt, sollte die Kapitalkosten grundsätzlich übersteigen, damit eine Investition in die Gesundheit vorteilhaft ist.

Eine sehr umfangreiche Metaanalyse unterschiedlicher Kosten-Effektivitäts-Verhältnisse von 500 lebensrettenden Maßnahmen aus unterschiedlichen Sektoren in den USA liefern Tengs, Adams, Pliskin u. a.[311] Für das Gesundheitswesen ergaben sich 19.000 US-Dollar pro LY, wohingegen inkrementelle Kosten-Effektivitäts-Verhältnisse von 36.000 US-Dollar pro LY für die Bau- bzw. Gebäudesicherheit, 56.000 US-Dollar pro LY für die Verkehrssicherheit, 350.000 US-Dollar pro LY für den Arbeitsschutz und 4.200.000 US-Dollar pro LY für den Umweltschutz relevant sind. Kennzeichnend sind hier die enorm hohen Varianzen der errechneten inkrementellen Kosten-Effektivitäts-Verhältnisse. Eine andere Studie, die 165 lebensrettende Maßnahmen in Schweden evaluiert, kommt mit Ausnahme des Umweltschutzes (235.000 US-Dollar pro LY) zu ähnlichen Ergebnissen, auch wenn die Klassifikation der Bereiche nicht identisch zu vorstehender Studie ist.[312]

Letzten Endes ist zusammenzufassen, dass die Opportunitätskosten im Gesundheitswesen, wie auch in vielen anderen Bereichen, wenn überhaupt, nur sehr eingeschränkt ermittelt werden können, da oft staatliche Preisregulierungen und Monopole gegenwärtig sind, die eine Diskrepanz von Opportunitätskosten und Marktpreisen zur Folge haben. Weiterhin variiert die Risikoneigung der Individuen in unterschiedlichen Betrachtungsbereichen, wie z. B. dem Gesundheitswesen, der Verkehrssicherheit, dem Brandschutz, etc.[313] Vergleiche, durch die die Opportunitätskosten ermittelt werden sollen, sind außerdem erheblich erschwert, da die Kompatibilität der verschiedenen Studiendesigns nicht abschließend geklärt werden kann.

7.5.2
Der Schattenpreis als expliziter Schwellenwert

Das theoretisch am stärksten fundierte Kriterium zur Beurteilung der Akzeptanz eines Kosten-Effektivitäts-Verhältnisses ist der Schattenpreis bei einer ausdrücklichen Budgetbeschränkung.[314] Immer wenn eine Budgetbeschränkung vorliegt,

---

[310] Vgl. Richardson, J. (2004), S. 1.
[311] Vgl. Tengs, T. O., Adams, M. E., Plinskin, J. S. u. a. (1995).
[312] Vgl. Ramsberg, J. A. K., Sjoberg, L. (1997).
[313] Vgl. Loomes, G., Towse, A., Pritchard, C., Devlin, N. (2002), S. 47–49.
[314] Vgl. Weinstein, M.C. (1995), S. 91.

kann ein Schattenpreis errechnet werden. Vorausgesetzt, der Entscheidungsträger operiert unter den Annahmen des Kosten-Effektivitäts-Grundmodells, dann repräsentiert das Kosten-Effektivitäts-Verhältnis der Randmaßnahme, d. h. der letzten produzierten medizinischen Maßnahme, die Opportunitätskosten der beanspruchten Ressourcen, die zur Implementierung einer neuen innovativen Maßnahme aufgewendet werden müssen. Dieses Kosten-Effektivitäts-Verhältnis der Randmaßnahme beziffert den Schattenpreis bzw. den Schwellenwert. Im Rahmen dieser Marginalbetrachtung kommen die inkrementelle Kosten-Effektivitäts- und Kosten-Nutzwert-Analyse zu ihrer vollen Entfaltung. Das inkrementelle Kosten-Effektivitäts-Verhältnis (incremental cost-effectiveness ratio, ICER), das Ergebnis jener Analyseformen, dient als Entscheidungsinstrument zwischen zwei alternativen Maßnahmen und ist die Grundlage der Ressourcenallokation nach dem Schattenpreiskonzept. Das ICER ergibt sich aus $(K_1-K_2)/(E_1-E_2) = \Delta K/\Delta E$, mit K_1 und E_1 als Kosten und Outcome der Maßnahme 1 sowie K_2 und E_2 als jene der Maßnahme 2 sowie ΔK und ΔE als Nettokosten bzw. Nettonutzen. Sofern die inkrementelle Effektivität dividiert durch die inkrementellen Kosten größer γ sind, formal ausgedrückt mit $(E_1-E_2)/(K_1-K_2) > \gamma$, gilt $(K_1-K_2)/(E_1-E_2) < 1/\gamma$, mit $1/\gamma = \lambda$.[315] λ ist der Schwellenwert bzw. Schattenpreis, der für die Gesellschaft die maximale Zahlungsbereitschaft darstellt und den akzeptablen Preis pro Einheit Effektivität bezeichnet.

Ist der Schwellenwert nun bekannt, ist je nach Günstigkeit der Kosteneffektivitätsergebnisse die neue Maßnahme oder die Randmaßnahme zu wählen. Bei der Erstattung einer neuen Maßnahme, deren Kosten-Effektivitäts-Verhältnis unterhalb des Schwellenwertes λ liegt, erfordert eine effiziente Ressourcenallokation gleichzeitig die Ausgrenzung einer anderen Maßnahme, die ein schlechteres Kosten-Effektivitäts-Verhältnis aufweist. Dieser Entscheidungsregel liegt die Prämisse zugrunde, dass momentan die knappen Ressourcen innerhalb des fixen Budgets vollständig durch die etablierten Maßnahmen aufgebraucht werden.[316] Die marginalen Gesundheitseffekte, die durch die Stornierung des alten Programms wegfallen, sollten theoretisch geringer sein als die marginalen Gesundheitseffekte, die durch das neue medizinische Programm hinzukommen, wobei Sendi, Al, Gafni u. a. anhand von Rechenbeispielen zeigen, dass Verzerrungen infolge dieser Annahme entstehen.

Nach Richardson ist die gleichzeitige Ausgrenzung einer Maßnahme mit einer schlechteren Kosteneffektivität aus der Kostenerstattung nach diesem Konzept allerdings nicht zwingend.[317] Dies liegt daran, dass das Kosten-Effektivitäts-Verhältnis der neuen und das der Randmaßnahme nicht gleichzeitig eine Aussage über die Höhe der Kosten der beiden Maßnahmen liefert. Der Budgeteinfluss ist somit unabhängig von der Kosteneffektivität. Sendi, Gafni und Birch bezeichnen den Schattenpreisansatz daher als Second-Best-Lösung,[318] da er zwar Verbesserungen in der Ressourcenallokation identifiziert, sich aber einer Optimierung ver-

---

[315] Vgl. Claxton, K. (1999), S. 343.
[316] Vgl. Sendi, P., Al, M. J., Gafni, A. u. a. (2003), S. 2208.
[317] Vgl. Richardson, J. (1999), S. 6.
[318] Vgl. Sendi, P., Gafni, A., Birch, S. (2002), S. 25.

weigert. Die Budget-Impact-Methode entfaltet an dieser Stelle ihre volle Relevanz.

Oftmals bedienen sich Autoren einer so genannten League Table, in der die Kosten-Effektivitäts-Verhältnisse aller Maßnahmen der Reihe nach, beginnend mit dem geringsten Kosten-Effektivitäts-Verhältnis, dargestellt werden. Die Idee der League Table ist untrennbar mit dem Schattenpreisansatz verbunden und verkörpert eine Art Visualisierung der Schattenpreiskonzeption. Abschließend ist festzuhalten, dass der Schattenpreisansatz in der Theorie sehr attraktiv ist, weil er die Kosteneffektivität mit der gesellschaftlichen Zahlungsfähigkeit (affordability) kombiniert und ermöglicht, dass alle neuen wie auch bereits existierenden medizinischen Maßnahmen anhand des gleichen Standards beurteilt werden, vorausgesetzt, dass die Problematik der Vergleichbarkeit überwunden werden kann.[319] Obwohl der Schattenpreisansatz in der gesundheitspolitischen Realität aber kaum Berücksichtigung findet, was vor allem an dem großen „Datenhunger" dieses Ansatzes liegt und auf gerechtigkeitsspezifischen Argumentationen gründet, hat er doch einen prominenten Ableger hervorgebracht. Beim ursprünglichen Oregon-Medicaid-Programm (OMP), auch Oregon-Health-Plan genannt, erfolgt die Zuweisung finanzieller Mittel gemäß dem Schattenpreiskonzept. Dem Schattenpreiskonzept wird zur Bestimmung des optimalen Schwellenwertes letztlich eine besondere Bedeutung beigemessen. Dieser Ansatz ist die theoretisch fundierteste und korrekteste Methode,[320] die bei einem gegebenen Budget den medizinischen Nutzen maximiert.

7.6
Diskussion der Ansätze

Der Mythos, „[...] that decisions about the allocation of care are based on clinical criteria alone [...]"[321] existiert nicht mehr. Im Interesse einer gerechten und effizienten Ressourcenallokation ist dezidiert eine Hinwendung von einer impliziten zu einer expliziten Rationierung zu fordern. Daraus resultiert sowohl eine zunehmende Konvergenz bezüglich der Zielausrichtung innerhalb des medizinischen Bereichs als auch über mehrere abgegrenzte Bereiche und Sektoren hinweg. In Entscheidungssituationen über die Ressourcenallokation, in denen das Budget expliziten, d. h. formellen und transparenten Restriktionen unterliegt, ist das Ziel eindeutig – Maximierung der Gesundheitseffekte. Grundsätzlich muss sich jede Inanspruchnahme einer weiteren Ressource daran messen lassen, welches Kosten-Effektivitäts-Verhältnis diese im Vergleich zur letzten realisierten Maßnahme generiert. In diesem Prozess ist der Kosteneffektivitätsschwellenwert das Instrument, welches eine pareto-optimale Prioritätensetzung bedingt.

Es ist unstrittig, dass ein Schwellenwert den Ausschluss bestimmter medizinischer Maßnahmen aus dem solidarisch finanzierten Leistungskatalog bewirkt. So-

---

[319] Vgl. Torrance, G. W., Siegel, J. E., Luce, B. R. (1996), S. 57.
[320] Vgl. Weinstein, M.C. (1995), S. 91.
[321] Vgl. Doyal, L. (1997), S. 1114.

fern dies im Rahmen einer expliziten Rationierung erfolgt, ist dies aber positiv zu werten. Denn Leistungen, die nicht kosteneffektiv sind, d. h. Maßnahmen, die keinen oder, gemessen an ihren Kosten, einen geringen Nutzen stiften, wünscht die Gesellschaft nicht, wenn sie nach der maximalen Gesundheit strebt. Dennoch ist die explizite Rationierung unbeliebt und wird aktiv verleugnet. Während das Schwellenwertkonzept primär als eine Methode der Kostenbeschränkung gilt, wird übersehen, dass diese dazu beiträgt, Über- und Unterversorgungen bei Gesundheitsleistungen aufzudecken und die Konsistenz der Entscheidungen der Entscheidungsträger zu wahren. Da eine Rationierung unvermeidbar ist, eröffnet die Absenz eines expliziten Schwellenwerts gleichwohl mehr Möglichkeiten für Willkür- und Ad-hoc-Entscheidungen, die für die politischen Entscheidungsträger wesentlich attraktiver sind. Die implizite Rationierung durch implizite Schwellenwerte, die geschlossen in allen Ländern praktiziert wird, ist letztendlich undemokratisch und ungerecht.

Sechs mögliche Ansätze der Festlegung eines kritischen Schwellenwertes wurden hier dargestellt. Von diesen sechs Optionen verkörpern die Faustregeln, die retrospektive Analyse und der Vergleichsansatz eher die „zweite Wahl". Der Opportunitätskostenansatz, der Schattenpreisansatz und die Ermittlung der gesellschaftlichen Zahlungsbereitschaft (WTP) stellen dagegen Konzepte dar, die einen optimalen Schwellenwert generieren, anhand dessen über die Kosteneffektivität einer Maßnahme geurteilt werden kann. Wegen der schwierigen Quantifizierung der Opportunitätskosten hat der Opportunitätskostenansatz jedoch nur eine geringe Chance zur Realisierung. Auch die Ermittlung der WTP ist mit Problemen behaftet, die hauptsächlich in der unrealistischen Annahme eines flexiblen Budgets liegen. Folglich erweist sich der Schattenpreisansatz als das am stärksten fundierte Konzept, auch wenn dieses nicht frei von Kritik ist.

Insbesondere die Frage, ob der Preis für ein QALY konstant und für alle gleich sein soll, wird kritisch diskutiert und kann nicht abschließend beantwortet werden. Wie der Schattenpreisansatz verlangt, ist einerseits aus normativen Gründen ein konstanter Schwellenwert anzunehmen und andererseits bedingen verschiedene Studienformen bzw. Erhebungsmethoden unterschiedliche Ergebnisse, so dass divergente Schwellenwerte entstehen.[322] Pauly konstatiert schließlich, dass eine Ressourcenallokation, die nur auf einen Wert pro QALY oder Lebensjahr beruht, zu Ineffizienzen führt, wenn heterogene Präferenzen vorliegen und meint das Ziel einer pareto-optimalen Ressourcenallokation würde besser durch die Anwendung der WTP-Methode gewährleistet.[323] Weinstein und Richardson stellen dagegen fest, dass die Gesellschaft (indirekt) danach strebt, jedes QALY oder Lebensjahr (unabhängig von Gerechtigkeitsaspekten) mit einem Wert zu versehen und die Individuen eine Ressourcenallokation mittels des Kriteriums der individuellen Zahlungsbereitschaft ablehnen.[324]

Weiterhin sieht sich die Idee der Verwendung kritischer Schwellenwerte zur Ressourcenallokation Kritik ausgesetzt, weil einige grundlegende Annahmen in der Praxis nicht haltbar sind. Die Annahme der konstanten Skalenerträge und voll-

---

[322] Vgl. Johannesson, M. (1996), S. 238.
[323] Vgl. Pauly M. V. (1995), S. 107–108.
[324] Vgl. Weinstein, M. C. (1995), S. 96, und Richardson, J. (1999), S. 5.

ständigen Teilbarkeit medizinischer Maßnahmen ist nicht immer erfüllt. Gafni und Birch kritisieren zudem die völlig unzureichende wohlfahrtsökonomische Begründung und die aus diesem Vorgehen erwachsende Gefahr steigender Gesundheitsausgaben.[325] Gafni und Birch behaupten, dass der Schwellenwertansatz zu einem unkontrollierten Wachstum der Gesundheitsausgaben führen könnte, wenn neue Maßnahmen unterhalb des Schwellenwertes liegen. Zudem können Leistungserbringer, insbesondere die Pharmaindustrie, beispielsweise ihr Handeln entsprechend an der Vorgabe eines expliziten Schwellenwertes ausrichten. Mit dem Wissen, dass eine Maßnahme bis zu einem bestimmten Kosten-Effektivitäts-Verhältnis auf jeden Fall erstattet wird, kann der Preis für Leistungen, die eigentlich relativ günstig sind, künstlich hochgehalten werden. Wegen dieser möglichen Preisstrategie hat ein impliziter Schwellenwert sogar einen Vorteil, auch wenn dies der Einzige ist.

Neben diesen theoretischen Problemen hat das klassische Schwellenwertkonzept zwei gravierende praktisch-methodische Nachteile. Zum einen existieren, anders als in der Theorie angenommen, unvollständige Informationen und zum anderen sind neben der Kosteneffektivität weitere Kriterien entscheidungsrelevant, d. h. die Ziele sind typischerweise komplexere Maximierungsansätze des gesundheitsbezogenen Nutzens. Zum ersten Kritikpunkt ist zunächst festzustellen, dass Kosten-Effektivitäts-Verhältnisse nicht für alle und insbesondere nicht für viele ältere medizinische Maßnahmen verfügbar sind, weil sie nie gesundheitsökonomisch evaluiert wurden. Selbst wenn hinreichende Informationen vorliegen würden, müsste eine einheitliche Linie in der Methodik gefunden werden. Um die Qualität ökonomischer Analysen zu garantieren, sind valide und verlässliche Daten sowohl auf der Kosten- als auch auf der Nutzenseite unabdingbar. Dies wirft die Frage auf, welche Kosten im Rahmen des Schwellenwertansatzes zu berücksichtigen sind. Johannesson, Meltzer und O´Conner haben beispielsweise gezeigt, wie die Berücksichtigung oder Missachtung zukünftiger Kosten einer medizinischen Maßnahme das Kosten-Effektivitäts-Verhältnis beeinflussen kann, insbesondere wenn es sich um Innovationen handelt, welche die Lebenserwartung mehr erhöhen als die Lebensqualität.[326] Abgesehen von den Kosten gestaltet sich auch die valide und verlässliche Nutzenmessung problematisch. Schließlich steht und fällt das Schwellenwertkonzept mit der Frage der Validität der Nutzenmessung. Alle Maßnahmen müssen zwingend im gleichen Outcome-Maß evaluiert werden, da Umrechnungen nur ungenau möglich sind. Hier bieten sich zwar QALYs an, die aber auch nicht frei von Kritik sind. Die Wahl der Perspektive ist zudem unmittelbar mit den Schwierigkeiten der Kosten- und Nutzenbestimmung verbunden. Um das Schwellenwertkonzept konsequent anwenden zu können, müssen alle Maßnahmen aus der gleichen Perspektive evaluiert worden sein. Dies muss die gesellschaftliche Sichtweise sein. Letztendlich ist bezüglich der unvollkommenen Informationslage festzuhalten, dass eine einmalige Evaluation auch nicht genügen wird, da sich die Bedingungen, welche die Kosten- und Nutzenwerte determinieren, kontinuierlich ändern. Fortlaufende Evaluationen werden notwendig sein um das Schwellenwertkonzept dauerhaft anwenden zu können.

---

[325] Vgl. Gafni, A., Birch, S. (1993).
[326] Vgl. Johannesson, M., Meltzer, D., O´Conner, R. M. (1997).

Der zweite praktisch-methodische Nachteil des Schwellenwertkonzeptes besteht in der unzureichenden Würdigung komplexerer Maximierungsansätze. Die Natur der Ressourcenallokation im Gesundheitswesen ist komplexer als dies der Schwellenwertansatz zu erfassen vermag. Die Multidimensionalität des Entscheidungsprozesses der Ressourcenallokation ist der basale Grund für das „Versagen" des Schwellenwertansatzes in der Praxis der Gesundheitspolitik.[327] Es existiert eine beachtliche Zahl von potentiellen Zielen im Gesundheitswesen, die oftmals gegenläufig sind, sodass eine Balance der Ziele sehr schwierig oder gar unmöglich scheint. Keine Theorie, auch nicht gestützt durch die Empirie, lässt daher den Schluss zu, den Schwellenwertansatz als alleiniges Entscheidungskriterium heranzuziehen. Während harte Schwellenwerte zwar am besten eine effiziente Ressourcenallokation garantieren, muss die gesundheitsökonomische Evaluation um andere gesellschaftliche Präferenzen, insbesondere um Gerechtigkeitskriterien, erweitert werden.[328]

7.7
Ist der Schwellenwert alles?

Die Welt der Prioritätensetzung ist ungleich komplexer, als dass sie nur mittels eines einzigen Schwellenwerts erklärt werden kann. Zum einen haben sowohl der Entscheidungsträger als auch die Gesellschaft als Ganzes den Wunsch auch andere Kriterien bei der Entscheidung über die Ressourcenallokation einfließen zu lassen, zum anderen fehlen Informationen über die budgetären Auswirkungen in Abhängigkeit des relativen Anteils einer bestimmten Maßnahme am Gesamtbudget.[329] Folglich verliert ein harter Schwellenwert, der mühelos interpretiert werden kann, an Bedeutung. Während solch ein Wert hinsichtlich der Transparenz, der Konsistenz sowie der Vorhersagbarkeit der Entscheidung Vorzüge bietet, versagt er bei der Möglichkeit der Einbeziehung von gesellschaftlichen Präferenzen in den Entscheidungsprozess, die nicht die Kosteneffektivität erfassen.

Im Gegensatz zu einem *harten* Grenzwert, den Devlin und Parkin „knife-edge" value, „ein Wert auf Messers Schneide", nennen,[330] bietet ein *weicher* Schwellenwert die Option zur Verbindung mit anderen gesellschaftlichen Zielen. In diesem Sinne resultiert dieses Vorgehen nicht in einem Automatismus der Annahme oder Ablehnung der Kostenerstattung von medizinischen Programmen. Stattdessen ergibt sich eine Schwellenwertbandbreite mit einer Minimal- und Maximalgrenze.[331] Akehurst (2002) bezeichnet den Bereich zwischen beiden Polen als „Reisigfeuer" („smudge"),[332] als einen Bereich des Unbehagens und von Unannehmlichkeiten, da Maßnahmen, die zwischen beiden Grenzwerten liegen, überwiegend durch zu-

---

[327] Vgl. Drummond, M. F., O´Brien, B., Stoddart, G. L. u. a. (1997), S. 272.
[328] Vgl. Eichler, H. G., Kong, S. X., Gerth, W. C. u. a. (2004), S. 525.
[329] Vgl. Al, M. J., Feenstra, T., Brouwer, W. B. F. (2004).
[330] Vgl. Devlin, N., Parkin, D. (2004), S. 438.
[331] Vgl. Eichler, H. G., Kong, S. X., Gerth, W. C. u. a. (2004), S. 520.
[332] Vgl. Akehurst, R. (2002), S. 38–39.

sätzliche Kriterien gerechtfertigt werden und so zu immer weiter steigenden Kosten führen. Ein weicher Schwellenwert ist also unpräzise und bietet nur einen unzureichenden Anhaltspunkt zur Ressourcenallokation, da der Entscheidungsträger eine eindeutige Entscheidungsregel benötigt.

Gemäß der empirischen Untersuchung von Dolan und Shaw sind für die Bürger die Gesundheitsgewinne (z. B. gemessen in QALYs) und die Konsequenzen, die sich einstellen würden, wenn keine Behandlung erfolgt, die zwei wichtigsten Kriterien.[333] Unter Bezugnahme dieser Ergebnisse ist es gerechtfertigt, den Schwellenwertansatz allerdings als den Hauptpfeiler der Ressourcenallokation beizubehalten. Die Kosteneffektivität bleibt somit das wesentliche Entscheidungskriterium.

Die isolierte Prioritätensetzung anhand der Kosteneffektivität kann zu gesellschaftlich ungewollten Entscheidungen führen. Sollte beispielsweise der League Table, die letztlich eine Visualisierung des Schwellenwertansatzes ist, Gesetzeskraft verliehen werden, wäre wahrscheinlich ein allgemeingültiger Versicherungsschutz beispielsweise für die Nierendialyse nicht gegeben bzw. kontrovers zu diskutieren, da die Kosten beträchtlich sind und ein Kosten-Effektivitäts-Verhältnis sich entsprechend ungünstig darstellt. Auch Herz- und Lebertransplantationen als Vertreter für High-End-Medizin sind Prozeduren, die trotz eines sich verbessernden Kosten-Effektivitäts-Verhältnisses im Laufe der Zeit zur Disposition stehen würden. Es gibt sogar medizinische Maßnahmen, deren Kosten-Effektivitäts-Verhältnis so hoch ist, dass dies einen sinnvollen Vergleich nicht zulässt. Smith, Hillner und Desch erlauben mit ihrer Metaanalyse über alle zwischen 1980 und 1992 verfügbaren Studien, die die Kosteneffektivität von verschiedenen Therapiemöglichkeiten von Krebs (insbesondere Chemotherapie) untersuchten, einen Überblick über die zum Teil sechsstelligen Kosten-Effektivitäts-Verhältnisse (in US-Dollar pro zusätzlichem QALY oder Lebensjahr).[334] Weeks, Tierney und Weinstein publizierten z. B. ein Kosten-Effektivitäts-Verhältnis von 6.000.000 US-Dollar pro QALY für die Verabreichung von Immun Globulin für die chronische lymphatische Leukämie um Infektionen zu verhindern.[335] Vor allem in der Onkologie sind solche High-End-Maßnahmen weit verbreitet, was für eine Anwendung des Schwellenwertkonzepts problematisch erscheint, da gerade in unserer Gesellschaft Krebserkrankungen zu einer Art „Volkskrankheit" avancierten und unbedingt behandelt werden müssen.

Ein vorbehaltloses Festhalten am Schwellenwertansatz würde somit vornehmlich bei Vernachlässigung von Gerechtigkeitsaspekten zu gesundheitspolitischen und gesellschaftlichen Verwerfungen beitragen.[336] Eine Allokation nach diesem Muster könnte einen maßlosen Teil verfügbarer Ressourcen auf bestimmte Krankheiten verteilen, wobei andere Krankheiten aus dem zur Verfügung stehenden Topf nicht finanziert werden. Birch und Gafni konstatieren, „[...] this is one of the reasons why economic evaluation as currently practised has failed to lead us to

---

[333] Vgl. Dolan, P., Shaw, R. (2003), S. 53–59.
[334] Vgl. Smith, T. J., Hillner, B. E., Desch, C. E. (1993), S. 1460–1474.
[335] Vgl. Weeks, J., Tierney, M. R., Weinstein, M. C. (1991), S. 81–86.
[336] Vgl. Ham, C. (1998), S. 1967.

where we want to be".[337] Gesundheit ist nur einer von vielen Werten, der maximiert werden soll. Insofern hat die Kosten-Effektivitäts- bzw. Kosten-Nutzwert-Analyse in der Praxis der Ressourcenallokation versagt, wie Coast feststellt.[338] Leistungen in einer pluralistischen Gesellschaft nur aufgrund eines nicht akzeptablen Kosten-Effektivitäts-Verhältnisses aus dem Leistungskatalog der Gesetzlichen Krankenversicherung auszuschließen, ist nicht zu empfehlen. Towse, Pritchard und Devlin sehen daher die wesentliche Herausforderung der Prioritätensetzung in der Untersuchung angemessener Verknüpfungen des „value for money" mit den Sichtweisen der Gesellschaft, d. h. ihrer Präferenzen.[339]

Welche Kriterien sind es aber, die neben der Kosteneffektivität entscheidungsrelevant sind und welche Prioritätenreihenfolge bzw. Gewichtung sollen sie erhalten? Hierzu wäre es hilfreich, die Ziele bzw. das Zielsystem unseres Gesundheitssystems zu betrachten und anhand dessen die Entscheidungskriterien zu identifizieren. „Mehr Ergebnisorientierung im Gesundheitswesen setzt klare Vorstellungen über dessen Aufgaben und Ziele voraus. Rationale Gesundheitspolitik erfordert ein durchdachtes und möglichst widerspruchsfreies Zielsystem".[340] Indessen definiert beispielsweise die deutsche Gesundheitspolitik für das Gesundheitswesen keine explizite Zielfunktion. Es fehlen eindeutige Kriterien für den Entscheidungsprozess über die Ressourcenallokation im Gesundheitswesen. Infolge dieser unbefriedigenden Situation sollen durch die Sichtung der gesundheitsökonomischen Literatur nachfolgend Vorschläge weiterer entscheidungsrelevanter Kriterien unterbreitet werden, die anschließend in ein multiples Optimierungsmodell eingehen können, welches einen multiplen Schwellenwert ergibt.

7.8
Weitere Kriterien zur Generierung eines multiplen Schwellenwerts

7.8.1
Neue versus alte medizinische Maßnahmen

Ein potentieller Schwellenwert kann sich bei neuen und etablierten Maßnahmen unterscheiden, da die gesellschaftliche Bereitschaft auf eine alte Gesundheitsleistung zu verzichten, geringer ist, als jene, eine neue Maßnahme aufzunehmen.[341] Dies bedeutet, dass die Zahlungsbereitschaft für den Erhalt einer medizinischen Maßnahme höher ist als die Zahlungsbereitschaft für eine neue medizinische Ver-

---

[337] Vgl. Birch, S., Gafni, A. (1993), S. 475.
[338] Vgl. Coast, J. (2004), S. 1234.
[339] Vgl. Towse, A., Pritchard, C., Devlin, N. (2002), S. 475.
[340] Vgl. Sachverständigenrat für die Konzentrierte Aktion im Gesundheitswesen (1995), S. 15.
[341] Vgl. O´Brien, B. J., Gertsen, K., Willan, A. R. u.a. (2002), S. 179.

sorgung, die den gleichen Nutzen generiert. O´Brien, Gertsen, Willan u. a. (2002) argumentieren, dass der Verkaufspreis für ein QALY (für eine etablierte Maßnahme) größer ist als der Kaufpreis (für eine neue Maßnahme) und bezeichnen dieses Phänomen zutreffend als „[...] kink in consumer´s threshold value for cost-effectiveness in health care".[342] Ein Schwellenwert für neue medizinische Maßnahmen müsste demnach niedriger sein als jener für bereits etablierte Leistungen, wenn den Präferenzen der Bürger entsprochen werden soll.

7.8.2
Patientenbezogene Gerechtigkeit

Ein weiteres Entscheidungskriterium der Prioritätensetzung ist die Gerechtigkeit. Gerechtigkeitsprinzipien befassen sich hauptsächlich mit Fragen der Distribution statt mit Fragen der optimalen Allokation knapper Ressourcen. Hier meint Gerechtigkeit die Gleichheit der Möglichkeit des Zugangs für jeden gleichen Bedarf. Aus dem Verständnis dieser Definition heraus soll zwischen patientengruppenbezogener Gerechtigkeit, die hier erörtert wird, und distributiver Gerechtigkeit, die anschließend diskutiert wird, unterschieden werden. Da gerechtigkeitsbasierte Modelle der Prioritätensetzung auf den Bedarf abstellen, konfligieren sie mit jenen, die die Effizienz fokusieren. Je mehr Gerechtigkeitsaspekte bei der Prioritätensetzung beachtet werden, desto ineffizienter wird das Allokationsergebnis. Daher muss eine sinnvolle Balance gefunden werden.

Schweregrad der Krankheit

Das erste Argument einer patientengruppenbezogenen Gerechtigkeitsidee ist der Schweregrad einer Erkrankung. Der Ausgangspunkt einer Behandlung spielt insofern eine Rolle, als dass die Gesellschaft dazu tendiert, Prioritäten gemäß diesem Schweregrad zu setzen.[343] Eine Bevorzugung von Patienten mit einer initial außerordentlich niedrigen Lebensqualität und/oder kurzen Lebenserwartung ist das Ziel. Dieses Kriterium zur Ressourcenallokation kann aber durchaus kontrovers diskutiert werden. Schließlich haben Patienten mit einem weniger schweren Leiden auch ein Bedürfnis nach Gesundheit, das unter Beachtung des Gerechtigkeitsprinzips gleichwertig ist. Unglück und tragische Vorkommnisse sind nicht der Ungerechtigkeit gleichzusetzen[344] und bedürfen daher eigentlich keiner expliziten Anerkennung bei der Ressourcenallokation. Darüber hinaus bedingt das Konzept der Kosteneffektivität an sich eine Bevorzugung von Patienten mit einer initial außerordentlich niedrigen Lebensqualität und/oder kurzen Lebenserwartung, weil diese einen größeren Nutzenzuwachs auf sich vereinen können als Patienten mit einer geringeren Gesundheitsstatusabweichung. Entgegen dieser Argumentation gibt es aber trotzdem Zustände, die eine Berücksichtigung des Schweregrads verlangen könnten. Es wird beispielsweise argumentiert, dass das QALY-Konzept Patienten

---

[342] Vgl. O´Brien, B. J., Gertsen, K., Willan, A. R. u. a. (2002), S. 175.
[343] Vgl. Schwappach, D. L. B. (2002), S. 214.
[344] Vgl. Menzel, P. T. (1983), S. 195.

mit chronischen Leiden diskriminiert.[345] In diesem Zusammenhang ist der Endpunkt nach einer erfolgten Behandlung, der zwischen verschiedenen Patientengruppen differenziert werden kann, von besonderer Bedeutung. Sofern eine Maßnahme nur eine marginale Effektivität aufweist aber die Krankheit mit einer
besonderen Schwere einhergeht, ist eine mehr oder weniger regulierte Abweichung von der Evidenz der Kosteneffektivität gefordert. Folglich sollte nicht die
initiale Schwere einer Erkrankung per se sondern die initiale Schwere einer Erkrankung unter Beachtung des potentiellen Endzustands nach einer Behandlung
betrachtet werden, wenn über die Prioritätensetzung befunden wird. Eine Gerech-
tigkeitsgewichtung von medizinischen Maßnahmen, die chronische Erkrankungen
lindern, erscheint daher sinnvoll.

Patientengruppengröße

Eine differenzierte Beachtung der Patientengruppengröße, d. h. der Anzahl der
jeweils betroffenen Patienten, ist ein weiterer möglicher Ansatz zur Wahrung der
Gerechtigkeit über alle Patientengruppen hinweg.[346] Eine Maßnahme ist demnach
nicht als nachrangig einzustufen, weil sie, wie bestimmte Stoffwechselerkrankun-
gen (z. B. Morbus Wilson), selten vorkommt.[347] Die Patientengruppengröße erscheint relevant, da sich das Kosten-Effektivitäts-Verhältnis hinsichtlich der Größe bestimmter Gruppen von Nutznießern oder Verlierern zwar nicht unterscheidet,
aber die niedrigeren (bei großen Patientengruppen) oder höheren Kosten (bei kleinen Patientengruppen) pro behandeltem Fall, die durch die Gruppengröße bedingt
werden, voll berücksichtigt werden. Ursache für die patientengruppengrößenab-
hängigen Kosten sind die Entwicklungskosten des medizinischen Produkts und die
Art der Preisbildung. Die Entwicklung von Medikamenten kostet durchschnittlich
800 Millionen US-Dollar pro Medikament (Fehlschläge eingeschlossen). Dieser
Betrag muss sich über die Umsätze, also über den Preis und die Menge, amortisieren. Ist die Zahl der Patienten einer bestimmten Erkrankung relativ gering, muss
das Pharmaunternehmen einen relativ hohen Preis ansetzen. Diese hohen Kosten
wirken sich bei der Evaluierung der Maßnahme entsprechend negativ auf die Vorteilhaftigkeit aus. Letztlich erscheint dieses Kriterium aber nicht stichhaltig genug,
da der Entscheidungsträger in den Preisbildungsprozess der Hersteller kaum Einblick haben dürfte und es weitere Gründe für hohe Kosten bzw. Preise gibt, die
nicht unbedingt in der Patientengruppengröße liegen. Schließlich würde das Kriterium der Gruppengröße, welches kleinere Patientengruppen bevorzugt, Fehlanreize erzeugen. Pharmaunternehmen würden wahrscheinlich die Preise künstlich
hoch halten um ihre Gewinne zu steigern. Deshalb sollte vom Kriterium der Patientengruppengröße zur Prioritätensetzung Abstand genommen werden.

Alternative Maßnahmen

Weiterhin kann im Hinblick auf den Entscheidungsprozess über die Ressourcenallokation danach gefragt werden, wie viele alternative medizinische Maßnahmen

---

[345] Vgl. Schwappach, D. L. B. (2002), S. 215.
[346] Vgl. Devlin, N., Parkin, D. (2004), S. 439.
[347] Vgl. Zentrale Kommission zur Wahrung ethischer Grundsätze in der Medizin und ihren
    Grenzgebieten (Zentrale Ethikkommission) (2000), S. 1021.

für die gleiche Indikation zur Wahl stehen.[348] In diesem Zusammenhang handelt es sich bei einer Orphan-Maßnahme um eine medizinische Maßnahme für eine bestimmte Krankheit, für die es keine alternative kurative Behandlungsform gibt – sozusagen eine „Waise" (orphan) für eine bestimmte medizinische Indikation. Die Notwendigkeit einer besonderen Beachtung von nicht substituierbaren medizinischen Maßnahmen ist offensichtlich.

7.8.3
Distributive bevölkerungsgruppenbezogene Gerechtigkeit

Die distributive Gerechtigkeit als Entscheidungskriterium bezieht sich auf die Charakteristika des Patienten und betrachtet Disparitäten bezüglich verschiedener Bevölkerungsgruppen anstatt hinsichtlich verschiedener Patientengruppen. Wesentlich sind Verteilungsgedanken, die in der Sozialpolitik beheimatet sind.

Selbstverschulden

Man kann argumentieren, dass verhaltensbedingte Einflüsse auf die Gesundheit, welche die positive Wirkung der medizinischen Versorgung konterkarieren, nicht negiert werden dürfen.[349] Trotz divergenter empirischer Ergebnisse gibt es nur eine moderate Unterstützung für das Argument, dass Ressourcen hinsichtlich des Aspekts des Selbstverschuldens zu verteilen sind.[350] Sicherlich wäre allein die Abgrenzung ungesunden Verhaltens ein wohl kaum zu lösendes Problem. Weiterhin ist eine konsequente massive Beeinflussung des gesundheitsrelevanten Verhaltens der Konsumenten mit den Prinzipien einer freiheitlichen Gesellschaft nicht vereinbar. Auch die multifaktorielle Genese von Krankheiten, deren faktische Kausalfaktoren nicht eindeutig identifiziert sind, verbietet voreilige Schuldzuweisungen.[351] So scheint, dass das Argument selbst verschuldendes Verhalten zu bestrafen, den Gerechtigkeitsgedanken in seinem Ursprung verfehlt. Im Übrigen kennt das deutsche Sozialgesetzbuch unter § 52 SGB V bereits Leistungsbeschränkungen bei Selbstverschulden. Eine darüber hinausgehende Beachtung des Selbstverschuldens erscheint nicht ratsam. Außerdem wäre dieses Kriterium auf der Makroebene sehr schwer zu operationalisieren und würde eher die Mikroebene der Ressourcenallokation tangieren.

Alter

Aufgrund sinkender Geburtenzahlen und einer steigenden Lebenserwartung wächst der absolute und relative Anteil alter Menschen in der Bevölkerung. Da ältere Menschen im Vergleich zu jüngeren Mitbürgern durchschnittlich mehr Gesundheitsleistungen konsumieren, stellt sich die Frage, ob es ethisch geboten sowie ökonomisch sinnvoll erscheint, eine Ressourcenallokation durch altersabhän-

---

[348] Vgl. George, B., Harris, A., Mitchell, A. (1999), S. 6, und Anell, A. (2004), S. 33.
[349] Vgl. Breyer, F., Zweifel, P. (1999), S. 164.
[350] Vgl. Tymstra, T., Andela, M. (1993), S. 2995-2999, und Schwappach, D. L. B. (2003), S. 262.
[351] Vgl. Schöne-Seifert, B. (1992), S. 43.

gige Leistungsbeschränkungen herbeizuführen.[352] Johannesson und Johansson (1997) sprechen in diesem Zusammenhang von einem Trade-off zwischen geretteten Leben und unterschiedlichem Alter.[353] Ihr Ergebnis einer empirischen Studie, eine Befragung von 1000 zufällig ausgewählten schwedischen Bürgern ab 15 Jahren, sagt aus, dass die geretteten Leben von fünf 50-jährigen Personen oder 34 70-jährigen Personen äquivalent dem geretteten Leben einer 30-jährigen Person sind. Schließlich müssen diese Ergebnisse, wie die Autoren passend bemerken, mit Vorsicht interpretiert werden, da vor allem die Validität der Fragen nicht abschließend geklärt wurde. Hier soll diese Idee nicht weiter verfolgt werden, da sie vor allem für die politische Realität momentan nicht praktikabel erscheint.

Indessen wird dem QALY-Konzept die Intention einer altersbezogenen Rationierung unterstellt und somit die Bevorteilung jüngerer Bürger nachgesagt. Theoretisch kann dem Vorwurf der Altersdiskriminierung entgegnet werden, dass das Prinzip der Nutzenmaximierung, dem das QALY-Konzept indirekt unterliegt, gegenüber dem Alter neutral ist. Trotzdem kommt es bei einer konsequenten Anwendung des Nutzenkalküls zu einer indirekten Altersdiskriminierung, da bei älteren Menschen wegen eines geringeren Lebensqualitätsgewinns und einer geringeren verbleibenden Lebenszeit häufig ein niedrigerer Nutzenzuwachs entsteht.[354] Allerdings müssen nutzentheoretische Konzepte wie der QALY-Ansatz nicht verworfen werden, wenn dem Alter der Patienten eine besondere Würdigung im Rahmen der Prioritätensetzung zuteil werden soll, da Verzerrungen mittels Alters-Gewichtungen rückgängig gemacht werden können.[355] Diese Gewichtungen müssten dann allerdings allgemeingültig eingeführt werden, damit die Vergleichbarkeit von Studien weiterhin gewährleistet ist.

Trotz dieser Korrekturmöglichkeit ergibt sich nach dem Prinzip der Wohlfahrtstheorie eigentlich keine Notwendigkeit zu handeln, da das QALY-Konzept, wie erwähnt, altersneutral ist. Im Sinne der utilitaristischen Gerechtigkeit ist, nach dem Motto „Everybody to count for one, nobody for more than one [...]",[356] die gesellschaftliche Wohlfahrt zu maximieren, womit das QALY-Konzept im Einklang steht. Außerdem erfolgt eine Diskriminierung sowohl alter als auch junger Menschen, nimmt man beispielsweise die häufig verwendeten QALYs als Nutzeneinheit, da nicht das Alter per se, sondern die Lebenserwartung – ceteris paribus – ergebnisrelevant ist.[357] Weiterhin ist das Argument der „fair innings", der „fairen Amtszeit", im Sinne einer anständigen Lebenszeit, gegen eine Altersgewichtung opportun. Gemäß dieser Argumentation wird die Gleichheit der Gesundheit über die gesamte Lebenszeit der Individuen gefordert.[358] Jedem steht quasi zu einem bestimmten Zeitpunkt sein Optimum zu. Jedoch ist diese Rechtfertigung nur zulässig, wenn jede Person auf ein faires, anständiges Leben zurückblicken kann, und ein junges Leben ausschließlich auf Kosten eines alten Lebens

[352] Vgl. Marckmann, G. (2005), S. 351.
[353] Vgl. Johannesson, M., Johansson, P. O. (1997), S. 589–599.
[354] Vgl. Marckmann, G. (2005), S. 351.
[355] Vgl. Gandjour, A., Lauterbach, K. W. (2000), S. 118.
[356] Vgl. McKie, J., Richardson, J., Singer, P. u. a. (1998), S. 52.
[357] Vgl. Schwappach, D. L. B. (2003), S. 211.
[358] Vgl. Marckmann, G. (2005).

gerettet werden kann.[359] Des Weiteren ergeben Umfragen einen nur sehr eingeschränkten Wunsch nach einem generellen Allokationskriterium Alter.[360] Eher das
Gegenteil ist der Fall, wie Johannesson und Johansson (1997) zeigen.[361] Entscheidungsträger sprechen dem Parameter Alter jedoch eine besondere Rolle zu, obgleich darüber Dissens besteht, ob es gerechtfertigt sei, das Alter extra zu berücksichtigen.[362] Aufgrund dieser Patt-Situation sollte das Alter keine extra Gewichtung erhalten.

Der sozioökonomische Status bzw. das Einkommen

Das typische distributive Kriterium ist der sozioökonomische Status und/oder das
Einkommen eines Individuum oder einer Gruppe von Individuen. Es wird angenommen, dass Personen aus einem sozial schlechter gestellten Milieu statistisch
eine kürzere Lebenserwartung aufweisen bzw. kränker sind.[363] Zudem sind Individuen in verschiedenen Situationen und Phasen des Lebens unterschiedlich produktiv für die Gesellschaft. Bei Beachtung der gesellschaftlichen Rolle wären auch
Arbeitslose, Rentner, Hausfrauen oder Studenten hinsichtlich ihrer gesundheits-
verbessernden Optionen negativ berührt, da sie weniger zur volkswirtschaftlichen
Produktivität beitragen. Abschließend bleibt allerdings festzustellen, dass der sozioökonomische Status als Entscheidungskriterium bei Entscheidungsträgern als
irrelevant gilt[364] und im Einklang mit Ergebnissen empirischer Untersuchungen als
Kriterium der Ressourcenallokation zu verneinen ist.[365] Jene Gedankengänge folgen eher dem Gleichheitsprinzip als dem Gerechtigkeitsprinzip.

Zusammenfassend zu allen Gerechtigkeitskriterien sei anzumerken, dass der
Gerechtigkeitsgedanke bezüglich bestimmter Bevölkerungsgruppen größtenteils
verworfen werden kann, wobei die Gerechtigkeit zwischen Patientengruppen eine
zweifellos relevante Zielgröße darstellt.[366] Natürlich können weitere Kriterien, wie
Compliance, Häufigkeit bzw. Historie der Behandlung, regionale Disparitäten,
Geschlecht und andere diskutiert werden, so dass die hier erörterten Faktoren keinen Anspruch auf Vollständigkeit erheben.

7.8.4
Evidenzspezifische Faktoren

Grundsätzlich kann die Frage nach dem therapeutischen oder diagnostischen Wert
einer Maßnahme gestellt werden. Bei der Prioritätensetzung sollten signifikante
Unterschiede des medizinischen Nutzens von Maßnahmen entsprechend beachtet

[359] Vgl. Marckmann, G. (2005), S. 351.
[360] Vgl. Tymstra, T., Andela, M. (1993), S. 2995–2999, und Mossialos, E., King, D. (1999),
S. 75–135.
[361] Vgl. Johannesson, M., Johansson, P. O. (1997), S. 589–599.
[362] Vgl. Drummond, M. F. (1980), S. 113–114.
[363] Vgl. Endres, A. (2000), S. A2684.
[364] Vgl. Al, M. J., Feenstra, T., Brouwer, W. B. F. (2004), S. 41.
[365] Vgl. Schwappach, D. L. B. (2002), S. 213.
[366] Vgl. Devlin, N., Parkin, D. (2004), S. 439, und Carr-Hill, R. A., Morris, J. (1991).

werden.[367] Die Interviews von Al, Feenstra und Brouwer (2004) ergaben, dass e-videnzspezifische Faktoren, wie beispielsweise die Zahl der Jahre, die sich das Medikament am Markt befindet, dessen Reputation oder die medizinische Evidenz, Entscheidungsrelevanz besitzen.[368] Insbesondere die medizinische Evidenz bestimmter Maßnahmen wird als besonders relevant erachtet. Wie evident es ist, ob eine Maßnahme auch wirklich den Nutzen stiftet, der letztlich mit über die Prioritätensetzung entscheidet, ist allein aus dem Blickwinkel einer gerechten medizinischen Versorgung zu klären.

7.8.5
Ungewissheit

Ungewissheit ist kennzeichnend für den Markt medizinischer Leistungen. Alle Entscheidungen im Gesundheitswesen werden unter Ungewissheit getroffen, deren Ausmaß von der Verfügbarkeit, Validität und Generalisierbarkeit medizinischer und ökonomischer Daten abhängt.[369] Auf Arrow (1963) zurückgehend, ist die Ungewissheit bezüglich des Auftretens einer bestimmten Erkrankung und die Ungewissheit hinsichtlich des Kosten-Effektivitäts-Verhältnisses zu unterscheiden.[370] Die Ungewissheit bzgl. des Auftretens einer bestimmten Erkrankung ist für das Erkenntnisinteresse dieses Beitrags weniger von Bedeutung. Wichtiger ist die Ungewissheit in Bezug auf die Kosteneffektivität einer Maßnahme. Die Kosteneffektivitätsergebnisse gesundheitsökonomischer Evaluationen haben nämlich keinen absoluten, vollkommen uneingeschränkten Stellenwert bezüglich ihrer Gewissheit.[371]

Im Wesentlichen sind zwei Quellen der Ungewissheit hinsichtlich des Kosten-Effektivitäts-Verhältnisses auszumachen, die beispielsweise die Kosten pro gewonnenen QALY beeinflussen. Zum einen ist dies die Ungewissheit bezüglich der Outcomedaten, der Effektivität, und zum anderen die Ungewissheit in Hinsicht auf die Kostendaten. Mit Hilfe von entscheidungsanalytischen Modellierungen (decision-analytic modeling), systematischen Ansätzen, die Situationen, in denen eine Entscheidung unter Ungewissheit zu treffen ist, fokussieren, soll die Ungewissheit rechenbar gemacht werden.[372] Aber auch Sensitivitätsanalysen, welche die Ungewissheit erfassbar machen sollen, lösen das Problem der Ungewissheit nicht abschließend, obgleich dieses Instrument die Problematik transparenter machen kann. Interessant ist an dieser Stelle die Ungewissheit über den medizinischen Nutzen einer Maßnahme, die z. B. aus zu wenig klinischen Studien oder zu wenig bzw. nicht repräsentativen Versuchspersonen resultiert. Mit Hilfe der evidenzbasierten Medizin (EBM) kann ein Teil dieser latenten (medizinischen) Ungewissheit erfassbar gemacht werden, da eine gewisse Hierarchie der medizinischen Evi-

[367] Vgl. Field, M. J. (ed.) (1995), S. 33.
[368] Vgl. Al, M. J., Feenstra, T., Brouwer, W. B. F. (2004), S. 33–48.
[369] Vgl. Siebert, U. (2003), S. 143.
[370] Vgl. Arrow, K. J. (1963), S. 964.
[371] Vgl. Devlin, N. (2004), S. 440.
[372] Vgl. Drummond, M. F., O´Brien, B., Stoddart, G. L. u. a. (1997), S. 242–247.

denz existiert.[373] Der Ansatz der evidenz-basierten Medizin (EBM) – die Forderung nach möglichst vollständiger, überwiegender Gewissheit der Wirkung einer medizinischen Maßnahme – bietet sich neben der Kosteneffektivität als ein Kriterium für die Entscheidung über die Ressourcenallokation an.

7.8.6
Patientengruppen

Bestimmte Patientengruppen weisen unterschiedliche Merkmale auf, die sich im Wunsch einer differenzierten Beachtung bei der Prioritätensetzung niederschlagen. In diesem Zusammenhang stellt sich beispielsweise die kontrovers diskutierte Frage, ob kurative, präventive und nachsorgende Maßnahmen im Rahmen der Ressourcenallokation gleichwertig sind.[374] Manche Berufsgruppen (Pflegebereich, Psychotherapeuten etc.) kritisieren beispielsweise eine unausgewogene Ressourcenallokation zugunsten der klassischen kurativen Medizin.[375] Der Vermeidung des immanenten Todesfalls wird also ein höherer Wert zugesprochen als einer präventiven Maßnahme, deren niedrige Realisierungswahrscheinlichkeit sich dadurch noch weiter reduziert,[376] weil der potentielle Nutzenzuwachs bei kurativen Maßnahmen i. d. R. höher ist. Im Sinne der Erstellung eines kosteneffektiven Gesundheitsportfolios ist dieses Resultat durchaus vertretbar. Diese methodisch bedingte Priorisierung ist zudem konsistent mit den Präferenzen der Bürger, wie Schwappach (2002) durch eine internetbasierte Befragung beweist.[377] Würde die Gesellschaft trotzdem eine Korrektur der methodischen Bevorteilung bestimmter Maßnahmen (z. B. kurativer Maßnahmen) wünschen, könnte diese durch Kategorienbildungen im Rahmen der Ressourcenallokation geschehen.

7.8.7
Zusammenfassung

Zusammenfassend zu vorstehenden Ausführungen ist Folgendes festzustellen: Letztlich kann die hier erstellte Zusammenstellung von potentiellen Entscheidungskriterien keinen Anspruch auf Vollständigkeit erheben. Viele ethische Fragen bleiben unbeantwortet. Hier konnte auch keine Operationalisierung bis ins letzte Detail erfolgen. Vielmehr sollte ein grober Überblick über verschiedene Entscheidungskriterien gegeben werden, die im Rahmen der Prioritätensetzung mit dem Kriterium Kosteneffektivität eventuell kombinierbar wären. Das Resümee ist, dass es eine Vielzahl diskussionswürdiger Kriterien gibt. Schließlich gilt es, eine Fülle von rechtlichen, medizinischen, gesellschaftspolitischen, normativen und ökonomischen Einschränkungen zu beachten, die eine Beantwortung der Fra-

---

[373] Vgl. Devlin, N., Parkin, D. (2004), S. 440.
[374] Vgl. Menzel, P. T. (1983), S. 151–183.
[375] Vgl. Fozouni, B., Güntert, B. (2000), S. 559.
[376] Vgl. Weinstein, M. C. (1995), S. 95.
[377] Vgl. Schwappach, D. L. B. (2002b).

ge nach den relevanten Kriterien nicht gerade erleichtern. Die prinzipielle Möglichkeit der Gewichtung bestimmter Merkmale existiert, sodass nicht die Frage nach dem Ob und Wie zu stellen ist, sondern stattdessen nach dem Welche:[378] Welche Kriterien sind möglichst transparent zu gewichten und in einen multiplen Schwellenwert mit einzubeziehen?

---

[378] Vgl. Drummond, M. F. (1980), S. 113–114.

8 Grundprinzipien einer Wirtschaftlichkeits-untersuchung

W. Greiner, O. Schöffski

Fakultät für Gesundheitswissenschaften, Gesundheitsökonomie und Gesundheits-management, Universität Bielefeld
Lehrstuhl für Gesundheitsmanagement, Universität Erlangen-Nürnberg

8.1
Auswahl des optimalen Zeitpunkts der Analyse

Bei der Anlage von Wirtschaftlichkeitsuntersuchungen ist eine Reihe von metho-dischen Mindeststandards einzuhalten, damit die Studienergebnisse transparent, nachvollziehbar und vergleichbar sind. Einige Fragen, die vor und während einer Evaluation häufig auftreten, werden in den folgenden Abschnitten diskutiert.

Wirtschaftlichkeitsuntersuchungen können zu unterschiedlichen Zeitpunkten im Zuge des Gesamtprozesses der Entstehung und Verwendung medizinisch-techni-scher Innovationen stattfinden: „ex-ante", d. h. vor der Einführung, zur Steuerung und Planung, „ex-post", d. h. nach der Einführung, zur Erfolgskontrolle. Dabei be-steht das Dilemma darin, dass die zur Verfügung stehenden Daten gerade zu dem Zeitpunkt besonders knapp und unsicher sind, wenn eine Beurteilung zum Zeit-punkt der Einführung einer Methode besonders dringlich ist. Wird die Neuerung schon in voller Breite praktiziert, stehen dagegen sichere Daten zur Verfügung, aber die Bewertung ist nicht mehr unbedingt notwendig, da die Entscheidungen über die Einführung, den Preis und andere relevante Parameter bereits gefallen sind. Zu kritisieren ist, dass ökonomische Evaluationen daher leicht zu Rechtferti-gungsverfahren degenerieren.

Die Wirtschaftlichkeitsuntersuchungen sollten deshalb möglichst parallel zu den klinischen Prüfungen bzw. den Anwendungsbeobachtungen erfolgen, um vor Markteinführung genügend Informationen für die Verhandlungen mit den Kosten-trägern oder zur Überzeugung potenzieller Nutzer des Produktes zu erhalten. Ide-alerweise sollte nach Markteinführung eine Überprüfung der Studienergebnisse mit Daten über den tatsächlichen Ressourcenverzehr in den relevanten Indikati-

onsgebieten erfolgen. Diese Idealkonstellation einer Studie, die später nach
Markteinführung aktualisiert wird, wird in der Praxis bislang kaum verwirklicht.
Zukünftig werden aber beispielsweise für den Erhalt des Erstattungsanspruches
gegen das jeweilige Gesundheitssystem insbesondere solche Studien gefordert
werden, die den langfristigen Nutzen in einem möglichst wirklichkeitsnahen Setting (so genanntes „Real World"-Design) nachweisen. Da dies erst nach einer
Reihe von Jahren möglich ist, wäre es denkbar, dass nach Ablauf dieses Zeitraums
eine Überprüfung des erstattungsfähigen Preises durch die jeweiligen Gesundheitsbehörden unter Einbeziehung der bis dahin erhobenen langfristigen Daten
vorgenommen wird.

8.2
Offenlegung der Perspektive

Die Ergebnisse einer ökonomischen Evaluation hängen ganz entscheidend von der
gewählten Perspektive (Standpunkt) der Analyse ab. Es ist daher unabdingbar,
dass die Perspektive zu Beginn der Studienpublikation offen gelegt wird, da nur so
gewährleistet ist, dass der Leser die Ergebnisse auch richtig interpretieren kann.
Es ist dabei aber nicht notwendig, dass die Studie nur eine Perspektive einnimmt.
In Form einer Nebenrechung können auch Ergebnisse aus einer anderen Perspektive präsentiert werden, nur dürfen diese Rechnungen nicht vermischt werden.

Prinzipiell haben alle Individuen oder Gruppen, die Entscheidungen im Gesundheitswesen beeinflussen können, ein Interesse an Wirtschaftlichkeitsuntersuchungen, die ihren Standpunkt einnehmen. Die gewählten Perspektiven unterscheiden sich dadurch, welche Kosten- und Nutzenkomponenten berücksichtigt
werden. Generell lässt sich sagen, dass die relevanten Kosten und Nutzen auf die
Grenzen jenes Kollektivs hin zu definieren sind, dessen Repräsentanten mit der
Entscheidungsfindung beauftragt wurden.[379] Eine andere Perspektive kann in der
Regel durch Weglassen oder Berücksichtigung von einzelnen Kosten- oder Nutzenkomponenten eingenommen werden. Daher ist es in Studien oft wenig aufwändig, zusätzliche Perspektiven zu berücksichtigen.

Welche Perspektiven existieren aber überhaupt und welche Besonderheiten
sind bei der Wahl einer bestimmten Perspektive zu berücksichtigen? An dieser
Stelle sollen kurz die am häufigsten gewählten Perspektiven mit ihren Besonderheiten dargestellt werden. Andere Perspektiven sind jedoch auch denkbar.[380]

Die Perspektive, die bei jeder Studie eingenommen werden sollte, ist die *gesellschaftliche (soziale) Sichtweise*. Diese Perspektive ist die umfassendste und berücksichtigt alle Kosten- und Nutzenkomponenten, ganz gleich wer sie trägt oder
wem sie zugute kommen.[381] So wird der gesamte, aus gesamtwirtschaftlicher Sicht

---

[379] Vgl. Brouwer, W. B. F. , van Exel, N. J. A., Baltussen, R. M. P. M., Rutten, F. F. H.
(2006), S. 341.

[380] Eine Aufzählung der verschiedenen denkbaren Perspektiven findet sich bei Coleman, M.
S., Washington, M. L., Orenstein, W. A. u. a. (2006), S. 41.

[381] Vgl. McGuire, T., Wells, K. B., Bruce, M. L., u. a. (2002), S. 179.

relevante Ressourcenverzehr berücksichtigt, d. h. sowohl direkte als auch indirekte Kosten- und Nutzeneffekte. Auch die intangiblen Effekte spielen bei der gesellschaftlichen Perspektive eine Rolle. Man sollte die gesellschaftliche Perspektive allerdings nicht mit der Perspektive der Regierung verwechseln, da dies bereits eine Einschränkung auf bestimmte Kosten und Nutzen einer Gesundheitsleistung bedeuten würde.[382]

Es wird teilweise die Meinung vertreten, dass es keinen Entscheidungsträger gibt, der die gesellschaftliche Sichtweise einnimmt. Immer gibt es irgendwelche individuellen Interessen, die bei einer Entscheidung berücksichtigt werden (z. B. Wunsch nach Wiederwahl bei Politikern, persönliches Prestige bei Einführung einer bestimmten Maßnahme). Aus diesem Grund könnte die soziale Perspektive als irrelevant betrachtet werden. Trotzdem hat die gesellschaftliche Perspektive ihre Berechtigung, denn nur bei ihr werden die Auswirkungen auf die gesamte Volkswirtschaft deutlich, und man kann erkennen, auf was die Gesellschaft verzichtet, wenn aus (möglicherweise plausiblen Gründen) eine Entscheidung gemäß anderer Kriterien gefällt wird. Insbesondere wichtig ist die volkswirtschaftliche Perspektive zu Vergleichszwecken. Die Ergebnisse verschiedener Studien im Gesundheitswesen können nur miteinander verglichen werden, wenn auch die Abgrenzung der Kosten und Nutzen, d. h. die Perspektive, identisch ist. Wenn bei jeder Untersuchung die gesellschaftliche Sichtweise zumindest als eine von mehreren Perspektiven eingenommen wird, ist diese Vergleichbarkeit gewährleistet.

Eine zweite Perspektive, die in ökonomischen Evaluationen häufig gewählt wird, ist die *Sicht der Krankenversicherung*. Für die Krankenversicherungen (in Deutschland also insbesondere die Krankenkassen) sind nicht mehr alle Kosten- und Nutzenkomponenten der gesellschaftlichen Sichtweise relevant, da hier bestimmte Budgetverantwortungen vorliegen. Für die Krankenkassen ist es in erster Linie bedeutsam, mit den ihnen zur Verfügung gestellten Mitteln wirtschaftlich zu agieren. Einsparungen, die außerhalb des eigenen Budgets liegen, sind für die Krankenkassen nicht entscheidungsrelevant und dürfen auch nicht entscheidungsrelevant sein, wenn sie die ihnen übertragenen Aufgaben erfüllen sollen. Ist ein Arbeitnehmer durch eine neue Behandlungsform statt nach drei Wochen bereits nach zwei Wochen wieder arbeitsfähig, so ist dieser indirekte Nutzen der Maßnahme zwar volkswirtschaftlich bedeutungsvoll, für die Krankenkassen aber nicht entscheidungsrelevant, da er für sie nicht budgetwirksam ist. Aus dem gleichen Grund müssen bei sämtlichen Kosten die Selbstbeteiligungen der Patienten herausgerechnet werden, da diese das Krankenkassenbudget nicht belasten. Auch verminderte Pflegebedürftigkeit spielt bei den Krankenkassenentscheidungen keine Rolle.[383] Diese Überlegungen zeigen deutlich ein zentrales Problem der optimalen Ressourcenallokation im deutschen Sozialversicherungssystem auf: die sektorale Untergliederung. Die Rentenversicherung optimiert das eigene Budget ebenso wie die soziale Pflegeversicherung und die gesetzliche Krankenversicherung, ohne dass durch diese sektoralen Optimierungen auch ein gesamtwirtschaftliches Opti-

---

[382] Vgl. Gold, M. R., Siegel, J. E., Russel, L. B., Weinstein, M. C. (Hrsg.) (1996), S. 61.
[383] Wenn auch die soziale Pflegeversicherung institutionell eng mit des gesetzlichen Krankenversicherung verbunden ist, werden die Budgets getrennt verwaltet, vgl. § 46 SGB XI.

mum entsteht. Solange die sektorale Trennung der verschiedenen Zweige der Sozialversicherung besteht, werden kaum Entscheidungen von den Verantwortlichen
dieser Zweige getroffen werden, die das Gesamtsystem optimieren. Die eigene
Budgetverantwortlichkeit spricht sehr häufig dagegen.

Eine bislang offene Frage ist auch, inwieweit Lebensqualitätseffekte bei der
Krankenkassenperspektive berücksichtigt werden müssen. In der Vergangenheit
war es häufig so, dass die Auswirkungen auf den Patienten selbst vernachlässigt
wurden, da sie keine Auswirkungen auf das monetäre Kassenbudget hatten. Erst in
letzter Zeit ist absehbar, dass der medizinische Erfolg aus Mitgliedersicht auch ein
ausschlaggebendes Argument für die Krankenkassen wird. In einem System von
Pflichtmitgliedschaften und Pflichtbeiträgen war es für die Krankenkassen im
Prinzip ohne Belang, wie der Patient sich fühlt, solange nur das Budget eingehalten wurde. Da die Mitglieder aber seit einiger Zeit weitgehende Kassenwahl-
rechte erhalten haben, entwickeln sie sich immer mehr zu Kunden, deren Bedürfnisse von den Krankenkassen berücksichtigt werden müssen. Aus diesem Grund
werden die Auswirkungen einer medizinischen Maßnahme auf das Wohlbefinden
der Mitglieder ein immer wichtigeres Argument bei der Entscheidung werden.
Daher sollten diese in ökonomischen Evaluationen berücksichtigt werde, wenn die
Krankenkassenperspektive eingenommen wird.

Die *Krankenhaussicht* ist eine weitere Perspektive, die eingenommen werden
kann. Auch hier stehen die Verantwortlichen vor der Aufgabe, ihr einzelwirt-
schaftliches Budget zu optimieren. Folgekosten, die außerhalb des Krankenhauses
entstehen bzw. nicht entstehen, sind zwar gesamtwirtschaftlich oder auch für die
Krankenkassen bedeutsam, nicht aber für den Entscheidungsträger im Krankenhaus. Kann es bei einer Studie aus Sicht der Krankenkassen durchaus akzeptabel
sein, mit durchschnittlichen Pflegesätzen oder DRGs zu arbeiten, weil diese für
die Krankenkassen budgetwirksam sind, muss bei einer Studie für Krankenhäuser
die tatsächliche Kostenstruktur berücksichtigt werden, um die Auswirkungen einer
Maßnahme aufzuzeigen. Auch innerhalb des Krankenhauses gibt es vielschichtige
Budgetverantwortlichkeiten (z. B. der einzelnen Abteilungsdirektoren), allerdings
existiert mit dem Verwaltungsleiter eine Person, die für das gesamte System verantwortlich ist.

Weitere Perspektiven, die im Rahmen von ökonomischen Evaluationen eingenommen werden können, sind die Perspektive von niedergelassenen Ärzten, die
Perspektive der Patienten oder die Perspektive von Angehörigen. Gerade bei den
letzten beiden Gruppen spielen die Lebensqualitätseffekte eine ausschlaggebende
Rolle und sollten deshalb dort berücksichtigt werden.

8.3
Berücksichtigung aller relevanten Alternativen

Sollen die Ergebnisse einer ökonomischen Evaluation aussagekräftig sein, so sind
bei der Studie alle zur Verfügung stehenden Behandlungsalternativen zu berücksichtigen. Bei der Bewertung eines neu entwickelten Arzneimittels müssen daher

beispielsweise nicht nur die bereits auf dem Markt befindlichen Arzneimittel in die Untersuchung eingeschlossen werden, sondern im Einzelfall auch konkurrierende Operationstechniken, präventive oder verhaltensmedizinische Maßnahmen und selbstverständlich auch die Null-Alternative (überhaupt keine Behandlung). Aus ökonomischer Sicht ist es aber nicht sinnvoll, die Nicht-Behandlung als einzigen Vergleich heranzuziehen, wenn schon etablierte Behandlungsmethoden bestehen.[384] Dies zeigt sich insbesondere bei der Nutzung von Daten aus klinischen Untersuchungen von Arzneimittelinnovationen, die häufig gegen Placebo, also ein Scheinmedikament ohne Wirkstoff, geprüft werden. Diese Alternative wäre für die ökonomische Analyse nur dann sinnvoll, wenn bislang keine Behandlungsoption oder zumindest keine medikamentöse Behandlungsalternative bestand.

Allerdings existiert nicht selten eine Vielzahl von Alternativen und deren Kombinationen und es ist praktisch unmöglich, jede dieser unterschiedlichen Behandlungsoptionen zu bewerten. Ihre Zahl ist daher zu begrenzen, damit die Untersuchung in der notwendigen Tiefe und Genauigkeit durchgeführt werden kann. Es ist in den meisten Fällen nicht notwendig, alle denkbaren Alternativen in gleichem Umfang zu bewerten. Gemäß dem *fixed-cost-* bzw. *fixed-effectiveness-Prinzip* lassen sich schon sehr frühzeitig einzelne Alternativen aus der Analyse eliminieren. Dieses ist beispielsweise bei Generika der Fall, die dasselbe Behandlungsergebnis in derselben Zeit mit denselben Nebenwirkungen erreichen und sich nur im Preis unterscheiden. Es ist offensichtlich, dass in diesem Fall nur das preiswerteste Medikament für die weitere Untersuchung entscheidungsrelevant sein kann. Eine Berücksichtigung der weiteren Produkte ist nicht mehr erforderlich, soweit dies im Studienbericht ausreichend dargelegt wurde.

Trotzdem bleiben häufig noch mehr Alternativen übrig, als mit den beschränkten Studienressourcen bewältigt werden können. So existiert häufig eine Reihe von Verfahren, die in der Praxis keinerlei Relevanz mehr haben. Man kann sich daher auf den Vergleich mit der *am häufigsten verwendeten*, der *klinisch wirksamsten* und/oder der bisher *effizientesten* Handlungsalternative beschränken.[385] Generell muss gewährleistet sein, dass die Alternativenwahl nicht so gestaltet wird, dass genau die Alternative ausgewählt wird, gegenüber der die zu bewertende Alternative besser abschneidet, sondern die gemäß Mauskopf u. a. mindestens eines der folgenden Kriterien erfüllt: In der Praxis am meisten verbreitet, zweitbeste Wirksamkeit im Vergleich mit der neuen Technologie und/oder billiger als die neue Behandlungsmethode.[386] Sollte sich die neue Behandlungsform in der ökonomischen Evaluation gegen diese Alternativen durchsetzen, so kann davon ausgegangen werden, dass sie derzeit die effizienteste Alternative darstellt.

[384] Vgl. Murray, C. J. L., Evans, D. B., Acharya, A., Balthussen, R. M. P. M. (2000), S. 244.

[385] Vgl. Hannoveraner Konsens Gruppe (1999), S. A63.

[386] Vgl. Mauskopf, J., Rutten, F., Schonfeld, W. (2003), S. 996.

8.4
Bewertung anhand des Opportunitätskosten-Ansatzes

Alle Preise, die in eine Bewertung einfließen, sollen die *Opportunitäts-* bzw. *Alternativkosten* widerspiegeln.[387] Die Alternativkosten stellen den Nutzen dar, den die für die zu bewertende Maßnahme eingesetzten Mittel bei der nächst besten Verwendung gehabt hätten, die Bewertung der verbrauchten Ressourcen wird damit auf die Nutzenseite verlagert.[388] Durch den Opportunitätskostenansatz wird die Knappheitsproblematik im Gesundheitswesen sichtbar: Bei knappen Ressourcen (z. B. bei Budgetierung der Gesamtausgaben im Gesundheitssystem) sind die Mittel, die für Prävention, Diagnose und Behandlung aufgewendet werden können, begrenzt und jede Geldeinheit kann nur einmal ausgegeben werden. Somit ist jede Entscheidung, eine bestimmte Gesundheitsleistung auszuführen, immer mit dem Verzicht auf eine andere Gesundheitsleistung verbunden, die wegen der Knappheit der Mittel nicht ausgeführt werden kann. Insofern kann der Verzicht auf den Nutzen der zweiten Leistung (die wegen der Knappheit nicht ausgeführt werden kann) als Kosten der ersten Leistung interpretiert werden.[389]

Dazu ein praktisches Beispiel, um den Sachverhalt zu verdeutlichen. In einer Studie wurden verschiedene Verfahren zur Leberbiopsie verglichen. Auf der einen Seite wurde die Biopsie Ultraschall-geführt durchgeführt, auf der anderen Seite wurde sie Computertomograph-geführt durchgeführt. Das Ultraschallgerät konnte während der Biopsie nicht für einen anderen Patienten verwendet werden (z. B. zur Schwangerenvorsorgeuntersuchung). Die Opportunitätskosten der Ultraschallgerätverwendung bei der Biopsie waren somit die entgangenen Einnahmen durch die Nicht-Verwendung des Geräts bei einer Schwangeren.[390]

Die im Gesundheitswesen verwendeten Preise können nur sehr selten zur Abschätzung von Opportunitätskosten verwendet werden, da hier Monopole und staatliche Preisregulierungen vorherrschen. Die relevanten Schattenpreise lassen sich allerdings häufig nicht oder nur mit zu großem Aufwand errechnen, so dass in der Regel auf die vorhandenen Preise zurückgegriffen wird. Sind die Diskrepanzen zwischen den Marktpreisen und den Opportunitätskosten aber zu gravierend, sollten die Marktpreise korrigiert werden. Dieser Fall liegt z. B. dann vor, wenn einzelne Produktionsfaktoren nicht vollständig ausgelastet sind. So sind die Opportunitätskosten der Beschäftigung eines Arbeitslosen aus volkswirtschaftlicher Sicht Null, Marktkosten fallen aber in Höhe des Lohnsatzes an.

---

[387] Vgl. Shiell, A., Donaldson, C., Mitton, C., Currie, G. (2002), S. 86.
[388] Vgl. Wille, E. (1996), S. 5.
[389] Vgl. Johannesson, M. (1996), S. 222.
[390] Vgl. Kliewer, M.A., Shcafor, D. H., Paulson, E. K. u. a. (1999), S. 1200.

8.5
Grenzbetrachtung

Bei der Durchführung von Wirtschaftlichkeitsanalysen werden meist *Durchschnittskosten bzw. -nutzen* (z. B. Kosten pro Operation, Lebensqualitätsgewinn pro Patient) einer *Marginal- oder Inkrementalanalyse* (allgemein: *Grenzbetrachtung*) aus praktischen Erwägungen vorgezogen. Da aber z. B. bei Entscheidungen über den Aufbau von Kapazitäten im Gesundheitswesen solche Durchschnittswertberechnungen zu verzerrten Ergebnissen führen, ist die Betrachtung der Kosten und Nutzen einer zusätzlichen produzierten Einheit (z. B. der Behandlung eines weiteren Patienten) sinnvoller. Nur so können die finanziellen Effekte einer Maßnahme korrekt abgeschätzt werden, da Durchschnittskosten/-nutzen und Grenzkosten/-nutzen sich häufig nicht unerheblich unterscheiden.

Obwohl die beiden Begriffe Marginal- und Inkrementalbetrachtung oft synonym verwendet werden, gibt es doch streng genommen Unterschiede.[391] Bei einer *Marginalbetrachtung* geht man prinzipiell von den Kosten einer zusätzlichen produzierten Einheit aus, auch wenn sich in der Realität solch eine minimale Veränderung gar nicht bewirken lässt (z. B. Kosten des nächsten entdeckten Falls bei einer Screening-Maßnahme).[392] In der Praxis wird der Begriff Marginalbetrachtung aber auch verwendet, wenn es sich um die Kosten für die nächste Menge von zusätzlichen Einheiten handelt. So gibt es bei dem im Folgenden dargestellten theoretischen Beispiel die Möglichkeit, einen Test in der Bevölkerung ein- oder zweimal durchzuführen, man entdeckt dadurch 90.000 oder 99.000 erkrankte Personen. In diesem Sinne wäre eine Marginalbetrachtung gleichzusetzen mit einer Durchschnittsbetrachtung der zusätzlichen 9.000 Fälle, da es praktisch keine Möglichkeit gibt, das Screening-Programm so auszudehnen, dass man von 90.000 auf 90.001 entdeckte Fälle kommt.

Der Begriff *Inkrementalbetrachtung* bezeichnet die Berechnung der Unterschiede von Kosten und Nutzen von zwei verschiedenen alternativen Handlungsmöglichkeiten (z. B. Vergleich Screening-Programm A mit Screening-Programm B).[393] Ziel der Inkrementalanalyse ist es demzufolge nicht, die Veränderung von Kosten und/oder Nutzen durch die zusätzliche Produktion einer Einheit zu bestimmen, sondern Kosten und Nutzen ganzer Produktionsprogramme zu vergleichen.

Wie kommt es aber zu den unterschiedlichen Ergebnissen von Durchschnitts- und Grenzbetrachtungen? Dieses kann an einem kleinen Beispiel erläutert werden: Steht man beispielsweise vor dem Problem, entscheiden zu müssen, ob in einem Krankenhaus die herzchirurgische Abteilung vergrößert werden soll, da ein Bedarf an Bypass-Operationen besteht, der derzeit nicht befriedigt werden kann, so kann man davon ausgehen, dass die schwersten Fälle bisher schon operiert worden sind. Bei diesen Fällen wird die Kosten-Nutzen-Betrachtung sehr gute Ergebnisse liefern, da Patienten mit einer sehr eingeschränkten Lebensqualität geholfen wird. Dieses Ergebnis ist aber nur wenig aussagekräftig für die Entscheidung für oder

---

[391] Vgl. Drummond, M. F., O'Brian, B. J., Stoddart, G. L., Torrance, G. W. (1997), S. 62.
[392] Vgl. Shiell, A., Donaldson, C., Mitton, C., Currie, G. (2002), S. 88.
[393] Vgl. Schulenburg, J.-M. Graf. v. d., Mittendorf, T., Volmer, T., u. a. (2005), S. 91.

gegen die Erweiterung der Station. Die Patienten, die durch die zusätzlichen Kapazitäten behandelt werden können, werden eher leichtere oder mittelschwere Fälle darstellen. Bei diesen Patienten werden die Kosten der Operation in etwa gleich hoch sein wie bei den schweren Fällen, der Nutzen, den sie aus der Operation ziehen, ist aber geringer. Daher wird sich auch das Kosten-Nutzen-Verhältnis ungünstiger darstellen.

Nur dieses (Grenz-)Ergebnis ist für die Entscheidungsfindung relevant. In der Ökonomie spricht man in diesem Zusammenhang vom *abnehmenden Grenznutzen*. Die erste Einheit eines Gutes oder einer Dienstleistung bringt dem Individuum oder der Gruppe einen hohen Nutzen, die zweite Einheit nur noch einen etwas geringeren zusätzlichen Nutzen. Mit jeder weiteren Einheit nimmt zwar der Gesamtnutzen zu, der zusätzliche Nutzen wird dabei immer geringer, bleibt aber positiv. Für die Grenzkosten gilt dabei ein umgekehrter Zusammenhang, dieses soll anhand eines Rechenbeispiels nochmals verdeutlicht werden.

Dazu sei angenommen, dass die Prävalenz einer bestimmten Krankheit in der Bevölkerung 10 Prozent ist. Es wurde nun ein Test zur Früherkennung dieser Krankheit entwickelt, der pro Anwendung 10 € kostet. Dieser Test erkennt nur 90 Prozent der Fälle, in 10 Prozent der Fälle gibt er ein falsch-negatives Ergebnis. Diese Fehlerquote ist nicht systematisch erklärbar, d. h. die Fehler treten zufällig auf. Falsch-positive Ergebnisse existieren nicht. Durch mehrfache Anwendung des Tests kann die Erfolgsquote gesteigert werden, d. h. von den bisher nicht erkannten Fällen werden in jedem weiteren Durchgang jeweils 90 Prozent erkannt. Der Test selbst hat keinerlei unerwünschte Wirkungen, deren Behandlung Kosten verursachen würden. Ausgehend von bei einer Grundgesamtheit von 1 Million Personen soll entschieden werden, wie oft der Test wiederholt wird.

Beim ersten Durchlauf werden 1 Million Personen überprüft. Gemäß der Prävalenzrate kann davon ausgegangen werden, dass davon 100.000 Personen erkrankt sind. Der Test erkennt aber nur 90 % der Fälle, d. h. 90.000 Fälle, es fallen Kosten in Höhe von 10 Millionen € an (10 € x 1 Million Tests). Die Durchschnittskosten belaufen sich auf 111,11 € pro entdecktem Fall, in diesem ersten Durchgang entspricht dieses auch den Grenzkosten des Durchgangs.

Da bekannt ist, dass 10.000 Fälle durch den Test bisher nicht entdeckt worden sind, kann man sich nun entscheiden, den Test ein zweites Mal anzuwenden. Er braucht nicht mehr bei den bereits entdeckten Fällen angewendet werden, sondern nur bei den 910.000 Personen, die bisher ein negatives Ergebnis hatten. Die Kosten des zweiten Durchgangs betragen daher insgesamt 9,1 Millionen €, und entdeckt werden 9.000 zusätzliche Fälle. Die Durchschnittskosten des ersten und zweiten Durchgangs belaufen sich auf 192,93 € pro Fall (= Gesamtkosten 19,1 Millionen € und 99.000 entdeckte Fälle), die Grenzkosten des zweiten Durchgangs allerdings schon 1.011,11 €. Hier wurden die Kosten des zweiten Durchgangs den zusätzlich entdeckten Fällen gegenübergestellt.

Führt man dieses Rechenexempel weiter (s. Tabelle 8.1), so kann man erkennen, dass erst in der sechsten Runde (mit einer Wahrscheinlichkeit von 90 Prozent) auch der letzte Fall identifiziert wird. Durch die Division der in allen Durchgängen angefallenen Kosten durch 100.000 entdeckte Fälle erhält man Durchschnittskosten in Höhe von 551,11 € pro identifiziertem Fall.

Tabelle 8.1. Grenzkosten vs. Durchschnittskosten

Anzahl getestete Personen	Kosten des Durchgangs in €	Kumulierte Kosten in €	Entdeckte Fälle	Kumulierte entdeckte Fälle	Durchschnittskosten in €	Grenzkosten in €
t	N	$K = n \cdot k$	$\sum_t K$	X	$\sum_t X$	$\sum_t K / \sum_t X$	K/X
1	1.000.000	10.000.000	10.000.000	90.000	90.000	111,11	111,11
2	910.000	9.100.000	19.100.000	9.000	99.000	192,93	1.011,11
3	901.000	9.010.000	28.110.000	900	99.900	281,38	10.011,11
4	900.100	9.001.000	37.111.000	90	99.990	371,15	100.011,11
5	900.010	9.000.100	46.111.100	9	99.999	461,12	1.000.011,11
6	900.001	9.000.010	55.111.110	(?) 1	100.000	551,11	9.000.010,00

Diese Größenordnung erscheint – natürlich abhängig von der Art der Erkrankung – durchaus akzeptabel. Schaut man sich aber die Grenzkosten des letzten Durchgangs an, so kann gesagt werden, dass die über 9 Millionen € für den letzten identifizierten Fall in einem anderen medizinischen Bereich vermutlich sinnvoller angelegt sind. Als Entscheidungsträger müsste man sich fragen, wie häufig die Wiederholung des Tests angemessen ist. Entscheidungskriterium können dabei nur die Grenzkosten, nicht aber die Durchschnittskosten sein. Die inkrementelle Kosten-Effektivität bezogen auf einen entdeckten Fall würde im Beispiel hier jeweils den Durchschnittskosten pro Fall entsprechen (bezogen auf die Situation ohne Screening) und eine unzureichende Entscheidungsgrundlage darstellen.

Die bislang gewählte Darstellung in Tabellenform kann auch durch die in Kapitel A 5.3.1 gewählte graphische Darstellung ersetzt werden. Hier ist im gewählten Beispiel nur der Quadrant I von Interesse, die Alternative, gegen die verglichen wird, sei die Null-Alternative, d. h. kein Screening-Programm (s. Abb. 8.1).

Hier sind nur die ersten drei Durchgänge des Programms dargestellt. Während die Durchschnittskosten der Durchgänge 1, 1+2 und 1+2+3 immer schlechter werden, aber durchaus akzeptabel erscheinen, sieht man an der Entwicklung der Steigung der Grenzkostengeraden 1, 2 und 3, dass ab einem bestimmten Durchgang eine weitere Intensivierung des Screening-Programms zu kaum mehr annehmbaren Mehrkosten führt.

Die Problematik der Grenz- versus Durchschnittskostenbetrachtung soll noch an einem anderen Beispiel dargestellt werden, das in der Praxis in einer Reihe von Ländern immer noch von großer Bedeutung ist. Bis vor kurzem wurden Krankenhausleistungen auch in Deutschland zu großen Teilen mit Hilfe tagesgleicher Pflegesätze abgerechnet, während heute fast alle Krankenhausleistungen mit Pauschalbeträgen (so genannten DRGs) abgerechnet werden.

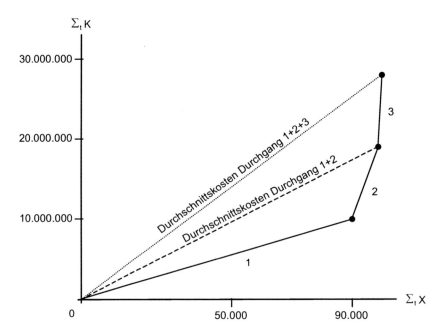

Abb. 8.1. Grenzkosten vs. Durchschnittskosten

Betrachtet wird nun eine Erkrankung, die bei Berücksichtigung der Verweildauer in etwa diesen durchschnittlichen Kosten entspricht (d. h. es handelt sich für das Krankenhaus nicht um eine extrem kostengünstige oder extrem aufwändige Behandlung). Es wird eine Bewertung einer neuen Behandlungsform (z. B. neue Operationstechnik) aus gesellschaftlicher Perspektive vorgenommen. Durch diese Technik wird die Aufenthaltsdauer des Patienten im Krankenhaus um einen Tag reduziert. Man beginge einen methodischen Fehler, wenn dieser eine Tag mit den Durchschnittskosten des Aufenthalts bewertet würde. Der Kostenverlauf der Versorgung eines einzelnen Krankenhausfalls vollzieht sich idealtypisch wie in Abbildung 8.2 dargestellt.

Während der ersten Tage fallen nur mäßig hohe Kosten an (z. B. durch eine Reihe von diagnostischen Maßnahmen und Voruntersuchungen), sehr hohe Kosten fallen am Tag der Operation und den Tagen danach an. Je besser der Zustand des Patienten wird, desto geringere Kosten verursacht er täglich, bis an den letzten Tagen praktisch nur noch die so genannten „Hotelkosten" anfallen. Wird die Aufenthaltsdauer um einen Tag reduziert, ohne dass sich an dieser Kostenstruktur etwas ändert, sind die gesellschaftlichen Einsparungen auch geringer als die Durchschnittskosten, da praktisch nur die Hotelkosten des letzten Tages gespart werden. In solchen Fällen wäre ein durchschnittlicher Tagespflegesatz als Einspargröße nicht geeignet, sondern es muss der tatsächliche Kostenverlauf im Krankenhaus ermittelt werden.[394]

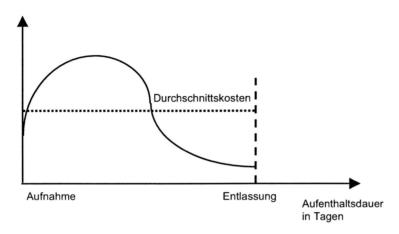

Abb. 8.2. Krankenhauskosten in Abhängigkeit von der Verweildauer

Ein Problem, das in der Vergangenheit in Studien noch nicht genügend berücksichtigt wurde, ist der so genannte *Lernkurven-Effekt*. Bei einer Grenzbetrachtung werden nur die Kosten und der Nutzen der nächsten Einheit betrachtet, die Entscheidung, die gefällt wird, betrifft aber häufig nicht nur die nächste Einheit, sondern auch viele folgende. In der Praxis kann nachgewiesen werden, dass mit einer Erhöhung der Outputmenge auch die Stückkosten fallen.[395] Dieses muss bei einer Entscheidung für oder gegen eine Maßnahme im Gesundheitswesen berücksichtigt werden.

Sehr oft wird es nicht möglich sein, eine Grenzbetrachtung durchzuführen. Zeitliche und finanzielle Studienrestriktionen erlauben dieses häufig nicht. In solchen Fällen muss mit den Durchschnittswerten gearbeitet werden, in einigen Fällen kann deren Verwendung auch methodisch indiziert sein. In der Regel wird sich zudem die Entscheidung bei einer Durchschnittsbetrachtung nicht von der einer Grenzbetrachtung unterscheiden.[396] In der Studie muss aber explizit darauf hinge-

---

[394] Dieses hängt natürlich von der gewählten Perspektive der Studie ab. Aus gesellschaftlicher Sicht oder auch aus der Perspektive des Krankenhauses muss eine solche Grenzbetrachtung durchgeführt werden. Wird die Perspektive der Krankenversicherungen gewählt, müssten bei Abrechnung nach tagesgleichen Pflegesätzen (wie beispielsweise in der Psychiatrie) die Durchschnittskosten verwendet werden. Ganz korrekt ist dieses allerdings nicht, denn durch die Einsparungen verändert sich die Kosten-Erlös-Situation des Krankenhauses (sie wird in diesem Fall schlechter, da die Erlöse stärker zurückgehen als die eingesparten tatsächlichen Kosten). Dieses wird Auswirkungen auf die Pflegesatzverhandlungen haben und müsste ceteris paribus zu höheren Pflegesätzen in der nächsten Periode führen. Diese Änderungen sind aber kaum kalkulierbar.

[395] Ein Ansatz zur Berücksichtigung dieses Lerneffekts findet sich bei Langkilde, L. K., Søgaard, J. (1997).

[396] Vgl. Laska, E. M., Meisner, M., Siegel, C. (1997), S. 497.

wiesen werden, dass von einer Grenzbetrachtung abgewichen wurde. Die Auswirkungen dieses methodischen Mangels auf das Studienergebnis sind im Rahmen
einer Sensitivitätsanalyse zu untersuchen.

8.6
Diskontierung

Bei der Diskontierung in gesundheitsökonomischen Studien handelt es sich nicht
– wie häufig angenommen – um eine Inflationsbereinigung, sondern um eine
Maßnahme, die verschiedene Maßnahmen mit einem unterschiedlichen zeitlichen
Anfall der Kosten- und Nutzenkomponenten miteinander vergleichbar macht.[397]
Beim Vergleich zweier unterschiedlicher Behandlungsformen fallen die Kosten
und der Nutzen in der Regel zu unterschiedlichen Zeitpunkten an. So gibt es viele
Behandlungen, die durch hohe sofortige Kosten gekennzeichnet sind. In den fol-
genden Jahren fallen dann nur geringe Kosten an. Bei anderen Behandlungen ver-
teilen sich die Kosten relativ gleichmäßig über die Jahre. Auch die Verteilung des
Nutzens kann in ähnlicher Weise auf einen bestimmten Zeitpunkt konzentriert sein
(z. B. bei Schmerzmitteln) oder sich auf einen längeren Zeitraum verteilen (z. B.
Transplantation einer Niere).

Nun ist der Einzelne oder auch die Gesellschaft nicht indifferent gegenüber
dem Zeitpunkt, zu dem die Kosten und der Nutzen anfallen.[398] Für den Nutzen
wird ein möglichst früher Zeitpunkt bevorzugt, beispielsweise möchte man über
einen zugesagten Geldbetrag möglichst schnell verfügen oder eine gute Lebensqualität noch heute realisieren. Die Kosten werden dagegen möglichst weit in die
Zukunft verlagert. Eine zu zahlende Geldschuld wird erst möglichst spät begli-
chen, einen schmerzhaften Zahnarzttermin vereinbart man erst dann, wenn es gar
nicht mehr anders geht. Der wesentliche Grund für dieses Verhalten ist durchaus
rational und liegt in der Unsicherheit des Individuums über die Dauer des eigenen
Lebens begründet.[399] Bei der Analyse muss deshalb eine positive Zeitpräferenzrate
berücksichtigt werden, durch die eine Diskontierung auf den heutigen Zeitpunkt
erreicht wird.

Wird eine klassische Kosten-Nutzen-Analyse durchgeführt, bei der alle Effekte
in Geldeinheiten bewertet werden und keinerlei Budgetrestriktionen existieren, so
sind alle Projekte durchzuführen, die einen positiven *present value* (Barwert) aufweisen, d. h. bei denen der diskontierte Nutzen größer ist als die diskontierten
Kosten.

$$\sum_{t=1}^{n} \frac{N_t - K_t}{(1+r)^t} \rangle 0$$

mit
N_t Nutzen in Periode t
K_t Kosten in Periode t
r Diskontierungssatz
n Zeithorizont

[397] Vgl. Schulenburg, J.-M. Graf v. d., Greiner, W. (2000), S. 269.
[398] Vgl. Brouwer, W. B. F., Niessen, L. W., Postma, M. J., Rutten, F. F. H. (2005), S. 446.
[399] Vgl. Kriedel, T. (1979), S. 631.

Diese Formel wird üblicherweise in der Privatwirtschaft angewendet, wo es darum geht, die Wirtschaftlichkeit von geplanten Investitionsprojekten zu berechnen. Bezogen auf das Gesundheitssystem können alternative Therapieoptionen, die einen unterschiedlichen Anfall von Kosten und Nutzen im Zeitablauf aufweisen mit einer solchen so genannten Barwertberechnung bewertet werden. Aufgrund von Budgetrestriktionen werden üblicherweise nur die Projekte mit den besten Ergebnissen realisiert und nicht alle mit einem positiven Wert. Der Bar- oder Gegenwartswert einer Zahlungsreihe ergibt sich entsprechend der folgenden Formel:

$$\text{Barwert} = \sum_{t=1}^{n} \frac{K_t}{(1+r)^t}$$

Problematisch ist die Wahl des richtigen *Diskontierungssatzes*[400] *(r)*, der mit der Länge des betrachteten Zeitraums einen wachsenden Einfluss auf das Gesamtergebnis hat.[401] Man unterscheidet in diesem Zusammenhang zwischen einer individuellen und einer geringeren kollektiven Zeitpräferenzrate. Der Diskontierungssatz wird in einigen Ländern, in denen explizite Guidelines für die Durchführung von gesundheitsökonomischen Analysen existieren, verbindlich von staatlichen Stellen vorgegeben (z. B. Australien 5 %[402], Kanada 5 %[403], Ontario 5 %[404]) oder aber in einem Konsensverfahren zwischen den Beteiligten festgelegt (z. B. Deutschland 5 %[405]). Dabei müssen die Prozentsätze nicht mit absoluten Werten festgelegt werden, die Orientierung an einem Referenzzinssatz ist auch denkbar. Die Auswirkungen einer Diskontierung mit unterschiedlichen Sätzen über einen verschieden langen Zeitraum auf den Gegenwartswert einer € werden in der Tabelle 8.2 dargestellt.

Weitere empirische Forschung zur Zeitpräferenz der Bevölkerung und Sensitivitätsanalysen mit verschiedenen Diskontierungsraten in ökonomischen Evaluationsstudien werden auch zukünftig notwendig sein, um eine angemessene Diskontierung von Kosten und Nutzen vorzunehmen. Allerdings hat sich gezeigt, dass die vertiefte Forschung auf dem Gebiet der Zeitpräferenz auch zu mehr Problemen bei der praktischen Anwendung von Diskontierungsraten in Evaluationsstudien führt. Geschlechtsspezifische, altersspezifische, schichtspezifische und berufsspezifische Zeitpräferenzraten sind für Diskontierungen von Kosten und Nutzen eines bestimmten Projektes kaum aggregierbar.

---

[400] Man sollte in diesem Zusammenhang nicht vom *Diskontsatz* sprechen, da dieser eine spezielle, von der Deutschen Bundesbank oder der Europäischen Zentralbank festgelegte Rate zur Abzinsung beim Ankauf von Wechseln ist. Der Begriff *Diskontierungssatz* ist allgemeiner und die Höhe des bei gesundheitsökonomischen Studien verwendeten Satzes muss nicht mit dem Diskontsatz, der von der Bundesbank gemäß geldpolitischen Notwendigkeiten verändert wird, übereinstimmen.

[401] Vgl. Smith, D. H., Gravelle, H. (2001), S. 236.

[402] Vgl. Australia Commonwealth Department of Health, Housing and Community Services (2002), S. 52.

[403] Vgl. Canadian Coordinating Office for Health Technology Assessment (1997), S. 45.

[404] Vgl. Ontario Ministry of Health (1994), S. 1.

[405] Vgl. Hannoveraner Konsens Gruppe (1999), S. A64.

Tabelle 8.2. Gegenwartswert von 1 € bei Diskontierung mit ... % über ... Jahre

% Jahre	0	1	2	3	4	5	6	7	10
1	1,0000	0,9901	0,9804	0,9709	0,9615	0,9524	0,9434	0,9346	0,9091
2	1,0000	0,9803	0,9612	0,9426	0,9246	0,9070	0,8900	0,8734	0,8264
3	1,0000	0,9706	0,9423	0,9151	0,8890	0,8638	0,8396	0,8163	0,7513
4	1,0000	0,9610	0,9238	0,8885	0,8548	0,8227	0,7921	0,7629	0,6830
5	1,0000	0,9515	0,9057	0,8626	0,8219	0,7835	0,7473	0,7130	0,6209
6	1,0000	0,9420	0,8880	0,8375	0,7903	0,7462	0,7050	0,6663	0,5645
7	1,0000	0,9327	0,8706	0,8131	0,7599	0,7107	0,6651	0,6227	0,5132
8	1,0000	0,9235	0,8535	0,7894	0,7307	0,6768	0,6274	0,5820	0,4665
9	1,0000	0,9143	0,8368	0,7664	0,7026	0,6446	0,5919	0,5439	0,4241
10	1,0000	0,9053	0,8203	0,7441	0,6756	0,6139	0,5584	0,5083	0,3855
11	1,0000	0,8963	0,8043	0,7224	0,6496	0,5847	0,5268	0,4751	0,3505
12	1,0000	0,8874	0,7885	0,7014	0,6246	0,5568	0,4970	0,4440	0,3186
13	1,0000	0,8787	0,7730	0,6810	0,6006	0,5303	0,4688	0,4150	0,2897
14	1,0000	0,8700	0,7579	0,6611	0,5775	0,5051	0,4423	0,3878	0,2633
15	1,0000	0,8613	0,7430	0,6419	0,5553	0,4810	0,4173	0,3624	0,2394
16	1,0000	0,8528	0,7284	0,6232	0,5339	0,4581	0,3936	0,3387	0,2176
17	1,0000	0,8444	0,7142	0,6050	0,5134	0,4363	0,3714	0,3166	0,1978
18	1,0000	0,8360	0,7002	0,5874	0,4936	0,4155	0,3503	0,2959	0,1799
19	1,0000	0,8277	0,6864	0,5703	0,4746	0,3957	0,3305	0,2765	0,1635
20	1,0000	0,8195	0,6730	0,5537	0,4564	0,3769	0,3118	0,2584	0,1486
21	1,0000	0,8114	0,6598	0,5375	0,4388	0,3589	0,2942	0,2415	0,1351
22	1,0000	0,8034	0,6468	0,5219	0,4220	0,3418	0,2775	0,2257	0,1228
23	1,0000	0,7954	0,6342	0,5067	0,4057	0,3256	0,2618	0,2109	0,1117
24	1,0000	0,7876	0,6217	0,4919	0,3901	0,3101	0,2470	0,1971	0,1015
25	1,0000	0,7798	0,6095	0,4776	0,3751	0,2953	0,2330	0,1842	0,0923
26	1,0000	0,7720	0,5976	0,4637	0,3607	0,2812	0,2198	0,1722	0,0839
27	1,0000	0,7644	0,5859	0,4502	0,3468	0,2678	0,2074	0,1609	0,0763
28	1,0000	0,7568	0,5744	0,4371	0,3335	0,2551	0,1956	0,1504	0,0693
29	1,0000	0,7493	0,5631	0,4243	0,3207	0,2429	0,1846	0,1406	0,0630
30	1,0000	0,7419	0,5521	0,4120	0,3083	0,2314	0,1741	0,1314	0,0573
35	1,0000	0,7059	0,5000	0,3554	0,2534	0,1813	0,1301	0,0937	0,0356
40	1,0000	0,6717	0,4529	0,3066	0,2083	0,1420	0,0972	0,0668	0,0221
50	1,0000	0,6080	0,3715	0,2281	0,1407	0,0872	0,0543	0,0339	0,0085

Auch die Frage, ob die gesellschaftliche oder individuelle Zeitpräferenzrate gewählt werden soll, ist von Bedeutung, da sich beide nicht entsprechen werden.[406] Ebenfalls unklar ist, ob es je Individuum überhaupt nur eine einzige konstante Zeitpräferenzrate gibt. Untersuchungen zeigen, dass diese abhängig sein kann von der absoluten Größe des Wertes, der diskontiert werden soll, ob es sich um eine Kosten- oder Nutzengröße handelt oder um welchen Zeitpunkt in der Zukunft es geht.[407] Anstelle einer konstanten Diskontierung müsste dann ein komplexeres Modell verwendet werden (z. B. steigende oder fallende Diskontierungsraten im Zeitverlauf).[408] Da dieses in praktischen Evaluationsstudien nicht geleistet werden kann, sind die möglichen Schwankungsbreiten des Diskontierungssatzes mit Hilfe von Sensitivitätsanalysen zu berücksichtigen. Dabei werden die Auswirkungen unterschiedlicher Zinssätze auf die Resultate der Studie geprüft.[409]

Die Diskontierung von Kosten und Nutzen spiegelt im Idealfall die Zeitpräferenz der Entscheidungsträger wider.[410] Sie hat nichts zu tun mit der notwendigen Anpassung an Veränderungen des Preisniveaus (Inflationsausgleich). Dieser muss ohnehin durchgeführt werden, um bei den Berechnungen reale Größen zu berücksichtigen. Allerdings entspricht der rechnerische Vorgang der Barwertermittlung bei der Inflationsbereinigung der Diskontierung wegen einer positiven Zeitpräferenz. Dabei sollte nicht die allgemeine Inflationsrate, sondern die Preisniveausteigerungsrate der jeweiligen Kostenart (z.B. von Gesundheitsgütern bzw. noch spezieller von Arzneimitteln) verwendet werden.

Weitaus mehr Gewicht als die Diskussion über einen Diskontierungssatz von 5 oder 6 % hat die Frage, welche Kosten- und Nutzenkomponenten überhaupt diskontiert werden sollen. Dabei besteht weitgehende Einigkeit, dass alle monetären Kosten diskontiert werden müssen. Auch beim monetären Nutzen gibt es die überwiegende – wenn auch nicht mehr ganz so allgemeine – Ansicht, dass diskontiert werden muss. Kontrovers diskutiert wird dagegen, wie die nicht-monetären Kosten- und Nutzeneffekte behandelt werden sollen. Sollen auch gewonnene Lebensjahre oder Lebensqualitätseffekte abgezinst werden? In Großbritannien sollen beispielsweise Nutzenwerte mit 1,5 bis 2,0 % und Kostenwerte mit 3,5 % für Zeiträume bis 30 Jahre und mit 3,0 % für Zeiträume von 31 bis 75 Jahren diskontiert werden.[411] Eine Reihe von Ökonomen vertritt dagegen die Ansicht, dass alle Kosten- und Nutzeneffekte mit dem gleichen Satz diskontiert werden müssen.[412] Als Argument gegen die unterschiedliche Diskontierung von Nutzen im Gesundheitswesen gilt insbesondere das so genannte *Paralisierungsparadox*.[413] Demnach lohnt es sich theoretisch immer, den Startpunkt für Gesundheitsprogramme möglichst weit hinauszuschieben, wenn deren Nutzen mit einer niedrigeren Rate als die Kosten diskontiert werden. Wählt man einen ausreichend fernen Zeitpunkt

[406] Vgl. Gryd-Hansen, D., Søgaard, J. (1998), S. 121.
[407] Vgl. Brouwer, W. B., van Exel, N. J. (2004), S. 187
[408] Vgl. Cairns, J. A., Pol, M. M. v. d. (1997).
[409] Vgl. Hannoveraner Konsens Gruppe (1999), S. A64.
[410] Vgl. Bos, J. M., Postma, M. J., Annemans, L. (2005), S. 639
[411] Vgl. NICE (o. J.) sowie Department of Health (2003).
[412] Vgl. z. B. Weinstein, M. C., Stason, W. B. (1977).
[413] Vgl. Keeler, E. B., Cretin, S. (1983), S. 305–306.

beispielsweise für eine bestimmte Behandlung, werden die Kosten so stark diskontiert, dass die Nutzen mit höherem Gewicht in den Gegenwartswert eingehen als die Kosten. So wäre dann die Entscheidung für oder gegen eine Gesundheitsleistung nicht mehr vom Vergleich der Kosten und Nutzen, sondern nur noch vom Zeitpunkt der Produktion dieser Leistung abhängig.

Diese Argumentationskette gilt allerdings nicht, wenn es sich um Interventionen für ein bestimmtes Individuum handelt, da die unendliche Hinauszögerung einer Maßnahme mit der begrenzten Lebenserwartung des Individuums kollidiert.[414] Weiterhin kann diesem eher technischen bzw. finanzmathematischen Argument entgegnet werden, dass Kosten-Nutzen-Analysen in der Regel nicht dazu herangezogen werden, den optimalen Zeitpunkt für eine Investition zu analysieren. In realen Entscheidungssituationen stellt sich die Frage, über Investitionen zu einem späteren Zeitpunkt zu entscheiden, entweder überhaupt nicht oder ist beispielsweise im öffentlichen Bereich rechtlich unzulässig, da mit der Jährlichkeit der öffentlichen Haushalte nicht zu vereinbaren.

Eine andere Position nimmt van Hout (1998) ein. Aus seiner Sicht ist die Diskontierung kein Ausdruck persönlicher Zeitpräferenz, sondern entspricht den gesellschaftlichen Opportunitätskosten. Die Ausgaben für das betreffende Gesundheitsprogramm könnten demnach auch in andere öffentlich bereitgestellte Güter investiert werden. Der Gesellschaft entgeht somit der Nutzen dieser möglichen Verwendungsalternativen, die mit den Mitteln für das evaluierte Gesundheitsprogramm umsetzbar gewesen wären. Fasst man Diskontierung so auf, könnte man argumentieren, die Diskontierungsrate sollte gerade so groß sein wie das erwartete Wirtschaftswachstum (genauer: das Wachstum des Volkseinkommens) der kommenden Jahre, denn dies entspricht den erwarteten Nettonutzen aller Investitionen. In diesem Falle wäre die Diskontierung der Nutzen zu einer anderen Rate als die Kosten denkbar, wenn man unterstellt, dass zukünftige Gesundheitsgewinne nicht unbedingt in der gleichen Weise bewertet werden müssen wie die monetären Kosten. Eine genau gleiche Bewertung ergäbe sich nur auf einem vollkommenen Markt, in dem im Gleichgewicht alle Grenzraten der Substitution (also auch zwischen Gesundheit und Konsumtion) gleich sind, was in der Realität eher unwahrscheinlich erscheint. Eine geringere Diskontierung des nicht-monetären Nutzens oder sogar der völlige Verzicht darauf könnte daher angemessen sein. Wenn im Gesundheitswesen keine Effizienzsteigerungen (ausgedrückt beispielsweise durch eine allgemein längere Lebenserwartung) erwartet werden, muss auf eine Diskontierung verzichtet werden.[415]

Da die Diskussion über den richtigen Diskontierungssatz in absehbarer Zeit nicht beendet sein wird, bietet sich bei Studien ein pragmatisches Vorgehen an. Alle monetär bewertbaren Kosten- und Nutzeneffekte werden diskontiert, alle übrigen Effekte in der Hauptrechnung nicht. Es wird allerdings eine Nebenrechnung aufgestellt, in der auch diese Effekte diskontiert werden. So werden zwei alternative Ergebnisse ermittelt und der Studienadressat kann entsprechend seinen Vorstellungen das geeignete Ergebnis wählen. In vielen Fällen wird sich die Vorteilhaftigkeit einer Behandlungsform durch die Diskontierung der nicht-monetären

[414] Vgl.Cohen, B. J. (2003), S. 81.
[415] Vgl. Hout, B. A. v. (1998), S. 586.

Effekte nicht ins Gegenteil umdrehen. Wenn dieses aber doch der Fall sein sollte, sind die Entscheidungsträger im Gesundheitswesen selbst aufgefordert, die Zulässigkeit einer Diskontierung intangibler Effekte abzuwägen.

Ist aber die Frage einer Diskontierung und die Frage des geeigneten Diskontierungssatzes für ökonomische Untersuchungen im Gesundheitswesen überhaupt von Relevanz? Handelt es sich nicht nur um eine theoretische Diskussion, die keinerlei praktische Bedeutung hat? Das Gegenteil ist der Fall. Es ist bei ökonomischen Studien häufig für das Ergebnis ausschlaggebend, ob und wie diskontiert wird. Ein einfaches (fiktives) Beispiel soll dieses nachweisen.

Es sollen in einer Wirtschaftlichkeitsuntersuchung im Gesundheitswesen drei alternative Behandlungsmethoden für eine Indikation bewertet werden. Alle drei Behandlungsmethoden seien vom medizinischen Standpunkt aus gleichwertig, auch aus Patientsicht (Lebensqualitätseffekte) gibt es keinen Unterschied. Der Zeithorizont beträgt 5 Jahre. Es wurde eine detaillierte Kostenerfassung vorgenommen, durch die die Behandlungen folgendermaßen beschrieben werden können: Behandlung A ist dadurch gekennzeichnet, dass am Beginn der Behandlung einmalig sehr hohe Kosten anfallen (100.000 €), in den Folgejahren allerdings nur eher geringe Kosten (2.000 €). Um dieses Beispiel etwas mit Leben zu füllen, könnte man annehmen, dass es sich um eine Transplantation handelt, bei der der operative Eingriff sehr kostspielig ist, die in den folgenden Jahren notwendigen Nachuntersuchungen und Immunsuppressionen allerdings weitaus preiswerter.

Die Behandlungsform B ist durch eine gleich bleibende Höhe der Kosten gekennzeichnet. Hier fallen jedes Jahr 20.000 € an. Dadurch könnte beispielsweise eine Dialysebehandlung beschrieben werden, die über die Jahre gleich bleibende Kosten verursacht. Bei der Behandlung C fallen in den ersten Jahren Kosten in Höhe von jährlich 10.000 € an, das letzte Jahr (t_5) ist allerdings durch sehr hohe Kosten gekennzeichnet (79.000 €). Hier fällt es etwas schwerer, ein realistisches Beispiel zu finden. Man könnte (mit viel gutem Willen) annehmen, dass die notwendige Transplantation durch eine massive medikamentöse Behandlung aufgeschoben wird und die Transplantation (aus welchen Gründen auch immer) nach 5 Jahren preisgünstiger ist als heute.

Diese drei unterschiedlichen Behandlungsstrategien sollen nun ökonomisch bewertet werden. Im ersten Fall wird auf eine Diskontierung der Kosten verzichtet, bzw. es wird ein Diskontierungssatz von 0 Prozent angenommen. Die 5-Jahres-Kosten der Behandlungen ergeben sich demzufolge durch einfache Addition. Behandlungsform A kostet somit insgesamt 110.000 €, Behandlung B 120.000 € und Behandlung C 129.000 € (s. Tabelle 8.3). Die Bewertung ergibt demzufolge, dass A vorteilhafter ist als B und B vorteilhafter als C. Da der Nutzen aller drei Alternativen annahmegemäß gleich ist, müsste bei einer rationalen Entscheidung demzufolge A präferiert werden.

Tabelle 8.3. Diskontierung bei einem Diskontierungssatz von 0 Prozent (in €)

Zeitpunkt	Behandlungsform		
	A	B	C
t_0	100.000,00	20.000,00	10.000,00
t_1	2.000,00	20.000,00	10.000,00
t_2	2.000,00	20.000,00	10.000,00
t_3	2.000,00	20.000,00	10.000,00
t_4	2.000,00	20.000,00	10.000,00
t_5	2.000,00	20.000,00	79.000,00
Σ	110.000,00	120.000,00	129.000,00

Eine andere Situation ergibt sich, wenn die Kosten mit 5 Prozent diskontiert werden. In der Zukunft liegende Kosten werden dadurch geringer bewertet als die heutigen Kosten. Der Gegenwartswert der Zahlungsreihe ist damit kleiner als die reine Summation der einzelnen Zahlungen. Da die einzelnen Behandlungsformen eine unterschiedliche zeitliche Struktur haben, macht sich die Diskontierung unterschiedlich stark bemerkbar. So kostet nun Behandlungsform A 108.658,95 €, B 106.589,53 € und C 107.358,07 € (s. Tabelle 8.4). Die Behandlungsform der Wahl stellt daher in diesem Fall B dar, gefolgt von C und dann erst A.

Tabelle 8.4. Diskontierung bei einem Diskontierungssatz von 5 Prozent (in €)

Zeitpunkt	Behandlungsform		
	A	B	C
t_0	100.000,00	20.000,00	10.000,00
t_1	1.904,76	19.047,62	9.523,81
t_2	1.814,06	18.140,59	9.070,29
t_3	1.727,68	17.276,75	8.638,38
t_4	1.645,40	16.454,05	8.227,02
t_5	1.567,05	15.670,52	61.898,57
Σ	108.658,95	106.589,53	107.358,07

Diskontiert man mit 10 Prozent, so ändert sich wiederum die relative Vorteilhaftigkeit der Alternativen (s. Tabelle 8.5). Da bei Alternative C der größte Teil der Kosten erst in der letzten Periode anfällt, profitiert diese Behandlung am meisten von dem hohen Diskontierungssatz. Es fallen nur Gegenwartskosten in Höhe von 90.751,43 € an. Die zweitgünstigste Alternative ist Behandlungsform B, bei der 95.815,75 € anfallen, und sehr ungünstig stellt sich in diesem Fall A dar (107.581,57 €), da hier der größte Kostenblock direkt am Beginn der Betrachtung anfällt und daher weniger abgezinst wird.

Je nachdem, welcher Diskontierungssatz in diesem Beispiel gewählt wurde, ändert sich auch die Vorteilhaftigkeit der Alternativen. Aus diesem Grund darf der Einfluss einer Diskontierung nicht unterschätzt werden, auch wenn die Auswirkungen bei realen Studien in der Regel nicht so drastisch sind wie in diesem Beispiel.

Tabelle 8.5. Diskontierung bei einem Diskontierungssatz von 10 Prozent (in €)

Zeitpunkt	Behandlungsform		
	A	B	C
t_0	100.000,00	20.000,00	10.000,00
t_1	1.818,18	18.181,82	9.090,91
t_2	1.652,89	16.528,93	8.264,46
t_3	1.502,63	15.026,30	7.513,15
t_4	1.366,03	13.660,27	6.830,13
t_5	1.241,84	12.418,43	49.052,78
Σ	107.581,57	95.815,75	90.751,43

8.7
Sensitivitätsanalysen

Die meisten Daten, die in eine ökonomische Evaluationsstudie einfließen, müssen als unsicher gelten. Die Wirklichkeit ist zu komplex, als dass sie in einer einfachen Studie exakt abgebildet werden könnte. Auch mit einem noch so großen finanziellen Budget der Studie können Annahmen bei ihrer Realisierung nicht gänzlich vermieden werden. Dieses soll an einem Beispiel verdeutlicht werden: Die Hormonersatztherapie bei postmenopausalen Frauen hat bestimmte erwünschte und unerwünschte Wirkungen. So verändern sich durch die Hormongabe beispielsweise die Wahrscheinlichkeiten eines Oberschenkelhalsbruchs, eines Herzinfarkts oder von Brustkrebs. Soll nun eine Wirtschaftlichkeitsanalyse eines bestimmten Präparats vorgenommen werden, müssen diese Ereignisse ökonomisch bewertet werden. Bei Eintritt eines Herzinfarkts ist wiederum eine Reihe von Behandlungsalternativen mit verschiedenen erwünschten und unerwünschten Wirkungen denkbar, die auch bewertet werden müssen. Die Bewertung dieser Wirkungen führt in einem weiteren Schritt zu neuen Behandlungen mit erwünschten und unerwünschten Wirkungen. Um die Auswirkungen der Hormonersatztherapie wirklich detailliert durchzuführen, kann es sein, dass man Kosten und Nutzen des gesamten Gesundheitssystems mit allen Krankheiten und allen Behandlungen abbilden muss. Dieses kann mit einem noch so großen Budget nicht geleistet werden. Daher ist man ab einem bestimmten Punkt bei jeder Studie auf plausible Annahmen angewiesen.

Diese Annahmen lassen beim kritischen Leser der Studie oft Zweifel an der Richtigkeit zurück, es könnte sein, dass das Ergebnis der Studie durch diese nicht verifizierbaren Daten schön gerechnet wird. Aus diesem Grund müssen zur Vermeidung einer Überschätzung des Vorteils des neu zu bewertenden Präparats die unsicheren Nutzenkomponenten vorsichtig geschätzt und die unsicheren Kostenkomponenten eher überschätzt werden.[416] Unter der Annahme, dass in der Zukunft liegende Daten im Zeitablauf immer unsicherer werden, kann auch der Planungs-

---

[416] Vgl. Briggs, A. (1999), S. 120.

horizont verkürzt werden (z. B. Festlegung einer cut-off-Periode). Man spricht in diesem Zusammenhang auch von *konservativen Annahmen*.

Ein ganz wesentliches Instrument zur Offenlegung des Einflusses unsicherer Annahmen auf das Endergebnis der Studie stellen die so genannten *Sensitivitäts-analysen* dar. Hierbei werden durch eine Variation der Annahmen alternative Ge-samtergebnisse ermittelt. Die Offenlegung des Einflusses könnte beispielsweise folgendermaßen aussehen: „Erhöht man den angenommenen Wert um x %, so verändert sich das Gesamtergebnis um +/- y %."

Eine weitere wichtige Analyseform ist die Ermittlung eines *Break-even-Werts* (*threshold analysis, Schwellenwertanalyse*). Für eine unsichere Variable wird ge-nau der Wert ermittelt, bei dem beide Alternativen gleichwertig sind. Der Leser der Studie kann dann für sich selbst entscheiden, wie groß die Wahrscheinlichkeit ist, dass der tatsächliche Wert über oder unter dem Break-even-Wert liegt.

Diese Vorgehensweise wird im Folgenden anhand einer Fragestellung, die häu-fig die Pharmaindustrie bewegt, graphisch dargestellt (s. Abb. 8.3). Der unsichere Wert ist dabei einerseits der Preis eines neu entwickelten Arzneimittels B, der erst noch gesetzt werden soll, andererseits der Satz, mit dem gewonnene Lebensjahre diskontiert werden (alle übrigen Komponenten werden normal diskontiert). Das bereits auf dem Markt befindliche Konkurrenzpräparat A hat einen festen Preis und damit ein gegebenes Kosten-Effektivitätsverhältnis von 50.000 € pro gewon-nenem Lebensjahr. Bei einer Diskontierung der gewonnenen Lebensjahre mit 3 bzw. 5 % stellt sich das Ergebnis entsprechend schlechter dar.

Je nachdem welcher Preis für A gewählt wird, ergibt sich eine Vorteilhaftigkeit für das neue oder das alte Präparat. Bei einem Preis von 900 € sind beide Alterna-tiven gleichwertig (Break-even-Punkt 1). Wird für Präparat B ein geringerer Ver-kaufspreis gewählt, weist es gegenüber Präparat A Vorteile auf und sollte daher aus ökonomischer Sicht gewählt werden. Der Break-even-Punkt 1 gilt jedoch nur für den Fall ohne Diskontierung der Nutzeneffekte. Bei einer Diskontierung mit 3 bzw. 5 % steigt der Break-even-Punkt. Das Unternehmen könnte daraus schließen, dass man mit einem möglichst hohen Diskontierungssatz argumentieren sollte, da sich damit ein höherer Preis für das Präparat durchsetzen ließe. Dieses wäre aber eine gefährliche Vorgehensweise, da die Kosten pro gewonnenem Lebensjahr auch immer höher werden und ab einer bestimmten Schwelle vielleicht nicht mehr akzeptiert werden.

Noch nicht eindeutig geklärt ist die Frage, in welchem Ausmaß die unsicheren Werte variiert werden müssen. Sollen die Werte um +/- 10 % oder einen anderen festen Wert verändert werden, soll der break-even-Wert ermittelt werden, soll man die Sensitivitätsanalysen besser an den Konfidenzintervallen[417] orientieren oder anhand von sachlichen Gründen über das Ausmaß der Variation im Einzelfall ent-scheiden?

---

[417] Vgl. Briggs A. H., Fenn, P. (1998), S. 723.

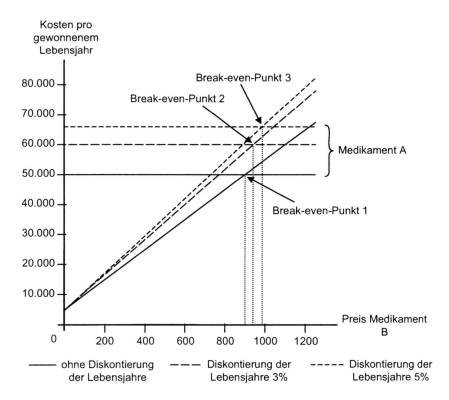

Abb. 8.3. Break-even-Analyse bei unterschiedlicher Diskontierung von Lebensjahren

Welche Lösung man im Einzelfall auch wählt, wichtig ist es, dass überhaupt eine Abschätzung der Variation von unsicheren Daten erfolgt. Die Ergebnisse von mehreren Sensitivitätsanalysen können in Form eines *Tornadodiagramms* visualisiert werden. Hier werden alle unsicheren Variablen um +/- 10 % variiert und es werden alternative Endergebnisse generiert, die unterschiedlich stark schwanken. Ganz unten im Diagramm wird nun die Schwankungsbreite des Endergebnisses der Variablen abgetragen, die am wenigsten auf eine Veränderung reagiert, darüber wird die Variable abgetragen, die am zweitwenigsten reagiert usw. Insgesamt erhält man damit eine Abbildung in Form eines Tornados (umgedrehte Pyramide), bei der man auf einen Blick sieht welche Variablen stark und welche weniger stark auf eine Variation des Ausgangswerts reagieren.

Problematisch bei einer Sensitivitätsanalyse ist, dass sie immer unter der *ceteris-paribus-Annahme* durchgeführt wird. Dieses bedeutet, dass in der Regel nur eine Variable verändert wird und die übrigen Daten konstant gehalten werden. Nur so kann der Einfluss einer bestimmten Variablen quantifiziert werden (*univariate Sensitivitätsanalyse, one-way analysis*). Eine gleichzeitige Veränderung mehrerer Größen (*multivariate Sensitivitätsanalyse, multi-way analysis*) wird nur selten durchgeführt, da eine Vielzahl von potentiellen Kombinationen existiert und die

Interpretation der Ergebnisse schwierig ist. Andererseits hängt die Kosteneffektivität eines Gesundheitsgutes nicht nur von einem Parameter ab, sondern von mehreren, die darüber hinaus interdependente Einflüsse aufweisen. Aus theoretischer
Sicht ist somit eine multivariate Sensitivitätsanalyse zu bevorzugen.[418]

In *Szenarien* können bestimmte wahrscheinliche Situationen dargestellt werden, bei denen gleichzeitig verschiedene Annahmen verändert werden (*scenario
analysis*).[419] Diese repräsentieren damit im Prinzip nichts anderes als eine logisch
begründete Auswahl aus allen potentiellen multivariaten Analysen. Üblicherweise
wird das wahrscheinlichste Szenario als Grundannahme gewählt (*best guess scenario*), sowie das optimistischste (*best case scenario*) und pessimistischste Szenario (*worst case scenario*). Weitere Szenarien können dieser Auswahl hinzugefügt
werden. Bei einer solchen Vorgehensweise, die ebenfalls dazu dient, die Sensitivität unsicherer Variablen auf das Endergebnis transparent zu machen, müssen die
gewählten Szenarien vorab plausibel begründet werden. Dies betrifft insbesondere
die Auswahl der Variablen, die auf ihre Ergebnissensitivität geprüft werden sollen.

Obwohl die Notwendigkeit von Sensitivitätsanalysen als allgemein akzeptiert
gilt, wurde in einer Analyse von seit 1992 publizierten Evaluationsstudien festgestellt, dass 24 % dieser Studien die Unsicherheit der Eingangsdaten überhaupt
nicht und weitere 38 % die Unsicherheit nur unzureichend berücksichtigten. Bei
den übrigen Studien war eine adäquate Berücksichtigung vorgenommen worden,
aber nur bei 14 % der Studien wurden tatsächlich Sensitivitätsanalysen durchgeführt, die ohne Einschränkungen aussagekräftig waren.[420]

8.8
Transparenz

Ein wesentliches Qualitätsmerkmal für ökonomische Evaluationen ist die Transparenz der durchgeführten Berechnungen. Im Prinzip sollte jedes Ergebnis vom
interessierten Leser nachkalkuliert werden können. Dieses ist insbesondere bei unsicheren Daten im Hinblick auf die Annahmen notwendig. Ein Adressat der Studie, der einer oder mehreren Annahmen nicht zustimmen kann, muss die Möglichkeit haben, alternative Ergebnisse zu berechnen, um feststellen zu können,
welchen Einfluss eine Variation der Annahmen hat. Dieses ist deshalb notwendig,
weil im Rahmen von Sensitivitätsanalysen nie alle alternativen Möglichkeit schon
innerhalb der Studie durchgerechnet werden können.

Die Berechnungen einer ökonomischen Evaluation sind häufig sehr komplex.
Es werden beispielsweise Entscheidungsbäume mit Hilfe der EDV modelliert, die
ohne dieses EDV-Modell nicht nachvollziehbar sind. Bei einer Publikation der
Studie muss man sich meist auf die Darstellung der gröbsten Annahmen und des
Ergebnisses beschränken. Keine angesehene Zeitschrift ist willens und in der La-

---

[418] Vgl. Gold, M. R., Siegel, J. E., Russell, L. B., Weinstein, M. C. (Hrsg.) (1996), S. 251.
[419] Vgl. Briggs, A., Sculpher, M., Buxton, M. (1994), S. 99.
[420] Eine Übersichtsarbeit über die Verwendung von Sensitivitätsanalysen in gesundheitsökonomischen Studien liefern Agro, K. E., Bradley, C. A., Mittmann, N. u. a. (1997).

ge, die kompletten Endberichte mit einem umfassenden Zahlenwerk zu publizieren. Wie das Ergebnis zustande kommt, ist anhand von Publikationen oft nicht klar. Es handelt sich somit für den Leser solcher Artikel um eine Black-box, bei der Daten hinein gegeben werden und ein Ergebnis herauskommt, das in dieser verkürzten Form kaum nachvollziehbar ist. Daher muss die durchführende Institution dafür Sorge tragen, dass eine umfassende Dokumentation auf Nachfrage zur Verfügung gestellt wird. Das gilt auch für entscheidungsanalytische Modelle, die keinesfalls als Geschäftsgeheimnisse der Autoren behandelt werden dürfen, wenn sie wissenschaftlichen Ansprüchen der Transparenz und Nachvollziehbarkeit genügen sollen.

Werden in dem Modell sensible, personenbezogene Daten verwendet, kann eine Weitergabe an Dritte nicht zulässig sein. Dieses gilt auch bei der Verwendung von Programmen, die mit einem Copyright geschützt sind. Eine Lösung dieses Problems könnte darin bestehen, dass die durchführende Institution Kapazitäten zur Verfügung stellt (z. B. Rechnerzugang), mit denen interessierte Personen direkt Auswertungen vornehmen können. Eine größtmögliche Transparenz der durchgeführten Studie sichert wesentlich die Akzeptanz der Ergebnisse.

8.9
Publikation

Eine Publikation der Studienergebnisse sollte in jedem Fall angestrebt werden. In der Praxis hört man sehr regelmäßig die Kritik, dass man den Ergebnissen von Studien nicht vertrauen kann, da ausschließlich positive Ergebnisse publiziert werden.[421] Implizit steht dahinter der Vorwurf, dass die Ergebnisse der Studien schön gerechnet werden, da im Regelfall ausgeprägte kommerzielle Interessen dahinter stehen. Nun gibt es zwar auch eine Reihe von öffentlich geförderten Projekten, bei denen dieser Vorwurf sicherlich nicht zutrifft[422], trotzdem ist es richtig, dass die meisten Studien von Unternehmen in Auftrag gegeben werden. Dem Vorwurf einer Manipulation von Ergebnisse kann man am besten durch eine möglichst große Transparenz des Vorgehens begegnen.

Unbestreitbar ist allerdings die Tatsache, dass tatsächlich fast ausschließlich positive Ergebnisse publiziert werden. Hauptgrund dafür ist nicht, dass Ergebnisse manipuliert werden, sondern dass sich die Auftrag gebenden Unternehmen die Zustimmung zur Publikation vorbehalten. Hier setzt sich im gesundheitsökonomischen Bereich leider erst allmählich der Grundsatz wie bei klinischen Wirksamkeitsstudien durch, dass schon bei Beauftragung der Studie eine Publikation der Resultate unabhängig von ihrem Inhalt vertraglich vereinbart wird. Trotzdem geht die Tendenz auch bei gesundheitsökonomischen Evaluationen dahin, dass immer

---

[421] Vgl. Kernick, D. P. (1998), S. 197.
[422] Andererseits sind auch öffentlich geförderte Projekte nicht frei von Partikularinteressen. Neben der politischen Bedeutung bestimmter Studieninhalte sind dabei z. B. Einkommensinteressen der Leistungserbringer von Bedeutung, ohne die nur wenige Studien durchgeführt werden können, vgl. Jönsson, B. (1994), S. 306.

mehr Auftraggeber die prinzipielle Notwendigkeit einer Publikation anerkennen. Aber auch wenn weiterhin in erster Linie Studien mit positiven Ergebnissen publiziert werden, können sich Entscheidungsträger an diesen Resultaten orientieren. Zumindest für diese medizinischen Maßnahmen ist ein positiver ökonomischer Effekt nachgewiesen worden. Maßnahmen, für die dieser Nachweis fehlt, sollten demzufolge nur nachrangig berücksichtigt werden.

Die Publikation der Studienergebnisse sollte möglichst in einer angesehenen Fachzeitschrift erfolgen, bei der ein Begutachtungsverfahren für jedes eingereichte Manuskript vorgesehen ist (*peer-reviewed journal*). Dabei sollte man sich nicht ausschließlich auf gesundheitsökonomische Zeitschriften (deren Zahl in den letzten Jahren – auch im deutschsprachigen Bereich – zugenommen hat) beschränken, sondern auch die medizinischen Journals der jeweils betroffenen Fachrichtung berücksichtigen. Bei internationalen Studien sollte die Hauptpublikation in englischsprachigen Zeitschriften erfolgen, die jeweiligen nationalen Teile der Studien sollten zusätzlich noch in der Landessprache veröffentlicht werden.

8.10
Finanzierung

Bevor eine ökonomische Evaluationsstudie begonnen wird, muss die Frage der Finanzierung geklärt werden. Nur eine geringe Anzahl von Studien kann mit vorhandenen Ressourcen durchgeführt werden (z. B. Studie innerhalb einer Krankenhausapotheke). Wie in vielen anderen Bereichen, gibt es auch im gesundheitsökonomischen Bereich low-budget-Studien und Studien, die mit erheblichen finanziellen Mitteln ausgestattet sind. Generell kann man sagen, dass die Qualität einer Studie tendenziell von den zur Verfügung stehenden finanziellen Mitteln abhängt. Dieses liegt daran, dass bei einer ausreichenden Mittelausstattung auf viele Annahmen verzichtet werden kann und die entsprechenden Daten selbst erhoben werden können.

Wünschenswert wäre es, wenn die Entscheidungsträger im Gesundheitswesen (z. B. in Ministerien, Krankenkassen) die Studien selbst in Auftrag geben würden. Eine Beeinflussung der Studie durch den Auftraggeber wäre damit weniger wahrscheinlich, da man in der Regel an neutralen Ergebnissen interessiert sein wird. Gerade die genannten Institutionen haben aber häufig nur geringe Möglichkeiten, eine entsprechende Finanzierung sicherzustellen, und zudem halten sie es auch für eine originäre Aufgabe der Hersteller von medizinisch-technischen Produkten nachzuweisen, dass ihre Produkte nicht nur medizinisch wirksam, sondern auch effizient sind. In anderen Ländern kann das durchaus anders aussehen. So wird geschrieben, dass in Großbritannien und Schweden die öffentliche Hand häufig die Kosten für entsprechende Studien übernimmt.[423]

---

[423] Vgl. Rogalski, C., Paasch, U., Simon, J. C. (2004), S. 284.

8.11
Durchführende Institution

Wie bereits erwähnt werden gesundheitsökonomische Studien in der Regel von privatwirtschaftlichen Unternehmen in Auftrag gegeben, hier dominiert eindeutig die pharmazeutische Industrie. Die großen Pharmaunternehmen verfügen personell und was die sachliche Ausstattung angeht über so gut ausgerüstete gesundheitsökonomische Abteilungen, dass sie im Prinzip jede Studie qualitativ hochwertig selbst durchführen können. Trotzdem ist zu beobachten, dass der größte Teil der Studien fremd vergeben wird. Der Grund für dieses Verhalten liegt in erster Linie (berechtigt oder unberechtigt) an Glaubwürdigkeitsproblemen. Es wird nicht selten davon ausgegangen, dass Studien, die vom Hersteller eines Produkts selbst durchgeführt werden, einen zu großen Bias aufweisen.

Aus diesem Grund sollte bei der Auftragsvergabe darauf geachtet werden, dass die durchführende Institution möglichst unabhängig vom Auftraggeber ist. Je größer die Unabhängigkeit ist, desto eher werden die Ergebnisse der Studien akzeptiert. Dieses ist auch wichtig für die spätere Publikation in angesehen Zeitschriften. Das New England Journal of Medicine setzt dabei in ihrem Editorial vom 8. September 1994 folgende hohe Maßstäbe:[424]

1. Any study supported by industry must be funded by a grant to a not-for-profit entity such as a hospital or a university, not to an individual or group of individuals. We will not review such studies if any of the authors is receiving a direct salary from the sponsoring company or a competing company, or if any author has equity interest in, an ongoing consultancy with, or membership on the scientific advisory board of such a company, or a related patent pending.
2. We must receive written insurance that the agreement between the authors and the funding company ensures the authors' independence in the design of the study, the interpretation of data and writing of the report, and decisions regarding publication, regardless of the results of the analysis.
3. The manuscript must include all the data used in the analysis, all assumptions on which the data are based, and the model used in the analysis.

Derart strikte Publikationsregeln ließen sich in der Vergangenheit jedoch nicht durchsetzen. Allerdings macht das Beispiel deutlich, welche Probleme bei der Publikation von Studien entstehen können, wenn auf die Mitarbeit neutraler Institutionen verzichtet wird.

---

[424] Kassirer, J. P., Angell, M. (1994).

Teil B:

Das Studiendesign:
Field Research und Desk Research

1 Datenherkunft

O. Schöffski

Lehrstuhl für Gesundheitsmanagement, Universität Erlangen-Nürnberg

1.1
Systematisierung der Ansätze

In diesem zweiten großen Teil des Buchs werden die Möglichkeiten dargestellt, die man bezüglich des Designs einer gesundheitsökonomischen Evaluation hat. Es geht hierbei um die globale Anlage einer Studie und damit um Fragen, die geklärt werden müssen, bevor überhaupt eine Entscheidung bezüglich der Studienform (z. B. Kosten-Effektivitäts-Analyse, Kosten-Nutzwert-Analyse) oder des Vorgehens innerhalb dieser Studienform (z. B. bezüglich der Diskontierung, bezüglich Sensitivitätsanalysen) getroffen wird. Von daher müsste Teil B des Buchs von der Sachlogik her gesehen vor dem Teil A stehen. Da allerdings einige der Grundlagen aus Teil A für das Verständnis einzelner Kapitel von Teil B unabdingbar sind (z. B. welches ist eigentlich die Zielgröße eines Markov-Modells), wurde diese Reihenfolge gewählt.

Eine wichtige Frage im Zusammenhang mit dem Studiendesign, die in der Vergangenheit noch nicht abschließend diskutiert wurde, ist wie breit ein neuer Wirkstoff überhaupt bewertet werden soll. Der Hersteller hat in der Regel ein Interesse daran, die Effizienz nur für eine sehr eingegrenzte Indikation nachzuweisen, für die er gute Ergebnisse generieren kann. Eine spätere Diffusion des Präparats auf andere Indikationen sind ihm dabei durchaus recht. Die Kostenträger und staatliche Institutionen sind eher an einer ganzheitlichen Darstellung der Innovation interessiert, d. h. an den Durchschnittsergebnissen über alle Indikationen, in denen der Wirkstoff eingesetzt werden kann. Diese Durchschnittseffizienz ist schlechter als die für ausgewählte Indikationen, aber für die Kostenträger entscheidungsrelevanter, wenn das Präparat auch breit eingesetzt wird.

Beim Design einer Evaluationsstudie bestehen einige sich ergänzenden oder sich gegenseitig ausschließenden Möglichkeiten. Es fällt daher schwer, eine Systematik zu finden, die keinen Ansatz für Kritik gibt. Die Systematisierung, die hier gewählt wird, trifft insbesondere eine Unterscheidung gemäß der Frage, ob die Daten, die für die Studie notwendig sind, neu erhoben werden müssen oder ob man die Untersuchung auf bereits vorhandenen Daten basieren lässt und das Ergebnis auf deren Grundlage generiert. Während ersteres mit dem Begriff *Field Research* bezeichnet wird, wird für die zweite Vorgehensweise *Desk Research* oder *Evidenzsynthese* verwendet. Innerhalb dieser beiden Gruppen werden die in Tabelle 1.1 dargestellten Ansätze subsumiert.

Tabelle 1.1. Design einer gesundheitsökonomischen Evaluation

Field Research	Desk Research / Evidenzsynthese
Klinische Studie mit ökonomischem Appendix	Meta-Analyse
Naturalistische Studiendesigns	Entscheidungsbaum-Analyse
Delphi-Methode	Markov-Modell

Diese Einteilung ist, wie bereits erwähnt, nicht unproblematisch. Entscheidungsbaum-Analysen können durchaus auf selbst erhobenen Daten beruhen, dasselbe gilt für die Markov-Modelle. Ein naturalistischer, d. h. die Versorgungswirklichkeit widerspiegelnder Ansatz kann entweder als ökonomische Anwendungsbeobachtung auf selbst erfassten Daten beruhen oder aber retrospektiv durch die Auswertung der Patientenakten beispielsweise bei niedergelassenen Ärzten erfolgen. Man kann demzufolge durchaus Studiendesigns finden, die sich nicht gemäß dieser Einteilung klassifizieren lassen.

Um aber überhaupt eine Struktur zu erhalten, wird im Folgenden davon ausgegangen, dass bei klinischen Studien, naturalistischen Studien und der Delphi-Methode mehr oder weniger aufwändig neue Daten generiert werden, während bei der Meta-Analyse, der Entscheidungsbaum-Analyse und den Markov-Modellen auf bereits vorhandenen Daten aufgebaut wird, die zum Zwecke der Ermittlung aussagekräftiger Ergebnisse neu miteinander verknüpft werden.

Es lässt sich sicherlich schon an dieser Stelle sagen, dass die Neuerfassung von Daten die kostspieligere Alternative darstellt. Daher existiert auch eine Reihe von entsprechenden Studien, denen eine Evidenzsynthese vorgeschaltet ist. Die Fragestellung wird zunächst als „Trockenübung" vom Schreibtisch aus durchgespielt, um überhaupt erst einmal einen Eindruck über mögliche Ergebnisse zu erhalten. Die hierzu benötigten Daten werden vorhandenen publizierten Quellen entnommen, auch die so genannte „graue" Literatur (z. B. nicht publizierte Daten, Diskussionspapiere, im Haus vorliegende interne Daten) kann verwendet werden. Durch die Berechnungen gelingt es, erste gesundheitsökonomische Berechnungen durchzuführen und eine Grundlage zur Entscheidung für oder gegen die Durchführung einer (aufwändigeren) Folgeuntersuchung zu generieren. Gleichzeitig können die hier gewonnenen Daten als Kontrolle für die im Feld erhobenen Daten dienen.

Insbesondere bei der Neuerfassung von Daten, d. h. dem Field Research, existieren noch weitere für das Design einer gesundheitsökonomischen Evaluation relevante Unterscheidungsmerkmale, die zum Teil mit den genannten Methoden frei kombiniert werden können, zum Teil ist eine feste Zuordnung gegeben. Es handelt sich hierbei zum einen um die Frage, auf welcher Aggregationsebene die Daten erfasst und dann weiterverarbeitet werden (top down oder bottom up) und zum anderen, ob es sich um einen retrospektiven oder einen prospektiven Ansatz handelt. Während beispielsweise bei einer klinischen Studie die Daten immer auf der individuellen Patientenebene erhoben werden, können andere Analyseformen durchaus auch auf höher aggregierten Daten aufbauen, beispielsweise auf Statistiken der Kassenärztlichen Vereinigungen, der Krankenkassen oder des Statistischen Bundesamts. Naturalistische Studiendesigns können sowohl prospektiv als auch retrospektiv durchgeführt werden, bei klinischen Studien liegt dagegen immer ein prospektives Studiendesign vor.

1.2
Top down- vs. bottom up-Ansatz

Der top down- und der bottom up-Ansatz werden in diesem Buch ausführlich im Zusammenhang mit der Krankheitskosten-Analyse dargestellt (s. Kap. A 5.2.2), da diese Unterscheidung insbesondere dort von Bedeutung ist. Hier soll die Vorgehensweise nur kurz charakterisiert werden. Während bei der im Folgenden dargestellten Unterscheidung in retrospektive und prospektive Ansätze die Zeit das charakterisierende Element darstellt, werden die Daten hier gemäß ihrem Aggregationsgrad differenziert. Diese Aggregation kann dabei anhand von Institutionen (z. B. Krankenhausdiagnosestatistik) oder anhand von Funktionen (z. B. Ausgabenstatistik, Arbeitsunfähigkeitsstatistik) vorgenommen werden.[1]

Beim bottom up-Ansatz geht man vom einzelnen Patienten aus, dessen individuelle medizinische Daten und Ressourcenverbräuche erfasst werden. Diese Daten werden über viele Personen verdichtet, bis man zu der gewünschten Aussageebene gelangt. Die Bewertung der Ressourcenverbräuche mit den zugehörigen Preisen kann dabei entweder bereits auf der individuellen Ebene oder erst auf der aggregierten Ebene vorgenommen werden.

Beim top down-Ansatz wird von hoch aggregierten Daten ausgegangen, die in amtlichen Statistiken zu finden sind. Diese werden auf die gewünschte Aussageebene heruntergebrochen, indem man mehr oder weniger plausible Schlüsselungen vornimmt. Das Problem bei dieser Vorgehensweise liegt darin, dass die zur Verfügung stehenden amtlichen und administrativen Statistiken nicht spezifisch für die Aufgabenstellungen der Gesundheitsökonomie erhoben wurden, sie sind daher nur unter Vorbehalt für ökonomische Analysen geeignet. Auch liegen diese Daten für die einzelnen Leistungsbereiche in unterschiedlicher Güte und Vollständigkeit vor. So existiert beispielsweise für den ambulanten Bereich keine amtliche Statistik, hier kann nur auf (sehr kostspielige) kommerzielle Datensammlungen zurückgegriffen werden.

---

[1]   Vgl. Glaser, P. (1998b), S. 41.

1.3
Retrospektiver vs. prospektiver Ansatz

Wenn eine gesundheitsökonomische Fragestellung beantwortet werden soll, so muss dafür eine Reihe von Daten zur Verfügung stehen. Diese Daten können prospektiv oder retrospektiv erfasst werden. Bei der retrospektiven Datenerfassung kann man eine weitere Einteilung vornehmen. Es kann unterschieden werden nach Primär- und Sekundärdaten.[2] Man spricht bei der Gewinnung von Daten an ihrem Entstehungsort von Primärerhebung und bei der Aufbereitung bereits vorhandener, mehr oder minder stark verdichteter Daten üblicherweise von Sekundärforschung.

Bei *Primärdaten* handelt es sich beispielsweise um die Auswertung von Patientenakten im niedergelassenen Bereich oder in Krankenhäusern, um die Verwendung von Daten aus epidemiologischen Studien, um Abrechnungsdaten der Krankenkassen oder sogar schon komplett erstellten Datenbanken der integrierten Versorgung oder von Praxisnetzen, deren Aufbau in jüngster Zeit forciert wird.

Sekundärdaten können beispielsweise aus amtlichen oder administrativen Statistiken, publizierten klinischen und anderen Studien oder auch Marktforschungsberichten gewonnen werden. Diese Daten beruhen ihrerseits auf Primärdaten. Es ist generell die Verwendung von Primärdaten zu bevorzugen, in vielen Fällen wird es aber zu aufwändig bzw. unmöglich sein, an das originäre Datenmaterial zu kommen, so dass die Verwendung von bereits mehr oder weniger aggregierten Sekundärdaten die second-best-Lösung darstellt.

Die retrospektive Vorgehensweise, obwohl bei Medizinern häufig verpönt, weist generell eine Reihe von *Vorteilen* auf, die insbesondere bei einer eher ökonomischen Betrachtungsweise ins Gewicht fallen:

- Das künstliche Design einer prospektiven klinischen Prüfung entfällt, je nach verwendetem Datenmaterial hat man eher einen Überblick über die tatsächliche Versorgungswirklichkeit mit all ihren Limitationen.
- Die Daten sind schnell und kostengünstig zu erheben.
- Es sind große Fallzahlen möglich, mehr als 1.000 Patienten sind keine Seltenheit.[3]
- Generalisierende Aussagen sind eher möglich als bei stark kontrollierten prospektiven Studien.[4]

Diesen Vorteilen stehen allerdings *Nachteile* gegenüber, die nicht vernachlässigt werden dürfen. Insbesondere sind negative Auswirkungen auf die Studienqualität zu befürchten, da die Planbarkeit stark reduziert ist:

- Ein Vergleich zwischen Therapiealternativen ist häufig nicht möglich, da hierzu differenzierte Daten notwendig sind.[5]

---

[2] Vgl. Glaser, P. (1998b), S. 40.
[3] Vgl. Rychlik, R. (1999), S. 80.
[4] Vgl. Rychlik, R. (1999), S. 82.
[5] Vgl. Copeland, K., Wilson, P. (1995).

- Retrospektive Daten müssen sorgfältig gefiltert werden, um die nicht relevanten von den relevanten Daten zu trennen.
- Eine retrospektive Erhebung von Lebensqualitätsparametern ist nicht möglich, da diese, im Gegensatz zu vielen anderen Daten, noch nicht standardisiert erfasst werden.[6]

Im Gegensatz zu den retrospektiven Studien werden bei den *prospektiven Studien* die Daten genau so erfasst, wie man sie für die Beantwortung der Studienfragestellung benötigt. In den meisten Fällen sind diese Untersuchungen den retrospektiven hinsichtlich Genauigkeit, Aussagekraft und insbesondere Aktualität überlegen.[7] Es sind die folgenden *Vorteile* zu nennen:[8]

- Die Studie kann exakt auf die Problemstellung und die Zielgruppe ausgerichtet werden.
- Schätzungen, Annahmen oder Hypothesen sind in weit geringerem Umfang notwendig.
- Die Erfassung der Lebensqualität von Patienten ist möglich und damit auch die Durchführung von anspruchsvollen Evaluationsstudien.
- Der Qualitätsstandard der Studien ist hoch, dieses erhöht die Glaubwürdigkeit und die Akzeptanz.[9]

Diesen Vorteilen stehen allerdings wiederum erhebliche *Nachteile* gegenüber, die in erster Linie ökonomischer Natur sind:

- Die Studien sind sehr zeit- und kostenintensiv.
- Es besteht die Gefahr der Selektion von Patienten und die Verwendung eines Studiendesigns, das nicht die Behandlungswirklichkeit widerspiegelt.
- Eine frühzeitige Planung der Studie ist notwendig.

Es besteht nun die Frage, welcher der beiden Ansätze vorzuziehen ist. Auf den ersten Blick ist sicherlich die prospektive Erfassung der Daten die attraktivere Methode, da man hier qualitativ sehr hochwertige und gezielte Aussagen treffen kann. Es existiert sogar die Auffassung, dass prospektive Studien generell den retrospektiven vorzuziehen sind.[10] Allerdings müssen auch bei der Durchführung einer gesundheitsökonomischen Evaluation Wirtschaftlichkeitsaspekte berücksichtigt werden. So ist es zeitlich und finanziell häufig nicht möglich, die Daten neu zu erfassen. Man ist dann auf die retrospektive Auswertung bereits vorhandener Daten angewiesen. Diese werden allerdings im Regelfall nicht mit der zu beantwortenden Fragestellung harmonieren, da sie in der Vergangenheit für andere Zwecke erhoben wurden.

Daher besteht ein Optimierungsproblem. Für die gesundheitsökonomische Evaluationsstudie ist der effizienteste Weg zu wählen, mit dem die Studienfrage vali-

---

6   Vgl. Brandt, A., Dinkel, R. (1988), S. 80.
7   Vgl. Rychlik, R. (1999), S. 133.
8   Vgl. Glaser, P. (1998b), S. 41.
9   Vgl. Brandt, A., Dinkel, R. (1988), S. 81.
10   Vgl. Souetre, E. J. u. a. (1994), S. 104.

de beantwortet werden kann. Die Kosten der Studiendurchführung müssen der Qualität der Studienergebnisse gegenübergestellt werden. Eine allgemeingültige Beantwortung der Frage, ob ein retrospektives oder prospektives Design vorzuziehen ist, gibt es demzufolge nicht. Vielleicht ist es aber auch keine Frage des „entweder/oder", sondern es bietet sich eine Zwischenlösung an. Häufig wird es der Fall sein, dass man eine Studie so weit wie möglich auf bereits verfügbaren, passenden, retrospektiv erhobenen Daten basieren lässt, die man um prospektiv erhobene Daten ergänzt, um zu einer guten Aussagequalität bei akzeptablem zeitlichen oder finanziellen Rahmen zu gelangen. Epidemiologische Daten werden häufig in einer Studie nicht selbst erfasst, sondern der Literatur entnommen. Klinische Daten können schon am ehesten prospektiv erhoben werden, zumindest bei der Neueinführung von Arzneimitteln müssen entsprechende Studien ohnehin durchgeführt werden. Bei den Daten zu den Ressourcenverbräuchen und den zugehörigen Preisen wird man sich je nach vorhandener Datenlage für einen prospektiven oder retrospektiven Ansatz entscheiden.

2 Field Research

O. Pirk, C. Claes, O. Schöffski

Fricke & Pirk GmbH, Member of the IMS Health Group, Nürnberg
Forschungsstelle für Gesundheitsökonomie und Gesundheitssystemforschung,
Universität Hannover
Lehrstuhl für Gesundheitsmanagement, Universität Erlangen-Nürnberg

2.1
Klinische Studien

2.1.1
Prozess der Arzneimittelentwicklung

Im Rahmen des Entwicklungsprozesses von Arzneimitteln nehmen die klinischen Studien der verschiedenen Phasen eine zentrale Rolle ein. Klinische Prüfungen sind zum einen wichtig, um die Wirksamkeit, Sicherheit und Verträglichkeit eines Arzneimittels zu belegen, und zum anderen unabdingbar, um ein Arzneimittel verkehrsfähig zu machen, d. h. es für die breite Anwendung zuzulassen. Ein nicht zugelassenes Arzneimittel darf prinzipiell vom Arzt nicht verordnet werden. Der Einsatz nicht zugelassener Arzneimittel ist lediglich im Rahmen eines übergesetzlichen Notstands oder im Rahmen von klinischen Prüfungen möglich. Klinische Prüfungen werden von den Gesetzgebern national wie international zum Nachweis der *Sicherheit, Verträglichkeit* und *Wirksamkeit* eines Arzneimittels gefordert. Dieser Nachweis soll – soweit möglich – im Vergleich zu einem wirksamen Standardpräparat oder zu einem Scheinpräparat (*Placebo*) erbracht werden. Hierbei muss allerdings berücksichtigt werden, welches Ziel mit einer Arzneimittel(neu)-entwicklung verfolgt wird: Es soll nachgewiesen werden, dass ein neues Arzneimittel

- eine hohe Wirksamkeit bei
- geringen Nebenwirkungen hat,

- die Compliance der Patienten erhöht,
- die Morbidität und Mortalität senkt,
- die Lebensqualität verbessert und
- nach sozioökonomischen Kriterien zweckmäßig ist.

Es ist daher nahe liegend, auch ökonomische Daten im Rahmen klinischer Studien zu erheben. In Ländern, wie beispielsweise Kanada, Neuseeland und Finnland, wird im Zusammenhang mit dem Antrag auf eine Neuzulassung auch der Nachweis der Wirtschaftlichkeit gefordert. Andere Länder prüfen die Wirtschaftlichkeit eines Arzneimittels nach der Zulassung und machen den Preis oder die Erstattung des Arzneimittels vom Ergebnis dieser Bewertung abhängig (z. B. Belgien, Niederlande, UK und wahrscheinlich zukünftig auch Deutschland). Im Rahmen klinischer Arzneimittelprüfungen werden zu diesem Zweck gesundheits- und pharmakoökonomische Variablen – sozusagen als Appendix – mit erhoben und ausgewertet. Der dafür häufig verwendete Begriff *Piggy back* (Rucksack) aus dem angloamerikanischen Sprachraum drückt möglicherweise die etwas abschätzige Haltung von Prüfärzten gegenüber der Ökonomie aus.

In klinischen Studien wird der Versuch unternommen, alle störenden Einflüsse für die Vergleichsgruppen konstant zu halten oder gar zu eliminieren. Die Durchführung klinischer Prüfungen wird weltweit durch verschiedene Bestimmungen reglementiert. Durch gesetzliche Regelungen im jeweiligen Staat, durch international akzeptierte Richtlinien und durch Leitlinien (*Note for Guidance*) findet eine weltweit relativ einheitliche Regelung von klinischen Prüfungen statt. Die *Note for Guidance* stellt den aktuellen Stand des Wissens zur Durchführung klinischer Prüfungen dar. Sie gilt jedoch „lediglich" als Empfehlung, die aufgrund nationaler Gesetzgebungen einen verbindlichen Charakter erhält. Die Europäische Union hat beispielsweise die „ICH (International Conference on Harmonisation) Guideline for Good Clinical Practice (GCP)" als europäische Leitlinie „Note for Guidance on Good Clinical Practice (CPMP/135/95)" ausgewiesen.[11] Sinn und Zweck dieser Maßnahmen ist zum einen im Schutz der teilnehmenden Individuen zu sehen, zum anderen in der Gewährleistung von Standards, die eine weitestgehende Nachvollziehbarkeit der Resultate ermöglichen soll.

Klinische Studien durchlaufen zeitlich gestaffelt verschiedene Phasen (s. Abb. 2.1). Vor Zulassung und Einsatz im Behandlungsalltag muss jedes Arzneimittel seine Wirksamkeit und Unbedenklichkeit unter Beweis stellen. In der präklinischen Phase werden potentiell wirksame Substanzen im Labor identifiziert und im Tierversuch auf ihre mögliche Wirksamkeit, eventuell vorhandene Toxizität, Karzinogenität und Mutagenität überprüft.

---

[11] Vgl. Stapff, M. (1998), S. 29–30.

Phasen	**Ziele**

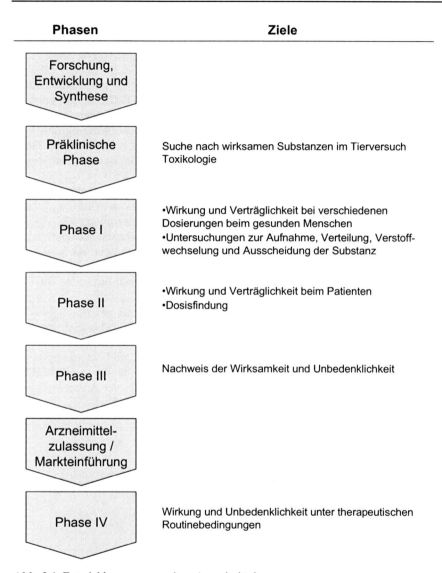

Forschung,
Entwicklung und
Synthese

Präklinische
Phase — Suche nach wirksamen Substanzen im Tierversuch
Toxikologie

Phase I —
•Wirkung und Verträglichkeit bei verschiedenen
Dosierungen beim gesunden Menschen
•Untersuchungen zur Aufnahme, Verteilung, Verstoff-
wechselung und Ausscheidung der Substanz

Phase II —
•Wirkung und Verträglichkeit beim Patienten
•Dosisfindung

Phase III — Nachweis der Wirksamkeit und Unbedenklichkeit

Arzneimittel-
zulassung /
Markteinführung

Phase IV —
Wirkung und Unbedenklichkeit unter therapeutischen
Routinebedingungen

Abb. 2.1. Entwicklungsprozess eines Arzneimittels

Klinische Studien der Phase I: Erste Untersuchungen werden danach meist an gesunden Freiwilligen (Probanden) durchgeführt (Humanexperiment). Lediglich
hochtoxische Substanzen, gentechnologische Verfahren oder Eiweißverbindungen
(Proteine) werden wegen der zu erwartenden Wirkung bzw. wegen der ärztlich
und ethisch nicht vertretbaren Risiken nur an Patienten und nicht an Gesunden getestet. In dieser Phase I einer klinischen Studie werden bei unterschiedlichen Dosierungen Aufnahme, Verteilung, Verstoffwechselung und Ausscheidung (Phar-
makokinetik und Pharmakodynamik) sowie – soweit möglich – die Wirkungen

(erwünschte und unerwünschte) der betreffenden Substanz ermittelt. Diese Untersuchungen werden an relativ wenigen Probanden/Patienten in speziell dafür vorgesehenen Einrichtungen durchgeführt. Die Anzahl der Teilnehmer an allen Phase I Studien ist häufig nicht größer als 200 bis 300 Personen.[12]

Klinische Studien der Phase II: Konnte ein Wirkstoff die vorgenannten Phasen erfolgreich durchlaufen, wird in Phase II der Wirkstoff bei Patienten mit entsprechender Indikation eingesetzt. Bei diesen Studien handelt es sich meist um solche mit Pilotcharakter. Es geht vor allem um den Nachweis einer Wirkung und Verträglichkeit beim Kranken sowie um die Ermittlung einer angemessenen Dosis und die Erfassung von Dosis-Wirkungs-Beziehungen. Hierbei ist der Übergang zu klinischen Studien der Phase III fließend.

Klinische Studien der Phase III: Liegen genügend Daten über die erwartete Wirksamkeit, die Sicherheit und eine mögliche Dosierung vor, wird das Arzneimittel in der Phase III an einem größeren Patientenkollektiv untersucht. Es gilt hierbei, Erfahrungen bezüglich der mit der Hauptdiagnose vergesellschafteten Begleitdiagnosen und Interaktionen mit deren Therapie zu sammeln. Aufgrund der relativ hohen Patientenzahlen in den Prüfungen der Phase III können auch seltenere Nebenwirkungen erfasst werden, deren Auftrittswahrscheinlichkeiten im Promillebereich liegen.

Im Rahmen von Phase III-Studien werden Vergleiche zur jeweils etablierten Standardtherapie genauso durchgeführt wie Vergleiche zu Placebo (Scheinpräparat). Die Verträglichkeit des Arzneimittels bei Langzeittherapie ist ebenso Gegenstand der Untersuchung wie die kurzzeitige Therapie bei akuten Erkrankungen.

Alle bisher erhobenen Daten werden zum Abschluss des Phase III-Studienprogramms in einem Zulassungsantrag zusammengefasst. Dieser Antrag soll eine eingehende Beurteilung des Arzneimittels gestatten im Hinblick auf

- den Wirkmechanismus,
- die pharmakologischen Daten,
- die Wirksamkeit,
- die minimale und maximale Dosierung,
- das Dosierungsintervall,
- die Wirkung im Vergleich zu bisherigen Standardtherapien,
- und die Verträglichkeit sowie
- die zu erwartenden Nebenwirkungen einschließlich ihrer möglichen Häufigkeit.[13]

Phase IV-Studien: Phase IV-Studien werden erst nach Zulassung des Arzneimittels in festgelegter Formulierung, Dosis und Indikation durchgeführt, um festzustellen, ob die beschriebene Wirksamkeit in der Praxis tatsächlich erreicht wird und ob weitere, bislang unentdeckte Nebenwirkungen auftreten. Häufig wird nicht von Phase IV-Studien sondern vom Phase IV-Programm gesprochen. Hiermit ist die Arzneimittelforschung nach der Zulassung gemeint. Im Phase IV-Programm

---

[12] Vgl. Schwarz, J. A. (1995), S. 51.
[13] Vgl. Stapff, M. (1998), S. 13.

werden sowohl klinische Studien, nach dem ICH-GCP Standard durchgeführt, als auch so genannte Anwendungsbeobachtungen (s. Kap. 2.3) zum Beobachten der Arzneimitteltherapie unter Realbedingungen eingesetzt.

Die klinischen Prüfungen aller Phasen unterliegen den gleichen Durchführungsstandards. Ziel ist es, im Rahmen klinischer Prüfungen soviel wie möglich über das Prüfarzneimittel zu erfahren, im Idealfall unter Ausschluss aller denkbaren Einflussfaktoren. Klinische Prüfungen werden daher kontrolliert durchgeführt. Neben einem Studienarm, in welchem die Prüfsubstanz getestet wird, gibt es einen Kontrollarm. Als Kontrolle dient dabei ein Scheinpräparat (Placebo) oder eine etablierte Standardtherapie („Goldstandard"). Die Probanden/Patienten werden per Zufall (randomisiert) auf die Studienarme verteilt. Hierbei wird eine Selektion durch den Untersucher vermieden. Um eine Erwartungshaltung hinsichtlich der Wirksamkeit des Prüfpräparats und damit eine Verzerrung des Ergebnisses in eine Richtung auszuschließen, erfahren die Probanden/Patienten nicht, welchem Studienarm sie angehören. Dieses Verfahren wird *einfache Verblindung* genannt. In einer *Doppelblind*-Studie erfahren auch die Untersucher nicht, welcher Proband/Patient das Prüfpräparat oder die Kontrolltherapie erhält. Während klinische Prüfungen der frühen Phase meist nur an einem Zentrum (*monozentrisch*) durchgeführt werden, finden die Studien der späteren Phase (teilweise bereits ab Phase II) häufig in vielen Zentren (*multizentrisch*) verteilt über die ganze Welt statt. Die *doppelblinde, randomisierte, kontrollierte, multizentrische Studie* mit Zentren in Europa und Nordamerika gehört heute bereits zum Alltag klinischer Forscher.

Doppelblinde randomisierte kontrollierte klinische Studien gelten als Goldstandard für die Sammlung klinischer Daten über die Wirksamkeit und Sicherheit von (neuen, noch nicht zugelassenen) Arzneimitteln.[14] Studienbedingte Einflüsse (Bias) auf die Wirksamkeit werden weitestgehend ausgeschlossen, damit weisen klinische Studien Ergebnisse mit hoher innerer Validität auf.

2.1.2
Zeitpunkt der Wirtschaftlichkeitsanalyse

In klinischen Studien kann die ökonomische Analyse zusammen mit der klinischen Prüfung einer Therapie vorgenommen werden (als gesundheitsökonomischer Appendix) oder später.[15] Gegen eine gleichzeitige klinische und ökonomische Analyse spricht, dass eine klinische Studie für sich allein schon äußerst zeitraubend, komplex und kostspielig ist, als dass noch auf zusätzliche Aspekte Rücksicht genommen werden kann.

Je später die ökonomische Analyse im Entwicklungsprozess eines Arzneimittels ansetzt, desto detaillierter kann die Analyse über die zu untersuchende Substanz ausfallen. Mit jedem Schritt in der Prozesskette wird mehr Wissen über Wirksamkeit und Verträglichkeit der Substanz akkumuliert. Mit der Verringerung der Unsicherheit über die Substanz steigen jedoch die bereits investierten Mittel,

---

[14] Vgl. Drummond, M. F., Davies, L. (1991), S. 561.
[15] Zur Verknüpfung von Wirtschaftlichkeitsanalysen und klinischen Studien vgl. Drummond, M., Teeling Smith, G., Wells, N. (1989), S. 61–69.

so dass die Entscheidung über die Weiterentwicklung der Substanz möglichst frühzeitig getroffen werden muss. Sobald eine Substanz die präklinische Forschung erfolgreich durchlaufen hat und das potentielle Indikationsfeld feststeht, lässt sich mit Hilfe des Desk Research das Marktpotenzial abschätzen. Es liegen nun Daten aus dem Tierexperiment vor, die über die bloßen Vermutungen bezüglich Wirksamkeit und Verträglichkeit hinausgehen und eine relativ gute Abschätzung hinsichtlich Wirksamkeit und Verträglichkeit am Menschen erlauben. Als zusätzliche Information für die Entscheidung über die Fortführung des Entwicklungsprozesses und zur Abschätzung des Marktpotenzials und des Marktpreises sind jedoch weitere Daten notwendig. Diese Daten sind a) die Krankheitskosten für die entsprechende Indikation, b) die Effektivität der neuen Substanz und c) die Veränderung der Krankheitskosten durch den Einsatz der neuen Substanz.

Gesundheitsökonomische Erhebungen unmittelbar vor (Phase III) oder nach der Zulassung einer Substanz (Phase IV) dienen nicht mehr der Entscheidung hinsichtlich der Fortführung der Forschung, sondern sie liefern Daten, die die zukünftige Marktposition und den Preis der Substanz unterstützen sollen. In erster Linie geht es um den Nachweis des Marktwertes der Substanz im entsprechenden Indikationsfeld, d. h. um eine Argumentationsbasis zur Aufnahme in Arzneimittellisten (z. B. Positivliste) und um den Marktpreis. Bei ökonomischen Analysen, die nach der Zulassung durchgeführt werden, steht der Nachweis der Effizienz unter Alltagsbedingungen (naturalistische Studiendesigns) im Vordergrund. Hierbei kann es um einen allgemeinen Nachweis gehen, aber auch um die sehr spezielle Darstellung im Rahmen von *Disease Management* Programmen.

Umfassende und gezielte Aussagen über die Wirtschaftlichkeit einer Substanz lassen sich mit einem gesundheitsökonomischen Appendix in klinischen Studien der Phase III und Phase IV treffen. Allerdings ist zu berücksichtigen, dass in klinischen Studien der Phase III die gewählte Vergleichstherapie häufig keine übliche Therapie darstellt. Die vom Verfahren geforderten Placebovergleiche spielen ökonomisch betrachtet unter Umständen nur eine untergeordnete Rolle.[16] So werden Kosten ermittelt, die so im Behandlungsalltag kaum oder gar nicht auftreten und nur durch die Vorschriften im Studienprotokoll verursacht werden. Gerade diese studienabhängigen Kosten müssen identifiziert und separat ausgewiesen werden, um sich den „Alltagskosten" zumindest zum Teil anzunähern.

Für eine möglichst frühe Durchführung einer ökonomischen Studie begleitend zur klinischen spricht, dass zum Zeitpunkt der Entscheidung über den Therapieeinsatz alle relevanten Ressourcenverbrauchsdaten verfügbar sind. Alle Resultate können den gleichen klinischen Ergebnissen zugeordnet werden, da sie auf dem gleichen Studiendesign basieren. Ferner beziehen sich diese Ressourcenverbrauchsdaten auf die Patienten aus der Studie und müssen nicht im Nachhinein separat recherchiert oder erhoben werden.

Aufgrund der genannten Argumente entwickelten Drummond und Stoddard ein Stufenmodell[17] zur Erfassung ökonomischer Daten während und Aufbereitung der Daten nach der klinischen Studie. Während der Studie sollen alle Daten erfasst werden, die von Patient zu Patient unterschiedlich sind, von wirtschaftlicher Rele-

---

[16] Vgl. O'Brien, B. (1996), S. 101.
[17] Vgl. Drummond, M. F., Stoddard, G. L. (1984), S. 123–125.

vanz sind und sich nachträglich nur mit großem Aufwand erfassen lassen. Dazu
gehören unter anderem die Dauer der Behandlung, der Einsatz therapierelevanter
Ressourcen (wie beispielsweise die ärztliche und pflegerische Arbeitszeit, Arzneimittel, Umfang diagnostischer Untersuchungen jeweilig aus stationärer, ambulanter und häuslicher Sicht, Ausmaß zusätzlicher Leistungen), der Zeitverlust der
Patienten und deren Angehörigen, der Arbeitszeitverlust und nicht zuletzt die gesundheitsbezogene Lebensqualität. Anfänglich werden die Daten zur Erstellung
einer Datengrundlage nur in physischen Einheiten erfasst. Die ökonomische Bewertung mit Preisen erfolgt später. Gesetzt den Fall, dass sich die Therapie als
wirksam erwiesen hat, sollen alle übrigen Daten erhoben werden, die für ökonomische Fragestellungen relevant sind. Beispielhaft kann hier die Ermittlung der
Kosten und des Nutzens alternativer Behandlungsformen genannt werden.

Zielsetzung einer ökonomischen Untersuchung ist eine hohe äußere Validität
und damit die Generalisierung von Aussagen über die Wirtschaftlichkeit in größeren Patientenkollektiven, die meist durch Extrapolation von Ergebnissen erzielt
wird, die sich primär auf eine kleinere Patientenzahl beziehen. Leider ist diese
Vorgehensweise nicht ganz bedenkenlos.[18] Eine ökonomische Analyse auf Basis
einer klinischen Prüfung stellt die besondere Situation dar, unter der die klinische
Studie durchgeführt wird. Mit Hilfe der Randomisierung und Verblindung wird
ein künstlicher Raum geschaffen. Diese Eingriffe dienen dazu, möglichst alle Einflüsse menschlichen Verhaltens herauszufiltern, um die Wirksamkeit der Therapie
isoliert zu erfassen. Es bleibt aber unberücksichtigt, dass sich die Wirksamkeit einer Therapie nicht nur aus der Therapie selbst ergibt, sondern ein Ergebnis des
Zusammenspiels der Therapie mit anderen Faktoren ist.

So unterscheiden sich die Ergebnisse aus randomisierten, kontrollierten Dop-
pelblindstudien wesentlich von der alltäglichen Behandlungssituation in der Arztpraxis oder in der Klinik.

Erstens wird das Studienkollektiv durch im Studienprotokoll festgelegte Ein-
und Ausschlusskriterien stark selektiert.[19] Ausgewählt wird beispielsweise nach
Alter, nach Geschlecht, nach Schweregraden und nach Begleiterkrankungen.

Zweitens erhalten die Studienteilnehmer im Rahmen der Studie verstärkte
Aufmerksamkeit und forcierte Betreuung, so dass sowohl eine bessere Compliance als auch eine höhere Leistungsinanspruchnahme (utilisation rate) als in der klinischen Praxis erreicht werden dürfte.

Drittens erfolgt die Auswahl der Prüfzentren in der Regel eher nach praktischen
Gesichtspunkten, d. h. das Zentrum hat genügend Patienten und die Ärzte sind bereit, an der Studie mitzuarbeiten. Demgegenüber ist für ökonomische Untersuchungen wichtig, ob die Zentren bezüglich ihrer Größe, ihres Leistungsspektrums
und ihres Versorgungsumfelds repräsentativ sind. Eine besondere Rolle spielen in
diesem Zusammenhang klinische multinationale und Multicenter-Studien, bei deren Auswertung die erhobenen Einzeldaten gepoolt werden. Dieses Vorgehen ist
für die ökonomische Untersuchung häufig problematisch, da sich nationale Gesundheitssysteme, ärztliche Versorgung, Hospitalisierung usw. stark unterscheiden
(s. Kap. D 4).

---

[18] Vgl. Krappweis, J., Kirch, W. (1995), S. 31–37.
[19] Vgl. O'Brien, B. (1996), S. 101.

Aus praktischen Gründen werden viertens in der Alltagsroutine häufig andere Therapieformen (Applikationsformen, Dosierung usw.) bevorzugt. Das Studienprotokoll schreibt Prozeduren vor, die im Behandlungsalltag unverhältnismäßig sind.[20] Dieser artifizielle Raum bewirkt, dass eine realistische Ermittlung von Kosten, die durch die Therapie entstehen, mit Hilfe einer klinischen Studie kaum möglich ist.

Fünftens können die in klinischen Studien definierten Endpunkte zwar dem Ziel der Studie zur Erfassung von Wirkungen, Wirksamkeit und Nebenwirkungen genügen. „Drop outs" werden in der Regel nicht verfolgt.[21] Gesundheits- und pharmakoökonomische Variablen gehen jedoch häufig weit über das Studienprotokoll einer klinischen Studie hinaus. Bei chronischen Erkrankungen spielt beispielsweise die langfristige Perspektive eine besondere Rolle, so dass die Auswahl von intermediären Endpunkten häufig nicht ausreichend ist. Bei der Behandlung von Hypertonie wird beispielsweise der Effekt der Intervention als mittlere Reduktion der Blutdruckwerte ausgedrückt. Wünschenswert wäre jedoch eine Aussage über den Einfluss auf das Herzinfarktrisiko.

2.2
Exkurs: Der Stichprobenumfang einer Evaluationsstudie

> *„Jedem ist auch klar, dass es zur Beurteilung irgendeiner Erscheinung nicht ausreicht, eine oder zwei Beobachtungen zu machen, sondern es ist eine große Anzahl von Beobachtungen erforderlich. Aus diesem Grunde weiß selbst der beschränkteste Mensch aus einem natürlichen Instinkt heraus von selbst und ohne jegliche Belehrung (was sehr erstaunlich ist), dass je mehr Beobachtungen in Betracht gezogen werden, desto kleiner die Gefahr ist, das Ziel zu verfehlen."*[22]
>
> *Jakob Bernoulli (1654–1705)*

---

[20] Vgl. O'Brien, B. (1996), S. 103.
[21] Vgl. Glaser, P. (1998b), S. 44.
[22] Zitiert nach: Naturforschende Gesellschaft in Basel (Hrsg.) (1975), S. 109.

2.2.1
Grundlagen zur Bestimmung des Stichprobenumfangs

2.2.1.1
Vorbemerkungen

In der gesundheitsökonomischen Evaluation stehen Verfahren im Vordergrund, die Ressourceneinsatz und Nutzeneffekte bestimmter Maßnahmen, Einrichtungen oder Programme im Gesundheitswesen zueinander in Beziehung bringen. Die Ermittlung des Ressourcenverbrauchs operationalisiert sich regelmäßig als in Geldeinheiten gemessene Kosten. Die Nutzeneffekte hingegen werden häufig in *naheliegenden natürlichen Einheiten (Gesundheitseffekten)* gemessen, wie beispielsweise rückfallfreie Perioden, Veränderung von Laborparametern oder als krankheitsübergreifende Nutzengrößen wie gewonnene Lebensjahre oder gar als QALYs.[23] Im meist verwendeten Instrumentarium der Kosten-Wirksamkeits-Analyse bzw. der Kosten-Nutzwert-Analyse werden die Kosten zum Gesundheitseffekt in Beziehung gesetzt.

Aus den Komponenten gesundheitsökonomischer Evaluationen ist erkennbar, dass sich die jeweiligen Studienziele häufig auf gleiche statistische Größen und Methoden wie bei klinischen Studien reduzieren lassen, beispielsweise die Ermittlung von Stichprobenwerten (Mittelwerte, Standardabweichungen, relative Häufigkeiten, Differenzen und Quotienten). Auch in gesundheitsökonomischen Evaluationen sollen Aussagen über eine Grundgesamtheit (Population) von Individuen bzw. über Teile der Grundgesamtheit auf der Grundlage einer Stichprobe getroffen werden.[24] Für den Schluss von Stichprobenwerten auf die Parameter der Grundgesamtheit dienen vor allem Vertrauensbereiche (Konfidenzintervalle) und statistische Tests.[25]

Der Rückschluss von einer Stichprobe auf die Population ist aber nur möglich, wenn Zufallsstichproben vorliegen. Die Auswahl der Stichprobenelemente erfolgt dabei ohne systematische Bevorzugung nach einem Zufallsprinzip, d. h. jedes Element der Population hat die gleiche Chance, in die Stichprobe zu gelangen.[26] Nach einem Zufallsverfahren entnommene Stichproben haben den Vorzug, dass die aus ihnen ermittelten Kenngrößen gegenüber der Grundgesamtheit nur die unvermeidlichen, jedoch abschätzbaren Zufallsfehler aufweisen. Bei Verfahren ohne Zufallsauswahl können sich noch so genannte methodische oder systematische Fehler hinzugesellen, über deren Größe sich in der Regel keine Angaben machen lassen.[27]

Ist die Population homogen, so kann eine einfache Zufallsauswahl zu guten Ergebnissen führen. In diesem Fall weist die ausgewählte Stichprobe bis auf Zufallsabweichungen die gleiche Zusammensetzung auf wie die Population selbst, d. h.

---

[23] Vgl. Drummond, M. F., Teeling Smith, G., Wells, N. (1989), S. 23.
[24] Vgl. Levy, P. S., Lemeshow, S. (1991), S. 1.
[25] Vgl. Sachs, L. (1968), S. 970.
[26] Vgl. Clauß, G., Finze, F.-R., Partzsch, L. (1995), S. 181.
[27] Vgl. Sachs, L. (1968), S. 969.

die Stichprobe ist repräsentativ.[28] Bei inhomogenen Populationen lässt sich häufig eine bessere Annäherung der Stichprobe an die Struktur der Grundgesamtheit durch sinnvolle Unterteilung der Grundgesamtheit erreichen. Aus jeder Untergruppe wird anschließend eine einfache Stichprobe gezogen. Dies führt dann zu Auswahlverfahren, wie beispielsweise geschichtete Stichproben oder Klumpenstichproben.[29]

In vielen Fällen ist die zufällige Auswahl der Versuchseinheiten praktisch schwer oder gar nicht realisierbar. So ist der Wissenschaftler oft schon aus Zeitgründen gezwungen, möglichst alle in Frage kommenden Patienten, die in eine Klinik kommen und gewillt sind, an der Studie teilzunehmen, in die Studie aufzunehmen, falls sie die Einschlusskriterien erfüllen und nicht aufgrund irgendeines Ausschlusskriteriums ausgeschlossen werden müssen. Dieses Vorgehen ist deshalb zu kritisieren, da auf diese Weise nicht jeder Patient die gleiche Chance hat, in die Stichprobe aufgenommen zu werden. Inwieweit sich hieraus Verzerrungen der Resultate ergeben, kann kaum abgeschätzt werden, da sich über die Größe von systematischen Fehlern in der Regel keine Angaben machen lassen.[30]

Soweit zu den Voraussetzungen, die einen Rückschluss auf die Grundgesamtheit erlauben. Dieser Exkurs befasst sich in erster Linie mit der Frage, wie groß eine solche unabhängige Stichprobe gewählt werden muss, die statistisch gesicherte Aussagen erlaubt. Die nachfolgenden Abschnitte geben zunächst einen Überblick über die statistischen Grundlagen der Berechnung von Fallzahlen. Dieser Stoff ist Gegenstand statistischer Lehrbücher und kann dort vertieft werden. Mit dem Thema vertraute Leser können die folgenden Unterkapitel überblättern. Die daran anschließenden Kapitel gehen auf die Möglichkeiten der Wahl des Stichprobenumfanges bei der Schätzung von Mittelwerten, relativen Häufigkeiten und des Verhältnisses zusätzlicher Kosten und Effektivitätsgewinnen (C/E-Verhältnis) ein. Ergänzungen und Anmerkungen zum Thema Fallzahlberechnungen schließen die Ausführungen ab.

2.2.1.2
Arithmetisches Mittel

Eines der häufigsten Ziele von gesundheitsökonomischen Studien ist es, Aussagen über durchschnittliche Ausprägungen eines Merkmals in einer Population zu machen. Mögliche Aufgabenstellungen wären beispielsweise die Bestimmung des Durchschnittsalters der Patienten oder die Berechnung der durchschnittlichen Kosten einer Behandlungsmethode. Die Berechnung von *arithmetischen Mittelwerten (mean)* ist nur bei metrischen Merkmalen sinnvoll.[31] Ferner ist der arithmetische Mittelwert umso weniger geeignet, je asymmetrischer die Verteilung und je größer die Streuung des Merkmals ist.[32]

---

[28] Vgl. Adam, J. (1992), S. 78.
[29] Vgl. Lorenz, R. J. (1996), S. 23.
[30] Vgl. Sachs, L. (1997), S. 12.
[31] Vgl. Lorenz, R. J. (1996), S. 15.
[32] Vgl. Sachs, L. (1997), S. 130.

Das arithmetische Mittel $\bar{x}$ ist die Summe der Merkmalswerte, geteilt durch die Anzahl der Beobachtungen:

$$\bar{x} = \frac{\sum x_i}{n}.$$

Die Häufigkeitsverteilung der arithmetischen Mittelwerte aus Zufallsstichproben lässt sich mit Hilfe des *zentralen Grenzwertsatzes* durch eine Normalverteilung approximieren.[33] Für diese Schlussfolgerung ist es nicht notwendig, dass die Verteilung des ausgewählten Merkmals in der Grundgesamtheit bekannt ist. Eine Normalverteilung wiederum lässt sich durch das Populationsmittel μ und die Varianz $\sigma_{\bar{x}}^2$ vollständig beschreiben.

Abbildung 2.2 zeigt eine mögliche Verteilung eines ausgewählten, messbaren Merkmals in einer Grundgesamtheit. Im Rahmen einer Simulation werden nun aus der Grundgesamtheit eine Vielzahl von Zufallsstichproben vom Umfang n gezogen und die jeweiligen arithmetische Mittelwerte berechnet. Wie in Abbildung 2.3 dargestellt, ist dann die Häufigkeitsverteilung der arithmetischen Mittelwerte dieser Zufallsstichproben approximativ normalverteilt.

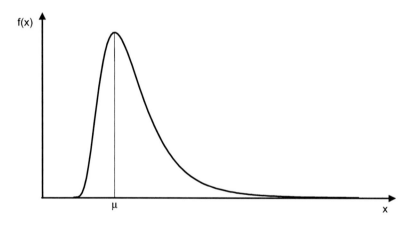

Abb. 2.2. Häufigkeitsverteilung eines Merkmals in der Grundgesamtheit[34]

[33] Vgl. Krug, W., Nourney, M., Schmidt, J. (1996), S. 43.
[34] Quelle: In Anlehnung an Armitage, P., Berry, G. (1987), S. 80.

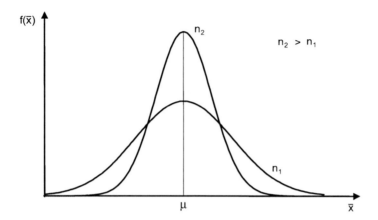

Abb. 2.3. Häufigkeitsverteilung der Mittelwerte aus Zufallsstichproben[35]

Das arithmetische Stichprobenmittel $\bar{x}$ dient als Schätzwert für das Populationsmittel μ. Diese Schätzung ist erwartungstreu, d. h. die Differenz vom Erwartungswert der Schätzung $E(\bar{x})$ und dem zu schätzenden Parameter μ ist Null.

$$E(\bar{x}) = \mu$$

Das arithmetische Mittel besitzt ferner unter allen *erwartungstreuen* Schätzungen für μ die kleinste Varianz und kann in diesem Sinne als *beste* Schätzung verstanden werden. Mathematisch kann abgeleitet werden, dass $\bar{x}$ die folgende Varianz besitzt:[36]

$$\sigma_{\bar{x}}^2 = \frac{\sigma^2}{n}.$$

Die zugehörige Standardabweichung wird als *Standardfehler (standard error)* bezeichnet:

$$\sigma_{\bar{x}} = \frac{\sigma}{\sqrt{n}}.$$

Aus den Formeln und der Abbildung 2.3 wird ersichtlich, dass die Mittelwerte weniger um den Parameter μ streuen als die Einzelwerte. Mit zunehmendem Stichprobenumfang n streut $\bar{x}$ immer enger um den wahren Parameter μ. So streut beispielsweise das arithmetische Mittel aus vier Beobachtungen nur noch mit der halben Standardabweichung der Einzelbeobachtungen. Mit wachsendem Stichprobenumfang wird der Standardfehler immer kleiner, d. h. das Populationsmittel wird immer besser geschätzt.[37]

[35] Quelle: In Anlehnung an Armitage, P., Berry, G. (1987), S. 80.
[36] Vgl. ADM – Arbeitskreis Deutscher Marktforschungsinstitute (Hrsg.) (1979), S. 42–43.
[37] Vgl. Bock, J. (1998), S. 23.

2.2.1.3
Standardabweichungen

Neben dem arithmetischen Mittel ist die *Standardabweichung (standard deviation)* ein weiterer charakteristischer Wert einer Verteilung. Während das arithmetische Mittel die Lage oder Lokalisation des durchschnittlichen Wertes eines Merkmals angibt, bildet die Standardabweichung die Streuung der Einzelwerte um den Mittelwert ab. Die *Tschebyscheffsche Ungleichung* zeigt zudem, dass die Standardabweichung – unabhängig von der Normalverteilung – als allgemeines Streuungsmaß dienen kann.

Sämtliche Stichprobenwerte gehen in die Berechnung der Stichprobenstandardabweichung ein. Um die Streuung zu kennzeichnen, werden die Abweichungen der einzelnen Werte vom Mittelwert betrachtet. Damit sich negative und positive Abweichungen nicht gegenseitig aufheben, werden die Abweichungen zunächst quadriert und die Quadrate anschließend addiert. Die Stichprobenstandardabweichung entspricht praktisch der positiven Quadratwurzel aus dem Mittelwert der quadrierten Abweichungen:

$$s = \sqrt{\frac{\sum (x_i - \bar{x})^2}{n-1}}.$$

Der Ausdruck „praktisch" bezieht sich hierbei auf die Tatsache, dass in der Wurzel nicht der Nenner n steht, wie es einem Mittelwert entspräche, sondern die um 1 verminderte Zahl der Werte. Nach der Berechnung von $\bar{x}$ sind von den *n* Einzelwerten nur noch *n-1* frei wählbar; der Ausdruck „*n-1*" heißt daher Freiheitsgrad.

Das Quadrat der Stichprobenstandardabweichung wird als Schätzer für die unbekannte Varianz σ^2 verwendet. Während σ^2 durch s^2 unverzerrt geschätzt wird, ist s ein verzerrter Schätzwert für σ. Diese Verzerrung (Bias) wird im Allgemeinen vernachlässigt.

2.2.1.4
Relative Häufigkeit

Eine weitere wichtige Zielgröße gesundheitsökonomischer Studien ist die Bestimmung von *relativen Häufigkeiten* bzw. *prozentualen Häufigkeiten* qualitativer Beobachtungen in Populationen *(Gliederungszahlen)*.[38] Gliederungszahlen bilden eine Untergruppe der Verhältniszahlen.[39] Die zur Gruppe der statistischen Maßzahlen gehörenden *Verhältniszahlen* charakterisieren aber nicht wie das arithmetische Mittel und die Stichprobenstandardabweichung eine Verteilung, sondern all-

---

[38] Vgl. Trampisch, H. J., Windeler, J. (1997), S. 265.

[39] Zur Gruppe der Verhältniszahlen gehören ferner die Messzahlen (zwei gleichartige Größen werden zueinander in Beziehung gesetzt, wie beispielsweise Anzahl Knabengeburten zu Anzahl Mädchengeburten) und die Beziehungszahlen (verschiedenartige Kenngrößen werden zueinander in Beziehung gesetzt, wie beispielsweise der jährliche Medikamentenverbrauch pro Kopf, die Zahl der Lebendgeburten zur Zahl der Frauen im gebärfähigen Alter).

gemeine quantitative Sachverhalte. Verhältniszahlen sind ganz allgemein definiert als Quotient zweier absoluter Kenngrößen:

$$Verhältniszahl = \frac{Berichtsgröße}{Basisgröße}.$$

Gliederungszahlen im speziellen werden als Teilmenge zur zugehörigen Gesamtmenge ausgedrückt, d. h. der Zähler (= Berichtsgröße) ist Teil des Nenners (= Basisgröße). Ein Merkmal heißt qualitativ, wenn seine Ausprägungen begrifflich voneinander unterschiedene Kategorien sind, die sich gegenseitig ausschließen und alle denkbaren Fälle abdecken. Besteht zwischen den Ausprägungen eines Merkmals eine natürliche Anordnung, so ist es *qualitativ ordinal*, wie beispielsweise Schweregrad einer Nebenwirkung. Qualitative Merkmale, die nicht ordinal sind, nennt man *qualitativ nominal*, wie beispielsweise Blutgruppe und Familienstand. Binomialverteilt (*binomial* = zweinamig) ist ein qualitativ nominales Merkmal genau dann, wenn nur zwei Ausprägungen auftreten, wie beispielsweise Geschlecht männlich/weiblich (*binäre Variablen*). Beobachtungen von Merkmalen werden häufig auch auf zwei Klassen zurückgeführt. So interessiert es bei der Bestimmung von Laborwerten oft nur, ob der gemessene Wert in einem vorgegebenen Normbereich liegt oder nicht.

Die relativen Häufigkeiten folgen der Binomialverteilung. Diese *diskrete*[40] Wahrscheinlichkeitsverteilung drückt das Auftreten oder Nichtauftreten eines Zielereignisses (A, A-Nicht) aus mit einer konstanten Erfolgswahrscheinlichkeit p für A. Sind mehrere Ereignisausgänge möglich (z. B. Erfolg, Teilerfolg, Misserfolg), liegen ordinal skalierte Daten vor. Die absoluten Häufigkeiten folgen einer Multinormalverteilung. Diese Möglichkeiten werden hier nicht berücksichtigt.[41] Die Parameter der Binomialverteilung sind n und p, daher wird diese Verteilung auch B(n,p)-Verteilung genannt. Der Erwartungswert ist *np* und die Varianz *npq=np(1-p)*. Die Wahrscheinlichkeit gibt an, dass unter n Beobachtungseinheiten genau k das Merkmal A (absolute Häufigkeit) aufweisen.

$$P(K = k \mid p, n) = P_{n,p}(k) = \binom{n}{k} p^k (1 - p)^{n-k} \tag{2.1}$$

Die Wahrscheinlichkeit, dass in einer beliebigen Folge genau k-mal Erfolg auftritt mit der Wahrscheinlichkeit p und genau (n–k)-mal Misserfolg mit der Wahrscheinlichkeit *(1-p)*, ist wegen der Unabhängigkeit der Ereignisse gleich $p^k(1-p)^{n-k}$. Summiert man die Binomialwahrscheinlichkeiten von k=0 bis k=x, dann erhält man die Verteilungsfunktion F(x)

$$F(x) = P(x < k) = \sum_{x<k} \binom{n}{k} p^k (1 - p)^{n-k}. \tag{2.2}$$

---

[40] Realisieren sich bei einer Zufallsvariable nur ganze Zahlen, so heißt die Zufallsvariable diskret, anderenfalls heißt sie stetig, vgl. Sachs, L. (1997), S. 89.

[41] In diesem Fall sei auf die Arbeiten von Bromaghin, J. F. (1993), Sison, C. P., Glaz, J. (1995), sowie Whitehead, J. (1993), verwiesen.

Die Wahrscheinlichkeit p lässt sich in einzelnen Fällen durch Ableitung bzw. Kombination ermitteln. So ist die Wahrscheinlichkeit für die Weitergabe eines Y-Chromosoms väterlicherseits p=0,5 und die Gegenwahrscheinlichkeit für die Weitergabe eines X-Chromosoms väterlicherseits q=(1-p)=(1-0,5)=0,5. Im Regelfall ist es aber notwendig, die Wahrscheinlichkeit p durch die relative Häufigkeit $\hat{p} = k / n$ aus den Größen k (beobachtete Häufigkeit des Auftretens des Ereignisses A bei binomialverteilter Grundgesamtheit) und n (Umfang der Stichprobe) zu schätzen. Vorausgesetzt wird dabei immer, dass $\hat{p}$ anhand einer Zufallsstichprobe geschätzt wird. Für n<70 gibt man „k von n" oder k/n an, jedoch keine Prozentzahlen.[42]

2.2.1.5
Konfidenzintervalle

Die aus Zufallsstichproben berechneten arithmetischen Mittelwerte, Häufigkeiten und Stichprobenstandardabweichungen sind Näherungswerte (Schätzwerte) für die entsprechenden Parameter in der Grundgesamtheit. Da die Stichprobe nur wenige Elemente aus der Grundgesamtheit enthält, werden die berechneten Werte im Allgemeinen von den Populationsparametern abweichen. Um trotzdem Aussagen über die Lage der Parameter zu machen, wird ein alternatives Schätzverfahren angewendet, das zur Angabe eines Intervalls anstelle eines einzelnen Schätzwertes für den unbekannten Parameter führt. *Konfidenzintervalle* beschreiben den Bereich, in dem mit vorgegebener Wahrscheinlichkeit, dem so genannten Konfidenzniveau *1-α*, der Populationsparameter zu finden ist.[43] Von Stichprobe zu Stichprobe variiert nicht nur die Lage der berechneten Konfidenzintervalle, sondern im Allgemeinen auch deren Länge. Das Konfidenzniveau kann im Prinzip beliebig vorgegeben werden. Übliche Werte für *α* sind 0,1, 0,05 oder 0,01.[44] Ein höheres Konfidenzniveau führt bei gleichem Stichprobenumfang jedoch zu breiteren Konfidenzintervallen, d. h. zu einer geringeren Genauigkeit. Die Erhöhung der Sicherheit, dass der Populationsparameter überdeckt ist, geht somit zu Lasten der Genauigkeit und umgekehrt.[45]

2.2.1.6
Statistische Tests

Wie aus den Zielen von gesundheitsökonomischen Studien ersichtlich wird, reicht es in vielen Fällen nicht aus, die Population durch ausgewählte Schätzwerte mit Angabe der Vertrauensgrenzen zu beschreiben. Vielmehr ist von Interesse, ob ein Unterschied oder Gleichheit zwischen bestimmten Maßzahlen zufälliger oder wesentlicher Natur ist. Die Entscheidung darüber erfolgt mit statistischen Tests.

Ein Testproblem besteht darin, zu einer Nullhypothese und einer Alternativhypothese eine geeignete Entscheidungsregel zu finden. Unter der *Nullhypothese*

---

[42] Vgl. Sachs, L. (1997), S. 433.
[43] Vgl. Bock, J. (1998), S. 14.
[44] Vgl. Horn, M., Vollandt, R. (1995), S. 7.
[45] Vgl. Kreyszig, E. (1991), S. 168.

H_0 ist dabei immer die Behauptung zu verstehen, die abgelehnt werden soll. Dieser Nullhypothese wird die so genannte *Alternativhypothese* H_A gegenübergestellt, die die Motivation der Studie enthält. Zur Beurteilung der Hypothesen wird eine Prüfgröße verwendet, die sich aus den in der Stichprobe erhobenen Daten berechnen lässt. Diese Prüfgröße wird dann mit einem kritischen Wert, der sich aus der Verteilung der Prüfgröße ableitet, verglichen. Bei Überschreitung des kritischen Wertes wird gegen die Nullhypothese H_0, d. h. für die Alternativhypothese H_A entschieden. Kann die Nullhypothese abgelehnt werden, wird auch von einem signifikanten Ausgang des Tests gesprochen.[46]

Tabelle 2.1. Mögliche Ausgänge statistischer Tests und ihre Wahrscheinlichkeiten[47]

Testentscheidung	Unbekannte Realität	
H_0 kann nicht abgelehnt werden (Entscheidung für H_0)	Kein Fehler $(1-\alpha)$	Fehler 2. Art (β)
H_0 wird abgelehnt (Entscheidung für H_A)	Fehler 1. Art (α)	kein Fehler $(1-\beta)$

Ein Schluss von einer Zufallsstichprobe auf die entsprechende Grundgesamtheit ist stets mit einer gewissen Unsicherheit behaftet. Folglich sind bei den Entscheidungen, die aufgrund von Tests getroffen werden, auch Fehlentscheidungen möglich. Die beiden möglichen Fehlentscheidungen werden als Fehler 1. Art und Fehler 2. Art bezeichnet (s. Tabelle 2.1), die entsprechenden Wahrscheinlichkeiten für die Fehlentscheidungen als Risiko 1. Art α bzw. Risiko 2. Art β.[48]

Das Risiko 1. Art α wird oft als *Irrtumswahrscheinlichkeit* des Tests bezeichnet. Die Wahrscheinlichkeit *1-β* heißt Güte bzw. Power des Tests. Sie bezeichnet die Wahrscheinlichkeit, mit der ein Test eine Abweichung von der Nullhypothese erkennt.[49] Der Zusammenhang, der zwischen den Fehlerwahrscheinlichkeiten α und β besteht wird in der Abbildung 2.4 deutlich.

Je kleiner die Wahrscheinlichkeit für den einen Fehler 1. Art (α), desto größer ist die Wahrscheinlichkeit für einen Fehler 2. Art (β). Statistische Tests werden so konstruiert, dass das Risiko 1. Art α unabhängig vom gewählten Stichprobenumfang eingehalten wird. Das Risiko 2. Art β hängt jedoch vom Stichprobenumfang ab. Je größer der Stichprobenumfang gewählt wird, desto kleiner ist das Risiko, eine bestehende Abweichung von der Nullhypothese zu übersehen.[50]

Was die Fehler 1. und 2. Art bezeichnen, hängt jeweils von der Formulierung der Hypothesen ab. Die klassischen Tests werden auch als *Differenztests* (Tests auf Unterschied) bezeichnet, da sie prüfen, ob ein erwarteter Unterschied bestätigt werden kann.[51] Sie sind so konstruiert, dass sie die Nullhypothese, deren Inhalt Übereinstimmung ist, mit einer vorgegebenen Irrtumswahrscheinlichkeit α fälsch-

---

[46] Vgl. Hüsler, J., Zimmermann, H. (1996), S. 76.
[47] Quelle: In Anlehnung an Trampisch, H. J., Windeler, J. (1997), S. 226.
[48] Vgl. Guggenmoos-Holzmann, I., Wernecke, K. D. (1996), S. 82–83.
[49] Vgl. Trampisch, H. J., Windeler, J. (1997), S. 225.
[50] Vgl. Bock, J. (1998), S. 19–20.
[51] Vgl. Guggenmoos-Holzmann, I., Wernecke, K.-D. (1996), S. 106.

lich ablehnen. Ziel ist es, Abweichungen von der Übereinstimmung mit möglichst hoher Wahrscheinlichkeit zu erkennen. Über die Größe der Abweichung sagt das Testergebnis jedoch nichts aus.

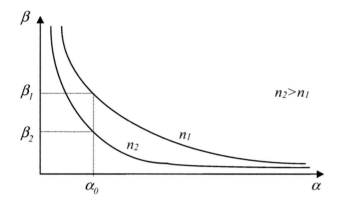

Abb. 2.4. Zusammenhang zwischen den Fehlerwahrscheinlichkeiten α und β[52]

Soll beispielsweise die unterschiedliche Wirkung zweier Präparate nachgewiesen werden, wobei eine Patientengruppe mit einem Placebo-Präparat behandelt wird (μ_1) und die andere Gruppe eine Behandlung mit einem Medikament x (μ_2) erfährt, so wird der Differenztest durch folgendes Hypothesenpaar formuliert:

Nullhypothese: H_0: $\mu_1 = \mu_2$ (Medikament x ist unwirksam)
Alternativhypothese: H_A: $\mu_1 \neq \mu_2$ (Medikament x ist wirksam)

Dieses führt zu folgenden Definitionen der möglichen Fehler bzw. Risiken (s. Tab. 2.2):

Tabelle 2.2. Mögliche Ausgänge des Differenztests zum Nachweis unterschiedlicher Wirkungen zweier Präparate[53]

Testentscheidung	Unbekannte Realität	
	Präparat x ist unwirksam (H_0 ist richtig)	Präparat x ist wirksam (H_A ist richtig)
Wirksamkeit nicht nachgewiesen (H_0 kann nicht abgelehnt werden)	kein Fehler (1-α)	Fehler 2. Art (β)
Wirksamkeit nachgewiesen (H_0 wird abgelehnt)	Fehler 1. Art (α)	kein Fehler (1-β)

---

[52] Quelle: Lorenz, R. J. (1996), S. 150.
[53] Quelle: In Anlehnung an Bock, J. (1998), S. 18.

In diesem Fall ist α die Wahrscheinlichkeit, fälschlich auf eine Wirksamkeit (Differenz) zu schließen, wenn keine Wirkung vorhanden ist. β gibt die Wahrscheinlichkeit an, eine vorhandene Wirksamkeit nicht zu entdecken. Die Komplementärwahrscheinlichkeit *1-β* ist somit die *Entdeckungswahrscheinlichkeit* für eine Differenz der Populationsmittel.[54] Dabei ist zu beachten, dass diese Wahrscheinlichkeit neben der Größe des Stichprobenumfangs und der Streuung der Population auch von der Größe der Differenz der Populationsmittel abhängt. Je enger μ_1 und μ_2 zusammen liegen, desto geringer wird die Entdeckungswahrscheinlichkeit *1-β* (s. Abb. 2.5).[55]

Die oben formulierten Hypothesen beschreiben eine zweiseitige Fragestellung des Differenztests. Die Alternativhypothese wird so formuliert, dass Abweichungen von der Nullhypothese in jeder Richtung entdeckt werden sollen. Im Fall H_A: $\mu_1 > \mu_2$ bzw. H_A: $\mu_1 < \mu_2$ wird von einer einseitigen Fragestellung gesprochen, da nur Abweichungen in eine Richtung von Interesse sind.[56]

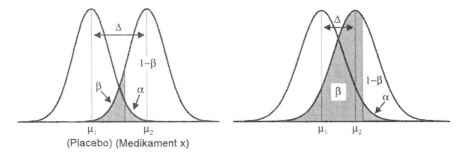

Abb. 2.5. Zusammenhang zwischen der Differenz der Populationsmittel Δ und β bzw. der Güte *1-β*[57]

Das Nichtverwerfen der Nullhypothese der Gleichheit in einem Differenztest bedeutet noch keinesfalls eine nachgewiesene „Gleichheit". Ist das Ziel einer Studie die Gleichheit zu zeigen (z. B. zweier Behandlungen), so muss ein alternativer Test angewendet werden.[58] Statistische Tests, die zur Prüfung in derartigen Situationen eingesetzt werden, werden als Äquivalenztests bezeichnet.

Für den Vergleich von zwei normalverteilten Populationsmitteln aus verbundenen Stichproben wird der gepaarte t-Test verwendet. Die Stichproben sind insofern voneinander abhängig, da die Beobachtung des Merkmals entweder beim gleichen Individuum zu verschiedenen Zeitpunkten (beispielsweise vor und nach einer Behandlung) oder durch künstliche Paarung (*matching*) von zwei Individuen mit weitgehender Ähnlichkeit in allen übrigen relevanten Merkmalen erfolgt.[59] Zur Lösung des Testproblems werden die Differenzen $d_i = x_i - y_i$ betrachtet und es

---

[54] Vgl. Bock, J. (1998), S. 19.
[55] Vgl. Bortz, J. (1999), S. 122.
[56] Vgl. Clauß, G., Finze, F.-R., Partzsch, L. (1995), S. 189–190.
[57] Quelle: In Anlehnung an Bortz, J. (1999), S. 122.
[58] Vgl. Wellek, S. (1994), S. 1.
[59] Vgl. Hüsler, J., Zimmermann, H. (1996), S. 79.

wird entschieden, ob der Mittelwert $\overline{d}$ signifikant von Null abweicht. Eine Entscheidung erfolgt mittels der Prüfgröße

$$t = \frac{\overline{d}}{s_d} \sqrt{n},$$

wobei s_d die Standardabweichung der Differenzen d_i beschreibt.[60] Unter der Gültigkeit der Nullhypothese ist diese Prüfgröße t-verteilt mit *n-1* Freiheitsgraden.

Der Faktor $\sqrt{n}$, der bei der Berechnung des t-Wertes auftaucht, wächst mit steigendem Stichprobenumfang. Der t-Test führt somit bei beliebig kleiner Populationsmitteldifferenz $\mu_d > 0$ zu einem signifikanten Ergebnis, wenn nur der Stichprobenumfang groß genug gewählt wird. Daraus ergeben sich die Fragen, ob es nur eine Sache des Fleißes ist, zu einem signifikantem Ergebnis zu gelangen oder ob das Testergebnis durch die Wahl des Umfangs manipuliert werden kann.

Zur Beantwortung dieser Fragen sollte die Power des Tests mit einbezogen werden. Die Gütefunktion des gepaarten t-Tests gibt die Power, d. h. die Wahrscheinlichkeit, einen Unterschied μ_d zwischen den Populationsmitteln zu entdecken, als Funktion von μ_d an. An der Stelle $\mu_d=0$, d. h. wenn die Nullhypothese gültig ist, nimmt sie den Wert α an. Mit größer werdender Differenz $\mu_d > 0$ erhöht sich bei festem Stichprobenumfang die Chance, diese zu entdecken, d. h. die Gütefunktion steigt monoton an. Die Gütefunktion kann mit Hilfe der nichtzentralen t-Verteilung (entspricht der Verteilung im Falle der Gültigkeit der Alternativhypothese) berechnet werden.[61] Die Lage und Gestalt der nichtzentralen t-Verteilung hängen dabei von dem Nichtzentralitätsparameter ncp ab, der für den gepaarten t-Test gleich

$$ncp = \frac{\mu_d}{\sigma_d} \sqrt{n}$$

ist.[62] Die Abbildung 2.6 dient zur Veranschaulichung der Beziehungen zwischen Power, nichtzentraler t-Verteilung und Stichprobenumfang.

[60] Vgl. Guggenmoos-Holzmann, I., Wernecke, K.-D. (1996), S. 90.
[61] Vgl. Bock, J. (1998), S. 57.
[62] Vgl. Trampisch, H. J., Windeler, J. (1997), S. 226–228.

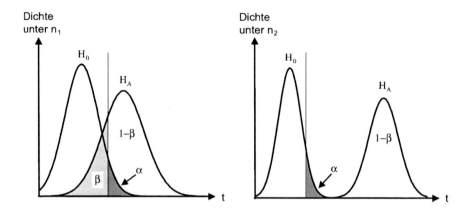

Abb. 2.6. Einseitiger t-Test: Verteilung der Prüfgröße bei unterschiedlichen Stichproben-umfängen $(n_1 < n_2)$[63]

Es sind die Dichtefunktionen der zentralen (unter H_0 gültigen) und der nichtzentra-len (unter H_A gültigen) t-Verteilung für einen einseitigen Test dargestellt. Der kri-tische Wert, für die einseitige Fragestellung $t_{1-\alpha,n-1}$, ist durch eine senkrechte Trennlinie angezeigt. Diese wandert mit wachsendem Stichprobenumfang nach links und nähert sich dem entsprechenden Quantil der Standardnormalverteilung an. Die senkrecht schraffierte Fläche rechts von der Trennlinie unter der Dichte-funktion der zentralen Verteilung kennzeichnet das Signifikanzniveau und ist un-abhängig des Stichprobenumfangs gleich α. Die Power des Tests lässt sich durch die Fläche unter der Dichtefunktion der nichtzentralen Verteilung rechts von der Trennlinie darstellen. Um Überlappungen der Schraffierungen zu vermeiden, wird nicht die Power selbst, sondern die Komplementärwahrscheinlichkeit β schraffiert. Soll nun bei einem Test eine vorgegebene Power 1-β erreicht werden, so muss n so groß gewählt werden, dass die schraffierte Fläche rechts vom kritischen Wert gerade 1-β bzw. die schraffierte Fläche links vom kritischen Wert gleich β ist.

2.2.1.7
Verhältnis zusätzlicher Kosten zu Effektivitätsgewinn (C/E-Verhältnis)

Die doppelblinde randomisierte klinische Studie gilt als optimale Methode zum Nachweis der Wirksamkeit und Sicherheit neuer medizinischer Technologien. Heutzutage sind aber mehr und mehr Entscheidungsträger nicht nur an Sicherheit und Wirksamkeit einer Therapie interessiert, sondern auch an einem Gleichge-wicht zwischen Kosten und Effektivität, beispielsweise gemessen in gewonnenen Lebensjahren oder QALYs. Ein Studienziel einer gesundheitsökonomischen Eva-luation ist möglicherweise der Nachweis, dass eine neue Therapie effizient ist im Sinne, dass das Verhältnis zwischen zusätzlichen Kosten und Effektivitätsgewinn unterhalb einer bestimmten Grenze liegt. In gesundheitsökonomischen Evaluatio-

---

[63] Quelle: In Anlehnung an Bock, J. (1998), S. 56.

nen ist daher das Verhältnis von zusätzlichen Kosten zu Effektivitätsgewinn (*cost-effectiveness ratio*) von zentralem Interesse:

$$C/E - Verhältnis = \frac{C_T - C_C}{E_T - E_C},$$ (2.3)

mit C_T als erwartete durchschnittliche Kosten je Patient in der Therapiegruppe und C_C in der Vergleichsgruppe. Entsprechend repräsentieren E_T und E_C die klinische Effektivität. Es ist nun vorstellbar, dass die Gesellschaft ein gegebenes Niveau R an zusätzlichen Kosten akzeptiert, um damit einen bestimmten zusätzlichen gesundheitlichen Effekt zu erreichen. Anders formuliert lautet die Nullhypothese: eine Maßnahme ist inakzeptable, wenn $\Delta C/\Delta E$ oberhalb der R(atio)-Linie liegt. Oberhalb der R-Linie beinhaltet $\Delta C/\Delta E < R$, falls $\Delta E < 0$ oder $\Delta C/\Delta E > R$, falls $\Delta E > 0$ (s. Abb. 2.7).

Um die Nullhypothese zu testen, wird ein Konfidenzintervall für das Verhältnis C/E berechnet und geprüft, ob es unterhalb der R-Linie liegt. Die Formel für das Konfidenzintervall des Verhältnisses C/E findet sich bei verschiedenen Autoren und basiert auf Fieller's Theorem.[64] Die Grenzen L_1 und L_2 des Konfidenzintervalls des wahren C/E-Verhältnisses lassen sich schreiben als:

$$\frac{(\Delta C \Delta E - t^2_{1-\alpha/2} cov_{\Delta C,\Delta E}) \pm [(\Delta C \Delta E - t^2_{1-\alpha/2} cov_{\Delta C,\Delta E})^2 - (\Delta C^2 - t^2_{1-\alpha/2} \sigma^2_{\Delta C})(\Delta E^2 - t^2_{1-\alpha/2} \sigma^2_{\Delta E})]^{1/2}}{(\Delta E^2 - t^2_{1-\alpha/2} \sigma^2_{\Delta E})}$$ (2.4)

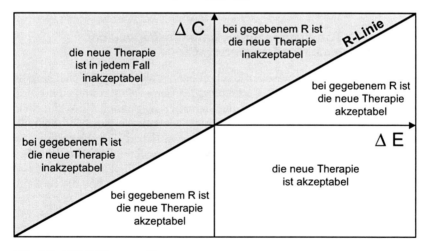

Abb. 2.7. $\Delta C/\Delta E$-Diagramm[65]

mit $t_{1-1/2\alpha}$ als oberen $1-\alpha/2$-Prozentpunkt der Student-Verteilung mit $(n_t-1)+(n_c-1)$ Freiheitsgraden, wobei n_T und n_C die Stichprobengrößen der beiden Gruppen darstellen. Wenn der Nenner der obigen Gleichung <0 ist, dann ergeben sich die Grenzen L_1 und L_2 als Konfidenzintervalle der Form $(-\infty, L_1] \cup [L_2, \infty)$ (dies ge-

[64] Vgl. Fieller, E. C. (1954), S. 175–185.
[65] Quelle: Al, M. J., Hout, B. A. v., Michel, B. C., Rutten, F. F. H. (1998), S. 328.

schieht, wenn ΔE sich nicht signifikant von 0 unterscheidet). Ist der Nenner >0, findet sich ein Konfidenzintervall der Form $[L_1, L_2]$. Unterscheiden sich beide ΔC und ΔE nicht signifikant von Null, können keine Grenzen gefunden werden. Dies bedeutet, dass die Daten auf diesem Signifikanzniveau mit allen möglichen Hypothesen betreffend dem Wert $\Delta C/\Delta E$ vereinbar sind und in Folge dessen die Nullhypothese nicht abgelehnt werden kann. Für das Fieller's Theorem, auf welches das Konfidenzintervall basiert, wird die Normalverteilung angenommen. Bei der Analyse der Kosten wird dies regelmäßig nicht der Fall sein. Hier liegt jedoch der Fokus auf der Verteilung der durchschnittlichen Kosten und Effekte, von denen der Zentrale Grenzwertsatz besagt, dass diese approximativ normalverteilt sind, wenn der Stichprobenumfang hinreichend groß ist.

Da die Hypothese einseitig getestet wird, wird hier das einseitige 95%-Konfidenzintervall verwendet, welches dem zweiseitigen 90%-Konfidenzintervall entspricht (unter Vernachlässigung einer Grenze). Ist das Konfidenzintervall nun unterhalb der R-Linie, kann die Nullhypothese bei $\alpha=5$ % abgelehnt werden ($H_0=\Delta C/\Delta E$ ist inakzeptable, d. h. es liegt oberhalb der R-Linie).

2.2.2
Wahl des Stichprobenumfangs

2.2.2.1
Schätzung eines Populationsmittels unter Festlegung der Genauigkeit durch die Konfidenzintervalllänge

Die Bestimmung eines angemessenen Stichprobenumfangs für die Schätzung des Populationsmittels kann durch die Festlegung der Genauigkeit mittels der Konfidenzintervalllänge erfolgen. Die statistische Sicherheit wird durch die Wahrscheinlichkeit dafür, dass die Schätzung $\bar{x}$ um weniger als eine vorgegebene Schranke $\Delta>0$ vom wahren Parameterwert μ abweicht, beschrieben. Die Verteilung von $\bar{x} - \mu$ hängt jedoch von der unbekannten Standardabweichung σ ab, so dass diese Wahrscheinlichkeit nur in dem praktisch unrealistischen Fall exakter Kenntnis der Varianz berechnet werden kann. Ein Ausweg besteht darin, σ durch die Stichprobenstandardabweichung

$$s = \frac{\sum (x_i - \bar{x})^2}{n-1}$$

bzw. den Standardfehler $\sigma_{\bar{x}}$ durch den geschätzten Standardfehler

$$s_{\bar{x}} = \frac{s}{\sqrt{n}}$$

zu ersetzen.

Durch die Transformation

$$t^* = \frac{\overline{x} - \mu}{s_{\overline{x}}} = \frac{\overline{x} - \mu}{s} \sqrt{n} \qquad (2.5)$$

ergibt sich eine t-verteilte Zufallsvariable. Die *t-Verteilung* hängt nur von den Freiheitsgraden, hier *n-1*, und damit vom Stichprobenumfang ab.[66]

Mit Hilfe der t-Verteilung kann dann ein Konfidenzintervall konstruiert werden. Unter den oben genannten Voraussetzungen überdeckt das Intervall

$$[\overline{x} - t_{1-\alpha/2, n-1}\, s_{\overline{x}}\ ,\ \overline{x} + t_{1-\alpha/2, n-1}\, s_{\overline{x}}] \qquad (2.6)$$

das Populationsmittel μ mit der Wahrscheinlichkeit *1-α*.[67] Anders ausgedrückt besagt die Formel (2.6), dass die Schätzung $\overline{x}$ mit der Wahrscheinlichkeit *1-α* um weniger als die halbe Konfidenzintervallbreite

$$kh = t_{1-\alpha/2, n-1}\, s_{\overline{x}} = t_{1-\alpha/2, n-1}\, \frac{s}{\sqrt{n}} \qquad (2.7)$$

vom wahren Parameterwert abweicht:

$$P\left(\left|\overline{x} - \mu\right| < kh\right) = 1 - \alpha \qquad (2.8)$$

Zur Bestimmung des Stichprobenumfangs darf jedoch nicht so vorgegangen werden, dass für *kh* eine vorgegebene Schranke *Δ* eingesetzt und anschließend Formel (2.8) nach *n* aufgelöst wird. Ein solches Vorgehen wäre fehlerhaft, da die Konfidenzintervallänge eine Zufallsvariable ist. Von Stichprobe zu Stichprobe variiert *s* und damit ändert sich auch jeweils die halbe Konfidenzintervallbreite. Es besteht jedoch die Möglichkeit die Genauigkeitsanforderung in Abhängigkeit der erwarteten halben Konfidenzintervallänge zu definieren:[68]

$$\Delta = E(kh) = t_{1-\alpha/2} \sqrt{\frac{\sigma^2}{n}} \qquad (2.9)$$

Durch die Wahl des Stichprobenumfangs kann somit die Genauigkeit der Schätzung beeinflusst werden. Je größer der Stichprobenumfang gewählt wird, desto kleiner wird *Δ*, d. h. desto kürzer wird das Konfidenzintervall. Das Konfidenzniveau hingegen kann durch den Stichprobenumfang nicht beeinflusst werden, sondern wird unabhängig davon festgelegt.

Bei Auflösung der Gleichung (2.9) nach *n*, ergibt sich folgende Formel für die Berechnung des Stichprobenumfangs:

$$n = \frac{t_{1-\alpha/2, n-1}^2\, \sigma^2}{\Delta^2} \qquad (2.10)$$

---

[66] Vgl. Daniel, W.W. (1991), S. 138–139.
[67] Vgl. Armitage, P., Berry, G. (1987), S. 80.
[68] Vgl. Bock, J. (1998), S. 26.

Da n auf beiden Seiten der Gleichung auftritt, wird ein Suchverfahren[69] angewendet, um den kleinst möglichen Wert, der diese Gleichung erfüllt, zu bestimmen. Die Quantile der Standardnormalverteilung sind stets kleiner als die entsprechenden Quantile der t-Verteilung. Werden statt der t-Quantile nun die zugehörigen Quantile der Standardnormalverteilung eingesetzt[70], so ergibt sich ein etwas zu kleiner Wert für n. Der auf die nächst größere ganze Zahl aufgerundete Wert kann als Startwert benutzt werden. Im weiteren Verlauf wird der Umfang solange schrittweise um 1 erhöht, bis die Gleichung erfüllt ist.

Für große Stichprobenumfänge kann die t-Verteilung durch die Normalverteilung approximiert werden.[71] Die Berechnung des Stichprobenumfangs erfolgt dann ebenfalls nach Formel (2.10), jedoch wird anstatt des Quantils der t-Verteilung der *(1-α/2)*-Prozentpunkt der Standardnormalverteilung verwendet:[72]

$$n = \frac{z_{1-\alpha/2}^2 \, \sigma^2}{\Delta^2} \qquad (2.11)$$

Mit diesem Ansatz ist der Stichprobenumfang also so bestimmt worden, dass die mittlere halbe Konfidenzintervallbreite den Wert Δ nicht überschreitet. Im Folgenden soll nochmals verdeutlicht werden, was dieses Ergebnis mit der auf die mittlere halbe Konfidenzintervallbreite festgelegten *Genauigkeitsschranke* aussagt. Bei einem Konfidenzniveau von 0,95 überdecken ca. 95 % der Konfidenzintervalle das Populationsmittel μ und damit weicht $\bar{x}$ um höchstens die halbe Konfidenzintervallbreite von μ ab. Daraus ist nicht der Schluss zu ziehen, dass μ gleich $\bar{x}$ ist, sondern es müssen alle vom Konfidenzintervall eingeschlossenen Werte als mögliche Werte für das Populationsmittel angesehen werden. So kann beispielsweise das Populationsmittel auf der unteren Intervallgrenze liegen; dann weicht $\bar{x}$ immer noch nur um die halbe Konfidenzintervallbreite von μ ab. Es werden aber auch alle anderen Werte des Konfidenzintervalls bis hin zur oberen Intervallgrenze als zulässige Werte für μ angesehen. Die mögliche Abweichung ist somit durch die ganze Konfidenzintervallbreite gegeben.[73]

Diese Ausführungen machen deutlich, dass die verwendete Genauigkeitsforderung nur eine relativ schwache Forderung ist. Im nächsten Lösungsansatz soll der Stichprobenumfang so bestimmt werden, dass das Ziel, das Populationsmittel auf $\pm\Delta$ festzulegen, erreicht wird.

---

[69] Vgl. Bock, J. (1998), S. 27.

[70] Tabellen mit den Quantilen der t- und der Standardnormalverteilung sind in fast allen Statistikbüchern zu finden. Ein umfangreicher Tabellenanhang ist beispielsweise in Daniel, W. W. (1991) enthalten.

[71] Vgl. Armitage, P., Berry, G. (1987), S. 98–99.

[72] Vgl. Lemeshow, S., Hosmer, D. W., Klar, J., Lwanga, S. K. (1990), S. 36.

[73] Vgl. Bock, J. (1998), S. 27–28.

Kasten 1. Beispiel

In einer Studie soll der durchschnittliche Verkaufspreis von 20 häufig verwendeten Beruhigungsmitteln, mit $\Delta=1$ €, geschätzt werden. Dazu soll aus der Palette der Beruhigungsmittel eine Zufallsstichprobe mit n Elementen gezogen werden. Aus einer vorangegangenen kleinen Pilot-Studie ist die Standardabweichung des Preises auf 2,7 geschätzt worden. Das Konfidenzniveau (1-α) wird auf 0,95 festgelegt.[74]

Die Lösung des Problems nach Formel (2.11) ergibt folgenden Stichprobenumfang:

$$n = \frac{z_{1-\alpha/2}^2 \sigma^2}{\Delta^2} = \frac{1,96^2 * 2,7^2}{1^2} = 28,005 \approx 29$$

Wird die Berechnung des Stichprobenumfangs nicht mit dem Quantil der Standardnormalverteilung, sondern unter Verwendung des t-Quantils durchgeführt, ergibt sich folgendes Ergebnis. Wie oben beschrieben dient dabei die berechnete Fallzahl aus Formel (2.11) als Startwert für das Suchverfahren.

1. Schritt:

$$29 = \frac{t_{1-\alpha/2,n-1}^2 \sigma^2}{\Delta^2} = \frac{2.048^2 * 2,7^2}{1^2} = 30.576 \approx 31$$

2. Schritt:

$$30 = \frac{2,045^2 * 2,7^2}{1^2} = 30,487 \approx 31$$

3. Schritt:

$$31 = \frac{2,042^2 * 2,7^2}{1^2} = 30,398 \approx 31$$

Die Fallzahlberechnung, basierend auf der t-Verteilung, liefert einen geringfügig erhöhten Umfang für die Stichprobe gegenüber der Approximation mittels der Standardnormalverteilung. Die geplante Studie sollte somit mit einem Umfang von 31 Beruhigungsmitteln durchgeführt werden.

2.2.2.2
Schätzung eines Populationsmittels mit vorgegebener Power

In diesem Lösungsansatz wird gefordert, dass nicht nur der Schätzwert, sondern das gesamte Konfidenzintervall mit einer festgelegten Wahrscheinlichkeit *1-β* innerhalb des Intervalls (μ-Δ, μ+Δ) liegt. Mit einer Wahrscheinlichkeit von *1-β* darf weder die untere noch die obere Konfidenzintervallgrenze um Δ oder mehr vom wahren Parameterwert μ abweichen. Parameterwerte, die um mehr als Δ von μ abweichen, werden als ungenau angesehen. Ziel ist es nun, den Stichprobenumfang so zu bestimmen, dass ungenaue Parameterwerte vom Konfidenzintervall höchstens mit einer Wahrscheinlichkeit β, genauer aber mit der Power *1-β* über-

---

[74] Vgl. Lemeshow, S., Hosmer, D. W., Klar, J., Lwanga, S. K. (1990), S. 36.

deckt werden. Während das Konfidenzniveau die statistische Sicherheit der Konfidenzaussage angibt, ist *1-β* die statistische Sicherheit, mit der die Genauigkeitsanforderung eingehalten wird. Die Wahrscheinlichkeit *1-β* wird auch als *Güte* bzw. *Power* der Schätzung bezeichnet. Das Konfidenzniveau wird, wie schon erwähnt, unabhängig vom Stichprobenumfang und von der zugrunde liegenden Varianz eingehalten. Die Power wächst hingegen mit steigendem Stichprobenumfang und hängt außerdem von der unbekannten Varianz σ^2 ab.[75]

Die Forderungen des Ansatzes lauten somit:

Die untere Konfidenzintervallgrenze soll größer als *μ-Δ* sein, d. h.

$$\overline{x} - t_{1-\alpha/2,n-1}\, s_{\overline{x}} > \mu - \Delta \Leftrightarrow -(\Delta - t_{1-\alpha/2,n-1}\, s_{\overline{x}}) < \overline{x} - \mu \qquad (2.12)$$

und gleichzeitig soll die obere Konfidenzintervallgrenze kleiner als *μ+Δ* sein, d. h.

$$\overline{x} + t_{1-\alpha/2,n-1}\, s_{\overline{x}} < \mu + \Delta \Leftrightarrow \Delta - t_{1-\alpha/2,n-1}\, s_{\overline{x}} < \overline{x} - \mu \qquad (2.13)$$

Die simultane Gültigkeit von (2.12) und (2.13) ist dann gleichbedeutend mit

$$\left| \overline{x} - \mu \right| < \Delta - t_{1-\alpha/2,n-1}\, s_{\overline{x}}\,. \qquad (2.14)$$

Die Forderung, dass weder die untere noch die obere Konfidenzintervallgrenze mit einer Wahrscheinlichkeit von *1-β* um *Δ* oder mehr vom wahren Parameterwert *μ* abweicht, ist dann durch folgende Gleichung beschrieben:

$$P^* = P\left(\left| \overline{x} - \mu \right| < \Delta - t_{1-\alpha/2,n-1}\, s_{\overline{x}} \right). \qquad (2.15)$$

Die Berechnung von P^* erweist sich als schwierig, da auf beiden Seiten der Ungleichung Zufallsgrößen ($\overline{x}$ bzw. $s_{\overline{x}}$) auftauchen. Um zu einer Näherungsformel zu gelangen, wird vorübergehend angenommen, dass die Varianz σ^2 und damit auch $\sigma_{\overline{x}}^2$ bekannt ist. Durch Standardisierung ergibt sich eine standardnormalverteilte Zufallsvariable:[76]

$$z = \frac{\overline{x} - \mu}{\sigma_{\overline{x}}} \qquad (2.16)$$

Mit der Bezeichnung

$$\omega = \frac{\Delta}{\sigma_{\overline{x}}} - t_{1-\alpha/2,n-1}$$

lautet die Forderung (2.15) dann

$$P^* \approx P\left(\frac{\left| \overline{x} - \mu \right|}{\sigma_{\overline{x}}} < \frac{\Delta}{\sigma_{\overline{x}}} - t_{1-\alpha/2,df} \right) = P(|z| < \omega) = 1 - \beta \qquad (2.17)$$

---

[75] Vgl. Bock, J. (1998), S. 28.
[76] Vgl. Lorenz, R. J. (1996), S. 105.

bzw.

$$P^* \approx P(z > \omega) - P(z < \omega) = 1 - 2P(z < \omega) = 1 - \beta$$
$$P^* \approx 2\Phi(\omega) - 1 = 1 - \beta$$
$$\Phi(\omega) = 1 - \beta / 2. \tag{2.18}$$

Für streng monotone Funktionen gilt, dass die Argumentenwerte übereinstimmen, wenn die Funktionswerte übereinstimmen und umgekehrt.[77] Daraus folgt:

$$\omega = z_{1-\beta/2} \, .$$

Werden die Formeln für ω und $\sigma_{\bar{x}}$ eingesetzt, ergibt sich nachstehende Gleichung:

$$\frac{\Delta}{\sigma} \sqrt{n} - t_{1-\alpha/2, n-1} = z_{1-\beta/2} \, . \tag{2.19}$$

Durch Auflösen von (2.19) nach n lässt sich schließlich folgende Lösungsformel ableiten:

$$n = \frac{(z_{1-\alpha/2} + t_{1-\beta/2, n-1})^2}{\Delta^2} \sigma^2 \, . \tag{2.20}$$

Ein Vergleich mit den exakt berechneten Umfängen[78] hat jedoch gezeigt, dass bessere Ergebnisse erzielt werden, wenn $z_{1-\beta/2}$ durch das entsprechende Quantil der t-Verteilung $t_{1-\beta/2, df}$, mit $df=n-1$ Freiheitsgraden, ersetzt wird. Daraus folgt schließlich folgende Bestimmungsgleichung für den Stichprobenumfang:[79]

$$n \approx \frac{(t_{1-\alpha/2, n-1} + t_{1-\beta/2, n-1})^2}{\Delta^2} \sigma^2 \, . \tag{2.21}$$

Da n auf beiden Seiten der Gleichung auftritt, muss auch hier das Suchverfahren zur Bestimmung des kleinsten möglichen Wertes, der diese Gleichung erfüllt, herangezogen werden. Bei großen Stichprobenumfängen streben die Quantile der t-Verteilung gegen die Standardnormalverteilung und können durch die entsprechenden z-Werte ausgetauscht werden:

$$n \approx \frac{(z_{1-\alpha/2} + z_{1-\beta/2})^2}{\Delta^2} \sigma^2 \, . \tag{2.22}$$

Der exakte Umfang ist der zu vorgegebener Varianz aus der exakten Verteilung der Prüfgröße berechnete Umfang, d. h. die Gleichung (2.17) ist genau erfüllt. Aus dieser Gleichung kann jedoch keine explizite Formel für den Umfang angegeben werden. Es besteht jedoch die Möglichkeit anhand von Tabellen den exakten Stichprobenumfang zu ermitteln. Dazu ist die Berechnung der exakten Power

---

[77] Vgl. Clauß, G., Finze, F.-R., Partzsch, L. (1995), S.154.
[78] Gleichung (2.17) wird genau erfüllt.
[79] Vgl. Bock, J. (1998), S. 30.

$$P^* = P\left(\left| \overline{x} - \mu \right| < \Delta - t_{1-\alpha/2,df} \, s_{\overline{x}}\right)$$
(2.23)

erforderlich. Eine mögliche Vorgehensweise zur Bestimmung der exakten Power besteht darin, zunächst die bedingte Power für eine festgehaltene Varianzschätzung ($s_{\overline{x}}$) zu berechnen und dann entsprechend der Verteilung der geschätzten Varianz numerisch zu integrieren. Dieses Verfahren wird von einigen Statistik-Software-Umgebungen unterstützt (z. B. SAS[80]). Da bei vorgegebenem Konfidenzniveau und fixierter Power der Stichprobenumfang nur noch von Δ und σ abhängt, kann die so genannte standardisierte Genauigkeitsschranke c=Δ/σ in Abhängigkeit von n dargestellt werden. Die Tabellen können je nach Konfidenzniveau und Power mit Hilfe der Software erstellt werden.[81] Zur Fallzahlbestimmung wird zunächst der Wert von c berechnet und dann der zugehörige Stichprobenumfang abgelesen. Ist der Wert von c nicht in der Tabelle enthalten, nimmt man den nächst kleineren und liest den zugehörigen Umfang ab. Für kleinere bzw. größere Stichprobenumfänge, die nicht in der Tabelle enthalten sind, muss dann doch wieder das oben angeführte Suchverfahren herangezogen werden.[82]

---

[80] Statistical Analysis System, wurde 1972 vom SAS Institute Inc. entwickelt.
[81] Vgl. hierzu beispielsweise Bock, J. (1998), S. 178–180.
[82] Vgl. Bock, J. (1998), S. 33.

Kasten 2. Beispiel

Das im letzten Abschnitt durchgeführte Beispiel soll jetzt um die Festlegung der Güte der Schätzung erweitert werden. Es wird zusätzlich angenommen, dass der durchschnittliche Verkaufspreis auf einen € genau mit einer Power von 1-β=0,8 geschätzt werden soll.

Der Startwert wird mittels der Formel (2.22) berechnet:

$$n \approx \frac{(z_{1-\alpha/2} + z_{1-\beta/2})^2}{\Delta^2} \sigma^2 = \frac{(1,960+1,282)^2 * 2,7^2}{1} = 76,62 \approx 77$$

Das anschließende iterative Vorgehen erfolgt nach Formel (5.21):

1. Schritt:

$$77 \approx \frac{(t_{1-\alpha/2,n-1} + t_{1-\beta/2,n-1})^2}{\Delta^2} \sigma^2 = \frac{(1,991+1,293)^2 * 2,7^2}{1} = 78,62 \approx 7$$

2. Schritt: $$78 \approx \frac{(1.991+1,293)^2 * 2,7^2}{1} = 78,62 \approx 79$$

3. Schritt: $$79 \approx \frac{(1,990+1,292)^2 * 2,7^2}{1} = 78,52 \approx 79$$

Für die geplante Studie ergibt sich mit ein notwendiger Stichprobenumfang von 79 Beruhigungsmitteln. Der Stichprobenumfang ist durch die Festlegung der Güte der Schätzung auf 1-β=0,8 wesentlich größer als der weiter oben berechnete (n=31).

Wie gut die approximierten Fallzahlen für dieses Studiendesign sind, kann durch die Bestimmung des exakten Stichprobenumfangs anhand der genannten Tabellen[83] überprüft werden. Für die standardisierte Genauigkeitsgrenze

$$c = \frac{\Delta}{\sigma} = \frac{1}{2,7} = 0,3704$$

kann aus Tabellen ein erforderlicher Stichprobenumfang von 79 Elementen abgelesen werden. Die exakte Berechnung des Umfangs führt somit zum gleichen Ergebnis, wie die vorher durchgeführte Approximation mit den t-Quantilen.

---

[83] Vgl. Bock, J. (1998), S. 178–180.

Problematisch bei der Bestimmung des Stichprobenumfangs ist die dazu nötige Vorausschätzung der Varianz.[84] Es kann der Schätzwert aus einer Pilot-Studie[85] bzw. einer vorangegangenen Studie, das Mittel oder das Maximum von Schätzwerten aus mehreren Studien oder eine Grobschätzung aus der Spannweite der Beobachtungen ähnlicher Studien sein. Diese wird dann anstelle der exakten Varianz in die Berechnungsformel eingesetzt.[86] Um eine Vorstellung davon zu bekommen, wie stark der berechnete Umfang von der Schätzung der Varianz abhängt[87], wird im Beispiel die geschätzte Standardabweichung σ=2,7 durch σ=3,6 ersetzt. Es ergibt sich anstelle des Umfangs n=79 ein Umfang von n=137 Elementen, also fast der doppelte Umfang.

2.2.2.3
Schätzung der Differenz von Populationsmitteln

Soll die Differenz der Populationsmittel aus n gepaarten Beobachtungen (x_{1i}, x_{2i}), z. B. den Werten vor und nach einer Behandlung geschätzt werden, geht man zu den Differenzen d_i=x_{1i}-x_{2i} über und betrachtet diese als neue Beobachtungen. Das Populationsmittel der Differenzen μ_d=μ_1-μ_2 wird durch $\bar{d} = \bar{x}_1 - \bar{x}_2$ geschätzt. Die Varianz der Differenzen σ_d^2 wird durch die aus den Einzeldifferenzen berechnete Stichprobenstandardabweichung s_d^2 mit df=n-1 Freiheitsgraden geschätzt. Daraus resultieren folgende Grenzen für das Konfidenzintervall:[88]

$$\left[\bar{d} - t_{1-\alpha/2,n-1} \frac{s_d}{\sqrt{n}}, \quad \bar{d} - t_{1-\alpha/2,n-1} \frac{s_d}{\sqrt{n}} \right]. \tag{2.24}$$

Damit ist das Problem auf die Schätzung eines Populationsmittels zurückgeführt und kann analog zu den Kapiteln 2.2.2.1 und 2.2.2.2 behandelt werden. An dieser Stelle wird nur auf den Lösungsansatz eingegangen, der eine Schätzung von μ_d auf $\pm\Delta$ genau erlaubt. Dabei wird vorausgesetzt, dass die Differenzen unabhängig voneinander normalverteilt sind. Die Lösungsformel für den Stichprobenumfang lautet dann:[89]

$$n \approx \frac{\left(t_{1-\alpha/2,df} + t_{1-\beta/2,df} \right)^2}{\Delta^2} \sigma_\delta^2. \tag{2.25}$$

Bei der Bestimmung von Δ muss jedoch beachtet werden, dass Δ nun die Genauigkeitsschranke für die zu schätzende Differenz darstellt.

Der Fall von Mittelwertdifferenzen aus gepaarten Stichproben hat sich als sehr einfach erwiesen. Werden hingegen die Mittelwerte $\bar{x}_1$, $\bar{x}_2$ aus zwei unabhängigen

---

[84] Dieses Problem gilt für alle Lösungsansätze, die in dieser Arbeit beschrieben werden, wird aber nicht jedes Mal wieder explizit angeführt.
[85] Vgl. Birkett, M. A., Day, S. (1994), S. 2455.
[86] Vgl. Daniel, W. W. (1991), S. 155.
[87] Vgl. Billeter, E. P. (1970), S. 26.
[88] Vgl. Armitage, P., Berry, G. (1987), S. 108.
[89] Vgl. Bock, J. (1998), S. 40.

Zufallsstichproben vom Umfang n_1 bzw. n_2 aus der Grundgesamtheit berechnet, lautet das *(1-α)*-Konfidenzintervall ebenfalls

$$\left[\overline{d} - t_{1-\alpha/2,N-2}\ s_{\overline{d}}\quad,\quad \overline{d} + t_{1-\alpha/2,N-2}\ s_{\overline{d}} \right],\qquad (2.26)$$

wobei $\overline{d} = \overline{x}_1 - \overline{x}_2$ die Schätzung der Differenz der Populationsmittel bezeichnet. Die Schätzung der Standardabweichung der Mittelwertdifferenz $s_{\overline{d}}$ ist hier jedoch erheblich komplexer als bei gepaarten Stichproben. Sie lässt sich nach nachstehender Formel ermitteln:[90]

$$s_{\overline{d}} = s_r \sqrt{\frac{n_1 + n_2}{n_1 n_2}}.\qquad (2.27)$$

Die Restvarianz

$$s_r^2 = \frac{(n_1 - 1)s_1^2 + (n_2 - 1)s_2^2}{n_1 + n_2 - 2}\qquad (2.28)$$

ist das mit den Freiheitsgraden gewichtete Mittel der aus den beiden Stichproben berechneten Varianzen. Dabei wird Varianzhomogenität, d. h. gleiche Varianzen in den beiden Populationen, vorausgesetzt. Die Restvarianz ist dann eine Schätzung der gemeinsamen Varianz σ^2 mit *df=N-2* Freiheitsgraden, wobei $N=n_1+n_2$ den Gesamtumfang bezeichnet. Aufgrund der vorausgesetzten Varianzhomogenität ist es optimal, gleiche Teilstichprobenumfänge zu wählen. In diesem Fall wird der Standardfehler in der Population für $n_1=n_2=n$ minimal. Aus (2.22) ergibt sich dann mit der Populationsstandardabweichung σanstelle der geschätzten Standardabweichung s_r:

$$\sigma_{\overline{d}} = \sigma\sqrt{\frac{2}{n}} = \frac{2\sigma}{\sqrt{N}}.\qquad (2.29)$$

Soll das Konfidenzintervall mit vorgegebener Power in den Genauigkeitsbereich $\mu_1 - \mu_2 \pm \Delta$ fallen, lässt sich der Gesamtumfang approximativ aus

$$N \approx \frac{\left(t_{1-\alpha/2,N-2} + t_{1-\beta/2,N-2} \right)^2}{\Delta^2}\, 4\sigma^2\qquad (2.30)$$

berechnen.[91]

[90] Vgl. Winer, B. J., Brown, D. R., Michels, K. M. (1991), S. 56–57.
[91] Vgl. Lemeshow, S., Hosmer, D. W., Klar, J., Lwanga, S. K. (1990), S. 38.

Kasten 3. Beispiel

> *In einer klinischen Studie soll der mittlere arterielle Blutdruck einer Gruppe von mit einem Arzneimittel behandelten Diabetes-Patienten mit dem einer Placebogruppe verglichen werden. Die geschätzte Standardabweichung beträgt 9 mm Hg. Wie groß muss der Gesamtumfang sein, wenn der Behandlungseffekt des Arzneimittels, d. h. die mittlere Differenz zum Placeboeffekt, auf ± 10 mm Hg geschätzt werden soll? Die Power der Schätzung sei wiederum 0,8 und das Konfidenzniveau 1-α soll 0,95 betragen.*
>
> *Der Startwert für das Suchverfahren wird mit den entsprechenden Quantilen der Standardnormalverteilung ermittelt:*
>
> $$N \approx \frac{\left(z_{1-\alpha/2} + z_{1-\beta/2}\right)^2}{\Delta^2} 4\sigma^2 = \frac{(1,960 + 1,282)^2}{10^2} * 4 * 9^2 = 34,05 \approx 35$$
>
> *Die genauere Bestimmung des Stichprobenumfangs bei kleinen Stichproben ergibt sich jedoch nach Formel (2.30). Daraus folgt:*
>
> *Schritt:*
>
> $$35 \approx \frac{\left(t_{0,975,33} + t_{0,90,33}\right)^2}{\Delta^2} 4\sigma^2 = \frac{(2,035 + 1,308)^2}{10^2} 4 * 9^2 = 36,21 \approx 37$$
>
> *Schritt:*
>
> $$36 \approx \frac{\left(t_{0,975,34} + t_{0,90,34}\right)^2}{\Delta^2} 4\sigma^2 = \frac{(2,032 + 1,307)^2}{10^2} 4 * 9^2 = 36,12 \approx 37$$
>
> *Schritt:*
>
> $$37 \approx \frac{\left(t_{0,975,35} + t_{0,90,35}\right)^2}{\Delta^2} 4\sigma^2 = \frac{(2,030 + 1,306)^2}{10^2} 4 * 9^2 = 36,05 \approx 37$$
>
> *Der Gesamtumfang für die Studie ist auf 37 Patienten festgelegt. Da von gleichen Stichprobenumfängen in den Gruppen ausgegangen wurde, müssen in den einzelnen Gruppen jeweils 19 Personen untersucht werden.*

2.2.2.4
Schätzung einer relativen Häufigkeit unter Festlegung der Genauigkeit durch die Konfidenzintervalllänge

Die Binomialverteilung kann für $npq \geq 9$ durch die Normalverteilung approximiert werden.[92] Dann ist $\hat{p} = k/n$ asymptotisch (d. h. für ein hinreichend großes n approximativ) normalverteilt mit dem Erwartungswert $\mu=p$ und der Varianz

---

[92] Vgl. Sachs, L. (1997), S. 228.

$$\sigma_p^2 = \frac{pq}{n} \, .$$

Ein approximatives (1-α)-Konfidenzintervall ist somit durch

$$\left[\hat{p} - z_{1-\alpha/2} \sqrt{\frac{\hat{p}\hat{q}}{n}} \quad , \quad \hat{p} + z_{1-\alpha/2} \sqrt{\frac{\hat{p}\hat{q}}{n}} \right] \tag{2.31}$$

gegeben, wobei $\hat{q} = 1 - \hat{p}$ und $z_{1-\alpha/2}$ das (1-α/2)-Quantil der Standardnormalverteilung bezeichnet.[93]
Die halbe Konfidenzintervallbreite

$$kh = z_{1-\alpha/2} \sqrt{\frac{\hat{p}\hat{q}}{n}}$$

ist eine Zufallsgröße. Für ihren Erwartungswert gilt approximativ:

$$E(kh) \approx z_{1-\alpha/2} \sqrt{\frac{pq}{n}} \, . \tag{2.32}$$

Wird analog zum Vorgehen in den Kapiteln 2.2.2.1 und 2.2.2.2 gefordert, dass die erwartete halbe Breite des Konfidenzintervalls eine vorgegebene Schranke $\Delta{>}0$ nicht überschreiten soll, so ergibt sich aus (2.32) die folgende Approximationsformel für den Stichprobenumfang:[94]

$$n \approx \frac{pq}{\Delta^2} z_{1-\alpha/2}^2 \, . \tag{2.33}$$

Dieser hängt von $pq=p(1\text{-}p)$ und somit von der zu schätzenden Wahrscheinlichkeit selber ab. Für p=0,5 ist die Varianz der Schätzung am größten.[95] In diesem Fall ist auch der benötigte Umfang am größten, um die Wahrscheinlichkeit p zu schätzen. Gibt es keine Vorausschätzung für die Wahrscheinlichkeit p, sollte die Berechnung des Stichprobenumfangs mit dem ungünstigsten Fall p=0,5 durchgeführt werden.[96]

---

[93] Vgl. Daniel, W. W. (1991), S. 151.
[94] Vgl. Lemeshow, S., Hosmer, D. W., Klar, J., Lwanga, S. K. (1990), S. 38.
[95] Vgl. Desu, M. M., Raghavarao, D. (1990), S. 13.
[96] Vgl. Krämer, H. C., Thiemann, S. (1987), S. 42–44.

Kasten 4. Beispiel

In einer epidemiologischen Studie sollen n Personen zufällig ausgewählt werden, um die Verbreitung einer bestimmten Krankheit x festzustellen. In einer Studie, die vor 10 Jahren durchgeführt wurde, betrug der Anteil an infizierten Personen 30 %. Wie viele Personen müssen ausgewählt werden, um die Verbreitung der Krankheit x mit einer statistischen Sicherheit von 95 % und der mittleren Genauigkeit (die halbe Konfidenzintervallbreite) von 1 % schätzen zu können?

Für p=0,03, Δ=0,01 und $z_{1-\alpha/2}$=$z_{0,95}$=1,96 liefert die Approximationsformel (2.33) eine Stichprobenumfang von n=8.068.

Der große Stichprobenumfang wirkt auf den ersten Blick schockierend. Es wurde jedoch eine hohe Genauigkeitsanforderung gestellt. In der Praxis ist zu überlegen, ob die Verbreitung der Krankheit so genau geschätzt werden muss und ob dafür überhaupt die finanziellen Mittel zur Durchführung einer so umfangreichen Studie ausreichen. Ist dies nicht der Fall muss man sich mit einer schwächeren Genauigkeit begnügen. (z. B. Δ=0,05).

Zusätzlich zu der Kritik, die schon bei der Schätzung des Populationsmittels bzgl. der gleichen Vorgehensweise angeführt wurde, reagiert der benötigte Stichprobenumfang sehr sensibel gegenüber den Vorgaben. Es erhebt sich der Verdacht, dass die Güte der Approximation durch die Normalverteilung einen erheblichen Einfluss hat. Besonders in den Randbereichen (d. h. für sehr kleine und sehr große Wahrscheinlichkeiten) ist die Approximation sehr schlecht, so dass ein anderer Lösungsansatz gewählt werden muss, um eine robustere Lösung zu erhalten.[97]

2.2.2.5
Schätzung einer Differenz von relativen Häufigkeiten mit vorgegebener Power

Ähnlich wie in den Kapiteln 2.2.2.1 und 2.2.2.2 soll der Stichprobenumfang so bestimmt werden, dass das Konfidenzintervall mit großer Wahrscheinlichkeit nur Werte enthält, die „nahe genug" an der wahren relativen Häufigkeit in der Population liegen. D. h. das (1-α)-Konfidenzintervall für die Wahrscheinlichkeit p soll mit vorgegebener Wahrscheinlichkeit 1-β innerhalb der Genauigkeitsgrenzen p±Δ liegen.[98]

Die Bestimmung der Konfidenzintervallgrenzen erfolgt in diesem Fall nicht aus einer approximativen Verteilung, sondern direkt aus der Binomialverteilung, über die so genannten Clopper-Pearson-Konfidenzgrenzen. Das zugrunde liegende Prinzip ist das der Überschreitungswahrscheinlichkeiten.[99] „Zu einem vorgegebenen Konfidenzniveau 1-α und beobachteter Häufigkeit k des Zielereignisses in n unabhängigen Wiederholungen bestimmt man die minimale Grundwahrscheinlichkeit p=θ_u (untere Grenze des Konfidenzintervalls) und die maximale Grund-

[97] Vgl. Bock, J. (1998), S. 35–36.
[98] Vgl. Böhning, D. (1988), S. 865.
[99] Vgl. Lorenz, R. J. (1996), S. 140.

wahrscheinlichkeit $p=\theta_o$ (obere Grenze des Konfidenzintervalls), bei der k von einer mit den Parametern n und p binomialverteilten Zufallsvariablen x mit einer Wahrscheinlichkeit kleiner als $\alpha/2$ überschritten bzw. unterschritten wird:"[100]

$$P(x \geq k) = 1 - F_{c_u}(k) = \alpha/2$$

$$P(x \leq k) = F_{c_o}(k) + P(x = k) = \alpha/2 \ ,$$

(2.34)

Die Konfidenzgrenzen können dann nach Clopper und Pearson aus den Quantilen der F-Verteilung bestimmt werden:

$$c_u = \frac{k}{k + (n - k + 1)F_{1-\alpha/2, 2(n-k+1), 2k}} \qquad (k > 0),$$

(2.35)

$$c_o = \frac{k+1}{k + 1 + (n - k)F_{\alpha/2, 2(n-k), 2(k+1)}} \qquad (k < n),$$

(2.36)

Für $k=0$ ist $c_u=0$, und $k=n$ ist $c_o=1$.[101]

Die Power einer Schätzung ist bei vorgegebener Genauigkeit als die Wahrscheinlichkeit dafür definiert, dass das Konfidenzintervall in $p\pm\Delta$ eingeschlossen ist. Bei vorgegebenem α, n, p und Δ ist das kleinste $k=k_{min}$ zu finden, für das die untere Clopper-Pearson-Grenze größer als $p-\Delta$ ist und das größte $k=k_{max}$, für das die obere Clopper-Pearson-Grenze kleiner als $p+\Delta$ ist. Die Power berechnet sich dann als die Summe der Einzelwahrscheinlichkeiten der Binomialverteilung für $k_{min} \leq k \leq k_{max}$.

Eine Näherungsformel für den Stichprobenumfang kann auf der Basis der Approximation der Binomialverteilung durch die Normalverteilung vorgenommen werden:[102]

$$n_0 \approx \frac{[z_{1-\alpha/2} + z_{1-\beta/2}]^2}{\Delta^2} p(1 - p).$$

(2.37)

[100] Bock, J. (1998), S. 36.
[101] Vgl. Armitage, P., Berry, G. (1987), S. 119.
[102] Mit diesem Vorgehen sollte der bereits oben genannte Kritikpunkt der sensiblen Reaktion des Stichprobenumfangs auf geänderte Planungsgrößen berücksichtigt werden, vgl. Lemeshow, S., Hosmer, D., Klar, J., Lwanga, S. K. (1990), S. 1.

Kasten 5. Beispiel

In der folgenden Tabelle sind für $\alpha=0,05$, d. h. für das Konfidenzniveau 0,95, und $n=8$ die unteren und oberen Clopper-Pearson-Grenze θ_u bzw. θ_o, sowie für $p=0,5$ die Einzelwahrscheinlichkeiten $p_k=P(x=k)$ der Binomialverteilung angegeben:

	0	1	2	3	4	5	6	7	8
u	0,000	0,003	0,032	0,085	0,157	0,245	0,349	0,473	0,631
o	0,369	0,527	0,651	0,755	0,843	0,915	0,968	0,997	1,000
k	0,00391	0,03125	0,10937	0,21875	0,27344	0,21875	0,10938	0,03125	0,00391

Soll die Wahrscheinlichkeit $p=0,5$ mit der Genauigkeit $\Delta=0,45$ geschätzt werden, so überschreitet θ_u erstmals für $k=3=k_{min}$ die untere Schranke $p-0,45=0,05$. Das maximale k, für das θ_o kleiner als $p+0,45=0,95$ ist, ist $k_{max}=5$. Die Power ergibt sich als Summe $p_3+p_4+p_5=0,021875+0,27344+0,21875=0,71094$. Das bedeutet: mit einem Stichprobenumfang der Größe $n=8$ kann die Wahrscheinlichkeit p bei dem Konfidenzniveau 0,95 in 71 % der Fälle auf $\pm0,45$ genau geschätzt werden. Ist eine Power um 0,80 gewünscht, muss der Stichprobenumfang erhöht werden, bis diese erreicht oder überschritten ist.

Wegen der Diskretheit der Binomialverteilung stellt sich aber das Problem, dass die Power nicht monoton mit dem Umfang wächst. Sie fluktuiert um eine monoton wachsende Funktion. Es gibt einen minimalen Umfang, bei dem sie erstmals den vorgegebenen Wert (in diesem Fall 0,80) überschreitet. Dann kann sie wieder unter 0,80 absinken bis sie schließlich über 0,80 verbleibt. Daher geben die Tabellen zu vorgegebenem Konfidenzniveau und vorgegebener Power für die Wahrscheinlichkeiten p zwischen 0,01 und 0,5 sowie den Genauigkeitsschranken $\Delta=0,01;\ 0,05;\ 0,10;\ 0,15;\ 0,20;\ 0,25;\ 0,30$ den minimalen als auch den maximalen (von dem ab 0,8 nicht mehr unterschritten wird) Stichprobenumfang an. Für $p>0,50$ können die Stichprobenumfänge zur Komplementärwahrscheinlichkeit $1-p$ abgelesen werden.

Eine verbesserte Approximation ergibt sich bei der Verwendung einer von Casagrande, Pike und Smith empfohlenen Korrektur[103]

$$n \approx \frac{n_0}{4}\left[1+\sqrt{1+\frac{4}{\Delta n_0}}\right]^2 . \tag{2.38}$$

---

[103] Vgl. Casagrande, J. T., Pike, M. C., Smith, P. G. (1978), S. 484–485.

Kasten 6. Beispiel[104]

> *Wie viele Fälle, d. h. Patienten, bei denen ein bestimmtes Pathogen nachgewiesen werden kann, müssen in die Studie einbezogen werden, damit die Eradikationsquote mit 80 % Wahrscheinlichkeit auf ±0,05 geschätzt werden kann, wenn das Konfidenzintervall 0,95 vorausgesetzt und eine Eradikationsquote von 90 % erwartet wird?*
>
> *Der exakte Stichprobenumfang kann mit Hilfe von Tabellen bestimmt werden. Zur Komplementätwahrscheinlichkeit 0,10 und $\Delta=0,05$ kann der Stichprobenumfang (max) $n=402$ abgelesen werden. Die einfachere Bestimmung des Stichprobenumfangs erfolgt mit der Näherung aus Formel (2.37). Mit $z_{1-\alpha/2}=z_{0,975}=1,96$, $z_{1-\beta/2}=z_{0,9}=1,282$, $p=0,1$ sowie $\Delta=0,05$ ergibt sich folgende Fallzahl:*
>
> $$n_0 = \frac{(1,96+1,282)^2}{0,05^2} \cdot 0,1 \cdot 0,9 = 378,4 \approx 379 \,.$$
>
> *Der korrigierte approximative Umfang ist, lautet:*
>
> $$n = \frac{378}{4} \left[1 + \sqrt{1 + \frac{4}{0,05 \cdot 378}} \right]^2 \approx 418$$
>
> *Verglichen mit dem exakten Umfang von 402, liefert n_0 einen zu kleinen Wert. Dieser ist sogar kleiner als der minimal erforderliche Umfang 386. Die Korrektur führt zu einem etwas zu großem Wert für den Stichprobenumfang, erfüllt aber die Vorgaben der geplanten Studie.*

2.2.2.6
Schätzung der Differenz relativer Häufigkeiten

Viele praktische Fragestellungen beinhalten einen Vergleich von zwei relativen Häufigkeiten, die in unabhängigen Stichproben beobachtet werden.[105] In der Epidemiologie wird die Differenz zweier Anteile auch als Risikodifferenz bezeichnet und mißt die absolute Differenz der Risiken zwischen zwei Gruppen.[106]

Sind $\hat{p}_1$ und $\hat{p}_2$ die beiden beobachteten relativen Häufigkeiten, so ist die Differenz

$$\hat{d} = \hat{p}_1 - \hat{p}_2$$

eine Schätzung für den wahren Unterschied $d=p_1-p_2$. Die Varianz der geschätzten Differenz $\hat{d}$ ist durch

---

[104] Quelle: Bock, J. (1998), S. 38.
[105] Vgl. Lorenz, R. J. (1996), S. 128.
[106] Vgl. Adam, J. (1992), S. 86.

$$\sigma_{\hat{d}}^2 = V(\hat{p}_1 - \hat{p}_2) = V(\hat{p}_1) + V(\hat{p}_2) = \frac{p_1(1-p_1)}{n_1} + \frac{p_2(1-p_2)}{n_2} \qquad (2.39)$$

gegeben. Daraus kann ein Konfidenzintervall konstruiert werden, dessen Konfidenzgrenzen durch folgende Formel beschrieben sind:[107]

$$(\hat{p}_1 - \hat{p}_2) \pm z_{1-\alpha/2} \sqrt{\frac{\hat{p}_1(1-\hat{p}_1)}{n_1} + \frac{\hat{p}_2(1-\hat{p}_2)}{n_2}}. \qquad (2.40)$$

Analog zur Vorgehensweise in Kapitel 2.2.2.2 ergibt sich durch die Forderung, dass die erwartete halbe Breite des Konfidenzintervalls eine vorgegebene Schranke $\Delta > 0$ nicht überschreiten soll, folgende approximative Bestimmungsgleichung für den Gesamtumfang der Studie:[108]

$$N = \frac{z_{1-\alpha/2}^2 \left[kp_1(1-p_1) + p_2(1-p_2) \right]}{k\Delta^2}. \qquad (2.41)$$

Der Gesamtumfang wird entsprechend dem vorgegebenem Verhältnis, $n_2 = kn_1$ aufgeteilt. Es gilt:

$$n_1 = \frac{N}{1+k} \quad \text{und} \quad n_2 = \frac{kN}{1+k}. \qquad (2.42)$$

Die berechneten Teilstichprobenumfänge werden jeweils aufgerundet, um ganze Zahlen zu erhalten.

2.2.2.7
Schätzung eines C/E-Verhältnisses

Zur Planung einer Studie zum Nachweis, dass das C/E-Verhältnis unterhalb einer bestimmten Grenze liegt, beispielsweise 40.000 Geldeinheiten je Überlebenden, mit $\alpha = 5$ % und einer Power von 80 %, kann die erforderliche Stichprobengröße per Simulation berechnet werden. Für diese Simulation sind Schätzungen über die durchschnittlichen Kosten (μ_{CT}, μ_{CC}) und Effekte (μ_{ET}, μ_{EC}) beider Gruppen, die Standardabweichungen der Kosten (σ_{CT}, σ_{CC}) und Effekte (σ_{ET}, σ_{EC}) für beide Gruppen und die Korrelation zwischen Kosten und Effekte (ρ) erforderlich. Ferner sollte eine Annahme über die Verteilungen der Kosten und Effekte beider Gruppen gemacht werden. Für die Kosten ist häufig die Annahme einer Log-Normal-Verteilung realistisch. Eine Binomialverteilung ist angemessen, falls die Effekte dichotom gemessen werden. Es wird ferner angenommen, dass die Stichprobengröße in beiden Gruppen gleich ist, also $n_T = n_C = n$.

Für die Durchführung der Simulation wird dann so verfahren, dass die oben genannten Schätzungen die wahren Verteilungen der Kosten und Effekte darstellen und daraus das erwartete C/E-Verhältnis berechnet werden kann, welches bei-

---

[107] Vgl. Daniel, W. W. (1991), S. 152.
[108] Vgl. Lemeshow, S., Hosmer, D. W., Klar, J., Lwanga, S. K. (1990), S. 10.

spielsweise 20.000 Geldeinheiten betragen könnte. Da dieses C/E-Verhältnis un-
terhalb der Linie R (40.000 Geldeinheiten) liegt, kann erwartet werden, dass das
Studien-Ergebnis zu einer Ablehnung der Nullhypothese führt, d. h. dass das C/E-
Verhältnis oberhalb der R-Linie liegt.

Im nächsten Schritt werden die Studienergebnisse simuliert, indem zufällige
Stichproben aus den oben spezifizierten Kosten- und Effekt-Verteilungen gezogen
werden. Zunächst wird dies für eine Studie mit einer willkürlich festgesetzten
Stichprobengröße von n=25 durchgeführt. Diese Stichprobe kann im Sinne der bereits erklärten Methode getestet werden, ob sie oberhalb der R-Linie liegt. Falls
das Konfidenzintervall R überdeckt wird, ist das C/E-Verhältnis inakzeptabel und
die Nullhypothese kann nicht abgelehnt werden. Zur Erinnerung: Die Verteilungen der Kosten und Effekte sind so formuliert, dass wir wissen, dass das wahre
Ergebnis (20.000 Geldeinheiten) unterhalb der Linie R von 40.000 Geldeinheiten
liegt. In diesem Falle wird ein Fehler gemacht, da die Nullhypothese nicht abgelehnt werden kann. Werden nun 1.000 Stichproben der Größe n=25 gezogen werden, kann mehr oder weniger häufig die Nullhypothese abgelehnt werden oder
nicht. Durch Zählung, wie häufig die Nullhypothese korrekterweise abgelehnt
wird, kann die Power geschätzt werden. Wird beispielsweise in 400 aus 1.000
Versuchen der Größe n=25 die richtige Entscheidung getroffen, dann beträgt die
Power 40 %.

Da die Power zu niedrig ist, muss das Verfahren mit einer höheren Stichprobengröße (z. B. n=50) wiederholt werden. Durch ständiges Erhöhen der Stichprobengröße kann die erforderliche Stichprobengröße zur hier gewünschten Power
von 80 % gefunden werden. Die Grenze R hat einen großen Einfluss auf die Power der Studie. Sie sollte daher im Voraus festgelegt werden. Das beschriebene
Rückwärtsverfahren ist derzeit noch nicht Bestandteil von Standardsoftware zur
Berechnung von Stichprobengrößen. Es muss daher auf eigene Programmierarbeit
(z. B. Pascal) zurückgegriffen werden.

Kasten 7. Beispiel[109]

In einer Studie unterzogen sich Patienten mit akutem Herzinfarkt entweder einer Angioplastie (mechanische Gefäßaufdehnung) oder sie erhielten Streptokinase (medikamentöse Rekanalisierung).[110] Studiengegleitend wurde eine ökonomische Evaluation durchgeführt.[111] Die klinischen Effekte wurden als ereignisfreies Überleben innerhalb eines Jahres, definiert als frei von Rezidiven oder zusätzlichen revaskulären Maßnahmen. In der Gruppe Angioplastie überlebten 103 von 152 Patienten rückfallfrei, verglichen mit 67 aus 149 in der Streptokinase-Gruppe.

Als Kosten waren alle direkten Kosten des ersten Jahres definiert inklusive aller Krankenhausaufenthalte, aller zusätzlichen Behandlungen und anderer medizinischer Ereignisse. Die durchschnittlichen Kosten betrugen in der Angioplastie-Gruppe 27.354 HFL (SD 16.245 HFL) und in der Streptokinase-Gruppe 26.264 HFL (SD 14.570 HFL). Das C/E-Verhältnis betrug 4.739 HFL pro rückfallfreien Überlebenden und das einseitige 95 %-Konfidenzintervall war [-∞, 24.137].

Hier wird nun die hypothetische Situation betrachtet, dass eine neue Studie geplant wird, mit dem Ziel die überlegene Wirksamkeit von Angioplastie zu prüfen. Entsprechend der Literatur wird vermutet, dass die Erfolgswahrscheinlichkeit in der Angioplastie-Gruppe $\mu_{ET}=0,68$ und in der Streptokinase-Gruppe $\mu_{EC}=0,45$ beträgt. Bei einem Signifikanzniveau von $\alpha=5$ % und einer Power von 80 % wird eine Stichprobengröße von 65 Patienten je Gruppe benötigt.

Ergänzend soll aber noch geprüft werden, ob das C/E-Verhältnis unterhalb der Grenze von 40.000 HFL für einen zusätzlich rückfallfreien Überlebenden liegt. Verwendet werden die gleichen Erfolgswahrscheinlichkeiten $\mu_{ET}=0,68$ und $\mu_{EC}=0,45$. Hinsichtlich der Kosten der Gruppen wird $\mu_{CT}=27.354$ HFL, $\sigma_{CT}=16.245$ HFL bzw. $\mu_{CC}=26364$ HFL, $\sigma_{CC}=14570$ HFL angenommen und die Korrelation $\rho=0$ gesetzt. Der Wert $\alpha=5$ % und die Power von 80 % werden übernommen. Unter Verwendung der beschriebenen Simulationsmethode ergibt die Schätzung eine notwendige Gruppengröße von n=125 Patienten.

Bis hierhin wurde keine Korrelation zwischen Kosten und Effekten angenommen ($\rho=0$). Eine Wiederholung der Simulation mit einer negativen Korrelation $\rho=-0,5$ unter sonst gleichen Annahmen, ergibt eine Stichprobengröße von n=175 je Gruppe, während eine positive Korrelation $\rho=0,5$ nur noch eine Stichprobengröße von n=70 erfordert. Eine intuitive Erklärung für diesen Sachverhalt ist, dass bei positiver Korrelation zwischen Kosten und Effekten die simultane Verteilung der Kosten und Effekte mehr oder weniger parallel zur R-Linie verläuft. Andererseits, wenn die Korrelation negativ ist, verläuft diese Verteilung senkrecht zur R-Linie. Deshalb ist eine wesentlich höhere Stichprobengröße erforderlich bei der sichergestellt ist, dass die simultane Verteilung unterhalb der R-Linie liegt.

Ähnlich sensibel reagieren die Schätzungen der Stichprobengrößen auf Änderungen der übrigen Parameter. So führen Vervielfachungen der Standardabweichungen auch zu Vervielfachungen der erforderlichen Stichprobengrößen. Dieser Effekt war umso stärker je näher das C/E-Verhältnis an der R-Linie liegt. Auch können schon kleine Änderungen in allen Parametern gleichzeitig die Stichprobengröße erheblich beeinflussen.

---

[109] Quelle: Al, M. J., Hout, B. A. v., Michel, B. C., Rutten, F. F. H. (1998), S. 330–331.

[110] Vgl. Boer, M. J. d., Hoorntjes, J. C. A., Ottervanger, J. P. u. a. (1994), S. 1004–1008.

[111] Vgl. Boer, M. J., Hout, B. A.v., Liem, A. L. (1995), S. 830–833.

2.2.3
Diskussion

Analog zur Berechnung der Stichprobengröße in klinischen Studien lässt sich auch die Stichprobengröße für gesundheitsökonomische Evaluationen berechnen. Es ist wichtig festzuhalten, dass zur Berechnung der Stichprobengröße für gesundheitsökonomische Evaluationen von vornherein mehr Informationen erforderlich sind als für klinische Studien. Die erforderliche Stichprobengröße wird beeinflusst durch die erwarteten Kosten, deren Standardabweichungen und der Korrelation zwischen Kosten und Gesundheitseffekten. In der Praxis mag es schwierig sein, eine vernünftige Schätzung für die erwarteten Kosten zu finden. Noch schwieriger wird es sein, die Standardabweichung der Kosten zu schätzen. Überdies hängt die Varianz der Kosten davon ab, wie detailliert die Ressourcen-Inanspruchnahme erfasst worden ist. Benötigen beispielsweise einige Patienten in einer Studie eine PTCA, so könnte man sich für einen festen Preis für jede durchgeführte PTCA entscheiden oder aber auch für die patientenspezifische Erfassung der Krankenhausaufenthalte, aller medizinischen Prozeduren, Medikation etc. Letzteres führt zu einer höheren Varianz, die wiederum zu einer höheren Stichprobengröße führt.

Neben den Vorab-Spezifikationen der Variablen Signifikanzniveau und Testpower, sollte überdies die Testhypothese eindeutig definiert werden, d. h. es sollte im Vorfeld entschieden werden, welches C/E-Verhältnis maximal angenommen werden kann. Dieses Limit ist in der Praxis nur schwer zu quantifizieren. Falls QALYs zur Messung herangezogen werden, lassen sich Vergleiche zu anderen bereits getesteten Verfahren ziehen. Unvorteilhafterweise nutzen klinische Studien als Maßstab weder QALYs noch gewonnene Lebensjahre, sondern Maßzahlen wie krankheitsfreie Perioden oder Anteil geheilter Patienten. Solche Effektivitätsmessungen lassen es nicht zu, verschiedene Technologien zu vergleichen.

Die Ausführungen machen deutlich, dass das Ergebnis einer Berechnung von Stichprobengrößen leicht manipulierbar ist. Wird aus praktischen Gründen die Stichprobengröße 100 bevorzugt, so lassen sich die Parameter so gestalten, dass aus den Berechnungen der Wert n=100 resultiert. Folglich stellt sich die Frage nach dem Wert der unternommenen Anstrengungen. Dieser Umstand sollte jedoch nicht zu der Annahme verleiten, dass Unsicherheiten im Gesundheitswesen lediglich statistischer Natur sind. Die Forschung anhand klinischer Studien ist immer nur eine Momentaufnahme. Übertragungen auf die Zukunft oder auf andere Gesundheitssysteme sind entsprechend problematisch. Dieses macht es umso wichtiger, dass statistisches Handwerkzeug zur Verfügung steht, um den Unsicherheiten in ökonomischen Evaluationen zu begegnen, die tatsächlich statistischer Natur sind.

In den letzten 10 Jahren ist eine Vielzahl von Programmen zur Berechnung des Stichprobenumfangs entwickelt worden. Das Spektrum der verfügbaren Software zur Fallzahlbestimmung reicht vom programmierbaren Taschenrechner bis zum Expertensystem zur Versuchsplanung, das ein Modul zur Berechnung des Stichprobenumfangs enthält.[112] Die Programme basieren auf verschiedenen statisti-

---

[112] Vgl. Ortseifen, C., Bruckner, T., Burke, M., Kiesner, M. (1997), S. 92.

schen Berechnungen bzw. Approximationen und unterscheiden sich hauptsächlich im Leistungsumfang, in der Funktionalität, der Benutzerfreundlichkeit und in den Anschaffungskosten.[113]

Zu Vergleichen und Beurteilungen der Softwareprogramme sei an dieser Stelle auf Iwane u. a. hingewiesen.[114] Die Beurteilung von Programmeigenschaften obliegt aber jedem Anwender selbst. Er muss abwägen, welche Werkzeuge und Programmcharakteristika besonders wichtig für ihn sind und auf welche er verzichten kann. Oftmals kann die Funktionalität und die Benutzerfreundlichkeit aber erst nach praktischem Arbeiten mit dem Programm beurteilt werden.

Die Frage, wie stark die Ergebnisse alternativer Programme voneinander abweichen, kann anhand von Beispielrechnungen in verschiedenen Standardsituationen gezeigt werden.[115] Die Ergebnisse verdeutlichen jedoch, dass die berechneten Stichprobenumfänge der Programme auch in unterschiedlichen Testsituationen nur eine sehr geringe Spannweite aufweisen und somit für den Benutzer keine große Unsicherheit bezüglich der Richtigkeit der Fallzahlberechnung besteht. Die Aufgabe, die den größten Einfluss auf den Stichprobenumfang besitzt, obliegt unabhängig von der Software immer noch dem Anwender bei der Festlegung der Studienparameter. Die Computerprogramme dienen somit nur als Werkzeug zur Ausführung der Berechnung und möglicherweise als Interpretations- und Entscheidungshilfe.[116]

2.3
Naturalistische Studiendesigns

Naturalistische Studiendesigns[117] werden immer häufiger von Krankenkassen und Ärzten gefordert. Naturalistische Studien werden dabei als Ergänzung zu klinischen Studien gesehen, mit der das bisher vernachlässigte Kriterium der Effizienz nachgewiesen werden soll. Ein vorrangiges Ziel klinischer Studien ist es, die Zulassung des in den Studien geprüften Arzneimittels zu erreichen. Diese Studien können zwar als Instrument in der Pharmako- oder Gesundheitsökonomie eingesetzt werden, die Ergebnisse sind aber häufig wenig befriedigend, da die Studienumgebung keine Abbildung des Alltags darstellt. Enge Ein- und Ausschlusskriterien und weitere Maßnahmen im Studiendesign sollen helfen nach Möglichkeit alle Störfaktoren auszuschalten, die eine eindeutige Bewertung des geprüften Arzneimittels verhindern. In der Realität sind solche Einflüsse jedoch vorhanden und wirken sich auch auf die Kosten aus.

Naturalistische Studiendesigns setzen immer voraus, dass die Patienten im Rahmen der üblichen ärztlichen Versorgung über einen bestimmten Zeitraum beobachtet werden im Sinne einer Verlaufs- oder Anwendungsbeobachtung. Im Be-

---

[113] Vgl. Thomson, L., Krebs, C. J. (1997), S. 130.
[114] Vgl. Iwane, M., Palensky, J., Plante, K. (1997).
[115] Vgl. Ortseifen, C., Bruckner, T., Burke, M., Kiesner, M. (1997), S. 91–118.
[116] Vgl. idv – Datenanalyse und Versuchsplanung (1993), S. 1.3.
[117] Vgl. Hardens, M., Souetre, E. (1995).

obachtungszeitraum wird eine standardisierte Befunddokumentation erstellt, die im Falle ökonomischer Studien die Dokumentation kostenrelevanter Daten umfasst. Weder die diagnostische noch die therapeutische Vorgehensweise der behandelnden Ärzte wird innerhalb naturalistischer Studiendesigns beeinflusst. Es gibt außer dem Zulassungsstatus weder vorgegebene Reglementierungen für Dosierung, Dosierungsschema und Dauer der Behandlung noch für notwendige Begleittherapien, diagnostische Verfahren, Krankenhausaufenthalte und ähnliches. Es handelt sich um eine nicht-interventionelle Studienform, bei der Randomisierung und Verblindung zwar wünschenswert und möglich sind, aus Gründen der Praktikabilität aber meist unterbleiben.

Naturalistische Studiendesigns zielen darauf ab, die Resultate einer Untersuchung zu verallgemeinern und auf die Praxis zu übertragen. Das Hauptinteresse gilt im Gegensatz zur klinischen Studie nicht allein der Untersuchung der Wirksamkeit und Sicherheit von Arzneimitteln, sondern verstärkt der Zweckmäßigkeit bzw. des Nutzens unterschiedlichster Therapien in Form von gewonnenen Lebensjahren, beschwerdefreien Tagen, niedrigeren Rückfallraten, Verhinderung zukünftiger Erkrankungen oder einer mehrdimensionalen, komplexen Variablen, die mehrere Informationsdimensionen gemeinsam ausdrückt (wie beispielsweise Lebensqualität oder QALYs).[118]

Die Erwartungen sowohl der behandelnden Ärzte als auch die der Patienten haben in naturalistischen Studiendesigns gleichermaßen einen Einfluss auf das Behandlungsergebnis und sollten deshalb berücksichtigt werden. Zwar ist die offene Behandlung bei naturalistischen Studiendesigns üblich, dennoch ist oftmals die randomisierte Zuweisung zur Therapie sinnvoll, um methodisch einen *selection bias* zu vermeiden und die Objektivität zu erhöhen.

Entscheidend ist, dass bei naturalistischen Studiendesigns die Differenz nicht in den unterschiedlichen klinischen Zielparametern der Therapiealternativen erwartet wird, sondern bei den Kosten. Eine naturalistische Studie versucht zum Beispiel die Wirksamkeit der Hochdrucktherapie aufgrund des Erreichens harter Endpunkte wie Reduktion der Morbidität bei Schlaganfällen, Herzinfarkten etc. zu ermitteln und nicht durch die Betrachtung gesenkter Blutdruckmesswerte. Eine Morbiditätsverringerung wird sich entsprechend in verringerten Kosten ausdrücken. Aufgrund der wenigen Erfahrungen mit naturalistischen Studiendesigns stellt sowohl die Einschätzung der Kostendifferenz als auch die der Varianz der Kosten ein großes Problem dar. Von besonderer Bedeutung sind deshalb Krankheitskostenstudien (s. Kap. 5.2.2), die die Kostenentwicklung in Abhängigkeit vom Schweregrad darstellen.[119]

Auch in naturalistischen Studien spielt die statistische Aussagekraft und die klinische Relevanz des Ergebnisses eine erhebliche Rolle. Deswegen gelten die gleichen Methoden zur Berechnung der Fallzahl wie bei klinischen Prüfungen, allerdings kommen hier noch zusätzliche Variablen hinzu. Bei der Auswahl der Patienten spielen weniger die klassischen medizinischen Ein- und Ausschlusskriterien eine Rolle als vielmehr die Repräsentativität der Studienteilnehmer für die alltägliche Behandlungssituation in der Arztpraxis oder Klinik. Dies setzt voraus,

---

[118] Vgl. Glaser, P. (1998b), S. 51.
[119] Vgl. Glaser, P. (1998b), S. 51.

dass auch eine wesentlich größere Anzahl von behandelnden Ärzten in die Studie eingebunden wird. Naturalistische Studiendesigns finden sich in unterschiedlichen Studienformen. Zu nennen sind hier die Anwendungsbeobachtungen und die Kohorten-Studien.

Gemäß dem Arzneimittelrecht sind *Anwendungsbeobachtungen* (observational studies) nach § 67 Abs. 6 AMG „Untersuchungen, die dazu bestimmt sind, Erkenntnisse bei der Anwendung zugelassener Arzneimittel zu sammeln."[120] Sie fallen nach § 4 Abs. 23 Satz 2 AMG in den Bereich der nichtinterventionellen Prüfungen und sind damit keine klinische Prüfung. Vielmehr werden sie wie folgt definiert (§ 4 Abs. 22 S. 3 AMG):

Eine *nichtinterventionelle Prüfung* ist eine Untersuchung, in deren Rahmen Erkenntnisse aus der Behandlung von Personen mit Arzneimitteln gemäß der in der Zulassung festgelegten Angaben für seine Anwendung anhand epidemiologischer Methoden analysiert werden; dabei folgt die Behandlung einschließlich der Diagnose und Überwachung nicht einem vorher festgelegten Prüfplan, sondern ausschließlich der ärztlichen Praxis.[121]

Anwendungsbeobachtungen werden wie die klinischen Studien der Phase IV erst nach der Zulassung durchgeführt. In Anwendungsbeobachtungen werden Patienten dokumentiert, denen ein bestimmtes Arzneimittel oder ein Arzneimittel aus einer bestimmten Klasse im Routinebetrieb des Arztes appliziert wird. Das Prüfprotokoll ist meist weniger umfangreich bzw. die Dokumentation ist nur in Teilaspekten erforderlich. Die Fallzahlen von Anwendungsbeobachtungen betragen zum Teil bis zu mehreren 10.000 Teilnehmern. Die Anwendungsbeobachtung ist ein geeignetes Instrument der Erkenntnisgewinnung, wenn es Ziel ist, die Therapiegewohnheiten und die daraus im Beobachtungsraum entstehenden Kosten zu ermitteln.

Der Begriff der *Kohorten-Studie* stammt aus der Bevölkerungsstatistik. In einer Kohorten-Studie wird „eine Gruppe von Patienten definiert und systematisch hinsichtlich des Zeitverlaufs bestimmter Zielvariablen kontrolliert."[122] Im Unterschied zur Anwendungsbeobachtung werden mehrere Patientengruppen gebildet, so dass ein Vergleich unterschiedlicher Therapien oder unterschiedlicher Indikationen möglich wird. In einer Kohorten-Studie wird darauf verzichtet, die Patienten einer der Therapiegruppen randomisiert zuzuordnen, d. h. es wird nicht in die ärztliche Therapieentscheidung eingegriffen. Der potentielle Studienteilnehmer wird eingeschlossen, wenn er sich auf ärztliche Entscheidung hin einer der betrachteten Therapien unterziehen soll. Die Therapie wird primär nicht zum Zwecke des Erkenntnisgewinns, sondern vorrangig mit dem Ziel der Behandlung des Patienten durchgeführt.

---

[120] Victor, N., Schäfer, H., Nowak, H. u. a. (1991), S. 42.
[121] Sträter, B. und Ambrosius M. (2006), S. 17
[122] Victor, N., Schäfer, H., Nowak, H. u. a. (1991), S. 29.

2.4
Exkurs: Non-Compliance

Ein wesentlicher Unterschied der Ergebnisse aus ökonomischen Studien basierend auf klinischen Studien und naturalistischen Studiendesigns ist durch den unterschiedlichen Grad der Compliance begründet. Aus diesem Grund soll hier etwas ausführlicher auf diese Problematik eingegangen werden.

2.4.1
Formen der Non-Compliance

Landläufig wird unter Compliance das Befolgen der therapeutischen Anweisungen des Arztes durch den Patienten verstanden. Hiermit ist somit nicht nur die Einnahme von Medikamenten, sondern auch die Änderung der Lebensführung, die Anwendung diätetischer und anderer Maßnahmen gemeint. Haynes spricht daher in diesem umfassenden Sinne von *Adherence* anstatt von *Compliance*,[123] wobei diese Unterscheidung jedoch mehr in der Semantik der englischen Sprache begründet ist. So wird im Englischen unter Compliance die *Erfüllung* der ärztlichen Anweisung verstanden, während prinzipiell deren *Einhaltung* (adherence) durch den Patienten gefordert wird. Der Begriff Compliance hat sich jedoch inzwischen soweit etabliert, dass sich ihm keine akzeptierten Alternativen entgegenstellen lassen.[124] Die nachfolgenden Ausführungen konzentrieren sich exemplarisch auf Compliance im Sinne der Anwendung von Arzneimitteln. „Non-Compliance" wird als abweichendes Verhalten des Patienten von der ärztlichen Handlungsanweisung definiert. Diese Abweichungen vom Verhalten können folgendermaßen aussehen:

- Einnahme von zu wenig Medikamenten (Unterdosierung),
- Einnahme von zuviel Medikamenten (Überdosierung),
- zu kurze Einnahmedauer,
- zu lange Einnahmedauer,
- nicht zeitgerechte Einnahme,
- bedarfsweise Einnahme (und nicht nach Verordnung),
- unregelmäßige Einnahme sowie
- vollständig unterlassene Einnahme.

---

[123] Vgl. Haynes, R. B. (1979).
[124] Vgl. Haynes, R. B. (1982), S. 12.

2.4.2
Ursachen der Non-Compliance

Die vorige Aufzählung stellt beispielhaft die verschiedenen Formen der Non-Compliance bei der Medikamenteneinahme dar. Die Gründe hierfür sind vielfältig. Eine Bevölkerungsbefragung versuchte Ursachen für schlechte Compliance zu ermitteln:[125] Rund 20 % der Patienten vergessen die Einnahme, bei etwa 16 % sind die Medikamente zur Zeit der Einnahme nicht griffbereit, ca. 14 % fühlen sich vom so genannten Beipackzettel abgeschreckt, etwa 10 % der Patienten sind grundsätzlich skeptisch, 6 % nehmen ihre Medikamente wegen mangelnder Wirksamkeit nicht weiter, bei weiteren 6 % spielen Nebenwirkungen eine solche Rolle, daß die Medikamente nicht eingenommen werden und bei lediglich 2 % führt die Menge an verordneten Medikamenten zur Non-Compliance. Immerhin 33 % der Patienten zeigen sich nach dieser Befragung als compliant. Eine Patientenbefragung zum individuellen Arzneimittelgebrauch aus dem Jahre 1995 kommt zu relativ ähnlichen Ergebnissen[126]: 19 % der Patienten haben Angst vor Nebenwirkungen; 15 % der Patienten nehmen ihre Medikamente wegen der Warnung vor Nebenwirkungen im Beipackzettel nicht; 17 % der Patienten fühlen sich wieder gesund und nehmen die Medikamente nicht; 17 % der Patienten vergessen schlichtweg die ärztliche Anordnung oder die Arzneimitteleinnahme und 14 % der Patienten nehmen die Medikamente nur bei Auftreten von Beschwerden. Obwohl etwa fünf Jahre Zeitdifferenz zwischen diesen beiden Untersuchungen liegt, ist der Unterschied nur marginal. Non-Compliance ist offensichtlich als zeitlose Erscheinung anzusehen, lediglich die Begründungen variieren. So ließen sich bisher eindeutige Hinweise, welche Faktoren zur Non-Compliance führen, nicht nachweisen.[127] Es liegen Hinweise vor, dass stärkere Behinderung durch die Erkrankung,[128] mehr als fünfjährige Arzneimitteleinnahme oder geringere tägliche Verabreichungshäufigkeit[129] mit zwei Dosierungen und weniger pro Tag[130] zu einer höheren Compliance führen. Kjellgren u. a. stellten eine erhöhte Compliance bei Patienten fest, die Arzneimittel bestimmter Gruppen einnahmen.[131] Zu diesen Arzneimittelgruppen gehörten Herz-Kreislaufpräparate und Antidiabetika. Werden Patienten direkt nach Gründen für ein non-compliantes Verhalten befragt, ergibt sich beispielhaft das folgende Bild:[132]

- Therapieabbruch
- zu frühes Abbrechen durch Zustandsbesserung (z. B. Antibiotika-Therapie)
- Abbruch wegen befürchteter oder beobachteter Nebenwirkung

---

[125] Vgl. Herrmann, M. (1991), S. 5.
[126] Vgl. EMNID (1996).
[127] Vgl. Haynes, R. B. (1982), S. 16.
[128] Vgl. Rudd, P. (1993), und Stephenson, B. J., Rowe, B. H., Haynes, R. B. u. a. (1993).
[129] Vgl. Kjellgren, K. J., Ahlner, J., Saljo, R. (1995).
[130] Vgl. Ickovics, J. R., Meisler, A. W. (1997), und Pullar, T., Birtwell, A. J., Wiles, P. G. u. a. (1988).
[131] Vgl. Kjellgren, K. J., Ahlner, J., Saljo, R. (1995).
[132] Vgl. Kruse, W. (1996).

- Befolgen der ärztlichen Anweisungen erst unmittelbar vor Arztbesuchen
- fehlendes Wissen über den notwendigen Medikamentenwirkspiegel
- Non-Compliance bei Unterbrechung der Alltagsroutine durch Wochenenden, Feiertage, Ferien, Ausnahmesituationen o. ä.

Wie sich einzelne Non-Complianceraten darstellen, ist der Tabelle 2.3 exemplarisch zu entnehmen. Dass Complianceuntersuchungen problematisch sind, zeigen die zwischen einzelnen Untersuchungen variierenden Non-Compliance-Raten. So schwankt die Non-Compliancerate bezogen auf die medikamentöse Therapie bei Asthmatikern zwischen 20 und 80 %. Eine ähnliche Variabilität lässt sich auch bei anderen Krankheitsbildern finden.

Tabelle 2.3. Non-Compliance-Raten[133]

Erkrankung	Non-Compliance-Rate
Asthma	20 % (- 80 %)[134]
Epilepsie	30 % - 50 %
Diabetes	40 % - 50 %
Bluthochdruck	50 %
Rheuma	55 % - 70 %
Osteoporose	über 50 %

2.4.3
Messung der Compliance

Eine besondere Schwierigkeit bei der Bewertung der Compliance ist deren Messung. Hier werden zwei Verfahrensweisen unterschieden, die direkten und die indirekten Verfahren zur Compliance-Messung. Zu den direkten Verfahren gehören die direkte Beobachtung der Patienten, die Messung von Medikamentenspiegeln in Körperflüssigkeiten sowie die Verwendung von chemischen (oder anderen) Markern. Zu den indirekten Verfahren gehören das Pill counting und elektronische Verfahren. Die nachfolgende Kurzbeschreibung der einzelnen Methoden reicht bereits aus, um deren jeweilige Problematik zu verdeutlichen.

Die *unmittelbare Patientenbeobachtung* setzt voraus, dass sich der Patient unter ständiger Aufsicht befindet. Diese Voraussetzung ist nur unter bestimmten Bedingungen wie bei Arzneimittelprüfungen der frühen Entwicklungsphase (Phase I) gegeben. Unter diesen Laborbedingungen ist die Compliance zwar grundsätzlich höher, jedoch nicht mit dem Alltag zu vergleichen. Im wirklichen Leben findet sich eine solche Situation beim Aufenthalt eines Patienten auf der Intensivstation, wenngleich auch hier keine ideale Situation zur Compliancebewertung vorliegt.

Der Nachweis bestimmter Medikamente in *Körperflüssigkeiten* stellt eine zuverlässige Methode zur Compliancemessung dar. Diese Methode ist allerdings für den routinemäßigen Einsatz weniger geeignet, da a) nur wenige Medikamente auf

---

[133] Quelle: AARP (1993), S. 4.
[134] Vgl. Bergmann, K.-C., Rubin, I. D. (1997).

diese Weise nachgewiesen werden können, b) diese Methode unter Umständen eine Blutentnahme beim Patienten voraussetzt und somit einen zusätzlichen Eingriff in die körperliche Integrität des Patienten darstellt und c) diese Form des Compliancenachweises relativ kostenintensiv ist.

Gleiches gilt für die Verwendung so genannter *Marker*. Der Patient erhält hierbei zusätzlich zum Medikament eine definierte Substanz, die sich in Körperflüssigkeiten nachweisen lässt, wenn der Patient das Medikament eingenommen hat. Auch diese Methode ist eher klinischen Studien vorbehalten und eignet sich nicht für die Compliancemessung unter Routinebedingungen.

Indirekte Verfahren versuchen, wie der Name es sagt, Informationen über die Compliance zu erhalten, ohne den Patienten unter Laborbedingungen direkt zu beobachten. In der Compliancebewertung hat sich das *Pill counting* als brauchbares Verfahren erwiesen. Der Patient wird gebeten, zum jeweiligen Arztkontakt seine verordneten Arzneimittel mitzubringen. Der Arzt oder die Helferin kann den Arzneiverbrauch zwischen den Kontakten ermitteln. Diese Vorgehensweise ist aufwändig und der Patient fühlt sich kontrolliert. Pill counting in einer Berliner Apotheke ergab, dass 31 % der zurückgegebenen Arzneimittelpackungen unangebrochen und 34 % nur zur Hälfte geleert waren.[135] Zumindest für die (Nicht-) Anwender der unversehrt zurückgegebenen Packungen besteht hier in hohem Maße der Verdacht auf non-compliantes Verhalten.

Inzwischen gibt es verschiedene *elektronische Systeme*, die eine Überwachung der Arzneimitteleinnahme gestatten und über die Möglichkeit verfügen, Daten wie Uhrzeit und Menge der Einnahme zu speichern. Auf diese Weise gelingt es, selbst das Anwendungsverhalten zu dokumentieren. Diese Systeme sind derzeit noch verhältnismäßig teuer und meist ist deren Anwendung auf klinische Prüfungen beschränkt. Auch hier gibt es Möglichkeiten zur bewussten Manipulation durch den Patienten, der nicht möchte, dass sein Fehlverhalten aufgedeckt wird.

Die *Beobachtung eines zu erwartenden Effekts* aufgrund der Therapie ist ebenfalls ein Verfahren zur Compliancebewertung. Bei der Diabetestherapie ist beispielsweise die Normalisierung des HbA_{1c} ein starkes Indiz für eine eingehaltene Therapie. Dieses Verfahren lässt sich zudem mit der *Befragung des Patienten* als weiteres indirektes Verfahren kombinieren. Hier gilt es jedoch, die richtigen Fragen an den Patienten zu stellen, um ein einigermaßen verlässliches Ergebnis zu erhalten. Wichtig ist die Befragung des Patienten in jedem Fall, um eine Begründung für die Non-Compliance zu erhalten.

2.4.4
Kosten der Non-Compliance

Unter Berücksichtigung der bereits dargestellten Sachlage wird Non-Compliance zu einem erheblichen Kostenproblem. Buschmann schätzt, dass den Krankenkassen Kosten in Höhe von etwa 2,05 Milliarden EUR jährlich allein durch weggeworfene Arzneimittel entstehen.[136] Dieser Betrag entspricht etwa 8 % der Auf-

---

[135] Vgl. Bronder, E., Klimpel, A. (1992).
[136] Vgl. Buschmann, P. (1998), S. 155.

wendungen der Gesetzlichen Krankenversicherer im Bereich Arzneimittel. Diese Kostenabschätzung lässt jedoch weitere Kosten unberücksichtigt, da nur die reinen Arzneimittelkosten betrachtet werden. Im Sinne einer Krankheitskostenanalyse zur Non-Compliance müssen weitere Kosten berücksichtigt werden. Bei Erfassung der direkten Kosten sind beispielsweise Krankenhaus- und Notfalleinweisungen, zusätzliche Arzt- und Apothekenbesuche, Facharztbesuche, diverse Therapie- und Medikamentenwechsel, Ausweitung der Diagnostik, ärztliche Notdiensteinsätze und Begleitmedikation aufgrund fehlender Compliance zu berücksichtigen. Es fallen zudem indirekte Kosten an, wie beispielsweise morbiditätsbedingte Produktionsverluste durch krankheitsbedingte Abwesenheit vom Arbeitsplatz bzw. vorzeitige Berentung und mortalitätsbedingte Produktionsverluste durch vorzeitigen Tod. Ferner können noch intangible Kosten relevant sein. Hierzu gehört der Verlust an Lebensqualität und Patientenzufriedenheit.

Vollmer und Kielhorn berechneten die direkten Kosten der Non-Compliance für Deutschland.[137] Aufgrund fehlender deutscher Daten verknüpften sie Daten aus dem europäischen Ausland, Kanada und den USA mit deutschen Kostendaten. In ihre Berechnungen gingen die Kosten vermeidbarer Krankenhauseinweisungen, Pflegeleistungen, Notfalleinweisungen, zusätzliche Arztbesuche und nicht eingenommene Arzneimittel ein (s. Tabelle 2.4). Die durchgeführten Berechnungen sind als konservativ zu betrachten, die tatsächlichen Kosten liegen vermutlich wesentlich höher.

Tabelle 2.4. Direkte Kosten der Non-Compliance (Basisjahr 1996; Originalangaben in DM)[138]

	Betrag (in Mio. EUR)
Vermeidbare Krankenhauseinweisungen	2.863
Vermeidbare Pflegeleistungen	348
Zusätzliche Arztbesuche	1.176
Notfalleinweisungen	491
Nicht eingenommene Arzneimittel	511
Summe	5.389

Diese Berechnung erstreckt sich über Non-Compliance als eigene Entität ohne Berücksichtigung indirekter Kosten. Konservativ geschätzt erreichen die indirekten Kosten die gleiche Größenordnung wie die direkten Kosten. Vollmer und Kielhorn beziffern daher die Gesamtkosten für Non-Compliance in Deutschland auf 8,1 bis 10,7 Milliarden EUR.[139] Bei der ökonomischen Bewertung auf Basis klinischer Prüfungen müssen daher mögliche Fehleinschätzungen aufgrund von Non-Compliance berücksichtigt werden:

---

[137] Vgl. Volmer, T., Kielhorn, A. (1998), S. 49–56.
[138] Quelle: Volmer, T., Kielhorn, A. (1998), S. 54.
[139] Vgl. Volmer, T., Kielhorn, A. (1998), S. 56.

- Kostenvorteile werden zu optimistisch geschätzt, da die Non-Compliance nicht berücksichtigt wird. In klinischen Prüfungen lässt sich zwar eine gewisse Non-Compliance beobachten, aber die hier auftretende Rate ist weit geringer als in der Alltagsroutine.
- Aufgrund der besseren Compliance wird die Wirksamkeit in klinischen Studien im Vergleich zur Realität überschätzt. Bluthochdruckpräparate sind hierfür ein gutes Beispiel. In klinischen Prüfungen zeichnen sie sich bei den meisten Patienten durch eine gute Wirksamkeit aus, im Alltag sind die Präparate nur noch bei maximal der Hälfte der Patienten wirksam.
- Die Gesamtkosten werden unterschätzt, da non-compliantes Verhalten in all seinen Auswirkungen nicht ausreichend berücksichtigt wird.

Diese beispielhafte Aufzählung verdeutlicht, dass klinische Studien allein nicht ausschlaggebend für die ökonomische Bewertung eines Präparates sein können. Vielmehr ist es sinnvoll, die Ergebnisse klinischer Prüfungen mit Hilfe von Ergebnissen aus Studien mit naturalistischem Design zu überprüfen oder die Ergebnisse aus klinischen Prüfungen hinsichtlich der erwarteten Compliance zu korrigieren. Worthen hat zu diesem Zweck vorgeschlagen, einen Nutzwert zur Bewertung eines Arzneimittels einzuführen, der aus dem Produkt der Wirksamkeit und der erwarteten Compliance besteht (s. Tabelle 2.5).[140]

Tabelle 2.5. Nutzwert eines Arzneimittels[141]

Arzneimittel	Wirksamkeit	Compliance	Nutzwert
A	80 %	30 %	24 %
B	70 %	90 %	63 %

Schon dieses hypothetische Konstrukt macht deutlich, dass eine Überprüfung der Ergebnisse im naturalistischen Umfeld unerlässlich ist. Ein solcher Einbezug der Compliance mag zunächst hilfreich sein, ob es jedoch der vorliegenden Situation gerecht wird, bleibt fraglich. Hier gilt, dass ausschließlich das unter Praxisbedingungen erhobene Ergebnis (Outcome) die Auswirkungen der Non-Compliance in der gesundheitsökonomischen Betrachtung am ehesten abbildet. „Kunstgriffe", wie oben vorgestellt, sind dann nicht notwendig. Sie haben jedoch ihre Berechtigung, wenn Untersuchungen unter Praxisbedingungen nicht oder noch nicht möglich sind. Gesundheitsökonomische Betrachtungen ausschließlich auf Basis klinischer Prüfungen anzustellen, heißt die Realität zu vernachlässigen.

---

[140] Vgl. Worthen, D. M. (1979).
[141] Quelle: Volmer, T., Kielhorn, A. (1998), S. 59.

2.5
Datenbankanalysen

Bislang war in diesem Kapitel primär die Rede von prospektiv durchgeführten Studien. Daneben gibt es auch die Möglichkeit Untersuchungen retrospektiv durchzuführen. Auch solche Untersuchungen fallen weitestgehend in den Bereich des Field Research. Retrospektiv bedeutet hierbei, dass auf Daten zurückgegriffen wird, die ursprünglich *nicht* für den eigentlichen Untersuchungszweck gesammelt worden sind.

In der Regel sollen gesundheitsökonomische Untersuchungen neben den medizinischen Konsequenzen die Mehrkosten oder Einsparungen quantifizieren, die mit den betrachteten therapeutischen Maßnahmen verbunden sind. Um diesem Untersuchungsziel nahe zu kommen, können retrospektiv Daten genutzt werden, die bereits Kosten berücksichtigen oder diese enthalten. Eine Hauptquelle wären damit die Daten der Kostenträger, in Deutschland insbesondere der gesetzlichen Krankenversicherungen. Etwa 90 % aller Bürger sind in Deutschland gesetzlich krankenversichert, so dass hier im Prinzip Analysen über die unterschiedlichsten Erkrankungen möglich wären. Auf Basis solcher Daten ließen sich in idealer Weise Analysen aus Perspektive der für die Gesundheitsversorgung zahlenden Institution durchführen. Hierbei sind jedoch die Limitationen dieser Daten zu berücksichtigen. So liegen den Krankenkassen insbesondere die folgenden Daten vor:

• Versichertenstammdaten wie Alter und Geschlecht des Versicherten, Versicherungszeiten etc.[142]
• Verordnungsdaten von Arzneimitteln und sonstigen Heil- und Hilfsmitteln
• Krankenhausaufenthalte
• Daten zur Arbeitsunfähigkeit
• Leistungsdaten nichtärztlicher Leistungserbringer

Diese Aufzählung verdeutlicht, dass eine gesundheitsökonomische Analyse auf Basis dieser Daten schwer möglich ist. Direkte Diagnosedaten fehlen im Rahmen dieser Betrachtung fast völlig (Ausnahme sind beispielsweise Einweisungs- und Entlassungsdiagnosen bei Krankenhausaufenthalten), das Gleiche gilt oft auch noch für die Daten der ärztlichen Leistungserbringung. Indirekt können aus Daten der Krankenkassen aber doch in einer Reihe von Fällen Diagnosen einzelnen Patienten zugeordnet werden, beispielsweise wenn ein eindeutiger Zusammenhang zwischen einem verordneten Arzneimittel (das den Krankenkassen bekannt ist) und einer Erkrankung besteht. Ausführliche Diagnosedaten sowie diagnostische und therapeutische Leistungsdaten (Honorar für die erbrachten Leistungen) finden sich statt in den Datenbanken der Krankenkassen in den Datenbanken der Kassenärztlichen Vereinigungen.[143] Zwar werden den Kassen auch diese Daten zur Verfügung gestellt, ein Zusammenführen der Daten geschieht jedoch aus datenschutzrechtlichen und infrastrukturellen Gründen nur selten.

---

[142] Vgl. Grobe, T. P., Ihle, P. (2005), S. 20.
[143] Vgl. Kerek-Bodden, H., Heuer, J., Brenner, G., u. a. (2005), S. 38–40.

Es bedarf eines aufwändigen Verfahrens, um die Daten von Versicherten einer Krankenkasse mit den kompletten zugehörigen Daten einer Kassenärztlichen Vereinigung zu verknüpfen, um auf dieser Basis unter anderem ökonomische Analysen durchzuführen. In der Regel werden die Daten routinemäßig auf Seiten der Krankenkasse bzw. Kassenärztlichen Vereinigung erhoben. Bevor diese Daten ausgewertet werden können, erhält ein „Treuhänder" beide Datensätze. Dieser Treuhänder führt die Daten zusammen und pseudonymisiert den neuen Datensatz. Weder der Kasse noch der Kassenärztlichen Vereinigung wird bekannt gemacht, welches Pseudonym zu welchem Patienten gehört. Dieser neue Datensatz wird der auswertenden Stelle zugänglich gemacht. Auch dieser Stelle ist nicht bekannt, welches Pseudonym zu welchem Patienten gehört. Der neu geschaffene Datensatz vereinigt nun Krankenkassendaten mit den Daten der Kassenärztlichen Vereinigung, d. h. es liegen nun folgende Daten gemeinsam vor: Alter und Geschlecht des Versicherten, Versicherungszeiten, Verordnungsdaten, Krankenhausaufenthalte, Daten zur Arbeitsunfähigkeit, Leistungsdaten nichtärztlicher Leistungserbringer, Diagnosedaten sowie diagnostische und therapeutische Leistungsdaten. Auf Basis dieser Daten gelingt es nun, zumindest die Versorgungskosten darzustellen. Damit eignen sich solche Analysen besonders zur Ermittelung von Krankheitskosten. Gesundheitsökonomische Studien, wie beispielsweise Kostenminimierungs-, Kosten-Nutzen- oder Kosten-Effektivitäts-Analysen sind auf Basis dieser Daten nur durchzuführen, wenn Annahmen über die Effektivität getroffen werden, da weder die Daten der Kassen noch die der Kassenärztlichen Vereinigungen explizite Effektivitätsdaten enthalten. Auch Surrogatparameter wie Labordaten oder Daten sonstiger apparativer Diagnostik fehlen in einem solchen Datensatz. Dennoch sind diese Daten geeignet um im Sinne gesundheitsökonomischer Analysen zum Beispiel für die Ermittlung von Krankheitskostendaten eingesetzt zu werden.[144]
Alternativ zu den Daten der Krankenkassen bzw. Kassenärztlichen Vereinigungen können Daten auch direkt aus den Arztpraxen bezogen werden. Verschiedene Zusammenschlüsse von niedergelassenen Ärzten (z. B. Praxisnetze) bieten eigene Untersuchungen an auf der Basis von Daten, die in den meisten Fällen direkt der Praxissoftware entnommen werden. Auch kommerzielle Anbieter verfügen über entsprechende Daten, die direkt aus der Praxissoftware Daten entnehmen, die longitudinale Analysen erlauben. Auch hier gibt es datenschutzrechtlich bedingte Limitationen, so lassen sich im Rahmen dieser Datenbanken Patienten nur solange verfolgen, wie kein Wechsel des Leistungserbringers stattfindet. Sobald ein Patient beispielsweise von einem Facharzt weiterbehandelt wird oder ins Krankenhaus eingewiesen wird, verliert man den Patienten, d. h. es fehlen patientenbezogene weitere Informationen. Dennoch sind diese Daten in der Regel detaillierter als die Daten der Kassen oder kassenärztlichen Vereinigungen, da unter anderem häufige Labordaten festgehalten und zum Teil patientenbezogene Daten wie Größe und Gewicht, aber auch Verordnungsempfehlungen zu Arzneimitteln mit erhoben werden. Mit Hilfe solcher Daten lassen sich dann zum Beispiel Untersuchungen zur Therapietreue und zur Kontinuität von Therapien durchführen.[145] Abhängig von den erhobenen Laborparametern lassen sich in geringem Maße auch Analysen

---

[144] Vgl. Köster, I., von Ferber, L., Ihle, P., u. a. (2006).
[145] Vgl. Hasford, J., Mimran, A., Simons, W. R. (2002).

zur Effektivität einzelner Therapien durchführen, wenn sich der Effekt in einem Laborparameter als Surrogat abbilden lässt. Ebenfalls möglich sind Erhebungen zur Arzneimittelsicherheit unter Alltagsbedingungen[146].

Abhängig vom gewählten Effektivitätsparameter sind sowohl auf Basis der Daten von Krankenkassen und Kassenärztlichen Vereinigungen als auch auf Basis direkt beim Arzt erhobener Daten Kosten-Effektivitäts-Analysen möglich. Allerdings sind hierbei lediglich Ressourcenverbrauchsdaten und mit Einschränkungen Morbiditätsdaten als Effektivitätsparameter einzusetzen. So könnten z. B. die Kosten pro vermiedener Krankenhauseinweisung oder pro vermiedenem Arztbesuch ermittelt werden. Hierzu ist es allerdings erforderlich, dass bereits im Vorfeld der Analyse im Rahmen eines Analyseplans festgestellt wird, wie vergleichbare Gruppen dargestellt werden sollen, um möglichen Confoundern zu begegnen. Kosten-Effektivitäts-Analysen, die auf Endpunkte abzielen, sind im Rahmen der Auswertung dieser Daten kaum möglich, da Endpunkte in keiner der Datenquellen enthalten sind. Morbiditätsveränderungen lassen sich lediglich über Veränderungen der Diagnosedaten ermitteln. Mortalitätsdaten fehlen generell.

Trotz dieser Limitationen stellt die Nutzung longitudinaler Patientendaten im Rahmen gesundheitsökonomischer Evaluationen eine sinnvolle Ergänzung zur Modellierung oder der Datengewinnung im piggy-back-Verfahren während einer klinischen Prüfung dar. Eine Reihe von Eingangsdaten für Modellierung kann hier gewonnen werden, beispielsweise epidemiologische Daten und Kostendaten.

2.6
Delphi-Methode

2.6.1
Die Informationsgewinnung durch Expertenbefragung

Expertenbefragungen im Allgemeinen und die Delphi-Methode im Speziellen nehmen eine Interimsstellung ein zwischen der Aufstellung von Hypothesen bzw. Annahmen und der Datengenerierung aus klinischen bzw. ökonomischen Studien. Allen Methoden der Expertenbefragung ist gemeinsam, dass sie versuchen, Themenbereiche mit großer Unsicherheit und mit stark spekulativem Inhalt zu strukturieren bzw. quantifizieren und damit wissenschaftlicher Durchdringung zugänglich zu machen.

Im Anwendungsbereich der gesundheitsökonomischen Evaluation wird für Daten mit Hypothesencharakter, die sich bestenfalls als Näherungswerte aus der Literatur ableiten lassen, ohne breit angelegte Datenermittlung eine empirische Fundierung auf der Basis einer Expertenbefragung angestrebt. Aus Expertenbefragung zu einer bestimmten Fragestellung werden die für eine Modellrechnung noch fehlenden, aber zwingend notwendigen Daten hergeleitet. Generell ist die Nutzung

---

[146] Vgl. Bolten, W. W., Lang, B., Wagner, A. V., Krobot K. J. (1999).

von Expertenmeinungen in Situationen angemessen, in denen über eine bestimmte Fragestellung nichts oder nur wenig aus der Literatur entnommen werden kann, die Ergebnisse einer Literaturrecherche oder einer Meta-Analyse augenscheinlich unzuverlässig bzw. widersprüchlich sind oder den Anforderungen der geplanten Modellrechnung nicht entsprechen. Folgende Methoden sind in der strukturierten Informationsgewinnung über eine bestimmte Fragestellung einsetzbar:

1. Einzelurteil
   Ein Experte gibt ein Einzelurteil im Rahmen schriftlicher Befragung oder eines Interviews ab.
2. Gruppenurteil
   a) Gruppendiskussion: in freier Diskussion von Angesicht zu Angesicht wird das Analyseobjekt strukturiert und quantifiziert (brain storming).
   b) Gruppenbefragung: eine Gruppe von Experten wird befragt; aus den Einzelurteilen wird im Ermessen des Untersuchenden die Struktur des Analyseobjektes entwickelt und quantifiziert.
   c) Strukturierte Gruppenbefragung: iterative und methodisch gestützte schriftliche Gruppenbefragung (dies ist die Grundidee der Delphi-Methode, auf die im nachfolgenden Abschnitt eingegangen wird).
   d) Kombinationen der genannten Methoden mit der Zielsetzung, dass die Vorteile aller Methoden zum tragen kommen, die Nachteile aber vermieden werden.

2.6.2
Die Technik der Delphi-Befragung

Die Delphi-Methode, in Form einer strukturierten und methodischen gestützten schriftlichen Expertenbefragung, wurde Anfang der sechziger Jahre von Wissenschaftlern der amerikanischen RAND Corporation als Prognosemethode für technologische Vorhersagen entwickelt. Die Renaissance der Delphi-Methode in der gesundheitsökonomischen Evaluation reicht über die Schätzung von Eintrittswahrscheinlichkeiten bestimmter Ereignisse, Schätzung der Inanspruchnahme von Gesundheitsleistungen bis zur Bereitstellung von Informationen über Ressourcenverbräuche und Schätzungen zur Quantifizierung von Outcome- bzw. Nutzenwerten.[147] Unter gesundheitspolitischen Zielsetzungen findet die Delphi-Methode Anwendung bei der Erstellung von Behandlungsrichtlinien und im Bereich Disease Management. Die Ergebnisse der Dephi-Methode beschränken sich auf die Erfassung der aktuellen Situation. Alle Ergebnisse veralten dementsprechend mit dem Fortschreiten der Zeit und der medizinisch-technischen Weiterentwicklung. Um das Ausmaß potentieller Änderungen zu bestimmen, muss auf Vorhersagemethoden zurückgegriffen werden.

Delphi-Panels durchlaufen zwei oder mehr Befragungsrunden, bis sich eine Mehrheitsmeinung mit begründeten Abweichungen herausgebildet hat (s. Ablaufdiagramm in Abbildung 2.8). Initial wird von einer Monitorgruppe ein Fragebogen

---

[147] Vgl. Evans, C. (1997), S. 121.

konzipiert. Dieser wird einem Pre-Test mit einigen wenigen Experten unterzogen, um sicherzustellen, dass das Instrumentarium praktikabel, verständlich und umfassend ist. Nachdem sich das Instrumentarium im Pre-Test bewährt hat, müssen Experten für die Teilnahme am Delphi-Panel gefunden und ausgewählt werden. Es existiert weder ein einheitlicher Kriterienkatalog anhand dessen die Teilnehmer selektiert werden können noch gibt es Anhaltswerte für eine optimale Anzahl von Teilnehmern. Begleitend zur eigentlichen Delphi-Befragung sollten die Teilnehmer mit notwendiger Basisinformation und/oder einem Literaturreview versorgt werden.

Im zweiten Abschnitt findet die Befragung der Teilnehmer postalisch oder per Interview statt. Der einzelne Teilnehmer kommt dabei nicht mit anderen Teilnehmern in Kontakt mit der Absicht, dass sich die Teilnehmer nicht gegenseitig beeinflussen. Im dritten Abschnitt werden die Einzelurteile zusammengefasst und in Tabellenform und einfacher deskriptiver Statistik als kontrollierte Informationsrückkopplung an die Teilnehmer zurückgegeben. Als Rückmeldung erhält jeder Teilnehmer neben seiner persönlichen Antwort die zentrale Tendenz (Mittelwert/Median, Standardabweichung, Quartile) der übrigen Einzelurteile. Jeder Teilnehmer hat nun die Möglichkeit, sein eigenes Einzelurteil gegenüber der zentralen Tendenz der übrigen Teilnehmer zu positionieren. Sinn dieses Vergleiches ist es, dass die Teilnehmer ihr Einzelurteil reflektieren, um dieses anschließend zu bestätigen oder gegebenenfalls zu revidieren. Zur Ergänzung der Informationsrückmeldung werden Teilnehmer mit Außenseitermeinungen im Bedarfsfall um Begründung ihres Standpunktes gebeten, wenn möglich mit Literaturbeleg. Die Delphi-Befragungsrunden werden so häufig wiederholt, bis sich ein Konsens gebildet hat (s. Abb. 2.8).

Die Delphi-Methode enthält die wichtigsten Elemente der Informationsgewinnung durch strukturierte Gruppenbefragung. Als weiteres Element enthält sie zusätzlich die Konsensbildung mittels wiederholter Befragung durch eine kontrollierte Informationsrückkopplung, die möglichst frei vom Einfluss durch die Monitorgruppe und die übrigen Teilnehmer im Delphipanel gehalten werden sollte. Nachfolgende charakteristische Merkmale kennzeichnen die Delphi-Methode:[148]

- Die Einzelurteile werden von Personen abgegeben, die einen umfassenden Überblick über ihr Fachgebiet und sich mit unterschiedlichen Aspekten der Fragestellung beschäftigt haben.
- In der Befragung wird ein formaler Fragebogen verwendet.
- Die Teilnehmer lernen sich nicht kennen bzw. tauschen sich nicht aus (Anonymität).
- Die Einzelurteile der Teilnehmer werden zusammengefasst und statistisch ausgewertet.
- Die Teilnehmer erhalten von einer Runde zur nächsten eine kontrollierte Informationsrückkopplung.
- Die Konsensfindung vollzieht sich in mehreren Runden (Iterationen).

---

[148] Vgl. Albach, H. (1970), S. 17.

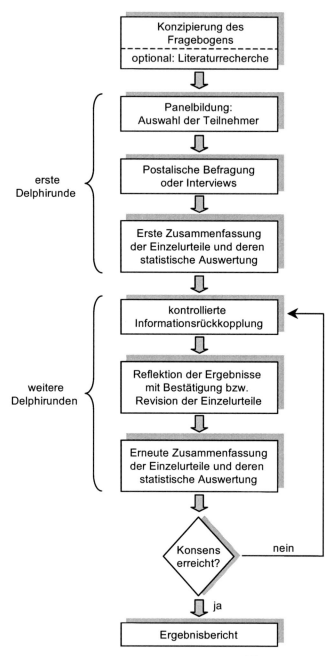

Abb. 2.8. Ablaufdiagramm einer Delphi-Befragung[149]

---

[149] Quelle: In Anlehnung an Evans, C. (1997), S. 124.

2.6.3
Wissenschaftliche Fundierung der Delphi-Methode

Die Rechtfertigung für den Einsatz der Delphi-Methode begründet sich in der Auffassung, dass eine Verbesserung der Information gegenüber denjenigen Informationen aus Einzelbefragung, Gruppendiskussion bzw. Gruppenbefragung realisiert werden kann. Aus der Natur der Sache kann bei Daten mit Hypothesencharakter nicht auf exaktes Wissen zurückgegriffen werden. Es gibt jedoch für die Strukturierung und Quantifizierung dieser Daten mehr oder weniger gute Informationen, die zufällig in den Köpfen von verschiedenen Experten verteilt sind. Aufgrund der Unsicherheit hat der Einzelne keine Kriterien, eindeutig zwischen guten und schlechten Informationen zu unterscheiden. Existiert eine Gruppe für die Beantwortung einer Frage gleich kompetenter Informationsträger, dann stellt die Befragung eines Einzelnen eine zufällige Informationsauswahl, ein Einzelurteil, dar. Ein Gruppenurteil wird nun ermittelt, indem aus einer Anzahl n voneinander unabhängiger Einzelurteile die zentrale Tendenz (Mittelwert/Median, Standardabweichung, Quartil) bestimmt wird. Mit zunehmender Gruppengröße n liegt der errechnete Mittelwert immer näher am wahren Wert.

Ob das unabhängige Gruppenurteil besser ist als das aus der Diskussion von Angesicht zu Angesicht gewonnene Gruppenurteil (*brain storming-Urteil*), hängt von verschiedenen Einflussfaktoren ab, die das Zustandekommen eines brain storming-Urteils bestimmen. Zu nennen ist das Vorhandensein dominanter Persönlichkeiten in der Gruppe, irrelevanter Information und Kommunikation sowie Gruppenzwang zur Konformität. Die Dominanz einzelner Persönlichkeiten beruht nicht auf besserer Information, sondern auf anderen Persönlichkeitsmerkmalen. Die dominante Persönlichkeit hat nun die Tendenz, das Gruppenurteil in Richtung auf ihr eigenes Urteil hin zu beeinflussen. Je nachdem wie stark die Dominanz ausgeprägt ist, konvergiert dann das brain storming-Urteil zu einem zufälligen Gruppenurteil mit reduziertem n und im ungünstigsten Fall mit n = 1, einem Einzelurteil. Dasselbe gilt für das Vorhandensein nicht relevanter Information und Kommunikation sowie für Gruppenzwänge. Es lässt sich also feststellen, dass statistisch gesehen das unabhängige Gruppenurteil eine größere Chance hat, dem tatsächlich richtigen Wert näher zu kommen, als ein Einzelurteil oder als das brain storming-Urteil.

Nun beschränkt sich die Delphi-Methode nicht nur auf die Ermittlung eines unabhängigen Urteils, welches den Teilnehmern als Informationsrückkopplung zur Verfügung gestellt wird. Auf der Basis des individuellen Einzelurteils und der Informationsrückkopplung generieren die Teilnehmer neue Einzelurteile, die von der Monitorgruppe als abhängiges Gruppenurteil zusammengefasst werden. Die Frage, ob das abhängige Gruppenurteil dem unabhängigen überlegen ist, lässt sich bei Unsicherheit über den tatsächlich richtigen Wert nicht allgemein entscheiden. Folgende Gesichtspunkte lassen es jedoch plausibel erscheinen: die Anonymität, die statistische Ermittlung des Gruppenurteils und die kontrollierte Informationsrückkopplung schließen eine Änderung der Einzelurteile in Richtung auf dominante Einzelurteile und infolge Gruppenzwangs aus.

2.6.4
Methodische Anmerkungen

Der Einsatz der Delphi-Methode in der gesundheitsökonomischen Evaluation folgt, wie in einem Review gezeigt wurde,[150] nicht immer den methodischen Vorgaben und häufig mangelt es an der Begründung des Einsatzes. Der oben beschriebene Prozess der Delphi-Methode weist auch einige methodische Unzulänglichkeiten auf. Obgleich das Verfahren so angelegt ist, qualitativ möglichst hochwertige Informationen zu generieren, müssen immer Kompromisse gefunden werden zwischen wissenschaftlichem Anspruch und finanziellen, zeitlichen und methodischen Möglichkeiten, an Informationen zu bestimmten Fragestellungen zu gelangen. Die Schwachstellen der Delphi-Methode liegen vor allem in den Bereichen a) Bereitstellung von Basisinformationen, b) Teilnahmequote, c) Qualifikation und Selektion der Teilnehmer und d) die Definition eines Konsenses.

Die Versorgung der Teilnehmer mit Hintergrundinformation, beispielsweise in Form einer Literaturrecherche, steht im Verdacht, die Einzelurteile zu beeinflussen und einer Manipulation des Konsensbildungsprozesses Vorschub zu leisten. Empirisch fand sich jedoch kein Beleg für eine Beeinflussung der Ergebnisse.[151] Jedoch wurde in den bis dato durchgeführten Delphi-Befragungen im Bereich Pharmakoökonomie selten von der Möglichkeit Gebrauch gemacht, vorab Basisinformationen an die Teilnehmer zu geben.

Im Zusammenhang mit dem iterativen Prozess der Delphi-Methode besteht die Gefahr, dass Teilnehmer während der Iterationen aus unterschiedlichsten Gründen ausscheiden (Panelsterben). Dieser Umstand führt nicht nur zu einer Verzerrung der Ergebnisse (Bias), sondern diese laufen auch Gefahr, angezweifelt zu werden. Um die Mitarbeit der Teilnehmer zu lancieren, ist es daher wichtig, den Fragebogen sorgfältig zu konzipieren und in einem Pre-Test auf Handhabbarkeit, Praktikabilität und Verständlichkeit zu prüfen. Zur Motivation der Teilnehmer könnte ferner ein Honorar eingeplant werden.

Die Ergebnisgüte einer Delphi-Befragung hängt maßgeblich davon ab, ob die Teilnehmer über die notwendige Kompetenz im Hinblick auf die zu untersuchende Fragestellung verfügen. Für die Auswahl der Teilnehmer und zur Beurteilung der Eignung existiert kein einheitlicher Kriterienkatalog. Mögliche Selektionskriterien sind: Erfahrungen therapeutischer Art, allgemeinmedizinische oder fachärztliche Erfahrungen, Renommee, geographische Repräsentativität bzw. Repräsentativität hinsichtlich bestimmter Therapiekonzepte, Versorgungseinrichtungen oder sonstiges relevantes Know-how. Die tatsächlich angewendeten Auswahlkriterien sollten im Studienprotokoll und in der Studiendokumentation fixiert werden. Die Selektion aus Adresslisten, die vom Geldgeber der Delphi-Befragung bereitgestellt werden, könnte kritische Stimmen provozieren, die die Objektivität und Unabhängigkeit der Teilnehmer anzweifeln. Ihr Einsatz muss daher sorgfältig abgewogen werden.

Die Bedeutung des Begriffes Konsens ist unbestimmt und unterliegt in der Auslegung einer gewissen Willkür. Zum einem könnte er bedeuten, dass der erreichte

---

[150] Vgl. Evans, C. (1997), S. 126.
[151] Vgl. Evans, C. (1997), S. 122.

Konsens von allen Teilnehmern der betreffenden Delphi-Studie einstimmig vertreten oder zumindest akzeptiert wird, auch wenn eventuell einzelne anderer Meinung sind. Zum anderen könnte der Konsens auch dann erreicht sein, wenn er von
der Mehrheit getragen wird. Hier zeigt sich die Notwendigkeit, dass sich die Monitorgruppe bereits vor der Durchführung der Delphi-Befragung für eine klare Definition entscheiden muss. Diese Definition sollte im Studienprotokoll entsprechend dokumentiert werden, um die sachgemäße Interpretation der Ergebnisse der
Delphi-Befragung zu gewährleisten.

2.6.5
Vor- und Nachteile der Delphi-Methode

Obwohl andere Methoden der Datengenerierung durchaus qualitativ höherwertige-
re Informationen liefern, kann unter den oben genannten Voraussetzungen der
Einsatz der Delphi-Methode erwogen werden. Nachfolgend sind neben den wichtigsten Vorzügen des Verfahrens auch nicht wünschenswerte Effekte aufgeführt,[152]
die gerade durch diese Form der Befragung begünstigt werden:

Vorteile

- Durch die anonyme Befragung unterbleibt ein direkter Gruppendruck.
- Die abgegebenen Einzelurteile werden über mehrere Runden hinweg durch das
  Panel kontrolliert (statistische Kenngrößen).
- Die schriftlichen Begründungen extremer Einzelurteile liefern zusätzliche In-
  formationen.
- Die Informationsrückkopplung begünstigt die Konvergenz auseinander stre-
  bender Einzelurteile.

Nachteile

- Durch die anonyme Befragung kann unter den Teilnehmern kein direkter Lern-
  prozess stattfinden.
- Das starre Befragungsschema lässt für neue Entwicklungen während der Befra-
  gung nicht genügend Raum.
- Die Informationsrückkopplung kann vorsichtige Schätzungen verstärken; die
  Teilnehmer weichen dem Begründungszwang aus.

---

[152] Vgl. Hansmann, K.-W. (1983), S. 25.

2.7
Kritische Würdigung des Field Research

Die Stärke der Delphi-Methode liegt in der kurzfristigen Datengenerierung in Themenbereichen mit großer Unsicherheit und eher spekulativem Gehalt. Der Einsatz ist in frühen Phasen der gesundheitsökonomischen Analyse gerechtfertigt, um erste Aussagen über bestimmte Fragestellungen zu treffen. So lassen sich Delphi-Studien vorschalten, um die Planungssicherheit für klinische Studien und naturalistische Studiendesigns zu erhöhen. Je weiter jedoch die gesundheitsökonomische Durchdringung einer bestimmten Fragestellung fortgeschritten ist, desto mehr sollte von der Delphi-Methode Abstand genommen werden und auf qualifiziertere Methoden zurückgegriffen werden.

Von allen Unterscheidungsmerkmalen zwischen klinischen Studien mit ökonomischem Appendix und naturalistischen Studiendesigns sind die Kriterien der Intervention und der Compliance die grundlegendsten. Während klinische Studien immer einem sehr eng gefassten Studienprotokoll folgen und anderen Zielen genügen müssen, sind naturalistische Studiendesign näher am Behandlungsalltag. Das Protokoll für eine naturalistische Studie lässt größere Freiräume zu. Wenn es in naturalistischen Studiendesigns zudem gelingt, die Untersuchungspopulation möglichst repräsentativ für die Gesamtpopulation zu formieren, lassen sich allgemeingültige Aussagen treffen.

Ökonomische Fragestellungen als Appendix von klinischen Studien sind immer dann durchzuführen, wenn in Ermangelung naturalistischer Studien zur Prüfung der Erstattungsfähigkeit gesundheitsökonomische Daten vorgelegt werden müssen. Aufgrund ihrer limitierten ökonomischen Aussagefähigkeit ist es zweckmäßig, die Ergebnisse nach Einführung des Arzneimittels auf den Markt durch naturalistische Studiendesigns und Modellberechnungen, dort wo keine Daten verfügbar sind, zu ergänzen.

Das Konzept der naturalistischen Studiendesigns ist noch relativ neu, viele Fragen sind noch ungeklärt. Bei der wachsenden Bedeutung pharmakoökonomischer Studien werden aber insbesondere die naturalistischen Studiendesigns zukünftig eine tragende Rolle spielen.

3 Evidenzsynthese: Meta-Analysen und Entscheidungsanalysen

U. Siebert, N. Mühlberger, O. Schöffski

Institut für Public Health, Medical Decision Making and HTA, UMIT Private
Universität für Gesundheitswissenschaften, Medizinische Informatik und Technik
Lehrstuhl für Gesundheitsmanagement, Universität Erlangen-Nürnberg

3.1
Meta-Analyse als Instrument zur quantitativen Synthese von Forschungsergebnissen

Nachdem im letzten Kapitel sehr ausführlich auf die Methoden der Feldforschung (Field Research) eingegangen wurde, steht in diesem Kapitel der „Desk Research" im Vordergrund. Da dieser Begriff in der Literatur aber eher selten verwendet wird, wird hier von der „Evidenzsynthese" gesprochen, die eine Ergänzung zu den Methoden der Feldforschung darstellt. Während in klinischen Studien zur Wirksamkeit die randomisierte kontrollierte Studie das am meisten angewandte Verfahren darstellt, sind manche Forschungsfragen, wie die nach den medizinischen und ökonomischen Langzeitkonsequenzen, nur durch zusätzliche Integration weiterer Sekundärdaten (z. B. publizierte Literatur) möglich. Insbesondere wenn Parameter aus verschiedenen Einzelstudien oder verschiedenen Bereichen (klinisch, epidemiologisch, ökonomisch) für eine sinnvolle Entscheidung zusammengeführt werden müssen, ist der Einsatz von entsprechenden Techniken, also die Integration von Sekundärdaten, notwendig. Zu den wichtigsten Verfahren der Evidenzsynthese gehören die Meta-Analyse und die Entscheidungsanalyse. Diese werden im Folgenden vorgestellt und ihre Möglichkeiten und Grenzen werden diskutiert.

3.1.1
Definition und Ziele

Unter Meta-Analyse wird ein quantitativer Ansatz zur systematischen Synthese der Ergebnisse bereits vorliegender Forschungsergebnisse verstanden, der dazu dienen soll, zu einer umfassenden Schlussfolgerung auf der Grundlage dieser Informationen zu kommen.[153] Man spricht in diesem Zusammenhang auch vom *Pooling* der Daten. Die Datensynthese wird mittels valider statistischer Methoden durchgeführt und die Ableitung der Ergebnisse und Schlussfolgerungen kann damit im Gegensatz zu qualitativen Reviews besser vom Leser nachvollzogen werden.

Meist steht ein bestimmter Parameter im Vordergrund der Analyse, wie etwa ein absolutes (z. B. Prävalenz, Mittelwert) oder ein relatives Maß (relatives Risiko, mittlere Differenz). Obwohl Meta-Analysen grundsätzlich auch für die Synthese von Ergebnissen zum Ressourcenverbrauch bzw. zu Kosten anwendbar sind, liegt die Domäne der Meta-Analyse in der Synthese von Ergebnissen klinischer Studien. Zunehmend werden Meta-Analysen auch in der Epidemiologie von Risikofaktoren und deren Auswirkungen eingesetzt. Die quantitative Synthese von Kosten-Wirksamkeits-Relationen aus verschiedenen Einzelstudien stellt derzeit noch einen methodischen Forschungsgegenstand dar.

Nachdem aufgrund von Ein- und Ausschlusskriterien geeignete Studien identifiziert wurden, wird in einer quantitativen Synthese ein gepoolter Schätzwert für den untersuchten Parameter errechnet. Ebenso wie Einzelstudienergebnisse unterliegt dieser gepoolte Schätzwert einer gewissen zufälligen Streuung, die in der Analyse berücksichtigt werden kann. Gerade die Synthese von mehreren Studien kann aber die Präzision der Parameterangabe erhöhen. Insbesondere wenn sich die Ergebnisse der Einzelstudien widersprechen bzw. wenn sie eine große Heterogenität aufweisen, liefert die Meta-Analyse die geeigneten Methoden, für diese Heterogenität zu testen und Einflussfaktoren für die Heterogenität zu identifizieren.[154]

Die Meta-Analyse verwendet verschiedene Modelle, welche die unterschiedlichen Annahmen über die einzelnen Studienergebnisse widerspiegeln. Die am häufigsten eingesetzten Modelle sind das *Modell mit festen Effekten (fixed effects model)* und das *Modell mit zufälligen Effekten (random effects model)*.[155]

3.1.2
Zur Rolle von Meta-Analysen bei der Datengewinnung gesundheitsökonomischer Parameter

Häufig ist bezüglich eines bestimmten Parameters, der in eine gesundheitsökonomische Evaluation eingehen soll, die vorhandene Datenlage aus einzelnen Studien unzureichend oder die Ergebnisse decken sich nicht. In diesem Fall kann die er-

---

[153] Vgl. Petitti, D. B. (1994).
[154] Für weitere Details sei auf Petitti, D. B. (1994), verwiesen.
[155] Vgl. DerSimonian, R., Laird, N. (1996).

forderliche Information aus mehreren Studien mit hoher Qualität synthetisiert werden. Die Meta-Analyse bietet einen möglichen methodischen Ansatz hierfür.[156]

Bei der Beurteilung der Rolle von Meta-Analysen innerhalb gesundheitsökonomischer Evaluationen ist insbesondere darauf hinzuweisen, dass in vielen Fällen lediglich ein einzelner Parameter untersucht bzw. synthetisiert wird, beispielsweise die 5-Jahres-Überlebenswahrscheinlichkeit. In die reale Entscheidungsproblematik gehen jedoch viele verschiedene Parameter ein, die allesamt zu einer adäquaten Entscheidungsfindung beitragen. Zum einen sind dies weitere Effektivitätsparameter wie beispielsweise die Prävalenz einer Erkrankung oder die Sensitivität bzw. Spezifität eines diagnostischen Tests, die selbst wiederum unsicher sind oder sich nach betrachteter Population verändern können. Zum anderen spielen Präferenzen und die Lebensqualität eine große Rolle im Entscheidungsprozess der Patienten und Ärzte, insbesondere wenn es sich um belastende Interventionen mit fraglichem Gewinn an Lebensjahren handelt. Letztlich ist unter der Prämisse begrenzter Ressourcen beispielsweise in Kosten-Wirksamkeits-Analysen zu prüfen, ob eine bestimmte Intervention als wirtschaftlich angesehen werden kann.

So kann der aus einer Meta-Analyse gewonnene Parameter als ein wichtiger, aber nicht allein bestimmender Parameter für die Entscheidung angesehen werden. Vielmehr sollte er mit Parametern der gesundheitsbezogenen Lebensqualität und mit ökonomischen Parametern in einer entscheidungsanalytischen Modellierung (s. Kap. A 6) zusammengeführt werden, um eine für den Patienten angemessene und von der Gesellschaft verantwortbare Entscheidung zu treffen. Die formale Entscheidungsanalyse (s. Kap. 3.3) stellt ferner die Methoden zur Modellierung der Restlebenserwartung zur Verfügung, während sich klinische Prüfungen auf einen limitierten Zeithorizont beschränken müssen.

3.1.3
Limitationen

Da Meta-Analysen retrospektive Analysen sind, können bei einer Meta-Analyse nur solche Fragen gestellt werden, für die aus den Einzelstudien Daten vorliegen.[157] Wenn die genaue Fragestellung erst im Zuge der Sichtung der Studienergebnisse entwickelt wird, besteht die Gefahr von falsch positiven Ergebnissen. Deshalb sind explorative Meta-Analysen von solchen zu unterscheiden, bei denen bereits vor Sichtung der Einzelstudien eine präzise Fragestellung formuliert und die entsprechenden Ein- und Ausschlusskriterien festgelegt wurden.

Eine der wichtigsten Einschränkungen der Meta-Analyse und deren Verwendung ist die Möglichkeit des *Publication bias*, der aufgrund einer Überrepräsentation großer Studieneffekte in der veröffentlichten Literatur zu einer systematischen Überschätzung des wahren Parameters führen kann. Mögliche Ansätze zur

---

[156] Vgl. Mandelblatt, J. A., Fryback, D. G., Weinstein, M. C. u. a. (1996).
[157] Vgl. Riegelmann, R. K., Hirsch, R. P. (1996).

Aufdeckung eines Publication bias sind graphische Methoden wie etwa der Funnel Plot und statistische Tests.[158]

Eine wesentliche Determinante der Validität des Ergebnisses einer Meta-Analyse ist die Studienqualität der zugrunde liegenden Einzelstudien. Ist diese nicht ausreichend, so kann von der Synthese dieser Daten kein valides Ergebnis erwartet werden.

Es wurde gezeigt, dass Meta-Analysen randomisierter klinischer Studien nicht unbedingt in Einklang mit den Resultaten später durchgeführter großer randomisierter klinischer Studien stehen.[159]

Gleichermaßen Limitation und Stärke der Meta-Analyse liegt im Umgang mit Heterogenität. Bei heterogenen Studienergebnissen muss kritisch geprüft werden, inwieweit ein Pooling überhaupt sinnvoll ist. Andererseits kann die Meta-Analyse dafür eingesetzt werden, die Quelle der Heterogenität zu ermitteln, indem sie homogene Subgruppen gegenüberstellt und nach Unterschieden in den zugrunde liegenden Studienpopulationen sucht. Ein formaler Ansatz für dieses Verfahren ist die Meta-Regression, die die Größe des interessierenden Parameters als Funktion weiterer Merkmale der Einzelstudien darstellt.[160]

Die genannten Punkte machen deutlich, dass Meta-Analysen, selbst wenn sie die Daten vieler Patienten zusammenfassen, wie jede andere Studie auch fachkundig und kritisch bewertet werden müssen. Der Vorteil, dass Meta-Analysen die präzise Ermittlung von Effekten ermöglichen und innerhalb eines systematischen Reviews einen Überblick über den aktuellen medizinischen Wissensstand verschaffen können, darf nicht darüber hinweg täuschen, dass sie einer gründlichen Qualitätsprüfung und der Frage der Übertragbarkeit unterzogen werden müssen.

3.2
Exkurs: Evidenz-basierte Medizin (EBM)

Eng verknüpft mit der Methodik der Meta-Analysen ist die Evidenz-basierte Medizin *(evidence-based medicine, EBM)* (vgl. dazu auch Kap. D 2). Hierbei handelt es sich zwar primär eher um einen medizinischen als um einen ökonomischen Ansatz, aufgrund der zunehmenden Bedeutung dieses Ansatzes in der jüngeren Zeit werden die grundlegenden Prinzipien hier aber in der gebotenen Kürze dargestellt. Wie so häufig ist auch beim EBM-Ansatz in Deutschland ein zum Teil erheblicher Rückstand gegenüber anderen Ländern festzustellen, in denen er schon in einem weitaus größeren Maße Einzug in die wissenschaftliche und gesundheitspolitische Diskussion gehalten hat.[161] Steigende Ansprüche an die Qualität der medizinischen Versorgung und insbesondere die Ressourcenknappheit im Gesundheitswesen verhelfen dem Ansatz allerdings auch hier zu zunehmend größerer Beachtung

---

[158] Vgl. Begg, C. B., Mazumdar, M. (1994), und Eggers, M., Smith, G. D., Schneider, M., Minder, C. (1997).
[159] Vgl. LeLorier, J., Gregoire, G., Benhaddad, A. u. a. (1997).
[160] Vgl. Berkey, C. S., Hoaglin, D. C., Mosteller, F., Colditz, G. A. (1995).
[161] Vgl. Perleth, M., Antes, G. (Hrsg.) (1998), S. 7.

und bewirken eine Erweiterung der Zielsetzung auf gesundheitsökonomische Fragestellungen *(ökonomische Evidenz)*.[162]

3.2.1
Hintergrund und Definition

Die Tradition der klinischen Epidemiologie mit ihren quantitativen Ansätzen lässt sich zurückverfolgen bis in die Anfänge des 18. Jahrhunderts. Um die „Evidenz" der Medizin zu überprüfen, wurden seit dieser Zeit Ansätze zur „arithmetischen Beobachtung in der klinischen Medizin" erarbeitet und angewandt.[163] Erst in den 60er Jahren des 20. Jahrhunderts wurden allerdings die biometrischen und epidemiologischen Grundlagen der heutigen modernen klinischen Epidemiologie geschaffen, die individuelle klinische Ereignisse und Phänomene als statistische Prozesse beschreibt und unter anderem den Einfluss von diagnostischen und therapeutischen Verfahren mit einem sich ständig erweiternden Methodeninstrumentarium untersucht.[164] Schlüsselelement für diese Entwicklung war die Einführung und Verbreitung des experimentellen Studiendesigns der randomisierten kontrollierten Studien. Durch die mit Hilfe der Randomisierung erzielte Ausschaltung von Störgrößen (Confoundern) konnte die statistische Assoziation zwischen der Anwendung einer bestimmten Therapie und dem Behandlungsergebnis als unverzerrter Kausalzusammenhang interpretiert werden. Seither wurde die Wirksamkeit vieler neuer medizinischer Verfahren in randomisierten kontrollierten Studien geprüft.

Ein Grundsatz der Evidenz-basierten Medizin ist, dass grundsätzlich das beste verfügbare Datenmaterial verwendet werden soll, um die individuelle medizinische Versorgung einer Person zu planen. Das schnelle Anwachsen des Wissens und die unsystematische Präsentation (verschiedene Zeitschriften, interne Reports, Datenbanken) führen allerdings zwangsläufig zu einer oftmals selektiven und verzögerten Umsetzung durch die praktizierenden Ärzte.[165] EBM hat daher das Ziel, ärztliche Entscheidungen, beispielsweise durch das Aufstellen von wissenschaftlich abgesicherten Empfehlungen, Richtlinien oder Leitlinien, zu unterstützen und die Behandlung von Patienten in Übereinstimmung mit dem derzeitigen Wissensstand zu vereinfachen.[166] Zu diesem Zweck muss eine Vielzahl von Datenquellen zusammengefasst werden, um zu einer einheitlichen, möglichst allgemeingültigen Aussage zu kommen. Hier wird der Bezug zur Meta-Analyse deutlich, ohne deren Prinzipien eine solche Synthese von Daten kaum möglich wäre.[167] Als Datenmaterial kommen beim EBM grundsätzlich sowohl subjektive, klinische Erfahrungen als auch besonders die Erfahrungen aus Studien in Betracht. Wesentlich ist aber immer eine ausführliche, aussagekräftige und nachvollziehbare Dokumentation, die eine Beurteilung der Datenqualität erlaubt.

---

[162] Vgl. König, H. H., Stratmann, D., Leidl, R. (1998).
[163] Vgl. Tröhler, U. (1988).
[164] Vgl. Perleth, M., Beyer, M. (1996).
[165] Vgl. Antes, G. (1998), S. 19.
[166] Vgl. Perleth, M. (1998a).
[167] Vgl. Bucher, H. C. (1998).

Als weltweites Kooperationsnetz entstand vor einigen Jahren die *Cochrane Collaboration*, die in systematischen Übersichtsarbeiten bzw. Meta-Analysen das aktuell verfügbare Wissen aus kontrollierten Studien zu verschiedenen medizinischen Verfahren aus allen medizinischen Disziplinen zusammenträgt und synthetisiert.[168] Neben der Cochrane Collaboration beschäftigen sich international verschiedene weitere Institutionen mit unterschiedlichen Ansätzen mit der systematischen Erfassung der Wirksamkeit bzw. Effektivität von medizinischen Verfahren unter Routinebedingungen.

Aufgrund der beschriebenen wissenschaftlichen und kollaborativen Entwicklungen wurde es möglich, die vorhandene wissenschaftliche Evidenz für Entscheidungen in der medizinischen Versorgung heranzuziehen. Es entstand das Konzept der Evidenz-basierten Medizin (EBM), das folgendermaßen definiert wurde: Evidenz-basierte Medizin (EBM) ist definiert als der gewissenhafte, ausdrückliche und vernünftige Gebrauch der gegenwärtig besten externen, wissenschaftlichen Evidenz für Entscheidungen in der medizinischen Versorgung individueller Patienten. Die Praxis der Evidenz-basierten Medizin bedeutet die Integration individueller klinischer Expertise mit der bestmöglichen externen Evidenz aus systematischer Forschung.[169]

Das Konzept der Evidenz-basierten Medizin hat in Deutschland in den letzten Jahren die medizinische, ökonomische und gesundheitspolitische Diskussion erheblich beeinflusst. Inzwischen existiert eine deutsche Version der Zeitschrift *Evidence-Based Medicine*, einer gemeinsamen Veröffentlichung des American College of Physicians und der Publishing Group des British Medical Journal, in der kurze systematische und standardisierte Übersichtsartikel zu bestimmten medizinischen Verfahren publiziert werden.

Untersuchungen zeigen, dass es sich bei der Anwendung von Evidenz-basierter Medizin keinesfalls um einen trivialen Anspruch handelt, da der Umsetzungsprozess von aktuellen wissenschaftlichen Forschungsergebnissen in den Routinealltag der Ärzte außerordentlich komplex und häufig unzureichend ist.[170] Probleme bereitet bei der Evidenz-basierten Medizin wie so häufig die Übertragung eines englischen Begriffs ins Deutsche. Während sich der Begriff *evidence* im Englischen auf etwas Belegbares im Sinne eines Beweises bezieht, wird im Deutschen der Begriff *evident* etwas weicher interpretiert. Hier geht es eher um das Offensichtliche, klar Sichtbare, das auch ohne einen objektiven Beweis als gültig anerkannt werden kann.[171] Durch diese Unklarheit kann es zu einer unterschiedlichen Einbeziehung von publiziertem Datenmaterial und persönlichen Erfahrungen kommen.

---

[168] Vgl. Antes, G., Rüther, A., Kleijnen, J. (1996).
[169] Vgl. Sackett, D. L., Rosenberg, W. M. C., Gray, J. A. M. u. a. (1996), und Sackett, D. L. (1998).
[170] Vgl. Antman, E., Lau, J., Kupelnick, B. u. a. (1997), und Davidoff, F., Haynes, B., Sackett, D., Smith, R. (1995).
[171] Vgl. Schulenburg, J.-M. Graf v. d., Kielhorn, A., Greiner, W., Volmer, T. (1998), S. 37.

3.2.2
Die Rolle der Gesundheitsökonomie in der Evidenz-basierten Medizin

Obwohl die zentrale Aufgabe der Evidenz-basierten Medizin zunächst in der Entscheidungsunterstützung bei der Versorgung individueller Patienten im ärztlichen Alltag lag, wurde sie inzwischen auf gesundheitsökonomische Bereiche erweitert. Im Konflikt zwischen begrenzten Ressourcen und kontinuierlich anhaltendem medizinischem Fortschritt stellt sich die Frage nach dem effizienten Einsatz der Ressourcen. So lassen sich inzwischen zwei Ebenen innerhalb der Evidenz-basierten Medizin unterscheiden:

1. die Arzt-Patient-Ebene, auf der es um die Auswahl der optimalen medizinischen Vorgehensweise bei der Versorgung des einzelnen Patient geht,
2. die bevölkerungsbezogene oder gesamtgesellschaftliche Ebene, auf der es um die Auswahl von medizinischen Programmen geht, die für festgelegte Patientengruppen zugelassen bzw. finanziert werden.

Es zeichnet sich ab, dass im internationalen Sprachgebrauch der zweite Bereich als *Evidenz-basierte Gesundheitsversorgung (evidence-based healthcare, EBHC)* bezeichnet wird.

Die klassische Evidenz-basierte Medizin hat zum Ziel, klinisch tätige Ärzte zu unterstützen, Therapieentscheidungen in Übereinstimmung mit dem aktuellen wissenschaftlichen Kenntnisstand zu treffen. Dazu gehören Information und Wissensmanagement (Umgang mit medizinischer Fachliteratur), deren kritischer Bewertung und die Übertragung bzw. Anwendung auf den konkreten Fall. Es zeichnet sich ab, dass in Zukunft neben der Wirksamkeit und Sicherheit auch Wirtschaftlichkeitsaspekte im ärztlichen Alltag zu berücksichtigen sind. Insbesondere wenn Patienten direkt an der Finanzierung ihrer medizinischen Versorgung beteiligt sind, wird dem Wissen um die Wirtschaftlichkeit medizinischer Verfahren und insbesondere des Verhältnisses zwischen Kosten und medizinischem Nutzen eine spezielle Bedeutung zukommen.

3.2.3
Prinzipien der Evidenz-basierten Medizin

Das Anwendungsprinzip der Evidenz-basierten Medizin besteht aus mehreren Schritten:

1. Formulierung der Fragestellung
2. Durchführung einer Literaturrecherche für die vorgegebene Fragestellung und Identifikation der relevanten Literatur
3. Kritische Bewertung der Information
4. Übersetzung des Ergebnisses bzw. der Ergebnisparameter in praxisrelevante Angaben
5. Übertragung und Anwendung auf den konkreten Fall

Um herauszufiltern, auf welche Probleme das Prinzip der Evidenz-basierten Medizin vorrangig anzuwenden ist, erarbeitete die kanadische Evidence-based Care Resource Group Vorschläge, die bei der Prioritätensetzung berücksichtigt werden können.[172] Folgende Fragen sollten zunächst beantwortet werden:[173]

- Ist das Gesundheitsproblem in der (eigenen) Praxis häufig?
- Hat das Problem für den Patienten schwerwiegende gesundheitliche Bedeutung?
- Welchen Nutzen und welche Risiken hat die Maßnahme für den Patienten?
- Welche Kosten/Belastungen entstehen für den Patienten/die Gesellschaft?
- Gibt es in der Literatur klare Anhaltspunkte dafür, dass man das Problem überhaupt wirksam angehen kann?
- Ist der Kreis der Patienten, die von der Maßnahme profitieren, hinreichend scharf umrissen?
- Gibt es für verschiedene Möglichkeiten vergleichbare Ergebnisparameter?
- Sind die zur Diskussion stehenden Möglichkeiten tatsächlich durchführbar?

3.2.4
Qualitätsbewertung wissenschaftlicher Aussagen

Für die Bewertung der Qualität wissenschaftlicher Aussagen, wie sie insbesondere in klinischen Studien gemacht werden, sind verschiedene Kriterien heranzuziehen. Die Basis, auf der die Aussagen beruhen, sollte so umfassend wie möglich sein, damit systematische Verzerrungen möglichst klein gehalten werden. Damit eine qualitative Bewertung der verwendeten Daten und Methoden überhaupt durchgeführt werden kann, muss der Weg der Erkenntnisfindung transparent und nachvollziehbar beschrieben sein. Ferner sind neueste Erkenntnisse in adäquater Weise zu berücksichtigen.[174]

Aus diesen Forderungen ergibt sich eine Hierarchie der Aussagekraft einzelner Erkenntnis- und Informationsquellen.[175] Tabelle 3.1 stellt eine Klassifikation der verschiedenen Evidenztypen und deren Rangordnung dar. Die höchste Evidenzstufe stellen systematische Reviews dar, da in ihnen die genannten Anforderungen am besten erfüllt sind und somit Fehler minimiert werden. Dies trifft nicht zu für klassische nicht-quantitative, d. h. narrative Reviews.[176] Der niedrigsten Evidenzstufe werden Konsensuskonferenzen und Expertenaussagen zugeordnet, da diese nur auf Meinungen beruhen und damit weder Transparenz noch Nachvollziehbarkeit gewährleisten.

---

[172] Vgl. Evidence-based Care Resource Group (1994).
[173] Perleth, M. (1998b), S. 15.
[174] Vgl. Antes, G. (1998).
[175] Vgl. Cooke, I. E. (1996), und Antes, G. (1998).
[176] Vgl. Murlow, C. D., Cook, D. J., Davidoff, F. (1997).

Tabelle 3.1. Hierarchie der wissenschaftlichen Evidenz[177]

Stufe	Evidenztyp
I	*stärkste Evidenz*: wenigstens ein systematischer Review auf der Basis methodisch hochwertiger randomisierter kontrollierter Studien (RCTs)
II	wenigstens ein ausreichend großes, methodisch hochwertiges RCT
III	methodisch hochwertige Studien ohne Randomisierung bzw. nicht prospektiv (Kohorten-, Fall-Kontroll-Studien)
IV	mehr als eine methodisch hochwertige nichtexperimentelle Studie
V	*schwächste Evidenz*: Meinungen und Überzeugungen von Autoritäten und Expertenkommissionen (ohne transparente Belege), beschreibende Studien

Eine wichtige Plattform, auf der auf strukturierte Weise systematische Reviews erstellt, aktualisiert und verbreitet werden, ist die Cochrane Collaboration. Sie stellt ein weltweites Netzwerk von Wissenschaftlern und Mitarbeitern im Gesundheitswesen dar und bietet damit die notwendige Organisationsstruktur für ein einheitliches Vorgehen bei der Erstellung systematischer Reviews. Das Ergebnis stellt eine Datenbank dar, die Cochrane Library, die bei der Beurteilung der Evidenz zu einer bestimmten Fragestellung sicher eine der ersten Anlaufstellen ist. Da aber bislang bei weitem nicht alle Themenbereiche von dieser Datenbank erfasst werden, sind oft weitere Datenbanken in die Suche einzubeziehen, die ebenfalls systematische Reviews beinhalten. Beispiele sind Literaturdatenbanken wie MEDLINE oder EMBASE und Datenbanksysteme wie DIMDI (Deutsches Institut für medizinische Dokumentation und Information Köln). Letztere erlaubt den simultanen Zugriff auf mehrere Literaturdatenbanken. Eine nutzerfreundliche Alternative ist die Verwendung von Sekundärliteratur, welche die Originalartikel in stark gekürzter Form darstellt. Beispiele für solche Zeitschriften sind der *ACP* (American College of Physicians), der vorwiegend Internisten als Zielgruppe hat und *Evidence Based Medicine*, die auf eine breitere Zielgruppe ausgerichtet ist.

Außer den Datenbanken, die Information zur Anwendung medizinischer Verfahren in einem bestimmten Indikationsbereich beinhalten, stehen Datenbanken zur Verfügung, die die Beurteilung von medizinischen Verfahren als Ganzes zum Ziel haben. Diese Beurteilung wird *Medizintechnologiefolgenabschätzung (Health Technology Assessment, HTA)* genannt und beinhaltet oft auch eine Wirtschaftlichkeitsbewertung der medizinischen Verfahren unter bestimmten Szenarien (vgl. dazu auch Kap. D 2). Ein amerikanisches Beispiel einer solchen Institution ist die *Agency of Health Care Policy and Research (AHCPR)*. In Deutschland besteht eine institutionalisierte Kooperation zwischen dem *DIMDI* und der *German Scientific Working Group Technology Assessment for Health Care*.[178] In Form einer Datenbank werden standardisierte HTA-Berichte zu ausgewählten Medizintechnologien, welche die spezifischen Aspekte der deutschen Versorgungsstruktur berücksichtigen, zur Verfügung gestellt. Ein gesundheitsökonomisches Panel hat

---

[177] Quelle: Antes, G. (1998), S. 21.
[178] Vgl. Bitzer, E. M., Busse, R., Dörning, H. u. a. (1998).

zu diesem Zweck Empfehlungen zur Qualitätsbeurteilung gesundheitsökonomischer Evaluationsstudien entwickelt.[179]

3.2.5
Limitationen und Kritik

Die sinnvolle Anwendung von EBM unterliegt verschiedenen praktischen und theoretischen Limitationen. So sind bei ausgeprägten geographischen Variationen bei der Behandlung von Patienten die Ergebnisse nur eingeschränkt übertragbar. Dasselbe gilt für den Zeithorizont, unter dem für die klinischen Studien eine Wirksamkeit nachgewiesen wurde. Aus den gegebenen Daten ist nicht immer eine Extrapolation über den begrenzten Studienzeitraum hinaus möglich.

Eines der größten Probleme bei der Anwendung von EBM liegt in der Tatsache, dass derzeit nur etwa 20 % aller eingesetzten medizinischen Verfahren durch kontrollierte klinische Studien abgesichert wurden.[180]

Meist existieren nicht messbare oder nicht gemessene Faktoren, die das Behandlungsergebnis mitbestimmen, die aber einer Evidenz-basierten Betrachtung (noch) nicht zugänglich sind. So zeigte sich beispielsweise, dass beim chirurgischen Vorgehen bei kolorektalen Karzinomen trotz Verwendung eines einheitlichen und Evidenz-basierten Behandlungsprotokolls in verschiedenen Kliniken unterschiedliche Erfolgsraten zu beobachten sind.[181] Ähnliche Ergebnisse zeigt die Betrachtung der Effektivität von Screeningmaßnahmen zur Früherkennung des Prostatakarzinoms.[182] Als mögliche Gründe kommen die Kompetenz und Erfahrung der behandelnden Ärzte, das Patientenmanagement der entsprechenden Klinik und die Compliance der Patienten in Betracht.

Von verschiedenen Seiten wurde Kritik am Konzept der EBM geübt. Ein Einwand ist das Faktum, dass es Ärzte – entgegen den veröffentlichten Standardbeispielen in der EBM-Literatur – oft mit Patienten zu tun haben, bei denen weder eine eindeutige Diagnose noch ein definiertes Krankheitsstadium feststehen. Wenn die Diagnose nicht eindeutig ist, kann eine Literaturrecherche schnell ausufern und die Grenze des Machbaren überschreiten. Insbesondere die Evaluation der Anwendung von diagnostischen Tests oder Teststrategien bedarf der Verwendung von entscheidungsanalytischen Modellen wie Entscheidungsbäumen oder Markov-Modellen (s. Kap. 3.3). Auch wenn dieses Gebiet erst langsam seinen Einzug in die EBM findet, ist der Nutzen dieser Methoden längst nachgewiesen.[183] Diese Verfahren bieten ferner die Möglichkeit, patientenorientierte Outcomes und Lebensqualität in die Erwägungen einzubeziehen.

Ein weiterer Vorwurf an die EBM ist, dass dieses Verfahren lediglich dem Zwecke dienen soll, Kosten einzusparen. In der Situation begrenzter Ressourcen gewinnt die Überprüfung der Wirksamkeit medizinischer Verfahren immer mehr

---

[179] Vgl. Siebert, U., Mühlberger, N., Behrend, C., Wasem, J. (1999).
[180] Vgl. Institute of Medicine (1985).
[181] Vgl. Berger, M., Richter, B., Mühlhauser, J. (1997).
[182] Vgl. Siebert, U., Behrend, C., Mühlberger, N., Wasem, J. (1999).
[183] Vgl. Kassirer, J. P., Kopelmann, R. I. (1991).

an Bedeutung. Die Ressourcenallokation soll so geschehen, dass damit am meisten Gesundheit „eingekauft" werden kann. Es existieren bereits Anleitungen für Manager im Gesundheitswesen, Entscheidungen auf der Grundlage wissenschaftlicher Evidenz zu treffen.[184] Obwohl der Vorteil der Einbeziehung wissenschaftlicher Fakten in die Gesundheitspolitik auf der Hand liegt, ist vor einem Missbrauch der EBM auf politischer Ebene zu warnen, wenn Allokationsentscheidungen ausschließlich vom Schreibtisch aus und automatisiert getroffen werden.[185]

3.3
Formale Entscheidungsanalyse

3.3.1
Entscheidung unter Unsicherheit

Die Medizin ist eine Disziplin, in der Entscheidungen unter Unsicherheit zu treffen sind. Dies bedeutet, dass für einen Patient mit einem bestimmten Symptomenkomplex letztlich immer eine Entscheidung bezüglich des weiteren diagnostischen oder therapeutischen Vorgehens zu treffen ist, auch wenn zum Zeitpunkt dieser Entscheidung viele Aspekte bezüglich seiner Erkrankung und der Auswirkungen bestimmter Therapien auf seinen Gesundheitszustand nicht mit vollständiger Sicherheit vorhergesagt werden können. Viele diagnostische Prozeduren, die zur Aufklärung des Krankheitsgeschehens eingesetzt werden, besitzen selbst ein medizinisches Risiko. So reicht das Spektrum der Komplikationen bei Biopsien der Prostatadrüse zur Diagnose des Prostatakarzinoms von Infektionen bis hin zu Todesfällen. Aber auch der Erfolg von therapeutischen Verfahren ist meist unsicher, da zum Zeitpunkt des Behandlungsbeginns oft noch nicht feststeht, ob bzw. zu welchem Grad die Therapie zu einem Heilungserfolg führt und welche therapieinduzierten Komplikationen bzw. Nebenwirkungen auftreten. So ist bei einem Patienten mit Prostatakarzinom im Frühstadium in keinem Falle sicher gewährleistet, dass die Erkrankung durch eine radikale Entfernung der Prostata und des anhängenden Gewebes (radikale Prostatektomie) vollständig und beschwerdefrei geheilt wird. Ferner kann es durch die Operation selbst zur Harninkontinenz, sexuellen Funktionsstörungen oder anderen Komplikationen kommen, was bei der Therapieentscheidung berücksichtigt werden sollte. Auf der anderen Seite kann diese Operation zur Heilung und einem beschwerdefreien Leben führen.[186] Letztlich können meist die Auswirkungen der Therapie auf die Lebensqualität der Patienten und auch die verursachten Kosten nicht exakt vorhergesagt werden.

Da in jedem Fall – auch unter Unsicherheit – eine optimale Entscheidung für den Patienten getroffen werden muss, stellt sich die Aufgabe, unter Berücksichti-

---

[184] Vgl. Gray, M. (1997).
[185] Vgl. Stradling, J. R., Davies, R. J. O. (1997).
[186] Vgl. Siebert, U., Behrend, C., Mühlberger, N., Wasem, J. (1999).

gung der Unsicherheit und unter Abwägung der verschiedenen Konsequenzen die
für den Patienten oder eine bestimmte Patientengruppe optimale medizinische
Vorgehensweise zu identifizieren. Kurz: Die Entscheidung muss getroffen werden, auch unter Unsicherheit.

3.3.2
Definitionen und Abgrenzungen

Zunächst ist der Begriff der Entscheidungsanalyse (*decision analysis*) von dem
weiter gefassten Bereich der allgemeinen medizinischen Entscheidungsfindung
(medical decision making) abzugrenzen. Medical decision making bedient sich
verschiedener rationaler und systematischer Ansätze zur Entscheidungsfindung.
Das Ziel von Medical decision making ist die Verbesserung der Gesundheit und
klinischen Versorgung von Individuen und/oder Populationen, sowie die Unterstützung der Entscheidungsfindung im gesundheitspolitischen Bereich. Dies
schließt neben der Entscheidungsanalyse im engeren Sinne (auch formale Entscheidungsanalyse genannt) die Anwendung verschiedener quantitativer Methoden im klinischen Alltag, in der epidemiologischen Forschung und in der Evaluation von Public Health Maßnahmen ein. Ferner beschäftigt sich Medical decision
making mit der Untersuchung menschlicher Kognition und der Psychologie klinischen Denkens und Schlussfolgerns sowie der Verwendung von Computern und
künstlicher Intelligenz zur Entscheidungsunterstützung.

Dieser Beitrag widmet sich ausschließlich der Entscheidungsanalyse im engeren Sinne, die ein Teilgebiet des gesamten Bereiches der medizinischen Entscheidungsfindung darstellt. Die Entscheidungsanalyse im engeren Sinne stellt einen
mathematisch-formalen Ansatz dar und verwendet klar festgelegte Algorithmen
zur Optimierung des Ergebnisses einer Entscheidung. Deshalb wird sie auch *formale Entscheidungsanalyse* genannt. Ein weiteres Synonym ist der Begriff *entscheidungsanalytische Modellierung*, der die Tatsache ausdrückt, dass in der formalen Entscheidungsanalyse verschiedene Parameter der Krankheit, ihrer Behandlung und ihrer Konsequenzen innerhalb eines mathematischen Modells zusammengeführt werden. Meist wird einfach kurz von Entscheidungsanalyse (decision
analysis) gesprochen. Im Folgenden wird unter Entscheidungsanalyse die formale
Entscheidungsanalyse verstanden.

Die Entscheidungsanalyse ist ein systematischer, expliziter und quantitativer
Ansatz zur Entscheidungsfindung unter Unsicherheit. Die Struktur des Ablaufs aller möglichen Ereignisse wird in Form von Ereignisbäumen dargestellt, welche
die Wahrscheinlichkeiten dieser Ereignisse mit ihren verschiedenen medizinischen
und/oder ökonomischen Konsequenzen beinhalten. Zur Analyse dieser Daten werden probabilistische Modelle und Verfahren herangezogen, insbesondere das Entscheidungsbaumverfahren und die Markov-Modelle.[187] Das Ziel der Entscheidungsanalyse ist die Auswahl einer Handlungsstrategie nach Gewichtung des
medizinischen Nutzens, der Risiken und gegebenenfalls der Kosten der verschiedenen Handlungsalternativen. Die Entscheidungsanalyse verfolgt dabei das Prin-

---

[187] Vgl. Weinstein, M. C., Fineberg, H. V., Elstein, A. S. u. a. (1980).

zip der Nutzenmaximierung. Die Art des zu maximierenden Nutzens ist dabei vor der Analyse festzulegen bzw. zu operationalisieren. Dies kann ein einzelner Parameter wie beispielsweise höhere Überlebenswahrscheinlichkeit, bessere Lebensqualität oder geringere Kosten sein, oder eine gewichtete Kombination bzw. ein Verhältnis verschiedener Parameter. Der Prozess der Entscheidungsanalyse legt Struktur, Elemente und Parameter des Entscheidungsproblems offen und macht sie damit einer Diskussion zugänglich.

Dabei ist zu betonen, dass der Entscheidungsanalyse lediglich die Funktion zukommt, den Entscheidungsprozess zu unterstützen, nicht diesen zu determinieren. Die endgültige Entscheidung hängt dabei außerdem von komplexeren Determinanten aus dem Bereich der Politik und Ethik ab (s. Abb. 3.1). Insbesondere die Prämisse der Verteilungsgerechtigkeit kann zu Entscheidungen führen, die einer Nutzenmaximierung im oben angesprochenen Sinne entgegenstehen.

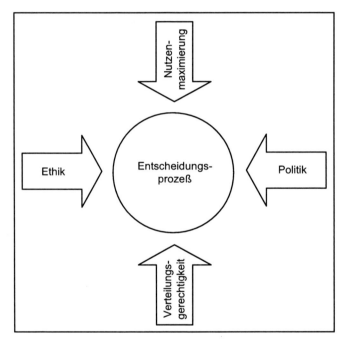

Abb. 3.1. Stellenwert der Entscheidungsanalyse im Entscheidungsprozess

Eine vollständige gesundheitsökonomische Entscheidungsanalyse vergleicht mindestens zwei medizinisch effektive Handlungsstrategien miteinander und berücksichtigt dabei Kosten und Effekte. Dabei wird immer der inkrementelle Ansatz gewählt.[188]

Bei der Modellierung bzw. Analyse des Entscheidungsproblems werden zwei Verfahren unterschieden, das Entscheidungsbaumverfahren und das Markov-Mo-

---

[188] Vgl. z. B. Drummond, M. F., O'Brian, B. J., Stoddart, G. L., Torrance, G. W. (1997), Leidl, R. (1997), Szucs, T. D. (1997) sowie Kap. 8.5.

dell. Das *Entscheidungsbaumverfahren* ist bei einfacheren Entscheidungssituationen anzuwenden, die einen meist kurzen Zeithorizont besitzen, in dem alle handlungsstrategiebedingten Ereignisse eintreten. Demgegenüber werden *Markov-Modelle* vorwiegend bei komplexeren Problemen mit längerem Zeithorizont eingesetzt.

Abbildung 3.2 ein paar Seiten weiter zeigt ein hypothetisches und einfaches Beispiel für einen Entscheidungsbaum. Es geht dabei um folgendes Entscheidungsproblem:

Beispiel: Diagnostischer Test

> Eine sehr ernsthafte Krankheit D beginnt mit einem Symptom S. Allerdings gibt es neben der Krankheit D viele andere Ursachen für das Symptom S, die alle nicht behandlungsbedürftig sind. Auch das Symptom S ist losgelöst von der Krankheit D nicht behandlungsbedürftig. Für die Behandlung der Krankheit D steht ein Medikament zur Verfügung, das aber teils zu erheblichen Nebenwirkungen (einschließlich erhöhter Mortalität) führen kann. Es gibt einen diagnostischen Test, der bezüglich der Krankheit D mit einer gewissen Fehlerrate Kranke von Gesunden unterscheiden kann. Die Durchführung des Tests ist mit einem gewissen Letalitätsrisiko behaftet. Tritt das Symptom S bei einem Patienten auf, so stehen Arzt und Patient vor der Wahl von dreierlei Handlungsalternativen:
>
> 1. Man beginnt sofort die medikamentöse Behandlung
> 2. Man unterlässt die medikamentöse Behandlung
> 3. Man führt den diagnostischen Test durch, der allerdings selbst ein geringes Letalitätsrisiko beinhaltet. Zudem kommt es bei diesem Test mitunter zu falschen Testergebnissen

Dieses Muster stellt das Grundschema jeglicher (auch nichtmedizinischer) Entscheidungsanalyse dar. Viele Entscheidungsprobleme unter Unsicherheit lassen sich so strukturieren oder in Teilprobleme zerlegen, dass sich die Frage stellt, ob eine bestimmte Aktion durchgeführt werden soll, ob sie unterlassen werden soll oder ob zunächst weitere Informationen eingeholt werden sollen, um die Unsicherheit zu reduzieren. In dem (in der Praxis unrealistischen) Fall, dass das Einholen weiterer Information keinerlei negative Konsequenzen hat, ist es offensichtlich, dass diese Strategie zu wählen ist. In der Praxis ist aber oft davon auszugehen, dass das Einholen weiterer Information entweder mit medizinischen Risiken oder aber zumindest mit Kosten verbunden ist. Das Entscheidungsproblem stellt sich damit als Abwägen zwischen den positiven und negativen Konsequenzen des Informationsgewinnes dar.

Bevor die einzelnen probabilistischen Verfahren und die rechnerischen Lösungsschritte für das Problem dargestellt werden, soll auf die Rahmenbedingungen einer Entscheidungsanalyse eingegangen werden und der Algorithmus zur Strukturierung und Analyse eines Entscheidungsproblems unter Unsicherheit erläutert werden.

3.3.3
Rahmenbedingungen und Schritte der Entscheidungsanalyse

Bei der Durchführung einer Entscheidungsanalyse sind die Rahmenbedingungen und Prämissen zu definieren, unter denen das Entscheidungsproblem analysiert werden soll. Es sind Annahmen festzulegen, unter denen das Analyseergebnis Gültigkeit haben soll. Die Festlegung der Rahmenbedingungen und die einzelnen Schritte, die bei der Aufstellung des entscheidungsanalytischen Modells und dessen Analyse notwendig sind, werden im Folgenden beschrieben.

1. Hintergrund und präzise Formulierung des Entscheidungsproblems
   Zunächst ist das Entscheidungsproblem genau zu spezifizieren. Es ist beispielsweise festzulegen, welche medizinischen Handlungsalternativen für welche Population (z. B. Altersgruppe) und welches Setting (z. B. ambulant oder stationär) auf Effektivität bzw. Kosten-Effektivität zu prüfen ist und welche Effekte dabei primär zu berücksichtigen sind. Hierbei ist der medizinische und ökonomische Problemkontext zu berücksichtigen.
2. Die Wahl der Perspektive
   Die Wahl der Perspektive hängt entscheidend von der Fragestellung ab. Beispiele für Perspektiven, aus denen das Entscheidungsproblem betrachtet werden kann, sind:
   - Patienten
   - Leistungserbringer (z. B. Kliniken, niedergelassene Ärzte)
   - Kostenträger (z. B. Krankenkassen)
   - Hersteller von Arzneimitteln und medizinischen Geräten
   - Arbeitgeber
   - Gesundheitsbehörden
   - Gesellschaft
   Einzelheiten zur Perspektive werden in Kapitel A 8.2 behandelt. Die Durchführung von Analysen unter verschiedenen Perspektiven ist prinzipiell möglich.
3. Festlegung des Zeithorizonts
   Es ist ein für das Problem adäquater Zeithorizont zu identifizieren, der gegebenenfalls medizinische und ökonomische Langzeitkonsequenzen abdeckt. Darunter fallen auch Rezidive oder Spätkomplikationen einer Erkrankung. Sollten sich Risiken oder Kosten im Laufe der Zeit verändern, so ist dies bei der Wahl des Zeithorizontes entsprechend zu berücksichtigen. Auch für Erkrankungen, die mehrfach auftreten können, wie beispielsweise Infektionskrankheiten oder schubartig verlaufende chronische Erkrankungen, ist ein adäquater Zeithorizont zu wählen. Ferner gibt es viele Erkrankungen, bei denen es nicht nur darum geht, ob ein medizinisches Vorgehen zur Heilung führt oder nicht, sondern die krankheitsfreie Zeit bis zum Wieder- oder Neuauftreten der Erkrankung wesentlich ist. Beispiele dafür sind Impfungen oder andere Präventivmaßnahmen und die Therapie der Krebserkrankungen. Für diese Situationen ist ein entsprechend langer Zeithorizont zu wählen, der selbst diejenigen Konsequenzen erfasst, die zeitlich sehr weit von der eigentlichen Intervention entfernt sind.

4. Identifikation der medizinischen Handlungsalternativen

Es sind alle relevanten Handlungsalternativen zu berücksichtigen. Dazu gehören alle Kombinationen von präventiven, diagnostischen und therapeutischen Verfahren. Oft ist eine Handlungsalternative ein festgelegter Plan bzw. Ablauf von diagnostischen und therapeutischen Schritten. Dieser Plan besteht dann aus mehreren „wenn-dann-Regeln". Vor allem in der schrittweisen Diagnostik werden zunächst die risikoarmen und preiswerteren Verfahren eingesetzt, bevor man zu den invasiveren und teureren Verfahren greift. Eine a priori festgelegte Abfolge von „wenn-dann-Regeln" wird als Strategie bezeichnet. Insbesondere wenn mehrere diagnostische Verfahren parallel oder sequentiell eingesetzt werden können, um eine Erkrankung zu identifizieren, sind alle sinnvollen Kombinationen und Boolschen Verknüpfungen der diagnostischen Einzeltests in die Evaluation einzubeziehen.

5. Spezifizierung der möglichen klinischen Konsequenzen

Es sind alle möglichen Gesundheitszustände festzulegen. Als Gesundheitszustand wird jeder Zustand definiert, der sich von anderen Zuständen bezüglich zukünftiger Mortalitätsraten, Morbiditätsraten, Risikoraten, Lebensqualität und Kosten unterscheidet, je nachdem welche Parameter in der Entscheidungsanalyse berücksichtigt werden sollen. Gesundheitszustände sollen sich gegenseitig ausschließen und bezüglich der Fragestellung erschöpfend sein.

6. Darstellung des Ereignisablaufs

Anschließend wird der Ereignisablauf schematisch dargestellt. Hierfür eignet sich beispielsweise ein Entscheidungsbaumdiagramm wie in Abbildung 3.2. Dieses Diagramm soll für jede der zu evaluierenden Handlungsalternativen alle möglichen Verläufe in Form von Verzweigungen abbilden. Ein durchgehender Pfad vom linken Ende *(Stamm)* bis zum rechten Ende *(Blatt)* eines Entscheidungsbaumes wird als *Ereignispfad* bezeichnet. Am Ende des Entscheidungsbaumes mündet jeder Ereignispfad in einen bestimmten Gesundheitszustand.

7. Bestimmung der Ereigniswahrscheinlichkeiten

An jeder Verzweigung eines Entscheidungsbaums treten die folgenden Ereignisse mit einer bestimmten Wahrscheinlichkeit ein, die in das Entscheidungsbaumdiagramm eingetragen wird. Einige immer wiederkehrende Beispiele für Eintrittswahrscheinlichkeiten sind:

- *Prävalenz*: Wahrscheinlichkeit für das Vorliegen eines Ereignisses
- *Inzidenz*: Wahrscheinlichkeit für das Eintreten eines Ereignisses in einem fest definierten Zeitraum (kann auf die Erkrankung oder die Heilung bezogen werden)
- *Mortalität*: Wahrscheinlichkeit für das Eintreten des Todes
- *Letalität*: bedingte Wahrscheinlichkeit für das Eintreten des Todes bei Vorliegen einer bestimmten Erkrankung oder bei der Durchführung eines bestimmten diagnostischen oder therapeutischen Verfahrens
- *Sensitivität*: bedingte Wahrscheinlichkeit, dass ein diagnostischer Test bei einem Kranken positiv ist und die Krankheit anzeigt
- *Spezifität*: bedingte Wahrscheinlichkeit, dass ein diagnostischer Test bei einem Gesunden negativ ist und dessen Gesundsein anzeigt

- *Positiver prädiktiver Wert*: bedingte Wahrscheinlichkeit, dass eine testpositive Person tatsächlich krank ist
- *Negativer prädiktiver Wert*: bedingte Wahrscheinlichkeit, dass eine testnegative Person tatsächlich gesund ist

8. Medizinische und/oder ökonomische Bewertung der Konsequenzen
   Am Ende des Entscheidungsbaums mündet jeder Pfad in einen bestimmten Gesundheitszustand (Individuum) oder eine Maßzahl (Population), welche die medizinischen Konsequenzen repräsentiert. Für die adäquate Bewertung dieser Konsequenzen ist eine geeignete Maßzahl auszuwählen, wie beispielsweise die Remissionsrate, die 5-Jahres-Überlebensrate, die Restlebenserwartung oder QALYs. In unserem Beispiel weiter unten wurde der Tod mit 0 bewertet und das Überleben mit 1, was indirekt der Wahl der Überlebenswahrscheinlichkeit als zu maximierende Größe entspricht. Ferner sind bei gesundheitsökonomischen Entscheidungsanalysen die verschiedenen eingesetzten Maßnahmen entlang eines Ereignispfades mit Kosten zu bewerten und entlang des jeweiligen Pfades zu summieren.

9. Festhalten und explizite Formulierung der Annahmen
   Der aufgestellte Entscheidungsbaum und seine Parameter stellen ein Modell dar, welches bestimmte Annahmen über die Wirklichkeit macht. Man unterscheidet *strukturelle* und *numerische* Annahmen. Strukturelle Annahmen betreffen den Aufbau des Entscheidungsbaums, ein Beispiel für eine numerische Annahme wäre die Annahme, dass zwei verschiedene diagnostische Tests voneinander unabhängig sind, d. h. das Testergebnis des ersten Tests beeinflusst nicht die Sensitivität und Spezifität des zweiten Tests. Alle Annahmen, die bei der Erstellung eines Ereignisbaums und bei der Belegung mit Wahrscheinlichkeiten und Bewertungen der Gesundheitszustände gemacht worden sind, sind explizit zu formulieren, um deutlich zu machen, unter welchen Bedingungen die Ergebnisse der Entscheidungsanalyse gelten bzw. zu interpretieren sind.

10. Berechnung der Erwartungswerte (Ausmitteln und Zurückfalten)
    - *Ausmitteln (averaging out)*: Für jede Strategie wird der mit den Pfadwahrscheinlichkeiten gewichtete Mittelwert der diskontierten Ergebnisparameter (z. B. Kosten und QALYs in einer Kosten-Wirksamkeits-Analyse) berechnet.
    - *Zurückfalten (folding back)*: Nach Eliminieren aller unterlegenen Strategien aus dem Entscheidungsbaum steht die Strategie mit dem maximalen Erwartungswert fest. Aus dem Vergleich der Erwartungswerte zweier Strategien lassen sich inkrementelle medizinische Effekte, inkrementelle Kosten und die Relation zwischen beiden errechnen. Dieses Ergebnis wird auch als Basisergebnis bezeichnet.

11. Sensitivitätsanalysen
    Um die Stabilität der Ergebnisse zu prüfen, werden Annahmen systematisch verändert und die Auswirkung dieser Veränderung auf das Ergebnis der Entscheidungsanalyse betrachtet (s. Kap. 3.3.6 für das hier gewählte Beispiel). Verschiedene Ansätze und Verfahren der Sensitivitätsanalysen wurden gesondert in Kapitel A 8.7 behandelt.

12. Interpretation der Ergebnisse

Unter Berücksichtigung der getroffenen Annahmen und der Datenqualität ist das Ergebnis innerhalb des medizinischen und ökonomischen Problemkontextes zu bewerten. Sowohl Richtung als auch Größe des Einflusses unsicherer oder verzerrter Parameterschätzungen auf das Ergebnis sind zu diskutieren. Bei der Interpretation der Ergebnisse sind das jeweilige Gesundheitssystem, die Kosten-Effekt-Relationen anderer finanzierter Gesundheitsprogramme und die eingenommene Perspektive zu berücksichtigen. Schließlich sind Aussagen über die Generalisierbarkeit bzw. Übertragbarkeit der Schlussfolgerungen zu machen.

Punkte 7 und 8 gehören dem Bereich der Informationsgewinnung an. Sowohl die Parameter für die Ereigniswahrscheinlichkeiten als auch die Parameter der Konsequenzenbewertung können sowohl in Primäruntersuchungen (d. h. eigener Datenerhebung, Field Research) als auch in Sekundäranalysen (d. h. Desk Research) gewonnen werden. Liegen mehrere Ergebnisse aus der wissenschaftlichen Literatur oder aus medizinischen bzw. gesundheitsökonomischen Datenbanken vor, können Meta-Analysen eingesetzt werden, um Maßzahlen mit hohem Evidenzgrad zu erhalten (s. Kap. 3.1). Falls keine Sekundärdaten vorliegen und keine Primärerhebung durchgeführt werden kann, muss auf Expertenbefragungen zurückgegriffen werden (z. B. Delphi-Methode, s. Kap. B 2.6).

3.3.4
Entscheidungsbaum-Analyse

Im Folgenden werden die einzelnen Schritte bei der Durchführung einer Analyse eines Entscheidungsbaums vorgeführt. Damit die Rechnungen leicht vom Leser nachvollzogen werden können, wurde bewusst ein einfaches hypothetisches Beispiel mit runden Zahlen gewählt. Auch wenn in der Praxis durchgeführte Analysen meist mit sehr viel mehr Aufwand durchgeführt werden müssen, so demonstriert das Rechenbeispiel die Grundprinzipien der Entscheidungsanalyse, wie sie auch in der „wirklichen" Forschung angewandt werden.

Es wird wieder auf das oben bereits dargestellte Beispiel Bezug genommen. Die notwendigen Parameter für die Analyse ergeben sich aus dem folgenden Text:

Aufgabe: Diagnostischer Test

> Betrachtet seien die Patienten mit dem Symptom S, welches zu einem schwachen Verdacht auf die Krankheit D führt. Bei der Krankheit D handelt es sich um eine ernsthafte Krankheit, bei der die Mortalität durch eine frühzeitige medikamentöse Behandlung reduziert werden kann.
>
> Für Patienten, die an der Erkrankung D leiden, beträgt die 1-Jahres-Überlebenswahrscheinlichkeit (1J-Survival) ohne Behandlung 80 % und mit Behandlung 90 %. Patienten, die das erste Jahr überleben, gelten als geheilt. Die komplette medikamentöse Behandlung dauert ½ Jahr und kostet insgesamt 10.000 €. Zwei von hundert Patienten mit dem Symptom S haben tatsächlich die Krankheit D. Bei den behandelten Nichterkrankten liegt die 1-Jahres-Mortalität aufgrund von Behandlungskomplikationen und Nebenwirkungen bei 1 %. Nach Beendigung der medikamentösen Therapie ist nicht mehr mit Nebenwirkungen zu rechnen. Ein Labortest zur Diagnose der Krankheit kostet 20 €. Er besitzt eine Sensitivität von 90 % und eine Spezifität von 95 %.
>
> a. Zur Ermittlung der Strategie mit dem größten medizinischen Nutzen soll zunächst eine rein medizinisch orientierte Entscheidungsanalyse für die drei Alternativen „Behandlung", „Keine Behandlung" und „Test" bei Patienten mit dem Symptom S durchgeführt werden.
> b. Anschließend soll eine Kosten-Effektivitäts-Analyse für diese drei Alternativen durchgeführt werden.

Die Fragestellung (Schritt 1), die durch diese Angaben impliziert wird, könnte man folgendermaßen formulieren: „Welche der drei medizinischen Vorgehensweisen ist vorzuziehen, wenn das 1-Jahres-Survival bei den Patienten mit dem Symptom S maximiert werden soll: (1) alle Patienten behandeln, (2) keinen Patienten behandeln oder (3) erst den diagnostischen Test durchführen und dann nur die testpositiven Patienten behandeln?"

Für die medizinische Entscheidungsanalyse soll die Perspektive des Patienten eingenommen werden (Schritt 2). Das vorliegende Beispiel legt einen Zeithorizont von einem Jahr nahe, da laut Angaben alle relevanten Ereignisse innerhalb dieses Jahres abgelaufen sind (Schritt 3). Die alternativen Strategien (Schritt 4) wurden in der Fragestellung bereits explizit formuliert. Die Test-Alternative wurde als Strategie mit einer „wenn-dann-Regel" angegeben. Als klinische Gesundheitszustände werden Tod und Überleben ausgewählt, welche durch das epidemiologische Maß der 1-Jahres-Überlebenswahrscheinlichkeit repräsentiert werden (Schritt 5). Da wir keine Angaben über die Lebensqualität innerhalb des ersten Jahres haben, der Zeitraum der Lebensqualitätseinschränkung aber im Vergleich zur normalen Lebenserwartung selbst bei älteren Menschen relativ kurz ist, wird innerhalb des betrachteten Jahres die Lebensqualitätseinschränkung durch die Medikation oder Krankheit in der Analyse nicht berücksichtigt. Das gesamte relevante Geschehen einschließlich der Konsequenzen findet innerhalb eines Jahres statt. Auch die Kosten gehen nicht über diesen Zeitraum hinaus. Da also ein relativ kurzer Zeitraum betrachtet wird, bietet sich das Entscheidungsbaumverfahren als Analysemethode an.

Der Entscheidungsbaum in Abbildung 3.2 repräsentiert ein einfaches Modell für das vorliegende Entscheidungsproblem und stellt den Ereignisablauf gemäß den gewählten Rahmenbedingungen dar (Schritte 6 bis 8). Die verwendeten Abkürzungen für die Gesundheitszustände, die Ereigniswahrscheinlichkeiten und Konsequenzen sind in Tabelle 3.2 erklärt.

Der Baum beginnt an seinem *Stamm* links in der Darstellung, wo die Zielpopulation des Entscheidungsproblems genannt wird. Es folgt ein so genannter *Entscheidungsknoten* (Rechteck), welcher die Wahl (Entscheidung) zwischen verschiedenen Handlungsalternativen repräsentiert. Anstelle des Begriffs Handlungsalternativen werden je nach Kontext oft folgende Begriffe synonym verwendet: Alternativen, medizinische Vorgehensweisen, medizinische Verfahren, Interventionen, medizinische Technologien, Procedere, Strategien, Optionen. Für jede Handlungsalternative ergeben sich Stellen im Baum, die durch so genannte *Zufallsknoten* (Kreise) gekennzeichnet sind. An einem Zufallsknoten (Synonym: Ereignisknoten) können verschiedene Ereignisse eintreten oder Merkmale offengelegt werden, die nicht vorhersehbar sind und damit die Unsicherheit des Entscheidungsproblems verkörpern. Es gibt verschiedene *Ereignispfade*, die vom Stamm zur rechten Seite des Entscheidungsbaumes führen und dort an den „Blättern" des Baumes, dem *Ergebnisknoten*, enden. An einem Ergebnisknoten stehen die interessierenden Konsequenzen der Entscheidung, Beispiele sind epidemiologische Maßzahlen, Gesundheitszustände, Laborwerte oder Kosten. Ein Ereignis mit allen nachfolgenden Ereignispfaden nennt man einen *Ast* des Ereignisbaums. Prinzipiell können auch innerhalb des Baums Entscheidungsknoten auftreten, in diesem Fall lässt sich allerdings der Baum entsprechend umstrukturieren, so dass es nur einen Entscheidungsknoten zu Beginn gibt. Die Regeln und Algorithmen der Entscheidungsbaumtransformation sind im Lehrbuch von Weinstein u. a. nachzulesen.[189]

Der Entscheidungsbaum des Test-Beispieles soll anhand Abbildung 3.2 erläutert werden. Für die Handlungsalternativen „Behandlung" und „Keine Behandlung" besteht jeweils nur Unsicherheit über das Vorliegen der Erkrankung (Prävalenz) und über das anschließende Überleben. Bei der Alternative „Test" besteht Unsicherheit bezüglich des letalen Ausganges des diagnostischen Eingriffs und über das Vorliegen der Krankheit. Ferner besteht Unsicherheit bei der Identifikation des Erkrankungsstatus durch den Test und schließlich wieder Unsicherheit bezüglich des Überlebens. Die Alternative „Test" stellt eine Strategie im oben definierten Sinne dar. Die Vorschrift lautet „Durchführung des diagnostischen Tests; wenn Test positiv, dann behandeln, sonst nicht behandeln". Es sei angemerkt, dass dies nicht unbedingt die beste Strategie unter Verwendung eines Tests sein muss. Zum Beispiel wird man diagnostische Tests mit einem hohen Letalitätsrisiko bei harmloseren Erkrankungen vermeiden. Aber selbst wenn der Test keinerlei Letalitätsrisiko besitzt, kann es bei einer sehr geringen Prävalenz der Erkrankung und/oder einem sehr ungünstigen Wirksamkeits-Nebenwirkungs-Verhältnis der Behandlung vorkommen, dass selbst nach einem positiven Testergebnis die Alternative „keine Behandlung" der „Behandlung" vorzuziehen ist. In diesem Falle wäre der Test sinnlos und die Entscheidungsanalyse hätte das Resultat, dass in jedem

---

[189] Vgl. Weinstein, M. C., Fineberg, H. V., Elstein, A. S. u. a. (1980).

Falle die Strategie „keine Behandlung" allen Strategien mit Testen überlegen wäre. In der Abbildung stellen die rechteckigen Knoten Entscheidungsknoten dar, die runden Knoten Zufallsknoten und die dreieckigen Knoten die Ergebnisknoten mit den medizinischen Konsequenzen, dem 1-Jahres-Survival. Mit D+ wird der Zustand „krank", mit D- der Zustand „gesund", mit T+ ein positives Testergebnis und mit T- ein negatives Testergebnis bezeichnet.

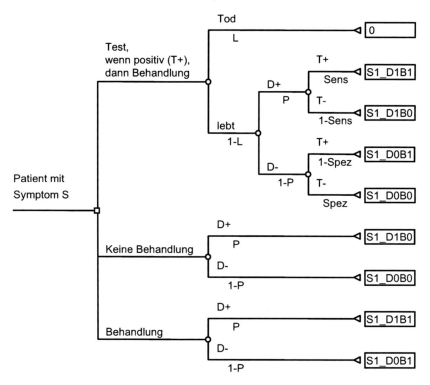

Abb. 3.2. Entscheidungsbaum mit Variablen für das Beispiel Test/Behandlung/Keine Behandlung

Tabelle 3.2. Begriffe für Ereigniswahrscheinlichkeiten und Konsequenzen im Entscheidungsbaum

Begriff	Variablen-name im Baum (s. Abb. 3.2)	Symbol-schreib-weise	Wert im Beispiel
Prävalenz der Krankheit	P	P(D+)	0,02
Sensitivität = Wahrscheinlichkeit eines positiven Testergebnisses unter den Kranken	Sens	P(T+|D+)	0,90
Spezifität = Wahrscheinlichkeit eines negativen Testergebnisses unter den Gesunden	Spez	P(T-|D-)	0,95
Letalität des diagnostischen Tests	L	L	0,001
1J-Survival bei den Gesunden ohne Behandlung	S1_D0B0	S(D-, B-)	1,00
1J-Survival bei den Gesunden mit Behandlung	S1_D0B1	S(D-, B+)	0,99
1J-Survival bei den Kranken ohne Behandlung	S1_D1B0	S(D+, B-)	0,80
1J-Survival bei den Kranken mit Behandlung	S1_D1B1	S(D+, B+)	0,90
Kosten für den Test	K_T	K(T)	20 €
Kosten für die Behandlung	K_B	K(B)	1.000 €

Es sei kurz auf einige Annahmen eingegangen (Schritt 9), die der verwendete Entscheidungsbaum impliziert. Die Tatsache, dass für den Ast „Test" dieselben vier Überlebenswahrscheinlichkeiten den Blättern zugeordnet wurden wie in den Ästen „Behandlung" und „Keine Behandlung", verdeutlicht die Annahme einer Unabhängigkeit der vier Überlebenswahrscheinlichkeiten vom Überleben des diagnostischen Tests. Würde beispielsweise der Test eher für die Kranken letal enden, dann wäre er als „Filter" zu verstehen, der die Kranken „aussiebt" und die Prävalenz der Krankheit wäre nach dem Test (bei den Überlebenden) geringer als die Prävalenz vor dem Test (gesamte Zielpopulation). Ebenso würden sich beispielsweise die Überlebenswahrscheinlichkeiten ändern, wenn eine Beziehung zwischen dem Behandlungserfolg und dem Überleben des Tests bestehen würde.

Im nächsten Schritt sind die Ereigniswahrscheinlichkeiten zu bestimmen (Schritt 10). Die in der Aufgabe angegebenen Parameter werden als Wahrscheinlichkeiten und bedingte Wahrscheinlichkeiten geschrieben.

Der Entscheidungsbaum (s. Abb. 3.2) zeigt, dass die Parameter Prävalenz, Sensitivität und Spezifität die Ereignisse innerhalb des Entscheidungsbaumes bestimmen, während die vier verschiedenen Überlebenswahrscheinlichkeiten an den Blättern des Baumes die medizinischen Konsequenzen darstellen. In Abbildung 3.3 wurden die Variablen im Entscheidungsbaum durch die aktuellen Werte des Beispiels ersetzt.

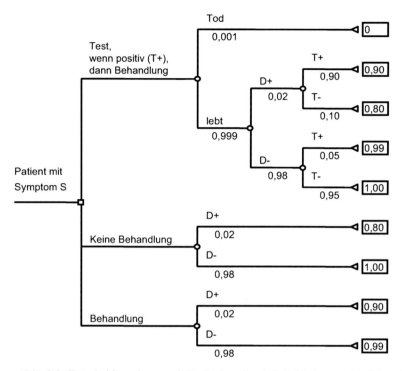

Abb. 3.3. Entscheidungsbaum mit Ereigniswahrscheinlichkeiten und 1-Jahres-Survival für das Beispiel Test/Behandlung/Keine Behandlung

Der Erwartungswert (E) für jede Alternative wird gebildet durch die gewichtete Summe aus den einzelnen Werten an den Blättern des Baumes. Die Gewichte repräsentieren die Wahrscheinlichkeiten der einzelnen Pfade innerhalb einer Alternative. Sie ergeben sich durch Multiplikation aller Eintrittswahrscheinlichkeiten entlang eines Pfads. Für die praktische Berechnung der Erwartungswerte E gibt es verschiedene Rechenansätze, die alle zum gleichen Ergebnis führen. Eine Möglichkeit sieht folgendermaßen aus (Notation s. Tab. 3.2):

E (Keine Behandlung) =
= P(D+) · S(D+, B+) + P(D-) · S(D-, B+) =
= 0,020 · 0,80 + 0,98 · 1,00 = 0,9960

E (Behandlung) =
= P(D+) · S(D+, B-) + P(D-) · S(D-, B-) =
= 0,020 · 0,90 + 0,98 · 0,99 = 0,9882

E (Test) =
= L · 0 + (1-L) · P(D+) · P(T+|D+) · S(D+, B+) + (1-L) · P(D+) · [1-P(T+|D+)] · S(D+, B-)
+ (1-L) · P(D-) · [1-P(T-|D-)] · S(D-, B+) + (1-L) · P(D-) · P(T-|D-) · S(D-, B-) =
= 0,001 · 0 + 0,999 · 0,02 · 0,90 · 0,90 + 0,999 · 0,02 · 0,10 · 0,80 + 0,999 · 0,98 · 0,05 ·
0,99 + 0,999 · 0,98 · 0,95 · 1,00 ≈ 0,9963

Eine weitere (effizientere) Art, die Analyse durchzuführen, besteht in einem Verfahren, das *Ausmitteln und Zurückfalten* genannt wird. Hierbei wird auf der rechten Seite des Baums begonnen und für die letzten (am weitesten rechts stattfindenden) Verzweigungen jeweils die Erwartungswerte für den jeweiligen gesamten Zufallsknoten berechnet. Abbildung 3.4 zeigt zum Beispiel im „Test"-Ast den Erwartungswert für den Zufallsknoten am Ende des Pfades „lebt und D+", bevor das Testergebnis bekannt ist.

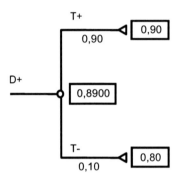

Abb. 3.4. Erwartungswert an einem Knoten

Der Erwartungswert für diesen Zufallsknoten errechnet sich folgendermaßen:

E (Knoten) =
= P(T+|D+) · S(D+, B+) + [1-P(T+|D+)] · S(D+, B-) =
= 0,90 · 0,90 + 0,10 · 0,80 = 0,8900

Der Begriff *Zurückfalten* stammt von der Vorstellung, dass man z. B. zwei Äste rechts von einem Knoten kollabiert bzw. zusammenfasst („zusammenfaltet") und *einen* Erwartungswert für diesen Knoten berechnet. Auf diese Weise können von rechts nach links für alle Knoten des Entscheidungsbaums Erwartungswerte berechnet werden *(Ausmitteln)*, und die entsprechenden nach rechts verzweigenden Äste des jeweiligen Knotens gelöscht werden *(Zurückfalten)*. Dieses Vorgehen wird solange wiederholt, bis für jede Handlungsalternative ein Erwartungswert berechnet wurde, der einen Vergleich der Handlungsalternativen ermöglicht.

Abbildung 3.5 zeigt den vollständig ausgemittelten und zurückgefalteten Baum (die zurückgefalteten Äste werden zur Visualisierung des Prozesses nicht gelöscht). Am Entscheidungsknoten werden zur Veranschaulichung der optimalen Entscheidung alle Handlungsalternativen gestrichen, die einen geringeren Erwartungswert als die optimale Strategie besitzen. Jedem Knoten wird ein Erwartungswert zugeordnet, der ein gewichtetes Mittel der nach rechts entspringenden Zweige darstellt. Das Vorgehen führt zu einem Erwartungswert für jede Handlungsalternative. Auf der rechten Seite sind zusätzlich die Wahrscheinlichkeiten für jeden Pfad innerhalb der optimalen Handlungsalternative angegeben.

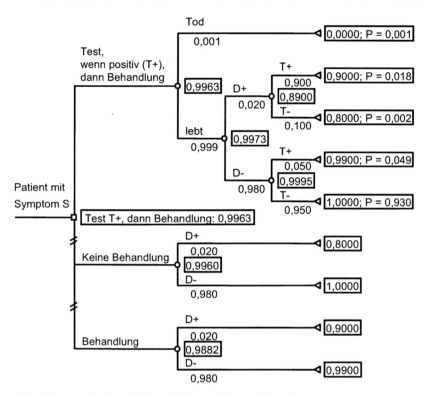

Abb. 3.5. Ausmitteln und Zurückfalten am Entscheidungsbaum

Die Ergebnisse des vorgestellten Beispieles sind folgendermaßen zu interpretieren (Schritt 12): die Handlungsalternative „Behandlung" hat die geringsten Aussichten. Erwartet wird eine Überlebenswahrscheinlichkeit von 98,82 % aller Patienten. Die Alternative „Keine Behandlung" lässt ein 1-Jahres-Survival von 99,60 % erwarten. Am besten ist die Strategie „Test" zu bewerten, sie hat ein erwartetes 1-Jahres-Survival von 99,63 %. Da es bei Entscheidungen immer um den Vergleich von Optionen geht, sind die Differenzen zu berechnen und zu interpretieren. So lässt sich die inkrementelle Effektivität der „Test"-Strategie versus „Keine Behandlung" errechnen als Differenz zwischen 99,63 % und 99,60 %; dies ergibt ein zusätzliches 1-Jahres-Survival von 0,03% durch die Einführung eines Tests anstelle der zweitbesten Strategie „Keine Behandlung". Obwohl 0,1 % der Patienten durch den diagnostischen Test selbst sterben, ist das Netto-Überleben bei der „Test"-Strategie höher. Dies ist darauf zurückzuführen, dass weniger kranke Patienten unbehandelt sterben.

Man kann unschwer erkennen, dass das gefundene Ergebnis von bestimmten Parametern abhängt. Bei einer höheren Testletalität wäre die „Test"-Alternative unterlegen. Bei einer sehr hohen Prävalenz der Erkrankung kann es besser sein, gleich zu behandeln, da man dadurch das Testrisiko umgehen kann. Ist umgekehrt die Prävalenz wie im vorliegenden Fall sehr gering, so kann es medizinisch effektiver sein weder zu testen, noch zu behandeln, da bei einer Nichtbehandlung nur noch wenige tatsächlich Kranke negativ betroffen sind. Natürlich haben nicht nur Änderungen der Ereigniswahrscheinlichkeiten, sondern auch Änderungen der Konsequenzenparameter einen Einfluss auf die Entscheidung. Ist die Krankheit harmlos in dem Sinne, dass unbehandelte Kranke eine Überlebenswahrscheinlichkeit nahe 100 % haben, so kann es durchaus sein, dass durch die Behandlung und ihre Nebenwirkungen insgesamt medizinisch mehr Schaden angerichtet wird als Nutzen möglich ist. Um also die Stabilität bzw. die Robustheit des Ergebnisses zu prüfen, werden die Modellannahmen und -parameter systematisch variiert und a-nalysiert, ob diese Variationen eine Änderung des Ergebnisses bzw. der Entscheidung zur Folge haben. Dieser Typ von Analysen wird Sensitivitätsanalyse genannt und schließt sich an die Basisfallanalyse an (Schritt 11). Auf die verschiedenen Verfahren der Sensitivitätsanalysen wird weiter unten (s. Kap. 3.3.6) eingegangen.

Bei der Interpretation des vorliegenden Ergebnisses ist es wichtig, auf die Annahme zu verweisen, dass es im dargestellten Beispiel keinen Unterschied macht, ob ein Patient (durch den diagnostischen Test) sofort stirbt oder (durch die Behandlungsnebenwirkungen) erst im Laufe des Jahres. Will man den Zeitpunkt des Eintrittes des Todes bei der Entscheidungsanalyse berücksichtigen, wird man bei der Modellierung und Analyse meist zu Markov-Modellen anstelle von Entscheidungsbäumen greifen (s. Kap. 3.3.5).

Ein wichtiger Aspekt bei der Bewertung eines diagnostischen Verfahrens ist der so genannte „Erwartungswert der klinischen Information". Dieser entspricht der Differenz der Erwartungswerte einer Handlungsalternative mit Test-Information (hier „Test") und ohne Test-Information (hier „Keine Behandlung"). Der so genannte Bruttoerwartungswert der klinischen Information ignoriert das Risiko durch den Test, der Wert beträgt im obigen Beispiel 0,13 %. Subtrahiert man davon das Risiko, welches mit der Informationsgewinnung einhergeht (hier Letalität 0,1 %), so ergibt sich der Nettoerwartungswert der klinischen Information, in diesem Falle die genannten 0,03 %. Ob es unter begrenzten Ressourcen sinnvoll ist, den Test für alle Patienten einzuführen, d. h. ob der errechnete klinischen Nutzen bei den anfallenden Kosten zu rechtfertigen ist, kann in gesundheitsökonomischen Analysen berechnet werden. Letztere beziehen die Kosten als Konsequenzenparameter mit ein (s. Aufgabe b).

Grundsätzlich gibt es verschiedene generische Typen von Entscheidungsbäumen. Die wichtigsten Grundmuster sind in Abbildung 3.6 aufgeführt. Sie stellen alle einen Spezialfall des komplexeren Typs „Behandlung", „Keine Behandlung" und „Test" (nicht perfekter Test mit diagnostischem Risiko) dar, dem auch das Rechenbeispiel angehört. Wenn auch Entscheidungsbäume in der Praxis häufig stärker verzweigt und komplexer aufgebaut sind als die hier vorgestellten, so stellen viele dieser Modelle doch Sequenzen oder Verschachtelungen der in Abbildung 3.6 vorgestellten Grundmuster dar.

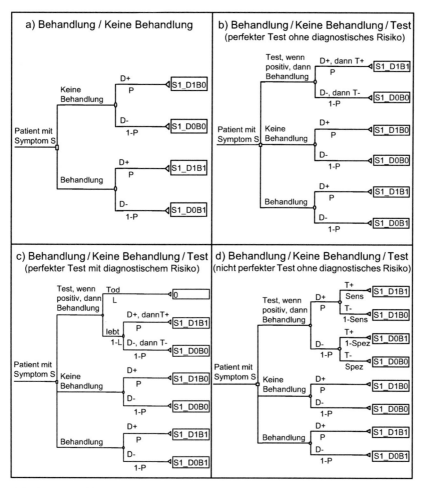

Abb. 3.6. Verschiedene generische Entscheidungsbaumtypen zur Modellierung von medizinischer Effektivität unter Unsicherheit

Der einfachste Typ eines Entscheidungsbaums ist die Modellierung der Frage nach Behandlung oder Nichtbehandlung (s. Abb. 3.6a). Hier hängt die Entscheidung allein von der Prävalenz der Erkrankung und dem Verhältnis der Konsequenzen mit und ohne Therapie ab. Der einfachste Fall einer diagnostische Strategie ist ein diagnostischer Test, der kein Risiko mit sich bringt und der perfekt ist, d. h. dessen Sensitivität und Spezifität je 100 % sind und damit die sichere Bestimmung des Krankheitsstatus erlauben (s. Abb. 3.6b). Bei einer Strategie mit perfektem Test und diagnostischem Risiko wird eine Entscheidung für den Test nur getroffen, wenn der durch die Information über den Krankheitszustand erzeugte zusätzliche Nutzen größer ist als der durch das diagnostische Risiko verursachte medizinische Schaden (s. Abb. 3.6c). Bei einem nicht perfekten Test ohne diagnostisches Risiko determinieren die Prävalenz der Erkrankung, die Behandlungskonsequenzen und die Testgüte den Entscheidungsprozess (s. Abb. 3.6d).

Nachdem die medizinische Entscheidungsanalyse abgeschlossen ist, soll nun die ökonomische Evaluation stattfinden. Aufgabe b) des Beispiels bestand in der Durchführung einer Kosten-Wirksamkeits-Analyse für diese drei angegebenen Handlungsalternativen „Behandlung", „Keine Behandlung" und „Test". In einer Kosten-Wirksamkeits-Analyse wird das Verhältnis der inkrementellen Kosten von Handlungsalternativen und den korrespondierenden inkrementellen medizinischen Effekten der Handlungsalternativen untersucht. Das Ergebnis wird in Form eines Kosten-Effektivitäts-Verhältnisses ausgedrückt. Ausführlich wird die Kosten-Effektivitäts- bzw. Kosten-Wirksamkeits-Analyse in Kap. A 5.3.4 erläutert.

Die Berechnung der Kosten und inkrementellen Kosten verschiedener Handlungsalternativen folgt demselben Schema wie die Evaluation der medizinischen Effekte. Auch hier gilt es die einzelnen Schritte zur Aufstellung und Berechnung des entscheidungsanalytischen Modells zu beachten. Zunächst ist die ökonomische Frage präzise zu formulieren bzw. der gesundheitsökonomische Studientyp festzulegen (Schritt 1). Verschiedene Perspektiven können zu verschiedenen zu berücksichtigenden Kostenarten führen (Schritt 2). Wenn sich Kosten im Laufe der Zeit verändern, ist dies bei der Wahl des Zeithorizontes zu berücksichtigen (Schritt 3). Insbesondere sind bei der Definition der Zustände solche zu unterscheiden, die bezüglich der Versorgungskosten differieren, auch wenn diese rein medizinisch keine verschiedenen Gesundheitszustände darstellen (Schritt 5). Beispielsweise ist es bei der Analyse der medikamentösen Behandlung der Alzheimer-Erkrankung von besonderer Bedeutung für die Kostenfrage, ob ein Patient in einem Pflegeheim versorgt wird oder zu Hause von den Angehörigen. Jeder medizinische Zustand, den die Patienten bezüglich einer neurologischen Skala einnehmen können, ist demnach in zwei kostenspezifische Versorgungszustände zu unterteilen. So verwendeten Neumann u. a. in ihrer pharmakoökonomischen Analyse zur Therapie der Alzheimer-Erkrankung folgende sieben Gesundheitszustände:[190]

• leichte Symptomatik/Pflegeheim
• leichte Symptomatik/nicht Pflegeheim
• mittlere Symptomatik/Pflegeheim
• mittlere Symptomatik/nicht Pflegeheim
• schwere Symptomatik/Pflegeheim
• schwere Symptomatik/nicht Pflegeheim
• Tod

Bei der Darstellung des Ereignisablaufes ist insbesondere auf den Übergang von ambulanter und stationärer Versorgung zu achten (Schritt 6 und 7). Schließlich stellen die Kosten selbst eine Form von Konsequenzen dar und werden deshalb als solche in den Entscheidungsbaum eingefügt (Schritt 8). Auch bei den Kosten sind Annahmen explizit zu formulieren (Schritt 9). Die Berechnung der erwarteten Kosten erfolgt wieder durch Ausmitteln und Zurückfalten (Schritt 10). Im An-

---

[190] Vgl. Neumann, P. J., Hermann, R. C., Kuntz, K. M. u. a. (1999).

schluss werden Sensitivitätsanalysen sowohl zu medizinischen Parametern als auch zu Kostenparametern durchgeführt (Schritt 11). Bei der Interpretation der Ergebnisse ist vor allem die eingenommene Perspektive zu beachten und die Auswirkung der Berücksichtigung verschiedener Kostenarten wie z. B. direkte versus indirekte Kosten ist darzustellen (Schritt 12).

Abbildung 3.7 zeigt den Entscheidungsbaum des Test-Beispieles und führt als Konsequenz die Kosten anstelle des 1-Jahres-Survival auf. Es ergibt sich ein Kostenprofil, das aus vier Ausprägungen besteht: keine Kosten (0 €), nur Testkosten (20 €), nur Behandlungskosten (10.000 €) sowie Test- und Behandlungskosten (10.020 €).

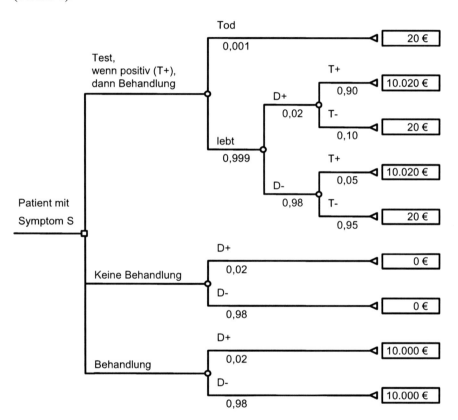

Abb. 3.7. Entscheidungsbaum mit Ereigniswahrscheinlichkeiten und Kosten für das Beispiel Test/Behandlung/Keine Behandlung

Durch Ausmitteln und Zurückfalten ergeben sich folgende Erwartungswerte für die Kosten pro Patient bei den einzelnen Behandlungsstrategien:

E (Kosten von „Test")	=	689,33 €
E (Kosten von „Keine Behandlung")	=	0,00 €
E (Kosten von „Behandlung")	=	10.000,00 €

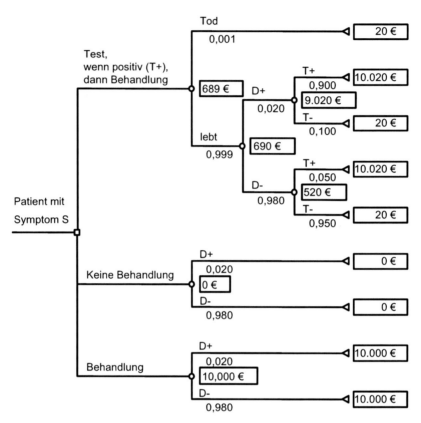

Abb. 3.8. Ausgemittelter und zurückgefalteter Entscheidungsbaum für die Kosten für das Beispiel Test/Behandlung/Keine Behandlung

Diese Werte sind ebenfalls aus dem ausgemittelten und zurückgefalteten Entscheidungsbaum für die Kosten abzulesen (s. Abb. 3.8). Zunächst stellt sich der triviale Sachverhalt dar, dass die billigste Alternative darin besteht, niemanden zu behandeln (die monetäre Bewertung von durch Mortalität bedingte Produktivitätsausfallkosten wurde hier der Einfachheit halber nicht vorgenommen). Da dies aber nicht die medizinisch optimale Alternative war, sind hier Kosten und medizinischer Nutzen gegeneinander abzuwägen und die Entscheidung kann nicht allein aufgrund der Kosten getroffen werden. Es wird allerdings deutlich, dass die Strategie „Test" der Handlungsalternative „Behandlung" sowohl medizinisch als auch ökonomisch überlegen ist, da sie bei weniger Kosten zu einem höheren 1-Jahres-Survival führt. Man bezeichnet diese Situation als Dominanz: die Alternative „Test" dominiert die Alternative „Behandlung". So bleibt schließlich nur noch die Entscheidung zwischen den beiden Alternativen „Test" und „Keine Behandlung" zu treffen. Diese Entscheidung hängt unter utilitaristischen Kriterien nur davon ab, welchen Betrag man bereit ist, für ein gerettetes Lebensjahr auszugeben.

Im Folgenden wird der formale Prozess des Analysewegs wiedergegeben, wie er am Ende einer Entscheidungsanalyse steht, deren Ziel die Bestimmung des Kosten-Effektivitäts-Verhältnisses ist (vgl. hierzu auch Kap. A 5.3.4).

Tabelle 3.3. Kosten-Effektivität der drei Handlungsalternativen im Beispiel (Berechnung mit exakten Werten, Darstellung der gerundeten Werte)

(1) Handlungs-alternativen	(2) Kosten	(3) Inkremen-telle Kosten	(4) 1-Jahres-Survival	(5) Inkremen-telles 1-Jahres-Survival	(6) Inkrementelles Kosten-Effektivitäts-Verhältnis
	K	ΔK	S	ΔS	$\Delta K/\Delta S$
Keine Behandlung	0,00 €	---	0,9960	---	---
Test	689,33 €	689,33 €	0,9963	0,0003	2.297.767 €/Leben
Behandlung	10.000,00 €	9310,76 €	0,9882	-0,0081	(Dominiert)

Die absoluten Kosten und die absoluten Werte für das 1-Jahres-Survival wurden zuvor mit Hilfe des Entscheidungsbaumverfahrens ermittelt. Nun werden die drei Handlungsalternativen aufsteigend nach Kosten sortiert (s. Tab. 3.3). Die drei Alternativen sind in Spalte 1 dargestellt, die dazugehörigen absoluten Kosten in Spalte 2 und die korrespondierenden 1-Jahres-Survival-Werte in Spalte 4. Anschließend werden die Inkremente für Kosten und Survival gebildet: von den absoluten Kosten einer Alternative werden die absoluten Kosten der nächst billigeren Alternative subtrahiert, so dass man die inkrementellen Kosten einer Alternative erhält (Spalte 3). Analog wird vom absoluten 1-Jahres-Survival einer Alternative das absolute 1-Jahres-Survival der nächst billigeren Alternative subtrahiert, so dass man das inkrementellen 1-Jahres-Survival erhält (Spalte 5). Schließlich ergibt sich als Quotient der inkrementellen Kosten und der inkrementellen medizinische Effektivität das Kosten-Effektivitäts-Verhältnis der jeweiligen Handlungsalternative (Spalte 6). Da im vorliegenden Falle die Alternative „Behandlung" dominiert wird, erscheint an dieser Stelle kein Kosten-Effektivitäts-Verhältnis und die Alternative muss aus der Analyse ausgeschlossen werden. Dies gilt auch für den Fall der so genannten „erweiterten Dominanz". Eine Alternative ist erweitert dominiert, wenn die Alternative mit den nächst höheren Kosten ein geringeres Kosten-Effektivitäts-Verhältnis besitzt. Bei der Berechnung von Kosten-Effektivitäts-Verhältnissen sollte sichergestellt werden, dass alle Inkremente nach Ausschluss der dominierten Alternativen und jeweils nach Ausschluss einer erweitert dominierten Alternativen neu berechnet werden. Im Test-Beispiel ergeben sich also zwei mögliche Alternativen, „Keine Behandlung" und „Test". Die Kosten-Effektivität der Alternative „Test" beträgt 2.297.767 € pro gerettetem Leben. Geht man von einem Patienten mit einer Lebenserwartung von etwa vierzig Jahren aus, so ergibt sich ein Wert von etwas über 50.000 € pro gerettetem Lebensjahr. Legt man als Grenze etwa $50.000 pro gerettetem Lebensjahr zugrunde (vgl. dazu Kap. A 7), so wäre die „Test"-Strategie als kosteneffektiv zu bewerten und man würde sich bei der Zielpopulation für diese Strategie entscheiden.

Abschließend sollen noch einige Hinweise für die praktische Umsetzung einer Entscheidungsbaumanalyse gegeben werden. Es existieren mittlerweile komfortable Programmpakete, die die Analyse von Entscheidungsbäumen und Markov-Modellen (s. folgender Abschnitt) unterstützen. Zum Teil sind diese allgemein anwendbar, zum Teil auch speziell für Fragestellungen des Gesundheitswesens konstruiert worden. Zu nennen wäre in diesem Zusammenhang beispielsweise das Programm DATA for Health Care (Firma TreeAge, Williamstown, MA, USA). Die Erstellung der Struktur des Entscheidungsbaums ist mit Hilfe dieser Programme von der technischen Abwicklung her sehr bedienerfreundlich und die Erstellung von Ergebnisgraphiken ist Teil des Aufgabenprofils dieser Programme. Je nach Softwarepaket kann die Rechengenauigkeit (Anzahl der berücksichtigten Dezimalstellen) in Entscheidungsbäumen, bei denen die Differenzen zwischen den Ästen sehr gering sind (z. B. bezüglich der Lebenserwartung), Probleme bereiten.[191] Deshalb ist vor dem Erwerb auf die technischen Spezifikationen zu achten. Für sehr komplexe Entscheidungsanalysen kann es sinnvoll sein, die Analyse in einer allgemeinen Statistiksoftware (z. B. SAS) oder einer Programmiersprache (z. B. C+) zu programmieren. Einfachere Entscheidungsbaumanalysen können auch in einem Tabellenkalkulationsprogramm (z. B. Excel) programmiert werden. Für jeden Ast (vom Stamm bis zum Blatt) sind dabei die Eintrittswahrscheinlichkeiten zu multiplizieren und der „Blattwert" ist damit zu gewichten. Man sollte dabei aber in jedem Fall Variablen anstelle von festen Werten verwenden. Man gibt dabei am Anfang auf einem getrennten Kalkulationsblatt alle in der Analyse verwendeten Werte vor und greift innerhalb der Kalkulation auf diese Werteliste zu (Bezüge bzw. Adressierung). Dadurch ist es später im Rahmen der Sensitivitätsanalysen möglich, einen oder mehrere Werte in der Tabelle zu verändern und automatisch die zugehörigen Ergebnisse zu generieren. Sobald man aber komplexere Entscheidungsbäume untersucht oder häufiger Entscheidungsanalysen durchführt, ist die Einarbeitung in eines der entscheidungsanalytischen Softwarepakete sinnvoll und effizient.

Ein Vorteil von Entscheidungsbäumen (auch im Vergleich zu Markov-Modellen) ist, dass sie sehr anschaulich die Alternativen darstellen und daher auch unter Nichtfachleuten eine höhere Akzeptanz besitzen. Dieses gilt allerdings nur für sehr einfache Entscheidungsbäume mit wenigen Ästen wie im Beispiel. Entscheidungsbäume können jedoch komplex werden und es entstehen häufig Unterstrukturen im Baum, die sich häufiger wiederholen. In diesen Fällen ist der Entscheidungsbaum für Präsentationen oder Publikationen in Teilbäume zu zerlegen, um Vollständigkeit und Übersichtlichkeit zu gewährleisten. Ein Entscheidungsbaum aus etwa 150 Ästen, der komplett ausgedruckt etwa die Größe einer Haustür hat, kann in Teilen zerlegt oft auf wenigen Seiten vollständig präsentiert werden (da sich einzelne dieser Teile im Baum häufiger wiederholen).

Bei der praktischen Erstellung eines Entscheidungsbaums gilt es immer einen Kompromiss zu finden zwischen möglichst großer Strukturpräzision und möglichst großer Einfachheit, Transparenz und Übersichtlichkeit des Baums. Beteiligte Ärzte werden in der Regel darauf dringen, dass der Baum maximal komplex

---

[191] Vgl. dazu einen Entscheidungsbaum zum Hämochromatose-Screening bei Schöffski, O. (2000a), S. 242–276.

wird. Häufig hört man das Argument, dass jeder Patient anders ist und daher einen eigenen Ast benötigt. Ökonomen und Epidemiologen dringen dagegen häufig auf eine einfache Struktur, da nur dann ausreichend Daten zum „Füttern" des Baums zur Verfügung stehen. Ebenso wie bei der Erstellung statistischer Modelle gilt der Grundsatz, die Struktur möglichst einfach und verständlich zu wählen, ohne dabei auf strukturelle Elemente zu verzichten, die für die Entscheidung relevant sein könnten. Dieser Kompromiss ist im Team mit allen beteiligten Disziplinen zu finden. In der Regel wird man mit einfacheren Modellen beginnen. Erste Analysen zeigen dann bereits, für welche Elemente des Entscheidungsbaums strukturelle Erweiterungen sinnvoll und notwendig sind.

3.3.5
Markov-Modelle

Ebenso wie das Entscheidungsbaumverfahren ist ein Markov-Modell ein mathematischer Modelltyp der Entscheidungsanalyse. Ein Markov-Modell enthält eine endliche Zahl von disjunkten und erschöpfenden Gesundheitszuständen, die vom Patienten durchlaufen werden können. Die so genannten Übergangswege geben die möglichen Ereignisse im zeitlichen Verlauf an.[192] Der zeitliche Verlauf wird in diskrete Zeitintervalle eingeteilt, in denen die Übergangswahrscheinlichkeiten zwischen den einzelnen Gesundheitszuständen einzig und allein vom momentanen Gesundheitszustand abhängen.

Markov-Modelle sind anzuwenden, wenn aus medizinischen oder ökonomischen Gründen längere Zeithorizonte zu wählen sind. Hierfür kann es dreierlei Gründe geben:[193]

1. Das Entscheidungsproblem beinhaltet zeitveränderliche Risiken oder Kosten.
2. Der Zeitpunkt des Eintretens eines bestimmten Ereignisses (time-to-event) spielt eine Rolle.
3. Relevante Ereignisse können mehrmals auftreten.

Es folgen zwei Beispiele für Entscheidungssituationen, in denen auf Markov-Modelle zurückgegriffen werden muss; dabei sind die genannten drei Gründe für die Verwendung eines Markov-Modells anstelle des Entscheidungsbaumverfahrens jeweils in Klammer zugeordnet:

• Screening für Prostatakarzinom: Die Inzidenzraten nehmen mit fortschreitendem Lebensalter zu (1) und der Unterschied zwischen einem früh auftretenden Karzinom und einem Karzinom im hohen Alter kann mehrere Jahrzehnte betragen, so dass diese Ereignisse sowohl medizinisch als auch in Bezug auf einen potentiellen krankheitsbedingten Produktivitätsausfall unterschiedlich zu bewerten sind (2). Ferner verursachen beispielsweise falschpositive Ergebnisse erhöhte Kosten durch intensivierte Kontrolluntersuchungen in der Zukunft.

---

[192] Vgl. Briggs, A., Sculpher, M. (1998).
[193] Vgl. Sloan, F. A. (1995).

Diese sind aufgrund der längeren Lebenserwartung bei jüngeren Screeningteilnehmern durchschnittlich höher als bei älteren (3).

- Behandlung einer HIV-Infektion: Je später ein Übergang ins AIDS-Stadium erfolgt, desto besser ist dies für den Patienten und desto geringer ist der Produktivitätsausfall (2). Außerdem können stationär behandlungsbedürftige Krankheitsereignisse im Langzeitverlauf mehrmals auftreten, so dass dies bei der Analyse der Kosten und der Lebensqualität zu berücksichtigen ist (3).

Um den zeitlichen Verlauf zu berücksichtigen wird die Zeit in aufeinander folgende Intervalle (Zyklen) aufgeteilt, innerhalb derer konstante Verhältnisse angenommen werden. Nach Ablauf eines Zyklus wechseln die Patienten vom aktuellen Gesundheitszustand in den Gesundheitszustand des nächsten Zyklus und verharren dort für eine Zyklusdauer und so weiter. Die Erwartungswerte für Kosten und Effekte ergeben sich durch Summierung der zyklenspezifischen Werte.[194]

Die Schritte bei der Aufstellung eines Markov-Modells und dessen Analyse ähneln denen des Entscheidungsbaumverfahrens, allerdings ist die Modellstruktur komplexer. Zusätzlich sind die möglichen Übergangswege mit den zugehörigen Übergangswahrscheinlichkeiten zwischen den einzelnen Gesundheitszuständen festzulegen. Jeder Gesundheitsstatus ist für jede Zyklusdauer mit Kosten und Effektmaß zu bewerten. Falls nötig, müssen Übergangswahrscheinlichkeiten, Kosten und Effekte für jeden Zyklus separat angesetzt werden. Eine Besonderheit des Markov-Modells ist die Annahme, dass die Übergangswahrscheinlichkeiten ausschließlich vom Gesundheitszustand des aktuellen Zyklus abhängen, das Markov-Modell hat kein „Gedächtnis" für frühere Zustände. Diese Annahme wird *Markov-Annahme* genannt.[195]

Die einfachste Darstellung eines Markov-Modells ist das sogenannte *Blasendiagramm (bubble diagram)*. Abbildung 3.9 zeigt je ein Blasendiagramm für eine akute und eine chronische Erkrankung. Es sind verschiedene Übergänge zwischen den Gesundheitszuständen möglich. Den Tod nennt man einen absorbierenden Zustand, da kein Übergangsweg aus ihm herausführt. Es ist zu beachten, dass bei der chronischen Erkrankung in Abbildung 3.9b die Annahme gemacht wurde, dass es keine Heilung der chronischen Erkrankung gibt.

[194] Vgl. Sonnenberg, F. A., Beck, J. R. (1993).
[195] Vgl. Beck, J. R., Pauker, S. G. (1983).

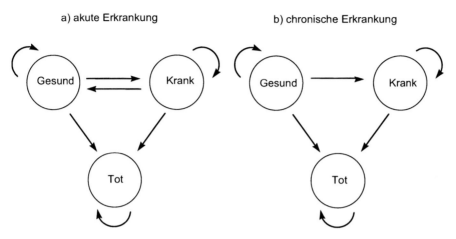

Abb. 3.9. Blasendiagramm zur Veranschaulichung eines Markov-Modells

Tabelle 3.4 stellt eine so genannte *Übergangsmatrix* für eine chronische Erkrankung dar, welche die Menge aller Übergangswahrscheinlichkeiten zwischen den Gesundheitszuständen abbildet.

Tabelle 3.4. Matrix der Übergangswahrscheinlichkeiten eines Markov-Modells für eine chronische Erkrankung mit den Gesundheitszuständen „Gesund", „Krank" und „Tot"

Zustand:	… nach Gesund	… nach Krank	… nach Tot
Von Gesund …	0,75	0,20	0,05
Von Krank …	0,00	0,70	0,30
Von Tot …	0,00	0,00	1,00

Fügt man diese Werte in das entsprechende Blasendiagramm aus Abbbildung 3.9 ein, so ergibt sich das in Abbildung 3.10 dargestellte Modell. In diesem Beispiel werden die Übergangswahrscheinlichkeiten als über die Zeit hinweg konstant angenommen. Dennoch interessiert die Zeit bis zum Eintritt der Krankheit oder des Todes, die das Entscheidungsbaumverfahren nicht berücksichtigt. Eine weitere Veranschaulichung dieser Zahlen, die bereits in die mathematische Analyse übergeht, ist in Abbildung 3.11 dargestellt. Es handelt sich um die ersten zwei Zyklen der genannten chronischen Erkrankung. Es ist zu beachten, dass aufgrund der Chronizität der Erkrankung der Übergangsweg von „Krank" nach „Gesund" nicht existiert.

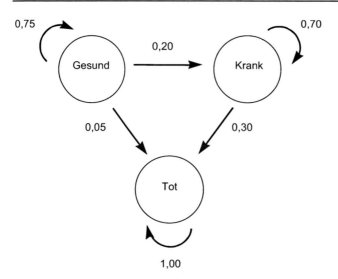

Abb. 3.10. Blasendiagramm mit Übergangswahrscheinlichkeiten

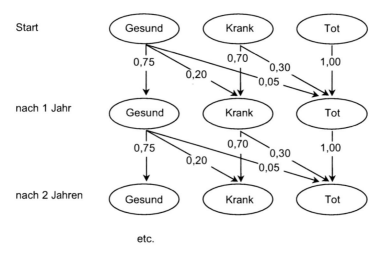

Abb. 3.11. Schematische Darstellung eines Markov-Modells für eine chronische Erkrankung mit Gesundheitszuständen, Übergangswegen und Übergangswahrscheinlichkeiten für zwei Zyklen

Man unterscheidet bei Markov-Modellen zwischen Markov-Ketten und Markov-Prozessen. Während bei *Markov-Ketten* die Übergangswahrscheinlichkeiten zwischen den Gesundheitszuständen über die Zeit hinweg konstant sind, können sich diese bei *Markov-Prozessen* im zeitlichen Verlauf ändern. Abbildung 3.11 stellt eine Markov-Kette dar.

Der Grundgedanke aller Typen von Markov-Modellen ist, dass für jede Handlungsalternative das in Abbildung. 3.9 dargestellte Rechenverfahren durchgeführt wird und eine hypothetische Kohorte von Patienten die dargestellten Intervalle durchläuft. Dabei werden die Zeiten und Kosten, die kumulativ in jedem der Gesundheitszustände anfallen, aufsummiert. Anschließend kann dieses Ergebnis deskriptiv zwischen den Handlungsalternativen verglichen oder zuvor auf eine einheitliche Skala gebracht werden wie QALYs und/oder Kosten.

Damit entspricht das Vorgehen innerhalb einer Entscheidungsanalyse mit Markov-Modellen der bereits oben vorgestellten Schrittfolge (s. Kap. 3.3.3). Auch innerhalb der Markov-Modellierung werden für jede Handlungsalternative die erwarteten Konsequenzen errechnet und gegenübergestellt. In einer Kosten-Wirksamkeits-Analyse liefert das Markov-Modell sowohl die inkrementellen Kosten als auch die inkrementelle medizinische Effektivität, so dass das entsprechende Kosten-Effektivitäts-Verhältnis bestimmt werden kann.

Die Vorgehensweise bei der Konstruktion und Berechnung eines Markov-Modells soll im Folgenden noch einmal exemplarisch an einem kleinen fiktiven Beispiel dargestellt werden, für das man keine Spezial-Software benötigt, sondern die Nutzung eines Taschenrechners ausreicht.

Aufgabe: Markov-Modell

Konstruieren Sie ein Markov-Modell für die Krankheit Z und nehmen Sie dabei die geforderten/notwendigen Berechnungen aus der Perspektive der Krankenkassen vor. Es handelt sich um eine chronische Erkrankung mit den Stadien gesund, leicht erkrankt und schwer erkrankt, die nicht regelmäßig in dieser Reihenfolge durchlaufen werden, sondern es sind (Verschlechterungs-)Sprünge möglich. Es folgt der Tod. Die Übergangswahrscheinlichkeiten von t nach t+1 betragen:

	… zu „gesund"	… zu „leicht"	… zu „schwer"	… zu „tot"
von „gesund" …	0,4	0,3	0,2	0,1
von „leicht" …	0,0	0,5	0,3	0,2
von „schwer" …	0,0	0,0	0,7	0,3
von „tot" …	0,0	0,0	0,0	1,0

In diesen krankheitsspezifischen Raten sind die allgemeinen Sterbewahrscheinlichkeiten (durch allgemeine Lebensrisiken, z. B. andere Erkrankungen, Unfälle) bereits enthalten. Gehen Sie von einer gesunden Gruppe zum Zeitpunkt t_0 von 10.000 Personen aus, d. h. es gibt in der ersten Periode noch keine Erkrankten.

Stellen Sie das Markov-Modell graphisch dar und berechnen Sie für die Zeitpunkte t_1 bis t_4 (Abstand jeweils ein Jahr) wie viele Personen sich jeweils in den einzelnen Zuständen befinden. Zur Vereinfachung wird angenommen, daß die Übergänge von einem Zustand zum nächsten schlagartig am letzten Tag der Periode erfolgen.

Durch eine neue medikamentöse Behandlung verbessert sich die Situation der Erkrankten wie in der folgenden Liste angegeben, d. h. bei weniger werden Verschlechterungen eintreten und weniger werden sterben. Behandelt werden allerdings nur Erkrankte, d. h. einen präventiven Schutz bietet dieses Medikament nicht.

	… zu „gesund"	… zu „leicht"	… zu „schwer"	… zu „tot"
von „gesund" …	0,4	0,3	0,2	0,1
von „leicht" …	0,0	0,7	0,2	0,1
von „schwer" …	0,0	0,0	0,8	0,2
von „tot" …	0,0	0,0	0,0	1,0

Stellen Sie auch dieses graphisch dar. Wie häufig sind die Zustände jetzt in den einzelnen Perioden vertreten?

Bisher betragen die jährlichen Behandlungskosten pro Betroffenem aus Sicht der GKV in Zustand „leicht" 5.000 € und in Zustand „schwer" 10.000 €. Das neue Medikament verursacht jährlich zusätzliche Kosten in Höhe von € 1.000 € bei leichten Fällen und 2.000 € bei schweren Fällen (wegen der höheren Dosierung). Nicht-Erkrankte werden nicht behandelt. Diskontieren Sie die Kosten mit 5%, auf eine Diskontierung des Nutzens wird verzichtet. Runden Sie dabei jeden Wert kaufmännisch auf volle Euro.

Die Lebensqualität der Betroffenen ist je nach Schweregrad mehr oder weniger eingeschränkt. Sie beträgt auf einer kardinalen, zwischen 0 und 1 normierten Skala für die Gesunden 1,0, für die leichte Form der Erkrankung 0,8 und für die schwere Form 0,4. Rechnen Sie hier bitte mit genauen Werten, d. h. es wird nicht gerundet.

Berechnen Sie die Kostendifferenz zwischen den beiden Alternativen (normale Behandlung, zusätzliches neues Medikament) sowie das Kosten-Nutzwertverhältnis bezogen auf ein gewonnenes qualitätskorrigiertes Lebensjahr. Der Zeithorizont betrage dabei exakt 5 Perioden, d. h. von Zeitpunkt t_0 bis zum Ende des Jahres, das auf Zeitpunkt t_4 folgt. Diskutieren Sie das Ergebnis kurz.

Die graphische Darstellung des Krankheitsverlaufs mit den Übergangswahrscheinlichkeiten kann beispielsweise wie in Abbildung 3.12 erfolgen. Hier sind sowohl die Übergangswahrscheinlichkeiten der bisherigen Situation als auch mit dem neuen Medikament angegeben, dieses hätte auch in zwei separaten Abbildungen geschehen können.

Anhand der dort dargestellten Übergangswahrscheinlichkeiten lässt sich nun für jede Periode die Anzahl der Personen im jeweiligen Zustand (gesund, leicht erkrankt, schwer erkrankt, tot) ermitteln. Will man beispielsweise ermitteln, wie viele Personen in Periode t_2 schwer erkrankt sind, so schaut man sich in der Abbildung 12 an, aus welchen „Quellen" sich die schwer Erkrankten speisen: Es handelt sich um einige Gesunde der Vorperiode (20 %), die sich massiv verschlechtern, einige leicht Erkrankte der Vorperiode (30 %), die sich verschlechtern, sowie einige der schwer Erkrankten in der Vorperiode (70 %), die ihren Zustand halten (s. Tab. 3.5). Entsprechend geht man für die weiteren Felder der Tabelle vor. Die „Quelle" befindet sich immer in der Vorperiode, d. h. beim Markov-Modell werden alle Personen von Periode zu Periode neu verteilt, in der Summe muss sich in jeder Periode 10.000 ergeben, da die Personen nicht verschwinden können. Die Toten der Vorperiode sind in der Folgeperiode immer noch tot und müssen daher mitgezählt werden. In Tabelle 3.6 ist die Verteilung der Personen mit den Übergangswahrscheinlichkeiten auf der Grundlage der neuen Behandlung angegeben.

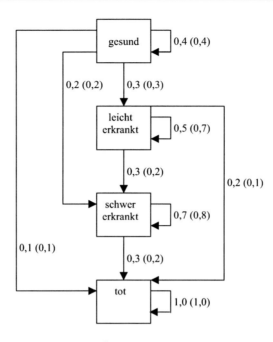

Abb. 3.12. Graphische Darstellung der Übergangswahrscheinlichkeiten (Werte ohne Klammer: bisherige Behandlung; Werte in Klammer: mit neuer Behandlung)

Tabelle 3.5. Anzahl der Personen je Periode und Zustand (bisherige Behandlung)

	gesund	leicht	schwer	tot	Summe
t_0	10.000	---	---	---	10.000
t_1	4.000	3.000	2.000	1.000	10.000
t_2	1.600	1.200+1.500 = 2.700	800+900+1.400 = 3.100	400+600+600+1.000 = 2.600	10.000
t_3	640	480+1.350 = 1.830	320+810+2.170 = 3.300	160+540+930+2.600 = 4.230	10.000
t_4	256	192+915 = 1.107	128+549+2.310 = 2.987	64+366+990+4.230 = 5.650	10.000
Summe	16.496	8.637	11.387	13.480	50.000

Tabelle 3.6. Anzahl der Personen je Periode und Zustand (mit neuer Behandlung)

	gesund	leicht	schwer	tot	Summe
t_0	10.000	---	---	---	10.000
t_1	4.000	3.000	2.000	1.000	10.000
t_2	1.600	1.200+2.100 = 3.300	800+600+1.600 = 3.000	400+300+400+1.000 = 2.100	10.000
t_3	640	480+2.310 = 2.790	320+660+2.400 = 3.380	160+330+600+2.100 = 3.190	10.000
t_4	256	192+1.953 = 2.145	128+558+2.704 = 3.390	64+279+676+3.19 = 4.209	10.000
Summe	16.496	11.235	11.770	10.499	50.000

Da in der Aufgabenstellung angegeben war, wie hoch die jährlichen Behandlungs-kosten pro Patient in einem bestimmten Zustand sind, lassen sich aus den bisher generierten Tabellen die Behandlungskosten ermitteln, indem man die Zahl der Personen je Feld mit den zugehörigen Behandlungskosten (5.000 € bzw. 10.000 € bisher, 6.000 € bzw. 12.000 € mit neuem Medikament) multipliziert und mit 5 % diskontiert (s. Kap. A 8.6). Es ergeben sich die in den Tabellen 3.7 und 3.8 ange-gebenen Werte (z. B. bisherig Behandlung, t_3: 3.300 schwer Erkrankte x 10.000 € / $(1+0,05)^3$ = 28.506.641 €). Man kann erkennen, dass die Verwendung des neuen Medikaments (add-on-Technologie) zu höheren Gesamtkosten führt.

Tabelle 3.7. Behandlungskosten je Periode und Zustand (in Euro, bisherige Behandlung)

	gesund	leicht	schwer	tot	Summe
t_0	---	---	---	---	---
t_1	---	14.285.714	19.047.619	---	33.333.333
t_2	---	12.244.898	28.117.914	---	40.362.812
t_3	---	7.904.114	28.506.641	---	36.410.755
t_4	---	4.553.658	24.574.123	---	29.127.781
Summe	---	38.988.384	100.246.297	---	**139.234.681**

Tabelle 3.8. Behandlungskosten je Periode und Zustand (in Euro, mit neuer Behandlung)

	gesund	leicht	schwer	tot	Summe
t_0	---	---	---	---	---
t_1	---	17.142.857	22.857.143	---	40.000.000
t_2	---	17.959.184	32.653.061	---	50.612.245
t_3	---	14.460.641	35.037.253	---	49.497.894
t_4	---	10.588.181	33.467.537	---	44.055.718
Summe	---	60.150.863	124.014.994	---	**184.165.857**

Aus den Tabelle 3.5 und 3.6 lassen sich schon die Lebensjahre ablesen, die für die 10.000 Personen in der 5-Jahres-Periode erreicht werden. Eine Person, die sich für ein Jahr in den Zuständen gesund, leicht erkrankt oder schwer erkrankt befindet, lebt und generiert damit ein Lebensjahr. Insgesamt wären maximal 50.000 Lebensjahre zu erreichen, bei der bisherigen Behandlung verliert man allerdings 13.480 Lebensjahre durch vorzeitigen Tod, mit der Behandlung sind es nur 10.499 verlorene Lebensjahre. Zählt man nur die Lebensjahre, wiegt ein Jahr im Zustand schwer erkrankt genau so viel wie ein Jahr im Zustand gesund. Beim QALY-Konzept werden diese Zustände aber noch unterschiedlich gewichtet (gesund = 1, leicht erkrankt = 0,8, schwer erkrankt = 0,4), so dass sich durch die Multiplikation der Anzahl von Personen in einer Zelle der Tabelle mit dem jeweiligen Lebensqualitätswert die Anzahl der QALYs ergeben (s. Tab. 3.9 und 3.10). Auf eine Diskontierung dieser Werte wurde aus Vereinfachungsgründen verzichtet. In der Summe ergeben sich so bei der bisherigen Behandlung 27.960,4 QALYs und mit dem neuen Medikament 30.192,0 QALYs. Es handelt sich also um eine „typische" Innovation im Gesundheitswesen: Sie verursacht höhere Kosten, bringt allerdings auch ein besseres Ergebnis.

Tabelle 3.9. QALYs je Periode und Zustand (bisherige Behandlung)

	gesund	leicht	schwer	tot	Summe
t_0	10.000,0	---	---	---	10.000,0
t_1	4.000,0	2.400,0	800,0	---	7.200,0
t_2	1.600,0	2.160,0	1.240,0	---	5.000,0
t_3	640,0	1.464,0	1.320,0	---	3.424,0
t_4	256,0	885,6	1.194,8	---	2.336,4
Summe	16.496,0	6.909,6	4.554,8	---	**27.960,4**

Tabelle 3.10. QALYs je Periode und Zustand (mit neuer Behandlung)

	gesund	leicht	schwer	tot	Summe
t_0	10.000,0	---	---	---	10.000,0
t_1	4.000,0	2.400,0	800,0	---	7.200,0
t_2	1.600,0	2.640,0	1.200,0	---	5.440,0
t_3	640,0	2.232,0	1.352,0	---	4.224,0
t_4	256,0	1.716,0	1.356,0	---	3.328,0
Summe	16.496,0	8.988,0	4.709,0	---	**30.192,0**

Insgesamt werden auf diese Weise bei der betrachteten Population in den 5 Perioden **2.981 Lebensjahre** gewonnen (s. Tab. 3.5 und 3.6). Der Gewinn in QALYs beträgt dagegen nur **2.231,6 QALYs** (= 30.192,0 − 27.960,4) (s. Tab. 3.9 und 3.10). Die Differenz aus den Kosten zwischen der Behandlung mit und ohne Medikament beträgt **44.931.176 €** (= 184.165.857 € - 139.234.681 €) (s. Tab. 3.7 und 3.8). Als Kosten-Nutzwertverhältnis ergibt sich **20.134 € / QALY** (= 44.931.176 € zusätzliche Kosten / 2.231,6 gewonnene QALYs).

Das Ergebnis scheint in einem akzeptablen Bereich zu liegen (s. Kap. A 7), eine Nutzung des Medikaments wäre daher sinnvoll. Es werden mehr Lebensjahre als QALYs gewonnen, das liegt daran, dass die zusätzlichen Lebensjahre geringer als 1 bewertet werden und zusätzlich nur relativ wenige Personen statt in Zustand schwer im Zustand leicht bleiben. Die Begrenzung auf 5 Perioden erscheint willkürlich, eine längerfristige Betrachtung hätte zu anderen Ergebnissen geführt, da dann einerseits in größerem Ausmaß QALYs gewonnen werden, andererseits allerdings auch höhere (da längere) Behandlungskosten anfallen. Eine Diskontierung des Nutzens hätte zu schlechteren Ergebnissen geführt, da sowohl die gewonnenen Lebensjahre als auch die gewonnenen QALYs mit kleineren Werten in die Berechnung eingegangen wären.

3.3.6
Sensitivitätsanalysen

In der Entscheidungsanalyse versteht man unter einer Basisfallanalyse die Analyse eines Entscheidungsbaums oder eines Markov-Modells unter Verwendung bestimmter, nicht variierter Ausprägungen für die Modellparameter. Eine Variation dieser Parameter ist im Rahmen von Sensitivitätsanalysen möglich, deren Ergebnisse dann mehr oder weniger vom Ergebnis der Basisfallanalyse abweichen (s. dazu auch Kap. A 8.7). Sensitivitätsanalysen sind mathematische Verfahren, welche die Auswirkung von Modellannahmen und deren Veränderungen auf den Entscheidungsausgang untersuchen. Variiert werden kann dabei dreierlei:

• Strukturelle Annahmen
• Ereigniswahrscheinlichkeiten
• Bewertungen der Gesundheitszustände

Unter strukturelle Annahmen fällt die Struktur des Entscheidungsbaums bzw. des Markov-Modells. Welche Verzweigungen in einem Entscheidungsbaum existieren oder nicht und welche Übergangswege zwischen den Gesundheitszuständen in einem Markov-Modell zugelassen sind und welche nicht, kann entscheidend den Ausgang der Analyse bestimmen. So enthalten beispielsweise entscheidungsanalytische Modelle zu chronischen Erkrankungen oft keinen Übergangsweg vom kranken in den gesunden Zustand. Hier wäre zu prüfen, inwieweit das Ergebnis der Entscheidungsanalyse von einer zugelassenen Heilung abhängt. Ein ähnliches Problem besteht bei der Übernahme von Daten aus randomisierten klinischen Verlaufsstudien: In einer Studie von Rogers u. a. ergab sich eine nicht unwesentliche Zahl von Alzheimer-Patienten, die im Verlaufe der Therapie vom Zustand „moderate Symptomatik" in den Zustand „milde Symptomatik" wechselten, obwohl eher von einer progressionsverzögernden Wirkung der verabreichten Medikamente ausgegangen wird, als von einer Wirkung, die den Zustand akut verbessert.[196] Da die Messfehlerrate bei den verwendeten kognitiven Messinstrumenten relativ hoch

---

[196] Vgl. Rogers, S. L., Farlow, M. R., Doody, R. S. u. a. (1998).

ist, kann nicht ausgeschlossen werden, dass die angesprochenen Phänomene zum Teil Artefakte darstellen.

Die Variation von Ereigniswahrscheinlichkeiten in Entscheidungsbäumen oder von Übergangswahrscheinlichkeiten in Markov-Modellen stellt die häufigste Anwendung von Sensitivitätsanalysen dar. Da diese Parameter oft aus klinischen oder epidemiologischen Studien statistisch geschätzt werden, sind sie mit einem gewissen Grad an Unsicherheit behaftet. So werden Sensitivitätsanalysen häufig über die Spannweite von angenommenen minimalen und maximalen Werten durchgeführt oder beispielsweise über den Bereich eines 95%-Konfidenzintervalles. Häufig ist die Variation der Krankheitsprävalenz im Rahmen einer Sensitivitätsanalyse von großer Bedeutung. Dieses wird weiter unten noch an einem Beispiel gezeigt.

Auch die Bewertung der Gesundheitszustände kann einer Sensitivitätsanalyse unterzogen werden. So können etwa in einer Kosten-Nutzwert-Analyse die Lebensqualitätswerte für bestimmte Gesundheitszustände variiert werden. In Kosten-Wirksamkeits-Analysen bietet sich die Variation der Preisstruktur an, um den Effekt zukünftiger Preisentwicklungen auf das Ergebnis der Entscheidungsanalyse abschätzen zu können.

Ziel der Sensitivitätsanalyse ist neben der Prüfung der Stabilität der Entscheidung die Identifizierung von Parametern, die einen starken Einfluss auf das Ergebnis der Entscheidungsanalyse haben. Werden solche Parameter identifiziert, so kann eine intensivierte Forschung bezüglich dieser Parameter zu einer sichereren Einschätzung des Ergebnisses verhelfen. Ein besonderer Typ der Sensitivitätsanalyse ist die *Schwellenwertanalyse (break-even-Analyse)*: Unsichere Einflussparameter werden über einen bestimmten Bereich variiert, um den Wert dieser Parameter zu bestimmen, für den sich die Entscheidung ändern würde. Die Ermittlung von Schwellenwerten ist von besonderer Bedeutung für die Kliniker, um unter gegebenen Umständen schnell entscheiden zu können, welche Handlungsalternative unter gegebenen Umständen die optimale ist. Eine weitere Sonderform ist die *Extremwertanalyse*. In einer Extremwertanalyse werden alle unsicheren Einflussparameter so gewählt, dass sie sich maximal für bzw. gegen eine bestimmte Entscheidung auswirken. Damit kann geprüft werden, ob eine Entscheidung auch unter extremen Annahmen stabil bleibt. Das Problem der Extremwertanalysen liegt in der Tatsache, dass bei vielen der nichttrivialen Entscheidungsprobleme eine Extremwertanalyse lediglich zu dem Ergebnis führt, dass die optimale Entscheidung von dem Szenario abhängt, da die Annahmen sehr konservativ zusammengeführt werden. Ferner kann es unter Umständen Schwierigkeiten bereiten, systematisch zu identifizieren, welche Parameterkonstellationen für oder gegen bestimmte Entscheidungen sprechen.

Je nachdem, ob ein oder mehrere Parameter simultan variiert werden, spricht man von *Einweg-* oder *Mehrweg*-Sensitivitätsanalysen. Eine weitere Einteilung der Sensitivitätsanalysen erfolgt nach deterministischen versus probabilistischen Sensitivitätsanalysen. In *deterministischen* Sensitivitätsanalysen werden einzelne oder mehrere unsichere Einflussparameter jeweils über einen vorgegebenen Bereich variiert und die Ergebnisparameter in Abhängigkeit der Einflussparameter dargestellt. Die *probabilistische* Sensitivitätsanalyse wird auch verteilungsorientierte Sensitivitätsanalyse genannt und ist ein entscheidungsanalytisches Simulationsverfahren, dem folgendes Prinzip zugrunde liegt: den einzelnen Parameter des entscheidungsanalytischen Modelles werden Verteilungen zugeordnet. Unter Verwendung eines Zufallsgenerators können dann für jeden unsicheren Einflussparameter Werte zufällig und wiederholt aus den zugehörigen Verteilungen gezogen werden. Es resultiert eine Wahrscheinlichkeitsverteilung der erwarteten Ergebnisparameter. Die Vorteile der probabilistischen Sensitivitätsanalyse liegen u. a. in der Möglichkeit, multiple Sensitivitätsanalysen auch über eine große Zahl von Parametern simultan durchzuführen und außerdem ein Maß für die Unsicherheit des Ergebnisses zu erhalten wie etwa ein Konfidenzintervall für die Erwartungswerte.

Hier erfolgt eine Darstellung der Möglichkeiten anhand des in diesem Kapitel verwendeten Beispiels. Weitere Ausführungen zum Thema Sensitivitätsanalyse finden sich in Kapitel A 8.7. Zunächst soll exemplarisch eine Ein-Weg-Sensitivitätsanalyse vorgestellt werden. Angenommen, es besteht Unsicherheit gegenüber der Prävalenz der Erkrankung, daher wird diese zwischen 0 und 0,5 variiert. Abbildung 3.13 zeigt das Diagramm der Sensitivitätsanalyse.

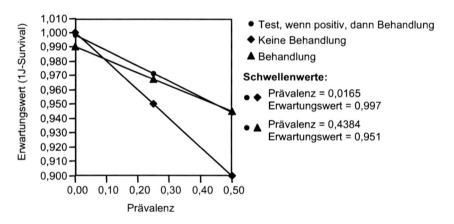

Abb. 3.13. Ein-Weg-Sensitivitätsanalyse für die Prävalenz im Beispiel

Die drei Graphen stellen die Erwartungswerte der drei verschiedenen Handlungsalternativen „Test", „Keine Behandlung" und „Behandlung" als Funktion der Prävalenz dar. Auf der Rechtsachse ist der Parameter abgetragen, der variiert wird, in diesem Falle die Prävalenz. Auf der Hochachse lässt sich der Erwartungswert, also das erwartete 1-Jahres-Survival, in Abhängigkeit von der Prävalenz für jede Alternative ablesen. Zunächst ist festzustellen, dass bei allen Handlungsalternativen das Survival bei zunehmender Prävalenz abnimmt. Dies ist plausibel: da keine Alternative vollständige Heilung bietet, sterben umso mehr Patienten, je mehr die Krankheit haben. Am meisten von der Prävalenz beeinflusst ist das Schicksal der Patienten, wenn nicht behandelt wird (steil abfallender Graph). Demgegenüber beobachten wir den flachsten Graphen bei der Behandlung, diese wirkt sozusagen nivellierend auf den Prävalenzeffekt. Die „Test"-Strategie liegt dazwischen. Der

Schnittpunkt der Graphen „Behandlung" und „Keine Behandlung" repräsentiert der Schwellenwert für die Prävalenz bezüglich der Behandlung, falls kein Test zur Verfügung steht. Dieser Wert beträgt 0,0909 (im Diagramm nicht als Wert eingetragen). Das Schaubild zeigt, dass in weiten Teilen die „Test"-Strategie das höchste Survival bringt. Dies war auch das Ergebnis der Basisfallanalyse, in dem sich bei einer Prävalenz von 0,02 für die „Test"-Strategie ein Erwartungswert von 0,9963 errechnete, während „Keine Behandlung" zu einem Wert von 0,9960 und „Behandlung" zu einem Wert von 0,9882 führten. Allerdings zeigt sich auch, dass es unter einem Schwellenwert der Prävalenz von 0,0165 besser ist, nicht zu behandeln als zu testen. Der Grund dafür liegt einmal darin, dass es bei einer sehr geringen Krankheitswahrscheinlichkeit keinen Sinn mehr macht, das Letalitätsrisiko des diagnostischen Testes auf sich zu nehmen. Aber auch wenn der diagnostische Test kein Risiko birgt, gibt es einen unteren Schwellenwert für die Überlegenheit der Strategie mit dem diagnostischen Test. Dieser liegt dann allerdings tiefer als bei gegebenem Letalitätsrisiko. In diesem Falle beträgt der Schwellenwert 0,0055; er ergibt sich durch Nullsetzten der Letalität in der Entscheidungsanalyse. Der Grund dafür, warum Testen „schädlich" sein kann, liegt darin, dass bei einer sehr geringen Prätestwahrscheinlichkeit (Prävalenz) selbst nach einem positiven nicht perfekten Test die Posttestwahrscheinlichkeit so gering ist, dass man nicht behandeln sollte. Es sei hier angemerkt, dass nicht der Test selbst den medizinischen Schaden mit sich bringt, sondern die Tatsache, dass die „Test"-Strategie so formuliert war, dass nach einem positiven Test behandelt werden muss. In anderen Worten sollte man bei sehr kleinen Prävalenzen auch nach positivem Testergebnis nicht behandeln, was bedeutet, dass der Einsatz des Testes und die gewonnene Information sinnlos sind. Nur wenn der Test perfekt ist, also eine Sensitivität und Spezifität von 100 % besitzt, und der Test kein Risiko besitzt, dann erbringt die Teststrategie immer den höchsten Erwartungswert. Dies ist plausibel, da (mit Ausnahme einer Prävalenz von 0 oder 1) die Unsicherheit bezüglich der Erkrankung durch die Testinformation ausgeräumt wird und für jeden einzelnen Patienten die richtige Entscheidung bezüglich der Behandlung getroffen werden kann. Der obere Schwellenwert beträgt 0,4384, d. h. über dieser Prävalenz sollten alle Patienten behandelt werden. Analog zum unteren Schwellenwert ist der Grund hierfür die Tatsache, dass bei einer hohen Prävalenz nicht riskiert werden sollte, dass Patienten mit einem falsch negativen Testergebnis unbehandelt bleiben oder bereits durch den Test selbst sterben. Die Lage der Schwellenwerte hängt neben der Testletalität von den Behandlungskonsequenzen bei Kranken und Gesunden ab.

Würde man nun zusätzlich den Parameter Testletalität variieren, so lassen sich bereits aus Abbildung 3.13 einige Schlussfolgerungen ziehen. Bei geringerer Letalität würde sich der Graph der „Test"-Alternative (annähernd) parallel nach oben verschieben, was zu einer Verbreiterung des Prävalenzbereiches führen würde, in dem sich der diagnostische Test als die überlegene Strategie erweisen würde. Umgekehrt würde eine Erhöhung der Testletalität zu einer Abwärtsverschiebung des „Test"-Graphs führen und der Bereich der Überlegenheit von „Test" würde kleiner werden bis schließlich bei einem bestimmten Wert der Testletalität unabhängig von der Prävalenz ein diagnostischer Routinetest zu gefährlich wäre und die Strategien „Behandlung" oder „Keine Behandlung" (je nach Prävalenz) überlegen wären.

Um den Einfluss der Prävalenz der Erkrankung und der Letalität des diagnostischen Tests auf die Entscheidung graphisch darzustellen, bedient man sich der Zwei-Weg-Sensitivitätsanalyse (s. Abbildung 3.14).

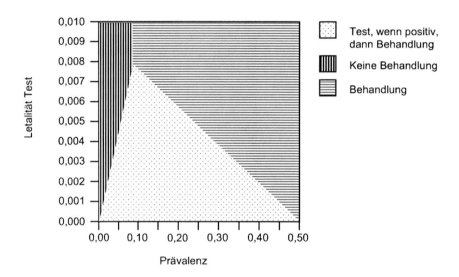

Abb. 3.14. Zwei-Weg-Sensitivitätsanalyse für Letalität und Prävalenz im Beispiel

Dieser Graph zeigt keine Erwartungswerte mehr an, kennzeichnet jedoch für jede Kombination von Prävalenz und Letalität die optimale Handlungsalternative. In jedem der drei schraffierten Bereiche in Abbildung 3.14 ist jeweils eine andere Handlungsalternative den verbleibenden Handlungsalternativen überlegen. Die Grenzlinien beschreiben die Indifferenzkurven zwischen zwei Alternativen. Der Schnittpunkt aller drei Kurven repräsentiert die Konstellation der Parameter Prävalenz und Letalität, bei welcher alle drei Handlungsstrategien denselben Erwartungswert besitzen. Es erweist sich z. B. für eine Prävalenz von 0,05 und einer Letalität von 0,001 die „Test"-Strategie als überlegen, während bei einer Prävalenz von 0,01 und einer Letalität von 0,002 die Alternative „Keine Behandlung" vorzuziehen wäre. Die Tatsache, dass bei zunehmender Letalität das Prävalenzintervall für den sinnvollen Testeinsatz immer kleiner wird, lässt sich anschaulich aus dem Diagramm ablesen: Die „Test"-Fläche läuft nach oben spitz zu. Bei einer Testletalität von über ca. 0,008 ist es besser, das Testen zu unterlassen, in diesem Bereich kann wieder der Prävalenzschwellenwert 0,09 bezüglich „Behandlung und „Keine Behandlung" abgelesen werden (als Rechtswert der Grenzlinie zwischen den Alternativen „Behandlung" und „Keine Behandlung").

Eine beliebte graphische Veranschaulichung der Ergebnisse mehrerer Sensitivitätsanalysen ist das so genannte *Tornadodiagramm*, welches in Abbildung 3.15 wiedergegeben ist. Dieses Diagramm veranschaulicht eine Serie von Einweg-

Sensitivitätsanalysen mehrerer Parameter und stellt sie gemeinsam in einem Diagramm dar. Horizontale Balken geben den Einfluss der Variation eines jeden untersuchten Parameters auf den Erwartungswert der jeweils besten Handlungsalternative an. Abbildung 3.14 zeigt für das Test-Beispiel den Einfluss der Variablen Prävalenz, Letalität des diagnostischen Testes, Spezifität und Sensitivität auf das erwartete 1-Jahres-Survival.

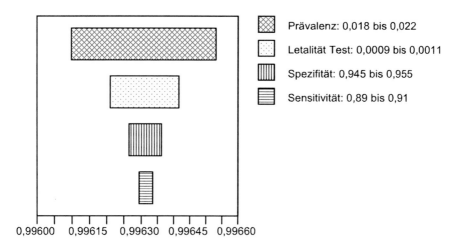

Abb. 3.15. Tornadodiagramm für den Einfluss der Variablen Prävalenz, Letalität des diagnostischen Testes, Spezifität und Sensitivität auf das erwartete 1J-Survival im Beispiel

Abschließend sei noch eine Sensitivitätsanalyse zum Kosten-Effektivitäts-Verhältnis dargestellt: Abbildung 3.16 zeigt den Verlauf des Kosten-Effektivitäts-Verhältnisses für den Vergleich der Alternativen „Test" versus „Keine Behandlung" in Abhängigkeit von der Testletalität. Bei zunehmender Letalität nimmt die medizinische Effektivität durch das diagnostische Testen immer mehr ab, so dass bei etwa gleich bleibenden Kosten das Kosten-Effektivitäts-Verhältnis immer weiter ansteigt um für eine Effektivität von Null den Wert unendlich zu erreichen. Berücksichtigt man die Lebenserwartung des Patienten, so können die dargestellten Werte in die üblichere Einheit Kosten pro gewonnenes Lebensjahr umgerechnet werden, so wie das im obigen Beispiel erfolgte.

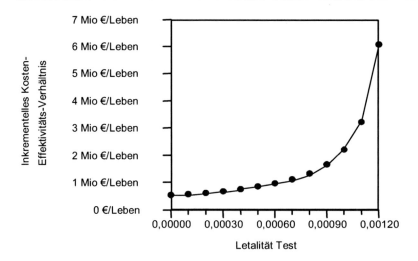

Abb. 3.16. Sensitivitätsanalyse des Kosten-Effektivitäts-Verhältnisses für die Testletalität im Beispiel

3.4
Kritische Würdigung der vorgestellten Ansätze

Der Begriff und die Verfahrensweisen der Evidenzsynthese dürfen bezüglich des Studienablaufs nicht missverstanden werden. Ebenso wie bei einer klinischen Studie ist a priori die Fragestellung präzise zu formulieren. Ein- und Ausschlusskriterien bezüglich Publikationen oder sonstiger Informationen sollten zu Beginn festgelegt werden. Ferner ist ein detaillierter Zeitplan mit organisatorischem Ablauf notwendig und ein Studienprotokoll, das die einzelnen Arbeitsschritte und die qualitativen und quantitativen Methoden beschreibt. Statistische Analysestrategien, wie sie beispielsweise bei Meta-Analysen oder Entscheidungsanalysen eingesetzt werden, sind detailliert festzulegen und eine Abweichung vom Studienprotokoll ist zu begründen und im Bericht bzw. der Publikation zu dokumentieren. Nur wenn diese Punkte beachtet werden, kann dem Ergebnis der entsprechende Stellenwert zugeordnet werden.

In vielen Situationen wird die wissenschaftliche Gemeinde oder ein Forscher(team) nicht in der Lage sein, prospektiv Daten zu erheben. Gründe können mangelnde finanzielle oder zeitliche Ressourcen sein, ethische Gründe oder schlicht die Tatsache, dass bis zum Erhalt von Ergebnissen laufender klinischer Studien eine vorläufige Entscheidung zu treffen ist. Diese muss dann aufgrund der besten verfügbaren aktuellen Datenlage getroffen werden. Eine Modellierung ist dann unvermeidbar.[197] Selbst wenn eine klinische Studie abgeschlossen ist, so besitzt diese aufgrund der gegebenen Rahmenbedingungen (Studienpopulation, Versorgungsstruktur) immer nur eine begrenzte Übertragbarkeit. Dies kann beispielsweise durch Meta-Analysen ausgeglichen werden, die verschiedenste Studienpopulationen in die Analyse einbeziehen.

Ein weiterer Anlass für Desk Research ist der begrenzte Untersuchungszeitraum einer jeden klinischen Studie. Wenn Schlussfolgerungen zu ziehen sind, die eine Berücksichtigung eines längeren Zeithorizontes erfordern, sind noch weitere (Literatur-)Daten hinzuzuziehen und die Ergebnisse über den Studienzeitraum hinaus zu extrapolieren bzw. zu modellieren. Beispiele sind Spätkomplikationen, Rezidive bei Krebserkrankungen und ein krankheitsabhängiges Langzeitmonitoring.

Die Stärken der formalen Entscheidungsanalyse liegen in der anschaulichen Strukturierung des Entscheidungsproblems, die in klinischen Studien oft nicht sichtbar wird, da nur der primäre Endpunkt für jeden Interventionsarm einer Studie gemessen wird. Insbesondere bei schlechter Datenlage beispielsweise im Frühstadium eines medizinischen Verfahrens kann die Modellierung zu einer Schätzung der klinischen und ökonomischen Konsequenzen beitragen.

Einer der größten Vorteile von Modellierungen gegenüber der klinischen oder Feldforschung liegt darin begründet, dass für klinische oder gesundheitspolitische Entscheidungen Daten aus verschiedenen Disziplinen zusammenzutragen sind. So werden für die medizinische und gesundheitsökonomische Evaluation eines Screeningprogramms unter anderem folgende Parameter benötigt: die Prävalenz der Erkrankung, der Inzidenz, die Mortalität, die Stadienverteilung, die Sensitivität und Spezifität des Screeningtests, die Effektivität und die Risiken von Behandlungsmaßnahmen einschließlich Lebenserwartung und Lebensqualität und schließlich die assoziierten Akut- und Langzeitkosten. Diese Informationen sind aus Studien zu den verschiedenen klinischen, epidemiologischen und ökonomischen Einzeluntersuchungen zusammenzuführen und zu analysieren. Ferner sind häufig verschiedene Konsequenzen wie Lebenserwartung, Heilungsraten, Nebenwirkungen etc. auf eine gemeinsame Skala (z. B. QALYs) zu übertragen, um die Vor- und Nachteile eines medizinischen Verfahrens gegenüber einem anderen quantitativ abzuwägen.

Desk Research erlaubt die Gegenüberstellung beliebig vieler Handlungsstrategien, sofern ausreichende und vergleichbare Daten dafür vorhanden sind. Ein Problem besteht oft darin, dass verschiedene medizinische Verfahren unter verschiedenen Rahmenbedingungen bzw. Settings durchgeführt wurden und eine Integration dieser Daten in ein einheitliches Modell nur unter vielen Annahmen möglich ist.

Die gesundheitsökonomische Entscheidungsanalyse erlaubt die Problemanalyse aus unterschiedlichen Perspektiven, wie beispielsweise der Perspektive des Patienten, des Leistungserbringers, der Krankenkassen oder der gesamten Gesellschaft.

Mit Hilfe von Sensitivitätsanalysen können die Auswirkungen verschiedener Modellannahmen auf die zu treffende Entscheidung systematisch evaluiert wer-

---

[197] Vgl. Siebert, U. (2003), und Buxton, M. J., Drummond, M. F., Hout, B. A. v. u. a. (1997).

den. Ein großer Wert von Sensitivitätsanalysen liegt darin, diejenigen unsicheren Parameter zu identifizieren, deren Ausprägungen einen Einfluss auf das Ergebnis haben, d. h. für die die Entscheidung sensitiv ist. Die Identifikation dieser „einflussreichen" Parameter kann erheblich zur Festlegung weiterer Forschungsvorhaben und der sinnvollen Allokation von Forschungsressourcen beitragen.

Allerdings birgt die Modellierung insbesondere bei unsachgemäßer Anwendung und Interpretation einige Gefahren. So ist darauf zu achten, dass komplexe Zusammenhänge nicht aufgrund unrealistischer Annahmen zu sehr vereinfacht werden und zu einer pseudowissenschaftlichen Darstellung des Sachverhaltes führen. Hierbei wirkt sich insbesondere die komplexe Methodik der Meta-Analyse und Entscheidungsanalyse negativ aus, da diese bei unzureichender Dokumentation nicht mehr transparent sind. Für Anwender der Ergebnisse kann sich ein Modell als *Black box* darstellen, deren Inhalt nicht nachvollzogen werden kann.

Zusammenfassend kann gesagt werden, dass Modellierungen in Situationen, in denen herkömmliche Studienansätze an ihre Grenzen stoßen, die einzige Möglichkeit zur strukturierten und systematischen Entscheidungsfindung ist. Wichtig ist jedoch eine verantwortungsvolle Ergebniskommunikation: die Ergebnisse basieren auf dem aktuellen Wissensstand und ihre Validität hängt von der Richtigkeit der Modellstruktur, der zugrundegelegten Annahmen und der gewählten Parameter ab

4 Budget Impact Modelle

O. Schöffski, S. Sohn, M. Bierbaum

Lehrstuhl für Gesundheitsmanagement, Universität Erlangen-Nürnberg

4.1
Einleitung

Medizinische Innovationen stehen unter dem Generalverdacht grundsätzlich unkontrollierbare, nicht abschätzbare Kostenausweitungen nach sich zu ziehen. Dieses liegt zum einen an dem üblicherweise höheren Preis des neuen Produkts im Verhältnis zur bisherigen Standardtherapie, zum anderen aber auch an einer kaum kalkulierbaren Mengenausweitung, beispielsweise bedingt durch eine breitere Indikationsstellung, aber auch die höhere Akzeptanz einer Therapie wegen des verbesserten medizinischen Potenzials. Diese zusätzlichen Kosten müssen im Regelfall von den Kostenträgern erstattet werden. Die gegenwärtige Situation im deutschen Gesundheitswesen lässt jedoch nur wenig Spielraum für zusätzliche Ausgaben in den Budgets der Gesetzlichen Krankenversicherung (GKV). Aus diesem Grund verhalten sich die Kostenträger und die ihnen nahe stehenden Institutionen in der Regel eher ablehnend oder zumindest sehr vorsichtig und wenig euphorisch, wenn es um die Erstattung und Marktdurchdringung von Neuprodukten geht, egal wie gut die Kosten-Effektivität sich darstellt. Der reine Preis einer medizinischen Maßnahme darf daher nicht unterschätzt werden.

Budget Impact Modelle (BIM) bieten die Möglichkeit die Bezahlbarkeit einer Intervention, einer neuen Therapie oder eines neuen Medikaments abzuschätzen und eignen sich daher auch für den Einsatz im Rahmen des Produktmarketings in der Kommunikationsstrategie. Sie verringern die Unsicherheit und erlauben es, den Einfluss eines neuen Produktes auf das Budget der Kostenträger abzubilden. Daraus folgt eine bessere Planbarkeit der zukünftigen Ausgaben, auch die Lösung des Problems der Gegenfinanzierung kann gezielter angegangen werden. In zunehmendem Maße hat das auch der Gesetzgeber erkannt. Das Pharmaceutical Benefits Advisory Committee (PBAC) in Australien sowie das National Institute for Clinical Excellence (NICE) in Großbritannien empfehlen inzwischen, dass zusätzlich zu Kosten-Effektivitäts-Analysen auch Budget Impact Analysen (BIA) mit in den Entscheidungsprozess einzubeziehen sind.[198] Budget Impact Analysen sind dabei nicht als Ersatz von Kosten-Effektivitäts- bzw. Kosten-Nutzwert-Analysen anzusehen, sondern als Ergänzung im Health Technology Assesment (HTA).[199]

Üblicherweise werden bei gesundheitsökonomischen Studien (z. B. Krankheitskosten-, Kostenvergleichs-, Kosten-Nutzen-, Kosten-Effektivitäts- oder Kosten-Nutzwert-Analysen) sämtliche Kosten, sowohl die direkten als auch die indirekten, bei der Evaluation von Produktinnovationen berücksichtigt. Während diese Vorgehensweise bei der Evaluation der Effizienz einer Leistung sicherlich gesamtökonomisch sinnvoll ist, hat sie für die Kostenträger nur eine geringe Entscheidungsrelevanz. Das liegt insbesondere daran, dass die dort ermittelten Ergebnisse (Kosten- und Nutzenkomponenten und daraus abgeleitet die Effizienz der Gesundheitsleistung) folgende drei Eigenschaften nicht aufweisen:

- Relevanz für das Budget des jeweiligen Kostenträgers
- Relevanz für das Budget des jeweiligen Sektors des Gesundheitswesens
- Relevanz für den jeweiligen Budgetierungszeitraum.[200]

Die Forderung nach der Budgetrelevanz für den jeweiligen Kostenträger ist einleuchtend, sobald man das deutsche Gesundheitssystem näher betrachtet. Durch die strikte Trennung der Sozialversicherung in die Sektoren Kranken-, Renten-, Pflege-, Unfall- und Arbeitslosenversicherung sind für den einzelnen Verantwortlichen Einsparungen bei anderen Kostenträgern nicht unmittelbar entscheidungsrelevant. Kosten im Bereich des Gesundheitswesen, denen Einsparungen bei den Arbeitgebern oder den Trägern der Renten-, Pflege- oder Arbeitslosenversicherung gegenüberstehen, mögen zwar gesamtökonomisch sinnvoll sein, in das Budget der GKV fließen jedoch nur die negativen Komponenten ein. Ähnliche Effekte entstehen durch die unterschiedlichen Teilsektoren innerhalb des Gesundheitswesens. Die über die Kassenärztliche Vereinigung (KV) vergüteten niedergelassenen Ärzte profitieren nicht direkt von Einsparungen durch verringerte Krankenhauseinweisungen. Eine verbesserte Pharmakotherapie, die das Budget des ambulanten Sektors belastet (z. B. durch Richtgrößen und Regresse) und den stationären Sektor entlastet ist somit nur schwer durchsetzbar. Der dritte Punkt betrifft insbesondere Präventionsmaßnahmen. Gegenwärtige Kosten stehen hier zukünftigen Einsparungen gegenüber. Der Entscheidungshorizont der GKV ist jedoch oftmals wesentlich kürzer als der ökonomische Beobachtungszeitraum. In Deutschland wird die Krankenversicherung nach dem Umlageverfahren finanziert, d. h. die Einnahmen müssen jährlich gleich den Ausgaben sein, und außerdem wird das Prinzip der Beitragssatzstabilität vom Gesetzgeber als Imperativ vorgegeben. Es besteht also praktisch nicht die Möglichkeit der zeitlichen Kostenverlagerung (d. h. heute Geld zu investieren, damit in einigen Jahren überproportionale Ersparnisse realisiert werden können), selbst wenn diese insgesamt zu Einsparung

[198] Vgl. Kulp, W., Greiner, W. (2006), S. 258, 262.
[199] Vgl. Bridges, J. F. P. (2006).
[200] Vgl. Trueman, P., Drummond, M., Hutton, J. (2001), S. 610.

führen würde.[201] Auch die nur zeitlich befristete Budgetverantwortung der Entscheidungsträger bereitet in diesem Zusammenhang Probleme. Interessant ist, dass der Einsatz eher relativer (Kosten-Effektivität) und absoluter (BIM) Bewertungsinstrumente in Zusammenhang mit dem Zentralisationsgrad des jeweiligen Gesundheitssystems zu stehen scheint. So ist zu beobachten, dass in Ländern mit starker zentraler Ausrichtung, beispielsweise Großbritannien (NICE), relativen Bewertungen (z. B. Kosteneffektivität) mehr Gewicht beigemessen wird, als das zum Beispiel in Deutschland der Fall wäre, wo eher regionale Budgets auftreten und somit absolute Kostenbewertungen mehr Relevanz besitzen.[202]

Während die durch viele Einzelbudgets verursachte Problematik der eher an absoluten Kosten orientierten Entscheidungsfindung durch Kosten-Effektivitäts-Studien nicht oder nur unzureichend berücksichtigt wird, sind sie innerhalb eines Budget Impact Modells grundsätzlich lösbar, da zielgenau für die relevanten Bereiche und Zeiträume modelliert werden kann. Darüber hinaus können mit den geeigneten Annahmen auch folgende Fragestellungen und Problemfelder berücksichtigt werden:[203]

- Unsicherheit bezüglich möglicher Substitutionseffekte mit bestehenden Therapien. Handelt es sich um eine Innovation, die eine ältere Therapie ersetzt und dadurch (zumindest teilweise) durch freiwerdende Mittel finanziert werden kann, oder handelt es sich um eine „add on"-Innovation, die vollständig durch zusätzliche Gelder finanziert werden muss?
- Sind Änderungen bei der Inanspruchnahme von anderen/zusätzlichen Ressourcen in den betroffenen Sektoren (z. B. ambulanter und stationärer Sektor) zu erwarten?
- Findet eine Marktausweitung statt, d. h. es wird die Anzahl der potenziellen Patienten erhöht?
- Wie wichtig ist die Finanzierbarkeit zum Entscheidungszeitpunkt und ist die darauf folgende Ressourcenallokation (noch) gerechtfertigt?

Bisher wurden Budget Impact Modelle hauptsächlich von Herstellern der Pharmabranche aus Eigeninitiative heraus in Auftrag gegeben, um wettbewerbsschädlichen Mutmaßungen über die zu erwartenden Kosten durch die Einführung eines neuen Präparates entgegen zu treten.[204] Die Zielgruppe waren dabei üblicherweise große Kostenträger wie beispielsweise Krankenkassen. Für die Zukunft ist jedoch auch eine Ausweitung der Anwendung von Budget Impact Modellen für den Bereich der Heil- und Hilfsmittel oder medizinischer Großgeräte denkbar. Auch die Zielgruppe wird sich um kleinere Einheiten wie zum Beispiel integrierte Versorgungsverbünde, Praxisnetze mit Budgetverantwortung oder auch einzelne Kliniken oder Klinikketten erweitern. Gerade im Bereich der integrierten Versorgung bieten Budget Impact Modelle einen schnellen und kostengünstigen Weg sich einen Überblick über die zu erwartenden Kosten einer leitliniengerechten Therapie

---

[201] Vgl. Trueman, P., Drummond, M., Hutton, J. (2001).
[202] Vgl. IJzerman, M. J., Reuzel, R. P. B., Severens, H. L. (2003).
[203] Vgl. Mauskopf, J. A., Earnshaw, S. R., Mullins, C. (2005).
[204] Vgl. Kulp, W., Greiner, W. (2006), S. 257.

über die Sektorgrenzen hinweg zu verschaffen. Neben dem finanziellen Impact durch Innovationen eignen sich Budget Impact Modelle auch für die Modellierung von Zusatzkosten, verursacht durch vermeidbare Volkskrankheiten wie zum Beispiel Diabetes Typ II, Osteoporose oder Koronare-Herz-Krankheiten.[205]

Wie auch in der Literatur angemerkt wird, sollte ein Budget Impact Modell nach Möglichkeit von einer unabhängigen, wissenschaftlichen Institution entwickelt werden. Implizit leitet sich diese Forderung auch schon aus dem Einsatzzweck eines Budget Impact Modells als Transparenz förderndes Instrument ab. Einem vom Anbieter der Innovation entwickelten Modell dürfte im Normalfall weniger Vertrauen entgegen gebracht werden.

Der Vorteil eines Budget Impact Modell als Desk-Research-Produkt liegt in den im Vergleich zu aufwändigen Kohorten- oder Langzeitstudien relativ geringen Entwicklungskosten und -zeiten, sowie den überschaubaren Anforderungen an den Umfang der zu beschaffenden Basisdaten. Gerade die Beschränkung auf die reine Bestimmung von Kosteneffekten stellt eine effektive Vereinfachung dar, da Kostendaten schneller zu erfassen sind als zum Beispiel umfangreiche Daten zur Bestimmung der Kosteneffektivität. Dem steht, mit Vorliegen der notwendigen Daten, eine spätere Erweiterung des Modells um eine Komponente der Kosteneffektivität oder eine sektorenübergreifende Betrachtung nicht entgegen.[206]

Wie jede andere ökonomische Evaluation baut auch die Budget Impact Analyse auf Annahmen auf, die sich nicht immer mit letzter Sicherheit validieren lassen. Einflussfaktoren auf die budgetäre Entwicklung, wie beispielsweise die Mengenausweitung, die Substituierbarkeit, die Preise und die Bevölkerungsentwicklung, basieren daher häufig auf Schätzungen.[207] Das Budget Impact Modell kann damit nicht mit Sicherheit die zukünftigen Zusatzkosten quantifizieren. Aus diesem Grund müssen die Annahmen, auf denen ein entsprechendes Modell beruht, offen gelegt werden und dem Nutzer des Modells muss die Möglichkeit gegeben werden, alternative Annahmen zu verwenden.

4.2
Methodik der Modellentwicklung

Budget Impact Modelle sind in der Regel populationsbezogen aufgebaut. Zur Ermittlung des Budget Impacts einer neuen Arzneimitteltherapie wird in einem ersten Schritt der Status quo ermittelt. Dazu wird die bisherige Zielpopulation für die Behandlung identifiziert, es werden die bislang anfallenden Arzneimittelgesamtkosten quantifiziert und den einzelnen bislang verfügbaren Therapieoptionen, bezogen auf einen Patienten, zugeordnet. Dieser erste Schritt ist in der Regel mit verfügbaren Daten in Deutschland relativ eindeutig und abgesichert möglich. Ausgehend von der Ist-Situation im Basisjahr, die mit den obigen Daten beschrieben wird, erfolgt in einem zweiten Schritt die Projektion. Dafür werden Annahmen

---

[205] Vgl. Nuijten, M. J. C., Starzewski, J. (1998), S. 289.
[206] Vgl. Nuijten, M. J. C., Starzewski, J. (1998), S. 290.
[207] Vgl. Trueman, P., Drummond, M., Hutton, J. (2001).

sowohl bezüglich der Marktentwicklung (z. B. Prävalenz, Bevölkerungsentwicklung, Indikationsausweitung, Substitution) als auch der Preisentwicklung getroffen, die sich entweder an vergangenen Trends anlehnen, auf internationalen Vergleichsdaten beruhen oder mit Hilfe von Expertenmeinungen geschätzt werden.[208] Allgemein lässt sich festhalten, dass sowohl die Möglichkeiten als auch die Genauigkeit eines Budget Impact Modells mit dem Umfang und der Qualität der zur Verfügung stehenden Daten steigen und fallen.

Als Mindestanforderung zur Erstellung eines Budget Impact Modell kann das Vorliegen folgender Daten gelten:[209]

- Epidemiologische Daten (Inzidenz- und/oder Prävalenzdaten)
- Informationen zur Patientenzielgruppe der Innovation
- Die erwarteten Marktverschiebungen (zusätzliche Fallzahlen, Verdrängung bestehender Therapiemöglichkeiten, erwartete Entwicklung des Marktanteils)
- Informationen zur Verwendung der Innovation (z. B. Dosierung, Therapiedauer, Applikationshäufigkeit)
- Informationen zur erwarteten Wirkung der Innovation, insbesondere erwartete Einsparungen, die Lebensqualität verbessernde Therapievereinfachungen (z. B. wöchentliche statt tägliche Einnahme/Anwendung)
- Die Kosten für die Anwendung der Innovation
- Krankheitskosten zur Krankheit für welche die Innovation zugelassen ist.

Als Ergebnis ergibt sich der Budget Impact unter den verwendeten Annahmen. Diese Annahmen sind üblicherweise im Computermodell veränderbar, so dass mit nur wenig Aufwand weitere Szenarien als das in der Basisauswertung verwendete „Best Guess Szenario" berechnet werden können. In diesem Sinne sind auch Best bzw. Worst case Betrachtungen möglich, die den Entscheidungsträger unterstützen. Bei Verwendung des Budget Impact Modells im Rahmen einer Szenarioanalyse können auch Hypothesen über zukünftige Entwicklungen des Marktes und der Politik vorweg genommen werden und die Aussichten auf Erstattung und Gewinnpotenziale einer Innovation bereits vor deren Markteinführung getestet werden.[210]

Wichtig ist auch hierbei, dass die Analyse transparent und nach wissenschaftlichen Standards, also nachvollziehbar und belegbar, durchgeführt wird.[211] Da Budget Impact Modelle jedoch häufig sehr anwendungsspezifisch als Computermodelle für spezielle Budgets entwickelt werden und oft nur dem betroffenen Entscheidern zugänglich gemacht werden, existiert kein wissenschaftlich gesicherter Goldstandard für die Erstellung eines Budget Impact Modells.[212] Dennoch haben sich in den letzten Jahren einige allgemeingültige Problemfelder herauskristallisiert, die im Folgenden näher betrachtet werden.[213]

---

[208] Vgl. Nuijten, M. J. C., Starzewski, J. (1998), S. 289.
[209] Vgl. Nuijten, M. J. C., Rutten, F. (2002), S. 856.
[210] Vgl. Nuijten, M. J. C., Rutten, F. (2002), S. 864–865.
[211] Vgl. Trueman, P., Drummond, M., Hutton, J. (2001), S. 614–615.
[212] Vgl. Mauskopf, J. A., Earnshaw, S. R., Mullins, C. (2005).
[213] Vgl. Orlewska, E., Mierzejewski, P. (2004), S. 4.

Zu Beginn stellt die Wahl des Zeithorizonts bei der Entwicklung eines Budget Impact Modells ein Problem dar. In der Literatur wird ein sinnvoller Zeitrahmen mit 2 bis 5 Jahren angegeben.[214] Diese im Vergleich kurze Zeitspanne erscheint aus mehreren Gründen angebracht. Zum einen ist, wie bereits dargelegt, der Zeithorizont der Entscheidungsträger in der bestehenden Struktur des Gesundheitswesens ohnehin recht kurz bemessen. Andererseits begibt man sich als Entwickler eines Budget Impact Modells bei zu lang gewählten Modellierungszeiträumen in den Bereich der Wahrsagerei. Da in einem Budget Impact Modell prinzipbedingt viele Annahmen über zukünftige Entwicklungen getroffen werden und gerade im Gesundheitswesen die Erfahrung lehrt, dass sich grundlegende Rahmenparameter durchaus auch innerhalb einer Legislaturperiode mehrfach ändern können, besteht die Gefahr, dass auch kleine Änderungen die Aussagekraft des Modells ad absurdum führen. Dem gegenüber wird häufig der Wunsch des Herstellers stehen, das Modell über einen möglichst langen Zeitraum zu berechnen, da Verbesserungen der Produkte oftmals erst langfristig wirken bzw. sich amortisieren. An dieser Stelle muss gegebenenfalls das Modell dahingehend entwickelt werden, dass die getroffenen Annahmen den Veränderungen angepasst werden können und das Modell so seine Validität behält. Problematisch in diesem Zusammenhang ist auch der Mangel an verlässlichen Informationen hinsichtlich der Langzeiteffekte der Innovation.[215]

Üblicherweise wird bei der Entwicklung eines Budget Impact Modells die Perspektive des Kostenträgers eingenommen und der Impact für ein klar abgegrenztes Budget ermittelt. Dem steht entgegen, dass Innovationen häufig teurer sind als bestehende Therapien, die Verbesserungen durch die Innovation jedoch nicht zwangläufig im Budget des Kostenträgers anfallen müssen bzw. sich möglicherweise nicht in Geldbeträgen ausdrücken lassen. Daher muss diskutiert werden, inwieweit diesem Umstand in einem Budget Impact Modell Rechnung getragen werden kann bzw. ob Problematik überhaupt im Budget Impact Modell selbst aufgegriffen wird.[216]

Wie bereits angesprochen sind Budget Impact Modelle populationsbezogene Modelle, die wichtigsten Basisdaten somit jene über die zu betrachtende Population. Dazu gehören elementare soziodemografische Daten (insbesondere Alter und Geschlecht) sowie die Prävalenzen für die dem Produkt zugehörige relevante Indikation. Für den Bereich einzelner Kostenträger (Krankenkassen, HMOs, Praxisnetze) ist deren Beschaffung relativ einfach, da diese im Regelfall über vollständiges, aktuelles und hochwertiges Datenmaterial ihrer Klienten verfügen. Soll ein Budget Impact Modell für größere Populationen entwickelt werden, kann sich die Datenbeschaffung hingegen schwierig gestalten, insbesondere bei den Prävalenzdaten. Als Datenquellen können unter anderem Meta-Analysen, medizinischen und statistische Datenbanken, klinische Studien als auch Delphi-Panel oder Expertenbefragungen dienen.[217]

---

[214] Vgl. Trueman, P., Drummond, M., Hutton, J. (2001), S. 617.
[215] Vgl. Trueman, P., Drummond, M., Hutton, J. (2001), S. 615–616.
[216] Vgl. Trueman, P., Drummond, M., Hutton, J. (2001), S. 615.
[217] Vgl. Nuijten, M. J. C., Starzewski, J. (1998), S. 289.

Neben den populationsbezogenen Daten spielen auch die ökonomischen Daten bzw. Annahmen eine Rolle. Von besonderer Bedeutung ist hierbei die erwartete Marktdurchdringung der Innovation. Der Hersteller wird hier eher zu niedrig ansetzen, möchte er doch einen zu hoch berechneten Impact vermeiden. Der Kostenträger wird hingegen argumentieren, dass aufgrund der Werbemaßnahmen des Herstellers der Marktanteil deutlich höher und schneller wachsen wird als angenommen. Wirklich lösen lässt sich dieser Zielkonflikt im Rahmen der Modellentwicklung nicht, wohl aber entschärfen, indem man verschiedene Szenarien zugrunde legt und die Einstellungen im Modell variabel gestaltet.[218]

In direktem Zusammenhang mit der Frage nach den ökonomischen Inputs stellt sich auch jene nach der Darstellung der Ergebnisse des Budget Impact Modells. Trueman u. a. stellen dazu fest, dass es unbedingt empfehlenswert ist, neben den rein monetären Ergebnissen auch mögliche veränderte Ressourcenverbräuche, die im Zusammenhang mit der Innovation stehen, zu beziffern und im Modell gesondert auszuweisen.[219] Ein ähnliches Problem tritt auf, falls im Modell Einsparungen ausgewiesen werden. In diesem Zusammenhang sollte zumindest eine Wahrscheinlichkeit für die Erreichung dieser Einsparungen mit aufgeführt werden, um die Glaubwürdigkeit des Modells selbst, aber auch retrospektiv für Budget Impact Modelle allgemein, nicht zu gefährden. Es darf bei der Entwicklung eines Budget Impact Modells nicht vergessen werden, dass alle gemachten Vorhersagen sich irgendwann der Realität stellen müssen.

Nach Fertigstellung des Modells als solches bleibt dann noch zu diskutieren, inwieweit dem Kostenträger, welcher zwar häufig Adressat, selten jedoch Auftraggeber des Modells ist, Zugang zum Modell gewährt wird. Einerseits ist es sicherlich Vertrauen fördernd, wenn ihm voller Zugang gewährt wird. Andererseits hat der Hersteller der Innovation (und häufig auch Auftraggeber des Modells) ein berechtigtes Interesse daran, dass ein solches Modell auch im Sinne seines Erfinders genutzt wird. Dazu gehören insbesondere ein eingehendes Verständnis des Nutzers bezüglich der angesprochenen Probleme als auch der getroffenen Annahmen sowie der verantwortungsvolle Umgang mit dem Modell, speziell was das Einstellen sinnvoller Werte für die Variablen des Modells angeht. Letztlich muss im Einzelfall entschieden werden, welcher Weg gegangen werden soll.

Abschließend lässt sich festhalten, dass Budget Impact Modelle eine sinnvolle Bereicherung der gesundheitsökonomischen Instrumentarien darstellen, wenn es darum geht, schnell und effizient einen Überblick über die durch eine Innovation verursachten, budgetrelevanten Kosteneffekte zu projizieren. Dabei spielt es keine Rolle ob das schon während der Produktentwicklung stattfindet um die Marktchancen in Zeiten restriktiver Budgets abzuschätzen oder erst kurz vor der Markteinführung um den Kostenträgern die Angst vor erwarteten Kostenlawinen zu nehmen.[220] Ihr ergänzender Charakter verbietet jedoch auch eine Interpretation der gewonnenen Ergebnisse ohne dabei auch Bezug zu nicht-monetären Effekten (z. B. der Lebensqualität) sowie Kosteneffektivitätsaspekten zu nehmen.[221]

---

[218] Vgl. Trueman, P., Drummond, M., Hutton, J. (2001), S. 616.
[219] Vgl. Trueman, P., Drummond, M., Hutton, J. (2001), S. 617.
[220] Vgl. Nuijten, M. J. C., Starzewski, J. (1998), S. 290.
[221] Vgl. dazu auch Trueman, P., Drummond, M., Hutton, J. (2001), S. 618–620.

Teil C:

Bewertung von Lebensqualitätseffekten

1 Lebensqualität als Ergebnisparameter in gesundheitsökonomischen Studien

O. Schöffski

Lehrstuhl für Gesundheitsmanagement, Universität Erlangen-Nürnberg

1.1 Notwendigkeit der Messung von Lebensqualität in gesundheitsökonomischen Studien

Wirtschaftliche Zwänge bestimmen immer stärker ärztliches Handeln sowohl in der ambulanten als auch in der stationären Versorgung. Die Implementierung ökonomischer Prinzipien und Handlungsweisen ist für das Gesundheitswesen mittlerweile unabdingbar. Um neben der medizinischen Wirksamkeit (Effektivität) von medizinischen Maßnahmen, beispielsweise für eine bestimme Therapieform, auch deren Wirtschaftlichkeit (Effizienz) beurteilen zu können, bedarf es ökonomischer Studien, um die Kosten und Nutzen der medizinischen Behandlungsmethode in Beziehung zu setzen. Während die Ermittlung der Kosten relativ unproblematisch ist,[1] wird die Wissenschaft bei der Erfassung der Nutzenkomponente vor große Herausforderungen gestellt.

Der Nutzen einer medizinischen Intervention kann durch verschiedene Ergebnisparameter dargestellt werden. Dazu zählen beispielsweise die Einsparung von Behandlungskosten und die Verminderung von Arbeitsunfähigkeit. Diese Effekte lassen sich relativ problemlos, wie bereits im Teil A des Buchs dargestellt, in Geldeinheiten bewerten. Zu den Ergebnisgrößen, die im Gesundheitswesen eine relevante Rolle spielen, gehören auch die Mortalität und Überlebensziffern. Man spricht hier von *intangiblen Effekten* einer medizinischen Maßnahme, da eine Bewertung in Geldeinheiten problematisch ist. Ebenfalls als intangibel werden die Effekte der Behandlung auf die Lebensqualität der Patienten bezeichnet. Hier ist nicht nur die Bewertung in Geldeinheiten problematisch, sondern diese Effekte verschließen sich eventuell gänzlich einer Quantifizierung. Das „Nicht-fassen-

---

[1] Vgl. Drummond, M. (1987b), S. 607.

können" dieser Effekte ist damit viel weitreichender als beispielsweise bei der Lebenserwartung.

Wenn etwas nicht zu quantifizieren ist, kann es auch nicht entscheidungsrelevant sein. Soll die Lebensqualität als Argument bei der Allokation im Gesundheitswesen eingehen (was eigentlich unbestritten ist), muss man zwangsläufig zu einer Quantifizierung kommen. Prinzipiell ist es zwar möglich, diese Effekte nur zu beschreiben und die Bewertung dem Entscheidungsträger intuitiv zu überlassen. Dieses ist dann allerdings intransparent und nicht nachvollziehbar.[2] In den vergangenen Jahren ist daher das Interesse an der Messung der Lebensqualität von Patienten stark gestiegen. Die Erforschung der Lebensqualität ist durch einen hohen Grad an Interdisziplinarität geprägt. Nicht nur Mediziner und Ökonomen, sondern auch Sozialwissenschaftler, Statistiker, Psychologen und Epidemiologen beschäftigen sich mit dem Thema.

Die Gründe für dieses zunehmende Interesse sind vielfältig. Ausschlaggebend mag vor allem sein, dass bei einer steigenden Lebenserwartung die Zahl der chronisch erkrankten Menschen ständig zunimmt. Medizinische Maßnahmen können bei diesen nicht endgültig heilbaren Erkrankten weder die volle Arbeitsfähigkeit wiederherstellen noch die Mortalität spürbar beeinflussen. Die Krankheiten können mit Hilfe der medizinischen Interventionen zwar nicht vollständig geheilt werden, letztlich führen sie aber zu einer Verbesserung des Wohlbefindens des Patienten. Um dieses Ergebnis ärztlichen Handelns messbar zu machen, müssen Ergebnisparameter wie die Lebensqualität neben die der traditionellen Ergebnismessung treten. Das Gleiche gilt auch für die Evaluation von Arzneimitteln. Die Kostenwirksamkeit eines Medikaments für chronisch Erkrankte kann de facto nur mit Hilfe der Messung der Lebensqualität der Patienten nachgewiesen werden.[3]

Neben den chronischen Erkrankungen gibt es viele Krankheitsbilder, beispielsweise Hautleiden, Zahn- und Rückenschmerzen, die zwar keinerlei Einfluss auf die Lebenserwartung haben, aber nachhaltig auf das Wohlbefinden von Menschen wirken. Viele medizinische Programme zielen nicht ausschließlich auf die Lebensverlängerung, sondern haben die Heilung nichttödlicher Krankheiten und die Verbesserung der Gesundheit der Bevölkerung zum Ziel.[4] Leben hat also zwei Dimensionen: Quantität und Qualität.[5] Um dieser Eigenschaft gerecht zu werden, bedarf es eines Bewertungsansatzes, der den Output medizinischer Maßnahmen nicht allein nach quantitativen Beurteilungskriterien (Lebenserwartung) beurteilt, sondern auch Änderungen der Qualität des Lebens berücksichtigt.

Aus dieser Notwendigkeit zu einer qualitätsorientierten Betrachtungsweise folgt die Relevanz der Lebensqualität für gesundheitsökonomische Fragestellungen. Nur bei ihrer Berücksichtigung können Änderungen des Wohlbefindens von Patienten sichtbar gemacht und diese Nutzenkomponente in Wirtschaftlichkeitsuntersuchungen aussagekräftig bewertet werden.

---

[2] Vgl. Greiner, W. (1999), S. 98.
[3] Vgl. Greiner, W., Schulenburg, J.-M. Graf v. d. (1995), S. 79–80.
[4] Vgl. Pedroni, G, Zweifel, P. (1990), S. 7.
[5] Vgl. Ware, J. E. (1987), S. 473.

1.2
Die Definition der Begriffe Lebensqualität und Gesundheit

Die Begriffe „Lebensqualität", „Gesundheit" und „Gesundheitszustand" sind umfassend und zugleich unscharf. Eine einheitliche Begriffsdefinition existiert nicht. Die Komponenten der Lebensqualität sind sehr facettenreich. Sie umfassen viele Bereiche des menschlichen Lebens, wobei Gesundheit nur einer von mehreren Bestandteilen der Lebensqualität ist. Die Einflussfaktoren der Lebensqualität reichen von Notwendigkeiten des täglichen Lebens wie Essen und Wohnen bis hin zur Selbstverwirklichung und persönlichem Glück. Kulturelle und religiöse Aspekte spielen ebenso eine Rolle wie ökonomische und politische Faktoren.[6] Die Lebensqualität eines Individuums ist also neben dem Gesundheitszustand auch abhängig von Faktoren wie Einkommen, Lebensstandard, dem politischen Umfeld und der Versorgung mit Bildungseinrichtungen, Möglichkeiten in Freizeit und Beruf sowie Wohnqualität.[7] Auch die Umweltbelastung durch Luftverschmutzung und Verkehrslärm kann die Lebensqualität beeinflussen.

Das Gesundheitswesen und seine Leistungserbringer befassen sich jedoch nicht mit diesen sehr globalen menschlichen Lebensbedingungen, auch wenn zwischen allgemeinen Umwelteinflüssen und dem Gesundheitszustand Abhängigkeiten bestehen.[8] Im Mittelpunkt gesundheitsökonomischer Analysen stehen vielmehr die Dimensionen der Lebensqualität, die den Gesundheitszustand des Patienten direkt beeinflussen. Andere oben genannte Aspekte, wie die politische Stabilität in einem Land oder das Bildungsniveau, beeinflussen zwar auch die Lebensqualität von Patienten, treten jedoch in diesem Konzept, das auch als *Health-related quality of life (HR-QOL)* bezeichnet wird, in den Hintergrund. Unter diesem Begriff wird demnach die *gesundheitsbezogene Lebensqualität* verstanden, die von möglichen Beeinträchtigungen, dem Wohlbefinden und dem sozialen Umfeld abhängt. Diese Komponenten werden wiederum von Krankheiten, Verletzungen, medizinischer Behandlung und der Gesundheitspolitik beeinflusst.[9] Der Lebensqualitätsbegriff, der bei gesundheitsökonomischen Evaluationen Anwendung findet, ist damit ein sehr eingeschränkter. Diese Einschränkung ist jedoch notwendig, da die Gesundheitspolitik, die beeinflusst werden soll, nur auf wenige Einflussfaktoren wirken kann.

Wird das Ausmaß der Lebensqualität am Gesundheitszustand des Patienten festgemacht, gelangt man zu der Frage, was denn unter Gesundheit zu verstehen ist. Diese Frage kann nicht eindeutig beantwortet werden, denn eine trennscharfe Abgrenzung von Gesundheit und Krankheit scheint kaum möglich. Gesundheit kann nämlich nicht, wie Körpergröße und Gewicht, direkt gemessen werden.[10] Vielmehr sind die Übergänge zwischen beiden Zuständen fließend. Subjektive und objektive Faktoren beeinflussen das Wohlbefinden von Patienten. Objektiv mess-

---

[6] Vgl. Calman, K. C. (1987), S. 3–7, und Brüggenjürgen, B. (1994), S. 8.
[7] Vgl. Brüggenjürgen, B. (1994), S. 8, und Ware, J. E. (1987), S. 474.
[8] Vgl. Patrick, D. L., Erickson, P. (1993), S. 19.
[9] Vgl. Patrick, D. L., Erickson, P. (1988), und Patrick, D. L., Erickson, P. (1993), S. 20.
[10] Vgl. Pedroni, G., Zweifel, P. (1990), S. 7.

bare medizinische Parameter wie Labor- und Blutwerte oder der Blutdruck allein sagen noch nichts über die Lebensqualität eines Patienten aus. Nicht jeder, der vom ärztlichen Standpunkt aus als gesund eingestuft wird, fühlt sich auch vollkommen wohl und umgekehrt kann sich jemand, der eine medizinische Behandlung benötigt (z. B. ein Hypertoniker), absolut gesund fühlen.[11]

Die Definition der Weltgesundheitsorganisation (WHO) schafft auch keine Klarheit. Bereits im Jahr 1948 hat sie einen sehr umfassenden und anspruchsvollen Gesundheitsbegriff geprägt. Gemäß dieser Definition ist Gesundheit der „... Zustand des völligen körperlichen, psychischen und sozialen Wohlbefindens und nicht nur das Freisein von Krankheit und Gebrechen."[12] An dieser Begriffsbestimmung wurde bereits vielfältige Kritik geübt. Zum einen wird die Subjektivität der Einschätzung außer Acht gelassen, denn das vollkommene Ideal von Gesundheit ist nicht für alle Menschen gleich. Zum anderen wäre nach dieser Definition fast jedermann krank und behandlungsbedürftig, was nicht den Realitäten entspricht. Das WHO-Konzept ist jedoch insofern von Bedeutung, als es die heute gängige Unterscheidung der Gesundheit in drei Dimensionen geprägt hat. Demnach werden die Komponenten psychische, physische und soziale Gesundheit unterschieden.[13] Einige Gesundheitsmaßen bedienen sich daher dieser dreidimensionalen Konstruktion. Wie aus Abbildung 1.1 ersichtlich ist, können die Komponenten der Lebensqualität wiederum durch einzelne Merkmale genauer charakterisiert werden.

Lebensqualität		
Physische Gesundheit	**Soziale Kontakte**	**Emotionales Wohlbefinden**
•Behinderung •Arbeitsfähigkeit •Schlaf •Hausarbeit •Ernährung	•Familie •Teilnahme am sozialen Leben •Abhängigkeit von anderen	•Isolation •Niedergeschlagenheit •Angst

Abb. 1.1. Dimensionen der Lebensqualität[14]

Nachdem dargestellt wurde, dass die Begriffe „gesundheitsbezogene Lebensqualität" und „Gesundheit" kaum eindeutig zu definieren sind, besteht abschließend noch die Frage, welchen Einfluss denn überhaupt die Medizin auf die Gesundheit und damit auch auf die gesundheitsbezogene Lebensqualität hat. Schätzungen besagen, dass die Leistungen der Medizin bestenfalls mit 10 % in die Indizes eingehen, mit denen üblicherweise die Gesundheit in den amtlichen Statistiken (z. B. Kindersterblichkeit, Lebenserwartung, Krankheitstage) gemessen wird. Die übri-

---

[11] Vgl. Zweifel, P., Zysset-Pedroni, G. (1992), S. 41.
[12] World Health Organisation (WHO) (1948).
[13] Vgl. Brooks, R. G. (1986), und Zweifel, P., Zysset-Pedroni, G. (1992), S. 42.
[14] Quelle: In Anlehnung an Walker, S. R. (1988), S. 153.

gen 90 % betreffen Faktoren, die von der Medizin nicht zu beeinflussen sind. Zu nennen ist beispielsweise der individuelle Lebensstil (z. B. Ernährungsgewohnheiten, Tabakkonsum, Bewegung), Umweltbedingungen (z. B. Luft- und Wasserqualität) und die genetische Ausstattung des Einzelnen.[15] Diese Faktoren liegen nicht im Einflussbereich der klassischen Medizin, sondern zum Teil im Rahmen gesellschaftlicher Gestaltungsmöglichkeiten. Hier eine Optimierung der zur Verfügung stehenden Ressourcen zu finden ist naturgemäß schwierig, sollte aber immer als Finalziel im Auge behalten werden. Eine Optimierung im Kleinen (d. h. innerhalb der „klassischen" Medizin) kann immer nur ein erster Schritt sein.

1.3
Die Messung der Lebensqualität

Soll die Lebensqualität als Outcome-Parameter in gesundheitsökonomischen Studien dienen, muss sichergestellt sein, dass die Lebensqualität gemessen und bewertet werden kann und die ermittelten Werte miteinander verglichen werden können. Zwei Kriterien sind für die Messung der Lebensqualität von großer Bedeutung. Zum einen müssen die Messinstrumente der Mehrdimensionalität des Konstrukts Lebensqualität gerecht werden. Zum anderen wird gefordert, dass sie nicht nur Einschränkungen der Gesundheit abbilden, sondern auch Verbesserungen des Wohlbefindens aufzeigen.[16]

Die Erhebung der Lebensqualität kann mit Hilfe verschiedener Methoden erfolgen, die in der Abbildung 1.2 übersichtsartig zusammengestellt sind. Mit Hilfe einer Checkliste, auf der die Aktivitäten des täglichen Lebens vermerkt sind, bewertet der Arzt die Lebensqualität des Patienten, ohne diesen um eine persönliche Einschätzung zu bitten. Dieses gilt auch für die Fremdeinschätzung durch Familienmitglieder oder Freunde des Betroffenen. Bei dieser Methode der Informationssammlung kann höchstens die Einschränkung bei alltäglichen Aktivitäten wie Waschen, Anziehen, Gehen etc. zuverlässig beobachtet werden. Die subjektiv wahrgenommene Lebensqualität kann auf diese Weise nicht gemessen werden, da der Patient selbst nicht zu Wort kommt. Manche Patienten sind allerdings, beispielsweise aufgrund einer geistigen Behinderung, nicht in der Lage, ihre Lebensqualität eigenständig zu beurteilen. In diesem Fall gibt es zu der Fremdeinschätzung durch Dritte keine Alternative.

Die Selbsteinschätzung der Lebensqualität kann auf dem Wege eines persönlichen Interviews erfolgen. Hier befragen der Arzt oder ein geschulter Mitarbeiter den Patienten unter Zuhilfenahme eines strukturierten Fragebogens, der auch offene Antworten zulassen kann. Genau wie bei der Fremdeinschätzung erfordert das Interview geschultes Personal. Je komplexer die Vorgehensweise ist, umso qualifizierter muss der Interviewer sein. Dies gilt auch für die Befragung per Telefon, wobei sich diese Methode im Vergleich zum persönlichen Interview als nicht so erfolgreich erwiesen hat. Ein Grund dafür ist sicherlich, dass es am Telefon einfa-

---

[15] Vgl. Ridder, M. d., Dissmann, W. (1999), S. 185.
[16] Vgl. Ware, J. E. (1987), S. 474–475.

cher ist, eine Befragung abzubrechen als beim direkten Gegenübersitzen. Außerdem können Telefonbefragungen zu Informationsverzerrungen führen, wenn bei der Befragung Regionen dominieren, in denen eine hundertprozentige Abdeckung mit Telefonanschlüssen nicht gegeben ist. Dieses gilt auch für die zunehmende Befragung über das Internet.

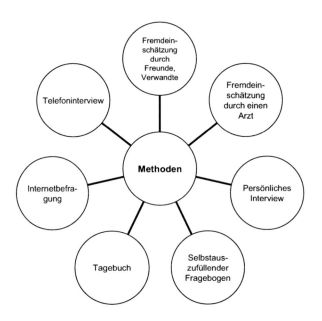

Abb. 1.2. Exemplarische Methoden zur Erhebung der Lebensqualität[17]

Eine große Bedeutung bei der Lebensqualitätsmessung haben die von den Patienten selbst auszufüllenden Fragebögen. Diese Art der Datenerhebung ist weniger kostspielig als das persönliche Interview und erfordert weniger Zeit. Dafür ist allerdings in Kauf zu nehmen, dass die Datenqualität aufgrund unvollständig und/oder nicht zurückgesandter Fragebögen leidet. Derartige Fragebögen können ebenfalls nicht angewendet werden bei geistig Behinderten, bei Personen, die mit der Sprache nicht vertraut sind oder die aufgrund von Bildungslücken die Fragen nicht richtig verstehen. Als problematisch wird in diesem Zusammenhang auch die Ungenauigkeit der momentanen Messmethoden angesehen: „Instruments may describe health states with greater or lesser accuracy and, generally, the smaller the instrument the less sensitive it will be to differences in health states."[18] Die eigenständige Dokumentation der Lebensqualität durch den Patienten hat aber auch Vorteile. Der Patient wird eher bereit sein, über Probleme Auskunft zu geben, die er in einem Interview aus Schamgefühl nicht hätte preisgeben mögen (z. B. Harninkontinenz). Eine andere Möglichkeit der Selbstdokumentation der Lebensquali-

---

[17] Quelle: In Anlehnung an Patrick, D. L., Erickson, P. (1993), S. 41.
[18] McKie, J. (1998), S. 26.

tät ist das Führen eines Tagebuchs durch den Patienten. Indem täglich oder in anderen festgelegten Zeitintervallen die Lebensqualität schriftlich dokumentiert wird, können Veränderungen der Lebensqualität auch über kurze Zeiträume nachgewiesen werden.[19]

Die einzelnen Erhebungsmethoden sind hinsichtlich Kosten, Zeit und Qualität der erhobenen Daten zu bewerten.[20] Für die Entscheidung über eine spezielle Erhebungsmethode spielt es natürlich auch eine Rolle, welche Patienten befragt werden, an welcher Krankheit sie leiden und welche Komponenten der Lebensqualität konkret beobachtet werden sollen.

Da für die Bewertung der Lebensqualität die subjektive Einschätzung des Gesundheitszustandes durch den Patienten von entscheidender Bedeutung ist, wird der Selbsteinschätzung des Patienten durch Interviews oder standardisierte Fragebögen in der Regel der Vorzug gegeben.[21] Ärzte oder dem Patienten nahestehende Personen können zwar beobachten, ob der Patient bei Verrichtungen des Alltags Einschränkungen hinnehmen muss. Sie können jedoch nicht beurteilen, wie der Betroffene sich tatsächlich fühlt und welches Gewicht physische und psychische Einschränkungen für seine Lebensqualität haben. Das kann nur der Patient selbst. Dieses wird durch eine Reihe von Studien belegt, die der Frage nachgegangen sind, in welchem Umfang Fremd- und Selbsteinschätzungen bezüglich der Lebensqualität zu ähnlichen Ergebnissen kommen.[22]

Neben eher nutzentheoretisch fundierten Methoden zur Lebensqualitätsmessung, die in Kapitel C 2 ausführlich dargestellt werden, existieren zur Erfassung der Lebensqualität und ihrer Komponenten auch verschiedene standardisierte und psychometrisch geprüfte Fragebögen, die bereits bei verschiedenen Evaluationstudien eingesetzt wurden.[23] Diese werden in den Kapiteln C 3 bis C 5 dargestellt. Lebensqualitätsfragebögen können gemäß folgender Kriterien klassifiziert werden:

1. Nach dem Grad der Aggregation der Ergebnisdaten werden Profil- und Indexinstrumente unterschieden (s. Kap. 1.4).
2. Nach dem Krankheitsbezug unterscheidet man krankheitsspezifische und generische Lebensqualitätsmessinstrumente (s. Kap. 1.5).
3. Nach der Angabe von Abständen zwischen zwei Lebensqualitätsstufen unterscheidet man Fragebögen mit ordinaler und kardinaler Skalierung (s. Kap. 1.6).

Unabhängig davon, um welche Art von Fragebogen es sich handelt, müssen die Lebensqualitätsfragebögen folgende psychometrische Kriterien erfüllen: Sie müssen valide, sensitiv, zuverlässig, konsistent, verständlich, relevant und praktikabel sein.[24]

---

[19] Vgl. Victor, C. R. (1983), und Patrick, D. L., Erickson, P. (1993), S. 45–46.
[20] Vgl. Patrick, D. L., Erickson, P. (1993), S. 47.
[21] Vgl. Zweifel, P., Zysset-Pedroni, G. (1992), S. 48.
[22] Vgl. Slevin, M. L., Plant, H., Lynch, D. u. a. (1988), Orth-Gomer, K., Britton, M., Rehnqvist, N. (1979), Thomas, M. R., Lyttle, D. (1980), Jachuk S. J., Brierly, H., Jachuk, S. u. a. (1982).
[23] Eine umfangreiche Übersicht geben McDowell, I., Newell, C. (1987).
[24] Vgl. Zweifel, P., Zysset-Pedroni, G. (1992), S. 42–44.

1.4
Profilinstrumente und Indexinstrumente

Aufgrund der Multidimensionalität des Konstrukts Lebensqualität stellt sich die Frage, in welchem Ausmaß die Lebensqualität gemessen werden soll. Ist eine detaillierte Vorgehensweise, die die verschiedenen Komponenten der Lebensqualität getrennt berücksichtigt, vorzuziehen oder ist eine Bewertung besser, die diese Informationen zu einer einzigen Zahl zusammenfasst?

Bevor diese Frage beantwortet werden kann, muss geklärt werden, welche Eigenschaften beide Instrumentarien ausmachen und wo die Vor- und Nachteile liegen. *Profilinstrumente* tragen der Tatsache Rechnung, dass Gesundheit mehrdimensional ist, indem für jede einzelne Dimension der Lebensqualität Werte ermittelt werden, d. h. getrennt nach psychischer, physischer und sozialer Gesundheit. Vergleiche der Lebensqualität, beispielsweise von verschiedenen Patientengruppen oder der Lebensqualität zu verschiedenen Zeitpunkten, können nur getrennt nach den Dimensionen erfolgen, da die einzelnen Werte nicht zu einer einzigen Kennzahl aggregiert werden. Beispiele für Profilinstrumente sind das Sickness Impact Profile (SIP)[25], der SF-36[26] und das Nottingham Health Profile (NHP)[27]. Das zuletzt genannte Instrument ist ein zweiteiliger Fragebogen, den der Befragte selbst ausfüllen kann. Er enthält 38 Fragen über 6 Dimensionen (Energie, Schmerz, emotionale Reaktion, Schlaf, soziale Isolation und physische Mobilität), die der Patient mit Ja oder Nein beantworten muss.[28] Das NHP ist vor allem in Großbritannien eines der am häufigsten verwendeten Instrumente.

Bei *Indexinstrumenten* werden dagegen die einzelnen Indikatoren zu einer einzigen Maßzahl zusammengefasst. Zu den Indexinstrumenten zählen beispielsweise der Karnofsky-Index[29], der EQ-5D (EuroQol)[30] und die Quality of Well-Being Scale[31]. Der EQ-5D-Fragebogen ist beispielsweise ein Instrument, das fünf verschiedene Gesundheitsdimensionen berücksichtigt (Mobilität, Körperpflege, allgemeine Tätigkeiten, Schmerzen, Ängstlichkeit) und diese zu einem Indexwert zusammensetzt.[32]

Die Aggregation der Werte der Gesundheitskomponenten ist allerdings nicht unproblematisch, da bei der Zusammenfassung Informationen über die Gewichtung notwendig sind. Werden die Lebensqualitätsprofile für die einzelnen Komponenten getrennt ausgewiesen, benötigt man diese Gewichtung nicht. Das Aggregationsproblem taucht jedoch immer auf, wenn einzelne Komponenten dieses Profils zu einem Indikator zusammengefasst werden sollen. Die Sensitivität der

---

[25] Vgl. Bergner, M., Bobbitt, R. A., Pollard, W. E. u. a. (1976).
[26] Vgl. Ware, J. E. (1993).
[27] Vgl. Hunt, S. M., McEwen, J., McKenna, S. P. (1986).
[28] Vgl. Pedroni, G., Zweifel, P. (1990), S. 37–41.
[29] Vgl. Karnofsky, D. A., Burchenal, J. H. (1949).
[30] Vgl. EuroQol Group (1990).
[31] Vgl. Office of Health Economics (1985), und Kaplan, R. M., Anderson, J. P., Ganiats, T. G. (1993).
[32] Vgl. Greiner, W., Schulenburg, J.-M. Graf v. d. (1995), S. 85.

Messung ist dann häufig gefährdet, da die Informationen zu stark komprimiert werden.[33]

Profilinstrumente sind insofern vorteilhaft, als sie die Folgen einer medizinischen Intervention getrennt für einzelne Dimensionen der Gesundheit aufzeigen können. Sie sind für den Einsatz in Wirtschaftlichkeitsuntersuchungen allerdings nur bedingt geeignet, da die Vergleichbarkeit der Ergebnisse wegen der Wertung unterschiedlicher Dimensionen nicht möglich ist.[34] Aufgrund der Aggregation der Lebensqualitätswerte zu einer einzigen Maßgröße haben Indexinstrumente den großen Vorteil, dass sie direkt in Kosten-Nutzwert-Analysen verwendet werden können. Unter diesem Blickwinkel scheint es so, als ob Indexinstrumente eine wichtige Grundlage für Allokationsentscheidungen sind, während Profilinstrumente vor allem für klinische Untersuchungen relevant sind.[35] Abbildung 1.3 verdeutlicht die Einflussfaktoren auf die Wahl des Messinstrumentariums.

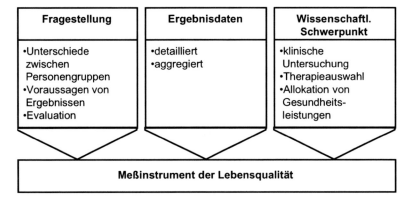

Abb. 1.3. Einflussfaktoren bei der Wahl des Lebensqualitätsmessinstruments[36]

Ein eindeutiger Schluss auf die absolute Vorteilhaftigkeit von Profil- oder Indexinstrumenten ist kaum möglich. Generell ist es wichtig zu betonen, dass es *das* ideale Lebensqualitätsmessinstrument per se nicht gibt. Die Entscheidung für oder gegen ein Index- bzw. Profilinstrument kann immer nur unter Berücksichtigung der spezifischen Fragestellung fallen. Dabei muss nicht nur der jeweilige wissenschaftliche Schwerpunkt berücksichtigt werden, sondern auch die gewünschte Ausbringung und Aufbereitung des Datenmaterials. Tabelle 1.1 fasst noch einmal die Eigenschaften von Profil- und Indexinstrumenten zusammen.

---

[33] Vgl. Pedroni, G., Zweifel, P. (1990), S. 31.
[34] Vgl. Greiner, W., Schulenburg, J.-M. Graf v. d. (1995), S. 84.
[35] Vgl. Drummond, M. F. (1987b), S. 613.
[36] Quelle: In Anlehnung an Bullinger, M. (1993), S. 215.

Tabelle 1.1. Gegenüberstellung der Eigenschaften von Profil- und Indexinstrumenten

Profilinstrumente	Indexinstrumente
• Messung verschiedener Dimensionen der Lebensqualität getrennt	• Ermittlung einer einzigen Kennzahl
• Detailliert	• Aggregiert
• Keine Gewichtung der Dimensionen notwendig	• Gewichtung der Dimensionen notwendig
• Sensitiv	• Wenig sensitiv
• Einsatz eher in klinischen Studien	• Einsatz eher in ökonomischen Studien
• Grundlage für Wirksamkeitsprüfungen	• Grundlage für Allokationsentscheidungen

1.5
Krankheitsspezifische und generische Messinstrumente

Die Fragebögen zur Bewertung der Lebensqualität können außerdem danach unterschieden werden, ob sie für eine spezielle Erkrankung (z. B. Arthritis oder Diabetes) bzw. Beschwerden (z. B. Rückenschmerzen) konzipiert sind oder ob sie unabhängig von einer bestimmten Erkrankung die gesundheitsbezogene Lebensqualität der Befragten untersuchen. Letztere werden als *generische oder krankheitsübergreifende Instrumente* bezeichnet.[37] Der SF-36, das NHP, das SIP und der EQ-5D (EuroQol) gehören beispielsweise in die Gruppe des generischen Instrumentariums. Krankheitsübergreifende Fragebögen können sowohl Profil- oder Indexinstrumente sein, während krankheitsspezifische Fragebögen in der Regel als Profilinstrumente konzipiert sind. Es gibt jedoch auch einige Beispiele für krankheitsspezifische Indexinstrumente.

Krankheitsspezifische Lebensqualitätsfragebögen eignen sich im Wesentlichen für den Einsatz in klinischen Studien, wenn es darum geht, die Veränderung der Lebensqualität aufgrund spezieller medizinischer Interventionen zu messen. Diese auf bestimmte Krankheitsbilder abgestellten Fragebögen erweisen sich für diesen Zweck als überaus sensitiv, d. h. auch kleine Veränderungen der Lebensqualität der Patienten können mit Hilfe des Fragebogens abgebildet werden. Ein allgemeiner Fragebogen wäre nicht in der Lage, Veränderungen über die Zeit so genau anzugeben. Diese Sensitivität des Instrumentariums ist darauf zurückzuführen, dass die Formulierung der Fragen auf die speziellen Symptome der interessierenden Krankheit zugeschnitten ist. Ein weiterer Vorteil des krankheitsspezifischen Messinstrumentariums ist die Interpretationsfähigkeit von Veränderungen der Lebensqualität. Die Interpretation der Ergebnisse ist deshalb relativ einfach, weil zwischen der Veränderung der Lebensqualität und der Veränderung klinischer Parameter, beispielsweise die Höhe des Blutdrucks, ein direkter Zusammenhang hergestellt werden kann. Spezielle Fragebögen sind zudem in der Regel leicht handhabbar, sie sind genau und die Kosten ihrer Anwendung sind vergleichsweise

---

[37] Vgl. Bullinger, M., Kirchberger, I., Steinbüchel, N. v. (1993), S. 122.

niedrig, so dass auch ihre Akzeptanz hoch ist.[38] Bei der Untersuchung der Lebensqualität spezieller Krankheitsbilder wird die Lebensqualität innerhalb einer bestimmten Patientengruppe gemessen, Vergleiche zwischen den Patienten innerhalb dieser Gruppe angestellt und beobachtet, ob Veränderungen der Lebensqualität bei einzelnen Individuen über die Zeit auftreten.

Generische Instrumente sind zwar schwerfälliger in der Handhabung, da sie länger und umfassender sind als spezifische Fragebögen, krankheitsübergreifende Konzepte sind jedoch insofern von großer Bedeutung, da sie eine Vergleichbarkeit der Ergebnisse über verschiedene Patientengruppen und medizinische Behandlungsmaßnahmen erlauben. Sie sind somit für Wirtschaftlichkeitsuntersuchungen und damit auch für Allokationsentscheidungen im Gesundheitswesen verwendbar. Die politische Sichtweise verlangt nach einem generellen Konzept, das eine breite Anwendbarkeit über verschiedene gesundheitspolitische Bereiche und Bevölkerungsgruppen erlaubt.[39] Die Lebensqualität und ihre Änderungen sind hier insofern von Interesse, als Vergleiche zwischen verschiedenen Patientengruppen angestellt werden können.

Außerdem werden viele medizinische Maßnahmen ergriffen, die nicht der Heilung oder Linderung einer einzigen speziellen Krankheit dienen, sondern auf viele verschiedene Krankheiten Wirkungen ausüben. Ein Rauchverbot würde beispielsweise nicht nur koronare Herzkrankheiten lindern bzw. verhindern, sondern auch arterielle Verschlusskrankheiten, Lungenkrebs und einige andere. Nur ein generisches Messinstrument kann ein umfassendes Bild von Lebensqualitätsänderungen bei diesen heterogenen Krankheitsbildern geben.[40] Tabelle 1.2 stellt noch einmal Eigenschaften generischer und krankheitsspezifischer Fragebögen gegenüber.

Tabelle 1.2. Gegenüberstellung der Eigenschaften krankheitsspezifischer und generischer Instrumente

Krankheitsspezifische Instrumente	Generische Instrumente
• Einsatz in klinischen Studien	• Ergebnisse sind in Wirtschaftlichkeitsuntersuchungen verwendbar
• Vergleiche innerhalb von Patientengruppen	• Vergleiche zwischen Patientengruppen
• Sensitiv	• Weniger sensitiv
• Interpretation der Ergebnisse ist einfach	• Erklärung der Ergebnisse ist nicht immer eindeutig möglich
• Kostengünstig	• Einsatz verursacht höhere Kosten
• Kurz	• Länger/komplexer

Indem generische Instrumente einen allgemeinen Nenner für die Ergebnisse medizinischer Maßnahmen setzen, kann krankheitsübergreifend der Nutzen und die relative Effektivität von medizinischen Interventionen beurteilt werden.[41] Aufgrund

[38] Vgl. Patrick, D. L., Deyo, R. A. (1989), S. S217, S221, S227–S228.
[39] Vgl. Patrick, D. L., Deyo, R. A. (1989), S. S227.
[40] Vgl. Kaplan, R. M., Anderson, J. P., Ganiats, T. G. (1993), S. 66.
[41] Vgl. Patrick, D. L., Deyo, R. A. (1989), S. S227.

dieser wichtigen Funktion generischer Messinstrumente ist es nur zu begrüßen, wenn in der letzten Zeit kürzere Versionen dieser umfassenden Fragebögen entwickelt wurden. Zum Beispiel existiert der SF-36 in einer langen Version mit 36 Items und in einer kürzeren Fassung mit 12 Items.

Ähnlich dem Entscheidungsprozess bezüglich Index- oder Profilinstrumenten kann auch hier keine eindeutige Antwort auf die Frage gegeben werden, welcher Art des Instrumentariums der Vorzug zu geben ist. Die Entscheidung für oder gegen einen generischen oder spezifischen Fragebogen hängt sowohl von der jeweiligen Fragestellung als auch von dem Anwendungsbereich des Instruments ab. Geht es bei der Lebensqualitätsuntersuchung beispielsweise darum, Veränderungen der Lebensqualität infolge einer speziellen Therapie für Diabetes-Patienten zu messen, ist der Einsatz eines krankheitsspezifischen Fragebogens sinnvoller. Wird jedoch auch das Ziel verfolgt, diese Ergebnisse mit der Lebensqualität anderer Patientengruppen zu vergleichen, ist zusätzlich die Anwendung eines generischen Fragebogens erforderlich. Beim Einsatz von zwei Arten von Fragebögen ist jedoch zu bedenken, dass sich die Fragen zumindest teilweise ähneln und die Antwortenden irritieren könnte mit der Folge qualitativ schlechterer Daten.

Im Entscheidungsprozeß für ein Messinstrument spielen neben den medizinischen und politischen Zielen auch die Ressourcen des Forschers (finanziell und personell), die Zeitbeschränkungen und die Datenverfügbarkeit eine wichtige Rolle. Außerdem ist der Gesundheitszustand und die mögliche Ausdauer und Geduld der Patienten ein wichtiges Kriterium. Viele verschiedene Parameter spielen also eine Rolle und eine Entscheidung kann nicht generell, sondern nur für den Einzelfall getroffen werden. Fest steht, dass kein einziges Messinstrument alle Bedürfnisse des Forschenden befriedigen kann, sondern dass bei der Messung der Lebensqualität Prioritäten gesetzt werden müssen.[42]

1.6
Ordinale und kardinale Messinstrumente

Lebensqualitätsfragebögen können entweder als Ordinal- oder als Kardinalskala konzipiert sein. Während Ordinalskalen ausschließlich die Rangordnung bestimmter Tatbestände, hier also der Lebensqualität angeben, können mit Hilfe von kardinalen Messungen die Abstände zwischen den Tatbeständen ermittelt werden. Anhand einer Ordinalskala kann gezeigt werden, dass eine bestimmte Lebensqualität besser eingeschätzt wird als eine andere. Letztlich ist jedoch nicht klar, ob ein Zustand wesentlich besser ist oder ob der Abstand nur minimal ist. Dient der Umfang der Lebensqualität als einziges Entscheidungskriterium für die Beurteilung von Therapiealternativen, ist es ausreichend, wenn allein die Rangfolge von Lebensqualitätszuständen definiert ist. Die medizinische Behandlungsmethode, die Patienten auf das höchste Lebensqualitätsniveau bringen kann, ist dann die Therapie der Wahl. Um diese Entscheidung treffen zu können, genügt es zu wissen, ob ein bestimmter Lebensqualitätszustand besser ist als ein anderer. Die Abstände

---

[42] Vgl. Patrick, D. L., Deyo, R. A. (1989), S. S228–S229.

zwischen den einzelnen Lebensqualitätszuständen sind bei einer derartigen Entscheidung irrelevant.

Werden jedoch die Kosten der Behandlung ins Entscheidungskalkül über verschiedene Therapiealternativen einbezogen, ist auch der Abstand zwischen zwei Lebensqualitätsstufen von Bedeutung. Eine bestimmte Therapie kann die Lebensqualität nämlich nur unwesentlich verbessern im Vergleich zu einer Alternative, aber gleichzeitig wesentlich höhere Kosten verursachen. Für Wirtschaftlichkeitsuntersuchungen im Gesundheitswesen sind Kardinalskalen daher von großer Bedeutung. Bekannte ordinale Skalen sind beispielsweise der Karnofsky-Index, der Quality-of-Life-Index[43], das NHP und das SIP. Während die Zahl der ordinalen Skalen in die Hunderte geht, ist die Zahl der verfügbaren Kardinalskalen sehr gering.[44] Beispiele für kardinale Skalen sind der Health-Status-Index[45] und der Index-of-Well-Being[46].

Während die ordinale Lebensqualität allgemein akzeptiert ist und daher problemlos angewendet werdet werden kann, erfordern kardinale Messungen einen größeren Aufwand an Überzeugung zur Teilnahme. Man beurteilt zwar problemlos einen bestimmten Zustand besser oder schlechter als einen anderen, hat aber häufig Bedenken, wenn es um die Zuordnung eines bestimmten Werts geht. Dieses kann dann auch dazu führen, dass die kardinale Messung kostspieliger ist als die ordinale. Die Eigenschaften der ordinalen und kardinalen Skalen werden in Tabelle 1.3 nochmals kurz zusammengefasst.

Tabelle 1.3. Gegenüberstellung der Eigenschaften ordinaler und kardinaler Instrumente

Ordinale Instrumente	Kardinale Instrumente
• Rangordnung wird ermittelt	• Relative Abstände werden ermittelt
• Ausreichend, wenn Lebensqualität alleinige Entscheidungsgrundlage	• Notwendig bei komplexeren Entscheidungsproblemen
• Riesige Auswahl an Instrumenten	• Eingeschränkte Verfügbarkeit von Instrumenten
• Allgemein akzeptiert	• Einsatz wird häufig kritisch hinterfragt
• Wenig aufwändige Erfassung	• Aufwändigere Erfassung

1.7
Zusammenfassung

Wirtschaftlichkeitsuntersuchungen im Gesundheitswesen beziehen sich nicht ausschließlich auf die Erfassung von Kostenkomponenten. Eine Aussage allein über die Höhe der Kosten, lässt noch nicht den Schluss auf die Vorteilhaftigkeit einer Therapiealternative zu. Vielmehr müssen auch qualitative Aspekte bei der Beurtei-

---

43 Vgl. Spitzer, W. O., Dobson, A. J., Hall, J. u. a. (1981).
44 Vgl. Schöffski, O., Rose, K. (1995), S. 597–598.
45 Vgl. Fanshel, S., Bush, J. W. (1970).
46 Vgl. Kaplan, R. M., Bush, J. W., Berry, C. C. (1976).

lung der Wirtschaftlichkeit eine Rolle spielen. Da klassische Outcome-Parameter, wie beispielsweise die Mortalität, die Qualität der medizinischen Versorgung nur unzureichend widerspiegeln, gewinnt die Lebensqualität bei der Ergebnismessung im Gesundheitswesen immer stärker an Bedeutung. Zahlreiche gesundheitsökonomische Studien beschäftigen sich sowohl mit Kosten- als auch mit Lebensqualitätsaspekten.

Dieser Abschnitt hat zunächst einen Überblick darüber gegeben, was unter Lebensqualität zu verstehen ist und wie man sie messen kann. Hier seien die wichtigsten Aspekte nochmals zusammenfassend dargestellt. Das Konstrukt der Lebensqualität ist sehr komplex. Auch die Begrenzung des Begriffes auf den der gesundheitsbezogenen Lebensqualität lässt eine eindeutige Begriffsdefinition nicht zu, da Gesundheit vom einzelnen Patienten subjektiv unterschiedlich bewertet wird. Die Messung der Lebensqualität kann auf unterschiedliche Weise erfolgen. Große Bedeutung haben hierbei vom Patienten selbst auszufüllende Fragebögen erlangt, die auf unterschiedliche Weise klassifiziert werden können. Wichtig ist in diesem Zusammenhang, dass es *den* Goldstandard bei der Lebensqualitätsmessung nicht gibt. Vielmehr ist die Auswahl des Fragebogeninstrumentariums von der jeweiligen Fragestellung abhängig. Das gilt für die Entscheidung zwischen Profil- und Indexinstrumenten genauso wie für die zwischen krankheitsspezifischen und generischen Fragebögen. Sofern Kostenaspekte bei der Auswahl von Therapiealternativen eine Rolle spielen, sind kardinale Messkonzeptionen ordinalen vorzuziehen.

Die Lebensqualitätsforschung hat für die vergangenen Jahrzehnte erhebliche Fortschritte zu verzeichnen. Viele Fragen sind dennoch ungeklärt. Einige Probleme sind hier bereits angeklungen und werden im Rahmen der folgenden Kapitel vertieft.

2 Nutzentheoretische Lebensqualitätsmessung

O. Schöffski

Lehrstuhl für Gesundheitsmanagement, Universität Erlangen-Nürnberg

2.1
Identifiziertes versus statistisches Leben

Ein Grund, warum die Diskussion der Ergebnisse von gesundheitsökonomischen Studien zwischen Ökonomen und Politikern auf der einen und Medizinern auf der anderen Seite emotionell oft hohe Wogen schlägt, ist das unterschiedliche Verständnis der Größe „Leben". Jeder Arzt hat dabei in der Regel einen real existierenden Menschen vor Augen, dem er gemäß dem von ihm geleisteten Eid helfen muss, egal welche Kosten dadurch verursacht werden. Man spricht hierbei von einem *identifizierten Leben*, d. h. die Person ist bekannt und es besteht häufig eine direkte Interaktion zwischen dem Entscheider über die Verwendung von Ressourcen und dem Patienten. Auf dieser Ebene wäre es moralisch bedenklich oder zumindest öffentlicher Kritik ausgesetzt, wenn Kostengesichtspunkte eine Rolle spielen würden.[47] Genau diese Einzelschicksale sind ist es aber, die in Publikumsmedien häufig in den Vordergrund gestellt werden („Frau Mustermann benötigt folgende Leistung, und diese wird ihr von der Krankenkasse aber nicht bezahlt!")

Entscheidungen auf der politischen Ebene, für die gesundheitsökonomische Evaluationen eine Entscheidungsvorbereitung darstellen (der Ökonom würde vielleicht von einem „Management Informations-Tool" sprechen), beeinflussen aber in der Regel *statistische Leben*, d. h. das Leben von Personen, deren Name nicht bekannt ist und zumindest zum Zeitpunkt der Entscheidung auch nicht ermittelt werden kann.

Es ist leicht festzustellen, dass sich die Zahlungsbereitschaft der Bevölkerung für die Rettung eines identifizierten und eines statistischen Lebens ganz wesent-

---

[47] Dieses gilt insbesondere bei der „Rettung" eines Lebens, aber schon weitaus weniger, wenn es bei geringeren Gesundheitsstörungen nur um die Verbesserung des Wohlbefindens geht.

lich unterscheidet. Ein Beispiel soll dieses verdeutlichen.[48] Angenommen, die Rettungskosten für bei einem Grubenunglück verschüttete Bergleute betragen 10 Millionen € pro Kumpel. Diese Kosten werden von der Gesellschaft akzeptiert, da jeder mit den Bergarbeitern und den Angehörigen leidet, deren Bilder auch in der Presse veröffentlicht werden. Wenn es allerdings um die Frage geht, ob der gleiche Betrag in die Grubensicherheit investiert werden soll, mit der die Wahrscheinlichkeit eines Grubenunglücks reduziert werden kann und damit die gleiche oder sogar eine größere Anzahl von Menschen gerettet wird (dieses kann anhand von statistischem Material relativ einfach berechnet werden), wird die Öffentlichkeit eher ablehnend reagieren.[49] Der Unterschied liegt einfach darin, dass einmal im Fall der konkret verunglückten Bergleute identifiziertes Leben auf dem Spiel steht, im anderen Fall aber eine politische Entscheidung getroffen werden muss, mit der nur statistische Wahrscheinlichkeiten reduziert werden, die erst in einem zweiten Schritt in der Zukunft Auswirkungen auf identifiziertes Leben haben werden.

Allerdings sind gesellschaftliche Entscheidungen, die das statistische Leben beeinflussen, sehr inkonsistent. In Großbritannien wurden vor einigen Jahren Maßnahmen, die politisch beschlossen wurden oder aber nicht die erforderlichen parlamentarischen Mehrheiten erhalten haben, anhand der implizit zugrunde liegenden Relationen zwischen Kosten und geretteten (statistischen) Leben bewertet. Es wurden die in Tabelle 2.1 wiedergegebenen Ergebnisse ermittelt.

Auch für aktuelle politische Maßnahmen in unserem Land ließen sich entsprechende Kalkulationen relativ einfach vornehmen. Zu denken ist hier beispielsweise an die Einführung der Gurtpflicht im Auto oder die vorgeschriebene Umrüstung von LKWs mit einem Unterrutschschutz.

Ein weiteres Beispiel für diese Art der Bewertung, das vor einigen Jahren Aufsehen erregte, war die Entscheidung von General Motors, auf eine Rückrufaktion eines ihrer Modelle (Chevrolet Malibu) zu verzichten. Die Umrüstung eines unsicher konstruierten Tanks hätte $8,59 pro Wagen gekostet. Statistisch erwartete man 500 schwere oder tödliche Brandverletzungen durch bei Unfällen explodierende Tanks pro Jahr. Bei der Annahme eines durchschnittlichen Schadenersatzes von $200.000 je Fall hätten sich bei der vorhandenen Anzahl von Autos nur $2,40 Kosten bei der Handlungsalternative „Nichtstun" pro Fahrzeug ergeben. Da diese Kalkulation aber in der Öffentlichkeit bekannt wurde, war sie dann nicht mehr haltbar (self destroying proficy). Sechs Opfern (die die Unfälle zum Teil selbst verschuldet hatten) wurden erstinstanzlich $4,9 Milliarden zugesprochen, da die Geschworenen es nicht mochten, dass Menschenleben mit einem Preisschild versehen werden.[50]

---

[48] Vgl. Breyer, F., Zweifel, P. (1992), S. 21.
[49] Vgl. dazu auch den Aufsatz „Murdering statistical lifes ...?" von Linnerooth, J. (1981).
[50] Vgl. Richarz, H.-R., Kaiser, H. (1999), S. 126.

Tabelle 2.1. Der implizite Wert eines Lebens bei verschiedenen staatlichen Maßnahmen[51]

Entscheidung	Impliziter Wert des Lebens	Begründung
Untersuchung schwangerer Frauen zur Vermeidung von Todgeburten	£50 Maximum	1968 wurde geschätzt, dass bei einer Untersuchung der Östriol-Konzentration die Kosten für eine vermiedene Todgeburt bei £50 liegen. Da diese Methode damals kaum angewandt wurde, kann man davon ausgehen, dass dieser Wert das Maximum darstellt.
Nicht-Einführung von kindersicheren Arzneimittelbehältern	£1.000 Maximum	1971 entschied die Regierung keine weitergehenden Vorschriften zur Kindersicherung von Arzneimittelbehältern zu erlassen. Bei der Gegenüberstellung der zusätzlichen Kosten der Sicherungsmaßnahmen und den Ersparnissen des NHS durch weniger Arzneimittelvergiftungen wurde ermittelt, dass damit ein Kinderleben mit weniger als £1000 bewertet wurde.
Vorschriften bezüglich des Führerhauses von Traktoren	£100.000 Minimum	1969 wurde ein Führerhaus für Traktoren vorgeschrieben, um das Risiko für die Fahrer zu reduzieren. Die jährlichen Kosten wurden auf £4.000.000 geschätzt (£40 für jeden der 100.000 Traktoren). Etwa 40 Leben konnten dadurch jährlich gerettet werden; der implizite Wert eines Lebens lag dabei mindestens bei £100.000.
Änderungen bei den Bauvorschriften aufgrund des teilweisen Zusammenbruchs eines Hochhauses	£20.000.000 Minimum	Nach dem teilweisen Zusammenbruch eines Hochhauses, bei dem einige Mieter getötet wurden, erhöhte man gesetzlich die Baustandards solcher Häuser. Durch eine Gegenüberstellung der Risikoänderungen für die Bewohner und der zusätzlichen Kosten wurde ein impliziter Wert eines Lebens in Höhe von £20.000.000 ermittelt.

Ein ähnliches Problem, wie es hier auf der gesellschaftlichen Ebene dargestellt wurde, findet sich aber auch auf der individuellen Ebene. Eine Person, die aufgefordert wird, einen Preis für die eigene Gesundheit oder sogar für das eigene Leben zu nennen, wird wahrscheinlich antworten, dass diese Güter für keinen Preis der Welt zu verkaufen sind. Es existiert somit kein Austauschverhältnis zwischen Leben und Geld.[52] Trotzdem wird tagtäglich sorglos mit dem Gut Gesundheit (die ja die Lebenserwartung beeinflusst) und dem Leben selbst umgegangen. Für einen

---

[51] Vgl. Card, W. J., Mooney, G. H. (1977), S. 1629.
[52] Diese Behauptung muss etwas relativiert werden. In Einzelfällen gibt es ein Austauschverhältnis zwischen Gesundheit bzw. Leben und Geld, wenn beispielsweise Personen in Entwicklungsländern eine ihrer Nieren verkaufen, obwohl sie wahrscheinlich selbst die Beeinträchtigung ihrer Gesundheit dabei geringer einschätzen als sie tatsächlich ist. Bewusste Verstümmelung, um Geld von der Unfallversicherung zu erhalten, ist ein Phänomen, das auch in Deutschland nicht unbekannt ist. Die Hingabe des eigenen Lebens gegen Geld kann ebenfalls in Einzelfällen in der Realität beobachtet werden, wenn sich Personen das Leben nehmen, damit die Angehörigen in den Genuss einer vereinbarten Lebensversicherungszahlung kommen.

vergleichsweise geringen Gewinn in Form von Genuss, Bequemlichkeit oder Nervenkitzel werden Gesundheit und Leben aufs Spiel gesetzt. Beispiele dafür sind die falsche Ernährung, Rauchen, Leichtsinn im Straßenverkehr, gefährliche Sportarten oder Bungeejumping.[53] Ein kleines Rechenexempel soll verdeutlichen, dass dem Leben ein endlicher Preis zugeordnet wird:[54] Das Risiko, bei einem Verkehrsunfall in einem Kleinwagen zu sterben, betrage 1,5 Prozent und ist damit zweieinhalb mal so groß wie in einer mit besseren Sicherungsmaßnahmen versehenen Limousine (0,6 Prozent). Bei einem angenommenen Preisunterschied zwischen Kleinwagen und Limousine von 30.000 € ist einem Kleinwagenkäufer sein Leben offenbar 3,3 Millionen € nicht wert. Dieser Wert ergibt sich, wenn man die 30.000 € Preisdifferenz dividiert durch das zusätzliche Risiko von 0,9 Prozent.

Dieser scheinbare Gegensatz zwischen dem endlichen und dem unendlichen Wert des Lebens ist dadurch begründet, dass der Preis eines Gutes nicht von seinem Nutzen, sondern von seinem Grenznutzen abhängt. Unter Grenznutzen versteht man dabei den Zuwachs an Bedürfnisbefriedigung, den die zuletzt konsumierte Einheit bewirkt. Er ist nicht konstant, d. h. für jede Einheit gleich groß, sondern nimmt monoton ab. Kleine Verschlechterungen der Überlebenswahrscheinlichkeit bzw. der Restlebenserwartung können daher im Tausch gegen Geld oder andere Güter hingenommen werden, solange der Grenznutzen die Grenzkosten übersteigt. Die erste Einheit eines aufgegebenen Lebens(bruchteils) kostet vergleichsweise wenig, der Preis wird jedoch für jede weitere Einheit wesentlich ansteigen. Die letzte Einheit wird, wie bereits oben dargestellt, für keinen Preis der Welt zu haben sein. Damit löst sich der Widerspruch, dass für Teile des Lebens ein endlicher Gegenwert existiert, die Gesamtheit aber unbezahlbar bleibt.[55]

Auf der individuellen Ebene ist weiterhin festzustellen, dass das subjektiv empfundene Risiko sich häufig nicht mit der tatsächlichen Gefährdung deckt. In den nächsten 10 Jahren werden vermutlich deutlich mehr Personen bei Autounfällen sterben als an der Creutzfeld-Jakob-Krankheit. Trotzdem steigen tagein tagaus Millionen Deutsche wieder in ihr Kraftfahrzeug, während sie einige Jahre lang wegen der BSE-Gefahr um Rindfleisch einen großen Bogen machten.[56]

Wenn nur Wahrscheinlichkeiten durch eine bestimmte Maßnahme beeinflusst werden, kommt es bei der Beurteilung ganz wesentlich auf die Perspektive an. Für den einzelnen Erkrankten wird die Zahlungsbereitschaft wesentlich höher sein als für die Gesellschaft insgesamt. Der Grad der Betroffenheit spielt eine wesentliche Rolle. Insbesondere wird häufig bezweifelt, dass es die gesellschaftliche Perspektive überhaupt gibt. In der Theorie wird oft von einem wohlwollenden Diktator gesprochen, der die Interessen des Volkes wahrnimmt. Wahrscheinlicher ist jedoch, dass die individuellen Interessen die kollektiven dominieren.

Bei den Diskussionen über die Ergebnisse von gesundheitsökonomischen Evaluationen sollte diese Unterscheidung zwischen identifiziertem und statistischem Leben stets im Auge behalten werden. Die Forderungen nach Rationalität und Effizienz im Gesundheitswesen verstoßen solange nicht gegen bestehende Wertvor-

---

[53] Vgl. Blomquist, G. (1981), S. 27.
[54] Vgl. Wettwer, B. (1996), S. 28.
[55] Vgl. Krämer, W. (1988), S. 36.
[56] Vgl. Wettwer, B. (1996), S. 28.

stellungen, wie ausschließlich statistische Menschenleben betroffen sind. Wenn aufgrund finanzieller Restriktionen und nach Ausschöpfung aller Wirtschaftlichkeitsreserven die medizinische Versorgung nicht mehr in allen Bereichen gewährleistet werden kann, führen Entscheidungen über den Ressourceneinsatz an einer Stelle automatisch zu einem Leistungsdefizit an anderer Stelle. Auf der Basis von Informationen, die die Gesundheitsökonomie zur Verfügung stellt, müssen Verteilungsentscheidungen getroffen werden, die die gesellschaftlichen Wertvorstellungen berücksichtigen. Wegen des moralischen Unterschieds zwischen der Bewertung von identifizierten und statistischen Leben darf es sich dabei nicht um Maßnahmen handeln, die einzelne Ärzte dazu zwingt, aufgrund der Ressourcenknappheit zwischen ihren Patienten zu entscheiden (Triage). Dieses wäre moralisch nicht zu rechtfertigen. Es muss möglichst weit von der operationalen Ebene entfernt ein (wenn auch enger) Rahmen geschaffen werden, der allen Patienten die gleichen Möglichkeiten der Behandlung einräumt,[57] wobei allerdings berücksichtigt werden muss, das dieses in Zukunft nicht mehr das maximal Mögliche sein wird.

2.2
Methodologische Standards des Messens

Weil eine direkte Messung der Lebensqualität nicht möglich ist, benötigt man Indikatoren, um sie zu erfassen. Damit können nur indirekte Aussagen über den Stand der Lebensqualität getroffen werden. Die verschiedenen Meßmethoden müssen daher bestimmte methodologische Kriterien und Standards erfüllen, damit die Ergebnisse des Messvorgangs auch verwertbar sind.[58] Objektivität, Reliabilität und Validität bilden dabei die klassischen Gütekriterien des Messen.[59]

Mit dem Kriterium der *Objektivität* wird beschrieben, inwieweit Messergebnisse durch die an der Untersuchung beteiligten Personen beeinflusst werden können. Es lassen sich dabei prinzipiell drei Arten von Objektivität unterscheiden.[60] Die *Durchführungsobjektivität* ist um so eher erfüllt, je weniger der Untersuchungsleiter die Befragten beeinflussen kann. Dieses könnte beispielsweise durch die Vermittlung der eigenen Ziel- und Wertstruktur des Fragenden erfolgen, z. B. durch seine Art der Befragung oder auch durch sein äußeres Erscheinungsbild. Die *Auswertungsobjektivität* ist um so eher erfüllt, je weniger Freiheitsgrade es bei der Auswertung der Messergebnisse gibt. Insbesondere bei der Auswertung von freien Interviews fließen die Meinungen und Ansichten des Auswertenden in das Ergebnis mit ein, da eine klare Zuordnung der freien Antworten in bestimmte Kategorien nicht immer zweifelsfrei möglich ist. Diese Gefahr kann durch die Beschränkung auf standardisierte Antwortmöglichkeiten zumindest reduziert werden. Die *Interpretationsobjektivität* ist tendenziell dann gewährleistet, wenn bei der Aus-

57 Vgl. Arnold, M. (1992), S. 8.
58 Vgl. Pedroni, G., Zweifel, P. (1990), S. 21.
59 Vgl. Berekoven, L., Eckert, W., Ellenrieder, P. (1989), S. 84.
60 Vgl. Berekoven, L., Eckert, W., Ellenrieder, P. (1989), S. 84–85.

wertung so wenig wie möglich Interpretationsspielraum besteht. Gerade bei der Messung von verschiedenen Gesundheitszuständen wird sehr häufig auf Interviews und Fragebögen zurückgegriffen. Deshalb ist eine Schulung der mit der Untersuchung betrauten Personen unerlässlich, damit nicht durch unterschiedliches Verhalten während der Datenerhebungs-, Auswertungs- und Interpretationsphase das Kriterium der Objektivität verletzt wird.

Die *Reliabilität* umfasst die formale Genauigkeit eines Messinstruments. Bei wiederholter Messung müssen die Ergebnisse reproduzierbar sein, d. h. auch dass abweichende Messergebnisse nur auf Veränderungen des Gesundheitszustands zurückzuführen sind. Eine hohe Reliabilität oder auch *Zuverlässigkeit* liegt dann vor, „wenn die Unterschiede der gemessenen Indikatorwerte (genauer: ihre Streuung) vor allem auf Unterschiede der interessierenden Gesundheitskomponente und nur zu einem kleinen Teil auf den (zufälligen) Messfehler zurückgehen".[61] Da die meisten Komponenten der Lebensqualität nur über subjektive Beobachtungen erfasst werden können, ist die Wahrscheinlichkeit für Messfehler relativ hoch. Je genauer die Indikatoren definiert und abgegrenzt werden, desto geringer ist die Gefahr. Man kann die Zuverlässigkeit eines Messinstrumentes testen, indem man es denselben Personen mehrfach vorlegt (Test-Retest-Methode).[62] Die Werte der verschiedenen Tests werden anschließend miteinander korreliert. Es ist dabei darauf zu achten, dass einerseits der Abstand zwischen den Wiederholungen nicht zu kurz ist, damit sich die Personen nicht an ihre vorher gemachten Antworten erinnern,[63] andererseits der Abstand aber auch nicht zu lang ist, da dann veränderte Antworten auch auf einen veränderten Gesundheitszustand oder eine veränderte Einstellung zurückzuführen sein können.

Die *Validität* oder auch *Gültigkeit* ist ein Maß dafür, inwieweit die gemessene Größe auch tatsächlich die gesuchte, nichtbeobachtbare Variable erfasst. Will man beispielsweise anhand des Indikators „Schlafstörung" die physische Gesundheit messen, so kann es durchaus sein, dass positive Antworten auf Fragen wie „Wachen Sie nachts häufig auf?" auch über die psychische Gesundheit erklärt werden.[64] Damit wäre die Forderung nach der internen Validität verletzt, die verlangt, dass sich Schwankungen der gemessenen Größen allein auf die Veränderung der gesuchten Komponente zurückführen lassen. Die externe Validität wäre dann verletzt, wenn sich die Ergebnisse der betrachteten Stichprobe nicht auf die Grundgesamtheit übertragen lassen, da die Repräsentativität nicht gewährleistet ist. Auch die Sensitivität des Messinstruments muss gewährleistet sein, damit der Grad der Veränderung der interessierenden Gesundheitskomponente genau erfasst werden kann. So kann die Befragung beispielsweise nur sehr grob differenzierte Antworten zulassen (ja/nein), feinere Abstufungen (stimmt völlig, stimmt weitgehend, stimmt etwas, stimmt gar nicht) oder sogar einzelne Zustände sehr detailliert beschreiben (kann 50 Meter schmerzfrei ohne Hilfe laufen, kann sich nur mit Krücken bewegen, ist ans Haus gebunden). Am präzisesten sind dabei stufenlose Messinstrumente, die sich einer kardinalen Skalierung bedienen. Wie sensitiv ein

---

[61] Pedroni, G., Zweifel, P. (1990), S. 23.
[62] Vgl. Berekoven, L., Eckert, W., Ellenrieder, P. (1989), S. 86.
[63] Vgl. Patrick, D. L., Erickson, P. (1993), S. 39.
[64] Vgl. Berekoven, L., Eckert, W., Ellenrieder, P. (1989), S. 86.

Messinstrument sein soll, hängt insbesondere vom Zweck der Untersuchung ab. Für eine allgemeine Beschreibung des Gesundheitszustands reicht eine ja/nein-Unterscheidung bei der Frage nach der Mobilität vielleicht aus. Soll dagegen eine neue Therapie zur Wiedererlangung der Gehfähigkeit bewertet werden, wäre diese Unterscheidung sicherlich völlig unzureichend.[65]

Neben den drei klassischen Gütekriterien Objektivität, Reliabilität und Validität existiert noch weitere Kriterien, die insbesondere bei der praktischen Durchführung von Studien von Bedeutung sind.[66] Als erstes wäre die *Praktikabilität* zu nennen. Jede Informationsbeschaffung ist mit finanziellem und zeitlichem Aufwand verbunden. Je umfangreicher und detaillierter ein Forschungsansatz angelegt ist, desto höher sind seine Durchführungskosten. Auf der anderen Seite sind, wie oben beschrieben, bestimmte Qualitätskriterien zu erfüllen. Aber auch Qualität ist keine ja/nein-Entscheidung, sondern ein Kontinuum. So muss bei jeder Studie entschieden werden, wie viel mehr Aufwand man tätigen kann und will, um eine zusätzliche Einheit von Qualität der Studie zu erreichen. Praktikabilität ist allerdings nicht ausschließlich auf finanzielle und organisatorische Aspekte beschränkt. Auch der Schwierigkeitsgrad bei der Anwendung darf nicht zu hoch liegen. Ein Instrument, das nicht von den potentiellen Befragten (oder sogar von den Anwendern) verstanden wird, hat kaum eine Chance, praktische Bedeutung zu erlangen. Daraus kann man schlussfolgern, dass immer die am wenigsten komplizierten Methoden und die am leichtesten anwendbaren Techniken eingesetzt werden sollen, solange sie nur den Messzweck erfüllen.[67] Weiterhin ist festzustellen, dass Instrumente häufig in *alternativen Formaten* vorliegen (z. B. lange und kurze Versionen, Versionen für Erwachsene und Kinder). Es muss gewährleistet sein, dass alle alternativen Formate miteinander kompatibel sind. Ähnliches gilt für die *kulturelle und sprachliche Adaption* der Instrumente. Studien werden immer mehr international durchgeführt, dieses muss bei den Instrumenten berücksichtigt werden.

Damit die Lebensqualität als eine Dimension in Nutzwertanalysen einfließen kann, müssen die Gewichtungsfaktoren auf der Ordinate abgeleitet werden, d. h. eine kardinale Messung ist notwendig. Dazu existieren prinzipiell drei Möglichkeiten: die Entnahme von bereits existierenden Werten aus der Literatur, Plausibilitätsüberlegungen (judgements) oder das eigene Messen.[68] Verwirft man die ersten beiden Möglichkeiten, weil entweder keine geeigneten Daten vorliegen oder die Lebensqualitätsbewertung anhand von Selbsteinschätzungen durchgeführt werden soll, muss man den befragten Personen auf direktem oder indirektem Weg ihre Präferenzen bezüglich der entsprechenden Gesundheitszustände entlocken.[69] Die wichtigsten dabei zur Verfügung stehenden Methoden sind das Rating Scale-Verfahren, das Standard Gamble-Verfahren, die Time Trade-off-Methode, die

---

[65] Vgl. Berekoven, L., Eckert, W., Ellenrieder, P. (1989), S. 87.

[66] Vgl. Joel Coons, S., Rao, S., Keininger, D. L., Hays, R. D. (2000), S. 16.

[67] Vgl. Ware, J. E., Brook, R. H., Davies, A. R., Lohr, K. N. (1981), S. 622.

[68] Vgl. Drummond, M. F., Stoddard, G. L., Torrance, G. W. (1987), S. 115.

[69] Vgl. Torrance, G. W. (1986), S. 17.

Person Trade-off-Methode oder die Zahlungsbereitschaft.[70] Diese werden im Folgenden näher dargestellt.

Innerhalb der verschiedenen Verfahren kann es notwendig sein, die Methodik zu variieren. Eine differenzierte Betrachtungsweise ist beispielsweise erforderlich für chronische oder temporäre Gesundheitszustände. Diese Unterscheidung macht es auch notwendig, als zusätzliche Komponente die zeitliche Ausdehnung der zu bewertenden Gesundheitszustände zu berücksichtigen. Die zu vergleichenden Zustände sollen dabei im Normalfall dieselbe Zeitspanne umfassen. Komplizierter wird es, wenn unterschiedliche Zeiträume in die Betrachtung mit einbezogen werden sollen. Dann müssen mehrfache Testserien durchgeführt werden, die jeweils um bestimmte Referenzzustände erweitert werden.[71] Aus Gründen der Übersichtlichkeit werden hier aber immer gleiche Zeiträume vorausgesetzt.

Wer soll aber eigentlich zum Zwecke der Lebensqualitätsbewertung befragt werden? Hier können mehrer Personenkreise benannt werden, für die jeweils gewichtige Gründe sprechen:[72]

- *Die Betroffenen selbst*: Diese haben am meisten Erfahrung mir den Auswirkungen der Erkrankung und ihre Präferenzen sollten daher am ehesten berücksichtigt werden. Allerdings gibt es Hinweise darauf, dass Patienten, die an einer bestimmten Erkrankung leiden, einen Anreiz dafür haben ihren Zustand zu übertreiben, um dadurch ein besseres Kosten-Nutzwert-Verhältnis für die Prävention, Behandlung oder Forschung ihrer Erkrankung zu erreichen.[73] Auf der anderen Seite kann es sein, dass sich die Patienten an ihren Gesundheitszustand gewöhnen *(Coping)* und daher ihn subjektiv als weniger schlimm empfinden als er objektiv ist.[74]
- *Ärzte oder andere Gesundheitsberufe*: Diese haben am meisten professionelle Erfahrung mit der Erkrankung und können objektiv beurteilen. Außerdem sind sie häufig besser verfügbar als Patienten und eventuell sogar potenziell Betroffene.
- *Angehörige*: Falls die Betroffenen sich nicht selbst äußern können, können die Angehörigen eventuell am Besten die Auswirkungen einschätzen. Zu unterscheiden sind dabei allerdings die Auswirkungen auf die Angehörigen selbst und die Auswirkungen für den Betroffenen, die die Angehörigen nur als Vertreter bewerten sollen.
- *Allgemeine Bevölkerung*: Allokationsentscheidungen werden nicht von den Betroffenen getroffen, sondern von der allgemeinen Bevölkerung. „Allgemein" heißt dabei nicht „gesund", da in einer hinreichend großen Bevölkerungsstichprobe auch alle Krankheiten vertreten sein müssten. Durch den „Schleier der Ungewissheit", d. h. durch die Befragung von Personen, die von der Erkran-

---

[70] Aufgrund der Sperrigkeit der deutschen Übersetzungen und wegen der weiten Verbreitung der englischsprachigen Begriffe in der einschlägigen Literatur werden diese im Folgenden auch häufig verwendet.
[71] Vgl. Torrance, G. W. (1986), S. 19.
[72] Vgl. Petrou, S. (2001), S. 4.
[73] Vgl. Torrance, G. W. (1986), S. 15–16.
[74] Vgl. McKie, J. (1998), S. 35.

kung nicht betroffen sind, aber einmal betroffen sein könnten, kommt man e-
ventuell zu objektiven Ergebnissen.[75] Außerdem können im Rahmen einer solchen Befragung gleich mehrere Zustände gleichzeitig abgefragt werden, ein
nicht zu unterschätzender Aufwandsvorteil gegenüber der Befragung von Betroffenen.

Während bei der Bewertung durch den Patienten selbst naturgemäß immer nur ein
Zustand bewertet wird, lassen sich bei der Bewertung von „fremden" Zuständen
mehrere Zustände abfragen. In den folgenden Kapiteln wird in der Regel immer
von letztgenannter Vorgehensweise ausgegangen.

Ebenso kann es Einfluss auf das Messverfahren haben, wenn nicht der Tod als
der schlimmste aller Zustände angesehen wird. Da bei der Verwendung des
QALY-Konzepts die Ordinate als Referenzpunkt den Tod mit dem Präferenzwert
0 definiert, kann es vorkommen, dass die Werte der einzelnen Verfahren in eine
0/1-Standardskala überführt werden müssen.

2.3
Rating Scale

2.3.1
Die Methodik

Die typische *Rating Scale* besteht aus einer Linie (horizontal oder vertikal) mit
eindeutig definierten Endpunkten. Diese Linie wird bei der vertikalen Variante
häufig auch anschaulich als *Thermometer (feeling thermometer)* bezeichnet. Die
Skala kann dabei Nummern tragen (häufig 1–100), in Klassen eingeteilt sein (z. B.
0–10) oder einfach eine bestimmte Länge haben (häufig 10 cm). Die Endpunkte
repräsentieren dabei die am niedrigsten und am höchsten bewerteten Gesundheitszustände. Alle übrigen Gesundheitszustände werden so zwischen diesen beiden
Punkten angeordnet, dass die Abstände zwischen zwei Zuständen dem individuellen Empfinden der relativen Unterschiede entsprechen.[76] Es ist demzufolge keine
Gleichverteilung der Zustände auf der Linie vorgesehen, sondern die Einordnung
nach dem persönlichen Empfinden.

Bei der praktischen Durchführung der Befragung bietet es sich an, wie auch bei
den weiteren zu behandelnden Methoden, visuelle Hilfsmittel zu verwenden. Zunächst werden dem Befragten die in Frage kommenden Gesundheitszustände vorgelegt. Jeder Gesundheitszustand wird dabei von einer Karte repräsentiert, auf der
der Gesundheitszustand anhand der verschiedenen Komponenten (z. B. Mobilität,
Schmerz, soziale Kontakte) beschrieben ist (schriftlich oder auch als graphische
Darstellung). Jede Karte ist farblich unterschiedlich gekennzeichnet, zu jeder Kar-

---

[75] Vgl. Brown, J., Sculpher, M. (1999), S. 21.
[76] Vgl. Torrance, G. W. (1986), S. 18–19.

te existiert ein korrespondierender Pfeil in der gleichen Farbe, mit dem später die Position auf der Skala angezeigt wird.

Die Struktur jeder Karte ist dabei gleich, nur die Ausprägung der einzelnen (Teil-)Dimensionen unterscheidet sich. Beispielsweise wird auf jeder Karte als erster Punkt der Schmerz dargestellt, der Zustand auf der ersten Karte wird beispielsweise mit „mäßiger Schmerz", auf der zweiten Karte mit „keinerlei Schmerzen" und auf der dritten Karte mit „sehr starke Schmerzen" beschrieben. Wichtig ist, dass der Gesundheitszustand nur anhand dieser Komponenten beschrieben wird, die zugrunde liegende Diagnose aber nicht vermerkt ist. So steht beispielsweise nicht auf der Karte „Zustand bei metastasierendem Brustkrebs nach zweiter Chemotherapie" oder „leichter Migräneanfall", sondern nur die Beschreibung des Zustands, beispielsweise „selten geringe Schmerzen, sehr depressiv, eingeschränkte soziale Kontakte". Gleiche Beschreibungen von Gesundheitszuständen können demzufolge durch verschiedene Krankheiten begründet sein, sie werden aber identisch bewertet. Die Bewertung erfolgt demzufolge nach dem *Finalprinzip*, d. h. ausschlaggebend ist ausschließlich der Zustand, in dem sich die beschriebene Person befindet. Eine medizinische Definition erfolgt nicht, d. h. der Bewertende weiß nicht, warum dieser Zustand eingetreten ist, er hat keinerlei Anhaltspunkte über die Grunderkrankung oder den eingeschlagenen Behandlungsweg *(Kausalprinzip)*.[77]

Die zu bewertenden klinischen Zustände müssen demzufolge einheitlich beschrieben, d. h. in ein bestimmtes Schema gepresst werden, in dem auch nur bestimmte Abstufungen erlaubt sind. Dieses erfolgt in der Regel durch eine *Delphi-Befragung* von klinischen Experten, die eine langjährige Erfahrung mit der entsprechenden Patientenklientel haben. Insbesondere bei internationalen Studien erfolgt dann noch ein aufwändiger Übersetzungs- und Rückübersetzungsprozess, um zu gewährleisten, dass in jedem beteiligten Land die Beschreibungen auch gleich verstanden werden.

Der Befragte wird aufgefordert, aus den vorliegenden Karten den schlechtesten und besten Zustand herauszusuchen. Dieses ist in der Regel problemlos möglich, da eine entsprechende Karte mit keinerlei dokumentierten Einschränkungen und eine mit jeweils maximalen Einschränkungen bezüglich jeder Dimension bzw. dem Tod existiert. Die korrespondierenden Pfeile werden nun an eine Skala von 0 bis 100 gelegt, der beste Zustand erhält dabei den Wert 100, der schlechteste Zustand den Wert 0. Obwohl beispielsweise beim QALY-Konzept die Normierung der Ordinate auf die Werte 1 und 0 vorgesehen ist, hat es sich gezeigt, dass Individuen besser mit ganzzahligen Abstufungen arbeiten können als mit Abstufungen im Nachkomma-Bereich.[78] Die Werte von 0 bis 100 werden daher bei den späteren Auswertungen als Prozent verstanden.

Jede weitere Karte wird nun vom Befragten zwischen dem schlechtesten und dem besten Gesundheitszustand gemäß seinen Präferenzen eingeordnet. Dieses

---

[77] Dieses gilt natürlich nur, wenn „fremde" und nicht der eigene Zustand bewertet wird.

[78] Einige Wissenschaftler gehen davon aus, dass es generell unangemessen ist von einer „perfekten" Gesundheit auszugehen und nehmen daher statt 1 als maximalem Wert 0,95 auch bei den gesündesten Personen an, vgl. Gold, M. R., Stevenson, D., Fryback D. G. (2002), S. 125.

wird jeweils mit dem entsprechenden Pfeil visualisiert. Die Karten mit den Beschreibungen der Zustände werden in die Nähe der Pfeile gelegt, damit der Befragte jederzeit seine bis dahin getroffenen Bewertungen überprüfen kann. In der Praxis bietet es sich an, die Skala möglichst groß zu erstellen und auf einem Filzuntergrund anzubringen. Die Pfeile werden auf der Rückseite mit einem Klettverschluss versehen. Dieses verhindert das ungewollte Verrutschen der Pfeile während der Befragung und die Abstände können jederzeit verändert werden, bis man mit dem Ergebnis zufrieden ist.

Sind die verschiedenen Alternativen endgültig in der Skala angeordnet, hängt es von den zugrunde liegenden Gesundheitszuständen ab, wie die Präferenzwerte ermittelt werden. Dabei ist zwischen chronischen und temporären Gesundheitszuständen zu unterscheiden.

Bevor diese Vorgehensweise detailliert dargestellt wird, sollen hier noch kurz zwei Varianten des Rating Scale erwähnt werden, die sich aber in der Literatur nicht durchsetzen konnten. Beim *Category Scaling* oder *Category Rating* wird zwischen den Referenzpunkten eine Klasseneinteilung verwendet. Die einzelnen Karten können dort in nummerierte Kästen sortiert werden, die jeweils einer Klasse entsprechen.[79] Beim *Ratio Scaling* (in jüngerer Zeit auch als *Magnitude Estimation* bezeichnet)[80] wird ein paarweiser Vergleich von Zuständen vorgenommen. Zustand *A* soll gegenüber Zustand *B* bewertet werden und zwar in der Form, dass *B* als *x*-mal schlechter eingestuft wird wie *A*. Aus der Relation aller abgefragten Zustände kann dann wiederum eine Skala gebildet werden.[81] Diese Vorgehensweise wurde bei der ursprünglichen Rosser-Matrix (s. Kap. A 6.3) angewandt.[82]

2.3.2
Chronische Gesundheitszustände

Wie bereits weiter oben dargestellt, muss bei der Ermittlung der Präferenzwerte beim Rating Scale-Verfahren bezüglich chronischen und temporären Gesundheitszuständen differenziert werden und innerhalb dieser beiden Differenzierungen nochmals danach, ob der Tod (für den auch eine Bewertungskarte existiert) oder ein anderer Gesundheitszustand als der am wenigsten gewünschte Zustand angesehen wird. Ist der Tod die am wenigsten erstrebenswerte Alternative, wird sie an das Ende der Skala gesetzt und erhält somit den Wert 0. Die erstrebenswerteste Möglichkeit (normalerweise eine Karte mit der Aufschrift „vollständige Gesundheit" oder eine Karte, bei der bei keiner Kategorie irgendeine Einschränkung angegeben wird) erhält den Wert 100. Durch einfaches Ablesen der Werte jeder Karte auf dem Thermometer und Division durch 100 ergibt sich der zugehörige Lebensqualitätswert, normiert auf das Intervall zwischen 0 und 1.

Wurde ein anderer Zustand als schlechtester Zustand definiert (und ist damit weniger gewünscht als der Zustand „Tod"), so muss eine Transformation der Wer-

---

[79] Vgl. Torrance, G. W. (1987), S. 596.
[80] Vgl. Green, C., Brazier, J., Deverill, M. (2000), S. 153.
[81] Vgl. Torrance, G. W. (1986), S. 25.
[82] Vgl. Drummond, M. F., Sculpher, M. J., Torrance, G. W. u. a. (2005), S. 176–177.

te vorgenommen werden. Dieser schlechteste Zustand erhält den Wert 0 und der Zustand „Tod" liegt irgendwo zwischen 0 und 100. Da aber das Intervall zwischen dem besten Zustand l und Tod d auf 1 normiert werden soll, lautet das Referenzintervall $(1-d)$. Für einen beliebigen Gesundheitszustand i ergibt sich dadurch der Präferenzwert nach der Formel $(z_i-d)/(1-d)$, wobei z die Platzierung auf der Skala angibt.

Ein Beispiel soll dieses verdeutlichen: „Tod" habe den Wert 20 erhalten $(d=0,2)$, der Zustand „leichte Einschränkung der Bewegungsfähigkeit und geringe Schmerzen" 80 $(z_1=0,8)$ und „bewegungsunfähig mit starken Schmerzen" 0 Punkte $(z_2=0)$. Daraus ergibt sich ein Präferenzwert für den ersten Zustand von $h_1=0,75$ $[=(0,8-0,2)/(1-0,2)]$, für den zweiten Zustand von $h_2=-0,25$ $[=(0-0,2)/(1-0,2)]$, während „vollständige Gesundheit" den Wert 1 $[=(1-0,2)/1-02)]$ und „Tod" den Wert 0 $[=(0,2-0,2)/(1-0,2]$ behalten. Dadurch, dass der Tod nicht die schlechteste Alternative darstellt, werden nun auch negative Lebensqualitätswerte möglich (vgl. dazu Kap. A 6.3).

2.3.3
Temporäre Gesundheitszustände

Vorübergehende Krankheiten und damit Gesundheitszustände werden dem Befragten so beschrieben, dass sie für einen genau abgegrenzten Zeitraum andauern, und die Person danach unmittelbar zu vollständiger Gesundheit zurückkehrt. Der Befragte wird wiederum aufgefordert, den besten und schlechtesten der temporären Zustände als Endpunkte der Skala zu bestimmen. Solange nur Morbidität und keine Mortalität in diesen Vergleich einfließt und das Ergebnis auch keiner Studie, in der Mortalität eine Rolle spielt, gegenübergestellt werden soll, kann wie oben bei den chronischen Gesundheitszuständen der Wert direkt abgelesen werden.

Sollte dieses nicht der Fall sein, muss eine Umformung vorgenommen werden, um auf die standardisierte 0/1-Skala zurückzukehren. Dafür wird der am schlechtesten eingestufte Zustand zu einem chronischen umdefiniert. Für diesen wird nach den oben angeführten Prinzipien ein Wert ermittelt, mit dessen Hilfe eine Lineartransformation der anderen temporären Werte vorgenommen werden kann.[83]

Auch hier soll ein Beispiel den Sachverhalt verdeutlichen. Die Formel der Lineartransformation lautet $h_{i,std}=ah_{i,temp}+b$. Zustand l_{temp} sei der am wenigsten präferierte Zustand. Nach seiner Neudefinition als l_{chr} wurde ihm der Präferenzwert 0,4 auf der Standardskala zugeordnet. Damit ist $b=0,4$. Die Referenzzustände „vollständige Gesundheit" g_{temp} und g_{std}, sowohl auf der Ausgangsskala als auch auf der Standardskala, haben immer den Wert 1. Daher gilt $l=a+0,4$, daraus folgt, dass $a=0,6$ ist. Die vollständige Transformationsformel für diesen Fall lautet also $h_{i,std}=0,6h_{i,temp}+0,4$. Ein temporärer Gesundheitszustand 2_{temp}, dem der Wert 0,6 zugeordnet worden ist, hätte dann auf der standardisierten Skala einen Präferenzwert von $h_2=0,76=0,6 \cdot 0,6+0,4$.

---

[83] Vgl. Torrance, G. W. (1986), S. 19. Dieses erfolgt ähnlich der Überführung °F in °C.

2.4
Standard Gamble

2.4.1
Die Methodik

Das Standard Gamble-Verfahren gilt als die klassische Methode, um kardinale Präferenzen gemäß der Erwartungsnutzentheorie zu ermitteln.[84] Explizit wird die Unsicherheit über den Ausgang einer Entscheidung in die Bewertung mit einbezogen.[85] Hintergrund der Überlegungen ist, dass Wahrscheinlichkeiten und objektiv messbare Nutzengrößen (z. B. Geldeinheiten, Lebensjahre, Lebensqualität) nicht ausreichend sind, um das Verhalten von Individuen zu erklären. Dieses sei an einem Beispiel, dem *St. Petersburg Paradoxon* dargestellt:

> Ein Spieler, der gegen die Bank spielt, wirft eine Münze. Erscheint *Zahl* beim ersten Wurf, erhält er 2 € und das Spiel ist beendet. Erscheint beim ersten Wurf *Kopf*, darf er nochmals werfen. Erscheint dann *Zahl* beim zweiten Wurf, erhält er 4 €. Die Gewinnausschüttungsregel lautet, dass weitergespielt wird solange *Kopf* erscheint. Sobald das erste Mal *Zahl* geworfen wird ist das Spiel beendet und der Spieler erhält 2^n €, d. h. mit jeder Runde verdoppelt sich der mögliche Gewinn.

Es besteht nun die Frage, wie viel der Spieler bereit ist, für die Teilnahme an dem Spiel zu bezahlen. Der Erwartungswert des Gewinns, gebildet aus Auszahlung und Eintrittswahrscheinlichkeit, ergibt sich als

$$
\begin{aligned}
E(X) &= 2 \cdot 1/2 + 4 \cdot 1/4 + 8 \cdot 1/8 + 16 \cdot 1/16 + \dots \\
&= 1 \quad + \quad 1 \quad + \quad 1 \quad + \quad 1 \quad + \dots = \infty \ €
\end{aligned}
$$

Empirisch kann aber sehr schnell festgestellt werden, dass kein Spieler bereit ist den Erwartungswert, d. h. in diesem Fall unendlich viel für dieses Spiel als Einsatz zu bezahlen. Daniel Bernoulli erkannte daher bereits im Jahre 1738, dass für die Bewertung eine weitere Größe relevant ist, nämlich die subjektive Nutzenbewertung der möglichen Auszahlungen durch den Entscheidungsträger. Nicht die Ergebnisse selbst sollen mit den Wahrscheinlichkeiten gewichtet werden, sondern erst die Zahlen, die sich durch Einsetzen der Ergebnisse in eine numerische Bewertungsfunktion ergeben.[86] Hierdurch erhält man einen *Nutzenerwartungswert (expected utility)*,[87] der nach Bernoulli eine geeignete Beurteilungsgröße für den Vergleich von Aktionen darstellt.

---

[84] Vgl. Froberg, D. G., Kane, R. L. (1989), S. 461, Miller, W., Robinson, L. A., Lawrence, R. S. (Hrsg.) (2006), S. 78.

[85] Vgl. Neumann, J. P., Goldie, S. J., Weinstein, M. C. (2000), S. 591.

[86] Vgl. Bamberg, G., Coenenberg, A. G. (2004), S. 85.

[87] Vgl. Morrison, G. C. (1997), S. 564–566.

Diese Methode, die heute noch als Bernoulli-Prinzip bezeichnet wird, wurde allerdings erst 1944 von John von Neumann und Oskar Morgenstern in die heutige Form gebracht.[88] Der Ansatz besteht darin, mit Hilfe einer geeignet gewählten monoton wachsenden Nutzenfunktion die Wahrscheinlichkeitsverteilung über Ergebniswerte in eine solche über Nutzenwerte umzuwandeln und dann den Erwartungswert dieser Nutzenverteilung als Präferenzfunktional zu wählen. Dabei sind der Nullpunkt und die Maßeinheit frei wählbar, es wird dabei vorausgesetzt, dass ein interpersoneller Nutzenvergleich möglich ist. Dieses soll an einem Beispiel verdeutlicht werden. Es sei einmal angenommen, dass ein Patient die Möglichkeit hat, sich einer Operation zu unterziehen. Diese Operation kann entweder glücken (der Patient lebt dann noch 11 Jahre, Eintrittwahrscheinlichkeit 50%) oder misslingen (Restlebenserwartung 1 Jahr, Eintrittswahrscheinlichkeit 50%). Diesen beiden Extremwerten wird nun (willkürlich) ein Nutzen U von 100 bzw. 0 zugeordnet, formal:

$$U(x_1) = U(1 \text{ Lebensjahr}) \quad = 0, \qquad \text{Eintrittswahrscheinlichkeit } z_1 = 0,5$$
$$U(x_2) = U(11 \text{ Lebensjahre}) = 100, \qquad \text{Eintrittswahrscheinlichkeit } z_2 = 0,5$$

Es sei einmal angenommen, dass alternativ zu dieser Operation eine Arzneimitteltherapie existiert, die ein sicheres Ergebnis liefert, das irgendwo zwischen 1 und 11 Jahren liegt. Es besteht nun die Frage, welches sichere Ergebnis dem Patienten genauso lieb ist wie die beschriebene Lotterie zwischen 1 und 11 Lebensjahren. Die individuelle Nutzenfunktion verlaufe einmal so wie in der folgenden Abbildung dargestellt (s. Abb. 2.1).

Aus der Verteilung ergibt sich ein Ergebniserwartungswert E(X) von 6 Lebensjahren (= 0,5 · 1 + 0,5 · 11), der Erwartungswert des Nutzens E[U(X)] beträgt 50 (= 0,5 · 0 + 0,5 · 100). Derselbe Erwartungswert des Nutzens ergibt sich in diesem Beispiel bei einem sicheren Ergebnis von 3 Lebensjahren. Dieses wird als Sicherheitsäquivalent (SÄ) bezeichnet.[89] In diesem Fall ist das Sicherheitsäquivalent kleiner als der Erwartungswert des Ergebnisses. Dem Entscheidungsträger ist ein sicheres Ergebnis von 3 Lebensjahren genauso lieb wie der Erwartungswert der beschriebenen Verteilung aus 1 und 11 Lebensjahren. Das Sicherheitsäquivalent ist demzufolge der Betrag, der dem Entscheidungsträger genauso viel wert ist wie eine Wahrscheinlichkeitsverteilung mit bestimmten vorgegebenen Ergebnissen. In diesem Fall wurde von einem risikoaversen Individuum ausgegangen. Bei Risikoneutralität wäre die Nutzenfunktion linear mit U(X) = X, bei Risikofreude wäre die Nutzenfunktion nach unten gewölbt und das Sicherheitsäquivalent wäre größer als der Erwartungswert der Verteilung. In der Regel kann man allerdings von risikoscheuen Individuen ausgehen.

Will man gemäß den Axiomen von von Neumann und Morgenstern den Nutzen ermitteln, den ein Individuum einer bestimmten Maßnahme oder seinem Ergebnis zumisst, so wird in der Regel gemäß dem Standard Gamble-Ansatz folgendermaßen vorgegangen: Die Befragten werden in eine Entscheidungssituation versetzt, in der sie sich für eine von zwei Alternativen entscheiden müssen, von denen eine ein sicheres Ergebnis aufweist, das mit 100 Prozent Wahrscheinlichkeit eintritt,

---

[88] Vgl. Neumann, J. v., Morgenstern, O. (1953).
[89] Vgl. Bamberg, G., Coenenberg, A. G. (2004), S. 88.

und die andere Alternative ein Spiel ist, dessen Ausgang offen ist, da für die in der Regel zwei möglichen Spielergebnisse nur die Eintrittswahrscheinlichkeiten bekannt sind (Lotterie). Diese beiden Spielergebnisse repräsentieren üblicherweise den besten und den schlechtesten Gesundheitszustand, alle übrigen zu bewertenden Zustände liegen demzufolge dazwischen. Die Eintrittswahrscheinlichkeit des günstigen Ergebnisses beträgt dabei p, die des ungünstigen Ergebnisses 1-p.

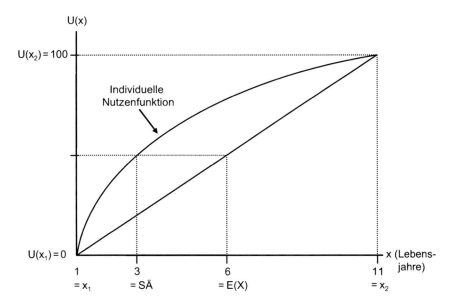

Abb. 2.1. Das Erwartungsnutzen-Konzept

In der Praxis erhalten die Probanden als erstes die Aufgabe, aus der Gesamtheit aller beschriebenen Gesundheitszustände (auch hier werden wieder Karten verwendet), die beste und die schlechteste Alternative auszuwählen. Die beste Alternative wird im Regelfall durch die Karte „uneingeschränkte Gesundheit" repräsentiert, die schlechteste Alternative ist entweder die Karte „Tod" oder ein anderer beschriebener Zustand. Als nächstes wird ein beliebiger Zustand i beschrieben (d. h. es wird die entsprechende Karte vorgelegt) und der Befragte wird vor die Alternative gestellt, entweder diesen Zustand zu wählen oder sich auf eine Lotterie zwischen dem besten und dem schlechtesten Zustand einzulassen. Dabei werden ihm die Wahrscheinlichkeiten p und $1-p$ mitgeteilt und möglichst optisch verdeutlich (z. B. anhand eines in zwei entsprechende Felder geteilten Kreises), da sich die meisten Individuen dann einen besseren Eindruck von den Verhältnissen machen können. Der Befragte entscheidet sich nun für Alternative B (sicheres mittelmäßiges Ergebnis) oder Alternative A (die Lotterie zwischen bestem und schlechtestem Ergebnis). Die Wahrscheinlichkeit p wird solange variiert, bis sich das Individuum nicht mehr zwischen den beiden Alternativen entscheiden kann. Der Präferenzwert für den Zustand kann dann logisch aus dem Befragungsverlauf und dem letzten

Wert für *p* abgeleitet werden. Wie dieses geschieht, wird anhand eines praktischen Beispiels weiter unten dargestellt.

Dieses relativ komplizierte Vorgehen bei der Befragung kann durch visuelle Hilfen erleichtert werden. Dabei wird in der Regel ein so genanntes *Wahrscheinlichkeits-Rad (probability wheel)*[90] verwendet, eine Scheibe mit gegeneinander verschiebbaren, verschiedenfarbigen Sektoren. Auf diese Weise lassen sich „Tortendiagramme" für alle denkbaren p-Werte erzeugen, die die Wahrscheinlichkeiten für die beiden Ergebnisse des Spiels abbilden.

Da die meisten Personen überfordert sind, sehr kleine Änderungen der Wahrscheinlichkeit sicher zu bewerten, beschränkt man sich bei Interviews in der Regel auf eine Abstufung in 10-Prozent-Schritten. Wie im weiter unten dargestellten Beispiel deutlich wird, kann man dadurch eine Abstufung der Präferenzwerte in 5-Prozent-Schritten erreichen. Dieses ist für empirische Studien in der Regel ausreichend.

2.4.2
Chronische Gesundheitszustände

Die Vorgehensweise bei der Bewertung von chronischen Gesundheitszuständen hängt, wie auch beim Rating Scale-Verfahren, davon ab, ob der Proband den Tod oder einen anderen Zustand als den schlechtesten bewertet. Im ersten Fall wird die Alternative „Spiel" als eine Therapie beschrieben, die mit der Wahrscheinlichkeit *p* zu sofortiger, völliger Gesundheit für weitere t Jahre führt, oder mit *1-p* zum sofortigen Tod. Dem wird der chronische Zustand *i* gegenübergestellt, der bis zum Lebensende (*t* Jahre) andauert. Schematisch ergibt sich dadurch ein Entscheidungsbaum gemäß Abbildung 2.2.

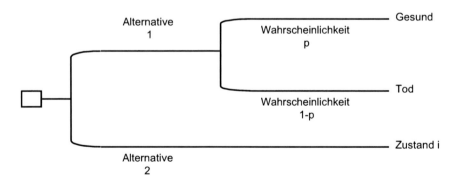

Abb. 2.2. Standard Gamble für chronische Gesundheitszustände (Tod schlechtester Zustand)[91]

---

[90] Vgl. Torrance, G. W. (1986), S. 20.
[91] Quelle: Torrance, G. W. (1986), S. 20.

Sind die Wahrscheinlichkeiten des Spiels solange verändert worden, dass die Alternativen als gleichwertig empfunden werden, lässt sich der Präferenzwert für diesen Gesundheitszustand direkt als $h_i=p$ ablesen.

Wird mindestens ein beschriebener Gesundheitszustand schlechter als der Tod bewertet, muss die Verfahrensweise modifiziert werden (s. Abb. 2.3). Zunächst muss der Zustand „Tod" bewertet werden, der ja einen positiven Lebensqualitätswert aufweist. Der Befragte wird dabei gebeten sich vorzustellen, dass er an einer Krankheit leidet, die ohne Therapie zügig zum Tod führen wird. Allerdings besteht die Möglichkeit einer Therapie, die ihn mit der Wahrscheinlichkeit p heilen wird oder ihn mit $1-p$ bis zum Ende seines Lebens im Zustand i belässt. Daraus können dann die entsprechenden Werte für die normierte 0/1-Skala erzeugt werden.

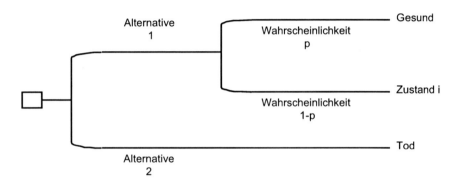

Abb. 2.3. Standard Gamble für chronische Gesundheitszustände (Zustand i schlechter als der Tod)[92]

2.4.3
Temporäre Gesundheitszustände

Wenn vorübergehende Gesundheitszustände miteinander verglichen werden, wird ebenfalls zunächst der am wenigsten präferierte Zustand j ermittelt. Analog zu dem bereits weiter oben beschriebenen Verfahren, lässt man den Befragten nun zwischen dem Zustand i (Eintritt mit 100prozentiger Wahrscheinlichkeit) und einer Behandlung wählen, bei der mit einer Wahrscheinlichkeit von p die Heilung erfolgt oder die mit einer Wahrscheinlichkeit von $1-p$ den Zustand j zur Folge hat (s. Abb. 2.4), jeweils mit einem identischen Zeithorizont.

---

[92] Quelle: Torrance, G. W. (1986), S. 22.

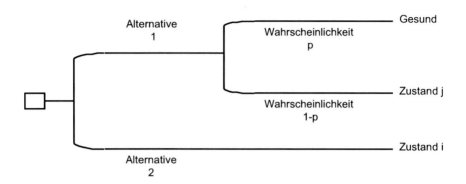

Abb. 2.4. Standard Gamble für temporäre Gesundheitszustände[93]

Bei Indifferenz zwischen dem sicheren Ergebnis und dem Spiel lässt sich der Präferenzwert für den betrachteten Zustand errechnen. Solange nur vorübergehende Krankheiten miteinander verglichen werden und auch der Tod als Referenzpunkt für übergreifende Vergleiche ausgeklammert wird, gilt wieder $h_i=p$. Sobald aber die standardisierte 0/1-Skala erzeugt werden soll, muss der schlechteste temporäre Zustand j wieder in einen chronischen Zustand umdefiniert werden, um die äquivalenten h_i-Werte zu ermitteln.

2.4.4
Die praktische Durchführung einer Standard Gamble Untersuchung

Für eine Kosten-Nutzwert-Analyse sollen verschiedene Gesundheitszustände bewertet werden. Die Analyse beruht auf einem Entscheidungsbaummodell, in dem alle alternativen Behandlungsverläufe für Patienten der entsprechenden Indikation berücksichtigt wurden. An jedem Knotenpunkt des Entscheidungsbaums wurde die Lebensqualität anhand verschiedener Dimensionen (z. B. Schmerz, soziale Kontakte) durch Experten beschrieben und auf einer Karte festgehalten. Jede Karte entspricht somit einem möglichen Zustand von Patienten und anhand dieser Karten soll die Lebensqualitätsbewertung vorgenommen werden.[94]

Die vorliegenden Karten werden nun nacheinander anhand des Standard Gamble-Verfahrens bewertet. Dabei ist es wichtig, dem Bewertenden zu vermitteln, dass es keine falschen oder richtigen Antworten gibt, sondern dass ausschließlich seine persönliche Meinung und Einschätzung von Interesse ist. Er muss sich zwischen zwei vorgegebenen Möglichkeiten A und B entscheiden, wo-

---

[93] Quelle: Torrance, G. W. (1986), S. 22.

[94] In der hier vorgestellten Vorgehensweise wird immer davon ausgegangen, dass nichtbetroffene Probanden eine Vielzahl von (fiktiven) Lebensqualitätszuständen bewerten sollen. Natürlich können auch betroffene Patienten gebeten werden (nur) ihren eigenen Zustand zu bewerten. Wie ein entsprechendes Interview aussehen könnte ist bei Kerba, M. (2001), S. 197, dargestellt. Allerdings wird dort direkt eine Wahrscheinlichkeit abgefragt, aus methodischer Sicht wäre ein Herantasten an den „wahren" Wert sinnvoller.

bei B immer bedeutet, dass man den vorliegenden Gesundheitszustand präferiert, und A, dass man anstelle des beschriebenen Gesundheitszustandes eine Lotterie zwischen dem besten und schlechtesten Gesundheitszustand (mit bestimmten vorgegebenen Wahrscheinlichkeiten) vorzieht.

Ein praktisches Beispiel kann diese Entscheidungssituation verdeutlichen: Der Zustand bei einer Herzkrankheit, die zu einer eingeschränkten Lebensqualität führt, kann durch eine medikamentöse Therapie ohne Risiken stabil gehalten, allerdings auch nicht verbessert werden. Diese Situation entspricht der Alternative B. Man kann sich allerdings auch einer Operation unterziehen (Alternative A), die in x von 100 Fällen die optimale Lebensqualität wieder herstellt. Allerdings ist solch eine Operation riskant, so dass sie in y von 100 Fällen fehlschlägt und die Patienten sterben (bzw. eine wesentliche Verschlechterung der Lebensqualität hinnehmen müssen, je nachdem welcher schlechteste Zustand in der Studie vorgegeben wird). x und y addieren sich dabei immer zu 100. Man kann vorher nicht sagen, bei welchen Patienten die Operation glückt und bei welchen nicht, nur die Wahrscheinlichkeiten x und y sind bekannt. Weiterhin muss den Befragten noch ein Zeithorizont vorgegeben werden. Je nach Art der interessierenden Indikation kann es sich dabei um einige Tage bis zu mehreren Jahren handeln. Auch für die Zeit danach müssen den Probanden einheitliche Vorgaben gemacht werden, beispielsweise, dass man noch 1 Jahr in einem unbekannten Zustand weiterlebt und dann stirbt oder dass man keinerlei Angaben für die Zeit danach hat. Für die Bewertung soll nur die vorgegebene Zeitspanne ausschlaggebend sein.

Die Wahrscheinlichkeiten werden in der Befragung solange variiert, bis man durch die jeweiligen Entscheidungen des Probanden die Lebensqualität quantifizieren kann. Um diese Befragung durchzuführen, müssen die vorgegebenen Möglichkeiten visualisiert werden, damit die Abstraktionsfähigkeiten des Bewertenden nicht überfordert werden. Die verschiedenen Wahrscheinlichkeiten werden dabei sowohl in Ziffern als auch graphisch durch verschieden große Kreisteile dargestellt. Am besten gelingt dies mit einer Tafel, bei der durch einen Drehmechanismus die Angaben eingestellt werden können. Steht solch eine Tafel nicht zur Verfügung genügt auch ein Ordner, in dem die verschiedenen Verhältnisse auf aufeinander folgenden Seiten dargestellt sind. Durch einfaches Umblättern führt man die Befragung fort. Solch ein Vorgehen wird auch im Folgenden beschrieben.

Die erste Wahlmöglichkeit stellt sich gemäß Abbildung 2.5 folgendermaßen dar:

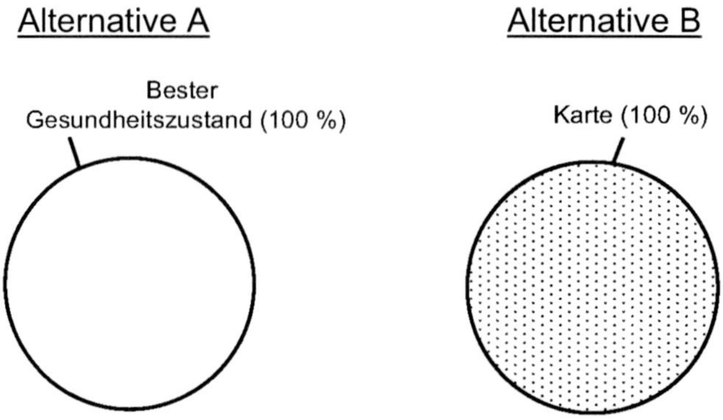

Alternative A

Bester
Gesundheitszustand (100 %)

Alternative B

Karte (100 %)

Abb. 2.5. Die praktische Durchführung einer Standard Gamble-Befragung (1. Wahlmöglichkeit 100/0 oder 100)

Der Proband wird vor die Alternative gestellt, entweder die Lotterie mit 100 % Eintrittswahrscheinlichkeit für den besten und 0 % Wahrscheinlichkeit für den schlechtesten Zustand zu wählen oder das sichere Ereignis (Eintrittswahrscheinlichkeit 100 %), d. h. den auf der Karte beschriebenen zu bewertenden Gesundheitszustand. Da sich Personen häufig mit der Einschätzung von Prozentzahlen etwas schwer tun, kann man die jeweils beschriebenen Prozentsätze auch beschreiben als eine Gruppe von 100 Personen, von denen x den besten Zustand erreichen (hier 100 Personen), y aber den schlechtesten (hier 0 Personen) und dass man als Individuum vorher nicht weiß, in welche Gruppe man fällt (bei dieser ersten Konstellation weiß man es natürlich). Da der zu bewertende Zustand definitionsgemäß zwischen dem besten und dem schlechtesten Zustand liegt, kann die Antwort in diesem Fall nur „A" lauten, da der beste Zustand hier mit Sicherheit eintritt und wahrscheinlich besser ist als der auf der Karte beschriebene Zustand. Entscheidet sich der Proband bei dieser Alternativenkonstellation für B, so kann davon ausgegangen werden, dass er die Vorgehensweise noch nicht richtig verstanden hat, da diese Antwort nicht plausibel ist. Hier existiert dann weiterer Erklärungsbedarf. Neben der Entscheidung für A oder B hat der Befragte aber auch die Möglichkeit der Indifferenz zwischen beiden Alternativen. Kann er sich bei dieser Konstellation nicht für A oder B entscheiden, sondern hält beide Alternativen für gleichwertig (da eventuelle Unterschiede zwischen der besten und der zu bewertenden Karte zu gering für eine weitere Abstufung ausfallen), so muss daraus geschlossen werden, dass der zu bewertende Gesundheitszustand den Wert 100 hat, der dem des besten Zustands entspricht. Die Bewertung dieser Karte wäre damit schon abgeschlossen. Im Regelfall wird die Entscheidung aber A lauten (Bevorzugung der Lotterie), ein Lebensqualitätswert kann dann noch nicht zugeordnet werden, die Befragung geht mit dem nächsten Blatt weiter (s. Abb. 2.6).

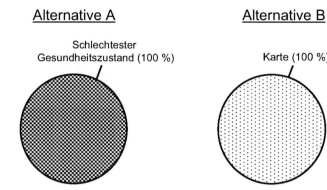

Abb. 2.6. Die praktische Durchführung einer Standard Gamble-Befragung (2. Wahlmöglichkeit 0/100 oder 100)

Die beiden Eintrittswahrscheinlichkeiten für die Alternative A werden hier ausgetauscht. Nun wird mit Sicherheit (d. h. 100 % Wahrscheinlichkeit) der schlechteste Zustand eintreten. Wird diese Verteilung als gleichwertig mit der Karte bewertet, so bedeutet dieses den Lebensqualitätswert von 0 für die Karte. Wird die Lotterie sogar der Karte vorgezogen, so bedeutet dieses, dass der Zustand auf der Karte einen negativen Lebensqualitätswert erhält, in welcher Höhe kann allerdings nicht angegeben werden. Zieht man allerdings die Karte der Lotterie vor (was in den meisten Fällen so sein wird), geht die Suche nach dem Lebensqualitätswert in die nächste Runde (s. Abb. 2.7).

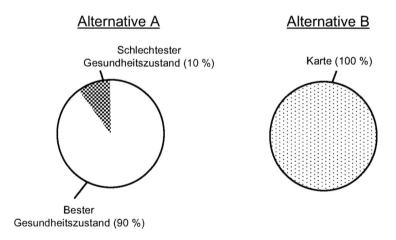

Abb. 2.7. Die praktische Durchführung einer Standard Gamble-Befragung (3. Wahlmöglichkeit 90/10 oder 100)

Die vorgegebenen Wahrscheinlichkeiten werden nun so verändert, dass man von dem schlechtesten Verhältnis zum zweitbesten Verhältnis kommt (die Abstufung der Wahrscheinlichkeiten erfolgt in 10er-Schritten). Von 100 Personen erreichen nun 90 den besten Zustand und nur bei 10 Personen wird der schlechteste Zustand realisiert. Bei einer Pattsituation zwischen dieser Lotterie und dem Zustand auf der Karte wird diesem der Lebensqualitätswert 90 zugeordnet. Der zugeordnete Lebensqualitätswert entspricht bei einer gleichen Einschätzung beider Alternativen immer der Eintrittswahrscheinlichkeit des besten Zustands. Hält man den Kartenzustand für besser als die Lotterie, kann der Lebensqualitätswert nur besser als 90 aber schlechter als 100 sein, da diese beiden Werte durch den bisherigen Verlauf der Befragung bereits ausgeschlossen wurden.

Man ordnet in diesem Fall pragmatisch die Intervallmitte zu. Zwar wäre durch kleinere Änderungen der vorgegebenen Wahrscheinlichkeiten eine weitere Spezifizierung möglich, allerdings ist zu befürchten, dass die Teilnehmer dann nicht mehr in der Lage sind, konsistent zu antworten. 5er-Schritte sind für die späteren Analysen auch ausreichend, ein größerer Detaillierungsgrad würde nur eine Pseudogenauigkeit vorspiegeln, die methodisch nicht erreicht werden kann. Konnte man einen entsprechenden Lebensqualitätswert zuordnen, ist die Bewertung des Zustands abgeschlossen. Zieht man allerdings die Lotterie mit den guten Aussichten der Karte vor, so geht die Befragung weiter (s. Abb. 2.8).

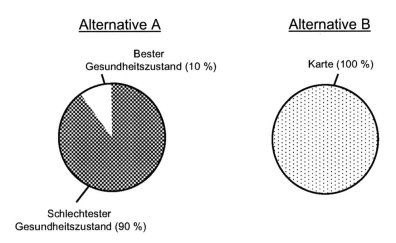

Abb. 2.8. Die praktische Durchführung einer Standard Gamble-Befragung (4. Wahlmöglichkeit 10/90 oder 100)

Die Wahrscheinlichkeiten werden nun erneut umgedreht, vom zweitbesten Verhältnis kommt man zum zweitschlechtesten Verhältnis. Mit nur 10 % Wahrscheinlichkeit wird der beste Zustand eintreten, sehr wahrscheinlich ist aber der Eintritt des schlechtesten Zustands (= 90 % Wahrscheinlichkeit). Anders ausgedrückt, von 100 Personen kommen 10 in den Genuss des besten Zustands und 90 müssen den schlechtesten erdulden. Diese Lotterie wird wiederum verglichen mit dem sicheren Eintreten des auf der Karte beschriebenen Zustands. Hier wird man sich in den meisten Fällen für die Karte, d. h. B entscheiden (außer sie ist extrem schlecht).

Kann man sich zwischen beiden Alternativen nicht entscheiden, wird der Karte ein Lebensqualitätswert von 10 zugeordnet und das Verfahren ist zu Ende. Entscheidet man sich für A, bedeutet dieses, dass der Zustand auf der Karte schlechter bewertet wird als die Lotterie. Der Lebensqualitätswert muss dann 5 betragen, da die 0 ja bei der Abfragung der 0/100 Alternative schon ausgeschlossen wurde. Der Proband hat die Karte besser eingeschätzt als den schlechtesten Zustand (Wert 0), entscheidet sich aber bei einer 10 zu 90 Chance für die Lotterie und nicht für die Gleichheit beider Alternativen, bei der ja ein Wert von 10 zugeordnet würde. Die Lebensqualität des auf der Karte beschriebenen Zustands liegt demzufolge zwischen 0 und 10. Im Regelfall wird jedoch bei der beschriebenen 10 zu 90 Chance der auf der Karte beschriebene Zustand vorgezogen (außer er ist extrem schlecht), d. h. man entscheidet sich für B, die Bewertung der Lebensqualität muss in die nächste Runde gehen (s. Abb. 2.9).

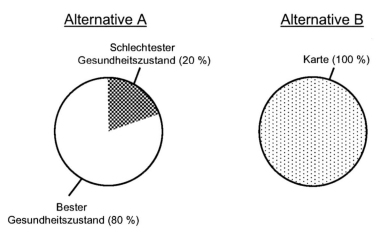

Abb. 2.9. Die praktische Durchführung einer Standard Gamble-Befragung (5. Wahlmöglichkeit 80/20 oder 100)

Die Wahrscheinlichkeiten werden nun erneut umgedreht, so dass man eine eher positive Verteilung hat, allerdings nicht mehr ganz so positiv wie die bisherigen „guten" Verteilungen. Die „guten" und „schlechten" Konstellationen nähern sich also bei fortschreitender Befragung immer weiter an und zwar solange, bis man der Karte einen Lebensqualitätswert eindeutig zuordnen kann. Bei einer gleichen Einschätzung beider Alternativen wird der Karte der Wert 80 zugeordnet, ist die Karte sogar besser als die Lotterie muss es 85 sein, da die 90 schon ausgeschlossen wurde. Die Bevorzugung der Lotterie bedeutet, dass der Wert der Karte kleiner sein muss als 80, aber größer als 10 (was auch schon im Laufe des Verfahrens durch die entsprechenden Alternativenwahlen festgestellt wurde). Der genaue Wert kann nur durch ein Fortführen der Befragung ermittelt werden (s. Abb. 2.10).

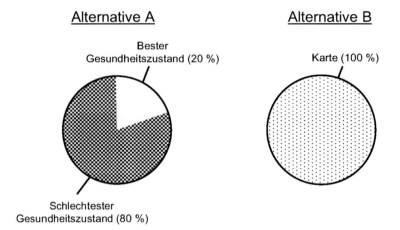

Abb. 2.10. Die praktische Durchführung einer Standard Gamble-Befragung (6. Wahlmöglichkeit 20/80 oder 100)

Jetzt wird die nächst schlechte Verteilung dem Befragten vorgelegt, die allerdings besser ist als die bislang abgefragten „schlechten" Verteilungen. Nur 20 % der Patienten erhalten hier den besten Zustand, 80 % müssen dagegen den schlechtesten aushalten. Bei einer Gleichheit des Vergleichs mit dem Kartenzustand erhält dieser den Wert 20, zieht man die Lotterie dem Zustand vor 15 (da die 10 durch den bisherigen Verlauf schon ausgeschlossen ist) und bei einer Bevorzugung des Zustands auf der Karte geht es in die nächste Runde.

Durch das beschriebene alternierende Vorgehen engt man das Restintervall immer weiter ein, bis ein endgültiger Wert ermittelt wurde. Spätestens bei der Konstellation 50/50 liegt dann ein Ergebnis vor (s. Abb. 2.11). Dieses lautet 50, wenn Karte und Lotterie 50/50 als gleichwertig eingestuft werden, 55, wenn die Karte besser ist als die 50/50-Lotterie und 45, wenn die 50/50-Lotterie besser ist als die Karte. Alle übrigen Werte wurden im Laufe des Verfahrens ausgeschlossen.

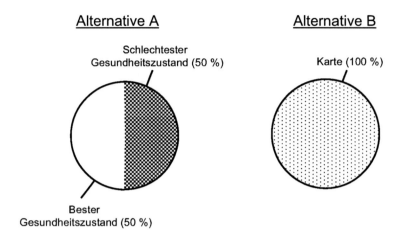

Abb. 2.11. Die praktische Durchführung einer Standard Gamble-Befragung (11. Wahlmöglichkeit 50/50 oder 100)

Anhand eines Ergebnisbogens kann die beschriebene Vorgehensweise dem Interviewer sehr einfach mitgeteilt werden (s. Tabelle 2.2).

Tabelle 2.2. Beispiel eines Ergebnisbogens bei einer Standard Gamble Befragung

Eintrittswahrschein- lichkeiten für A (bes- tes/schlechtestes Er- gebnis), in %	Entscheidung für A (= Lotterie zwi- schen dem besten und dem schlech- testen Zustand, wechselnde Ein- trittswahrschein- lichkeiten)	Entscheidung für B (= zu bewertender, auf der Karte be- schriebener Zu- stand, sicheres Ein- treten)	Indifferenz zwi- schen A und B (= beide Alternati- ven werden gleich bewertet)
100/0	weiter	Erläuterungen	LQ-Wert = 100
0/100	LQ-Wert = <0	Weiter	LQ-Wert = 0
90/10	weiter	LQ-Wert = 95	LQ-Wert = 90
10/90	LQ-Wert = 5	Weiter	LQ-Wert = 10
80/20	weiter	LQ-Wert = 85	LQ-Wert = 80
20/80	LQ-Wert = 15	Weiter	LQ-Wert = 20
70/30	weiter	LQ-Wert = 75	LQ-Wert = 70
30/70	LQ-Wert = 25	Weiter	LQ-Wert = 30
60/40	weiter	LQ-Wert = 65	LQ-Wert = 60
40/60	LQ-Wert = 35	Weiter	LQ-Wert = 40
50/50	LQ-Wert = 45	LQ-Wert = 55	LQ-Wert = 50

Bei jedem Vergleich zwischen Lotterie und Karte wird das entsprechende Ergebnis auf dem Ergebnisbogen eingekreist und man sieht auf einen Blick, ob die Befragung weitergeht oder der Lebensqualitätswert ermittelt wurde und die Befragung für diese Karte abgebrochen werden kann. Einige Ergebnisse können (insbesondere bei der Bewertung von sehr guten oder sehr schlechten Zuständen) sehr schnell vorliegen, bei den mittelmäßigen Zuständen dauert es etwas länger. Spätestens bei der 50/50-Lotterie ist Schluss. Insbesondere ist dann die Befragung beendet, sobald der Proband das erstmalig zwischen zwei Alternativen indifferent ist, allerdings ergibt sich auch ein eindeutiges Ergebnis, wenn er sich immer zwischen A und B entscheiden kann.

Bei der praktischen Durchführung der Befragung wird nicht nur ein, sondern es werden mehrere Lebensqualitätszustände bewertet. Für jeden Zustand (d. h. jede Karte) ist die Vorgehensweise identisch.

Wurde bei der Befragung nicht der Tod als schlechtester Zustand angenommen, so ist es notwendig, eine entsprechende Karte am Ende der Befragung zu bewerten. Dazu wird zuerst ein direkter Vergleich zwischen dem bisher angenommenen „schlechtesten Zustand" und der Karte „Tod" (in der Regel beschrieben als plötzlicher, schmerzloser Tod, z. B. indem man nach dem Einschlafen nicht mehr aufwacht) vorgenommen. Bleibt der bisherige „schlechteste Zustand" der unerwünschteste, so wird der Karte „Tod" nach demselben Muster wie alle anderen Karten ein Lebensqualitätswert zugeordnet (der dann positiv sein muss). Wird der Tod als schlechtester Zustand definiert, wird der bisherige schlechteste Zustand neu bewertet durch die Einordnung zwischen „bester Zustand" und Tod. Die bisher ermittelten Lebensqualitätswerte für alle Zustände müssen in beiden Fällen entsprechend den Ausführungen weiter oben angepasst werden, da ja der Tod definitionsgemäß mit dem Lebensqualitätswert 0 gleichgesetzt wird.

Es sollten nicht wesentlich mehr als 10 Karten bewertet werden, da dieses schon etwa 1 Stunde dauert und die Konzentration der Probanden danach schnell nachlässt. Wichtig ist es insbesondere, dass das beschriebene Verfahren immer vom ersten bis zum letzten Schritt durchgeführt wird, inklusive der im Verlauf immer trivialer wirkenden ersten Lotterie 100/0, bei der die Entscheidung ja von vornherein feststeht. Einige Befragte, die glauben das Verfahren durchschaut zu haben, sagen nach Lektüre der Karte beispielsweise gleich „ich wähle die 30". Dieses Ergebnis stimmt nur in den wenigsten Fällen mit den tatsächlich ermittelten Präferenzen durch das Standard Gamble-Verfahren überein. Daher sollte man sich strikt an das beschriebene Verfahren halten.

Insgesamt kann man feststellen, dass bei der Standard Gamble-Befragung bessere Lebensqualitätswerte ermittelt werden als bei der Rating Scale-Methode, da bei letzterer die Risikobereitschaft der Probanden nicht berücksichtigt und die zu bewertenden Zustände häufig eher gleichmäßig auf die gesamte Skala verteilt werden. Beim Standard Gamble erfolgt eher eine Häufung auch mittelmäßiger Zustände im oberen Intervallbereich. Die Rating Scale wird daher auch häufig als Einführung für eine Standard Gamble-Befragung verwendet.

2.5
Time Trade-off

2.5.1
Die Methodik

Auch beim Time Trade-off werden die Präferenzen des Befragten aus einer Entscheidungssituation indirekt ermittelt. Für die zu Befragenden ist dieses Verfahren etwas intuitiver als das Standard Gamble-Verfahren, da hier nicht mit Wahrscheinlichkeiten gearbeitet wird.[95] Die Beurteilung von Wahrscheinlichkeiten überfordert häufig die Probanden, insbesondere wenn sie sehr klein sind. In einer allgemeinen Bevölkerungsbefragung gaben nur ca. 60% der Probanden die richtige Antwort auf die Frage „Welches ist eine größere Chance: 5 von 100.000 oder 1 von 10.000?".[96]

Beim Time Trade-off werden zwei Gesundheitszustände gegenübergestellt, die die folgenden Eigenschaften besitzen: Dem Zustand i wird eine feste Dauer von t zugeordnet. Der Referenzzustand r, der erstrebenswerter ist als i, besitzt eine Dauer von $x<t$. Dieses x wird nun solange variiert, bis der Befragte beide Kombinationen aus Gesundheitszustand und Zeitdauer als gleichwertig empfindet. Aus der Gleichsetzung der Produkte aus Dauer und Qualität der Zustände, $h_j t = r x$, lässt sich der Präferenzwert des betrachteten Zustands ermitteln.[97]

Auch für dieses Verfahren wurden visuelle Hilfsmittel entwickelt. Sie erleichtern das Abwägen der verschiedenen Möglichkeiten. Die Verdeutlichung der Alternativen in ihren zwei Dimensionen kann sehr gut über Flächen erfolgen. Man baut eine Tafel mit beweglichen Schiebern und austauschbaren Skalen, anhand derer sich die verschiedenen Gesundheitszustände darstellen lassen.[98]

2.5.2
Chronische Zustände

Folgender Fragetyp wird zugrunde gelegt, wenn man chronische Zustände, die für erstrebenswerter gehalten werden als der Tod, bewerten will: Bevorzugt man Alternative 1, die den Zustand i für die Zeit t repräsentiert (t entspricht dabei der durchschnittlichen Lebenserwartung einer Person mit der betrachteten Beeinträchtigung), oder Alternative 2, der absoluten Gesundheit für den Zeitraum x (wobei $x<t$), gefolgt vom unmittelbaren Tod (s. Abb. 2.12). Die Zeit x wird nun solange

---

[95] Vgl. Miller, W., Robinson, L. A., Lawrence, R. S. (Hrsg.) (2006), S. 79.
[96] Vgl. Hammit, J. K. (2003), S. 2.
[97] Vgl. Torrance, G. W. (1986), S. 22–23.
[98] Zur Anwendung des Time Trade-off-Verfahrens bei der Validierung des EuroQol-Fragebogens vgl. Dolan, P., Gudex, C., Kind, P., Williams, A. (1994).

variiert, bis der Befragte zwischen beiden Alternativen indifferent ist. Der Lebensqualitätswert für den Zustand *i* ergibt sich dann als $h_i=x/t$.[99]

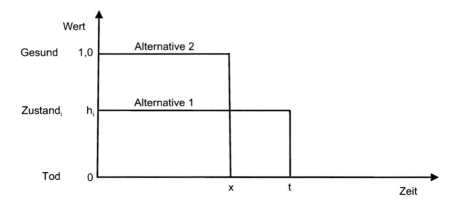

Abb. 2.12. Time Trade-off für chronische Gesundheitszustände (Tod schlechtester Zustand)[100]

Existieren Zustände, die für schlechter gehalten werden als der Tod, müssen die Alternativen erneut umformuliert werden. Nun repräsentiert Alternative 1 die absolute Gesundheit für eine Zeit *x (x<t)*, an die sich der Zustand *i* anschließt, der bis zum Tod zum Zeitpunkt *t* andauert. Alternative 2 beschreibt den sofortigen Tod (s. Abb. 2.13). In der Praxis hat sich das Problem ergeben, dass das Verfahren zwar ein oberes Limit bei 1 (völlige Gesundheit) hat, für Zustände, die schlechter als der Tod eingeschätzt werden, aber keine Begrenzung nach unten existiert. Dieses Problem versucht man häufig dadurch zu umgehen, dass man dem schlechtesten Zustand den Wert -1 zuordnet. Dieses Vorgehen kann allerdings aus theoretischer Sicht nicht befriedigen. Sobald man das *x* identifiziert hat, bei dem der Befragte die Situationen als gleichwertig empfindet, können beide Alternativen gleichgesetzt werden. Dieses führt zur Gleichung *1x+h_i(t-x)=0*. Umgeformt ergibt sich die Formel *h_i=x/(x-t)*, mit der man die Präferenzwerte für die jeweiligen Zustände berechnen kann.[101]

[99] Vgl. Torrance, G. W. (1986), S. 23.
[100] Quelle: Torrance, G. W. (1986), S. 23.
[101] Vgl. Torrance, G. W. (1986), S. 23.

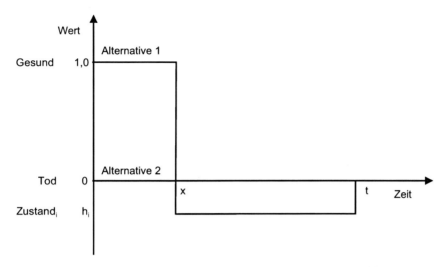

Abb. 2.13. Time Trade-off für chronische Gesundheitszustände (Zustand i schlechter als der Tod)[102]

2.5.3
Temporäre Zustände

Wie auch bei den anderen Verfahren wird hier zunächst der am wenigsten gewünschte Zustand *j* ausgewählt, der neben der bestmöglichen Alternative „Gesundheit" als Referenzpunkt für die übrigen Zustände fungiert.[103] Der Befragte muss nun entscheiden, ob er Zustand *i* für die Zeit *t* (wobei *t* die typische Dauer der entsprechenden Beeinträchtigung repräsentiert), oder Zustand *j* für die Dauer *x* *(x<t)* vorzieht. Nach Ablauf der temporären Gesundheitsstörung folgt in beiden Fällen die völlige Genesung (s. Abb. 2.14).

Sobald die Zeitdauer *x* gefunden ist, bei der beide Alternativen gleichwertig sind, lassen sie sich mit *(1-h$_j$)x=(1-h$_i$)t* gleichsetzen. Durch Umformung ergibt sich der Präferenzwert des Zustandes *i* als *h$_i$=1-(1-h$_j$)x/t*. Falls dem schlechtesten Zustand *j* der Wert *0* zugeordnet wird, reduziert sich die Formel auf *h$_i$=1-x/t*. Wenn auch diese Werte in die 0/1-Standardskala überführt werden, muss wieder der schlechteste temporäre Zustand in einen chronischen umformuliert werden. Durch dessen neuen Präferenzwert können die anderen temporären Zustände transformiert werden.[104]

---

[102] Quelle: Torrance, G. W. (1986), S. 24.
[103] Vgl. Drummond, M. F., Stoddard, G. L., Torrance, G. W. (1987), S. 129.
[104] Vgl. Torrance, G. W. (1986), S. 24.

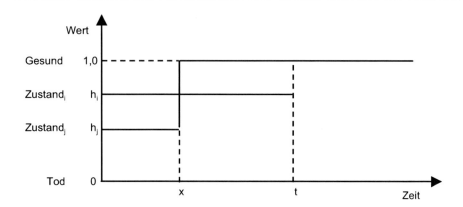

Abb. 2.14. Time Trade-off für temporäre Gesundheitszustände[105]

Bei einer Weiterentwicklung des Time Trade-off-Ansatzes wird zusätzlich noch die Unsicherheit des Probanden bei der Bewertung berücksichtigt, indem man sie nicht zwingt, sich auf einen Wert für die Anzahl der Jahre festzulegen, sondern es wird nur ein (mehr oder weniger großes) Intervall erfragt, in dem der Wert liegt. Diese Vorgehensweise ist auch bei Standard Gamble möglich, hier werden dann für die Wahrscheinlichkeiten Intervalle erhoben.[106]

2.5.4
Die praktische Durchführung einer Time Trade-off Untersuchung

Wie beim Standard Gamble soll auch hier kurz die praktische Durchführung einer Befragung dargestellt werden. Dabei ist allerdings darauf zu verweisen, dass es sich um *eine* Möglichkeit handelt, nicht um die *einzige* Methode. Vor der Befragung ist der Proband wiederum darauf hinzuweisen, dass es keine richtigen und keine falschen Antworten gibt, sondern dass es ausschließlich darum geht, seine Einstellung zu ermitteln.[107]

Anstelle des Drehmechanismus beim Standard Gamble benötigt man hier Tafeln mit einem Schiebemechanismus, die man in den USA bereits vorgefertigt beziehen bzw. mit ein wenig konstruktivem Geschick auch selbst anfertigen (lassen) kann. Im Notfall reicht wieder ein Ordner, bei dem die einzelnen Schritte durch Umblättern visualisiert werden können.

Ebenfalls benötigt werden wiederum Karten mit den Beschreibungen der Gesundheitszustände, die bewertet werden sollen. Zusätzlich ist noch die Beschreibung des besten Gesundheitszustands sowie eine Karte mit der Beschriftung „unmittelbarer Tod" notwendig.

---

[105] Quelle: Torrance, G. W. (1986), S. 24.
[106] Vgl. Bleichrodt, H., Johannesson, M. (1997).
[107] Auch hier wird wieder davon ausgegangen, dass nicht-betroffene Probanden eine Vielzahl von (fiktiven) Lebensqualitätszuständen bewerten. Die Befragung eines Betroffenen bezüglich seines eigenen Zustands findet sich bei Kerba, M. (2001), S. 198.

Bei der Befragung werden jeweils die Alternativen A und B gegenübergestellt. Die Alternative A besteht dabei aus dem besten Gesundheitszustand, der für eine bestimmte Anzahl von Jahren anhält. Diese Anzahl von Jahren kann anhand des Schiebemechanismus der Tafel variiert werden. Der betrachtete Zeitraum sei in diesem Beispiel 10 Jahre, jede andere Annahme diesbezüglich ist aber auch möglich. Die Alternative B besteht aus dem auf der Karte beschriebenen Gesundheitszustand, der bewertet werden soll. Die Dauer dieses Zustands ist dabei immer auf den maximalen Betrachtungszeitraum festgeschrieben. Ein Schiebemechanismus für Alternative B ist daher überflüssig.

Die Befragung beginnt mit einer Verständniskontrolle. Man setzt den Zeiger der Alternative A auf 10 Jahre, verglichen werden daher 10 Jahre uneingeschränkte Lebensqualität mit 10 Jahren (wie auch immer gearteter) eingeschränkter Lebensqualität (s. Abb. 2.15). Die Entscheidung kann in diesem Fall nur für A oder eine Gleichwertigkeit ausgehen, alles andere wäre inplausibel. Weitere Erklärungen wären in diesem Fall notwendig. Entscheidet man sich bei dieser ersten Wahlmöglichkeit für eine Gleichwertigkeit beider Alternativen, ist die Bewertung dieser Lebensqualitätskarte beendet.

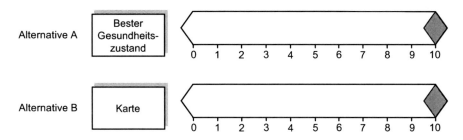

Abb. 2.15. Die praktische Durchführung einer Time Trade-off-Befragung (1. Wahlmöglichkeit 10 zu 10 Jahre)

Der Nutzenwert, der dieser Karte zugesprochen wird, ergibt sich aus der Division der Anzahl der Jahre für Alternative A durch den gesamten Betrachtungszeitraum (hier: 10 Jahre). In diesem Fall würde sich ein Indexwert von 1,0 ergeben, d. h. eine Gleichwertigkeit der Karte mit dem besten Gesundheitszustand. Wird die Alternative A der Alternative B vorgezogen, geht die Befragung in die nächste Runde.

Der Zeiger für die Jahre wird bei dieser Runde für Alternative A auf 0 gesetzt (s. Abb. 2.16). Werden beide Alternativen gleichwertig eingeschätzt, ergibt sich ein Lebensqualitätswert von 0 (= 0 / 10 Jahre). Wird Alternative B vorgezogen (was in der Regel der Fall sein wird), geht die Befragung in Runde 3. Problematischer wird es, wenn hier Alternative A vorgezogen wird. Dieses bedeutet, dass der Zustand der Karte schlechter als 0 Jahre bester Gesundheitszustand eingeschätzt wird, der Wert demzufolge negativ ist. Die Quantifizierung dieser negativen Lebensqualität wird weiter unten dargestellt.

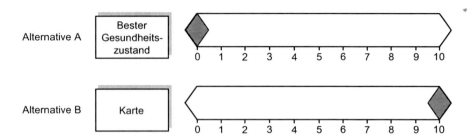

Abb. 2.16. Die praktische Durchführung einer Time Trade-off-Befragung (2. Wahlmöglichkeit 0 zu 10 Jahre)

In der 3. Runde wird der Zeiger auf die Mitte der Skala gesetzt, d. h. in diesem Fall auf 5 Jahre (s. Abb. 2.17).

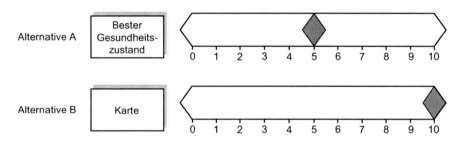

Abb. 2.17. Die praktische Durchführung einer Time Trade-off-Befragung (3. Wahlmöglichkeit 5 zu 10 Jahre)

Man geht hier nun anders vor als bei der Standard Gamble-Befragung, wo man sich von außen kommend den inneren Werten nähert. Prinzipiell ist dieses auch bei Time Trade-off möglich, wird allerdings in der Praxis nur selten so durchgeführt. In diesem Beispiel nähert man sich von der Mitte dem tatsächlichen Wert. Werden beide Alternativen gleich eingeschätzt, beträgt der Lebensqualitätswert 0,5 (= 5 / 10 Jahre). Wird A vorgezogen, ist man bereit, weniger als 5 Jahre des besten Gesundheitszustands gegen 10 Jahre der zu bewertenden Alternative einzutauschen. In der nächsten Runde würde der Zeiger daher auf 4 gesetzt, um sich dem Gleichgewicht zu nähern.

Hier soll nun aber B besser bewertet werden, so dass bei der 4. Wahlmöglichkeit der Zeiger auf 6 gesetzt wird (s. Abb. 2.18). Entscheidet man sich wiederum für B, geht die Befragung in die nächste Runde. Sind beide Alternativen gleichwertig, ergibt sich ein Lebensqualitätswert von 0,6 (= 6 / 10 Jahre). Wird allerdings A besser bewertet, kann der Lebensqualitätswert nur zwischen 0,5 und 0,6 liegen. Aus Vereinfachungsgründen und weil eine weitere Differenzierung kaum noch möglich ist setzt man als Ergebnis in diesem Fall 0,55, d. h. die Intervallmitte. Es ergibt sich somit der gleiche Präzisierungsgrad wie bei Standard Gamble (Schritte im Abstand von 0,05).

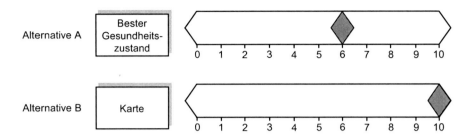

Abb. 2.18. Die praktische Durchführung einer Time Trade-off-Befragung (4. Wahlmöglichkeit 6 zu 10 Jahre)

Es sei jetzt einmal angenommen, dass auch im nächsten und übernächsten Schritt noch kein Ergebnis erzielt werden konnte und auch beim Zeigerstand von 0,9 immer noch Alternative B gewählt wird (s. Abb. 2.19). Es handelt sich demzufolge um eine sehr gute Lebensqualität, die auf der zu bewertenden Karte beschrieben wurde.

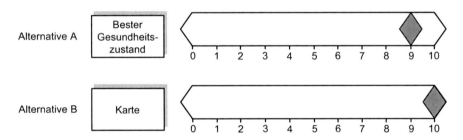

Abb. 2.19. Die praktische Durchführung einer Time Trade-off-Befragung (7. Wahlmöglichkeit 9 zu 10 Jahre)

Da in der ersten Runde eine Gleichwertigkeit mit 10 Jahren nicht vorlag, muss demzufolge hier eine Lebensqualität von 0,95 zugeordnet werden. Gerade in diesem oberen Bereich hätte man allerdings gern eine weitergehende Spezifizierung des Wertes, da in diesem Bereich häufig sehr viele Zustände angesiedelt werden. Deshalb fragt man in diesem Fall den Probanden noch einmal konkret, ob er denn bereit wäre, überhaupt einen Zeitraum zu opfern, um den Zustand B zu vermeiden. Falls dieses der Fall ist, soll der Befragte diese Anzahl von Tagen, Wochen oder Monaten konkret benennen. Aus dieser Angabe lässt sich dann auch der zugehörige Lebensqualitätsindex ermitteln (= 10 Jahre - benannter Zeitraum / 10 Jahre). Im Prinzip könnte man an dieser Stelle kritisch einwenden, warum dann nicht von vornherein direkt nach dem Zeitraum gefragt wird, da diese Vorgehensweise inkonsistent mit dem bislang gewählten Verfahren ist. Da es hier aber nur um die Präzisierung des Intervalls von 0,9 bis 1,0 geht, ist der Bruch der Systematik wahrscheinlich akzeptabel.

Noch nachzutragen ist, wie die Bewertung von Zuständen erfolgt, die in Runde 2 schlechter als der Tod bewertet wurden. Hier muss die bislang verwendete Bewertungstafel umgebaut werden. Die Alternative A besteht nun aus dem zu bewertenden (schlechten) Gesundheitszustand und dem besten Gesundheitszustand. Durch den Zeiger können die Jahre zu Lasten oder zu Gunsten des jeweiligen anderen Zustands verändert werden. Die Summe der Jahre beträgt dabei immer 10, nur werden diese Jahre aufgeteilt in den Zustand auf der Karte und dem besten Zustand. Die Alternative B ist durch den unmittelbaren Tod gekennzeichnet (s. Abb. 2.20).

Alternative A

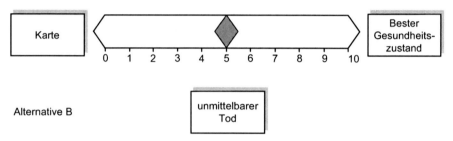

Abb. 2.20. Die praktische Durchführung einer Time Trade-off-Befragung (Zustände schlechter als der Tod)

Gesucht wird genau die Aufteilung der 10 Jahre, bei der beide Alternativen gleich bewertet werden. Je mehr Zeit im besten Gesundheitszustand benötigt wird (z. B. 2 Jahre), um den zu bewertenden Zustand (z. B. 8 Jahre) zu kompensieren, desto schlechter wird dieser eingeschätzt.[108] Numerisch ergibt sich der negative Lebensqualitätswert aus -x / (10-x), wobei x die Jahre mit vollständiger Gesundheit darstellen. Im gewählten Beispiel würde sich daraus ein Wert von -2 / (10-2) = -0,25 ergeben. Problematisch an dieser Bewertung ist, dass die Skala nach unten offen ist, d. h. es können sich sehr schlechte Lebensqualitätswerte ergeben, wogegen im positiven Bereich die Skala auf 1 begrenzt ist. Benötigt man beispielsweise 6 Jahre, um 4 schlechte Jahre zu kompensieren, ergibt sich ein Wert von -1,5, bei 9 Jahren schon als Ergebnis -9. In der Literatur wird dieses Problem unterschiedlich behandelt, zum Teil werden die Werte so akzeptiert, zum Teil werden sie in ein Intervall überführt, das nach unten durch -1 begrenzt ist.[109]

---

[108] Vgl. Dolan, P., Gudex, C., Kind, P., Williams, A. (1996), S. 144.
[109] Vgl. Patrick, D. L., Starks, H. E., Cain, K. C., Uhlmann, R. F., Pearlman, R. A. (1994).

2.6
Person Trade-off

Die bisher dargestellten drei Techniken (Rating Scale, Standard Gamble, Time Trade-off) weisen alle eine methodische Besonderheit auf, die nicht unproblematisch ist. Es wird immer gefragt, wie die Probanden Lebensqualitätszustände für sich selbst bewerten. Es ist fraglich, ob man aufgrund dieser Bewertung tatsächlich darauf schließen kann, wie die Gesellschaft als Ganzes eine Verteilung von knappen Gütern vornehmen würde, denn es werden ja nicht Entscheidungen für die eigene Gesundheit getroffen, sondern die Entscheidungen betreffen immer andere. Es könnte demzufolge sein, dass man einfach die falschen Fragen stellt.

Bereits in den frühen 70er Jahren wurde daher ein Ansatz entwickelt, bei dem nach Auffassung der damit beschäftigten Wissenschaftler die richtigen Fragen gestellt werden. Dabei geht es nicht wie bei Time Trade-off um die Anzahl von Jahren, sondern um die Anzahl von Personen, die bei zwei alternativen Interventionen so lange variiert wird, bis beide Alternativen gleichwertig erscheinen. Dieses entspricht eher der Abwägung, die in einer Gesellschaft vorgenommen wird und ist daher geeigneter als die üblichen Techniken.[110] Es wird nicht mehr die Meinung des Probanden erfragt, wie er es *für sich* gern hätte, sondern wie es aus seiner Sicht *für andere* optimal wäre. Diese Methodik wurde anfangs noch als *Äquivalenz-Technik (equivalenz technique)* bezeichnet,[111] nachdem dieser alte Ansatz vor einigen Jahren neu belebt wurde, hat sich der aussagekräftigere Begriff *Person Trade-off* durchgesetzt.[112]

Die Entscheidungssituation, in die ein Proband gesetzt wird, ist beispielsweise folgendermaßen konstruiert: Der Befragte muss sich zwischen zwei verschieden großen Personengruppen entscheiden. In der einen Gruppe befinden sich x Personen im wenig wünschenswerten Zustand A, in der anderen y Personen in einem ebenfalls unangenehmen Zustand B. Aus irgendwelchen Gründen (z. B. Ressourcenknappheit, Zeitmangel) kann allerdings nur einer Gruppe geholfen werden. Die Zahl der Personen in einer Gruppe (x oder y) wird nun solange variiert, bis beide Alternativen als gleichwertig empfunden werden. Aus dem Verhältnis x/y lässt sich nun die Äquivalenzziffer ableiten, die besagt, um wie viel schlechter ein Zustand im Vergleich zum anderen ist.[113] Indem man dieses Verhältnis für alle Gesundheitszustände ermittelt, lässt sich eine so genannte *undesirability-Skala* erstellen.[114]

Es zeigt sich, dass Person Trade-off gute Ergebnisse liefert beim Vergleich von Zuständen, die sehr ähnlich sind. Wenn allerdings gefragt wird, bei wie vielen Personen Kopfschmerzen geheilt werden müssten, damit diese Gruppe äquivalent ist zur Lebensrettung von 10 Personen, können häufig keine plausiblen Antworten gegeben werden. Die Antwort lautet dann beispielsweise: „Keine Ahnung, viel-

[110] Gold, M. R., Stevenson, D., Fryback, D. G. (2002), S. 122–123.
[111] Vgl. Patrick, D. L., Bush, J. W., Chen, M. M. (1973).
[112] Vgl. Nord, E., Richardson, J., Macarounas-Kirchmann, K. (1993), Nord, E. (1995), und Nord, E. (1996).
[113] Vgl. Pinto Prades, J.-L. (1997), S. 72.
[114] Vgl. Torrance, G. W. (1986), S. 25.

leicht eine Million Personen?" Ein Ausweg aus diesem Dilemma liegt in der iterativen Bewertung relativ ähnlicher Zustände: Für 10 gerettete Leben soll erst einmal das Äquivalent der Heilung einer bestimmten Anzahl von Personen mit einem
sehr schlechten Gesundheitszustand angegeben werden. Dieser sehr schlechte Zustand wird in einem nächsten Schritt mit einem weniger schlechten verglichen und
dieser dann endlich mit dem Kopfschmerz-Zustand. Aus den einzelnen Verhältnissen lässt sich dann die gewünschte Relation zwischen den beiden extremen Zuständen ableiten.[115]

In einer Untersuchung aus dem Jahr 1998 wurde ermittelt, dass zwischen der
individuellen Wertschätzung und dem, was man gesellschaftlich für optimal hält,
eine erhebliche Diskrepanz besteht.[116] In einem ersten Schritt wurden für jeden
Probanden zwei für ihn gleichwertige Verbesserungen unterschiedlicher Lebensqualitätszustände konstruiert, die dann in einer Time Trade-off-Befragung erneut
bewertet wurden. Fast jeder Teilnehmer der Befragung änderte daraufhin seine
Einschätzung und bewertete die Verbesserungen unterschiedlich. Welche Zustände gesellschaftlich besser bewertet werden, ist noch nicht abschließend geklärt. In
dieser Untersuchung bevorzugte man eher die Gruppe von Personen, die von einem höheren Lebensqualitätsniveau kamen, in anderen Untersuchungen wurden
die Personen bevorzugt, deren Lebensqualität in der Ausgangssituation schlechter
war.[117]

2.7
Zahlungsbereitschaft (Willingness-to-pay)

2.7.1
Einordnung der Thematik

An dieser Stelle erfolgt ein gewisser Bruch in der Struktur des Kapitels. Die bisher
dargestellten Verfahren zur Lebensqualitätsbewertung hatten immer zum Ziel, bestimmten Zuständen einen Nutzwert zuzuordnen, der durch das 0/1-Intervall begrenzt war. Bei der Methode der Zahlungsbereitschaft hat man nicht mehr diese
Normierung auf ein Intervall zum Ziel, sondern Lebensjahre und Lebensqualität
werden in Geldeinheiten bewertet, die zur Verfügung stehende Skala ist dabei
nach oben nicht begrenzt.

Die Problematik der monetären Bewertung von „intangiblen" Effekten wurde
schon an einigen anderen Stellen im Buch angesprochen und es besteht die Frage,
ob diese Ausführungen nicht besser dort aufgehoben wären. So wurde beispielsweise in Zusammenhang mit den indirekten Kosten auf den Humankapital-Ansatz
und die Friktionskostenmethode eingegangen, mit denen ja auch Lebensjahre mo-

---

[115] Vgl. Pinto Prades, J.-L. (1997), S. 78.
[116] Vgl. Dolan, P., Green, C. (1998).
[117] Vgl. Nord, E. (1993).

netär bewertet werden. Man könnte in diesem Zusammenhang auch die Zahlungsbereitschaftsmethode zur Bewertung verwenden. Aber auch in das Kapitel zu den
Kosten-Nutzen-Analysen hätten die folgenden Ausführungen gepasst. Bei dieser
Form der Wirtschaftlichkeitsuntersuchung werden alle Effekte in Geldeinheiten
bewertet, darum findet die Zahlungsbereitschaftsmethode insbesondere dort ihre
Anwendung. In einigen Standardwerken zur Gesundheitsökonomie wird Willingness-to-pay daher bei der Kosten-Nutzen-Analyse abgehandelt.[118] Da es bei
der Zahlungsbereitschaftsmethode aber insbesondere um die Bewertung von Lebensqualität und Lebensjahren geht, wird sie an dieser Stelle dargestellt, auch
wenn bezüglich der Anwendung der Methode eine andere Einordnung induziert
gewesen wäre.

Wozu erfolgt aber überhaupt eine Bewertung in Geldeinheiten, wo man doch
genau weiß, dass es sich in der Regel um Güter handelt, die auf keinem Markt gehandelt werden und daher ein tatsächlicher Austausch von Geldeinheiten und Gut
nicht zustande kommt? Was bringt die Kenntnis der maximalen individuellen Zahlungsbereitschaft für die Verbesserung des Gesundheitszustands A auf Zustand B,
wo doch das dafür notwendige Gesundheitsprogramm auf jeden Fall staatlich oder
durch eine Versichertengemeinschaft finanziert wird? Hier sind einige Anmerkungen zur Wohlfahrtstheorie notwendig. Die gesellschaftliche Wohlfahrt sollte nach
herrschender Auffassung aus der Wohlfahrt jedes einzelnen Individuums bestehen
und die Individuen werden als einzig Berechtigte angesehen, ihre eigene Wohlfahrt zu quantifizieren. Für diese Quantifizierung benötigt man ein Maß. Gewählt
werden Geldeinheiten, da diese eine Größe sind, mit der tagtäglich umgegangen
wird. Soll ein neues Programm eingeführt werden, so ist prinzipiell jedes Individuum zu fragen, wie viel es persönlich bereit wäre für das Programm zu bezahlen.
Die Summe dieser individuellen Zahlungsbereitschaften wäre dann der Gesamt-
wert des Projekts für die Gesellschaft und dieser Wert wäre damit auch das geeig-
netste Kriterium um den Nutzen des Projekts zu bewerten.[119] Dabei ist auch zu berücksichtigen, dass die meisten Personen bereit sind, für die Reduzierung ihres
eigenen Risikos zu bezahlen, aber viele Leute würden auch für die Risikoredukti-
on bei anderen einen Geldbetrag investieren (z. B. Eltern für die Impfung ihrer
Kinder). Auch diese altruistische Komponente muss bei der Bewertung der Gesamtzahlungsbereitschaft berücksichtigt werden.[120]

Wenn nun in einer Gesellschaft eine neue Maßnahme bzw. ein neues Programm diskutiert wird, anhand welcher Kriterien kann man sich entscheiden, ob
es eingeführt werden soll oder nicht? Grundlage für die Überlegungen ist das *Pa-
reto-Prinzip*:[121] Eine Maßnahme ist dann einzuführen, wenn dadurch mindestens
eine Person besser gestellt wird und keine schlechter gestellt wird. Man kann sich
vorstellen, dass durch diese enge Entscheidungsregel so gut wie keine Innovationen in einer Gesellschaft mehr möglich wären, da Alternativen in der Regel durch
Gewinner und Verliererpositionen gekennzeichnet sind. Ein Krankenhaus würde

---

[118] Vgl. beispielsweise Drummond, M. F., Sculpher, M. J., Torrance, G. W. u. a. (2005),
Kap. 7.

[119] Canadian Handbook on Health Impact Assessment, Volume 3 (2004), S. 4–5.

[120] U.S. EPA (Hrsg.) (2001), S. I.1–4.

[121] Geht zurück auf Vilfredo Pareto, einen Soziologen des 19. Jahrhunderts.

nicht gebaut werden, weil damit zwar Hunderten von Leuten geholfen wäre, ein Landwirt aber ein Stück seines Ackers abtreten müsste. Rettungshubschrauber würden nicht angeschafft, da die Anlieger des Startplatzes Lärmbelästigungen ausgesetzt wären. Daher wurde von Kaldor und Hicks das so genannte *Kompensationskriterium* entwickelt.[122] Hier wird nun davon ausgegangen, dass auch Maßnahmen durchgesetzt werden können, bei denen es Gewinner und Verlierer gibt. Es muss nur möglich sein, dass die Gewinner aus ihrem Gewinn die Verlierer soweit entschädigen können, dass sie wieder auf dem Ausgangspunkt ihres Wohlfahrtsniveaus sind.[123] Diese Entschädigung muss nicht tatsächlich vorgenommen werden, sie muss nur theoretisch möglich sein.

Um diese Möglichkeit der Kompensation abschätzen zu können, benötigt man eine Quantifizierung der Effekte in gleichen Einheiten, nämlich den Geldeinheiten. So kann ermittelt werden, was die Gewinner hinzubekommen (= Summe der maximalen Zahlungsbereitschaft für die Verbesserung der Situation) und was die Verlierer verlieren (= Summe der notwendigen finanziellen Ausgleiche zur Erhaltung des Wohlfahrtsniveaus).

Hinter dem Begriff *Zahlungsbereitschaft* oder *Willingness-to-pay* verbirgt sich kein einheitliches Studiendesign, es gibt eine Reihe von Ansätzen mit spezifischen Vor- und Nachteilen. Die Begrifflichkeiten und Abgrenzungen werden nicht einheitlich verwendet. Häufig haben sich auch in diesem Bereich die englischen Bezeichnungen durchgesetzt und es fällt zum Teil schwer, treffende deutsche Übersetzungen zu finden. Soweit dieses möglich ist, werden im Folgenden die deutschen Begriffe verwendet, die englischen Synonyme werden in Klammern genannt.

Die erste Schwierigkeit bei der Abgrenzung hat man bereits bei den Begriffen Zahlungsbereitschaft und Willingness-to-pay. Zum Teil stehen diese für einen bestimmten Ansatz, zum Teil werden sie als Überbegriff für alle Ansätze in diesem Zusammenhang verwendet. Nutzt man die weite Definition, verbergen sich dahinter zwei sehr unterschiedliche Ansätze: Zum einen wird versucht, durch Beobachtung die Präferenzen von Individuen aufzudecken (revealed preference studies). Zum anderen fordert man Individuen auf, eine fiktive Bewertung bestimmter Maßnahmen oder Güter vorzunehmen, im Schrifttum häufig als „stated preference" Methode bezeichnet. Diese wird dann noch unterteilt in die „contingent valuation" Methode (CVM) und die Conjoint Analyse. Im Folgenden werden diese Ansätze überblicksartig dargestellt.

2.7.2
Aufgedeckte Präferenzen (revealed preference studies)

Bei diesem Ansatz wird davon ausgegangen, dass in vielen Fällen eine implizite Bewertung von Effekten auf die Lebenserwartung und die Lebensqualität schon vorgenommen wird, ohne dass sich die Individuen dessen bewusst sind. Da eine

---

[122] Nicholas Kaldor formulierte 1939 dieses Kriterium, dem sich John R. Hicks anschloss.
[123] Vgl. Diener, A., O'Brian, B., Gafni, A. (1998), S. 314, und Großkinsky, S. (2003), S. 37.

direkte Befragung zur Bewertung dieser Effekte aus vielen Gründen, die weiter unten noch diskutiert werden, problematisch ist, erfolgt hier die Bewertung über Umwege. Durch die Beobachtung des Verhaltens von Individuen ist es möglich, Rückschlüsse über ihre Präferenzen zu ziehen. Man spricht dabei auch von *aufgedeckten Präferenzen*. Um solch eine Aufdeckung handelt es sich beispielsweise, wenn untersucht wird, welcher Krankenversicherungsschutz von Individuen freiwillig nachgefragt wird. Aufgrund der Leistungs- und Prämiendifferenzen kann man ermitteln, wie hoch die bei einem Vertrag zusätzlich gewährten Leistungen bewertet werden. Dadurch sind auch Rückschlüsse auf die Bewertung verschiedener Gesundheitszustände und Krankheiten möglich. Ein weiteres Beispiel wurde bereits am Anfang dieses Kapitels erwähnt: die Limousine mit der besseren Sicherheitsausstattung und der Kleinwagen mit dem größeren Risiko, einen tödlichen Unfall zu erleiden, aber dem geringeren Preis. Auch hier lassen sich durch die Kaufentscheidung monetäre Werte dem menschlichen Leben zuordnen.

Eine bestimmte Form entsprechender Untersuchungen, die relativ häufig durchgeführt wurden, sind die so genannten *wage-risk-Studien*. Hier wird untersucht, welche Lohndifferenz notwendig ist, damit Arbeitnehmer einen gefährlicheren Job akzeptieren. Die Erhöhung des Sterberisikos wird der Lohndifferenz gegenübergestellt, es ergibt sich eine individuelle Bewertung menschlichen Lebens. Dasselbe kann man natürlich auch für bestimmte Verschlechterungen der Lebensqualität durchführen, beispielsweise für Schwerhörigkeit bei lärmbelasteten Arbeiten, Wirbelsäulenschäden bei körperlichen Arbeiten, Allergien bei Arbeiten mit Chemikalien. Man benötigt dazu allerdings immer eine vergleichbare Tätigkeit, bei der diese Beeinträchtigung der Lebensqualität nicht auftritt. Dazu ein kleines Beispiel: Fensterputzer können Schaufenster reinigen oder die Fenster von Hochhäusern. Die Arbeit ist in beiden Fällen im Prinzip identisch. Rutsch der Fensterputzer in einer Pfütze am Erdboden aus, hat das üblicherweise keine negativen Konsequenzen, erfolgt der Ausrutscher im 40. Stock können die Konsequenzen tödlich sein. Da das Risiko eines Ausrutschen größer als Null ist kann man davon ausgehen, dass die Hochhausarbeit höher bezahlt werden muss. Durch das Beziehen der Lohndifferenz auf die Risikodifferenz erhält man eine monetäre Bewertung des Lebens des Fensterputzers.

Theoretisch gut fundiert zeigt dieser Ansatz allerdings in der praktischen Anwendung enorme Schwächen. Es ist nahezu unmöglich, eine Tätigkeit zu finden, bei der genau ein zu bewertender Gesundheitszustand relevant und ausschlaggebend für eine Lohndifferenzierung ist. Selbst wenn man eine solche Tätigkeit finden würde, ist der Arbeitsmarkt in der Regel so unvollkommen, dass sich erhebliche Bewertungsunterschiede ergeben.[124]

Neben den wage-risk-Studien existiert noch eine zweite Form der Aufdeckung von Präferenzen: die *averting-behavior-Studien*. Während bei den Studien zu den Lohndifferentialen ein tatsächlich eingegangenes Risiko kompensiert wird, geht es hier um Kosten, die man bereit ist zu tragen, um eine bestimmte negative Auswirkung auf den Gesundheitszustand zu vermeiden. Beispiele dafür wären der Kauf einer Klimaanlage oder von Wasserfiltern.[125] Problematisch an diesem Ansatz ist,

---

[124] Vgl. Drummond, M. F., Sculpher, M. J., Torrance, G. W. u. a. (2005), S. 218–219.
[125] Vgl. Reed Johnson, F., Fries, E. E., Spencer Banzhaf, H. (1997), S. 644.

dass der Nutzen der nachgefragten Güter häufig nicht nur im medizinischen Bereich zu suchen ist und sich der darauf entfallende Anteil kaum herausrechnen lässt. In heißen Gegenden ist die Klimaanlage sicherlich medizinisch sinnvoll, sie erhöht aber auch das allgemeine Wohlbefinden.

Ein weiteres Beispiel, das im Rahmen aufgedeckter Präferenzen häufig (fälschlicherweise) genannt wird, sind die so genannten *Gliedertaxen*, die auf gerichtlich festgelegten Entschädigungszahlungen bei körperlichen Beeinträchtigungen basieren. Diese Entschädigungen verschiedener Gerichte in einer Vielzahl von Verfahren werden in einer Liste zusammengefasst, die dann wiederum als Anhaltspunkt für künftige Prozesse dient. Bei dieser Liste handelt es sich allerdings nicht um individuelle Bewertungen, sondern wieder um eine gesellschaftliche Sichtweise. In der Praxis werden diese Entschädigungszahlungen auch häufig gemäß dem Humankapital-Ansatz festgelegt, daher kann man hier nicht von aufgedeckten Präferenzen sprechen.

2.7.3
Fiktive Bewertung

2.7.3.1
Contingent valuation

Wenn man von Willingness-to-pay oder Zahlungsbereitschaft spricht, meint man in der Regel den Ansatz der fiktiven Bewertung von Gütern, Dienstleistungen oder Zuständen in Geldeinheiten. Dieser Ansatz wird als bessere Alternative zum Humankapital-Ansatz gesehen, der insbesondere bei der Bewertung der nichterwerbstätigen Personen (Hausfrauen, Rentner, Arbeitslose) problematisch ist. Hier kann auch für diese Personengruppen eine monetäre Bewertung verschiedener Gesundheitszustände vorgenommen werden.[126] Entwickelt wurden die im Folgenden dargestellten Ansätze weniger für das Gesundheitswesen, sondern für den Bereich des Umweltschutzes, um hier Schäden quantifizieren zu können. Viele Standards der Methodik stammen aus diesem Bereich.[127]

In jüngster Zeit hat sich für diese Form der Bewertung der Überbegriff *r-preference method* durchgesetzt, der sich wiederum in die *contingent valuation method (CVM)* und die *Conjoint Analyse* unterteilt.[128]

Während es bei den aufgedeckten Präferenzen um die Beobachtung von *tatsächlichem* Verhalten von Individuen geht, wird hier eine Befragung von Individuen vorgenommen, die einen Sachverhalt *hypothetisch* durch ihre maximale Zahlungsbereitschaft bewerten sollen.[129] Es wird dabei von der Annahme ausgegangen, dass ein funktionierender Markt besteht, obwohl dieses in der Realität nicht

---

[126] Vgl. Wille, E. (1996), S. 7.
[127] Vgl. dazu beispielsweise National Oceanic and Atmospheric Administration (1993).
[128] Vgl. Canadian Handbook on Health Impact Assessment, Volume 3 (2004), S. 4–7 und 4–8.
[129] Vgl. Diener, A., O'Brian, B., Gafni, A. (1998), S. 314.

der Fall sein wird. In der Praxis wurden eine Reihe von Formen dieser fiktiven Bewertung entwickelt, die im Folgenden systematisiert und charakterisiert werden (s. Tabelle 2.3). Die dabei gewählte Einteilung ist nur eine mögliche, es existieren durchaus andere Möglichkeiten, eine Systematisierung vorzunehmen.[130]

Tabelle 2.3. Fiktive Bewertung der Zahlungsbereitschaft anhand der contingent valuation

	Maximale Zahlungsbereitschaft wird **direkt** erfragt	Maximale Zahlungsbereitschaft wird **indirekt** erfragt
Einzelfragen	* direkte Fragen	* Intervall-Auswahl
	* Zahlungskarten	* Einmaliges Angebot
Iterativer Befragungs-Prozeß	* Auktion	* Mehrfaches Angebot

Wird die maximale Zahlungsbereitschaft direkt erfragt, steht am Ende der Befragung das Ergebnis eindeutig in Geldeinheiten fest. Bei einer indirekten Befragung hat man als Ergebnis nur eine bestimmte Eingrenzung bezüglich der Zahlungsbereitschaft. Bei Einzelfragen wird nur eine Frage gestellt und eine Antwort erwartet. Werden systematisch mehrere Fragen gestellt, die den Antwortenden zur Offenlegung seiner Zahlungsbereitschaft leiten, spricht man von einem iterativen Befragungsprozess.

Bei den *direkten Fragen (direct questions)* wird die maximale Zahlungsbereitschaft durch eine einzelne Frage ermittelt. Beispielhaft könnte eine solche Frage lauten: „Wie viel wären Sie maximal bereit für einen Gentest zu bezahlen, mit dem ermittelt werden kann, ob sie in einigen Jahren an einer Krankheit erkranken werden, die sich – frühzeitig erkannt – komplett ohne großen Aufwand vermeiden lässt." Zusätzlich müssen dem Probanden natürlich noch Informationen über die Auswirkungen der Erkrankung, die Wahrscheinlichkeit der Erkrankung sowie den Aufwand zur Vermeidung gegeben werden. Die Antwort lautet dann x €. Es handelt sich bei den direkten Fragen um die einfachste Methode zur Ermittlung der Zahlungsbereitschaft, sie ist schnell und preiswert auch postalisch durchführbar. Obwohl sie so einfach aufgebaut ist, ist sie intellektuell sehr fordernd. Die präzise Angabe eines €-Wertes kann die Befragten leicht überfordern. Daher sind bei dieser Form der Erhebung auch eine große Anzahl von Antwortverweigerungen und offensichtlichen Protestantworten (z. B. Angabe von 0 Geldeinheiten oder unendlich vielen Geldeinheiten) wahrscheinlich. Hilfestellung kann den Probanden durch die Nennung von möglichen Antworten gegeben werden (z. B. beim Gentest-Beispiel: „Sind es eher 10 € oder eher 100 €?").[131] Dadurch wird allerdings das Antwortverhalten beeinflusst.

Bei den *Zahlungskarten (payment cards)* sind mögliche Geldbeträge auf Karten niedergeschrieben. Der Proband erhält die Aufgabe, diejenige Karte herauszusuchen, die seiner Zahlungsbereitschaft voll entspricht bzw. seinen Präferenzen am nächsten kommt. Dieser Wert wird dann in den weiteren Betrachtungen verwen-

---

[130] Hier wird insbesondere auf die Unterteilung von Klose, T. (1999), zurückgegriffen.
[131] Vgl. Klose, T. (1999), S. 100.

det. Die Festlegung eines Wertes ist häufig für den Probanden nicht einfach. Liegen mehrere Werte auf den Karten dicht beieinander, ist eine Differenzierung häufig nicht möglich (z. B. Entscheidung zwischen den Karten mit 17 und 18 €). Um dem Probanden die Auswahl zu erleichtern, kann daher die Vorgehensweise variiert werden:[132] Der Proband soll zwei Karten wählen, von denen die erste den maximalen Betrag widerspiegelt, den man auf jeden Fall bereit wäre zu tragen und die zweite den minimalen Betrag, den man sicher nicht bezahlen würde. Es ergibt sich ein Intervall (das keine, eine oder mehrere Bewertungskarten einschließt), in dem die tatsächliche Zahlungsbereitschaft angesiedelt ist. Je größer das Intervall ist, desto unsicherer ist der Proband bezüglich seiner Einstellung. Üblicherweise wird die Intervallmitte als maximale Zahlungsbereitschaft angenommen.[133] Es ist aber eher wahrscheinlich, dass sie in der unteren Hälfte des Intervalls liegt.[134] Wird der Proband gezwungen, immer ein Intervall anzugeben, ergibt sich ein systematischer Fehler, wenn er seine Zahlungsbereitschaft genau quantifizieren kann. Die maximale Zahlungsbereitschaft sei 10 €, die nächste Karte, die die minimale Nicht-Zahlungsbereitschaft angibt, lautet 12 €. Jeder Wert innerhalb des Intervalls (außer der unteren Grenze) würde damit eine Überschätzung der Zahlungsbereitschaft darstellen.

Problematisch bei der Methode der Zahlungskarten ist der *range bias*. Die Abstände der Werte auf den Karten können die Bewertung des Probanden beeinflussen. Je größer der Abstand zwischen dem kleinsten und größten Wert auf den Karten ist und je höher der maximal zur Verfügung stehende Wert ist, desto höher wird der Proband tendenziell seine Zahlungsbereitschaft angeben. Ein weiteres Problem besteht darin, dass man bei der Kartenfertigung bereits eine Vorentscheidung über den maximal denkbaren Wert treffen muss. Gerade bei völlig neuen medizin-technischen Entwicklungen wird dieses (zumindest nicht ohne umfangreiche Vorstudien) kaum möglich sein.

Bei der *Auktion (bidding game)* beschränkt man sich nicht mehr auf eine einzelne Frage, sondern es wird ein Auktionsprozess simuliert.[135] Dem Befragten wird ein Angebot gemacht, das er akzeptieren oder ablehnen kann. Entsprechend seiner Antwort wird das Angebot dann erhöht oder gesenkt. Während dieses Prozesses kann die Richtung auch verändert werden, d. h. wenn das Folgeangebot zu hoch war, kann man es auch wieder reduzieren. Der Vergleich mit einer Auktion hinkt daher etwas, da es dort typischerweise nur in vorher festgelegten Schritten in eine Richtung geht. Hier handelt es sich eher um einen iterativen Prozess, bei dem man sich von oben oder von unten der maximalen Zahlungsbereitschaft nähern will. Bei dieser Auktion wird die typische Marktsituation, in der sich Kunden befinden, eher getroffen als bei direkten Fragen. Im Kaufhaus wird man auch nicht gefragt, wie viel man maximal bereit wäre zu zahlen, sondern es wird ein Kaufangebot unterbreitet, das man akzeptabel oder nicht akzeptabel findet. Problematisch

---

[132] Vgl. Klose, T. (1999), S. 100.

[133] Streng genommen handelt es sich bei dieser Vorgehensweise dann nicht mehr um eine direkte, sondern um eine indirekte Erfragung der Zahlungsbereitschaft und müsste entsprechend in der Tabelle 2.3 anders positioniert werden.

[134] Vgl. Klose, T. (1999), S. 100.

[135] Vgl. Johannesson, M., Johansson, P.-O., Jönsson, B. (1992), S. 328.

bei der Auktion ist allerdings, dass der *starting point bias* das Ergebnis verzerren kann. Die Höhe des ersten Angebots kann die Zahlungsbereitschaft ganz wesentlich beeinflussen. Wählt man als erstes Angebot beispielsweise 100 € anstelle von 10 €, so suggeriert man dem Probanden einen höheren Wert des Gutes. Da die Präferenzen bei eher unbekannten Gütern nicht so fest im Individuum verankert sind wie bei Gütern des täglichen Bedarfs, wird sich hier eine höhere Zahlungsbereitschaft ergeben. In einer Studie wurde beispielsweise ermittelt, dass eine Verdopplung der Angebote zu einer 30 % erhöhten Zahlungsbereitschaft führte.[136] Weiterhin ist an dieser Art der Erhebung zu kritisieren, dass sie sehr aufwändig und damit kostspielig ist, da persönliche Interviews notwendig sind. Der Aufwand wird etwas reduziert, wenn man ein interaktives Computerprogramm verwendet. Zu diesem Vorschlag ist allerdings anzumerken, dass man dann nur an Probanden kommt, wo viele Computer zur Verfügung stehen (z. B. an Universitäten, wo tatsächlich die meisten Probanden der bis heute publizierten Studien rekrutiert wurden) oder man muss ein Notebook mit zum Interview nehmen, der Aufwand ist dann kaum geringer als beim verbalen Interview.

Bei den indirekten Methoden zur Ermittlung der Zahlungsbereitschaft wird den Probanden ein größerer Spielraum bezüglich ihrer Antwort gelassen, sie müssen sich nicht punktgenau festlegen. Die Akzeptanz dieser Methoden ist bei den Befragten daher größer als bei den direkten Methoden, es gehen aber Informationen verloren. In der Regel sind größere Befragungsgruppen erforderlich. Der Punktwert der Zahlungsbereitschaft wird durch statistische Methoden ermittelt. Bei der Studienplanung muss man abwägen, welcher Ansatz im konkreten Fall der geeignete ist. Die erste Studienform, die in diese indirekte Kategorie fällt und bei der nur einzelne Fragen gestellt werden, ist die *Intervall-Auswahl (interval checklist)*. Die Probanden wählen dabei aus vorgegebenen Intervallen dasjenige aus, in dem sie ihre maximale Zahlungsbereitschaft sehen. Die durchschnittliche Zahlungsbereitschaft wird dann beispielsweise durch Regressionsanalysen ermittelt.

Den tatsächlichen Marktverhältnisse nahe kommt die Methode des *einmaligen Angebots (take-it-or-leave-it-offer, TIOLI)*. Hier wird den Probanden nur ein einziges Angebot gemacht, das sie ablehnen oder annehmen können (z. B. „Dieser Gentest kostet 100 €. Wollen Sie ihn haben oder nicht?"). Ein Nachbessern des Angebots wie bei der Auktion erfolgt dann nicht mehr. Dieses ist genau die Situation, wie sie im wirklichen wirtschaftlichen Leben dominiert: Der DVD-Player kostet 300 €, man kann ihn kaufen oder stehen lassen, der Verkäufer wird üblicherweise kein zweites Angebot unterbreiten. Beim nächsten Probanden wird das Angebot dann variiert (z. B. Gentest kostet 80 €). Aus den ja/nein-Antworten lassen sich Median und Mittelwert durch eine Logit-/Probit-Regression und nichtparametrische statistische Methoden ermitteln. Problematisch an diesem Ansatz ist, dass eine Vielzahl von Personen gefragt werden müssen, um aussagekräftige Ergebnisse zu erhalten. Außerdem kann man feststellen, dass tendenziell eher ja-Antworten gegeben werden und damit die ermittelte Zahlungsbereitschaft wahrscheinlich höher ist als die tatsächliche.

Das Problem der großen Zahl von Befragten wird zum Teil gelöst, wenn man den Probanden mehrere TIOLI-Fragen stellt, ohne allerdings eine vollständige

---

[136] Vgl. Neumann, P. J., Johannesson, M. (1994).

Auktion durchzuführen. Man spricht in diesem Zusammenhang von der Methode der *mehrfachen Angebote (multiple response bids)*.[137] In Kauf nehmen muss man bei diesem Verfahren allerdings wieder eine gewisse Entfremdung von der Marktwirklichkeit.

Alle dargestellten Verfahren wollen mit der maximalen Zahlungsbereitschaft denselben Wert messen. Sie müssten daher auch zu den gleichen Ergebnissen führen. Es kann empirisch allerdings festgestellt werden, dass zum Teil erhebliche Diskrepanzen bei den Ergebnissen bestehen, die sich aus den dargestellten Problemen ergeben.

2.7.3.2
Conjoint Analyse

Dieses in der Marktforschung häufig eingesetzte Verfahren wird in jüngerer Zeit auch im Bereich der gesundheitsökonomischen Evaluationsforschung eingesetzt.[138] Während bei der *contingent valuation* immer eine einzige Bewertung für ein Produkt/Programm angestrebt wird, ist es das Ziel der Conjoint Analyse Bewertungen von Teilaspekten zu erhalten. Soll beispielsweise ein Produkt bewertet werden, das durch eine bestimmte Wirksamkeit, ein bestimmtes Nebenwirkungsprofil, eine bestimmte Bequemlichkeit bei der Anwendung und andere Faktoren gekennzeichnet ist, so erhält man bei der contingent valuation einen Zahlungsbereitschaftswert für das gesamt Bündel. Es könnte aber durchaus auch von Interesse sein zu erfahren wie groß denn der Einfluss des Nebenwirkungsprofils auf diese Zahlungsbereitschaft ist (der marginale Wert dieses Faktors).

Um dieses zu erfahren, werden unterschiedliche (fiktive) Bündel von Produkten/Programmen „geschnürt" und von den Probanden bewertet. Aus den Antworten lassen sich dann statistisch die Wertigkeiten der einzelnen Teilfaktoren ermitteln. Erkennt man, dass beispielsweise einer dieser Faktoren einen erheblichen Einfluss auf die Gesamtzahlungsbereitschaft hat, so könnte man versuchen ein Produkt/Programm zu konstruieren, in dem insbesondere dieser Faktor dominiert.

2.7.3.3
Konzeptionelle Alternativen

Der deutsche Begriff *Zahlungsbereitschaft* wird immer nur in eine Richtung verwendet, nämlich dass man etwas (fiktiv) bekommt und dafür (fiktiv) Geld hingibt. Für die umgekehrte Vorgehensweise, nämlich dass man auf etwas verzichtet und dafür Geld erhält (Kompensationszahlung), existiert kein eingeführter deutscher Begriff. Man könnte beispielsweise von *Akzeptanzbereitschaft* sprechen, in Anlehnung an das englische *Willingness-to-accept* als Gegensatz zum *Willingness-to-pay*.[139] Im Prinzip sollte man davon ausgehen, dass beide Methoden dasselbe messen, nämlich den Austausch von Gütern und Geldeinheiten. Empirisch ist aller-

---

[137] Vgl. Klose, T. (1999), S. 101.
[138] Vgl. Canadian Handbook on Health Impact Assessment, Volume 3 (2004), S. 4–8.
[139] Vgl. Weinstein, M. C., Shepard, D. S., Pliskin, J. S. (1980), S. 374.

dings festzustellen, dass sich die Ergebnisse wesentlich unterscheiden.[140] Je weniger ein tatsächlicher Markt für Güter vorhanden ist, desto größer ist dieser Unterschied. Die akzeptierten Werte liegen üblicherweise zwei- bis fünfmal höher als die Werte, die man zu zahlen bereit ist.[141] Verzicht ausgehend von einem bestimmten Niveau scheint demzufolge schwerer zu fallen als eine Verbesserung dieses gewohnten Niveaus. Je mehr aber tatsächliche Marktpreise vorhanden sind, desto stärker nähern sich Willingness-to-pay und Willingness-to-accept. Es wird allgemein empfohlen, dass man eher den WTP- als den WTA-Ansatz verwendet, da der WTP-Ansatz die konservativere Schätzung darstellt.[142]

Da in den meisten Gesundheitssystemen der Welt die Patienten ihre Gesundheitsleistungen nicht direkt selbst zahlen und daher auch kaum Vorstellungen über die tatsächlichen Preise haben,[143] besteht die Frage, in welcher Form die Zahlung der Geldeinheiten erfolgen soll. Bislang wurde implizit immer davon ausgegangen, dass die (fiktiven) Geldbeträge direkt zum Anbieter fließen, dies kann aber entsprechend des Gesundheitssystems variiert werden. In einem staatlichen Gesundheitssystem (z. B. in Großbritannien) könnte die Frage auch lauten, welche Steuererhöhung man in Kauf nehmen würde, wenn flächendeckend Transplantationszentren gebaut würden. In einem System, das auf privaten Versicherungsschutz setzt (z. B. die USA), müsste nach den zusätzlichen Versicherungsprämien gefragt werden, die man bereit wäre zu zahlen. In einem Sozialversicherungssystem vom Typ Deutschland wäre die relevante Frage nach der maximalen Beitragssatzsteigerung zu stellen. Bei der Willingness-to-accept-Methode würde nach dem minimalen Beitragsnachlass gefragt, den jemand bereit ist zu akzeptieren, wenn sein Versicherungsschutz die entsprechende Leistung nicht enthält. Problematisch an dieser Vorgehensweise ist allerdings, dass sich kleine Zahlungsbereitschaften (z. B. 10 € für einen Gentest) kaum in solch globalen Größen ausdrücken lassen. Auch ist die Umrechnung von Beitrags- oder Steuersätzen in tatsächliche Geldeinheiten zwar prinzipiell möglich, tatsächlich wird man aber auf sehr unsichere Annahmen angewiesen sein.

Ähnlich problematisch ist auch die Frage nach einem Prozentsatz des Haushaltseinkommens, auf den man bereit wäre zu verzichten. Damit entschärft man zwar den Konflikt zwischen Zahlungswilligkeit und Zahlungsfähigkeit (auf diesen wird weiter unten noch ausführlicher eingegangen), es ist allerdings festzustellen, dass die Zahlungsbereitschaft ausgedrückt in Prozenten des Einkommens in der Regel wesentlich höher ist als ausgedrückt in Geldeinheiten. Ein Prozent des jährlichen Einkommens klingt sehr wenig, 250 € erscheinen sehr viel. Dabei ist auch die Frage relevant, auf welchen Zeitraum sich die Prozentangabe bezieht. Zahlungen, die sich auf einen Monat beziehen werden anders beurteilt als Zahlungen auf jährlicher Basis.

---

[140] Vgl. Klose, T. (1999), S. 110.
[141] Vgl. Duborg, W. R., Jones-Lee, M. W., Loomes, G. (1994).
[142] Pearce, D., Atkinson, G., Mourato, S. (2006), S. 164.
[143] Vgl. Wasem, J. (1997), S. 13.

2.7.3.3
Bewertung des Ansatzes

Der größte Vorteil der Zahlungsbereitschafts-Methode ist die monetäre Erfassung des Nutzens einer medizinischen Maßnahme.[144] Auch die häufig als *intangibel* bezeichneten Größen werden damit kalkulierbar. Insbesondere in ökonomischen Evaluationen gibt es somit kein Problem der unterschiedlichen Maßeinheiten, die Bildung aufwändiger Quotienten (wie beispielsweise bei der Kosten-Nutzwert-Analyse oder der Kosten-Effektivitäts-Analyse) kann entfallen. Eine reine Kosten-Nutzen-Analyse, wie sie die Ökonomie auch in allen anderen Bereichen außerhalb des Gesundheitswesens anwendet, wird damit durchführbar.

Trotzdem ergibt sich eine Reihe von Problemen.[145] Gerade bei der Frage nach der Zahlungsbereitschaft für Versicherungsschutz müssen Wahrscheinlichkeiten angegeben werden, wie häufig die zu bewertende Methode angewendet wird, um eine Bewertung durch den Probanden zu ermöglichen. Wahrscheinlichkeiten, insbesondere im sehr kleinen Bereich und bei sehr kleinen Abstufungen, sind aber von Individuen kaum konsistent zu bewerten.[146] Kleine Wahrscheinlichkeitsänderungen (z. B. Reduzierung eines Risikos von 1 zu 1 Million auf 1 zu 10 Millionen) können kaum mit einem äquivalenten Geldbetrag bewertet werden.[147] Beim Standard Gamble- und Time Trade-off-Verfahren beschränkt man sich aus diesem Grund schon auf eine Abstufung in 10er-Schritten. Beim Willingness-to-pay-Ansatz wäre eine wesentlich stärkere Detaillierung notwendig, die praktisch kaum noch zu handhaben ist.

In diesem Zusammenhang ist es auch notwendig, sich Gedanken über die Güter oder Dienstleistungen zu machen, die bewertet werden sollen. Man kann dabei differenzieren zwischen der Zahlungsbereitschaft für Gesundheitszustände, die a) sicher eintreten, für Behandlungen mit b) ungewissem Ergebnis und für Programme, bei denen c) sowohl die zukünftige Teilnahme als auch das medizinische Ergebnis unsicher ist.[148] Eine bestimmte Behandlung, die zu einem sicheren Ergebnis führt, gehört in die erste Kategorie. Kann die Behandlung das gewünschte Ergebnis bringen oder mit einer bestimmten Wahrscheinlichkeit versagen, hätte man ein Beispiel für die zweite Kategorie. Ist sowohl unklar, ob man die Behandlung zukünftig benötigt, da nur eine bestimmte Erkrankungswahrscheinlichkeit besteht, als auch das Ergebnis ungewiss, würde der letzte Fall vorliegen. Im Prinzip müssten die Zahlungsbereitschaften dieser drei Kategorien zusammenhängen. Die Zahlungsbereitschaft für Fall a) multipliziert mit der prozentualen Erfolgsaussicht müsste die Zahlungsbereitschaft b) ergeben, diese multipliziert mit der Erkrankungswahrscheinlichkeit die Zahlungsbereitschaft für c). Dieses ist leider nicht der Fall, da dazu eine Risikoneutralität der Individuen notwendig wäre, die üblicherweise aber risikoavers sind. Es ist demzufolge relevant für eine Studie, ob bereits Betroffene bezüglich ihrer Zahlungsbereitschaft gefragt werden oder Per-

---

[144] Vgl. Johannesson, M., Jönsson, B., Karlsson, G. (1996), S. 279.

[145] Vgl. Donaldson, C. (1990).

[146] Vgl. Breyer, F., Zweifel, P. (1992), S. 37–38.

[147] Einige Beispiele für diese Form der Bewertung finden sich bei Blomquist, G. (1981), S. 32–36.

[148] Vgl. Drummond, M. F., Sculpher, M. J., Torrance, G. W. u. a. (2005), S. 225.

sonen, die nur potentiell davon bedroht sind. Für Allokationsentscheidungen wäre es wahrscheinlich sinnvoll, die allgemeine Bevölkerung zu befragen.

Contingent valuation und Conjoint Studien können auch nur von geschulten Interviewern durchgeführt werden (insbesondere wenn eine iterative Methodik angewendet wird). Es hat sich herausgestellt, dass die fiktive Bewertung geeignet ist, eng beieinander liegende Optionen zu evaluieren. Hier hat das Verfahren Vorteile gegenüber anderen Methoden wie Standard Gamble und Time Trade-off. Bei größeren Abständen der Optionen ist das Verfahren allerdings nicht besonders trennscharf.

Dieses soll an einem Beispiel dargestellt werden: Es werden zwei homogene Personengruppen gebildet, von denen die eine die Behandlungsmethode A bewerten soll und die andere die (ähnliche) Methode B. Es ist beiden Gruppen nicht bekannt, dass es Alternativbehandlungen gibt und so bewerten sie jeweils ihre Behandlungsmethode zwangsläufig im Vergleich zu der (fiktiven) Alternative Nicht-Behandlung. Als Ergebnis erhält man, dass A und B gleich bewertet werden, da es aus Sicht der Probanden nur um die Alternativen Behandlung ja oder nein ging. Eine Vorteilhaftigkeit von A oder B kann nicht ermittelt werden. Formuliert man das Studiendesign aber um und setzt die Probanden davon in Kenntnis, dass es zwei verschiedene Behandlungsmethoden gibt, die dann auch beide bewertet werden, ergeben sich trennscharfe Resultate.[149]

Ein weiteres Problem, das bei der Zahlungsbereitschafts-Methode zu beachten ist, ist die *Subadditivität*. Die Summe der Zahlungsbereitschaften von Individuen für Teilergebnisse ist größer, als die Zahlungsbereitschaft für das Gesamtergebnis. Es besteht zum Teil eine erhebliche Diskrepanz zwischen diesen Werten.[150] In einer Studie wurde die Zahlungsbereitschaft für Gentests ermittelt. Zusätzlich zu Tests auf einzelne Erkrankungen wurde ein (damals noch nicht verfügbarer) Multiplex-Test bewertet, in dem neben anderen auf die Gendefekte, die zu erblichem Brustkrebs, Morbus Alzheimer, Chorea Huntington und Hämochromatose führen, getestet wird. Die Summe der durchschnittlichen Zahlungsbereitschaften für die vier einzelnen Tests betrug ca. 165 € und war damit wesentlich höher als die ca. 65 € für den Multiplex-Test.[151]

Das größte Problem stellt allerdings die persönliche Einkommenssituation der Probanden dar.[152] Die Zahlungsbereitschaft für die Verbesserung des eigenen Gesundheitszustands wird umso höher sein, je höher auch das individuelle Einkommen und Vermögen ist (bei der Willingness-to-accept-Methode wird es genau umgekehrt sein).[153] Individuen mit geringem Einkommen und ohne Vermögen sind gar nicht in der Lage, einen hohen Geldbetrag für eine Gesundheitsleistung zu bezahlen, auch wenn sie es gern wollten. Die *Zahlungsfähigkeit* und die Zahlungsbereitschaft fallen somit auseinander. Ein wenig entschärft wird dieses Problem durch die Frage nach dem Preis für Versicherungsschutz und nicht nach dem Preis für die Gesundheitsleistung selbst. Da die Wahrscheinlichkeit der Anwen-

[149] Vgl. Donaldson, C., Shackley, P., Abdalla, M. (1997), S. 146.
[150] Vgl. Berwick, D. M., Weinstein, M. C. (1985).
[151] Vgl. Schöffski, O. (2000b).
[152] Vgl. dazu den Aufsatz von Shepard, D. S., Zeckhauser, R. J. (1981).
[153] Vgl. Ryan, M. (1996), S. 551.

dung der Leistung in der Regel sehr gering ist, ist auch die Differenz im Preis für Versicherungsschutz klein, so dass auch Personen mit einem geringeren Einkommen dieses tragen können. Bei einer Frage nach der direkten Zahlungsbereitschaft, beispielsweise für eine extrem aufwändige Transplantation, müsste diese Bevölkerungsgruppe passen. Trotzdem wird auch die Zahlungsbereitschaft für Versicherungsschutz bei wohlhabenden, gut verdienenden Personen größer sein als bei der übrigen Bevölkerung. Ebenfalls entschärfend wirkt die Frage nach einem bestimmten Prozentsatz des Haushaltseinkommens anstelle eines absoluten Geldbetrags.[154]

Weiterhin ist zu berücksichtigen, dass das tatsächliche Kaufverhalten von Individuen oft nicht mit der ermittelten Zahlungsbereitschaft übereinstimmt. Um diesen Bias auszuschließen, hat man nur die Möglichkeit, das Verhalten der Individuen zu beobachten, um so die Zahlungsbereitschaft indirekt zu ermitteln. Da dieses bei den meisten Fragestellungen aber nicht möglich ist, bleibt in der Regel nur der Weg der fiktiven Befragung.

Trotz aller Kritikpunkte sind die Ergebnisse der contingent valuation nicht so schlecht wie es jetzt hier den Anschein hat. In einer Metaanalyse, in der viele Studien zusammengefasst wurden, ergab sich, dass dieser Ansatz durchaus logisch und statistisch konsistent ist. Die Zahlungsbereitschaft für die Wiederherstellung eines guten Gesundheitszustandes steigt überproportional, je schlechter der zu bewertende Gesundheitszustand ist und je länger dieser Zustand andauert.[155] Aufbauend auf diesem Ergebnis erscheint eine methodisch saubere Durchführung von Kosten-Nutzen-Analysen in der Zukunft denkbar. Sogar ein weiterer Gedankengang drängt sich auf: Könnte man valide die Zahlungsbereitschaft für ein QALY ermitteln, so wäre es nur ein kurzer Schritt zur Umwandlung sämtlicher Kosten-Nutzwert-Analysen zu klassischen Kosten-Nutzen-Analysen.[156] Der Gewinn in QALYs würde dann nicht mehr den Kosten gegenübergestellt, sondern der Gewinn in QALYs könnte in Geldeinheiten ausgedrückt und von den Kosten abgezogen werden. Damit hätte man den klassischen wohlfahrtstheoretischen Ansatz verwirklicht.

2.8
Bewertung der vorgestellten Methoden

Alle beschriebenen Ansätze erheben den Anspruch, den Nutzen zu messen, den Individuen bestimmten Gesundheitszuständen zuordnen, und damit ein geeignetes Instrument zur Ermittlung der Lebensqualität zu sein. Trotzdem unterscheiden sich die ermittelten Lebensqualitätsgewichte häufig nicht unerheblich.[157] Die Methoden unterscheiden sich darin, ob sie die Präferenzen direkt oder indirekt erfassen, stellen unterschiedlich hohe Anforderungen an Abstraktionsvermögen und

---

[154] Vgl. Froberg, D. G., Kane, R. L. (1989), S. 464.
[155] Vgl. Reed Johnson, F., Fries, E. E., Spencer Banzhaf, H. (1997), S. 661.
[156] Vgl. Gyrd-Hansen, D. (2005), S. 424.
[157] Vgl. Bleichrodt, H., Johannesson, M. (1997), S. 156.

Vorstellungskraft der Befragten und erfordern bei der Durchführung unterschiedlichen Aufwand. Daraus ergibt sich die Frage, welche der Methoden die geeignete
ist. Dazu müssen sie anhand der Gütekriterien Objektivität, Reliabilität und Validität bewertet werden. Zusätzlich müssen die Methoden praktikabel sein, dieses
kann anhand der Akzeptanz, der Probleme bei der Durchführung und des Studien-
aufwands beurteilt werden.

Durch den engen Kontakt, den ein Tester während des Messvorgangs mit den
Befragten hat, kann er allein durch sein Verhalten und sein Erscheinungsbild die
Ergebnisse der Untersuchung beeinflussen. Dadurch können (unbeabsichtigt) die
eigenen Wertvorstellungen des Testers bestimmte Antworten und Reaktionen suggerieren, die *Objektivität* der Befragung wäre dann nicht mehr gewährleistet. Insbesondere bei der Beschreibung der verschiedenen Gesundheitszustände, sei es
vor oder während der Befragung, ist diese Gefahr sehr groß. Dieses lässt sich nur
durch umfangreiche Schulungsmaßnahmen und gegebenenfalls auch ex post-
Kontrollen durch Aufzeichnungen der Interviews verhindern.

Um die Zuverlässigkeit der verschiedenen Messinstrumente zu überprüfen,
wurde eine Reihe von Studien durchgeführt.[158] Bei der Beurteilung der internen
Reliabilität (gemessen durch die Korrelation der Ergebnisse von zwei direkt aufeinander folgenden identischen Befragungen) wurden alle Verfahren als intern zuverlässig beurteilt. Bei einem Vergleich der Ergebnisse von identischen Befragungen über einen längeren Zeitraum (Test-Retest-Verfahren) wurde ermittelt, dass
die Ergebnisse über einen kurzen Zeitraum gesehen sehr stabil sind. Für längere
Zeiträume (> 1 Jahr) ergibt sich jedoch bei allen Verfahren eine große Varianz, die
allerdings auch auf veränderte Präferenzen der Befragten zurückzuführen sein
können.[159] Bei der Beurteilung der Reliabilität macht es jedoch einen großen Unterschied aus, welche Bevölkerungsgruppe befragt wird. Bei einer allgemeinen
Bevölkerungsgruppe sind weitaus größere Abweichungen zu verzeichnen als bei
sehr homogenen Gruppen, die zudem mit einer Krankheit vertraut sind. Daraus
lässt sich schließen, dass Personen umso zuverlässiger für eine Befragung sind, je
höher ihr Wissensstand bezogen auf den Untersuchungsgegenstand ist. Insgesamt
gilt aber, dass die Standardabweichung umso niedriger ist, je größer die befragte
Gruppe ist.

Die *Validität* ist das Kriterium dafür, ob ein Instrument tatsächlich das misst,
was es zu messen vorgibt. Da die Methode des Standard Gamble nichts anderes
tut, als die Axiome der Nutzentheorie auf medizinische Entscheidungssituationen
unter Unsicherheit zu übertragen, gilt sie als valide per definitionem.[160] Die übrigen Instrumente brauchen nur noch mit dieser Methode verglichen zu werden, um
ihre Gültigkeit zu beurteilen. Bei einer Gegenüberstellung erwies sich die Time
Trade-off-Methode als relativ valide, wohingegen das Rating Scale-Verfahren
keine zufrieden stellende Validität aufwies.[161] In einer anderen Untersuchung
wurde dagegen als Vergleichsmaßstab die durch Befragung direkt ermittelte

[158] Vgl. dazu beispielsweise die Übersichtsartikel von Torrance, G. W. (1986), und Torrance, G. W. (1987).
[159] Vgl. Froberg, D. G., Kane, R. L. (1989), S. 466.
[160] Vgl. Drummond, M. F., Stoddard, G. L., Torrance, G. W. (1987), S. 118.
[161] Vgl. Drummond, M. F., Stoddard, G. L., Torrance, G. W. (1987), S. 118.

Rangfolge der Zustände herangezogen. Es ergab sich, dass das Time Trade-off-Verfahren den direkt ermittelten Rang besser traf als Standard Gamble und das Rating Scale-Verfahren.[162]

In Studien wurde ermittelt, dass neben Faktoren wie Alter[163], Geschlecht, Betroffenheit[164] und Religion auch das Einkommen die Präferenzen der Befragten wesentlich beeinflusst. Die Bereitschaft, das Leben für eine Heilung zu riskieren, sank mit zunehmendem Einkommen. Dieses wird häufig dahingehend interpretiert, dass die jeweilige Erhebungsmethode eher den Grad der Risikoaversion als den Gesundheitszustand misst.[165]

Für die Beurteilung der *Akzeptanz* einer Methode müssen verschiedene Ebenen betrachtet werden. Zum einen ist zu fragen, inwieweit die Betroffenen bereit sind, an der Untersuchung teilzunehmen, inwieweit die durchführenden Personen bereit sind, diese Methoden anzuwenden, und inwieweit die Adressaten der Studie bereit sind, die Ergebnisse zu akzeptieren. Die Akzeptanz unter Individuen hängt von ihrem persönlichen Interesse an der Untersuchung ab. So waren bei einer Befragung 70 bis 84 % der allgemeinen Öffentlichkeit bereit, an einer Studie teilzunehmen. Je höher der Bildungsgrad war, desto größer war die Bereitschaft. Bei Patienten, die bezüglich ihrer Krankheit befragt wurden, gab es bei 83 bis 100 % eine positive Resonanz. Es waren nur Abbruchraten zwischen 0 und 4 % zu verzeichnen. Wenn man sich also einmal entschlossen hat, an der Studie teilzunehmen, dann führt man diese auch zu Ende.[166] Da die beschriebenen Methoden relativ aufwändig und schwierig in der Durchführung sind, müssen insbesondere die nicht professionellen Anwender (z. B. Ärzte) von der Notwendigkeit der Verwendung dieser speziellen Methode überzeugt sein und auch einen konkreten Nutzen für ihre ursprüngliche Arbeit sehen (z. B. Lebensqualitätsgewinn durch spezielle Behandlungsform).[167]

Die aufwändige Durchführung der verschiedenen Methoden zur Nutzenmessung wird häufig kritisiert. Insbesondere beim Standard Gamble und Time Trade-off wird beanstandet, dass die Messsituation selbst widernatürlich sei, da Individuen keine solchen Austauschprozesse vollziehen.[168] Weiterhin wird angezweifelt, dass durch die Einbeziehung des Todes und die vielen komplexen und hypothetischen Fragen die Messergebnisse zuverlässig sind. Die Konfrontation des Individuums mit seinem eigenen Tod (und sei er nur hypothetischer Natur), weckt Emotionen und führt zu irrationalen Reaktionen.[169] Allerdings sind Emotionen durchaus Bestandteile des menschlichen Wertesystems und beeinflussen die Einstel-

---

[162] Vgl. Vgl. Bleichrodt, H., Johannesson, M. (1997), S. 171.
[163] So konnte man beispielsweise feststellen, dass ein identischer Gesundheitszustand bei einem 30jährigen schlechter bewertet wird als bei einem 60jährigen, vgl. Praag, B. M. S., van, Ferrer-i-Carbonell, A. (2001), S. 13.
[164] Die Schwere von Krankheiten wird häufig geringer bewertet, wenn man selbst davon betroffen ist, vgl. McKie, J. (1998), S. 35.
[165] Vgl. Leu, R. E., Schaub, T. (1990), S. 27.
[166] Vgl. Torrance, G. W. (1987), S. 597.
[167] Vgl. Drummond, M. F. (1987a), S. 602.
[168] Vgl. Drummond, M. F. (1987a), S. 601.
[169] Vgl. Leu, R. E., Schaub, T. (1990), S. 26–27.

lungen der Individuen gegenüber ihrer Umwelt.[170] Daher sollte auch diese Größe in der Nutzenmessung erfasst werden.

Auch die hohen Ansprüche an das Abstraktionsvermögen der Befragten erschweren den Einsatz dieser Instrumente. Wichtig ist deshalb die Visualisierung der unterschiedlichen Alternativen anhand verschiedener Hilfsmittel. Die individuelle Hilfe während des Messvorgangs sollte allerdings auf ein Minimum begrenzt und einheitlich gehandhabt werden, um eine Beeinflussung durch die Untersuchungsperson auszuschließen.

Bei einem direkten Vergleich der drei Methoden Standard Gamble, Time Trade-off und Rating Scale wurden einmal Time Trade-off und einmal das Rating Scale-Verfahren als das einfachste aus Sicht der Befragten angegeben. Beim Vergleich der beiden indirekten Verfahren wurde Time Trade-off in beiden Untersuchungen dem Standard Gamble vorgezogen.[171]

Für die Durchführung von Lebensqualitätsstudien mit den verschiedenen Ansätzen ist ein unterschiedlich hoher *Aufwand* notwendig, sowohl zeitlicher als auch finanzieller Natur. Das Rating Scale-Verfahren ist relativ schnell durchzuführen, hier ist auch die Interaktion (d. h. die Beeinflussungsmöglichkeit) zwischen Befragtem und Interviewer am geringsten. Die übrigen Verfahren nehmen weitaus mehr Zeit in Anspruch, kalkuliert werden muss auch der immense Schulungsaufwand für die Interviewer. Allerdings schlägt sich nicht nur der zeitliche Aufwand der einzelnen Befragung in den Kosten nieder. Insbesondere Maßnahmen zur Qualitätssicherung beeinflussen die Kosten, beispielsweise ein großer Stichprobenumfang, Kontrollgruppen, Retests, Dokumentation, Erhebung zusätzlicher Daten sowie die Qualifikation der Mitarbeiter. Je größer der (finanzielle) Aufwand ist, desto bessere Ergebnisse können im Regelfall ermittelt werden.

Jüngere Untersuchungen kritisieren, dass es in den letzten Jahren wenig Fortschritte in der Diskussion zwischen den Ökonomen gegeben hat, welche der Bewertungstechniken generell den anderen vorzuziehen ist.[172] Vielleicht lässt sich die Schlussfolgerung ziehen, dass einige Instrumente nur einen geringen Aufwand verursachen, andere dagegen methodisch besser fundiert sind und validere Ergebnisse bringen und dass unter Einbeziehung aller Argumente es wahrscheinlich auf eine Entscheidung zwischen dem Standard Gamble- und dem Time Trade-off-Verfahren hinausläuft.

---

[170] Vgl. Kroeber-Riel, W. (1990), S. 49.
[171] Vgl. Torrance, G. W. (1987), S. 599.
[172] Vgl. Green, C., Brazier, J., Beverill, M. (2000), S. 161.

3 Der SF-36 Health Survey

M. Bullinger, M. Morfeld

Institut und Poliklinik für Medizinische Psychologie, Universitätsklinikum Hamburg-Eppendorf

3.1
Gesundheitsbezogene Lebensqualität als Größe in der Gesundheitsökonomie

Die gesundheitsbezogene Lebensqualität oder subjektive Gesundheit ist erst in jüngster Zeit als Evaluationsparameter zur Bewertung von Behandlungsverfahren anerkannt worden. Gesundheitsbezogene Lebensqualität ist mit subjektiven Gesundheitsindikatoren gleichzusetzen und bezeichnet ein multidimensionales psychologisches Konstrukt, das durch mindestens 4 Komponenten zu operationalisieren ist: das psychische Befinden, die körperliche Verfassung, die sozialen Beziehungen und die funktionale Alltagskompetenz der Befragten.[173] Von großer Bedeutung ist dabei, dass die Patienten selbst Auskunft über ihr Befinden und ihre Funktionsfähigkeit geben. Hintergrund für diese Hinwendung zu einer patientenbezogenen Beschreibung des Gesundheitszustandes sind drei Entwicklungen: zum einen ein Paradigmenwechsel in der Definition von Gesundheit, der in Anlehnung an die WHO-Definition auch die psychischen und sozialen Komponenten des Gesundheitsbegriffes mit einbezieht. Eine weitere Entwicklung ist die Veränderung der Bevölkerungsstruktur hin zu einem größeren Anteil älterer Personen mit einer erhöhten Häufigkeit chronischer und langfristig behandlungsbedürftiger Erkrankungen, deren Effekte auf den Lebenszusammenhang der Patienten jenseits der akuten klinischen Wirkungen zu untersuchen sind. Der dritte Aspekt betrifft die Skepsis bezüglich der Aussagekraft der klassischen Zielkriterien in der medizinischen Behandlung, wie reduzierte Symptomatik oder verlängerte Lebenszeit. Gefordert wird, in einer umfassenden Perspektive auch bisher nicht im Vordergrund stehende Aspekte der Auswirkung von Erkrankung und Therapie auf die

---

[173] Vgl. Bullinger, M. (1994), S. 369–376.

Patienten zu untersuchen. Neuere Perspektiven der Lebensqualitätsforschung in der Medizin betreffen auch die Nutzung von Lebensqualitätsindikatoren nicht nur zur Bewertung von Therapien, sondern auch zu ihrer Planung, d. h. als deskriptives bzw. Indikationskriterium. Zunehmend verbreitet ist darüber hinaus die Benutzung von Lebensqualitätsindikatoren als relevante Größe bei der Bewertung von Versorgungssystemen, nicht nur einzelner Therapien, wobei hier gesundheitsökonomische Aspekte des relativen Nutzens von Versorgungssystemen im Vergleich zu ihren Kosten von Bedeutung sind. Zuletzt etabliert sich im Rahmen der Epidemiologie die Nutzung der Lebensqualität zur Beschreibung von Populationen besonders erkrankter aber auch gesunder Personen, um mit Hilfe von Informationen über deren aktuellen Lebensqualitätsstatus potentielle Behandlungsbedarfe zu planen.

Die Lebensqualitätsforschung hat in den 20 Jahren ihres Bestehens sowohl theoretische Beiträge zur Definition und Operationalisierung des Konstruktes Lebensqualität erbracht, als auch eine Reihe von Messinstrumenten zur Erfassung der gesundheitsbezogenen Lebensqualität entwickelt.[174] Verfahren, die die gesundheitsbezogene Lebensqualität von Populationen krankheitsübergreifend erfassen, werden als sogenannte „generic instruments" bezeichnet. Ausgehend von einem bevölkerungsmedizinischen, epidemiologischen Ansatz ist Ziel der „generic instruments", die subjektive Gesundheit von Populationen unabhängig vom aktuellen Gesundheitszustand zu messen. Die ersten krankheitsübergreifenden Messinstrumente lagen aus dem anglo-amerikanischen Sprachraum vor; hierzu gehören Verfahren wie das „Sickness Impact Profile"[175] oder das „Nottingham-Health-Profile".[176] Im Zeitverlauf hat sich die Liste dieser Instrumente stetig erweitert um neue, auch in anderen Ländern entwickelte Verfahren. Im Unterschied zu diesen „generic instruments" zielt die Entwicklung krankheitsspezifischer Verfahren darauf ab, die gesundheitsbezogene Lebensqualität spezifischer, durch Erkrankung definierter Populationen zu erfassen. Auch in diesem Bereich haben gerade die letzten Jahre eine Zunahme von Messinstrumenten gebracht, die die gesundheitsbezogene Lebensqualität von Populationen aus verschiedensten Bereichen der Medizin charakterisieren.[177]

Im internationalen Sprachraum wurden in jüngster Zeit kulturübergreifende Messinstrumente in mehreren Sprachen entwickelt, wie beispielsweise der WHO-QOL,[178] weiterhin wurde begonnen, die im angloamerikanischen Bereich verfügbaren Messinstrumente zur Erfassung der gesundheitsbezogenen Lebensqualität auch in anderen Kulturkreisen einsetzbar zu machen.[179] Eines der Instrumente, das sowohl von der psychometrischen Qualität als auch von seiner Ökonomie und seiner Verbreitung im internationalen Sprachraum führend ist, ist der Short Form-36 Health Survey (SF-36). Das Verfahren, dem eine über 20-jährige Entwicklungsar-

---

[174] Vgl. Spilker, B. (1996), Schumacher, J. u. a. (2003), und Westhoff, G. (1993).

[175] Vgl. Bergner, M. (1993).

[176] Vgl. Hunt, S. M., McKenna, S. P., McEwen, J. u. a. (1981).

[177] Vgl. Guyatt, G. H. (1986), und Aaronson, N. K., Ahmedzai, S., Bullinger, M. (1993).

[178] Vgl. WHOQOL Group (1995), Schmidt, S., Bullinger, M. (2003), S. 29-33, und Schmidt, S. u. a.. (2005), S. 1-9.

[179] Vgl. Bullinger, M., Cella, D., Anderson, R., Aaronson, N. K. (1996).

beit zugrunde liegt,[180] hat sich in der letzten Zeit als Standardinstrumentarium der krankheitsübergreifenden Lebensqualitätsmessung herauskristallisiert.

3.2
Die Entwicklung des amerikanischen SF-36 Health Survey

3.2.1
Die Basis

Der SF-36 Health Survey wurde im Rahmen der sogenannten Medical Outcome Study entwickelt, die die Leistung von Versicherungssystemen in den USA prüft.[181] Aus diesem 1960 begonnenen Forschungsprojekt stammen eine Reihe von Verfahren, die verschiedene Aspekte der Gesundheit aus Sicht der Patienten zu erfassen versuchten. Die ursprünglich umfangreiche Fragensammlung wurde reduziert auf ein 100 Items umfassendes Instrument, das in der Medical Outcome Studie (MOS) eingesetzt wurde; in einer weiteren Reduktion wurden nach empirischen Verfahren die Items ausgewählt, die die Dimensionen der subjektiven Gesundheit methodisch adäquat repräsentieren. Basis für die Definition der subjektiven Gesundheit waren hier sowohl publizierte Konzepte als auch die in Expertensitzungen zusammen mit Patienten identifizierten relevanten Bereiche der gesundheitsbezogenen Lebensqualität, wie körperliches, psychisches und soziales Wohlbefinden. Wesentlich für die Itemformulierung war eine möglichst verhaltensnahe Identifikation dieser Konstrukte und die Ökonomie in der Itemformulierung. Methodisch orientierte sich das Verfahren zur Erstellung des SF-36 an der Analyse latenter Merkmalsstrukturen mit Hilfe pfad-analytischer Modelle. Die Ergebnisse legten entsprechend der zugrundeliegenden Theorie in der Konstruktion des Fragebogens eine entsprechende Bidimensionalität im Sinne der Repräsentation einer körperlichen und einer psychischen Dimension der Gesundheit des Messinstrumentes nahe.

Der SF-36 Health Survey (Version 1.0) konzentriert sich auf die grundlegenden Dimensionen der subjektiven Gesundheit, die als wesentliche Parameter für die psychischen und körperlichen, aber auch sozialen Aspekte des Wohlbefindens und der Funktionsfähigkeit aus Sicht der Patienten gelten können.[182] Im Gegensatz zu eher verhaltensorientierten Maßen geht es beim SF-36 Health Survey nicht so sehr um die Identifikation und Quantifizierung von Funktionen, sondern um die subjektive Sicht dieser Funktionen bzw. der Befindlichkeit in verschiedenen Lebensbereichen.

---

[180] Vgl. Stewart, A. L., Ware, J. E. (1992).
[181] Vgl. Tarlov, A. R., Ware, J. E., Greenfield, S. u. a. (1983).
[182] Vgl. Stewart, A. L., Ware, J. E. (1992).

3.2.2
Das Instrument

Der SF-36 Health Survey besteht aus einem Fragebogen mit 36 Items, wobei jedes Item thematisiert entweder selbst eine Skala ist bzw. einen Teil einer Skala darstellt. Für jedes der Items ist die Antwortalternative anzukreuzen, die dem Erleben der Patienten am nächsten kommt. Die Antwortkategorien beim SF-36 variieren von Fragen, die einfach binär „ja – nein" zu beantworten sind, bis hin zu sechsstufigen Antwortskalen. Der Aufbau des SF-36 ist insofern konsistent, als dass die Items jedes thematischen Bereichs auch inhaltlich gemeinsam auftreten. Der SF-36 Health Survey erfasst 8 Dimensionen, d. h. Subskalen der subjektiven Gesundheit mit unterschiedlichen Itemzahlen. Die Dimensionen sind

1. körperliche Funktionsfähigkeit,
2. körperliche Rollenfunktion,
3. körperliche Schmerzen,
4. allgemeine Gesundheitswahrnehmung,
5. Vitalität,
6. soziale Funktionsfähigkeit,
7. emotionale Rollenfunktion und
8. psychisches Wohlbefinden.

Eine Zusatzfrage bezieht sich auf die Veränderung des subjektiven Gesundheitszustands im Vergleich zum vergangenen Jahr. Eine Parallelform des Fragebogens liegt nicht vor; dafür stehen aber Interview- und Fremdbeurteilungsformen zur Verfügung. Rein graphisch wurden für die Aufbereitung des Instruments verschiedene Formen entwickelt, wobei allerdings die Anordnung der Fragen zu Fragekomplexen und die Abstufung der einzelnen Frageblöcke erhalten bleibt. In der *Telefoninterviewversion* sind lediglich die Instruktionen im Sinne der sprachlichen Rede erweitert, für die *Fremdbeurteilungsversion* wurden die Items in die Form der externen Beurteilung umformuliert. Die *Kurzversion* des Fragebogens, der SF-12, ist aus den 12 Items des SF-36 aufgebaut, die 80 % der Präzision der 36-Item Version erbringen, sie kann ebenfalls in Interviewform (auch Telefoninterview) eingesetzt werden. Der SF-12 wird auch aufgrund seiner Kürze international besonders für den Einsatz in großen epidemiologischen Studien empfohlen. Für Untersuchungen mit eher kleinen Stichprobenumfängen erscheint er hinsichtlich seiner Anfälligkeit gegenüber fehlenden Angaben (missing data) weniger geeignet.[183]
Damit der SF-36 Health Survey unabhängig vom aktuellen Gesundheitszustand und Alter (ab 14 Jahre) einen Selbstbericht der gesundheitsbezogenen Lebensqualätermöglicht, wurde in der Entwicklung des SF-36 Wert gelegt auf einfache, klar verständliche Fragen und Instruktionen. Die Bearbeitungszeit des SF-36 variiert zwischen 7 und 15 Minuten, die durchschnittliche Bearbeitungsdauer beträgt 10 Minuten. Bei älteren Personen muss mit längerer Bearbeitungszeit gerechnet werden. Beim Selbstbericht sollte darauf geachtet werden, dass die ausgefüllten Fragebögen von einer autorisierten Person auf Vollständigkeit durchgesehen wer-

---

[183] Morfeld, M., Dietsche, S., Bürger, W., Koch, U. (2003), S. 129-135.

den, da eine unvollständige Beantwortung der Items die Auswertbarkeit des Fragebogens gefährdet.

3.2.3
Auswertung

Die Auswertung erfolgt über die Addition der angekreuzten Itembeantwortungen pro Subskala, wobei für einige Subskalen (z. B. Schmerz) spezielle Gewichtungen einbezogen werden.[184] Ausgewertet werden können Skalen dann, wenn weniger als 25 % der Items fehlen, wobei eine Mittelwertersetzung durchzuführen ist. Für die Auswertung des SF-36 Health Survey existiert ein computerisiertes Auswertungsprogramm (SAS & SPSS), das die Zusammenfassung der Fragen zu Subskalen per Addition bzw. Gewichtung expliziert. Darüber hinaus werden alle im SF-36 erfassten Subskalen transformiert in Werte zwischen 0 und 100 (= höchster Wert), was einen Vergleich der Subskalen miteinander, bzw. auch über verschiedene Patientengruppen, ermöglicht. Bei der Auswertung der Subskalen auf höherer Abstraktionsebene, nämlich dem psychischen und körperlichen Summenwert, wird ebenfalls mit Computerprogramm eine Berechnungsgrundlage vorgegeben; hierbei werden die einzelnen Items über die Subskalen hinweg addiert, gewichtet, sowie transformiert in Skalenwerte zwischen 0 und 100 (physical und mental health summary scales). Für den SF-12 liegt analog ein computerisiertes Auswertungsprogramm für diese beiden Skalen vor.

Zur Interpretation der Subskalen existieren drei Möglichkeiten.[185] Die erste betrifft die Relation zwischen idealtypischer Skalenbreite zum de facto ermittelten Wert pro Person bzw. pro Population; die Höhe dieses Wertes gibt die Ausprägung der Beurteilung dieser Subskala an. Die zweite Interpretationsmöglichkeit bezieht sich auf den Vergleich der Subskalenwerte von Personen bzw. Populationen zu alters- und geschlechtsentsprechenden Referenzgruppen entweder innerhalb derselben Erkrankung oder in Bezug auf die gesunde Vergleichsgruppe aus vorliegenden bevölkerungsrepräsentativen Daten. Hier kann die relative Abweichung des Messwerts von dem in der Population zu erwartenden Wert angegeben werden. Die dritte Interpretationsmöglichkeit ist eine klinische, die auf Ergebnissen amerikanischer klinischer Studien basiert. Aufgrund der klinischen Messwerte und parallel erhobenen Lebensqualitätsdaten können Veränderungen des klinischen Zustands und Veränderungen des selbstberichteten Gesundheitszustands in Relation zueinandergesetzt werden, so dass eine Veränderung des Punktwertes in einer Subskala mit einem prinzipiell beobachtbaren Verhalten gleichzusetzen ist (unter Voraussetzung der bekannten Verteilung der Subskala bei bestimmten Patienten bzw. gesunden Populationen). Aufgrund der Existenz amerikanischer repräsentativer Bevölkerungsdaten kann eine Standardisierung aufgrund der Transformation der Daten vorgenommen werden, wobei hier standardisierte z-Werte als Maß für die Abweichung von der Referenzpopulation herangezogen werden. Ob-

---

[184] Vgl. Ware, J. E., Snow, K. K., Kosinski, M., Gandek, B. (1993), und Bullinger, M., Kirchberger, I. (1998).
[185] Vgl. Ware, J. E., Snow, K. K., Kosinski, M., Gandek, B. (1993).

wohl mittlerweile auch deutsche Normwerte vorliegen, steht eine Anpassung und Transformation mit entsprechenden deutschen Gewichten nach wie vor aus.[186] Obwohl dieses Verfahren für nationale Studien sinnvoll ist, besteht ein Problem in der mangelnden internationalen Vergleichbarkeit von SF-36 Ergebnissen, wenn ein Land – wie z. B. Deutschland – seine eigenen Normdaten für die Berechnung der SF-36 Scores nutzt.

3.3
Der deutsche SF-36 Health Survey

Die Übersetzung des SF-36 Health Survey (Version 1) in die deutsche Sprache wurde entsprechend des Studienprotokolls der International Quality of Life Assessment Project Group (IQOLA) durchgeführt, das neben der Übersetzung auch die psychometrische Prüfung und die Normierung des SF-36 in verschiedenen Sprachen regelt,[187] auf der Basis von 2 Vorwärts- und 2 Rückwärtsübersetzungen, mehreren Diskussionsrunden und Qualitätsratings externer Gutachter sowie Pilottestungen in Patientengruppen. Vor dem Hintergrund der Übersetzung des SF-36 ins Deutsche wurde der SF-36 im Zeitraum 1992-1996 in ursprünglich 9 Studienpopulationen einbezogen und dort psychometrisch geprüft.[188]

3.3.1
Vorliegende Studien

Bei den ursprünglichen Untersuchungen handelte es sich vorwiegend um Querschnittstudien bzw. Längsschnittstudien, d. h. um nicht-randomisierte klinische Studien, in denen die psychometrischen Eigenschaften des SF-36 in Bezug auf die interne Konsistenz, die Skalenstruktur, die konvergente und diskriminate Validität, sowie in Bezug auf interventionsbezogene Veränderungen geprüft wurden. Die gesunden Populationen umfassen eine Gruppe von 375 Medizinstudenten, die den SF-36 zusammen mit anderen Skalen in einem Hörsaal-Test ausfüllten, sowie eine Population von 350 Eltern von Schulkindern, die an einer Umweltstudie teilnahmen. Des weiteren wurden in prospektiven Studien zwei Gruppen von Schmerzpatienten mit dem SF-36 untersucht, eine Migräne-Population mit 198 Patienten im Zeitverlauf „vor" und „nach" Sumatriptan-Therapie und eine Rückenschmerz-Population mit 243 Patienten „vor" und „nach" Aufnahme in einer Schmerzambulanz. Weitere Populationen bezogen sich auf Patienten „vor" und „nach" einer Herzklappen-Operation (300 Patienten) sowie Patienten mit peripherer arterieller Verschlusskrankheit (PAVK) im Verlauf der Behandlung (308 Patienten). Darüber hinaus lagen Daten von 153 Bluthochdruck-Patienten vor, die im

---

[186] Vgl. Bullinger, M., Kirchberger, I., Ware, J. (1995), und Radoschewski, M., Bellach, B. M. (1999), S. 191-199.
[187] Vgl. Aaronson, N. K., Acquadro, C., Alonso, J. u. a. (1992).
[188] Vgl. Bullinger, M. (1995), und Bullinger, M., Kirchberger, I., Ware, J. (1995).

Rahmen einer psychometrischen Prüfung verschiedener Instrumente auch den SF-36 ausfüllten sowie Daten von 110 Patienten mit nephrologischen Dysfunktionen unter Dialyse, bzw. „vor" und „nach" einer Nieren-Transplantation.

Im Rahmen der ersten Normierung wurden in einer bevölkerungsrepräsentativen Studie 2.914 Personen aus den alten und neuen Bundesländern während einer Mehrthemen-Untersuchung zur medizinischen Versorgung mit dem SF-36 befragt. Den wohl bisher weitesten Einsatz erfuhr der deutsche SF-36 in dem Bundesgesundheitssurvey des Robert-Koch Instituts.

Umfassende Analysen zum SF-36 liegen mittlerweile ebenfalls aus dem Bereich der Rehabilitationsforschung in Deutschland vor.[189] Hier war der SF-36 Health Survey als ein projektübergreifendes Outcome-Instrument empfohlen und entsprechend in einem Großteil der über 100 Einzelprojekte eingesetzt worden.

3.3.2
Psychometrische Analysen

Die Daten aus den oben referierten Studien wurden hinsichtlich der hypothetischen Skalen-Struktur des Fragebogens auf Item- und Subskalenebene analysiert. Entsprechend der „internen Konsistenz" (Cronbach's Alpha) als Maß für die Reliabilität und dem sogenannten „Skalenfit", d. h. der Häufigkeit der Fälle, mit der ein Item wie gewünscht höher mit seiner eigenen Skala korreliert als mit einer anderen. Die Ergebnisse der Analyse zeigen, dass in allen Populationen die Reliabilität (Kriterium $\alpha=0{,}70$) der Subskalen befriedigend ist mit leichten Einbußen bei der „Sozialen Funktionsfähigkeit" und der „Allgemeinen Gesundheitswahrnehmung", und dass darüber hinaus der Skalenfit, d. h. die faktorielle Validität des Fragebogens, in einem hohen Maße befriedigend ist (das Optimum von 100 % wird in den meisten Fällen erreicht bzw. nur leicht unterschritten).

Die diskriminante Validität war in allen Populationen zufriedenstellend, z. B. zeigte sich bei der Differenzierung von Patienten mit arterieller Verschlusskrankheit (PAVK) im Stadium I, II und III, IV, dass die klinisch ungünstigere Patientengruppe (III, IV) auch entsprechend geringere Lebensqualitätsbewertungen angab.

Die Korrelation des SF-36 mit anderen Skalen (ein Maß für die konvergente Validität) wie beispielsweise dem Nottingham-Health-Profile (NHP) zeigte sowohl bei Gesunden als auch bei Rückenschmerz-Patienten, dass in einigen Skalen der SF-36 mit dem entsprechenden NHP- Skalen hoch korrelierte. Bei drei Populationen konnte die Sensitivität des Instruments im Sinne der zeitlichen Veränderung im Rahmen von Therapien untersucht werden. Hier zeigte sich, dass Effekte auf die Lebensqualität in verschiedenen Subskalen nachweisbar waren. Ein Beispiel ergab bei 104 PAVK Patienten unter Prostaglandin-Therapie eine signifikant verbesserte Lebensqualität in den Dimensionen (s. Abb. 3.1).

---

[189] Vgl. Bullinger , M., Morfeld, M., Kohlmann, T. u. a.. (2003), S. 218-225, und Maurischat, C., Morfeld, M., Kohlmann, T., Bullinger, M. (2004).

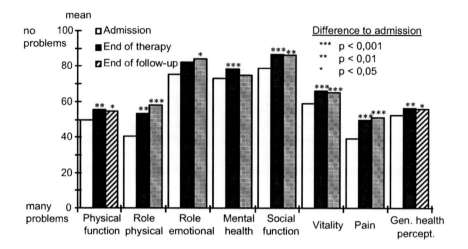

Abb. 3.1. Quality of Life (SF-36)

Zudem zeigte eine vergleichende Analyse der relativen Sensitivität von SF-36 und NHP, dass bei den PAVK-Patienten der SF-36 in einigen Dimensionen präziser als die Nottingham-Health-Profile-Skala in der Erfassung der Veränderung der körperlichen war, während NHP bei der Erfassung der sozialen Dimension des IQ präziser war.

3.3.3
Normdaten

Im Rahmen der ersten Normierung wurden in einer bevölkerungsrepräsentativen Studie 2.914 Personen aus den alten und neuen Bundesländern während einer Mehrthemen-Untersuchung zur medizinischen Versorgung mit dem SF-36 befragt. Auf Ebene der Subskalen (transformiert in Werte zwischen 0 und 100) zeigte sich, neben einem geringen Prozentsatz fehlender Werte, im Mittel für die gesunden Personen aus der Normdatei höhere Befindlichkeit- und Funktionsfähigkeits-Bewertungen als für erkrankten Populationen, wobei allerdings generell die Sub-skalen in ihrer Breite gut ausgenutzt waren. Eine Analyse von Geschlechtseffekten ergab in keiner der klinischen Populationen signifikante Unterschiede zwischen Männern und Frauen, allerdings zeigten sich bei der Normpopulation hoch signi-fikante Unterschiede in allen Dimensionen, die darauf hinweisen, dass Frauen hier eine geringere Lebensqualitätsbewertung abgeben (s. Abb. 3.2).

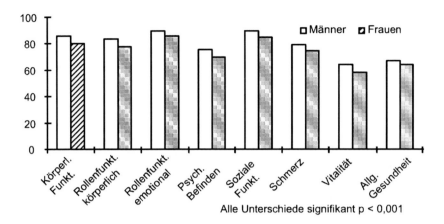

Abb. 3.2. SF-36 nach Geschlecht, Deutsche Normstichprobe (n=2.914)

Alterseffekte waren vorhanden, bezogen sich aber primär auf die körperlichen Dimensionen der Lebensqualität im Unterschied zur psychischen Dimension. Die Alterseffekte waren durch hohe und signifikant negative Korrelationen um r=0,60 zwischen Alter und Funktionsfähigkeit im körperlichen und im Rollen-Bereich gekennzeichnet (s. Abb. 3.3).

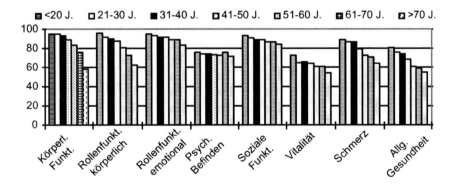

Abb. 3.3. SF-36 nach Altersgruppen, Deutsche Normstichprobe (n=2.914)

Mit Hilfe der in der bevölkerungsrepräsentativen Umfrage gewonnenen Normdaten zum SF-36 wurden die Lebensqualitätsindices für spezifische Bevölkerungssubgruppen errechnet. Die Referenzdaten wurden z-transformiert, um die relative Abweichung der klinischen Gruppen (vor Therapie) in Bezug auf die alters- und geschlechtsentsprechende Normgruppe darzustellen. Hier ergaben sich im Gruppenvergleich Lebensqualitätseinschränkungen besonders für die Rückenschmerz-Patienten aber auch für Patienten mit arterieller Verschlusskrankheit (s. Abb. 3.4). Unter Verwendung der Normdaten bietet sich also die Möglichkeit, das

Ausmaß und das Muster der Einschränkungen bestimmter Erkrankungen in Bezug auf alters- und geschlechtsentsprechende Referenz darzustellen. Hiermit sind somit sowohl inhaltlich Informationen über die Prävalenz von Einschränkungen zu bekommen als auch Hinweise darauf, auf welche Dimensionen eine Therapie zur Verbesserung der Lebensqualität bei bestimmten Populationen einzugehen hätte bzw. dies nach der Therapie als Evaluationsergebnis auch nachzuweisen ist.[190]

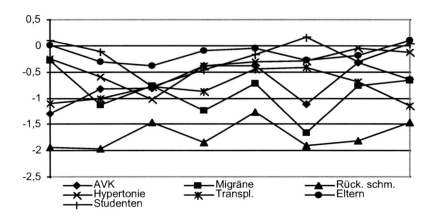

Abb. 3.4. Abweichungen von der alters- und geschlechtsspezifischen Normpopulation

Den wohl bisher bedeutendsten Einsatz erfuhr der deutsche SF-36 in dem Bundesgesundheitssurvey des Robert-Koch Instituts. Erstmalig in der Geschichte der deutschen Epidemiologie wurde hier 1997/98 in einem Gesundheitssurvey ein Instrument zur Erfassung der subjektiven Gesundheit, nämlich der SF-36 Health Survey, eingesetzt.[191] Die Ergebnisse zeigen, dass der SF-36 in gesunden Populationen die bekannten Boden- bzw. Deckeneffekte hat, er aber in der Lage ist, Gesundheitszustände differenziert abzubilden und in Bezug auf die Normdaten ein relevantes Messinstrument werden wird.

3.3.4
Der SF-36 in der klinischen- und Versorgungsforschung

Während die ursprünglichen Studien zum Einsatz des SF-36 im deutschen Sprachraum eng verknüpft waren mit seiner psychometrischen Validierung, sind in den letzten Jahren eine Reihe auch längsschnittlicher Studien entstanden, in denen der SF-36 zu inhaltlichen Aussagen über Lebensqualitätsratings verschiedener Personengruppen eingesetzt wurde. Es handelt sich dabei sowohl um klinische Studien (z. B. Erfassung des Therapieerfolgs mit Prostaglandin bei Patienten mit peripherer arterieller Verschlusskrankheit PAVK in den Stadien 2 und 4), um längsschnit-

---

[190] Bullinger, M., Kirchberger, I. (1998).
[191] Vgl. Ellert, U., Bellach, B.-M. (1999), und Radoschewski, M., Bellach, B.-M. (1999).

tliche Beobachtungsstudien (z. B. Einsatz des SF-36 bei Patienten vor und nach Klappenoperationen: die ESCAT-Studie), als auch in Querschnittsstudien in großen Kollektiven (z. B. eine Multicenter-Studie im Schmerzbereich: die Gerbershagen-Studie).

Während in einigen dieser klinischen Studien die psychometrischen Eigenschaften des SF-36 neu überprüft wurden, war die hauptsächliche Zielrichtung die klinische Aussage. Hierbei erwies sich der SF-36 nicht nur als robust und veränderungssensitiv, sondern erbrachte auch klinisch relevante Ergebnisse.

Im Zusammenhang mit den neu gegründeten Forschungsverbünden, u. a. dem rehabilitationswissenschaftlichen Forschungsverbund, in dem 8 regionale Verbünde kooperieren, wurde der SF-36 als ein über verschiedene Studien hinweg einzusetzendes Outcome-Messinstrument vorgeschlagen. Der Forschungsverbund, der im Jahre 1998 seine Arbeit aufgenommen hat und im Jahre 2006 abgeschlossen wurde, hat den SF-36 als das Instrument zur Erfassung der gesundheitsbezogenen Lebensqualität zum Einsatz empfohlen. Während seiner beiden Förderphasen ist der SF-36 in mehreren Studien im Längsschnitt eingesetzt worden und stellt somit ein breites Datenmaterial über rehabilitations-wissenschaftliche Fragestellungen für den deutschsprachigen Raum zur Verfügung.[192]

Insgesamt hat der SF-36 mit der Publikation des deutschsprachigen Handbuches in die Outcome-Messung im deutschsprachigen Raum Einzug erhalten, einzelne Arbeiten, besonders klinischer Natur, sind in jüngster Zeit erschienen. In den nächsten zwei bis drei Jahren werden Ergebnisse aus einer Reihe von Studien vorliegen, in denen der SF-36 entweder als evaluatives oder als deskriptives bzw. prognostisches Instrument eingesetzt ist.

Auch international macht die Arbeit mit dem SF-36 Fortschritte. Die *International Quality of Life Assessment Group IQOLA*, die 1992 in verschiedenen Ländern zur Übersetzung psychometrischer Testung und Normierung des SF-36 gearbeitet hat, hat die entsprechenden Arbeiten in einer jüngsten Veröffentlichung dargestellt.[193] Sie umfasst sowohl die grundlegende Methodik und Arbeitsweise der IQOLA-Projektgruppe,[194] als auch Validierungs- und Normierungsarbeiten aus einzelnen Ländern. Darüber hinaus liegen Informationen über kulturvergleichende bzw. internationale Studien mit dem SF-36 vor, besonders hinsichtlich der Normdatensätze aus verschiedenen Ländern.[195] Diese Analysen zeigen, erfasst über Strukturgleichungsmodelle, die dimensionale Struktur des SF-36 in den verschiedenen Normdatensätzen. Übereinstimmend wurde in den einzelnen Ländern ermittelt, dass die psychometrischen Eigenschaften des Instruments sowohl in den verschiedenen Normdatensätzen gut sind, als auch im Vergleich der Eigenschaften von Strukturgleichungsmodellen der SF-36 in seiner Dimensionalität interkulturell replizierbar ist. Informationen über die in verschiedenen Sprachen verfügbaren

---

[192] Vgl. Maurischat, C., Morfeld, M., Kohlmann, T., Bullinger, M. (2004).

[193] Vgl. Ware, J. E., Gandek, B. (1998).

[194] Vgl. Bullinger, M., Alonso, J., Apolone, G. u. a. (1998), und Gandek, B., Ware, J. E., Aaronson, N. K. u. a. (1998).

[195] Vgl. Ware, J. E., Gandek, B., Kosinski, M. u. a. (1998), Ware, J., Kosinski, M., Gandek, B. u. a. (1998), und Keller, S. D., Ware, J. E., Bentler, P. M. u. a. (1998).

Versionen des SF-36 Health Survey sind über die Homepage http://www.quality-metric.com zu erhalten.

3.3.5
Aktuelle Entwicklungen des SF-36

Der SF-36 Health Survey, Version 2.0

Seit einiger Zeit liegt eine von den US-amerikanischen Testautoren entwickelte zweite Version für den SF-36/SF-12 vor: die Version 2.0. Mit dieser Version wurden Kritikpunkte am SF-36 berücksichtigt, die einige Itemformulierungen aber vor allem das häufig wechselnde und uneinheitliche Antwortformat betrafen. In der Version 2.0 wurden deshalb folgende Änderungen vorgenommen: Im Item 3.h wurde die Formulierung ‚Straßenkreuzungen' durch ‚mehrere hundert Meter' ersetzt und somit eher dem europäischem Verständnis von Distanzen entsprochen. Die in den Items der Skalen Körperliche und Emotionale Rollenfunktion erfragten Einschränkungen wurden von einer reinen Abfrage des grundsätzlichen Vorhandenseins in eine quantitative Abfrage verändert. Es heißt nunmehr in der Frage nicht mehr ‚Hatten' sondern ‚Wie oft hatten Sie...'. Die entsprechenden Antwortkategorien wurden von einem dichotomen ‚Ja/Nein' in die Kategorien ‚Immer/Meistens/Manchmal/Selten/Nie' überführt. Darüber hinaus ist die Formulierung ‚voller Schwung' in der Frage 9.a verändert worden in ‚voller Leben'. Diese Fragen betreffende Antwortkategorien sind um die Möglichkeit ‚Ziemlich oft' reduziert worden. Weiterhin wurden die Items der Skala Allgemeine Gesundheitswahrnehmung grundlegend überarbeitet: die Formulierung in 11.b wurde dahingehend erweitert, dass nach ‚alle anderen' noch zusätzlich das Wort ‚Menschen' eingefügt wurde, in 11.c heißt es nun ‚mein Gesundheitszustand sich verschlechtert' und 11.d lautet in der Version 2.0 ‚Mein Gesundheitszustand ist ausgezeichnet'.

Die Version 2.0 des SF-36/SF-12 liegt in deutscher Sprache vor. Im Rahmen einer Mehrthemenbefragung ist der SF-36/SF-12 V2.0 repräsentativ eingesetzt und psychometrisch geprüft worden.[196] Hierbei ergab sich eine weitgehende Vergleichbarkeit beider Versionen, mit nur leicht verbesserten statistischen Kennwerten für Version 2. Aufgrund vertragsrechtlicher Bedingungen ist die deutsche Version 2.0. des SF 36 nur über die US-amerikanischen Testautoren zu beziehen (http://www.qualitymetric.com). Obwohl Version 2.0. eine Verbesserung vor allem in sprachlicher Hinsicht und hinsichtlich der Vereinheitlichung der Antwortkategorien darstellt, kann nach empirischen Ergebnissen der Einsatz von Version 1 weiterhin empfohlen werden.

Der SF-8 Health Survey

Eine weitere Kurzform des SF-36 stellt der SF-8 dar. Mit dem SF-8 liegt ein Instrument vor, mit dem jede der acht Subskalen des SF-36 mit nur einem einzigen Item abgebildet werden kann (single-item-measurement/single-item-scales). Das

---

[196] Morfeld, M., Bullinger, M., Nantke, J., Brähler, E. (2005), S. 292-300.

Instrument liegt in den bekannten drei Versionen vor: standard (4 Wochen), akut (eine Woche) sowie 24 Stunden. Die acht Items sind nicht identisch mit denen aus der Originalversion des SF-36, eher ähnlich einigen Items aus der oben beschriebenen Version 2.0.

Das Item der Skala ‚Allgemeine Gesundheitswahrnehmung wurde in seiner Formulierung (gegenüber der Originalversion des SF-36) leicht verändert und es wurde eine sechste Antwortkategorie (sehr schlecht) hinzugefügt, das Item Körperliche Funktionsfähigkeit fasst normale Tätigkeiten zusammen und die Antwortkategorien umfassen fünf Stufen (von ‚überhaupt nicht' bis ‚war zu körperlichen Tätigkeiten nicht in der Lage'), das Item Körperliche Rollenfunktion fasst Einschränkungen wegen körperlicher Gesundheit bei der Ausübung alltäglicher Arbeit zu Hause und außer Haus zusammen, die Antwortkategorien reichen ebenfalls von ‚überhaupt nicht' bis hin zu ‚war zu alltäglicher Arbeit nicht in der Lage'. Das Item der Skala Schmerz entspricht der Frage 7 und den Antwortkategorien des SF-36. Die Skala Vitalität bezieht sich ausschließlich auf die Frage nach (Wie viel) Energie und fragt entsprechend der Formulierung von ‚sehr viel' bis ‚gar keine'. Das Item der Skala Soziale Funktionsfähigkeit fasst mögliche Einschränkungen von normalen Kontakten aufgrund körperlicher Gesundheit oder seelischer Probleme zusammen. Die entsprechenden fünf Antwortkategorien reichen von ‚Überhaupt nicht' bis ‚War zu diesen Kontakten nicht in der Lage'. Psychisches Wohlbefinden wird mit der Frage nach dem seelischen Befinden abgebildet und fragt danach, wie sehr hier Probleme zu schaffen gemacht haben. Die Antwortkategorien reichen von ‚Überhaupt nicht' bis hin zu ‚Sehr'. Emotionale Rollenfunktion fasst wiederum mit einem Item die Fragen 5.a bis 5.c zusammen, fragt danach ob die Person aufgrund persönlicher oder seelischer Probleme daran gehindert war normale Tätigkeiten in Beruf oder Schule auszuüben und erweitert die Antwortkategorien von ‚Überhaupt nicht , bis ‚War dazu nicht in der Lage'.[197]

Der SF-8 ist in erster Linie für große epidemiologische Untersuchung als für kleinere klinische Studien konzipiert worden. Seine Ausfüllzeit beträgt ca. 1-2 Minuten. Der SF-8 ist aktuell in einer bevölkerungsrepräsentativen Studie eingesetzt worden und wird derzeit psychometrisch analysiert. Nach Abschluss der Arbeiten können dann Normwerte für Deutschland vorgelegt werden. Die bisher vorliegenden Normwerte beziehen sich noch auf die US-amerikanischen Vergleichswerte aus dem SF-36 V2.0.[198]

Der SF-6D

Eine weitere Neuerung innerhalb der SF-36-Familie betrifft die Entwicklung eines gesundheitsökonomischen Index (SF-6D) aus dem SF-36.[199] Die Arbeitsgruppe um John Brazier von der Universität Sheffield hat in einem spezifischen Selektionsverfahren 6 für die Gesundheitsökonomie relevante Dimensionen aus dem SF-36 identifiziert und sie mit jeweils 2 bzw. 6 Statements (Item und Ausprägung) zu Komponenten des Gesundheitszustand kombiniert. Aus der Kombination dieser

---

[197] Vgl. Ware, J. E., Kosinski, M., Dewey, J. E., Gandek, B. (1999).
[198] Vgl. Erhart, M., Wetzel, R., Krüger, A., Ravens-Sieberer, U. (2005), und Ellert, U., Lampert, T., Ravens-Sieberer, U. (2005), S. 1333-1337.
[199] Vgl. Brazier, J., Usherwood, T., Harper, R., Thomas, K. (1998).

Statements ergeben sich insgesamt 6·2·5·6·5·5 = 9.000 Zustände, aus denen nach einem definierten Prozedere 20 für eine englische Validierungsstudie identifiziert wurden. Zur Präferenzeinschätzung kamen sowohl Standard Gamble- als auch Visual Analog-Verfahren zum Einsatz. Die Eigenschaften des resultierenden SF-6D wurden aus einer Pilotstudie publiziert und werden derzeit in einer englischen Normierungsstudie geprüft, eine entsprechende Validierungsstudie im deutschsprachigen Raum ist angedacht. Insgesamt kann aktuell davon ausgegangen werden, dass sich internationale Arbeiten zum SF-6D noch hauptsächlich auf den Bereich der Vergleichsstudien mit anderen gesundheitsökonomischen Instrumenten wie beispielsweise den EQ-5D und HUI beziehen[200]. Für den deutschen Sprachraum gibt es kaum anwendungsorientierte Studien mit dem SF-6D, was vor allem an fehlenden Referenzdaten liegt.

Weitere neuere Entwicklungen im SF-36-Bereich schließen an die früheren psychometrischen Arbeiten mit Hilfe der Rasch Methodik und Item Response Theorie an.[201] Durch Nutzung dieser Methode wird versucht, die Items innerhalb des SF-36 zu identifizieren, die besonders indikativ für bestimmte Gesundheitszustände sind, d. h. die auf einem hypothetischen Lineal, das den Konstruktraum, z. B. das psychische Wohlbefinden zwischen 0 und 100, repräsentiert, bestimmte Zustände (z. B. 25, 50, 75) abzubilden. Im Prinzip wird diese Identifikation von Schlüsselitems nicht nur auf den SF-36 bezogen, sondern erweitert auch auf andere Fragebogen, wie z. B. Items des Nottingham-Health-Profile. Es ist möglich, die Items zu identifizieren (unabhängig vom ursprünglichen Instrument), die subjektive Gesundheitszustände auf einem hypothetischen Maßstab so repräsentieren, dass mit wenigen Items die Skalenbreite optimal ausgeschöpft ist. Dieses trägt zu einer zielgerichteteren Konstruktion von Messinstrumenten bei (möglicherweise auch zur Revision ursprünglicher Instrumente) und zur Aufhebung der Grenzen zwischen den Instrumenten. Gleichzeitig können die Ergebnisse für das Computeradaptive Testen eingesetzt werden. Wenn bekannt ist, wie groß die Wahrscheinlichkeit ist, dass ein Proband nach drei gestaffelten Fragen auf die 4. Frage eine ähnliche Antwort gibt, kann der Aufwand des Testens deutlich reduziert werden, indem durch Filterfragen die Art und Anzahl der Fragen reduziert werden kann. Im Prinzip ist dies die Logik von medizinischen Expertensystemen, die auf breiter empirischer Basis unter Nutzung von Wahrscheinlichkeitsparametern eine ökonomische und sichere Diagnosestellung aus Symptomen anziehen.

3.4
Diskussion

Im Gegensatz zu „Indizes" der Lebensqualität – wie zum Beispiel dem Spitzer Lebensqualitätsindex[202] – und im Gegensatz zu den aus verschiedenen Subtests

---

[200] Vgl. Tsuchiya, A.; Brazier, J.; Roberts, J. (2006), und Petrou, S., Hockley, C. (2005), S. 334–336.
[201] Vgl. Raczek, A. E., Ware, J. E., Bjorner, J. B. u. a. (1998).
[202] Vgl. Spitzer, W. O., Dobson, A. J., Hall, J. u. a. (1981).

zusammengestellten „Batterien"[203] versuchen Profilinstrumente, das Phänomen Lebensqualität in einem Messansatz multidimensional zu erfassen. Diese Multidimensionalität entspricht der psychometrischen Auffassung von Lebensqualität als Konstrukt, dessen wesentliche Bestimmungsstücke (Dimensionen) operationalisiert werden müssen, um der Erfassung zugänglich zu sein. Die Frage, ob diese Dimensionen nun auch einzeln ausgewertet werden sollen oder ob sich aus ihnen übergeordnete Indizes formen lassen, wurde in der Literatur und in der IQOLA-Arbeitsgruppe des SF-36 intensiv diskutiert.[204] Der Vorteil des Profils liegt in der Reichhaltigkeit der Information, d. h. der Möglichkeit, über Therapieeffekte oder Einschränkungen der Lebensqualität in bestimmten Populationen detaillierte Informationen zu erhalten. Es erschwert allerdings die Interpretation der Daten, wenn Profilanalysen gegenteilige Effekte der Lebensqualitätsveränderungen unter Therapie bzw. im Therapievergleich ausweisen. Die Indizes sind zwar handlicher und der gesundheitsökonomischen Analyse eher zugängig, erfordern aber eine Abstraktion der Daten, die von Psychometrikern häufig als nicht akzeptabel eingeschätzt wird.

Beim SF-36 Health Survey wurde ein empirischer Zugang zum Problem der Überführung von Profil in Indexwerte gewählt. Die Subskalen, die sich aus Strukturgleichungsmodellen auf einer Metaebene als zu einer übergeordneten Dimension zugehörig erwiesen, werden zusammengefasst zu zwei Summenwertskalen: eine für die körperliche und eine für die seelische Gesundheit. Diese Verdichtung der Informationen aus dem SF-36 steht nun also in Form des SF-6D seit neuestem auch für gesundheitsökonomische Verfahren zur Verfügung, wurde bisher aber selten in Studien genutzt. Eine Transformation von SF-36 in SF-6D utility statements ist derzeit für Deutschland noch in Bearbeitung.

Die bisherigen Ergebnisse zum SF-36 Health Survey aus Deutschland zeigen, dass der SF-36 nach Übersetzung der Fragebögen und nach der Anwendung in unterschiedlichen Populationen inzwischen mehreren tausend Patienten auch im deutschen Sprachraum als psychometrisch zufriedenstellendes Verfahren zur Erfassung der gesundheitsbezogenen Lebensqualität gelten kann.

Probleme bestehen allerdings bei der Erfassung der sozialen Funktion, die möglicherweise mit zwei Items in dem SF-36 unterrepräsentiert ist, und in der suboptimalen Qualität der Skala ‚Allgemeine Gesundheitswahrnehmung'. Ein weiteres Problem in der Verwendung des SF-36 besteht darin, dass die Einschränkungen der Lebensqualität zwar erfasst werden, die relative Wichtigkeit dieser Einschränkung für den Patienten aber nicht berücksichtigt wird. Aufgrund der verhaltensnahen Formulierung der Items ist die SF-36-Skala insgesamt eher als ein Maß zur Erfassung der subjektiven Gesundheit aus Sicht des Patienten zu bezeichnen als ein qualitativ aussagekräftiges Verfahren zur individuellen Relevanz und Priorität von Lebensbereichen der Lebensqualität aus der Sicht von gesunden und erkrankten Personen.

Im Sinne der Standardisierung von Messansätzen erscheint der SF-36 aber insgesamt aufgrund seiner psychometrischen Qualität, seiner Ökonomie, seiner leichten Verständlichkeit und Handhabbarkeit für die Patienten auch in seiner deut-

[203] Vgl. Croog, S. H., Levine, S., Testa, M. (1980).
[204] Vgl. Bullinger, M. (1992).

schen Version als ein nützliches Messinstrument, mit dem im Rahmen der Bestandsaufnahme, Indikationsstellung, Evaluation und Qualitätssicherung in der
Medizin die Lebensqualität als wichtiger Parameter bewerten lässt.

Inzwischen ist aus dem SF-36 eine Instrumentenfamilie entstanden (SF-12, SF-
8, SF-6D) mit der national und international gearbeitet wird. Besonders interessant
ist die Diskussion um den Einsatz der SF-36/SF-12 als Outcome-Instrument bei
der Evaluation der Disease-Management-Programme in Deutschland.[205] Auch die
Verfügbarkeit von Computerversionen des SF-36, die von verschiedenen Anwendern entwickelt wurden und auch kommerziell verfügbar sind, stellt eine interessante Neuerung dar. Die neueren Arbeiten aus den letzten Jahren mit dem SF-36
auf nationaler und internationaler Ebene weisen darauf hin, dass sich das Verfahren zu einem der am meisten eingesetzten Gesundheitsmessinstrumente entwickelt
hat, mit guten psychometrischen Eigenschaften und klinischer Aussagekraft. Aus
den Ergebnissen der Anwendungen des Verfahrens ist nun kritisch zu prüfen, inwieweit die SF-36 Instrumentenfamilie als Instrument zur Erfassung der gesundheitsbezogenen Lebensqualität auch in Relation zu anderen Instrumenten einen
Nutzen für die gesundheitswissenschaftliche, speziell auch gesundheitsökonomische Forschung bringt.

---

[205] Vgl: Morfeld, M., Wirtz, M. (2006), S. 120-129, und Morfeld, M., Koch, U. (2005),
S. 179–184.

4 Der EQ-5D der EuroQol-Gruppe

W. Greiner, C. Claes

Fakultät für Gesundheitswissenschaften, Gesundheitsökonomie und Gesundheitsmanagement, Universität Bielefeld
Forschungsstelle für Gesundheitsökonomie und Gesundheitssystemforschung, Universität Hannover

4.1
Lebensqualität in gesundheitsökonomischen Analysen

In den letzten Jahren hat die Bedeutung der Lebensqualitätsmessung in der Gesundheitsökonomie immer mehr zugenommen. Dies liegt insbesondere daran, dass für Allokationsentscheidungen eine reine Inputorientierung (und damit eine Fokussierung auf die Kosten) nicht mehr adäquat erscheint, sondern dass die Effektivität von Maßnahmen (also ihr klinischer Nutzen) für die gesundheitsökonomische Bewertung mindestens ebenso hoch einzuschätzen ist. Damit ist in der gesundheitsökonomischen Literatur ein ähnlicher Paradigmenwechsel feststellbar wie in der Gesundheitspolitik, nämlich von der Ausgaben- zur Ergebnisorientierung. Ökonomisch ist es ohnehin nicht sinnvoll, vorrangig die Kosten (bzw. die Einhaltung eines Budgets oder die Stabilität von Beitragssätzen) zu betrachten, denn selbst sehr hohe Kosten einzelner Leistungen können gerechtfertigt sein, wenn ihnen entsprechende Nutzen gegenüberstehen und die Preise nicht aufgrund einer einseitigen Anbieterdominanz mit im Vergleich zu einer Marktlösung ungerechtfertigten Herstellerrenditen entstanden sind.

Allerdings ist es im Gesundheitswesen besonders schwierig die Frage zu beantworten, an welcher Art Nutzen einzelne Maßnahmen gemessen werden sollen. Während nämlich die Kosten zunächst (wenn auch nicht ausschließlich) finanzieller Natur sind (und damit zumindest die Einheit feststeht, z. B. Dollar oder Euro), kann der Nutzen medizinischer Maßnahmen vielfältig sein. Es besteht aber weitgehender Konsens, dass letztlich alle Maßnahmen auf das Patientenwohl und damit auf deren Lebensqualität und Lebensdauer abzielen sollten. Klinische Ergebniskriterien wie die Höhe des Blutdrucks oder die Einhaltung vorgegebener Laborparameter können dagegen nur abgeleitete Ziele sein, die der Lebensqualität und/oder der Lebensdauer der Patienten förderlich sind. Insofern ist die Messung der Lebensqualität eine wichtige ökonomische Methode, die allerdings von anderen Fachdisziplinen, insbesondere der Psychologie, maßgeblich beeinflusst worden ist. Mittlerweile gibt es indessen spezielle Lebensqualitätsinstrumente, die für die Nutzung in ökonomischen Studien besonders geeignet sind, da sie wohlfahrttheoretisch fundiert und somit für Allokationsentscheidungen geeignet sind. Der in diesem Beitrag vorgestellte Fragebogen EQ-5D der EuroQol-Gruppe gehört zu diesen Instrumenten, die auch in ökonomischen Evaluationsstudien für Kosten-Nutzwert-Analysen einsetzbar sind.

Für die Messung von Lebensqualitätseffekten medizinischer Leistungen gibt es keinen Goldstandard. Zahllose Fragebögen, die in der Regel jeweils auf eine bestimmte Erkrankung bezogen sind, wurden bisher mit unterschiedlichsten Zielsetzungen entwickelt. Es ist äußerst schwierig, mit solchen krankheitsspezifischen Instrumenten den Erfolg bzw. Outcome alternativer Therapien zu bewerten oder eine Orientierung für Allokationsentscheidungen zu geben. Denn nur ein generisches Indexinstrument erlaubt in Kosten-Nutzwert-Analysen einen Ergebnisvergleich zwischen unterschiedlichen Studien oder Indikationen.

Obwohl sowohl gesundheitsbezogene Lebensqualität als auch Gesundheit selbst als Zielparameter ein kontrovers diskutiertes Konzept darstellen, besteht ein breiter Konsens darüber, dass letzteres verschiedene Dimensionen enthält, wie beispielsweise emotionales, soziales, physisches und psychosoziales Funktionieren der Personen. Profilinstrumente wie der SF-36[206] oder das Nottingham Health Profile[207] untersuchen die gesundheitsbezogene Lebensqualität separat für jede einzelne Dimension. Jedoch ist für Kosten-Nutzwert-Analysen ein Index erforderlich, der *einen* Output für jeden möglichen Gesundheitszustand untersucht. Ansonsten ist es unmöglich, Kosten und Nutzen verschiedener Behandlungsalternativen zu untersuchen.

Abgesehen von der Schwierigkeit, einen derart komplexen Sachverhalt wie gesundheitsbezogene Lebensqualität überhaupt zu quantifizieren, entsteht damit zusätzlich das Problem, die verschiedenen Dimensionen zu einer gemeinsamen Skala zu aggregieren. Im Wesentlichen gibt es zwei alternative Vorgehensweisen: das „zerlegte" Verfahren und das „ganzheitliche" Verfahren. Beim ersten Ansatz werden die Probanden gebeten, jedes Antwortlevel der einzelnen Dimensionen ceteris paribus (d. h. unter sonst gleichen Bedingungen) zu bewerten und die Antwortlevel der übrigen Dimensionen werden jeweils konstant gehalten. Der ganzheitliche Ansatz erfordert von jedem Teilnehmer die Bewertung der Gesundheitszustände im Ganzen. Der letztgenannte Ansatz wird beim EQ-5D verfolgt.

---

[206] Vgl. Kap. C 3.
[207] Vgl. Hunt, S. M., McEwen, J., McKenna, S. P. (1986), sowie Kohlmann, T. (1992).

4.2
Die Konzeption des EQ-5D

Der *EQ-5D* wurde von der EuroQol-Gruppe als ein generisches Instrument zur Beschreibung und Untersuchung von gesundheitsbezogener Lebensqualität entwickelt.[208] Die ursprüngliche englischsprachige Version des EQ-5D wurde im Jahr 1987 durch eine internationale, interdisziplinäre Gruppe von Forschern aus 4 Ländern (Großbritannien, Finnland, den Niederlanden und Schweden) hervorgebracht. Beteiligt waren Ökonomen, Mediziner, Pfleger, Philosophen, Psychologen und Soziologen. Die EuroQol-Gruppe hat ihren Sitz in Rotterdam und trifft sich regelmäßig in unterschiedlichen Arbeitsgruppen und zu Jahreskonferenzen. Inzwischen ist die Gruppe stark gewachsen und hat neben den Mitgliedern der Gründungsländer in nahezu allen europäischen Staaten, Südafrika, Kanada, den USA, Australien und Neuseeland Mitglieder gewonnen. Mitglieder der deutschen Gruppe sind an den Universitäten Bielefeld, Greifswald und Hannover sowie am Robert-Koch-Institut in Berlin tätig. Die Gruppe ist Inhaber der Urheberrechte an dem Fragebogen und als Stiftung organisiert. Vor Gebrauch des Instruments ist eine Online-Registrierung erforderlich (www.euroqol.org). Für Studien mit einem kommerziellen Hintergrund ist die Nutzung kostenpflichtig.

Der Entwurf des EQ-5D erfolgte unter der Zielsetzung, ein einfaches Instrument zum begleitenden Einsatz einer detaillierten Messung der gesundheitsbezogenen Lebensqualität mit einem krankheitsspezifischen Instrument zu entwerfen. Die englische Version ist seit 1990 in Anwendung.[209] Zum gegenwärtigen Zeitpunkt liegt der EQ-5D in nahezu 70 Sprachen übersetzt vor. Darüber hinaus werden derzeit verschiedene Proxy-Versionen (für den Fall, dass der Patient nicht mehr für sich selbst antworten kann) und eine Kinderversion (child-friendly version) vorbereitet. Der EQ-5D ist mittlerweile weltweit das am häufigsten eingesetzte generische Instrument zur Messung gesundheitsbezogener Lebensqualität.[210]

Die Auswahl des deskriptiven Inhalts des EQ-5D basiert auf einem Review der seinerzeit bereits existierenden Instrumente zur Messung der gesundheitsbezogenen Lebensqualität und aus Ergebnissen einer Studie über die der Gesundheit zugrunde liegenden Konzepte.[211] Der Gesundheitszustand wird anhand der fünf Dimensionen Beweglichkeit/Mobilität, „für sich selbst sorgen", allgemeine Tätigkeiten, Schmerzen/körperliche Beschwerden und Angst/Niedergeschlagenheit abgebildet (s. Tabelle 4.1). Jede Dimension hat drei Antwortlevel: 1) „keine Probleme", 2) „einige Probleme" und 3) „extreme Probleme". Es handelt sich i. d. R. um Selbstbeurteilungen der Patienten, wobei mittlerweile auch Proxy-Versionen vorliegen, wenn Patienten nicht in der Lage sind, den Fragebogen selbst auszufüllen. Die Gesundheitszustände lassen sich durch Kombination der Dimensionen mit den drei Antwortleveln konstruieren. So wird beispielsweise der beste denkbare Ge-

---

[208] Vgl. Brooks, R., Rabin, R., Charro, F. d. (Hrsg.) (2003).
[209] Vgl. Brooks, R., Rabin, R., Charro, F. d. (Hrsg.) (2003).
[210] Vgl. Räsänen, P., Roine, E., Sintonen, H., Semberg-Konttinen, V., Ryynänen, O.-P., Roine, R. (2006).
[211] Vgl. Dalen, H. v., Williams, A., Gudex, C. (1994), S. 249.

sundheitszustand durch die Kurzform 11111 angegeben. Theoretisch erlaubt dieses Set aus fünf Dimensionen und drei Antwortleveln eine Darstellung von insgesamt 243 (=3^5) verschiedenen Gesundheitszuständen. Von Beginn an wurde als
grundlegendes Ziel die Konstruktion eines einfachen Maßes angestrebt, wobei
gleichzeitig die volle Spanne über das Spektrum vom besten bis hin zu schlechtest
denkbaren Gesundheitszuständen abgedeckt werden sollte.[212]

Tabelle 4.1. Das deskriptive EQ-5D-System

Dimension	
	Antwortlevel
Beweglichkeit/Mobilität	
	1. Keine Probleme herumzugehen
	2. Einige Probleme herumzugehen
	3. Ans Bett gebunden
Für sich selbst sorgen	
	1. Keine Probleme, für sich selbst zu sorgen
	2. Einige Probleme, sich selbst zu waschen oder sich anzuziehen
	3. Nicht in der Lage, sich selbst zu waschen oder sich anzuziehen
Allgemeine Tätigkeiten	
	1. Keine Probleme, den alltäglichen Tätigkeiten nachzugehen
	2. Einige Probleme, den alltäglichen Tätigkeiten nachzugehen
	3. Nicht in der Lage, den alltäglichen Tätigkeiten nachzugehen
Schmerzen/Körperliche Beschwerden	
	1. Keine Schmerzen oder Beschwerden
	2. Mäßige Schmerzen oder Beschwerden
	3. Extreme Schmerzen oder Beschwerden
Angst/Niedergeschlagenheit	
	1. Nicht ängstlich oder deprimiert
	2. Mäßig ängstlich oder deprimiert
	3. Extrem ängstlich oder deprimiert

Anmerkung: Zur besseren Anschaulichkeit wird jeder Gesundheitszustand mit einem
5stelligen Zahlencode dargestellt, indem die Dimensionen und die Antwortlevel kodiert
werden. Der Gesundheitszustand 11232 bedeutet:

1 Keine Probleme herumzugehen
1 Keine Probleme, für sich selbst zu sorgen
2 Einige Probleme, den alltäglichen Tätigkeiten nachzugehen
3 Extreme Schmerzen oder Beschwerden
2 Mäßig ängstlich oder deprimiert

Zur Übersetzung des Fragebogens in andere Sprachen als die englische Originalversion ist in den letzten 20 Jahren ein standardisiertes Verfahren entwickelt worden. Das Übersetzungsverfahren besteht aus vier Phasen:[213]

---

[212] Vgl. Brooks, R., with the EuroQol-Group (1996).
[213] Vgl. Herdman, M. u. a. (2003).

1. Zunächst werden von zwei unabhängig arbeitenden Übersetzern zwei Übersetzungsversionen erarbeitet. Diese Übersetzer sollten Muttersprachler und gleichzeitig dem Englischen zumindest als Fremdsprache mächtig sein, wobei wenigstens einer der beiden Übersetzer ein professioneller Dolmetscher sein sollte.
2. In einem gemeinsamen Treffen der beiden Übersetzer und des jeweiligen Forschungsteams wird eine erste Konsensversion, die auf den beiden unabhängigen Übersetzungen basiert, erstellt.
3. Diese erste Konsensversion wird von zwei englischen Muttersprachlern, die aber gleichzeitig auch die Zielsprache zumindest als Fremdsprache beherrschen, unabhängig voneinander ins Englische zurückübersetzt.
4. Die Endfassung der neuen Sprachversion wird mit einer kleinen Zahl potenzieller Probanden in Bezug auf Klarheit, Akzeptanz und Relevanz überprüft. Dieses Verfahren wurde erstmals 1995 eingesetzt, um die französische und die deutsche Version aus dem englischen Original abzuleiten. Zur Sicherung der Qualität weiterer Übersetzungen hat die EuroQol-Gruppe eine eigene Task Force eingerichtet, die die umfangreichen Berichte über die Übersetzungsprozedur prüft und Empfehlungen an das EuroQol-Management abgibt, welche Übersetzung offizielle EQ-5D-Sprachversion werden soll.

4.3
Der Aufbau des EQ-5D

Der EQ-5D besteht aus mehreren Teilen:

Die *EQ-5D Selbsteinschätzung* umfasst das oben beschriebene fünfdimensionale Klassifikationssystem in einem Standardlayout, welches den aktuellen Gesundheitszustand des Befragten abbildet. Die Antworten aus der EQ-5D Selbsteinschätzung können zunächst dazu verwendet werden, ein Gesundheitsprofil zu erstellen. Zudem ist es möglich, mit diesen Beantwortungsdaten für jeden Probanden einen Indexwert zu berechnen (EQ-5D^{Index}), der im folgenden Abschnitt 4.4. noch näher erläutert wird.

Die *EQ-5D VAS* ist eine visuelle Analogskala in dem Standardlayout einer vertikalen Skala von 20 cm Länge und einem Wertebereich von 0 bis 100. Die Befragten schätzen ihre eigene aktuelle gesundheitsbezogene Lebensqualität mit Hilfe des EQ-5D VAS ein. Es ist wichtig, sich zu vergegenwärtigen, dass sich die Bewertungen des EQ-5D VAS von denen des EQ-5D^{Index} unterscheiden, da dieser auf Präferenzen basiert, die beispielsweise anhand eines Bevölkerungssurveys ermittelt wurden. Abweichungen realisieren sich in beide Richtungen. Als Folge unterschiedlicher Coping-Strategien liegt eine Selbsteinschätzung des eigenen Gesundheitszustandes häufig oberhalb einer Fremdbewertung. Umgekehrt fließen durch die Fragestellung beim EQ-5D VAS weitere Lebensqualitätsdimensionen ein, die vom EQ-5D nicht abgebildet werden. Durch die Aufforderung der Kennzeichnung des Punktes auf der Skala, der den heutigen Gesundheitszustand am besten wiedergibt, lässt der Befragte z. B. unter Umständen die Dimension Schlaf einfließen, die sonst nicht berücksichtigt wird. Der *EQ-5D VAS-Wert* liefert somit Zusatzinformationen, ist aber für den Einsatz des *EQ-5D* nicht unbedingt erforderlich.

Schließlich werden auf den letzten Seiten des Instruments einige Fragen zur Person des Befragten – wie Alter und Geschlecht – gestellt, die als soziodemographische Hintergrundvariablen für statistische Auswertungen dienen. Dieser Teil des EQ-5D ist für die Anwendung des Instruments nicht erforderlich, zumal wenn diese Angaben aus anderen Erhebungsinstrumenten einer Studie bekannt sind. Wenn beispielsweise in einer klinischen Studie bereits viele Informationen zur Person des oder der Befragten vorliegen, so sollten die entsprechenden Fragen bei der Lebensqualitätsmessung nicht nochmals wiederholt werden.

Vorteile des Instruments sind vor allem in seiner Praktikabilität und Kürze zu sehen. Wegen der Kürze des Instruments wird eine Kombination mit anderen, insbesondere krankheitsspezifischen Instrumenten zur Messung der Lebensqualität von den Befragten in der Regel problemlos akzeptiert. Nachteilig ist aber die geringe Zahl der möglichen Antwortkategorien innerhalb der einzelnen Gesundheitsdimensionen. Wegen dieser mangelnden Sensitivität wird der Fragebogen vorwiegend bei relativ großen zu erwartenden Gesundheitsveränderungen eingesetzt, da sich kleinere Besserstellungen des Patienten durch eine bestimmte Behandlung auf die durch den EQ-5D festgestellte Lebensqualität kaum auswirken.

4.4
EQ-5D Index

Da der EQ-5D-Fragebogen zu den so genannten Single-Index-Instrumenten gehört, wird nicht für jede Lebensqualitäts-Dimension ein Einzelwert bestimmt, sondern die fünf Fragen werden mittels standardisierter Berechnungsvorgaben in einen Indexwert umgerechnet. Solche Vorgaben basieren auf großen Bevölkerungsstichproben, bei denen einzelne Gesundheitszustände mit einer visuellen Analogskala, dem Standard Gamble- oder Time Trade-Off-Verfahren bewertet wurden und anschließend die Abschlagswerte für einzelne angegebene Einschränkungen der Lebensqualität berechnet wurden.[214] Entsprechende Studien liegen mittlerweile für eine ganze Reihe von Ländern vor, so z. B. für Großbritannien, Dänemark, Japan, Spanien, Simbabwe und Deutschland. Die Konzeption der deutschen Bewertungsstudie soll im Folgenden kurz beispielhaft dargestellt werden.[215] Ihr Studienprotokoll beruhte im Wesentlichen auf einer Vorgängerstudie aus Großbritannien.[216]

Das Ziel der Analyse war, einen präferenz-basierten EQ-5D^{Index} für die deutsche Gesellschaft zu schätzen. Die Analyse basierte auf individuellen Befragungsdaten anstatt auf aggregierten Werten, da dies die maximale Ausnutzung der vorhandenen Daten ermöglicht. Zur Generierung eines EQ-5D^{Index} wurde in Anleh-

---

[214] Vgl. Greiner, W. u. a. (2003).
[215] Vgl. Greiner, W., Claes, C., Busschbach, J. J. V., Schulenburg, J.-M. Graf v. d. (2005).
[216] Vgl. Dolan, P., Gudex, C., Kind, P., Williams, A. (1996).

nung an ein britisches Studiendesign eine OLS-Regression (kleinste Quadrate-Schätzung) mit linearer, additiver Verknüpfung gewählt. Die abhängige Variable ergibt sich aus den TTO-Einschätzungen der Teilnehmer, die für die einzelnen Gesundheitszustände vergeben wurden. Unabhängige Variablen sind die jeweils angegebenen Einschränkungen der Lebensqualität bei jeder einzelnen Frage. Beispielsweise entspricht „Einige Probleme herumzugehen" in der Dimension Mobilität der Variable MO. Bei größeren Einschränkungen in Beweglichkeit („Ans Bett gebunden") nimmt dagegen die Variable M2 den Wert 1 ein. Weiterhin wurde eine Interaktionsvariable N3 eingeführt, die immer dann den Wert 1 einnimmt, wenn wenigstens einmal das dritte Antwortlevel (z. B. starker Schmerz) angekreuzt wurde. Als Regressionsmodell wurde dasjenige gewählt, das die Varianz der Einschätzungen der Gesundheitszustände, für die direkte empirische Werte vorliegen, am besten erklärte (Fit) und konsistente Werte lieferte. Aus den Modellen mit vergleichbarem Fit sollte die endgültige Wahl auf das sparsamste, d. h. das einfachste Modell fallen (sowohl in Hinblick auf die Anzahl der unabhängigen Variablen als auch bei und in der Fähigkeit, diese zu erklären).

Die Regressionsberechnung mit dem additiven, linearen Modell ergab Abschläge für Beeinträchtigungen in den einzelnen Dimensionen wie in Tabelle 4.2 angegeben.

Tabelle 4.2. Regressionskoeffizienten im Vergleich

| Variable | Deutschland | | | | | UK |
	1. Schätzung		2. Schätzung			
Konstanter Wert	0,999	**)	0,999	**)		0,918
MO	-0,100	**)	-0,099	**)		-0,069
SC	-0,067	**)	-0,087	**)		-0,104
UA	-0,014	n. s.				-0,036
PD	-0,114	**)	-0,112	**)		-0,123
AD	-0,006	n. s.				-0,071
M2	-0,130	**)	-0,129	**)		-0,176
S2	-0,040	n. s.				-0,006
U2	0,038	n. s.				-0,022
P2	-0,084	**)	-0,091	**)		-0,140
A2	-0,060	**)	-0,065	**)		-0,094
N3	-0,318	**)	-0,323	**)		-0,269
R^2	0,51		0,51			0,46

**) statistisch signifikant (α=0,01), n. s. = nicht signifikant

Die Regressionskoeffizienten der Variablen UA (Allgemeine Tätigkeiten), AD (Angst/Niedergeschlagenheit), S2 (starker Schmerz) und U2 (starke Einschränkungen bei allgemeinen Tätigkeiten) waren statistisch nicht signifikant verschieden von Null. Entgegen der Modellformulierung zeigte der Regressionskoeffzient der Variable U2 einen positiven Wert. Daher wurde eine zweite Berechnung ohne die nicht signifikanten Variablen vorgenommen. Das Bestimmtheitsmaß ist trotz der großen Zahl der Befragten mit $R^2=0,51$ wie in der britischen Studie[217] erstaunlich hoch.

Die Regressionsgleichung nach Nichtberücksichtigung der genannten nicht signifikanten unabhängigen Variablen lautet:

$$Y = a \, \text{-}ß \; {}_1MO \, \text{-}ß \; {}_2SC \, \text{-}ß \; {}_4PD \, \text{-}ß \; {}_6M2 \, \text{-}ß \; {}_9P2 \, \text{-}ß \; {}_{10}A2 \, \text{-}ß \; {}_{11}N3 \, \text{-}e$$

Mit Hilfe der Regressionskoeffizienten kann der EQ-5D^{Index} errechnet werden. Der Gesundheitszustand 21133 berechnet sich beispielsweise wie folgt:

Vollständige Gesundheit		=0,999
Mobilität	Antwortlevel 2 (1xMO)	-0,099
Für sich selbst sorgen	Antwortlevel 1	-0,000
Allgemeine Aktivitäten	Antwortlevel 1	
Schmerzen/Körperliche Beschwerden	Antwortlevel 3 (2xPD +1xP2)	-0,315
Angst/Depression	Antwortlevel 3 (1 x A2)	-0,065
N3 (Antwortlevel 3 erscheint in mind. einer Dimension)		-0,323
Geschätzter Wert für 21133:		=0,197

In Tabelle 4.3 werden die direkten empirischen Werte (Mittelwerte) mit dem EQ-5D^{Index} verglichen. Die Anpassung der vorhergesagten Werte an die durchschnittlichen direkten empirischen Werte TTO ist vertretbar, und die absolute mittlere Differenz kann als akzeptabel angesehen werden. Die deutschen Werte für Berechnung des Index werden insbesondere im Rahmen von Kosten-Nutzwert-Analysen angewendet, wenn die Probanden deutsche Nationalität aufweisen. Sie gehen zurück auf TTO-Befragungen sind somit wohlfahrttheoretisch basiert.

---

[217] Vgl. Dolan, P. (1997).

Tabelle 4.3. Vergleich der TTO-Bewertungen mit dem EQ-5D^{Index}

Gesundheitszustand	TTO (Mittelwert) (1)	EQ-5D^{Index} (2)	Differenz Δ (1)-(2)
11111			
11211	,9383	,999	-,061
11112	,9340	,999	-,065
12111	,9341	,912	,022
12211	,8872	,912	-,025
21111	,9614	,900	,061
11121	,9417	,887	,055
11122	,9029	,887	,016
22112	,7698	,813	-,043
12121	,8220	,800	,022
12222	,7769	,800	-,023
21222	,7602	,788	-,028
22122	,7314	,701	,030
22222	,7067	,701	,006
11312	,6967	,676	,021
11113	,7045	,611	,094
13212	,5051	,502	,003
12223	,5128	,412	,101
21323	,3440	,400	-,056
11131	,2491	,361	-,112
22323	,2788	,313	-,034
11133	,2190	,296	-,077
23321	,2800	,291	-,011
21232	,3233	,262	,061
32211	,2529	,262	-,009
21133	,1713	,197	-,026
22331	,2640	,175	,089
33212	,1355	,175	-,039
23232	,0368	,088	-,051
32223	,0542	,085	-,031
33321	,0588	,063	-,004
33323	,0872	-,002	,089
32331	,0188	-,053	,072
32232	-,0541	-,053	-,001
33232	-,1068	-,140	,033
33333	-,0247	-,205	,180

Bei anderen Studienformen wie z. B. Kosten-Wirksamkeitsanalysen oder einfachen Lebensqualitätsanalysen in klinischen Studien wird dagegen empfohlen, den europäischen Index des EQ-5D (s. Tabelle 4.4) zu verwenden, der auf einen Pool von 82.910 Einzelbewertungen aus elf verschiedenen Studien und sechs Ländern zurückgeht.[218] Diese Aggregationsvorschrift basiert auf der *EQ-5D VAS* und fußt somit nicht auf der ökonomischen Wohlfahrtstheorie. Andererseits stellt dieser Datensatz die derzeit breiteste empirische Basis dar und zeigte überraschende Übereinstimmung im Vergleich der Bewertungen aus den einzelnen Ländern.

Tabelle 4.4. Aggregationskoeffizienten für den Europäischen Index des EQ-5D

Konstante	97,66
Wenigstens eine 2 oder 3 (N2)*	-11,21
Wenigstens eine 3 (N3)	-20,06
Mobilität = 2	-5,78
Mobilität = 3	-16,03
Für sich selbst sorgen = 2	-10,28
Für sich selbst sorgen = 3	-13,67
Allgemeine Tätigkeiten = 2	-2,31
Allgemeine Tätigkeiten = 3	-7,54
Schmerz/Beschwerden = 2	-8,15
Schmerz/Beschwerden = 3	-14,35
Angst/Niedergeschlagenheit = 2	-7,81
Angst/Niedergeschlagenheit = 3	-11,31

*) N2 nimmt Wert 1 ein, wenn Lebensqualität eingeschränkt ist (also nicht 11111 entspricht)

4.5
Psychometrische Gütekriterien

Objektivität: Der EuroQol verfügt über eine hohe Durchführungsobjektivität, da die Itemreihenfolge und das Layout des Fragebogens stark standardisiert sind. Zudem ist die Befragung grundsätzlich schriftlich ohne Interviewer, so dass ein entsprechender Störfaktor ausgeschlossen werden kann. Die Auswertungsobjektivität ist ebenfalls hoch, da keine offenen Fragen kodiert werden müssen und ein fehlender Wert automatisch zum Ausschluss des Fragebogens aus der Auswertung führt. Da mittlerweile für eine ganze Reihe von Indikationen und Bevölkerungsgruppen (nach Geschlecht, Alter und Nationalität) Normwerte vorliegen, ist auch eine objektive Interpretation der Ergebnisse gewährleistet.

Reliabilität: Reliabilität ist ein Maß für die Reproduzierbarkeit von Ergebnissen unter gleichen Bedingungen. Die Berechnung der internen Reliabilität (z. B. mit der Maßgröße Cronbachŝ Alpha) ist beim EQ-5D nicht sinnvoll, da jede Dimension nur durch ein einziges Item repräsentiert wird. Die geringe Korrelation zwischen den einzelnen Dimensionen ist zudem Voraussetzung für die Berechnung eines Modells zur Ableitung eines Indexwertes per Regressionsgleichung. Eine adäquate Vorgehensweise zur Bestimmung der Reliabilität ist dagegen die Be-

---

[218] Vgl. Greiner, W. u. a. (2003).

rechnung der Test-Retest-Reliabilität, um die Stabilität der Angaben einzelner Personen zu prüfen. Dabei wird der Fragebogen in einem relativ kurzen Abstand von den Probanden mehrfach beantwortet. Die Korrelation der Beantwortung ist dann ein Maß für die Reliabilität des Fragebogens. Im Rahmen einer Studie mit Dialysepatienten wurde an 100 Patienten, die zuvor bereits den EQ-5D ausgefüllt hatten, der Fragebogen ein zweites Mal versandt.[219] Die Korrelationen zwischen der ersten Befragung und dem Retest lagen im Durchschnitt bei 0,7 (Personŝ R). Wobei insbesondere der Wert für die visuelle Analogskala (VAS) mit einem Personŝ R über 0,9 sehr hoch lag und die Korrelation für den Indexwert, der nach einem bestimmten gewichteten Modell berechnet wird, mit 0,75 zufriedenstellend ausfällt. Ergänzend wurde die Test-Retest-Reliabilität durch wiederholtes Befragen einzelner hypothetischer Gesundheitszustände ermittelt. Der Test-Retest-Reliabilitätskoeffizient für den Gesundheitszustand 11111 betrug r = 0,8 und für den Gesundheitszustand 33333 beträgt er r = 0,71.

Validität: Zur Prüfung der Konstruktvalidität des EuroQols wurden in verschiedenen Studien etablierte Hypothesen herangezogen. Der Zusammenhang, der sowohl zwischen Alter und nachlassender körperlicher Funktionstüchtigkeit als auch zwischen Alter und Schmerz besteht, wurde mit den Antworten auf die Fragen 3 und 4 überprüft. Die Dimensionen allgemeine Aktivitäten und Schmerz korrelieren positiv mit dem Alter, d. h. je älter die Personen, desto höher ist der Anteil der Personen, die über Probleme berichten. Der Einflussfaktor Alter wirkt sich mit Ausnahme der Dimension Angst auf alle übrigen im EuroQol betrachteten Dimensionen der Lebensqualität aus. Als weitere Hypothese wurde angenommen, dass Frauen im Vergleich zu Männern niedrigere Werte im Bereich geistigen Wohlbefindens aufweisen, da Frauen und besonders ältere Frauen statistisch signifikant häufiger an Angst und Depressionen leiden als Männer. Dieser Zusammenhang konnte mit dem EuroQol anhand der letzten Dimension (Angst, Depression) nachgewiesen werden.

Es liegt zudem eine ganze Reihe von Vergleichsstudien mit anderen etablierten Lebensqualitätsmessinstrumenten für den EQ-5D vor, beispielsweise mit dem SF 36[220] und dem SF-6D[221]. Die Korrelationen der einzelnen vergleichbaren Dimensionswerte lagen jeweils oberhalb von 0,5.

4.6
Fazit und Ausblick

Ursprüngliches Ziel, das mit dem EQ-5D verfolgt werden sollte, war, ein möglichst umfassendes Instrument für die Messung gesundheitsbezogener Lebensqualität zu schaffen, welches die durch die vorhergehende Lebensqualitätsforschung bekannten Dimensionen, die für die Erfassung der Lebensqualität von besonderer

---

[219] Vgl. Schulenburg, J.-M. Graf v. d., Claes, C., Greiner, W., Uber, A. (1998).
[220] Brazier, J., Jones, N., Kind, P. (1993).
[221] Brazier, J., Roberts, J., Tsuchiya, A. (2001).

Bedeutung sind, umfasst. Das Instrument sollte auch in Kosten-Nutzwert-Analysen einsetzbar sein und daher auf der Wohlfahrtstheorie von von Neumann und Morgenstern (1944) basieren. Der spezifische Nutzen des Fragebogens ist insofern insbesondere darin zu sehen, dass er besonders gut (wenn auch nicht ausschließlich) für gesundheitsökonomische Studien geignet ist, bei einer Vielzahl von Indikationen bereits erfolgreich eingesetzt wurde und somit Vergleiche innerhalb, aber auch über verschiedene Krankheitsgebiete möglich sind. Zudem ist der Fragebogen so kurz, dass komplementär auch krankheitsspezifische Fragebögen eingesetzt werden können.

Mit Hilfe von Aggregationsvorschriften, die auf Befragungen der Allgemeinbevölkerung (also nicht ausschließlich Patienten) basieren, können alle 243 theoretisch möglichen EQ-5D Gesundheitszustände bewertet werden. Der EQ-5D wird i. d. R. als schriftlicher Fragebogen direkt an Patienten ausgegeben und anschließend elektronisch erfasst. Mittlerweile liegen auch Fassungen für Laptop und PDA sowie eine Internetversion vor.

Derzeit wird von der EuroQol-Gruppe eine Reihe von Weiterentwicklungen an dem Fragebogen veranlasst. Neben den bereits erwähnten Proxy- und Kinderversionen wird geprüft, ob eine Erhöhung der Antwortlevel von drei auf fünf Möglichkeiten einen Zusatznutzen für die Sensitivität und Validität des Fragebogens bringen würde. Dazu werden eine Reihe von Studien in unterschiedlichen Ländern durchgeführt, deren Ergebnisse abgewartet werden müssen, bevor diese weiteren Produkte der EuroQol-Gruppe routinemäßig eingesetzt werden können.

5 Der Health Utility Index (HUI)

O. Schöffski, M. Emmert

Lehrstuhl für Gesundheitsmanagement, Universität Erlangen-Nürnberg

5.1 Entstehungsgeschichte und Einordnung

Neben den bereits dargestellten Lebensqualitäts-Fragebögen SF-36 und EQ-5D zählt auch die Familie des Health Utility Index (HUI) zu den gebräuchlichsten Instrumenten im Bereich der Lebensqualitäts-Forschung.[222] Die erste Version des HUI wurde in den frühen 80er Jahren von einer Forschergruppe der McMaster U-niversität in Kanada entwickelt.[223] Daher liegen den HUI-Instrumenten eine über 30jährige Entwicklungsgeschichte zugrunde,[224] was sie zur zweitältesten Familie an Instrumenten für die Ermittlung der gesundheitsbezogenen Lebensqualität macht.[225] Sie kommen bisher hauptsächlich im kanadischen und im amerikanischen Raum zum Einsatz, wohingegen die beiden zuerst genannten Instrumente im europäischen Raum dominieren.

Existiert beim EQ-5D lediglich eine Version des Fragebogens, so sind bei der Familie der SF-Fragebögen gleich mehrere Versionen (SF-36, SF-12, SF-8, SF-6D) verfügbar. Gleiches gilt auch für die HUI-Familie, bei der folgende Instrumente vorhanden sind:[226]

- Health Utility Index Mark 1 (HUI 1)
- Health Utility Index Mark 2 (HUI 2)
- Health Utility Index Mark 3 (HUI 3)

---

[222] Vgl. Miller, W., Robinson, L. A., Lawrence, R. S. (2006), S. 6, Fisk, J. D., Brown, M. G., Sketris, I. S. u. a. (2005), S. 59, und Kaplan, R. M. (2001), S. 6583.
[223] Vgl. Miller, W., Robinson, L. A., Lawrence, R. S. (2006), S. 98.
[224] Vgl. Horsman, J., Furlong, W., Feeny, D., Torrance, G. (2003), S. 2.
[225] Vgl. Miller, W., Robinson, L. A., Lawrence, R. S. (2006), S. 98.
[226] Vgl. Feeney, D., Furlong, W., Torrance, G. W. (1999), S. 8.

Die Lebensqualitäts-Fragebögen der HUI-Familie sind in die Gruppe der generischen Indexinstrumente einzuordnen.[227] Damit werden krankheitsübergreifende Aspekte in einem eindimensionalen Indexwert wiedergegeben, was für gesundheitsökonomische Fragestellungen und hierbei insbesondere für das QALY-Konzept (s. Kapitel A 6) von großer Bedeutung ist. Die Berechnung des Index wird anhand eines Berechnungsalgorithmus vollzogen, der auf den Präferenzen der kanadischen Bevölkerung basiert. Die HUI-Instrumente werden inzwischen sowohl in klinischen Studien als auch in Bevölkerungsbefragungen sehr häufig angewandt. Mittlerweile sind sie in 15 Sprachen[228] erhältlich und kamen bei über 300 Forschern in mehr als 20 Ländern[229] bei mehr als 300.000 Personen[230] zum Einsatz. Aber auch bei vielen krankheitsspezifischen Betrachtungen wurden die Instrumente der HUI-Familie verwendet, so beispielsweise bei Diabetes, Arthritis, multiple Sklerose, AIDS, Asthma, Alzheimer und vielen anderen.[231]

Jedes HUI-Instrument besteht aus einem multidimensionalen Klassifikationssystem sowie einem eigenen präferenz-basierten Lösungsalgorithmus, mittels dessen für jeden möglichen Gesundheitszustand ein Nutzwert berechnet werden kann.[232] Allerdings haben die drei Instrumente unterschiedliche Schwerpunkte, wie bei Betrachtung der Tabelle 5.1 deutlich erkennbar ist. Einige Aspekte wie beispielsweise „emotional function" sind in allen drei Instrumenten enthalten, andere wiederum sind instrumenten-spezifisch.

Tabelle 5.1. Principal Concepts and Domains of the three versions of the HUI[233]

Health perceptions	HUI 1	HUI 2	HUI 3
Social relations	X		
Usual social role	X		
Communication or speech		X	X
Cognitive function		X	X
Emotional function	X	X	X
Mobility	X	X	X
Physical activity	X		X
Self-Care	X	X	
Sensory function or loss	X	X	
Symptoms or impairments	X	X	X

---

[227] Vgl. Feeney, D., Furlong, W., Torrance, G. W. (1999), S. 8, Horsman, J., Furlong, W., Feeny, D., Torrance, G. (2003), S. 2, und Miller, W., Robinson, L. A., Lawrence, R. S. (2006), S. 6.

[228] Vgl. Miller, W., Robinson, L. A., Lawrence, R. S. (2006), S. 104.

[229] Dazu zählen Argentinien, Australien, Belgien, Brasilien, Dänemark, Deutschland, Finnland, Frankreich, Großbritannien, Honduras, Israel, Jamaika, Japan, Kanada, Kolumbien, Kuba, Neuseeland, Niederlande, Norwegen, Österreich, Schweden, Schweiz, Singapur, Türkei, Uruguay, USA und die Vereinigten Arabischen Emirate, vgl. Horsman, J., Furlong, W., Feeny, D., Torrance, G. (2003), S. 9–10.

[230] Vgl. Horsman, J., Furlong, W., Feeny, D., Torrance, G. (2003), S. 10.

[231] Vgl. Horsman, J., Furlong, W., Feeny, D., Torrance, G. (2003), S. 10.

[232] Vgl. Feeney, D., Furlong, W., Torrance, G. W. (1999), S. 8.

[233] Quelle: In Anlehnung an Patrick, D. L., Erickson, P. (1993) und Gold, M. R., Siegel, J. E., Russell, L. B., Weinstein, M. C. (Hrsg.) (1996).

Weiterhin ist zu erwähnen, dass für jeden HUI-Fragebogen unterschiedliche Versionen verfügbar sind. Es kann je nach Zielsetzung bzw. Anforderungsprofil einer Studie und je nach Altersgruppe der Befragten[234] differenziert werden hinsichtlich Zeithorizont (eine Woche, zwei Wochen, vier Wochen und gewöhnliche Gesundheit)[235], Art der Handhabung (selbst oder per Interviewer) und Standpunkt der Beurteilung (Selbsteinschätzung vs. Fremdeinschätzung). Daher ergeben sich insgesamt 16 mögliche Versionen eines Fragebogens.[236]

Der HUI 1 wurde ursprünglich im Rahmen einer Studie für die Untersuchung der Folgen leichtgewichtiger Neugeborener konzipiert.[237] Dabei war die Zielsetzung „to evaluate outcomes for very-low birth-weight infants".[238] Aktuell wird er zwar noch verwendet, hat allerdings deutlich an Bedeutung verloren.[239] Aufbauend auf dem HUI 1 wurde sowohl der HUI 2 als auch später der HUI 3 entwickelt.[240] Da diese in der letzten Zeit mehr Beachtung gefunden haben,[241] sind sie auch hier in den folgenden Ausführungen zentraler Gegenstand der Betrachtung.

5.2
Der Health Utility Index Mark 2 (HUI 2)

Der HUI 2 wurde ursprünglich erstellt, um Ergebnisse innerhalb der pädiatrischen Onkologie und Hämatologie messen zu können, und wurde später auch für höhere Lebensalter modifiziert.[242] Er kam daher vorrangig in klinischen Studien mit Kindern zum Einsatz, die bereits in frühen Lebensjahren an Krebs erkrankt sind. Aktuell gilt er als das einzige präferenz-basierte multidimensionale Lebensqualitäts-Instrument, das speziell für den Einsatz bei Kindern erstellt worden ist.[243] Mittlerweile ist er aber auch bei der Betrachtung von Alzheimer und anderen Krankheiten eingesetzt worden.[244] Dass die Erfassung der Lebensqualität inzwischen als ein wichtiger Outcome-Parameter akzeptiert worden ist, zeigt deren Berücksichtigung in den Leitlinien der Arbeitsgemeinschaft der wissenschaftlichen medizinischen

---

[234] Die HUI-Instrumente sind für Personen ab dem 5. Lebensjahr einsatzfähig, vgl. Horsman, J., Furlong, W., Feeny, D., Torrance, G. (2003), S. 2.

[235] Es ist auch eine akute Version „letzte 24 Stunden" vorhanden. Diese kann eingesetzt werden, wenn beispielsweise die Folgen einer Operation gemessen werden sollen, vgl. Feeney, D., Furlong, W., Torrance, G. W. (1999), S. 8.

[236] Vgl. Horsman, J., Furlong, W., Feeny, D., Torrance, G. (2003), S. 7.

[237] Vgl. Torrance, G. W., Boyle, M. H., Horwood, S. P. (1982), Boyle, M. H., Torrance, G. W., Sinclair, J. C., Horwood, S. P. (1983), und Kaplan, R. M. (2001), S. 6584.

[238] Horsman, J., Furlong, W., Feeny, D., Torrance, G. (2003), S. 2.

[239] Vgl. Feeney, D., Furlong, W., Torrance, G. W. (1999), S. 8.

[240] Vgl. Miller, W., Robinson, L. A., Lawrence, R. S. (2006), S. 99.

[241] Vgl. Feeney, D., Furlong, W., Torrance, G. W. (1999), S. 8, und Horsman, J., Furlong, W., Feeny, D., Torrance, G. (2003), S. 2.

[242] Vgl. Miller, W., Robinson, L. A., Lawrence, R. S. (2006), S. 99.

[243] Vgl. McCabe, C., Stevens, K., Roberts, J., Brazier, J. (2005), S. 231.

[244] Vgl. Horsman, J., Furlong, W., Feeny, D., Torrance, G. (2003), S. 2.

Fachgesellschaften (AWMF), in denen der HUI als ein mögliches Instrument explizit genannt ist.[245]

Der HUI 2 bestand ursprünglich aus sechs Dimensionen. Nachträglich wurde jedoch auf Vorschlag von Cadman u. a.[246] die siebte Dimension „Fertility" hinzugefügt, um Nebeneffekte der Chemotherapie erfassen zu können.[247] Bei den sieben Dimensionen hat der Befragte für die Beantwortung zwischen 3 und 5 Items (Levels) zur Auswahl.[248] Da die deutschen Versionen der Instrumente nicht frei verfügbar sind, werden im Rahmen der hier durchgeführten Darstellung die englischen Versionen abgebildet (s. Tabelle 5.2), welche auf der offiziellen Web-Seite[249] der Health Utilities Group abgebildet sind. Ein niedriges Level innerhalb einer Dimension spiegelt dabei immer einen guten, ein höheres Level hingegen einen schlechten Gesundheitszustand wider. Insgesamt sind beim HUI 2 24.000 verschiedene Gesundheitszustände möglich.[250]

Tabelle 5.2. HUI 2 Multi-Attribute Health Status Classification System[251]

Attribute (Dimension)	Level	Description
Sensation	1	Able to see, hear, and speak normally for age.
	2	Requires equipment to see or hear or speak.
	3	Sees, hears, or speaks with limitations even with equipment.
	4	Blind, deaf, or mute.
Mobility	1	Able to walk, bend, lift, jump, and run normally for age.
	2	Walks, bends, lifts, jumps, or runs with some limitations but does not require help.
	3	Requires mechanical equipment (such as canes, crutches, braces, or wheelchair) to walk or get around independently.
	4	Requires the help of another person to walk or get around and requires mechanical equipment as well.
	5	Unable to control or use arms and legs.
Emotion	1	Generally happy and free from worry.
	2	Occasionally fretful, angry, irritable, anxious, depressed, or suffering "night terrors".
	3	Often fretful, angry, irritable, anxious, depressed, or suffering "night terrors".
	4	Almost always fretful, angry, irritable, anxious, depressed.
	5	Extremely fretful, angry, irritable, anxious, or depressed usually requiring hospitalization or psychiatric institutional care.

[245] Vgl. Gesellschaft für Pädiatrische Onkologie und Hämatologie (2005).
[246] Vgl. Cadman, D., Goldsmith, C., Torrance, G. u. a. (1986).
[247] Vgl. McCabe, C., Stevens, K., Roberts, J., Brazier, J. (2005), S. 231.
[248] Vgl. Feeney, D., Furlong, W., Torrance, G. W. (1999), S. 8.
[249] http://www.fhs.mcmaster.ca/hug.
[250] Vgl. Horsman, J., Furlong, W., Feeny, D., Torrance, G. (2003), S. 5.
[251] Quelle: Horsman, J., Furlong, W., Feeny, D., Torrance, G. (2003), S. 5.

Cognition	1	Learns and remembers school work normally for age.
	2	Learns and remembers school work more slowly than classmates as judged by parents and/or teachers.
	3	Learns and remembers very slowly and usually requires special educational assistance.
	4	Unable to learn and remember.
Self-Care	1	Eats, bathes, dresses, and uses the toilet normally for age.
	2	Eats, bathes, dresses, or uses the toilet independently with difficulty.
	3	Requires mechanical equipment to eat, bathe, dress, or use the toilet independently.
	4	Requires the help of another person to eat, bathe, dress, or use the toilet.
Pain	1	Free or pain and discomfort.
	2	Occasional pain. Discomfort relieved by non-prescription drugs or self-control activity without disruption of normal activities.
	3	Frequent pain. Discomfort relieved by oral medicines with occasional disruption of normal activities.
	4	Frequent pain; frequent disruption of normal activities. Discomfort requires prescription narcotics for relief.
	5	Severe pain. Pain not relieved by drugs and constantly disrupts normal activities.
Fertility	1	Able to have children with a fertile spouse.
	2	Difficulty in having children with a fertile spouse.
	3	Unable to have children with a fertile spouse.

Ein Gesundheitszustand wird somit definiert durch eine Kombination von sieben Levels, ein Level je Dimension.[252] Bei der Auswertung des HUI 2 bestehen zwei Möglichkeiten. Entweder generiert man für jede der sieben Dimensionen einen Sub-Index oder es werden mittels eines präferenz-basierten Lösungsalgorithmus[253] die angegebenen Einschätzungen von allen sieben Dimensionen so miteinander verknüpft, dass schließlich ein eindimensionales Outcome-Maß bestimmt werden kann,[254] d. h. es kann für jeden beliebigen Gesundheitszustand der dazu gehörige Nutzwert berechnet werden. Der Berechnungsalgorithmus basiert auf den Ergebnissen einer Umfrage mit 194 Eltern von Kindern im Schulalter in Ontario, Kanada.[255] Dabei wurden die Gesundheitszustände auf der visuellen Analogskala (s. Kapitel C 2) bewertet und später mittels einer power curve transformation in Nutzwerte umgerechnet.[256]

Die Vorgehensweise bei der Bestimmung eines Nutzwertes für einen Gesundheitszustand mittels des Lösungsalgorithmus wird nun im Folgenden exemplarisch verdeutlicht. Eine Übersicht über die dafür notwendigen Koeffizienten gibt Tabelle 5.3.

---

[252] Vgl. Feeney, D., Furlong, W., Torrance, G. W. (1999), S. 8.
[253] Vgl. Torrance, G. W., Feeny, D. H., Furlong, W. J. u. a. (1996).
[254] Vgl. Feeney, D., Furlong, W., Torrance, G. W. (1999), S. 8, und Horsman, J., Furlong, W., Feeny, D., Torrance, G. (2003), S. 3.
[255] Vgl. Torrance, G. W., Feeny, D. H., Furlong, W. J. u. a. (1996).
[256] Vgl. McCabe, C., Stevens, K., Roberts, J., Brazier, J. (2005), S. 232.

Tabelle 5.3. HUI 2 Multi-Attribute Utility Function[257]

Sensation		Mobility		Emotion		Cognition		Self-Care		Pain		Fertility	
X1	b1	X2	b2	X3	b3	X4	b4	X5	b5	X6	b6	X7	b7
1	1,00	1	1,00	1	1,00	1	1,00	1	1,00	1	1,00	1	1,00
2	0,95	2	0,97	2	0,93	2	0,95	2	0,97	2	0,97	2	0,97
3	0,86	3	0,84	3	0,81	3	0,88	3	0,91	3	0,85	3	0,88
4	0,61	4	0,73	4	0,70	4	0,65	4	0,80	4	0,64		
		5	0,58	5	0,53					5	0,38		

Die multi-dimensionale Nutzenfunktion zum HUI 2 lautet:[258]

$$U^* = 1,06 \, (b1 * b2 * b3 * b4 * b5 * b6 * b7) - 0,06.$$

So ergibt sich beispielsweise für den Gesundheitszustand (1, 2, 2, 3, 2, 4, 2) der Nutzwert 0,45. Bei dieser Nutzenfunktion ist der optimale Gesundheitszustand durch den Wert 1,0 und der Tod durch den Nutzwert 0,0 normiert.[259] Dem schlechtesten Gesundheitszustand des HUI 2 wird sogar der negative Nutzwert -0,03 zugewiesen,[260] da die zur Bestimmung des Berechnungsalgorithmus befragten Personen diesen noch schlechter als den Tod bewertet haben. Es sei an dieser Stelle nochmals angemerkt, dass auch die Berechnung eines Wertes für jede einzelne Dimension möglich ist. Allerdings besteht dann bei der Betrachtung der Vorteilhaftigkeit alternativer Therapien das Problem der Gewichtung der Dimensionen. Daher werden aktuell für alle gängigen Lebensqualitäts-Instrumente Lösungsalgorithmen ermittelt, mittels derer die Berechnung eines eindimensionales Outcome-Maßes möglich ist. Schließlich sind diese, wie bereits erwähnt, für gesundheitsökonomische Evaluationen und hier insbesondere für das QALY-Konzept von entscheidender Bedeutung.

5.3
Der Health Utility Index Mark 3 (HUI 3)

Der HUI 3 wurde ursprünglich für das 1990 durchgeführte Health Survey in Ontario, Kanada, entwickelt.[261] Dabei wurden in einem repräsentativen Bevölkerungsschnitt Personen der Bevölkerung in Ontario, Kanada im Alter von über 16 Jahren einbezogen.[262] Seitdem wurde er beispielsweise sowohl in allen großen kanadischen als auch kürzlich in drei großen amerikanischen Gesundheitssurveys[263] ein-

---

[257] Quelle: Torrance, G. W., Feeny, D. H., Furlong, W. J. u. a. (1996), S. 716.
[258] Vgl. http://www.fhs.mcmaster.ca/hug.
[259] Vgl. Horsman, J., Furlong, W., Feeny, D., Torrance, G. (2003), S. 2.
[260] Vgl. Horsman, J., Furlong, W., Feeny, D., Torrance, G. (2003), S. 7.
[261] Vgl. Feeney, D., Furlong, W., Torrance, G. W. (1999), S. 8.
[262] Vgl. Miller, W., Robinson, L. A., Lawrence, R. S. (2006), S. 96.
[263] The Health and Retirement Survey (2000), the joint U.S.-Canada Health Survey (2002-03) und als weiterer Bestandteil in der U.S. EQ-5D valuation survey, vgl. Miller, W., Robinson, L. A., Lawrence, R. S. (2006), S. 99.

gesetzt.[264] Als mögliche Einsatzfelder werden von der Forschergruppe um die HUI-Instrumente selbst klinische Studien, Kosten-Effektivitäts- bzw. Kosten-Nutzwert-Analysen, Qualitätssicherungsprogramme etc. genannt.

Der HUI 3 besteht aus acht Dimensionen mit jeweils fünf bis sechs verschiedenen Levels (s. Tabelle 5.4).[265] Waren beim HUI 2 noch 24.000 Kombinationen möglich, so sind es beim HUI 3 insgesamt 972.000 mögliche Gesundheitszustände.[266] Bei der Gestaltung des HUI 3 wurde darauf geachtet, dass er strukturell vollkommen unabhängig ist, so dass jede mögliche Kombination über alle Dimensionen hinweg realistisch erscheinen kann.

Tabelle 5.4. HUI 3 Multi-Attribute Health Status Classification System[267]

Attribute (Dimension)	Level	Description
Vision	1	Able to see well enough to read ordinary newsprint and recognize a friend on the other side of the street, without glasses or contact lenses.
	2	Able to see well enough to read ordinary newsprint and recognize a friend on the other side of the street, but with glasses.
	3	Able to read ordinary newsprint with or without glasses but unable to recognize a friend on the other side of the street, even with glasses.
	4	Able to recognize a friend on the other side of the street with or without glasses but unable to read ordinary newsprint, even with glasses.
	5	Unable to read ordinary newsprint and unable to recognize a friend on the other side of the street, even with glasses.
	6	Unable to see at all.
Hearing	1	Able to hear what is said in a group conversation with at least three other people, without a hearing aid.
	2	Able to hear what is said in a conversation with one other person in a quiet room without a hearing aid, but requires a hearing aid to hear what is said in a group conversation with at least three other people.
	3	Able to hear what is said in a conversation with one other person in a quiet room with a hearing aid, and able to hear what is said in a group conversation with at least three other people, with a hearing aid.
	4	Able to hear what is said in a conversation with one other person in a quiet room, without a hearing aid, but unable to hear what is said in a group conversation with at least

---

[264] Vgl. Horsman, J., Furlong, W., Feeny, D., Torrance, G. (2003), S. 10, und Miller, W., Robinson, L. A., Lawrence, R. S. (2006), S. 99.

[265] Vgl. Feeney, D., Furlong, W., Torrance, G. W. (1999), S. 8, und Horsman, J., Furlong, W., Feeny, D., Torrance, G. (2003), S. 5.

[266] Vgl. Feeney, D. H., Torrance, G. W., Furlong, W. J. (1996), Horsman, J., Furlong, W., Feeny, D., Torrance, G. (2003), S. 5, und Fisk, J. D., Brown, M. G., Sketris, I. S. u. a. (2005), S. 59.

[267] Quelle: Horsman, J., Furlong, W., Feeny, D., Torrance, G. (2003), S. 6–7.

		three other people even with a hearing aid.
	5	Able to hear what is said in a conversation with one other person in a quiet room with a hearing aid, but unable to hear what is said in a group conversation with at least three other people even with a hearing aid.
	6	Unable to hear at all.
Speech	1	Able to be understood completely when speaking with strangers or friends.
	2	Able to be understood partially when speaking with strangers but able to be understood completely when speaking with people who know me well.
	3	Able to be understood partially when speaking with strangers or people who know me well.
	4	Unable to be understood when speaking with strangers but able to be understood partially by people who know me well.
	5	Unable to be understood when speaking to other people (or unable to speak at all).
Ambulation	1	Able to walk around the neighbourhood without difficulty, and without walking equipment.
	2	Able to walk around the neighbourhood with difficulty, but does not require walking equipment or the help of another person.
	3	Able to walk around the neighbourhood with walking equipment, but without the help of another person.
	4	Able to walk only short distances with walking equipment, and requires a wheelchair to get around the neighbourhood.
	5	Unable to walk alone, even with walking equipment. Able to walk short distances with the help of another person, and requires a wheelchair to get around the neighbourhood.
	6	Cannot walk at all.
Dexterity	1	Full use of two hands and ten fingers.
	2	Limitations in the use of hands or fingers, but does not require special tools or help of another person.
	3	Limitations in the use of hands or fingers, is independent with use of special tools (does not require the help of another person).
	4	Limitations in the use of hands or fingers, requires the help of another person for some tasks (not independent even with use of special tools).
	5	Limitations in use of hands or fingers, requires the help of another person for most tasks (not independent even with use of special tools).
	6	Limitations in use of hands or fingers, requires the help of another person for all tasks (not independent even with use of special tools).
Emotion	1	Happy and interested in life.
	2	Somewhat happy.
	3	Somewhat unhappy.
	4	Very unhappy.
	5	So unhappy that life is not worthwhile.

Cognition	1	Able to remember most things, think clearly and solve day to day problems.
	2	Able to remember most things, but have a little difficulty when trying to think and solve day to day problems.
	3	Somewhat forgetful, but able to think clearly and solve day to day problems.
	4	Somewhat forgetful, and have a little difficulty when trying to think or solve day to day problems.
	5	Very forgetful, and have great difficulty when trying to think or solve day to day problems.
	6	Unable to remember anything at all, and unable to think or solve day to day problems.
Pain	1	Free of pain and discomfort.
	2	Mild to moderate pain that prevents no activities.
	3	Moderate pain that prevents a few activities.
	4	Moderate to severe pain that prevents some activities.
	5	Severe pain that prevents most activities.

Wie beim HUI 2 wird auch an dieser Stelle exemplarisch die Ermittlung des Nutzwertes für einen Gesundheitszustand dargestellt. Die für den Lösungsalgorithmus benötigten Werte sind in Tabelle 5.5 dargelegt.

Tabelle 5.5. HUI 3 Multi-Attribute Utility Function [268]

Vision X1 b1	Hearing X2 b2	Speech X3 b3	Ambulation X4 b4	Dexterity X5 b5	Emotion X6 b6	Cognition X7 b7	Speech X8 b8
1 1,00	1 1,00	1 1,00	1 1,00	1 1,00	1 1,00	1 1,00	1 1,00
2 0,98	2 0,95	2 0,94	2 0,93	2 0,95	2 0,95	2 0,92	2 0,96
3 0,89	3 0,89	3 0,89	3 0,86	3 0,88	3 0,85	3 0,95	3 0,90
4 0,84	4 0,80	4 0,81	4 0,73	4 0,76	4 0,64	4 0,83	4 0,77
5 0,75	5 0,74	5 0,68	5 0,65	4 0,65	5 0,46	4 0,60	5 0,55
6 0,61	6 0,61		6 0,58	4 0,56		4 0,42	

Die multi-dimensionale Nutzenfunktion zum HUI 3 lautet:[269]

$$U^* = 1,371 \, (b1 * b2 * b3 * b4 * b5 * b6 * b7 * b8) - 0,371.$$

So ergibt sich beispielsweise für den Gesundheitszustand (2, 1, 1, 2, 1, 2, 1, 3) der Nutzwert 0,70. Auch bei dieser Nutzenfunktion ist der optimale Gesundheitszustand durch den Wert 1,0 und der Tod durch den Nutzwert 0,0 normiert.[270] Dem schlechtesten Gesundheitszustand des HUI 3 wird sogar der negative Nutzwert -0,36 zugewiesen,[271] der damit deutlich negativer beurteilt wurde als dies noch beim HUI 2 der Fall gewesen ist.

---

[268] Quelle: Furlong, W., Feeny, D., Torrance G. W. u. a. (1998), S. 76.
[269] Vgl. http://www.fhs.mcmaster.ca/hug.
[270] Vgl. Horsman, J., Furlong, W., Feeny, D., Torrance, G. (2003), S. 2.
[271] Vgl. Horsman, J., Furlong, W., Feeny, D., Torrance, G. (2003), S. 7.

5.4
Diskussion

In der Einleitung wurde bereits erwähnt, dass es für jedes HUI-Instrument 16 verschiedene Versionen gibt, die je nach Anforderung eingesetzt werden können. Nachteilig muss allerdings angesehen werden, dass nicht für alle dieser 16 Versionen validierte Übersetzungen in andere Sprachen vorliegen.[272]

Für die Verwendung in Studien wird der kombinierte Einsatz beider Instrumente empfohlen, da sie sich komplementär ergänzen.[273] Bei dem Vergleich des HUI 2 mit dem HUI 3 kann man erkennen, dass einige Dimensionen in beiden Instrumenten vorkommen, wie beispielsweise die Dimension „Cognition". Allerdings werden hierbei keine Aspekte doppelt dokumentiert, da sich die inhaltlichen Schwerpunkte beider Instrumente unterscheiden. Während man sich im HUI 2 auf das Lernen bezieht, steht beim HUI 3 das Lösen von alltäglichen Problemen im Zentrum der Betrachtung.[274]

Für die Ermittlung des Lösungsalgorithmus des HUI 2 wurden einige ausgewählte Gesundheitszustände mittels der VAS bewertet und anschließend mit der power transformation curve in Nutzwerte umgerechnet.[275] Diese Vorgehensweise basiert auf theoretischen Annahmen, die allerdings nach aktuellem Stand der Forschung nicht mehr frei von Kritik sind.[276] Daher wurde im Rahmen der Anwendung des HUI 2 in Großbritannien bei der United Kingdom Paediatric Intensiv Care Outcome Study (PICOS) von dort ansässigen Forschern eine erneute Validierung durchgeführt.[277] Hierbei wurde mittels der Befragungstechnik Standard Gamble (s. Kapitel C 2) ein neuer Lösungsalgorithmus errechnet, der repräsentativ für die Bevölkerung in Großbritannien ist.[278] Dieser Vorgehensweise, der man eine gute methodische und theoretische Basis zuspricht,[279] bediente man sich unter anderem auch bei der Validierung des SF-36.[280] Welcher Algorithmus in Zukunft mehr Anwendung finden wird, kann zum aktuellen Stand der Forschung noch nicht prognostiziert werden.

Die vorgenommenen Validierungen und damit auch die ursprünglich errechneten Lösungsalgorithmen basieren auf den Präferenzen der kanadischen Bevölkerung. Daher spiegeln die Nutzwerte für einen Gesundheitszustand immer deren Präferenzen wider. Allerdings bestehen zwischen verschiedenen Populationen doch häufig erhebliche Unterschiede in den Präferenzen,[281] wodurch sich die Not-

[272] Vgl. Horsman, J., Furlong, W., Feeny, D., Torrance, G. (2003), S. 9.
[273] Vgl. Feeney, D., Furlong, W., Torrance, G. W. (1999), S. 9.
[274] Vgl. Horsman, J., Furlong, W., Feeny, D., Torrance, G. (2003), S. 5–7.
[275] Vgl. McCabe, C., Stevens, K., Roberts, J., Brazier, J. (2005), S. 232.
[276] Vgl. Nord, E. (1991); Robinson, A, Dolan, P., Williams, A. (1997), Robinson, A., Loomes, G., Jones-Lee, M. (2001), Bleichrodt, H., Johanneson, M. (1997), und Dolan, P., Sutton, M. (1997).
[277] Vgl. McCabe, C., Stevens, K., Roberts, J., Brazier, J. (2005), S. 231.
[278] Vgl. McCabe, C., Stevens, K., Roberts, J., Brazier, J. (2005), S. 232.
[279] Vgl. Pickard, A. S., Wang, Z., Walton, S. M., Lee, T. A. (2005).
[280] Vgl. Brazier, J., Roberts, J., Deverill, M. (2002).
[281] Vgl. Greiner, W., Claes, C., Busschbach, J. J. V. u. a. (2005), S. 10.

wendigkeit nationaler Validierungen ergibt. Um den Algorithmus für andere Länder zu validieren, müssen spezielle Erhebungen mit einem repräsentativen Querschnitt der jeweils nationalen Bevölkerung durchgeführt werden. In einigen Ländern werden für den HUI solche nationalen Validierungen bereits durchgeführt, wie beispielsweise in Österreich, Frankreich, Japan, den Niederlanden und in Singapur.[282] Aber auch in den USA ist durch zwei kürzlich durchgeführte Studien[283] die Ermittlung von Normwerten für die nationale Bevölkerung möglich geworden. Das gleiche Problem gab es auch bei den vorher besprochenen Instrumenten EQ-5D und SF-36. Während nun mittlerweile für den EQ-5D eine deutsche Validierung vorgenommen worden ist,[284] gilt es diese Aufgabe für den SF-36 noch zu meistern. Dort basiert zum derzeitigen Stand die Errechnung des eindimensionalen Outcome-Maßes noch auf den Präferenzen der Bevölkerung von Großbritannien.[285]

Abschließend kann gesagt werden, dass den Instrumenten der HUI-Familie gute Eigenschaften zugesprochen werden, auch im Vergleich zum EQ-5D und zum SF-36.[286] Allerdings wird angemerkt, dass Männer in jüngeren Jahren und Frauen ab dem 45. Lebensjahr systematisch höhere Werte erzielen als das jeweils andere Geschlecht.[287] Einem weiter verbreiteten Einsatz der HUI-Instrumente stehen möglicherweise die hohen Kosten für die Lizensierung gegenüber.[288] So beträgt die minimale Lizensierungsgebühr für die Verwendung eines HUI-Instruments doch immerhin 3.000 US-$.[289] Zu erwähnen ist auch, dass es mittlerweile gelungen ist, eine web-basierte Form der Befragung zu ermöglichen. Dabei können die befragten Personen in einem eigens dafür konstruierten Portal die Befragung im Internet durchführen.

---

[282] Vgl. Feeney, D., Furlong, W., Torrance, G. W. (1999), S. 9.

[283] Vgl. Miller, W., Robinson, L. A., Lawrence, R. S. (2006), S. 99.

[284] Vgl. Greiner, W., Claes, C., Busschbach, J. J. V. u. a. (2005).

[285] Vgl. Brazier, J., Roberts, J., Deverill, M. (2002).

[286] Vgl. Fisk, J. D., Brown, M. G., Sketris, I. S. u. a. (2005), S. 61–62.

[287] Vgl. Kaplan, R. M. (2001), S. 6584.

[288] Vgl. Fisk, J. D., Brown, M. G., Sketris, I. S. u. a. (2005), S. 59.

[289] Vgl. Horsman, J., Furlong, W., Feeny, D., Torrance, G. (2003), S. 11.

Teil D:

Qualität und Akzeptanz gesundheits-
ökonomischer Evaluationsstudien

1 Institutionen der Vierten Hürde

W. Kulp, J.-M. Graf v. d. Schulenburg

Forschungsstelle für Gesundheitsökonomie und Gesundheitssystemforschung, Universität Hannover

1.1
Institutionelle Einbindung der Kosteneffektivität in Erstattungs- und Preisregulierung medizinischer Leistungen

International nimmt die Anzahl jener Ländern zu, die außer der medizinischen Effizienz die Kosteneffektivität als Kriterium bei der Regulierung im Rahmen der medizinischen Versorgung verwenden. Anlass hierfür sind steigende Ausgaben für medizinische Leistungen, die außer auf demografische Entwicklungen auch auf den Einfluss des medizinischen Fortschritts, wodurch die Behandlung von vormals nicht oder nur unzureichend behandelbaren Krankheiten möglich wurde, zurückzuführen sind. Steigende Ausgaben einerseits und erweiterte medizinische Möglichkeiten andererseits haben zudem zu der gesundheits- und gesellschaftspolitisch relevanten Frage nach dem medizinischen Gegenwert von Investitionen in medizinische Technologien (*value for money*) und zu der Suche nach möglichen Antworten geführt. Deutlich wird diese Entwicklung an dem Bedeutungszuwachs von HTA (Health Technology Assessement) als Bewertungsmethode medizinischer Technologien[1] und der Vierten Hürde als Instrument der Regulierung auf dem Arzneimittelsektor als Anwendungsform dieser Methodik. Die Bezeichnung einer Vierten Hürde leitet sich in diesem Zusammenhang aus der Fortzählung der Zulassungskriterien für Arzneimittel *Wirksamkeit*, *Sicherheit* und *pharmazeutische Qualität* ab.

Indem jedoch nicht die Kosteneffektivität medizinischer Technologien die Entscheidungsgrundlage bei Fragen der Erstattungsfähigkeit darstellt, sondern eine Bewertung des medizinischen Zusatznutzens in Relation zu den Zusatzkosten vor-

---

[1] Ausführlicher dazu siehe Kapitel D 2.

genommen wird (inkrementelle Kosteneffektivität), dient die Einbeziehung der
Kosteneffektivität in gesundheitspolitische Entscheidungen einer Effizienzverbes-
serung der medizinischen Versorgung. So erscheint die Hoffnung, dass durch die
Einbeziehung der Kosteneffektivität bei Allokationsentscheidungen Kosteneinsparungen realisiert werden könnten, aus verschiedenen Gründen wenig realistisch.
Diese ist zunächst darauf zurückzuführen, dass eine Vierte Hürde ausschließlich
den Preisvektor der Arzneimittelausgaben beeinflusst, Effekte des Mengenvektors,
die auf einen gesteigerten demographiebedingten Bedarf zurückzuführen sind,
bleiben unberücksichtigt. Ebenso wird außer Acht gelassen, dass neue medizinische Technologien bei höheren Kosten gegenüber bestehenden zudem über verbesserte medizinische Eigenschaften verfügen können. Zudem lassen sich Kosteneinsparungen als vordergründiges Regulierungsziel einer Vierten Hürde
wohlfahrtstheoretisch nicht begründen, da die absolute Höhe der Gesundheitsausgaben von der gesellschaftlichen Zahlungsbereitschaft abhängig ist[2] und Mehrkosten, die mit einer Effizienzsteigerung verbunden sind, sich durchaus mit gesellschaftlichen Wertvorstellungen vereinbaren lassen.[3]

Die Kosteneffektivität medizinischer Technologien als Grundlage von Allokationsentscheidungen bei der medizinischen Versorgung kann in Abhängigkeit zu
der Ebene der medizinischen Versorgung und der Verbindlichkeit in Bezug auf
Entscheidungen auf verschiedene Weise steuerungswirksam werden.[4] Im Rahmen
eines informellen Steuerungsansatzes kann die Berücksichtigung der Kosteneffektivität bei medizinischen und gesundheitspolitischen Entscheidungen dem Ziele
dienen, durch gemeinschaftliches Lernen Einfluss auf die Art und Weise der medizinischen Versorgung zu nehmen. Ziel dieses Ansatzes sind die Mikro- und die
Metaebene der medizinischen Versorgung. HTA als Bestandteil des formellen
Stellenansatzes entfaltet eine Steuerungswirkung auf der Makroebene und kann
mittel- oder unmittelbar Entscheidungen der Erstattungs- und Preisregulierung
medizinischer Technologien beeinflussen.

Die institutionelle Implementierung der Kosteneffektivität als Grundlage gesundheitsökonomischer Entscheidungen folgt im wesentlichen der HTA-Methodik
und lässt sich grundsätzlich mit dem Prozess der analytischen Bewertung vorhandener Evidenz (*Assessment*) und dem politischen Prozess der Entscheidungsfindung (*Appraisal*), in dessen Rahmen auch eine Abwägung konkurrierender Ziel
erfolgen kann, in zwei getrennte Vorgänge einteilen.[5] Die medizinische und gesundheitsökonomische Bewertung sind in diesem Zusammenhang aufeinander
folgende Verfahren, da die gesundheitsökonomische Bewertung unmittelbar von
der Validität klinischer Daten abhängig ist. Obwohl die Methodik der gesundheitsökonomischen Evaluation auf das gesamte Spektrum medizinischer Technologien anwendbar ist, findet die Kosteneffektivität als Kriterium der Regulierung
vorwiegend auf dem Arzneimittelsektor Anwendung, wofür sich verschiedene
Gründe finden lassen. Zum einen existiert mit der evidenzbasierten Medizin bereits eine etablierte Bewertungsmethode von Arzneimitteln, die sich auf Medizin-

---

[2]   Vgl. Buxton, M. (2005).
[3]   Vgl. Weinstein, M. C. (1999).
[4]   Vgl. Hart, D. (2001).
[5]   Vgl. Stevens, A., Milne, R. (2004).

produkte methodisch nicht umfassend anwenden lässt, zum anderen liegen Daten
über die medizinische Wirksamkeit aufgrund der Zulassungsvoraussetzungen bereits vor, die wiederum als Grundlage gesundheitsökonomischer Evaluationsmethoden insbesondere der Modellierung dienen können. Die Einbeziehung der Kosteneffektivität in Regulierungsentscheidungen auf dem Arzneimittelsektor kann
auch eine Marktzutrittsbarriere für Arzneimittel darstellen und kann sowohl Einfluss auf die Erstattungsfähigkeit von Arzneimitteln als auch auf die Preisbildung
ausüben. Im Fall der Erstattungsregulierung würden nicht kosteneffektive Arzneimittel aus dem Leistungskatalog von Krankenversicherungen ausgeschlossen,
während die Kosteneffektivität im Rahmen der Preisregulierung bei Preisverhandlungen zwischen Krankenversicherungen und Herstellern Berücksichtigung finden
kann. Der Begriff der Vierten Hürde ist somit streng genommen methodisch nicht
zutreffend, da die arzneimittelrechtliche Zulassung von Arzneimitteln die Voraussetzung für ihre Verkehrsfähigkeit ist, während Entscheidungen über die Erstattungsfähigkeit und Preisbildung der Zulassung nachgeordnet getroffen werden.
Maßgeblich für die Bezeichnung der Vierten Hürde ist die oftmals geringe Zahlungsbereitschaft[6] für nichterstattungsfähige Arzneimittel, sodass der Status der
Erstattungsfähigkeit für die Umsatzerwartungen pharmazeutischer Unternehmen
in Bezug auf einzelne Arzneimittel von maßgeblicher Bedeutung ist. Diese geringe Zahlungsbereitschaft ist einerseits darauf zurückzuführen, dass Versicherte im
Rahmen von Krankenversicherungen, von Zuzahlungen abgesehen, nur einen geringen Teil des Marktpreises von Arzneimitteln tragen und somit sehr preissensi-
bel sind, wobei die Arzneimittelpreise z. T. deutlich höher als das übliche Niveau
der Zuzahlungen sind. Für das deutsche Gesundheitssystem ist zudem bedeutsam,
dass ein Großteil[7] der Arzneimittel mit dem Status der Verkehrsfähigkeit automatisch durch die GKV (Gesetzlichen Krankenversicherung) erstattet wird, was aus
traditionellen Gründen eine geringe Zahlungsbereitschaft begünstigt.
Für eine umfassende Berücksichtigung der Kosteneffektivität auf dem Arzneimittelsektor ist aus methodischer Sicht die Vergleichbarkeit der klinischen Effektpa-
rameter als Grundlage einer indikations- und patientengruppenübergreifenden
Bewertung notwendig. International hat sich die Verwendung qualitätsadjustierter
Lebensjahre (QALYs) etablieren können, wobei die Entscheidungsgrundlage das
inkrementelle Kosteneffektivitätsverhältnis (*Incremental Cost-Effectiveness-Ratio*,
ICER) im Vergleich zu einer auszuwählenden Alternative darstellt. Von zentraler
Bedeutung bei der Operationalisierung der Konzeption einer Vierten Hürde ist das
in Kapitel A 7 bereits als methodisches Konzept erläuterte Schwellenwertkonzept.[8] In diesem Rahmen repräsentiert ein bestimmter Geldbetrag beispielsweise
pro zusätzlichem QALY eine Grenze, oberhalb der medizinische Technologien

---

6   Die Zahlungsbereitschaft für Arzneimittel kann jedoch zeitlichen Schwankungen unter-
     worfen sein. Ebenso zeigt das Beispiel Viagra® zur Behandlung der erektilen Dysfunkti-
     on, dass die Zahlungsbereitschaft für Arzneimittel indikationsabhängig sein kann. So hat
     der Hersteller von Viagra® trotz einer negativen Erstattungsfähigkeit im Jahr 2005 welt-
     weit einen Umsatz von 1,65 Mrd. \$erziel t, vgl. Pfizer Inc. (2005), S. 14.
7   Ausnahmen bilden Arzneimittel für Bagatellerkrankungen und nicht verschreibungs-
     pflichtige Arzneimittel nach § 34 SGB V.
8   Vgl. Weinstein, M. C., Zeckhauser, R. (1973).

definitionsgemäß als nicht kosteneffektiv gelten und von der Erstattung durch Krankenversicherungen auszunehmen sind. Unter Budgetrestriktionen und in Abwesenheit eines funktionierenden Marktes entsprechen diese Geldbeträge den angenommenen Opportunitätskosten einzelner medizinischer Technologien und der Schwellenwert dem Schattenpreis der maximalen gesellschaftlichen Zahlungsbereitschaft. In der ökonomischen Theorie bezeichnet man als Schattenpreis den Wert, der sich als Marktpreis ergeben würde, wenn die Märkte vollkommen wären und es staatliche Regulierung, die zu einer Veränderung der Preise führt, nicht gäbe. Aus theoretischer Sicht ist jedoch zu berücksichtigen, dass sich dieser Schwellenwert weder normativ noch empirisch bestimmen lässt. Als grobe Orientierung für dessen Höhe können Entscheidungen zugunsten einer Erstattung medizinischer Technologien in der Vergangenheit dienen, da in diesen Fällen offensichtlich eine gesellschaftliche Zahlungsbereitschaft vorgelegen hat.[9] Ein solcher Schwellenwert als Beurteilungsinstrument der Kosteneffektivität kann entweder explizit oder implizit verwendet werden.[10] Allerdings lassen sich international keine Beispiele für die explizite Verwendung finden. Das Beispiel des NICE (National Institute for Health and Clinical Excellence) zeigt, dass vielmehr davon ausgegangen werden kann, dass ein impliziter Übergangsbereich existiert, innerhalb dessen die Wahrscheinlichkeit der Ablehnung medizinischer Technologien abnimmt (s. Abb. 1.1). Unterhalb eines unteren Flexionspunktes (5.000 bis 15.000 £zusätzliches QALY) sind zusätzliche qualitative Kriterien für eine negative Beurteilung der Erstattungsfähigkeit notwendig, während oberhalb eines zweiten (25.000 bis 35.000 £zusätzliches QALY), der umgekehrte Fall zutrifft und weitere qualitative Angaben für eine positive Beurteilung benötigt werden. Als solche können u. a. ein hohes Maß an Unsicherheit bei der Bewertung der Kosteneffektivität und somit die Gefahr von Fehlentscheidungen gelten, Eigenschaften der betroffenen Patientengruppen bzw. der Erkrankung, sowie der Innovationsgrad von Arzneimitteln.[11] Es lassen sich jedoch eine Reihe methodischer und organisatorischer Problemfelder bei der institutionellen Berücksichtigung der Kosteneffektivität bei gesundheitspolitischen Entscheidungen im Sinn der Vierten Hürde feststellen. So stellen gesundheitspolitische Entscheidungsfindungen oftmals einen Abwägungsprozess zwischen konkurrierenden Zielen dar.

---

[9]   Ein Beispiel, auf das in diesem Zusammenhang häufig Bezug genommen wird, ist das ICER der renalen Dialyse (*renal standard*), welches im Jahr 1993 mit einem Wert von 50.000 USD angegeben wurde, vgl. dazu Hirth, R. A , Chernew, M. E., Miller, E. (2000).

[10] Vgl. Eichler, H. G., Kong, S. XGerth, W. C. u. a. (2004).

[11] Vgl. Rawlins, M. D., Culyer, A. J. (2004).

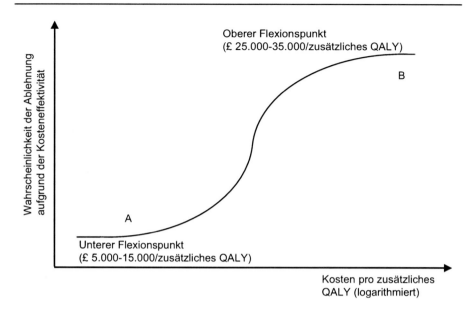

Abb. 1.1. Darstellung des ICER-Schwellenwertkonzepts als Entscheidungsgrundlage des NICE[12]

Zusätzlich existieren Situationen, in denen die Kosteneffektivität medizinischer Technologien von nachgeordneter Bedeutung gegenüber anderen Zielen ist. Dieses trifft insbesondere im Fall der *Rule of Rescue* und bei Arzneimitteln zur Behandlung seltener Erkrankungen *(Orphan Drugs)* zu. Die *Rule of Rescue* beschreibt den ethischen Imperativ der Hilfestellung in konkreten Behandlungsfällen. So werden in Australien drei verschiedene Kriterien für die *Rule of Rescue* genannt: 1. es existieren keine therapeutischen Alternativen, 2. der klinische Zustand ist progressiv und führt unbehandelt zum unmittelbaren Tod und 3. nur eine geringe Anzahl Patienten ist hiervon betroffen.[13]

Aus methodischer und ökonomischer Sicht verweisen Kritiker auf die unzureichende Berücksichtigung der Opportunitätskosten im Rahmen der Umsetzung von Schwellenwertkonzepten,[14] so dass die organisatorischen Fragen notwendiger Des–investitionen unter Budgetrestriktionen und der gesellschaftlichen Auswirkungen weitestgehend nicht geklärt sind. Dieses ist auch auf eine Nichtlinearität der Zahlungsbereitschaft *(Willingness-to-pay)* bei der Investition im Vergleich zu der der Desinvestition *(Willingness-to-accept)* zurückzuführen.[15] Diese offenen Fragen sprechen zudem gegen eine budgetneutrale Einführung einer Vierten Hürde. In der praktischen Anwendung von Schwellenwerten besteht zudem die Gefahr der Rationierung an anderen Stellen der medizinischen Versorgung und dieses kann zu einer Unterversorgung mit kosteneffektiven Arzneimitteln führen,

---

[12] Quelle: Rawlins, M. D., Culyer, A. J. (2004).
[13] Vgl. Australian Commonwealth Department of Health Housing CS (2002).
[14] Vgl. Birch, S., Gafni, A. (2004).
[15] Vgl. O'Brien, B. J., Gertsen, K., Willan, A. R., Faulkner, L. A. (2002).

deren Kosteneffektivität aus verschiedenen Gründen, etwa einer geringen Markt-
bedeutung, nicht untersucht worden ist.[16]
      Entscheidend für die Konzeptionalisierung einer Vierten Hürde sind gesund-
heitsökonomische Richtlinien,[17] die zur Transparenz der methodischen Umsetzung
und der Entscheidungsfindung beitragen können. Von zentraler Bedeutung ist die
Perspektive der gesundheitsökonomischen Evaluation, so berücksichtigt etwa das
australische PBAC die gesellschaftliche Perspektive, während das NICE die Kosteneffektivität aus der Sicht des National Health Service (NHS) bewertet. Hervor-
zuheben ist zudem die Wahl der Vergleichstherapie (Comparator), da von dieser
die Höhe der ICER maßgeblich abhängt. Um zu gewährleisten, dass Daten über
die Kosteneffektivität medizinischer Leistungen zeitnah zu der gesundheitspolitischen Entscheidungsfindung vorliegen, können Kostendaten parallel zu klinischen
Studien (*Piggy-back*-Studien) erhoben werden;eine gängige und von Institutionen
im Rahmen der Bewertung der Kosteneffektivität auch akzeptierte Methode sind
zudem gesundheitsökonomische Modellierungen.

1.2
Internationale Entwicklungen der Vierten Hürde

International lassen sich zahlreiche Beispiele einer verstärkten Berücksichtigung
der Kosteneffektivität im Rahmen der Regulierung auf dem Arzneimittelsektor
feststellen. Als erstes Land machte 1993 Australien die Erstattungsfähigkeit von
Arzneimitteln von der Kosteneffektivität abhängig;im Jahr 1994 folgte die kanadische Provinz Ontario.[18] Auch in Europa lassen sich zahlreiche Beispiele für die
Einbeziehung der Kosteneffektivität in die Regulierung auf dem Arzneimittelsektor finden.[19] Jüngstes Beispiel sind die Niederlande, wo seit 2005 nur solche Arzneimittel von der Bildung von Festbeträgen ausgenommen werden können, deren
Zusatznutzen und inkrementelle Kosteneffektivität im Rahmen pharmakoökonomischer Studien herstellerseitig belegt werden kann.
      Die umfassendste Berücksichtigung findet die Kosteneffektivität als Instrument
der Regulierung im Sinn einer Vierten Hürde jedoch in Australien sowie in England und Wales. Im Folgenden soll vorwiegend auf die Methodik des NICE eingegangen werden, die anschließend der Vorgehensweise des PBAC in Australien
als Vertreter der restriktivsten Form der Implementierung einer Vierten Hürde gegenübergestellt werden soll. Beide Ansätze unterscheiden sich grundlegend, während das NICE bereits erstattungsfähige Arzneimittel aus eigener Initiative untersucht, sind herstellerseitige gesundheitsökonomische Evaluationen zum Nachwei-
se der Kosteneffektivität von Arzneimitteln eine notwendige Vorraussetzung für
ihre Erstattungsfähigkeit in Australien. Anschließend werden Entwicklungen in

---

[16] Vgl. Cookson, R., McDaid, D., Maynard, A. (2001).
[17] Vgl. Australian Commonwealth Department of Health Housing CS (2002) und National
      Institute for Health and Clinical Excellence (2004).
[18] Vgl. Ontario Ministry of Health (1993).
[19] Vgl. Nuijten, M. J. C., Berto, P., Berdeaux, G., u. a. (2001).

Deutschland im Hinblick auf die Einbeziehung der Kosteneffektivität nach Inkrafttreten des GKV-Modernisierungsgesetzes (GMG) und des Arzneimittelver-
sorgungs-Wirtschaftlichkeitsgesetzes (AVWG) dargestellt, welche sich eher an
dem Modell des NICE orientieren. Dieses ist auch auf die hohe Aufmerksamkeit,
die der Methodik des NICE gewidmet wird, zurückzuführen und die sich mit einem möglichen Konvergenzdruck, der von der Tätigkeit des NICE auf die Mitgliedstaaten der EU ausgeht, begründen lässt.[20] Aufgrund der Bestimmungen des
Maastricht-Vertrages von 1992, wonach die Finanzierung von Gesundheitssystemen subsidiär in den einzelnen Mitgliedstaaten überlassen bleibt, erscheint eine
Entwicklung zu einem „Euro-NICE" für die Erstattung von Arzneimitteln analog
dem zentralen Zulassungsverfahren für Arzneimittel durch die EMEA unwahrscheinlich. Dennoch ist davon auszugehen, dass das NICE aus gesundheitspolitischer Sicht sowohl methodisch als auch organisatorisch als Vorbild für vergleichbare Institutionen auf der Ebene der einzelnen Mitgliedsstaaten dienen kann.[21]

1.2.1
England und Wales

Eine zentrale Rolle bei der Bewertung medizinischer Technologien im Rahmen
des NHS spielt das NICE, wobei dieses nur einen Teil des HTA-Programms des
NHS darstellt. So verfolgt das seit 1993 tätige *NHS Research and Development
(R&D) HTA Program* einen vorwiegend primärwissenschaftlichen Ansatz mit
deutlich längeren Bearbeitungszeiten von HTA-Berichten. Das NICE wurde 1999
als unabhängiges Institut gegründet, das zwar organisatorisch in das NHS eingebunden, aber formal lediglich dem Gesundheitsminister unterstellt ist. Die Zustän-
digkeit des Instituts dehnt sich auch auf Wales aus, ebenso wird eine informelle
Auswirkung der NICE-Empfehlungen auf Nordirland sowie Schottland beschrieben.[22] Die Gründung des NICE war gesundheitspolitisch motiviert. Ein Grund war
die im internationalen Vergleich als niedrig angesehene Diffusionsrate neuer Arzneimittel *(„Faster access to modern treatment")*, was durch eine geringe Substitu-
tionsrate obsoleter Technologien durch neue Technologien noch verstärkt wurde.
Ein weiterer Anlass war das so genannte *post-code-prescribing*, ein Phänomen,
welches die Beobachtung beschreibt, dass der Zugang zu medizinischen Leistungen sowie deren Qualität starke regionale Schwankungen aufwiesen, was aus der
Sicht der 1997 neu gewählten Labour-Regierung als politisch nicht akzeptabel angesehen wurde.[23] Begünstigt wurde diese Entwicklung durch die Einführung der
internal markets im Jahr 1989, aber auch die mangelnde Umsetzung evidenzbasierten Wissens bei der medizinischen Versorgung.[24] Im Rahmen der *internal
markets* wurde lokalen Gesundheitsbehörden *(Health Authorities)* die Finanzver-
antwortung für ein Budget übertragen, jedoch wurde die Entscheidung über die

---

[20] Vgl. Drummond, M. F. (2003).
[21] Vgl. Schulenburg, J.-M. Graf v. d. (2002).
[22] Vgl. Stevens, A., Milne, R. (2004).
[23] Vgl. McArthur, D. (2004).
[24] Vgl. Lacey, R. (1997).

Erstattungsfähigkeit medizinischer Leistungen weiterhin zentral getroffen. Parallel zu einer Beschleunigung der Aufnahme neuer Technologien, sollte das NICE zur Identifizierung und Desinvestition nicht effektiver bzw. nicht kosteneffektiver medizinischer Leistungen beitragen, so dass freigewordene finanzielle Ressourcen für die Finanzierung neuer Technologien verwendet werden konnten.[25]

Drei Kernaufgaben zählen zum Tätigkeitsgebiet des NICE: 1. die Erstellung von HTA-Berichten und 2. die Ausarbeitung von *Clinical Guidelines* sowie 3. die Beurteilung der Effektivität und Sicherheit therapeutischer und diagnostischer Prozeduren *(Interventional Procedures)*. HTA-Berichte und *Clinical Guidelines* beurteilen die medizinische Effizienz und die Kosteneffektivität, während dem NICE bei der Evaluation therapeutischer und diagnostischer Prozeduren die Funktion einer Zulassungsbehörde zukommt. Der Unterschied zwischen HTA-Berichten und Guidelines besteht darin, dass erstere eine technologiespezifische Bewertung mit Einfluss auf die Finanzierung vornehmen, wohingegen *Guidelines* die Behandlung von Krankheiten und ihrer Symptomatik bewerten.

Der Aufgabenbereich bei der Bewertung medizinischer Technologien des NICE gründet auf einem breiten Technologiespektrum und berücksichtigt sowohl Arzneimittel, Medizinprodukte, diagnostische Verfahren, operative Prozeduren als auch strukturelle Versorgungsformen, wobei vorwiegend neue aber auch existierende Technologien Gegenstand der Bewertung sein können.[26] Die Erstellung von HTA-Berichten folgt einem mehrstufigen Prozess beginnend mit der Themenfindung. Neben einem öffentlichen Vorschlagsverfahren kann das *National Scanning Centre*, welches neue Technologien identifiziert, die sich noch in der klinischen Entwicklung befinden, diese für einen HTA vorschlagen. Ebenso verfügt ein medizinisches Fachgremium des Gesundheitsministeriums über ein Vorschlagsrecht für zu bewertende Technologien. Im Rahmen des HTA-Prozesses (s. Abb. 1.2) wird für eine zur Bewertung geeignete Technologie eine im Internet veröffentlichte Machbarkeitsanalyse erstellt, die von Interessenvertretern kommentiert werden kann. Das NICE kann schließlich Empfehlungen für die Auswahl zu bearbeitender Themen durch Gesundheitsministerien in England und Wales aussprechen, wobei die folgenden Kriterien der Entscheidung zugrunde gelegt werden:[27]

1. Kann davon ausgegangen werden, dass die Anwendung der Technologie mit einem signifikanten medizinischen Nutzen für das NHS verbunden ist, wenn sie für alle Patienten angewendet wird, für die sie indiziert ist?
2. Kann davon ausgegangen werden, dass die Anwendung gesundheitspolitischen Zielen, etwa der Reduktion von Ungleichheiten bei der Gesundheitsversorgung, dient?
3. Ist bei der Anwendung mit signifikanten Auswirkungen für die Ressourcen des NHS (finanzielle oder andere Form) zu rechnen, wenn sie für alle Patienten angewendet wird, für die sie indiziert ist?

---

[25] Vgl. Paul, J. E., Trueman, P. (2001).
[26] Vgl. National Institute for Health and Clinical Excellence (2004).
[27] Vgl. National Institute for Health and Clinical Excellence (2004).

4. Wird das Institut durch Erstellung einer Leitlinie (Guidance) in der Lage sein, einen Beitrag zur Beseitigung von Kontroversen in Bezug auf die klinische Wirksamkeit oder Kosteneffektivität leisten zu können?

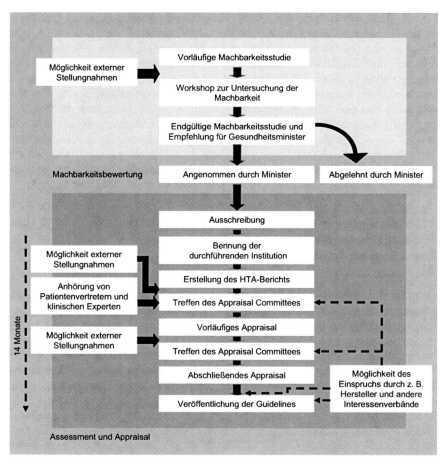

Abb.1.2. Schematische Darstellung der Erstellung von HTA-Berichten durch das NICE[28]

Die endgültige Themenauswahl erfolgt durch die Gesundheitsministerien von England und Wales, der sich die analytische Bewertung (*Assessment*) durch externe Institute mit einer anschließenden gesundheitspolitischen Bewertung durch das NICE (*Appraisal*) anschließen. Über die Umsetzung dieser Empfehlungen des NICE entscheiden schließlich die Gesundheitsministerien. Die institutionelle Trennung zwischen der Bewertung einerseits und der Themenauswahl bzw. der gesundheitspolitischen Beschlussfassung anderseits ist darauf zurückzuführen, dass das NICE zwar einen integralen Bestandteil des NHS darstellt, für die ge-

---

[28] Quelle: National Institute for Health and Clinical Excellence (2004).

sundheitspolitische Entscheidungsfindung jedoch über keine demokratische Legitimation verfügt.

Zur Erstellung von HTA-Berichten beauftragt das NICE unabhängige Forschungseinrichtungen, wobei eine Bearbeitungszeit von etwa 14 Monaten vorgesehen ist. Die Einbeziehung der jeweils betroffenen pharmazeutischen Unternehmen sowie anderer Interessengruppen soll der Erhöhung der Transparenz des Verfahrens und der Akzeptanz späterer Entscheidungen dienen. Diesem Zweck dient auch die Möglichkeit, Einwände vor Inkrafttreten der Empfehlungen vorbringen zu können. Diese können methodischer Art sein, Bezug auf das Ergebnis nehmen oder die mögliche Kompetenzüberschreitungen des NICE zum Gegenstand haben. Die gesundheitspolitische Bewertung der Evidenz und die Empfehlung für die Entscheidung durch das Gesundheitsministerium erfolgt durch das *Appraisal Committee* des NICE, wobei sich dieses auch anderer Quellen der Evidenz bedienen kann.

Grundsätzlich sind drei Kategorien der Bewertung möglich, wobei die Empfehlung der routinemäßigen Anwendung auf folgendes eingeschränkt sein kann:[29]

- Empfehlung zur routinemäßigen Anwendung,
  - für alle zugelassen Indikationen,
  - für spezifische Indikationen oder Subpopulationen,
- Empfehlung zur Anwendung im Rahmen klinischer Studien,
- Ablehnung für die Anwendung im Rahmen des NHS.

Bedeutsam ist, dass das NICE Empfehlungen zur gesundheitspolitischen Entscheidung ohne die Berücksichtigung möglicher Budgeteffekte ausspricht, was damit begründet wird, dass Entscheidungen in Bezug auf die Finanzierung medizinischer Leistungen einer demokratischen Legitimation bedürfen.[30] Vor diesem Hintergrund ist auch zu sehen, dass seit 2002 sichergestellt sein muss, dass das NHS innerhalb von drei Monaten entsprechende finanzielle Mittel zur Verfügung stellt, um so auf diese Weise die Umsetzung der NICE-Empfehlungen zu gewährleisten.[31] Diese sind dennoch für Leistungserbringer nicht bindend und auch die freie Preisbildung von Arzneimitteln bleibt formal unberührt, dennoch wird der informelle Einfluss der Bewertungen durch das NICE auf medizinische Entscheidungen als stark beschrieben.[32]

Seit seiner Gründung im Jahr 1999 bis April 2005 hat das NICE 86 HTA-Berichte zu 117 unterschiedlichen Themenbereichen verfasst.[33] Zwei Drittel der HTA-Berichte hatten die Bewertung von Arzneimitteln zum Thema. Im Rahmen der HTA-Berichte wurden 27 (23 %) der bewerteten Technologien für die routinemäßige Verwendung empfohlen (Kategorie A), bei 38 (32 %) wurde eine Einschränkung (Kategorie A) vorgenommen, 30 (26 %) wurden der Kategorie B zugeordnet, während 22 (19 %) vollständig abgelehnt wurden. Grund für eine vollständige Ablehnung war in zwei Dritteln der Fälle eine unzureichende Evidenz

---

[29] Vgl. Rawlins, M. (1999).
[30] Vgl. Rawlins, M. D., Culyer, A. J. (2004).
[31] Vgl. Kmietowicz, Z. (2001).
[32] Vgl. Stevens, A., Milne, R. (2004).
[33] Vgl. Raftery, J. (2006).

über die klinische Wirksamkeit, während der Rest aufgrund einer nicht akzeptablen Kosteneffektivität von der Erstattung durch das NHS ausgenommen wurden. Im Fall von Arzneimitteln wurde im Fall von Neuraminidasehemmern zur Grippeprophylaxe eine grundsätzliche Ablehnung ausgesprochen und dieses mit einer unzureichenden Evidenz bei der Anwendung von Hochrisikopatienten begründet. Im Rahmen einer Wiederbewertung erfolgte jedoch die Empfehlung für besonders gefährdete Patientengruppen, insbesondere alte und multimorbide Menschen.

Der höchste Schwellenwert einer positiven Beurteilung des NICE lag bei ₤39.000 pro zusätzlichem QALY, was mit der kurzen verbleibenden Lebensdauer der Patienten mit der Zielerkrankung begründet wurde.[34] Im Fall von Interferon α zur Behandlung der Multiplen Sklerose hingegen wurde ein hoher durchschnittlicher Wert von 70.000 ₤pro zusätzlichem QALY festgestellt.[35] Diese gesundheitsökonomische Modellierung war jedoch mit einer hohen Unsicherheit behaftet, sodass im Rahmen von Sensitivitätsanalysen ein Schwankungsbereich zwischen dem günstigsten und dem ungünstigsten Szenario von 34.000 ₤bis 104.000 ₤festgestellt wurde. Aus diesem Grund wurde im Jahr 2005 schließlich eine prospektive Beobachtungsstudie von 5.000 Patienten und einem Beobachtungszeitraum von zehn Jahren begonnen. Ziel dieser Studien ist ein ICER von 36.000 ₤pro zusätzlichem QALY bestätigt. Gelingt dieses nicht, sind Preissenkungen und eine Rückvergütung entstandener Mehrkosten unter Berücksichtigung dieses Schwellenwertes vorgesehen.

1.2.2
Australien

Eine zentrale Stellung im Rahmen der staatlich organisierten Gesundheitsversorgung in Australien nimmt das 1953 gegründete *Pharmaceutical Benefit Scheme* (PBS) ein, welches eine Positivliste erstattungsfähiger Medikamente für den im ambulanten Bereich der medizinischen Versorgung darstellt. Die Aufnahme neuer Arzneimittel in das PBS erfolgt in einem mehrstufigen Verfahren.[36] Hersteller zugelassener und verkehrsfähiger Arzneimittel können beim *Pharmaceutical Benefit Committee* (PBAC) die Aufnahme ihrer Produkte in das PBS beantragen. Dieses Gremium setzt sich aus Vertretern von Leistungserbringern und Versicherter sowie klinischer Pharmakologen und Gesundheitsökonomen zusammen. Das Verfahren ist wie beim NICE zweigeteilt. So erfolgt die Bewertung neuer Arzneimittel durch das PBAC, dessen Empfehlungen von der *Pharmaceutical Benefit Pricing Authority* (PBPA), welches für Preisverhandlungen mit den Arzneimittelherstellern verantwortlich ist, berücksichtigt werden können. Die formale Zustimmung für die Aufnahme in das PBS obliegt schließlich dem Gesundheitsminister, wobei bei einem wahrscheinlichen Budget Impact von mehr als 10 Mio. Aus₤zusätzlich die Zustimmung des Kabinetts notwendig ist.

---

[34] Vgl. National Institute for Clinical Excellence (2001).
[35] Vgl. National Institute for Clinical Excellence (2002).
[36] Vgl. Australian Commonwealth Department of Health Housing CS (2005).

Das PBAC untergliedert sich in zwei organisatorische Untereinheiten. Das *Economic Sub-Committee* (ESC) beurteilt die Daten der pharmazeutischen Unternehmen zur Kosteneffektivität neuer Arzneimittel, wobei neben der Kostenerhebung parallel zu klinischen Studien (*Piggy Back* Studien) auch die gesundheitsökonomischen Modellierungen bevorzugte Methodiken darstellen. Das *Drug Utilisation Sub-Committee* (DUSC) untersucht mögliche Auswirkungen der betreffenden Arzneimittel auf die medizinische Versorgung und den Finanzierungsrahmen. Mit *minor submissions* und *major submissions* existieren zwei verschiedenen Verfahren für eine Listung neuer Arzneimittel im Rahmen des PBS.[37] *Minor submissions* sind bei Änderungen der Darreichungsform oder der Wirkstärke im PBS gelisteter Arzneimittel notwendig, ebenso unterliegen Generika[38] diesem Verfahren. Bedeutsamer für Arzneimittel mit neuen Wirkstoffen hingegen sind *major submissions*, bei denen im Gegensatz zu *minor submissions* herstellerseitige Angaben zur Kosteneffektivität der Wirkstoffe obligat sind. Im Jahr 2004 waren 46 % aller Arzneimittel auf Basis der Kosteneffektivität zugelassen, wobei von einem impliziten Schwellenwert von 40.000 bis 50.000 Aus$ pro zusätzlichem QALY für positive Empfehlungen durch das PBAC ausgegangen wird.[39] Die PBPA entscheidet schließlich auf dieser Basis über die Aufnahme von Preisverhandlungen, wobei neben den Empfehlungen des PBAC in Bezug auf die klinische Wirksamkeit, der Kosteneffektivität und möglicher Budgetauswirkungen auch das Preisniveau von indikationsgleichen Arzneimitteln und weitere Faktoren, wie das internationale Preisniveau (UK und Neuseeland) der betreffenden Arzneimittel, einfließen können. Der Bearbeitungszeitraum für die Entscheidung über die Erstattungsfähigkeit neuer Arzneimittel wird mit acht Monaten angeben. Bei 90 % aller Arzneimittel, die seitens des PBAC eine positive Beurteilung erhalten, erfolgte schließlich eine Aufnahme in das PBS.[40]

Die Methodik des PBAC und die institutionelle Einbindung in Entscheidungen über die Erstattungsfähigkeit von Arzneimitteln unterscheidet sich jedoch in verschiedener Hinsicht von der des NICE. Von zentraler Bedeutung ist, dass die Kosteneffektivität von Arzneimitteln einen unmittelbaren Einfluss auf die Erstattungsfähigkeit und Preisbildung ausübt und die Grundlage von Preisverhandlungen bildet. Auch erfolgt die Bewertung der Kosteneffektivität nicht durch eine staatliche oder quasistaatliche Instanz bzw. akademische Institute, sondern obliegt den Herstellern der jeweiligen Produkte. Gegenstand von Kosteneffektivität sind somit nicht wie im Fall des NICE verschiedene Wirkstoffe einer Wirkstoffgruppe sondern einzelne Arzneimittel. Ein wesentlicher Unterschied ist auch darin zusehen, dass erst seit 1999 alle positiven und seit Juli 2005 die Gesamtheit aller Empfehlungen des PBAC der Öffentlichkeit über das Internet zugänglich sind.

---

[37] Vgl. Australian Commonwealth Department of Health Housing CS (2002).
[38] Generika sind Zweitanmelderpräparate, die nach Ablauf des Patentschutzes des Erstanmelders zugelassen werden. Generika enthalten denselben Wirkstoff wie das Altoriginal.
[39] Vgl. Productivity Commission 2005 (2005).
[40] Vgl. Wonder, M. J., Neville, A. M., Parsons, R. (2006).

Tabelle 1.1. Methodischer Unterschied zwischen NICE und PBAC[41]

	NICE	PBAC
Zielsetzung	Clinical Guidances, HTA-Reports, Interventional Procedures	Assessment vorwiegend von Arzneimitteln
Technologien	Gesamtes Spektrum medizinischer Technologien	Vorwiegend Arzneimittel
Auswirkungen auf die Preisbildung	Nein	Ja
Untersuchungsgegenstand	Wirkstoffgruppen	Einzelne Wirkstoffe
Methoden	Systematisches Review und gesundheitsökonomische Evaluation	Systematisches Review und gesundheitsökonomische Evaluation, Abschätzung des Budgeteffekts
Durchführende Instanz	Unabhängige akademische Institute, Mitarbeit pharmazeutischer Hersteller möglich	Pharmazeutische Hersteller
Gesundheitsökonomische Methodik	ICER pro QALY	ICER, ICER pro QALY oder LYG, auch intermediäre klinische Parameter und Surrogatendpunkte
Perspektive	NHS	Gesellschaft
Vorgehensweise	Proaktiv durch 2-Jahres-Plan entsprechend gesundheitspolitischer Gesundheitsziele, Einbeziehung Horizon Scanning	Reaktiv, erst zum Zeitpunkt der Zulassung
Unabhängigkeit zum Gesundheitsministerium	Ja	nein
Einbindung anderer Interessenvertretungen	Ja	Eingeschränkt
Berücksichtigung von Budgeteffekten	Nein	Ja
Transparenz	Vollständige HTA-Berichte online verfügbar, Möglichkeit des Einspruches besteht	Seit Juli 2005 nur kurze Begründung der Beschlüsse des PBAC online verfügbar, Möglichkeit des Einspruches besteht

1.3
Nutzenbewertung von Arzneimitteln in Deutschland

Ein erster Ansatz der institutionellen Nutzenbewertung medizinischer Technologien im Allgemeinen und Arzneimitteln im Speziellen erfolgte zum Jahr 2000 durch das GKV-Gesundheitsreformgesetz mit der Schaffung eines datenbankgestützten Informationssystems für die Bewertung der Wirksamkeit sowie der Kos-

---

[41] Quelle: Eigene Darstellung modifiziert nach Henry, D. A., Hill, S. R., Harris, A. (2005).

ten medizinischer Verfahren und Technologien beim *Deutsche Institut für medizinische Information und Dokumentation* (DIMDI) (Art. 19). Hiermit wurde erstmalig das deutsche HTA-Programm in der Sozialgesetzgebung verankert, welches vormals vorwiegend im akademischen Rahmen betrieben und von der Medizinischen Hochschule Hannover koordiniert wurde. Erstmalig im Rahmen der Sozialgesetzgebung wurde die institutionelle Nutzenbewertung von Arzneimitteln durch das GMG (GKV-Modernisierungsgesetz) zum Jahr 2004 (§35b SGB V) erwähnt. Eine besondere Bedeutung besitzt der in diesem Zusammenhang neu gegründete *Gemeinsame Bundesausschuss* (G-BA) als Instrument der gemeinsamen Selbstverwaltung sowie das als Stiftung und mit dem G-BA als Träger gegründete *Institut für Qualität und Wirtschaftlichkeit im Gesundheitswesen* (IQWIG). Aus der Sicht der Sozialgesetzgebung kommt dem G-BA bei der Konkretisierung der medizinischen Versorgung im Rahmen der Arzneimittel-Richtlinien (AMR) nach § 92 SGB V eine zentrale Bedeutung zu (s. Abb. 1.3).

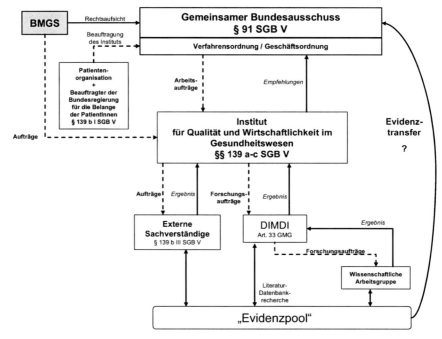

Abb.1.3. Institutionelle Einbindung des IQWiG in die gesundheitspolitische Entscheidungsfindung[42]

Zu den gesetzlichen Befugnissen im Rahmen der Richtlinienkompetenz des G-BA zählt u. a. die Bildung von Festbeträgen[43] nach § 35a SGB V, wobei auf die Nut-

---

[42] Quelle: Schmidt, K. (2003).

[43] Ein Festbetrag ist ein einheitlicher Erstattungsbetrag für Arzneimittel, deren Wirkung als vergleichbar angesehen wird. Es existieren drei verschiedene Stufen von Festbeträgen: 1. wirkstoffidentische Arzneimittel, 2. Arzneimittel mit pharmakologisch-therapeutisch

zenbewertung durch das IQWiG (§35b SGB V) zurückgegriffen werden kann. Prinzipiell können alle neuen erstmalig verordnungsfähigen Arzneimittel Gegenstand einer Nutzenbewertung sein, wobei das IQWIG auf eigene Initiative oder auf Veranlassung des G-BA oder des Bundesministeriums für Gesundheit (BMG) tätig werden kann.

Bei der Bewertung selbst kann sich das IQWiG externen Sachverstands bedienen und Unteraufträge für die Bewertung an wissenschaftliche Institute vergeben. Eine Nutzenbewertung von Arzneimitteln durch den G-BA kann jedoch auch ohne eine vorherige Bewertung durch das IQWiG erfolgen.[44] Die Nutzenbewertung unterteilt sich in vier organisatorische Stadien (s. Abb. 1.4): 1. Auftragserteilung durch das BMG bzw. den G-BA, 2. der Erstellung eines Berichtsplans, 3. Erstellung eines Vorberichts sowie 4. Erstellung des Abschlussberichts. Die AMR des G-BA sind schließlich gem. § 94 SGB V vor Inkrafttreten dem BMG zur möglichen Beanstandung vorzulegen. Juristische Einwände gegen Bewertungen des IQWiG sind gesetzlich nicht vorgesehen.

Die Nutzenbewertung durch das IQWiG erfolgt anhand eines öffentlich zugänglichen Methodenmanuals.[45] Die medizinische Bewertung erfolgt anhand der Bewertungskriterien der evidenzbasierten Medizin und es werden vorzugsweise Studientypen des höchsten EBM-Evidenzniveaus, bevorzugt randomisierte klinische Studien berücksichtigt. Hierbei sind direkte Vergleichstudien mit patientenrelevanten klinischen Endpunkten, insbesondere im Hinblick auf Veränderungen der Mortalität, Morbidität und Lebensqualität, relevant. Die Bewertung des Nutzens kann anhand folgender krankheits- und behandlungsbedingter Veränderungen bzw. Beeinflussung erfolgen:

1. Lebenserwartung,
2. Beschwerden und Komplikationen,
3. gesundheitsbezogene Lebensqualität sowie
4. interventionsbezogener Behandlungsaufwand und Patientenzufriedenheit.

Da die Nutzenbewertung von Arzneimittel ohne Berücksichtigung von Kosten erfolgt, finden somit entgegen internationaler Standards auch QALYs keine ausdrückliche Anwendung, so dass keine indikationsübergreifenden Vergleiche möglich sind. Abschließend kann man feststellen, dass die Konstruktion und Funktionsweise des IQWiG noch unvollkommen ist und erheblicher Optimierungsbedarf existiert.

---

vergleichbaren Wirkstoffen, 3. Arzneimittel mit therapeutisch vergleichbaren Wirkstoffen. Festbeträge sind ein Instrument der indirekten Preisregulierung, da die freie Preisfestsetzung der Hersteller formal unberührt bleibt.

[44] Vgl. Francke, R., Hart, D. (2006).
[45] Vgl. Bastian, H., Bender, R., Kaiser, T. (2006).

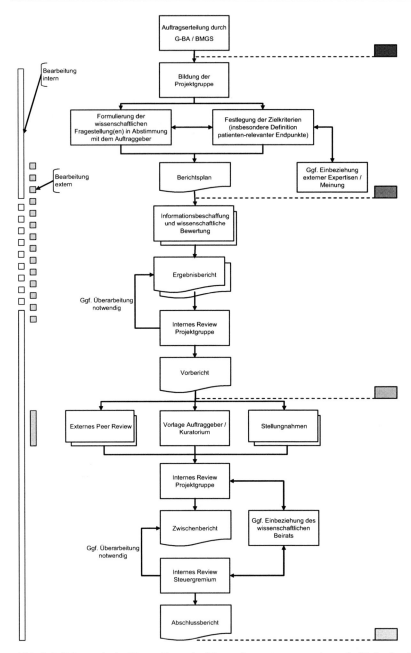

Abb.1.4. Schematische Darstellung der Nutzenbewertung von Arzneimitteln durch das IQWiG[46]

---

[46] Quelle: Bastian, H., Bender, R., Kaiser, T. (2006).

Hierzu zählt zum einen die Anpassung der Methodik der Nutzenbewertung an internationale und dem Stand der wissenschaftlichen Forschung entsprechende Standards. Zum anderen gehört zur Nutzenbewertung immer auch die Kostenverwertung, da der Zusatz- oder Mindernutzen einer medizinischen Intervention nur vor dem Hintergrund der Mehr- oder Minderkosten einen sinnvollen Bezug bekommt. Dazu kommt die Frage, wie unabhängig das IQWIG ist und welche Autorität es besitzt. Derzeit ist das Institut zu stark von dem von den Interessengruppen gebildeten Gemeinsamen Bundesausschuss abhängig und bestimmt die angewandten Methoden sowie seinen Beirat selbst. Es ist daher nicht verwunderlich, dass auf bisherige Bewertungen des IQWiG nicht nur mit Interessen geleiteter Kritik, sondern auch mit nachvollziehbarer methodischer Kritik reagiert wurde.[47]

1.4
Ausblick

Durch die Kosteneffektivität können im Vergleich zu anderen Formen der Regulierung explizite Allokationsentscheidungen getroffen werden, die gegebenenfalls Gegenstand der gesellschaftlichen Diskussion werden können. Dieses zeigt insbesondere das Beispiel des NICE und die dortige Einbeziehung von Interessengruppen[48] in das Bewertungsverfahren medizinischer Technologien. Es ist jedoch im Hinblick auf die praktische Umsetzung der institutionellen Bewertung der Kosteneffektivität im Sinn einer Vierten Hürde zu berücksichtigen, dass es aus organisatorischer Sicht unmöglich ist, alle neuen Arzneimittel einer gesundheitsökonomischen Evaluation zu unterziehen. Ebenso erscheint ein solches Vorgehen aus volkswirtschaftlicher Sicht aufgrund des abnehmenden Grenznutzens gesundheitsökonomischer Evaluationen als nicht sinnvoll. Es ist nicht auszuschließen, dass erhöhte Anforderungen in Bezug auf die Kosteneffektivität von Arzneimitteln mit direktem Einfluss auf das Preisniveau bzw. Kosten in Zusammenhang mit dem gesundheitsökonomischen Nachweis Einfluss auf das unternehmerische Risiko bei der Arzneimittelentwicklung ausüben. So berichtet DiMasi[49] von einem Bedeutungszuwachs gesundheitsökonomischer Fragestellungen bei strategischen Entscheidungen etwa in Bezug auf das Produktportfolio im Rahmen der pharmazeutischen Forschung und Entwicklungtätigkeit. Eine verstärkte Berücksichtigung der Kosteneffektivität kann somit einerseits zur Effizienzsteigerung der medizinischen Versorgung beitragen, andererseits im Extremfall die Entwicklung von Arzneimitteln behindern. Dieses kann der Fall sein, wenn im Rahmen der klinischen Phasen der pharmazeutischen Forschung mit einer hohen Wahrscheinlichkeit davon ausgegangen werden kann, dass das einzelne Arzneimittel aufgrund einer nicht vorliegenden Kosteneffektivität von der Erstattung ausgenommen wird. In dieser Situation ließe sich auch ein zukünftiger medizinischer Nutzen und ein

---

[47] Vgl. Kulp, W., Greiner, W., Schulenburg, J.-M. Graf v. d. (2005).
[48] Die Investitionen einzelner Patientenvertretungen im Rahmen des HTA-Prozesses werden mit bis zu 40.000 £ angegeben, vgl. dazu Kmietowicz, Z. (2001).
[49] Vgl. DiMasi, J. A., Caglarcan, E., Wood-Armany, M. (2001).

gesellschaftlicher Wohlfahrtsgewinn nicht realisieren, der eintreten würde, wenn das ICER der betreffenden Arzneimittel durch Lern- und Skaleneffekte oder durch Verbundeffekte mit anderen Formen der medizinisch Versorgung unter die jeweilige kritische Grenze fiele.

Sowohl die Bedeutung der frühzeitigen Evaluation patientenrelevanter klinischer Effekte einerseits als auch der gesundheitsökonomischen Standards im Rahmen der institutionellen Bewertung der Kosteneffektivität von Arzneimitteln andererseits wird in einer Untersuchung der gesundheitsökonomischer Studien im Rahmen des PBAC im Zeitraum von 1994 bis 1997 deutlich. 67 ‰on 326 untersuchten pharmakoökonomischen Studien wiesen z. T. schwere methodische Fehler auf, wobei diese jedoch in der Mehrzahl der Fälle (62 ‰auf unzureichende oder fehlerhafte medizinische Daten zurückzuführen waren.[50]

---

[50] Vgl. Hill, S. R., Mitchell, A. S., Henry, D. A. (2000).

2 Health Technology Assessment (HTA)

W. Greiner

Fakultät für Gesundheitswissenschaften Gesundheitsökonomie und Gesundheitsmanagement, Universität Bielefeld

2.1 Einleitung

Da im Gesundheitswesen die Ressourcen begrenzt sind, müssen auf verschiedenen Ebenen Entscheidungen darüber getroffen werden, welche Güter und Dienstleistungen in welcher Qualität und Beschaffenheit zu welchem Zeitpunkt für welche Patienten und andere Konsumenten bereitgestellt werden sollen. Je nach Organisationstyp des jeweiligen Gesundheitssystems erfolgt die Entscheidungsfindung auf dezentraler Ebene (z. B. die Medikamentenlistung eines Krankenhauses), regionaler Ebene (z. B. der Abschluss regionaler Versorgungsverträge) oder nationaler Ebene. In Deutschland fallen beispielsweise die Entscheidungen des Gemeinsamen Bundesausschusses (G-BA) über die Erstattungsfähigkeit und den maximal erstatteten Preis von Arzneimitteln sowie die Zulassung ambulanter Verfahren für die Regelversorgung in die letztgenannte Kategorie. Anders als in anderen Bereichen des Wirtschaftssystems werden damit wichtige Entscheidungen über die Inanspruchnahme von Gütern und Dienstleistungen nicht vom Konsumenten direkt, sondern von teilweise hoch zentralisierten Gremien gefällt, die für diese Aufgabe bei rationaler Erfüllung ein hohes Maß an Informationstransparenz benötigen. Ein „einfacher" Wirksamkeits-, Qualitäts- und Sicherheitsnachweis wie bei der Arzneimittelzulassung ist für eine solche Entscheidung nicht mehr ausreichend, da insbesondere im Zeitablauf Erfahrungswissen und wissenschaftliche Datengrundlagen hinzukommen, die zu einer negativen Beurteilung führen können. Die so genannte „evidence-based-medicine" (EBM) führt dazu das gesamte verfügbare Wissen (evidence) in einer Gesamtanalyse zusammen. Eher anekdotische Erfahrung wird dabei deutlich geringer gewichtet als Studien mit wissenschaftlichem Design (s. Tabelle 2.1). In der Regel stehen systematische Reviews von randomisierten kontrollierten Studien weiterhin im Vordergrund, um die relative Wirksamkeit unterschiedlicher Therapieoptionen zu bewerten.

Tabelle 2.1. Hierarchie der Evidenzgrade verschiedener Studientypen[51]

Evidenzgrad	Studientyp
1A	systematischer Review von randomisierten kontrollierten Studien (RCT)
1B	einzelne RCTs
2A	systematischer Review von Kohortenstudien
2B	einzelne Kohortenstudien und RCTs niedriger Qualität
2C	Outcome Research (z. B. Register, Audits)
3A	systematischer Review von Fall-Kontroll-Studien
3B	einzelne Fall-Kontroll-Studien
4	Fallserien, Kohortenstudien und Fall-Kontroll-Studien schlechter Qualität
5	reine Expertenmeinungen, Laborbeobachtungen, theoretische Annahmen

Als Vater der modernen EBM gilt Archie Cochrane, der in seinem Buch „Effectiveness and Efficiency" darauf hinwies, dass der Anstieg des Ressourcenverzehrs „since the start of the NHS has not been matched by any marked increase in output in the ‚cure' section"[52] Er setzte dagegen die Vision einer verwissenschaftlichten Medizin, die ihr Handeln stärker auf wissenschaftlichen Studien als auf Erfahrungswissen und allgemeinem Konsens der Meinungsbildner basiert sowie das vorhandene Wissen systematisch zusammenfasst und bewertet.

Auf Grundprinzipien der evidenz-basierten Medizin baut auch das so genannte Health Technology Assessment (HTA) auf. Während aber der Kern von EBM darin zu sehen ist, wissenschaftliche Erkenntnisse für die Praxis der Patientenversorgung verfügbar zu machen, liegt der Schwerpunkt des HTA vor allem in der Unterstützung von Entscheidungsträgern des Gesundheitswesens. Solche Bewertungen sind damit aus ökonomischer Sicht sowohl ein Instrument zur Überwindung asymmetrischer Informationen zwischen Entscheidern und Anbietern von Gesundheitsleistungen als auch ein Instrument zur rationalen Allokation knapper Ressourcen. Im folgenden Beitrag sollen Prozesse und Methoden des HTA insbesondere im Hinblick auf die gesundheitsökonomische Bewertung überblicksartig dargestellt werden.

2.2
Zum Begriff der Technologie und des HTA

Der Begriff der Technologie im Rahmen von HTA ist in der deutschen Übersetzung etwas missverständlich, weil damit in der Regel eher industrielle Erzeugnisse und Verfahren bezeichnet werden. Bei HTA ist der Ansatz aber breiter, er umfasst Medikamente und andere Gesundheitsgüter, Instrumente, Prozeduren und Verfah-

---

[51] Eigene Übersetzung nach Oxford Centre of Evidence-based Medicine, Levels of Evidence (2006).

[52] Vgl. Cochrane, A. (1972), S. 11.

ren sowie Organisationssysteme, die bei der gesundheitlichen Versorgung Anwendung finden. Unter diesen umfassenden Technologiebegriff fallen somit sowohl beispielsweise pharmakologische Wirkstoffe, als auch Diagnoseverfahren
oder Disease Management Programme (DMP). Das HTA selbst ist eine interdiszi-
plinär anzuwendende Methodik zur systematischen und transparenten Bewertung
medizinischer Verfahren und Technologien unter medizinischen, ökonomischen,
juristischen, sozialen und ethischen Aspekten mit dem Ziel, die dazu gehörigen
Entscheidungsprozesse zu unterstützen.[53]

Kern dieser Bewertung von Gesundheitsleistungen ist der systematische Review vorhandener Studien zur Effektivität und Effizienz der einzelnen evaluierten
Maßnahmen und Güter. Der Begriff HTA, für den sich bislang keine deutsche
Entsprechung durchgesetzt hat, kommt aus den USA, wo der Kongress im Jahr
1972 das US Congressional Office of Technology Assessment (OTA) gründete,
das sich allgemein mit Technikfolgenabschätzungen beschäftigte, u. a. auch im
Gesundheitswesen. Neben der Abschätzung des medizinischen Nutzens von HTA
war diese Behörde von Anfang an auch als Gegengewicht zu den in den 70er und
80er Jahren stark ansteigenden Gesundheitsausgaben gedacht. Deshalb stieg international in dem genannten Zeitraum auch das Interesse an der gesundheitsökonomischen Bewertung (insbesondere Kosten-Effektivitäts-Analysen und Cost-
Impact-Analysen) an.

In Deutschland begann die Entwicklung eines HTA-Programms 1995 mit dem
Auftrag des Bundesgesundheitsministeriums an eine Wissenschaftlergruppe zur
„Bestandsaufnahme, Bewertung und Vorbereitung der Implementierung einer Datensammlung, Evaluation medizinischer Verfahren und Technologien in der Bundesrepublik". Im Jahre 2000 ging mit der GKV-Reform die Aufgabe, HTA-
Berichte zu vergeben und zu koordinieren an das Deutsche Institut für Medizinische Dokumentation und Information (DIMDI) über. 2004 wurde darüber hinaus
das Institut für Qualität und Wirtschaftlichkeit im Gesundheitswesen (IQWiG) gegründet, das derzeit allerdings keine umfassenden Health Technology Assessments erstellt, sondern sich auf medizinische Aspekte beschränkt. Mit dem GKV-
Wettbewerbsstärkungsgesetz 2006 wurde dem IQWiG ergänzend aufgegeben,
auch die Kosten-Nutzen-Relation bei der Bewertung von Methoden und Leistungen einzubeziehen.

International wurden die HTA-Aktivitäten schon recht früh vernetzt.[54] So fand
das erste Treffen der International Society for Technology Assessment in Health
Care (ISTAHC) bereits im Jahre 1985 statt. Diese wissenschaftliche Fachgesellschaft hat sich mittlerweile in HTAi (Health Technology Assessment International) umbenannt und veranstaltet regelmäßige große internationale Jahrestreffen.
Die Dachorganisation der HTA-Agenturen, International Network of Agencies for
Health Technology Assessment (INAHTA), ist 1993 gegründet worden und koordiniert insbesondere den Informationsaustausch zwischen den 45 Mitgliedsagentu-
ren aus 23 Ländern. Ferner dokumentiert und sammelt INAHTA alle bisher erschienenen HTA-Berichte in einer sehr umfassenden Datenbank (www.ina-
hta.org). Vereinzelt wurden über diese wissenschaftliche Plattform auch inter-

---

[53] Vgl. Bitzer, E., Busse, R., Dörning, H. u. a. (1998).
[54] Vgl. Jonsson, E. (2002), S. 176.

nationale Assessments (z. B. für PSA-Screening bei Prostatakrebs) koordiniert.[55] Neben diesen großen internationalen Organisationen gibt es verschiedene Aktivitäten auf europäischer Ebene wie das Projekt EUR-ASSESS,[56] ECHTA (European Collaboration for Health Technology Assessment)[57] sowie das derzeit noch laufende Projekt EUnetHTA,[58] das sich insbesondere mit der Standardisierung des HTA-Prozesses und der Methodik auf europäischer Ebene beschäftigt. Daneben gibt es auch gesundheitsökonomische Kooperationsgruppen, die sich vor allem mit der Systematisierung des HTA-Prozesses in Bezug auf Erstattungsfragen beschäftigen.[59] Weitere internationale HTA-Organisationen sind in der Tabelle 2.2. aufgeführt.

Tabelle 2.2. Internetadressen internationaler HTA-Institutionen

HTA-Institution	Internetadresse
AETS - Agencia de Evaluation de Technologias Sanitarias	www.isciii.es
AHCPR - Agency for Health Care Policy and Research	www.ahcpr.gov
AHFMR - Alberta Heritage Foundation for Medical Research	www.ahfmr.ab.ca
ANAES - Agence Nationale d'Accréditation et d'Evaluation en Santé	www.anaes.fr
Australian Department of Health and Aged Care	www.health.gov.au
BCOHTA - British Columbia Office of Health Technology Assessment	www.chspr.ubc.ca
CAHTA - Catalan Agency for Health Technology Assessment	www.aatm.es
CCOHTA - Canadian Coordinating Office for Health Technology Assessment	www.ccohta.ca
DIHTA - Danish Institute for Health Technology Assessment	www.dihta.dk
DSI - Danish Institute for Health Services Research and Development	www.dsi.dk
FINOHTA - Finnish Office for Health Care Technology	www.stakes.fi/finohta
Institut für Technologiefolgen-Abschätzung	www.oeaw.ac.at/ita
International Network of Agencies for HTA	www.inahta.org
London School of Economics and Political Science	www.lse.ac.uk
Medical Technology and Practice Patterns Institute, INC	www.mtppi.org
National electronic Library for Health	www.nelh.nhs.uk
NHS Research and Development Health Technology Assessment Programme	www.ncchta.org
NZHTA - New Zealand Health Technology Assessment	nzhta.chmeds.ac.nz
SBU - The Swedish Council on Technology Assessment in Health Care	www.sbu.se
West Midlands Development and Evaluation Service – University of Birmingham	www.publichealth.bham.ac.uk/wmhtag

---

[55] Vgl. Velasco-Garrido, M., Busse, R. (2005), S. 21.
[56] Vgl. Banta, D. (1997), S. 131.
[57] Vgl. Busse, R. (2002), S. 361.
[58] Vgl. Kristensen, F.B., Chamova, J, Hansen, N. W. (2006), S. 283.
[59] Vgl. Hutton, J., McGrath, C., Frybourg, J.-M. u. a. (2006), S. 10.

Typische Fragestellungen für HTA-Berichte sind die Bewertung neuer, innovativer Technologien, bei denen die Entscheidungsträger darüber zu befinden haben, ob diese Neuerungen in den Leistungskatalog mit aufgenommen werden sollten, aber auch die Überprüfung etablierter Verfahren, bei denen dann die Frage zu beantworten ist, ob sie wie bisher im Leistungskatalog des Gesundheitssystems oder des Leistungsanbieters verbleiben sollen bzw. ob aus Patientensicht eine Nutzung dieser Verfahren empfohlen werden kann. In der Regel kommt es bei solchen Bewertungen zur Identifikation von Wissens- und Forschungsdefiziten, die einer umfassenden Beantwortung der Fragestellung (noch) im Wege stehen. Somit kann als weiterer Gegenstand von HTA auch das Aufzeigen solcher Defizite sowie die Priorisierung in Bezug auf zukünftige Forschungsaktivitäten festgestellt werden.

2.3
Der HTA-Prozess

Der Prozess, der am Ende zu einem HTA-Bericht führt, ist mittlerweile international sehr stark standardisiert, wenn auch die Details der Durchführung der einzelnen Schritte sich voneinander je nach Institution und länderspezifischen Rahmenbedingungen unterscheiden können. Ein Überblick der üblichen Prozessschritte ist in der Abbildung 2.1 wiedergegeben.

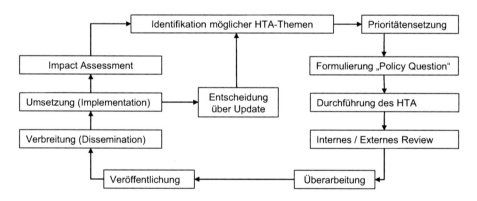

Abb. 2.1. Der HTA-Prozess

Zu Beginn ist es in jedem Falle notwendig, zunächst mögliche Technologien zu identifizieren, für die sich ein Health Technology Assessment lohnen würde, z. B. weil ein aktueller Handlungsbedarf bezüglich ihrer Erstattung durch das Gesundheitssystem besteht, weil sich durch aktuelle Studienergebnisse neue Fragen ergeben haben (im Sinne eines Frühwarnsystems der Technologiefolgenabschätzung) oder weil für die jeweilige Gesundheitsleistung aus anderen medizinischen, ökonomischen oder juristischen Gründen eine eingehende Bewertung erforderlich erscheint. In Deutschland ist das IQWiG beispielsweise insbesondere mit der Be-

wertung von Medikamenten aus dem Bereich der großen Volkskrankheiten wie
Diabetes und Asthma gestartet, weil hier ein besonders großes Potential für mögliche Fehlversorgungen gesehen wurde. Der Prozess zur Sammlung entsprechender
Themen ist von einer HTA-Institution zur anderen sehr unterschiedlich. Während
beispielsweise das DIMDI im Internet jedermann an dieser Themenfindung beteiligt, erfolgt die Themenvorgabe beim IQWiG ausschließlich durch Arbeitsaufträge
des Gemeinsamen Bundesausschusses (G-BA), durch das Bundesgesundheitsmi-
nisterium oder durch eine interne Themenfindung des IQWiG. Eine öffentliche
Beteiligung an dieser Identifikation von Themen ist derzeit dort nicht vorgesehen.
In ähnlicher Weise geht auch das National Institute for Health and Clinical Excellence (NICE) in England und Wales vor, das seine Arbeitsaufträge durch das National Health System (NHS) erhält. Andere Träger von HTA, wie beispielsweise
die Medizinischen Dienste der Krankenkassen (MDK) sowie der Medizinische
Dienst der Spitzenverbände (MDS), Bundesärztekammer und die Kassenärztliche
Bundesvereinigung identifizieren entsprechende Themen durch die tägliche Praxis
der Begutachtung von strittigen Erstattungsentscheidungen der Krankenkassen.

Nach der Identifikation der potentiell zu evaluierenden Technologien muss für
diese eine Prioritätenreihenfolge festgelegt werden, da sowohl die finanziellen wie
die personellen Ressourcen für die Erstellung eines HTA-Berichtes nicht unerheblich sind und deshalb Entscheidungen über Dringlichkeit oder Wichtigkeit von
Themen gefällt werden müssen.[60] Dies erfolgt häufig durch Gremien, die einen
unterschiedlichen Grad der Unabhängigkeit aufweisen, wie beispielsweise das Ku-
ratorium des DIMDIs, das sich aus Vertretern relevanter Gruppen im Gesundheitswesen zusammensetzt und so aus fachlicher und praktischer Sicht die Themen und ihre Reihenfolge festlegt. Mögliche Kriterien für eine solche Priorisierung können beispielsweise sein:

- „Ausmaß der Unsicherheit bezogen auf die Wirksamkeit bzw. ökonomischen
  Konsequenzen der medizinischen Technologie,
- Anzahl der betroffenen Patienten,
- Einfluss des Zeitplans des Assessments auf den Nutzen,
- Wahrscheinlichkeit der Zu- oder Abnahme der Nutzungshäufigkeit der Techno-
  logie vor oder während des HTA bzw. durch das HTA,
- Beitrag des HTA zur Lösung sozialer, ethischer oder sonstiger Fragen im Zu-
  sammenhang mit der Technologie, Relevanz des HTA für die Gesundheitspoli-
  tik oder andere relevante Bereiche.“[61]

Nachdem die Entscheidung für ein bestimmtes Thema zur Durchführung eines
HTA getroffen wurde, müssen spezielle Fragestellungen formuliert werden, unter
der die entsprechende Technologie bewertet werden soll. In dieser Fragestellung
(die so genannte „policy question") könnte beispielsweise niedergelegt sein, für
welche speziellen Indikationen ein Diagnose-Gerät analysiert werden soll oder
welche Subgruppen beim Einsatz eines Medikamentes (z. B. besonders schwer erkrankte Patienten) von besonderer Bedeutung sein sollen.

---

[60] Vgl. Henshall, C. (1997), S. 147.
[61] Perleth, M. (2003), S. 748.

Die Formulierung der Policy Question ist insbesondere von dem institutionellen Rahmen abhängig, für den der HTA geschrieben werden soll. Häufig werden zwei alternativ mögliche Behandlungsformen in Bezug auf ihre medizinische und ökonomische Vorteilhaftigkeit verglichen. Diese Eingrenzung kann aber wesentlich zu kurz greifen, wie Rosen und Gabbay am Beispiel der Magnetresonanztomographie (MRT) zeigen.[62] Man kann die Wirksamkeit dieses bildgebenden Verfahrens in Bezug auf spezielle klinische Situationen, z. B. im Vergleich von Röntgenaufnahmen und der Computertomographie bei akutem Bauchschmerz zeigen.[63] Der Gesamteffekt der Einführung einer solchen Technologie wird damit aber nur teilweise deutlich: So könnten sich Krankenhäuser veranlasst fühlen, diese trotz mäßig nachgewiesener Vorteilhaftigkeit einzuführen, um beispielsweise erfolgreich Mitarbeiter zu halten oder mögliche zusätzliche Umsätze durch Fremdaufträge für andere Leistungsanbieter zu sichern. Die strategische Investitionsentscheidung eines Krankenhauses wird sich also nicht ausschließlich an den zu erwartenden Gesundheitseffekten der Einführung einer Technologie orientieren, sondern z. B. auch an den internen und externen Marketingzielen und Marktstrukturen. Zudem sind alle genannten Größen nicht unabhängig voneinander, denn wenn durch die technische Ausstattung die Attraktivität eines Krankenhauses als Arbeitgeber für gute Ärzte und Ärztinnen steigt, so kommt dies letztlich auch den Patienten wieder zugute. Die Analyse solch umfassender Systemeffekte übersteigt aber im Allgemeinen die Möglichkeiten eines einzelnen HTA-Berichtes. Ein weiteres wichtiges Problem ist der richtige Zeitpunkt eines Health Technology Assessment. Buxton hat dieses Dilemma einmal wie folgt auf den Punkt gebracht: „It is always too early to evaluate until suddenly it is too late".[64] Gemeint ist, dass gerade zu Beginn des Lebenszyklus' einer Technologie kaum abgeschätzt werden kann,

- wie und wo diese eingesetzt wird,
- welche Technologien dadurch ersetzt werden,
- welche Kombinationen mit anderen Gesundheitsgütern sich langfristig durchsetzen,
- welche Kosten und Nutzen damit langfristig verbunden sind.

Gerade bei diagnostischen und organisatorischen Maßnahmen, aber auch im therapeutischen Bereich, sind bei innovativen Produkten Lernkurveneffekte durch die Anwender zu erwarten. Diese sind bei Einführung des Produkts kaum zu antizipieren, da sich erst im Zeitablauf Schwerpunkte bei den Anwendungsbereichen, faktische Ausweitungen des Indikationsspektrums und Kombinationen mit schon bestehenden Behandlungsoptionen (z. B. medikamentöse Kombinationstherapien) herausstellen. Auch die Bedeutung und die Höhe der Kostenbelastung aus unerwünschten Effekten der zu evaluierenden Technologien sind teilweise erst Jahre nach dem Marktzugang feststellbar. Diese Gründe würden für einen relativ späten Zeitpunkt des Health Technology Assessment sprechen. Andererseits könnten bis dahin Patienten bereits jahrelang mit einem suboptimalen Verfahren behandelt

[62] Rosen, R., Gabbay, J. (1999), S. 1293.
[63] Vgl. Vauth, C., Englert, H., Fischer, T. u. a. (2005), S. 1.
[64] Vgl. Lilford, R. J., Braunholtz, D. A., Greenhalgh, R., Edwards, S. J. L. (2000), S. 44.

und/oder das Gesundheitssystem mit einer nicht kosteneffektiven Technologie belastet worden sein. Es ist Patienten und Öffentlichkeit zudem häufig schwierig deutlich zu machen, dass ein bereits seit Jahren etabliertes Verfahren nicht das gehalten hat, was man sich ursprünglich davon versprochen hat, und dass deswegen eine vollständige Erstattung nicht mehr empfohlen werden kann. Aus den letztgenannten Gründen sind Projektionen und entscheidungsanalytische Verfahren im Bereich von HTA-Berichten sehr verbreitet, um die aufgezeigten Unsicherheiten über die Zukunftseffekte einer Technologie wenigstens annähernd abschätzen zu können. Im negativen Fall kann eine solche Bewertung sehr innovationsfeindliche Auswirkungen haben, wenn der patientenrelevante Nutzen einer Technologie sich z. B. eher langfristig zeigt (wie bei präventiven Leistungen) und die Erstattungsentscheidung sehr früh im Produktlebenszyklus getroffen werden muss. Gerade in einer solchen Entscheidungssituation ist nach angemessener Zeit ein Update des Assessments erforderlich.

Die Durchführung des HTA ist insbesondere von der systematischen Literaturrecherche und der Bewertung der einbezogenen Literaturquellen gekennzeichnet. Ziel der systematischen Literaturrecherche ist es, einerseits möglichst viele Publikationen zu identifizieren, die für die Beantwortung der Fragestellung von Bedeutung sein könnten, andererseits aber auch unbrauchbare Dokumente eindeutig von dieser Bewertung auszuschließen. Insofern ist es die Hauptaufgabe eines HTAs Wesentliches von Unwesentlichem in der bislang publizierten Literatur zu trennen. Wichtige Grundsätze für die Einbeziehung von Literatur in HTA-Berichten ist die Transparenz und Nachvollziehbarkeit der Literaturrecherche und der anschließenden Literaturauswahl. Zu einer entsprechenden Transparenz trägt bei, dass im HTA-Bericht detailliert beschrieben sein muss, welche Datenbanken zu welchem Zeitpunkt mit welchen Schlagwörtern einbezogen wurden, wie hoch die Anzahl der Treffer war, wie viele Publikationen noch in Handsuche gefunden wurden, welche Publikationen aus welchen Gründen gleich zu Beginn von der weiteren Bewertung ausgeschlossen worden sind. Gründe für einen entsprechenden Ausschluss sind, dass es sich beispielsweise um reine Tierexperimente oder pharmakologisch-experimentelle Studien handelt, dass lediglich ein Abstract ohne vollständigen Artikel vorliegt, dass es sich um Werbe- oder Marketingmaterialien oder Kurzpublikationen wie Editorials, Briefe an die Herausgeber oder Kommentare handelt.

Ziel eines jeden HTAs ist es, nach dem systematischen Review die gefundene Evidenz in einem abgewogenen Diskussionsteil zu würdigen, die aufgeworfenen Forschungsfragen so weit wie möglich zu beantworten, vor allem aber auch noch bestehende Forschungslücken aufzuzeigen und hier eine Priorisierung vorzunehmen für die weitere Wissensgenerierung. Damit ein Health Technology Assessment für eine Entscheidungsfindung hilfreich ist, sollen am Ende klare Aussagen über die Vorteilhaftigkeit der evaluierten Technologien stehen.

Da die meisten HTA-Berichte sich an eine breite Öffentlichkeit richten, schließt sich nach der Durchführung eines HTAs als weitere Phase die Verbreitung (Dissemination) der Ergebnisse und Empfehlungen an. Hauptadressaten dieser Dissemination sind naturgemäß die Auftraggeber des HTAs sowie die politischen Entscheidungsträger, aber auch andere interessierte Gruppen wie die Hersteller der

Technologien, Leistungserbringer und nicht zuletzt Patienten und Patientinnen entfalten ein zunehmendes Interesse an den HTA-Berichten. So wird in § 139a SGB V gerade bezüglich des Patienteninteresses vorgegeben, dass in einer für Laien verständlichen Sprache die Ergebnisse nochmals dargelegt werden sollen.[65] Dies gilt auch für andere HTA-Institutionen wie das DIMDI, wo es neben einer wissenschaftlichen Zusammenfassung zukünftig auch eine Zusammenfassung für Patientinnen und Patienten geben soll, die Fachtermini möglichst vermeidet. Die Dissemination von HTA-Ergebnissen ist aber relativ schwer messbar und bezieht sich derzeit vor allem auf die Zahl der Downloads von entsprechenden Berichten im Internet und in Verkaufszahlen der gedruckten Fassungen.

Die Wirkung (Impact) und damit die Effektivität von HTA-Berichten sind bislang noch wenig erforscht. Eine Ausnahme bildet die kanadische Provinz Alberta, die seit 2001 die Wirkung ihrer HTA-Berichte bewertet.[66] Das Ziel der Messung des Impacts von HTA-Berichten ist es, aus Lücken der Verbreitung der HTA-Ergebnisse für zukünftige Berichte zu lernen. Zudem kann der Impact auch als ein Erfolgsparameter für die Arbeit der HTA-Agentur gesehen werden, mit der sie sich gegenüber ihren Auftraggebern legitimiert.[67] Der Impact von HTA-Berichten kann sich in verschiedener Weise manifestieren, z. B. darin, ob die Entscheidung über die Erstattungsfähigkeit einer Gesundheitsleistung oder die medizinische Versorgung durch den Bericht beeinflusst worden sind. Allerdings kann dieser Einfluss naturgemäß nicht an einer einzelnen Größe festgemacht werden. Dies gilt insbesondere dann, wenn der HTA nicht speziell für eine bestimmte Entscheidungssituation gefertigt wurde, bei der der direkte Einfluss unmittelbar erkennbar wäre. In der Regel handelt es sich dagegen um die Analyse von Dokumenten (document tracking), bei der beispielsweise Verordnungen oder Gremienprotokolle ausgewertet werden. Diese Vorgehensweise ist allerdings sehr aufwändig.[68] Zudem sind in der Praxis die Prozesse, die zu einer Entscheidung führen, sehr unterschiedlich detailliert dokumentiert. Möglich ist auch, die Entscheidungsträger im Nachhinein zu befragen, ob HTA-Informationen in einer bestimmten Situation für sie relevant waren. Quantitativ kann zudem erfasst werden, ob sich beispielsweise die Häufigkeit von Verordnungen einzelner Arzneimittel im Zuge des Erscheinens eines HTA-Berichtes signifikant verändert hat. Allerdings bleibt bei derartigen statistischen Analysen der Ursache-Wirkungs-Zusammenhang häufig unklar, da HTA-Berichte häufig gerade dann in Auftrag gegeben werden, wenn beispielsweise eine bestimmte Technologie ohnehin aktuell kritisch gesehen wird und die Verordnungszahlen im Zuge dieser Diskussion deswegen sinken.

Da sich das medizinische Wissen in hoher Geschwindigkeit erweitert und erneuert, ist auch die Validität der Aussagen in HTA-Berichten im zeitlichen Kontext des Erscheinens des Berichtes zu sehen. Allerdings variiert der Zeitraum sehr stark, innerhalb dessen eine Aktualisierung des Berichtes erforderlich erscheint.

---

[65] Das IQWiG betreibt hierfür eine eigene Internetpräsenz (www.gesundheitsinformation.de).
[66] Vgl. Gerhardus, A. (2006), S. 233.
[67] Eine derartige Form der Leistungsbeurteilung kann allerdings zu Fehlanreizen führen, vgl. Gerhardus, A. (2006), S. 239.
[68] Vgl. Perleth, M. (2003), S. 186.

Eine fixe Zeitdauer, bis zu der ein solches Update durchgeführt werden sollte bzw. ab wann die Ergebnisse so veraltet sind, dass sie zur Entscheidungsfindung nicht mehr herangezogen werden können, kann somit nicht angegeben werden. Das wichtigste Kriterium dafür, ein Update durchzuführen, ist die Veröffentlichung neuer Studienergebnisse, die bei dem Abschluss des HTA noch nicht zur Verfügung standen. Das DIMDI prüft beispielsweise in so genannten Machbarkeitsstudien mit einer kurzen Literaturrecherche, ob seit dem Erscheinen des Reports weitere Studien erschienen sind, um zu entscheiden, ob ein Update lohnt. Aber auch Veränderungen des organisatorischen oder regulatorischen Rahmens können den Nutzungsgrad und die Kosteneffektivität einer Technologie stark verändern. Wenn beispielsweise für den Einsatz einer Gesundheitsleistung ein unabhängiges medizinisches Gutachten (Zweitmeinung) notwendig war und diese Praxis aufgegeben wird, könnte es zu einer Ausweitung der Inanspruchnahme auf weitere Patientengruppen und Leistungserbringer kommen, was Einfluss auf die Kosteneffektivität der Maßnahme hätte. Solche rein institutionellen Veränderungen können somit ebenfalls der Ausgangspunkt für ein HTA-Update sein.[69]

2.4
Methoden des HTA

Grundsätzlich ist das Ziel von Health Technology Assessments, aus der Fülle der Informationen, die in der Literatur zur Verfügung stehen, das Wesentliche vom Unwesentlichen zu trennen und insbesondere relevante und methodisch gute Informationen zu identifizieren bzw. weniger relevante und weniger methodisch gute Informationen mit entsprechender Begründung von der Bewertung auszuschließen. Dabei bedient sich die HTA-Methodik standardisierter wissenschaftlicher Verfahren, z. B. indem bereits im Vorhinein die konsultierten Datenbanken sowie die verwendeten Schlüsselwörter festgelegt werden und die Publikationen nach standardisierten Qualitätschecklisten beurteilt werden. Für einen HTA ist die systematische Analyse und Synthese der vorhandenen Literatur das zentrale Element. In der Regel werden die Ergebnisse in Evidenztabellen und Meta-Analysen zusammengefasst. Zum systematischen Vorgehen bei HTA-Berichten gehört auch die Einhaltung einer bestimmten Struktur der Darstellung. So ist beispielsweise beim DIMDI eine genaue Gliederung der Arbeit vorgesehen, die von den Autoren des HTA einzuhalten ist. Auf diese Weise ist sichergestellt, dass die Fragestellungen in ähnlicher Art bearbeitet werden und der Leser die für ihn relevanten Informationen ohne größeren Suchaufwand auffinden kann.

Wichtige Datenbanken sind MEDLINE, EMBASE sowie HEED (Health Economic Evaluation Database, Datenbank des Office of Health Economics (OHE) in London). Im gesundheitsökonomischen Bereich werden darüber hinaus regelmäßig in den beiden Datenbanken des NHS Centre for Reviews and Dissemination der Universität York (Health Technology Assessment Database – NHS-HTA – und NHS Economic Evaluation Database – NHS-EED –) recherchiert. Schließlich

---

[69] Vgl. Busse, R. (2002), S. 392.

werden einschlägige gesundheitsökonomische Journale wie das Journal for Health Economics, Health Economics, PharmacoEconomics, European Journal of Health Economics und Gesundheitsökonomie & Qualitätsmanagement von Hand auf relevante Publikationen durchsucht. Alle so gefundenen Publikationen werden zudem auf weitere Literaturverweise durchgesehen, die Informationen zum Thema beitragen könnten. Auch bereits erschienene HTA-Berichte können zur Auffindung weiterer Studien hilfreich sein. Daher werden auch die Publikationslisten der bekannten HTA-Institutionen im Ausland (z. B. CCOHTA in Kanada oder FINO-HTA in Finnland) gesichtet. Da die HTA-Institutionen und ihre Publikationen in der Regel sehr gut per Internet erreichbar sind (siehe Tabelle 2.2.), können relevante HTA-Berichte, soweit vorhanden, auf diesem Wege ohne großen Aufwand aufgefunden werden.

Der Suchzeitraum der Literaturrecherche hängt maßgeblich von den Umständen der zu bewertenden Technologie ab. Bei der frühen Bewertung aktueller Innovationen können Suchzeiträume von 2 Jahren angemessen sein, üblich sind 5 Jahre oder mehr. Die Recherche würde beispielsweise dann zeitlich ausgeweitet werden, wenn zu einem früheren Zeitpunkt des Produktlebenszyklus bereits grundlegende Zulassungs- oder andere klinische Studien stattgefunden haben, die auch heute noch für die Beurteilung von Relevanz sind. Im ökonomischen Bereich ist eine solche Ausweitung des Suchzeitraums weniger wahrscheinlich, da hier die Veränderungen des institutionellen Rahmens, der Preisrelationen und der Struktur der Ressourcenverbräuche im zeitlichen Ablauf besonders variabel sind.

Eine ganze Reihe von Publikationen wird schon recht früh von der weiteren Bewertung ausgeschlossen. So muss z. B. schon im Titel erkennbar sein, dass es sich zumindest teilweise um eine Publikation handelt, die sich mit Zusammenhängen des Themas beschäftigt oder Teilbereiche davon abdeckt. Abstracts oder Briefe an den Herausgeber werden regelmäßig sofort ausgeschlossen. Erscheint die Thematik eines Abstracts für die Themenstellung interessant, wird aber eine weitere Suche nach einer eventuell andernorts erschienenen Publikation im Volltext gestartet. Die so gefundenen Publikationen werden beispielsweise mit dem Transparenz- und Qualitätskatalogen bewertet, die im Rahmen des Projektes „Aufbau einer Datenbasis ‚Evaluation medizinischer Verfahren und Technologien' in der Bundesrepublik Deutschland" entwickelt wurden.[70] Einen Überblick über den Prozess der Literaturrecherche gibt Abbildung 2.2.

---

[70] Vgl. Siebert, U., Behrend, C., Mühlberger, N. u. a. (1999), S. 165.

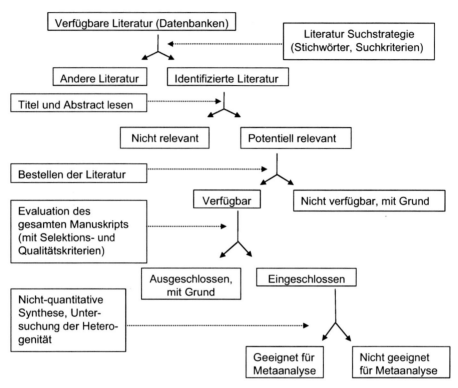

Abb. 2.2. Systematische Literatursuche bei HTA[71]

Die Validität von HTA kann durch verschiedene Formen der Verzerrungen (Bias) beeinträchtigt werden. Einer der wichtigsten ist dabei der so genannte Publikations-Bias. Gemeint ist das Phänomen, dass in der Literatur weit häufiger Studien mit positiven Ergebnissen (die statistisch signifikante Behandlungseffekte zeigen) zu finden sind als Studien mit nicht signifikanten positiven oder gar negativen Ergebnissen (die keine solchen Behandlungseffekte nachweisen). Als Gründe werden geringe Forschungs- und kommerzielle Interessen an der Veröffentlichung von negativen Resultaten genannt.[72] Auch bei einer sehr sorgfältigen Literaturrecherche könnte somit wegen der unveröffentlichten Studien ein unvollständiges, wenn nicht sogar ein in Teilen falsches Bild des derzeitigen Forschungsstands wiedergegeben werden. Eine spezielle Form des Publikations-Bias ist der Time-Lag-Bias. Dieser entsteht durch die Zeitspanne zwischen der Beendung der klinischen Studie und ihrer Publikation und ist insbesondere dann bedeutend, wenn bei der HTA-Erstellung die Daten aus diesem unveröffentlichten Material noch nicht zur Verfügung stehen, die Studie als solches aber in der Fachöffentlichkeit weitgehend bekannt ist. Es wird vermutet, dass der Time-Lag-Bias von den Studienre-

---

[71] Vgl. Khan, K. S., Riet, G., Glanville, J., u. a. (2000), S. 20.
[72] Vgl. Goodman, C. (2004), S. 91.

sultaten (statistische Signifikanz und Bestätigung oder Ablehnung der Studien-hypothese) beeinflusst ist.[73]

Ein weiterer möglicher Verzerrungsgrund könnte der so genannte Sprach-Bias sein. Gemeint ist, dass Studien, die nicht in Deutsch oder Englisch erschienen sind, weit weniger wahrscheinlich in deutschen HTA-Berichten Berücksichtigung finden. Dies ist insbesondere auf die Dominanz der englischen Sprache in den meisten medizinischen Datenbanken sowie den (naturgemäß) begrenzten sprachli-chen Fähigkeiten der HTA-Bearbeiter zurück zu führen. Insbesondere im Hinblick auf die englische Sprache kann dieses auch Ausdruck eines Publikations-Bias sein, da positive Studienergebnisse vorzugsweise in renommierten englischspra-chigen Journalen veröffentlicht werden, während weniger deutliche Ergebnisse häufig in der Muttersprache der Autoren und damit in anderen Zeitschriften veröf-fentlicht werden. Teilweise werden ausdrücklich noch andere weit verbreitete Sprachen wie Französisch, Italienisch oder Spanisch in die Literaturrecherche mit einbezogen, wobei in der Praxis durch diese Rechercheausweitung in der Regel keine wesentlichen Studien mehr zusätzlich gefunden werden. Da mittlerweile alle großen und bedeutenden Studien zumindest einmal auch in englischsprachigen Journalen publiziert werden, ist somit der Sprach-Bias für die Frage der Validität von HTA als weniger bedeutend einzuschätzen.

Ein wichtiger Punkt bei der Bearbeitung eines HTA ist auch die Frage, inwie-weit mögliche Interessengruppen während der Bearbeitung an dem HTA-Prozess beteiligt werden sollen. Hier ist die Handhabung durchaus unterschiedlich und reicht von einer direkten Beauftragung durch den Hersteller einer Technologie (beispielsweise eines Pharma-Unternehmens) bis zur anonymisierten Publikation des HTAs ohne Kontaktierung von Herstellern oder Patientengruppen. Beim DIMDI werden Hersteller von Technologien, die evaluiert werden sollen, zu Be-ginn des HTA-Prozesses von einigen durchführenden Kooperationsgruppen über diesen Bewertungsprozess brieflich informiert und gebeten, vorliegende wissen-schaftliche Informationen zu dem Gesundheitsgut, insbesondere Studienresultate, zur Verfügung zu stellen. Auch ein direkter informeller Kontakt zwischen den Au-toren des HTA-Berichtes und den Interessengruppen ist möglich. Beim IQWiG hingegen besteht nur zu zwei Zeitpunkten die Möglichkeit der Stellungnahme, nämlich nach Veröffentlichung des so genannten Berichtsplanes (in dem Einzel-heiten zur Durchführung des HTA wie Einschlusskriterien und Suchzeiträume an-gegeben werden) und nach Veröffentlichung des so genannten Vorberichtes, der vor Zuleitung des Abschlussberichtes an den G-BA noch die Möglichkeit geben soll, im Zuge schriftlicher Stellungsnahmen und mündlicher Erörterungen Kom-mentare und Anmerkungen abzugeben, die dann in die Endversion eingearbeitet werden können. Außerdem hat das IQWiG mit dem Verband forschende Arznei-mittelhersteller (VFA) ein Abkommen geschlossen, das die Anforderung von Stu-diendaten aus klinischen Studien regelt, die auch nicht veröffentlichte Studien um-fassen. Die Hersteller der untersuchten Arzneimittel werden regelmäßig ange-schrieben und um entsprechende Informationen gebeten. Ein weitergehender Kontakt mit den Herstellern findet aber in der Regel projektbezogen nicht statt.

---

[73] Vgl. Ioannidis, J. P .A. (1998), S. 281.

Für die Bewertung medizinischer und gesundheitsökonomischer Studien in HTA-Berichten hat die German Scientific Working Group Technology Assessment for Health Care verschiedene Checklisten je nach Studienart veröffentlicht, nach denen die Publikationen beim DIMDI in systematischer Art und Weise bewertet werden sollen. Darüber hinaus gibt es standardisierte Verfahren wie den JADAD-Score, die einen schnellen Überblick über die formale Qualität einer Publikation im klinischen Bereich geben sollen. Die Beurteilung von Studien erfolgt teilweise aber auch ohne ein entsprechendes formalisiertes Raster, wobei die einbezogenen Studien in der Regel sehr ausführlich dargestellt und dann kritisch diskutiert werden. Wenn die Datenlage bzw. die Detaillierung der Publikation es zulässt, können diese auch in Form von Meta-Analysen zusammengeführt werden.

Nicht unkritisch ist die Frage, welche Studientypen für einen HTA-Bericht Berücksichtigung finden sollen. Die in Tabelle 2.1 genannte Evidenzhierarchie wird wie beim IQWiG häufig im Wesentlichen auf klinische Studien mit Evidenzgrad 1 als Beurteilungsgrundlage reduziert und nur in Ausnahmefällen werden auch Fall-Kontroll-Studien oder andere Studientypen zugelassen. Diese Vorgehensweise stellt aber eher die Ausnahme dar, da HTA-Institutionen im Allgemeinen alle zur Verfügung stehenden Informationen in entsprechender Gewichtung nutzen, um ihre Aussagen abzuleiten. Das IQWiG verzichtet im Rahmen der Nutzenbewertungen für Arzneimittel und Medizinprodukte nur in begründeten Ausnahmefällen auf den Nachweis der Wirksamkeit mittels randomisierter klinischer Studie (RCT).[74] Dem wird entgegen gehalten, dass RCTs den Versorgungsalltag nur bedingt zutreffend wiedergeben und zudem nur einen Teil der relevanten Evidenz darstellen.[75] So können durch Einbeziehung langfristiger epidemiologischer Beobachtungsstudien, etwa in Kohortenstudien, beispielsweise unerwünschte Arzneimittelwirkungen, die gegebenenfalls erst im breiten praktischen Versorgungsalltag deutlich werden, identifiziert werden. Dies betrifft vor allem Subgruppen wie ältere Menschen, die in klinischen Studien häufig unterrepräsentiert sind.

Die Methoden der systematischen Bewertung publizierter Studien sind heute bereits recht gut entwickelt für klinische und ökonomische Aspekte einer Technologie. Allerdings fehlen derzeit noch weitgehend Standards für eine systematische Bewertung sozialer, ethischer und juristischer Aspekte.[76] Zudem mangelt es noch an einem Ansatz zur systematischen Abwägung zwischen den verschiedenen Bewertungsdimensionen, die der Entscheider daher weiterhin politisch gegeneinander gewichten muss.

2.5
Gesundheitsökonomische Aspekte

Gerade wenn HTA zur Unterstützung von Erstattungsentscheidungen genutzt wird, ist die Frage der ökonomischen Bewertung eines Gesundheitsguts von gro-

---

[74] Vgl. Lange, S. (2006), S. 277.
[75] Vgl. Behrens, T., Ahrens, W. (2006), S. 270.
[76] Vgl. Brand, A., Brand, H., Schröder, P., Laaser, U. (2006), S. 292.

ßer Bedeutung. Dies ist einer der Gründe, warum ein immer größerer Anteil der HTAs einen ökonomischen Berichtsteil umfasst. In der folgenden Tabelle 2.3 wird dieser steigende Anteil für die HTA-Berichte des DIMDI deutlich:

Tabelle 2.3. Anzahl der HTA-Berichte beim DIMDI nach Inhalten und Jahr[77]

Inhalt	1998	99	00	01	02	03	04	05	Gesamt
Medizinisch	11	2	1	2	1	6	2	2	27
Medizinisch/ Ökonomisch	1	2			1	11	1	4	20
Nur Ökonomisch	1		1			2			4
Gesundheitspolitisch/ Ethisch					1	1			2
Gesamt	13	4	2	2	3	20	3	6	53

Die methodische Vorgehensweise des gesundheitsökonomischen Teils von Health Technology Assessments unterscheidet sich im Ablauf nicht von der medizinischen Bewertung. So werden zunächst die gesundheitsökonomischen Forschungsfragen formuliert, worauf eine systematische Literaturrecherche und einzelne Bewertungen der als relevant eingeschätzten Studien erfolgen. Anschließend werden anhand von Kriterien wie Wirksamkeit, Verträglichkeit, Sicherheit, Verbreitung der Leistung im Gesundheitssystem, Kosten und Kosteneffektivität der Leistung übergreifende Schlussfolgerungen getroffen, die die unterschiedliche Qualität der Informationen (bezogen auf die Qualität und die Übertragbarkeit der einbezogenen Studien) berücksichtigt. Die Ergebnisse der eingeschlossenen Studien sowie deren kritische Diskussion bilden schließlich die Grundlage für die Beantwortung der vorab formulierten Forschungsfragen und für Empfehlungen an gesundheitspolitische Entscheidungsträger, welche in Abwägung mit den Ergebnissen der anderen (insbesondere medizinischen) Aspekte des HTA abgegeben werden.

Im Folgenden sind typische gesundheitsökonomische Forschungsfragen wiedergegeben, wie sie in HTA-Berichten formuliert und im Einzelfall um spezifische Aspekte der jeweiligen Technologie ergänzt werden:

- Stellt die zu bewertende Technologie eine kosteneffektive Alternative zu bestehenden Technologien dar?
- Welchen Einfluss hat sie auf die Lebensqualität der Betroffenen?
- Welchen versorgungsstrukturellen Einfluss hat eine mögliche Implementierung und welchen Effekt hat dieses auf den bisherigen Finanzierungsrahmen (*Budget Impact*)?
- Welcher weitere gesundheitsökonomische Forschungsbedarf ist zu identifizieren?

Schwerpunkt der gesundheitsökonomischen Bewertung bilden vor allem Kosten-Wirksamkeits- und Kosten-Nutzwert-Studien. Vergleichende Kostenstudien werden bei HTA nur dann herangezogen, wenn sich die bewertete Technologie ge-

---

[77] Kulp, W., Greiner, W. (2006), S. 258.

genüber der Vergleichalternative nicht mehr als medizinisch gleichwertig erwiesen hat. Daneben werden Kostenstudien herangezogen, um die krankheitsbedingten Gesamtkosten der betreffenden Erkrankung (Krankheitskostenstudien) sowie den finanziellen Mehraufwand einer Gesundheitsleistung in der alltäglichen Gesundheitsversorgung (Budget Impact) abzuschätzen. Budget Impact Analysen gelten international als ein ergänzendes Beurteilungskriterium in HTA-Berichten und bei Entscheidungen über die Erstattungsfähigkeit. Es existieren jedoch auch gegenteilige Beispiele, so schließt das NICE den Budget Impact als Entscheidungskriterium ausdrücklich aus. Aus theoretischer Sicht sind diese Berechnungen ohnehin ohne bedeutenden Wert, denn die bloße Höhe der Ausgaben für eine einzelne Leistung sagt nichts über deren ökonomische Vor- oder Nachteilhaftigkeit für das Gesamtsystem aus. So können auch sehr ausgabenintensive Gesundheitsleistungen hoch kosteneffektiv sein (und umgekehrt). Zudem ist unklar, welcher Zeitraum für die Berechnung zugrunde gelegt werden sollte. Gesundheitspolitisch findet der Budget Impact dagegen nicht selten mehr Beachtung als Daten zur Kosteneffektivität, da die Ausgabenwirkung die Finanzierbarkeit und damit letztlich den Erhalt des Gesamtsystems betrifft.

Zur Bewertung der wissenschaftlichen Qualität gesundheitsökonomischer Studien gibt es seitens der einzelnen HTA-Institutionen sehr unterschiedliche Vorgaben. Selbst innerhalb eines Landes können die Anforderungen nicht unerheblich differieren. So empfiehlt das DIMDI die Bewertung nach den Deutschen Empfehlungen zur gesundheitsökonomischen Evaluation[78] sowie nach den Checklisten der German Scientific Working Group Technology Assessment for Health Care, die auch für gesundheitsökonomische Studien erstellt worden sind.[79] Das IQWiG sieht dagegen in seinem Methodenpapier in einem eigenen Kapitel teilweise recht detaillierte Vorgaben für die Bewertung gesundheitsökonomischer Studien vor, beispielsweise sollen keine Kosten-Nutzwert-Analysen und keine präferenzbasierte Nutzwerte Anwendung finden.[80]

Ähnlich wie das NICE in Großbritannien gibt auch das IQWiG eine bestimmte Studienperspektive vor, nämlich die der Gesetzlichen Krankenkassen, also der Kostenträger. Die Begründung ist darin zu sehen, dass Adressat für HTA der IQWiG-Berichte primär der Gemeinsame Bundesausschuss (§ 91 SGB V) bzw. das Bundesministerium für Gesundheit (BMG) ist. Damit entfallen für die Bewertung bereits eine große Anzahl von Studien, die aus der Sichtweise von Leistungserbringern, Patienten oder aus volkswirtschaftlicher Perspektive erstellt worden sind, soweit die Ergebnisse nicht so anzupassen sind, dass die Krankenkassenperspektive deutlich wird. So ist es bei Studien aus volkswirtschaftlicher Perspektive häufig ausreichend, die indirekten Kosten infolge von Produktivitätsverlusten bei krankheitsbedingtem Fehlen am Arbeitsplatz, Frühverrentung oder vorzeitigen Tod herauszurechnen, wenn nicht große andere Kostenanteile von den Patienten getragen werden.

---

[78] Vgl. Hannoveraner Konsensus Gruppe (2000).
[79] Vgl. Siebert, U., Behrend, C., Mühlberger, N. u. a. (1999), S. 156 ff.
[80] Vgl. Institut für Qualität und Wirtschaftlichkeit im Gesundheitswesen (IQWiG) (2006), S. 51:

Ein weiteres wichtiges methodisches Problem bei der Erstellung eines ökonomischen Health Technology Assessments ist die Frage der Übertragbarkeit von
Studienergebnissen von einem Gesundheitssystem auf ein anderes. Dies ist bei gesundheitsökonomischen Evaluationsstudien und Modellierungen schwieriger als
bei medizinischen Studien, da unterschiedliche Preisstrukturen und Honorierungsformen, abweichende Versorgungssysteme, demografische und epidemiologische
Faktoren auf das ökonomische Ergebnis einer Technologie stärker wirken als dies
bei einer rein medizinischen Betrachtung der Fall ist. Diese Einflüsse müssen detailliert im HTA-Bericht diskutiert werden und gegebenenfalls Anpassungen in
Form von Modellierungen vorgenommen werden, um Aussagen für den eigenen
Versorgungskontext treffen zu können. Bei der Erstellung von HTA-Berichten des
NICE ist es vor allem bei Arzneimittelbewertungen bereits üblich, dass die Hersteller Modellierungen vorlegen, die dann häufig die Basis für eigene Berechnungen des NICE bilden. In anderen Ländern ist eine solche Vorgehensweise dagegen
weniger verbreitet.

2.6
HTA und Rationierung

Rationierungsentscheidungen fallen zunehmend auch mit Hilfe von Health Technology Assessments. Dazu ist die Berücksichtigung von gesundheitsökonomischen Studien von besonderer Bedeutung, denn die ausschließliche Beurteilung
des medizinisches Nutzens eines Gesundheitsguts ist nur der erste Schritt einer
umfassenderen Bewertung, die für eine so folgenreiche und komplexe Entscheidung wie die Fragen der Erstattungsfähigkeit (auf der Makroebene) und der Aufnahme in das individuelle Leistungsspektrum (auf der Mesoebene, z. B. eines
Krankenhauses) erforderlich ist. Auf diese Weise kann HTA dazu beitragen, angesichts knapper Ressourcen die Effizienz und die Qualität der medizinischen Versorgung zu verbessern.

Andererseits hat es sich international gezeigt, dass HTA als Mittel der Ausga-
bensenkung im Gesundheitswesen wenig geeignet ist.[81] So kann der Einsatz kosteneffektiver Behandlungsalternativen bzw. einer evidenzbasierten Versorgung
durchaus dazu führen, dass die Ausgaben ceteris paribus ansteigen, insbesondere
wenn ihre medizinische Überlegenheit durch ein allgemein anerkanntes Evaluationsverfahren wie HTA belegt worden ist. In einer solchen Situation würden andere Technologien innerhalb eines festen Budgets entweder verdrängt oder das
Budget müsste entsprechend ausgeweitet werden.[82] Gemessen an der gesellschaftlichen Zahlungsbereitschaft bezogen auf ein bestimmtes Gesundheitsgut (z. B.
ausgedrückt als maximal akzeptable inkrementelle Kosteneffektivität) und der
medizinischen Überlegenheit des betreffenden Gesundheitsguts könnte sich ökonomisch trotz Ausgabensteigerung sogar eine vorteilhaftere Situation ergeben, da
eine Unterversorgung mit der betreffenden Technologie abgebaut wäre. Aus ge-

---

[81] Vgl. Jonsson, E., Banta, D. (1999), S. 1293.
[82] Vgl. Burke, K. (2002), S. 258.

sundheitspolitischer Sicht stellt sich aber umgehend die Frage der Finanzierbarkeit, die durch HTA nicht gelöst, sondern deren Brisanz wie beschrieben sogar erhöht sein kann.

Die steigende Bedeutung von Health Technology Assessment wird auch die Zahl der gesundheitsökonomischen Studien in den kommenden Jahren erheblich anwachsen lassen. In Ländern wie Großbritannien, Niederlande und Schweden, in denen HTA schon länger etabliert ist, sind schon heute weit mehr solcher Studien verfügbar als in Deutschland und Österreich. Der zukünftige Erfolg von HTA wird aber andererseits unter anderem auch davon abhängen, ob genügend fundierte Kenntnisse zur Erstellung und kritischen Überprüfung solcher Berichte zur Verfügung stehen. Die Ausbildung in diesem Bereich muss daher dringend intensiviert werden, da das bisherige Fort- und Weiterbildungsangebot bislang kaum ausreicht, den Bedarf an Fachleuten mit HTA-Expertise zu decken. Entsprechende Curricula werden derzeit bereits ausgearbeitet.[83] Die Evidenzbewertung erfordert idealerweise aber nicht nur umfassende Methodenkenntnisse, sondern auch die Fähigkeit zur engen Kooperation mit den Klinikern, da sonst die Gefahr nicht auszuschließen ist, dass die Praktiker Ergebnisse von HTA-Berichten als rein bürokratische Übung missverstehen, die lediglich „Pseudoevidenz" hervorbringt.[84]

Zusammenfassend ist festzuhalten, dass die angesichts begrenzter Ressourcen unvermeidbare Rationierung von Gesundheitsleistungen rationale Entscheidungsgrundlagen erfordert, zu der die evidenzbasierte Medizin einen wichtigen Beitrag leisten kann. Für die dazu erforderliche Sichtung, Analyse und Bewertung der Studienlage bietet sich die HTA-Vorgehensweise an, weil sie strukturiert, nachvollziehbar und transparent ist. Die Unabhängigkeit der Erstellung solcher Berichte sowie die Multidimensionalität der Betrachtungsweise sind dabei unverzichtbar. Auf diese Weise können neben der medizinischen Effektivität auch die Effizienz des Einsatzes sowie Zielvorstellungen wie die Vermeidung unerwünschter Verteilungswirkungen und die langfristige Finanzierbarkeit des Systems Berücksichtigung finden.

---

[83] Vgl. Perleth, M. u. a. (2006), S. 297.
[84] Vgl. Sauerland, S. (2006), S. 255.

Transparenzkatalog[85]

Autoren, Titel und	1	= Kriterium erfüllt	1,
Publikationsorgan:	1/2	= Kriterium teilweise erfüllt	½,
	0	= Kriterium nicht erfüllt	0,
	nr	= nicht relevant	nr
Fragestellung			
1. Wurde die Fragestellung formuliert?			
2. Wurde der medizinische und ökonomische Problemkontext dargestellt?			
Evaluationsrahmen			
3. Wurden alle in die Studie einbezogenen Technologien beschrieben?			
4. Werden mindestens zwei alternative Technologien explizit verglichen?			
5. Wurde die Auswahl der Vergleichstechnologien begründet?			
6. Wurde die Zielpopulation beschrieben?			
7. Wurde der Zeithorizont für Kosten und Gesundheitseffekte angegeben?			
8. Wurde der Typ der gesundheitsökonomischen Evaluation explizit genannt?			
9. Wurden sowohl Kosten als auch Gesundheitseffekte untersucht?			
10. Wurde die Perspektive der Untersuchung explizit genannt?			
Analysemethoden und Modellierung			
11. Wurden die statistischen Tests/Modelle zur Analyse der Daten beschrieben?			
12. Wurden in entscheidungsanalytischen Modellen die Modellstruktur und alle Parametern dokumentiert (in der Publikation bzw. einem technischen Report)?			
13. Wurden Annahmen explizit formuliert?			
14. Wurden in entscheidungsanalytischen Modellen die Datenquellen für die Pfadwahrscheinlichkeiten angegeben?			
Gesundheitseffekte			
15. Wurden die in der Studie untersuchten Gesundheitszustände aufgeführt?			
16. Wurden die Quellen für die Gesundheitseffektdaten angegeben?			
17. Wurden das epidemiologische Studiendesign und die Auswertungsmethoden beschrieben und wurden die Ergebnisse dargestellt? (falls auf einer einzelnen Studie basierend)			
18. Wurden die Methoden zur Identifikation, Extraktion und Synthese der Effektparameter beschrieben? (falls auf einer Informationssynthese basierend)			
19. Wurden die verschiedenen Gesundheitszustände mit Präferenzen bewertet und die Methoden und Messinstrumente dieser Bewertung angegeben?			
20. Wurden die Quellen der Bewertungsdaten für die Gesundheitszustände angegeben?			
21. Wurden Aussagen zur Evidenz der Gesundheitseffekte gemacht?			
Kosten			
22. Wurden die den Kosten zugrunde liegenden Mengengerüste angegeben?			
23. Wurden die Quellen und Methoden zur Ermittlung der Mengengerüste angegeben?			
24. Wurden die den Kosten zugrunde liegenden Preisgerüste angegeben?			
25. Wurden die Quellen und Methoden zur Ermittlung der Preise angegeben?			
26. Wurden die einbezogenen Kosten anhand der gewählten Perspektive und des gewählten Zeithorizontes begründet?			
27. Wurden Daten zu indirekten Kosten (falls berücksichtigt) getrennt aufgeführt?			
28. Wurde die Währung genannt?			

---

[85] Vgl. Siebert, U., Behrend, C. Mühlberger, N., u. a. (1999), S. 165.

29. Wurden Angaben zu Währungskonversionen gemacht?
30. Wurden Angaben zu Preisanpassungen bei Inflation oder Deflation gemacht?

Diskontierung

31. Wurden zukünftige Gesundheitseffekte und Kosten diskontiert?
32. Wurde das Referenzjahr für die Diskontierung angegeben bzw. bei fehlender Diskontierung das Referenzjahr für die Kosten?
33. Wurden die Diskontraten angegeben?
34. Wurde die Wahl der Diskontraten bzw. der Verzicht auf eine Diskontierung begründet?

Ergebnispräsentation

35. Wurden Maßnahmen zur Modellvalidierung ergriffen und beschrieben?
36. Wurden absolute Gesundheitseffekte und absolute Kosten jeweils pro Kopf bestimmt und dargestellt?
37. Wurden inkrementelle Gesundheitseffekte und inkrementelle Kosten jeweils pro Kopf bestimmt und dargestellt?
38. Wurde eine Maßzahl für die Relation zwischen Kosten und Gesundheitseffekt angegeben?
39. Wurden reine (nicht lebensqualitätsadjustierte) klinische Effekte berichtet?
40. Wurden Ergebnisse in disaggregierter Form dargestellt?
41. Wurden populationsaggregierte Kosten und Gesundheitseffekte dargestellt?

Behandlung von Unsicherheiten

42. Wurden univariate Sensitivitätsanalysen durchgeführt?
43. Wurden multivariate Sensitivitätsanalysen durchgeführt?
44. Wurden strukturelle Sensitivitätsanalysen durchgeführt?
45. Wurden die in den Sensitivitätsanalysen berücksichtigten Werte oder Wertebereiche bzw. Strukturvarianten angegeben?
46. Wurden die Ergebnisse der Sensitivitätsanalysen dargestellt?
47. Wurden statistische Inferenzmethoden (statistische Tests, Konfidenzintervalle) für stochastische Daten eingesetzt und die Ergebnisse berichtet?

Diskussion

48. Wurde die Datenqualität diskutiert?
49. Wurden Richtung und Größe des Einflusses unsicherer oder verzerrter Parameterschätzung auf das Ergebnis diskutiert?
50. Wurde Richtung und Größe des Einflusses struktureller Modellannahmen auf das Ergebnis diskutiert?
51. Wurden die Einschränkungen und Schwächen der Studie diskutiert?
52. Wurden Angaben zur Generalisierbarkeit der Ergebnisse gemacht?
53. Wurden ethische und Verteilungsfragen diskutiert?
54. Wurde das Ergebnis im Kontext mit unabhängigen Gesundheitsprogrammen diskutiert?

Schlussfolgerungen

55. Wurden Schlussfolgerungen aus den berichteten Daten/Ergebnissen abgeleitet?
56. Wurde eine Antwort auf die Fragestellung gegeben?

Qualitätskatalog

Autoren, Titel und	1	= Kriterium erfüllt	1,
Publikationsorgan:	1/2	= Kriterium teilweise erfüllt	½,
	0	= Kriterium nicht erfüllt	0,
	nr	= nicht relevant	nr
Fragestellung			
1. Wurde die Fragestellung präzise formuliert?			
2. Wurde der medizinische und ökonomische Problemkontext ausreichend dargestellt?			
Evaluationsrahmen			
3. Wurden alle in die Studie einbezogenen Technologien hinreichend detailliert beschrieben?			
4. Wurden alle im Rahmen der Fragestellung relevanten Technologien verglichen?			
5. Wurde die Auswahl der Vergleichstechnologien schlüssig begründet?			
6. Wurde die Zielpopulation klar beschrieben?			
7. Wurde ein für die Fragestellung angemessener Zeithorizont für Kosten und Gesundheitseffekte gewählt und angegeben?			
8. Wurde der Typ der gesundheitsökonomischen Evaluation explizit genannt?			
9. Wurden sowohl Kosten als auch Gesundheitseffekte untersucht?			
10. Wurde die Perspektive der Untersuchung eindeutig gewählt und explizit genannt?			
Analysemethoden und Modellierung			
11. Wurden adäquate statistische Tests/Modelle zur Analyse der Daten gewählt und hinreichend gründlich beschrieben?			
12. Wurden in entscheidungsanalytischen Modellen die Modellstruktur und alle Parametern vollständig und nachvollziehbar dokumentiert (in der Publikation bzw. einem technischen Report)?			
13. Wurden die relevanten Annahmen explizit formuliert?			
14. Wurden in entscheidungsanalytischen Modellen adäquate Datenquellen für die Pfadwahrscheinlichkeiten gewählt und eindeutig genannt?			
Gesundheitseffekte			
15. Wurden alle für die gewählte Perspektive und den gewählten Zeithorizont relevanten Gesundheitszustände berücksichtigt und explizit aufgeführt?			
16. Wurden adäquate Quellen für die Gesundheitseffektdaten gewählt und eindeutig genannt?			
17. Wurden das epidemiologische Studiendesign und die Auswertungsmethoden adäquat gewählt und beschrieben und wurden die Ergebnisse detailliert dargestellt? (falls auf einer einzelnen Studie basierend)			
18. Wurden angemessene Methoden zur Identifikation, Extraktion und Synthese der Effektparameter verwendet und wurden sie detailliert beschrieben? (falls auf einer Informationssynthese basierend)			
19. Wurden die verschiedenen Gesundheitszustände mit Präferenzen bewertet und dafür geeignete Methoden und Messinstrumente gewählt und angegeben?			
20. Wurden adäquate Quellen der Bewertungsdaten für die Gesundheitszustände gewählt und eindeutig genannt?			
21. Wurde die Evidenz der Gesundheitseffekte ausreichend belegt? (s. gegebenenfalls entsprechende Kontextdokumente)			
Kosten			
22. Wurden die den Kosten zugrunde liegenden Mengengerüste hinreichend gründlich dargestellt?			
23. Wurden adäquate Quellen und Methoden zur Ermittlung der Mengengerüste gewählt und eindeutig genannt?			

24. Wurden die den Kosten zugrunde liegenden Preisgerüste hinreichend gründlich beschrieben?
25. Wurden adäquate Quellen und Methoden zur Ermittlung der Preise gewählt und eindeutig genannt?
26. Wurden die einbezogenen Kosten anhand der gewählten Perspektive und des gewählten Zeithorizontes schlüssig begründet und wurden alle relevanten Kosten berücksichtigt?
27. Wurden Daten zu indirekten Kosten (falls berücksichtigt) getrennt aufgeführt und methodisch korrekt in die Analyse einbezogen?
28. Wurde die Währung genannt?
29. Wurden Währungskonversionen adäquat durchgeführt?
30. Wurden Preisanpassungen bei Inflation oder Deflation adäquat durchgeführt?

Diskontierung

31. Wurden zukünftige Gesundheitseffekte und Kosten adäquat diskontiert?
32. Wurde das Referenzjahr für die Diskontierung angegeben bzw. bei fehlender Diskontierung das Referenzjahr für die Kosten?
33. Wurden die Diskontraten angegeben?
34. Wurde die Wahl der Diskontraten bzw. der Verzicht auf eine Diskontierung plausibel begründet?

Ergebnispräsentation

35. Wurden Maßnahmen zur Modellvalidierung ergriffen und beschrieben?
36. Wurden absolute Gesundheitseffekte und absolute Kosten jeweils pro Kopf bestimmt und dargestellt?
37. Wurden inkrementelle Gesundheitseffekte und inkrementelle Kosten jeweils pro Kopf bestimmt und dargestellt?
38. Wurde eine für den Typ der gesundheitsökonomischen Evaluation sinnvolle Maßzahl für die Relation zwischen Kosten und Gesundheitseffekt angegeben?
39. Wurden reine (nicht lebensqualitätsadjustierte) klinische Effekte berichtet?
40. Wurden die relevanten Ergebnisse in disaggregierter Form dargestellt?
41. Wurden populationsaggregierte Kosten und Gesundheitseffekte dargestellt?

Behandlung von Unsicherheiten

42. Wurden univariate Sensitivitätsanalysen für die relevanten Parameter durchgeführt?
43. Wurden multivariate Sensitivitätsanalysen für die relevanten Parameter durchgeführt?
44. Wurde Sensitivitätsanalysen für die relevanten strukturellen Elemente durchgeführt?
45. Wurden in den Sensitivitätsanalysen realistische Werte oder Wertebereiche bzw. Strukturvarianten berücksichtigt und angegeben?
46. Wurden die Ergebnisse der Sensitivitätsanalysen hinreichend dokumentiert?
47. Wurden adäquate statistische Inferenzmethoden (statistische Tests, Konfidenzintervalle) für stochastische Daten eingesetzt und die Ergebnisse berichtet?

Diskussion

48. Wurde die Datenqualität kritisch beurteilt?
49. Wurden Richtung und Größe des Einflusses unsicherer oder verzerrter Parameterschätzung auf das Ergebnis konsistent diskutiert?
50. Wurde Richtung und Größe des Einflusses struktureller Modellannahmen auf das Ergebnis konsistent diskutiert?
51. Wurden die wesentlichen Einschränkungen und Schwächen der Studie diskutiert?
52. Wurden plausible Angaben zur Generalisierbarkeit der Ergebnisse gemacht?
53. Wurden wichtige ethische und Verteilungsfragen diskutiert?
54. Wurde das Ergebnis sinnvoll im Kontext mit unabhängigen Gesundheitsprogrammen diskutiert?

Schlussfolgerungen

55. Wurden in konsistenter Weise Schlussfolgerungen aus den berichteten Daten/Ergebnissen abgeleitet?

56. Wurde eine auf Wissensstand und Studienergebnissen basierende Antwort auf die Fragestellung gegeben?

3 Die Standardisierung der Methodik: Guidelines

O. Schöffski, J.-M. Graf v. d. Schulenburg

Lehrstuhl für Gesundheitsmanagement, Universität Erlangen-Nürnberg
Forschungsstelle für Gesundheitsökonomie und Gesundheitssystemforschung,
Universität Hannover

3.1
Die Entwicklung in Deutschland

Seit einigen Jahren werden in Deutschland immer häufiger Evaluationen durchgeführt, mit denen die Wirtschaftlichkeit von Gesundheitsleistungen überprüft werden soll. Die Gesundheitsökonomie im Allgemeinen und die gesundheitsökonomische Evaluationsforschung im Speziellen stellen immer noch relativ junge Forschungsgebiete dar. Auf vielen Teilgebieten besteht daher noch Forschungsbedarf und die derzeitigen Ergebnisse von Evaluationsstudien werden häufig noch kontrovers diskutiert. Viele Fragen sind allerdings auch schon geklärt, ökonomische Evaluationsstudien können daher durchaus qualitativ hochwertig gemäß dem heutigen state-of-the-art durchgeführt werden. Trotzdem ist festzustellen, dass die Qualität der Evaluationsstudien in der Vergangenheit häufig noch zu wünschen übrig ließ. Die Ergebnisse der Studien treffen daher häufig auf Skepsis, was die Auftraggeber und die Entscheidungsträger im Gesundheitswesen verunsichert. Ein Grund für die mangelnde Akzeptanz ist die uneinheitliche Methodik, mit der die Studien in der Vergangenheit durchgeführt wurden.

In den letzten Jahren ist allerdings bereits ein deutliches Ansteigen der Qualität der Studien festzustellen.[86] Immer mehr Personen, die mit entsprechenden Studien konfrontiert werden, sind in der Lage, die Qualität zu beurteilen. Dieses führt dazu, dass die Qualitätsanforderungen steigen und die Auftraggeber und die durchführenden Institutionen noch mehr als schon bisher Wert auf qualitativ hochwertige Studien legen. Die Qualität der Studien wird sich so auf indirektem Weg auch in Zukunft automatisch verbessern.

---

[86] Vgl. Mason, J., Drummond, M. (1995).

Eine direktere Art zur Qualitätssicherung bei gesundheitsökonomischen Evaluationen ist die Standardisierung der Methodik durch Guidelines bzw. Empfehlungen.[87] Während entsprechende Instrumente in der Medizin eine lange Tradition haben und sehr häufig zur Standardisierung und Qualitätssicherung im Rahmen der Behandlung eingesetzt werden, sind sie im Bereich der Ökonomie nicht in diesem Maße üblich. Entsprechende Richtlinien für gesundheitsökonomische Evaluationen liegen schon aus einer Reihe von Ländern vor und in weiteren Ländern sind sie in Arbeit. Zum Teil sind diese Richtlinien beschränkt auf pharmakoökonomische Studien, zum Teil gelten sie für alle gesundheitsökonomischen Evaluationen.

Für Deutschland ist erst einmal festzustellen, dass es a priori keine Institution gibt, die auf den ersten Blick zur Formulierung entsprechender Guidelines berechtigt wäre, wie dieses beispielsweise bei den Fachgesellschaften bei medizinischen Fragestellungen der Fall ist. Dies liegt insbesondere daran, dass gesundheits- bzw. pharmakoökonomische Studien bisher nicht durch Gesetze oder Verordnungen vorgeschrieben sind. Ein direkter Zwang zur Durchführung von Wirtschaftlichkeitsuntersuchungen existiert selbst bei der Zulassung von neuen Arzneimitteln und deren Aufnahme in den Leistungskatalog der Krankenkassen (noch) nicht. Folgende Institutionen kämen daher prinzipiell für die Erstellung von Guidelines in Betracht:[88]

- staatliche Stellen (als übergeordnete Instanz der Gesundheitspolitik, z. B. das Bundesministerium für Gesundheit),
- die Kostenträger im Gesundheitswesen (als Adressaten der Studien, z. B. die Krankenkassen),
- Gruppen von Leistungsanbietern (da diese Wirtschaftlichkeitsaspekte bei der Verwendung von Produkten berücksichtigen wollen, z. B. bei der Formulierung von Positivlisten im Krankenhaus, im niedergelassenen Bereich),
- der Gemeinsame Bundesausschuss (da diesem gemäß § 135 SGB V die Beurteilung der Wirtschaftlichkeit bei der Aufnahme von neuen Methoden in den Erstattungskatalog der GKV obliegt),
- das Institut für Qualität und Wirtschaftlichkeit im Gesundheitswesen (IQWiG) (dessen Auftrag in Zukunft ev. auch die Durchführung von Wirtschaftlichkeitsstudien sein wird),
- der Sachverständigenrat für die Konzertierte Aktion im Gesundheitswesen (als Teilaufgabe der regelmäßig anzufertigenden Gutachten),
- wissenschaftliche Institute (als Träger der Grundlagenforschung),
- die pharmazeutische oder medizintechnische Industrie (als Auftraggeber entsprechender Studien),
- die klinischen Pharmakologen (da klinische Studien häufig Grundlage pharmakoökonomischer Studien sind),

---

[87] Vgl. Schöffski, O. (1995).
[88] Vgl. Schöffski, O. (1999a), S. 573.

• private Auftragsforschungsinstitute (die große Erfahrung mit der Durchführung von Studien haben und mit selbst formulierten Standards ihr Standing verbessern).

Die Formulierung von Guidelines im Ausland löste auch in Deutschland eine Diskussion über Sinn und Unsinn von Richtlinien in diesem Bereich aus. Insbesondere auf Seiten der pharmazeutischen Industrie bestanden die Bedenken, dass durch die „offizielle" Verabschiedung von Richtlinien nicht nur die Methodik vereinheitlicht wird, sondern gleichzeitig ein faktischer Zwang zur Durchführung entsprechender Studien entsteht.[89] Dieses war natürlich nicht gewünscht. Wenn Guidelines jedoch nicht vermeidbar sind, wollte man sich als Hauptauftraggeber der Studien das Mitspracherecht sichern. Dieser Konflikt behinderte viele Monate eine inhaltliche Diskussion über Guidelines, da man die freiwillige Durchführung von gesundheitsökonomischen Studien zwar begrüßt, aber einer Verpflichtung dazu keinen Vorschub leisten will. In eine ähnliche, die inhaltliche Diskussion eher behindernde Richtung gingen die Probleme mit den Begrifflichkeiten: Sollte man von *Guidelines*, *Richtlinien* oder *Empfehlungen* sprechen? Die international gebräuchliche Bezeichnung ist zwar Guidelines, in diesen Begriff wird allerdings (insbesondere von ärztlicher Seite) häufig eine Art Verpflichtung (nicht nur zur Verwendung, sondern auch zur Durchführung) hinein interpretiert, die eigentlich nicht beabsichtigt ist. Hier werden die Begriffe synonym verwendet, da es sich um freiwillige Qualitätskriterien handelt, die keinerlei Verpflichtung zur Durchführung gesundheitsökonomischer Evaluationsstudien beinhalten.

In Deutschland hat sich aufgrund der geschilderten Situation eine dezentrale Lösung auf freiwilliger Basis ergeben. Die ersten Richtlinien, die für Deutschland publiziert wurden, waren die „Hannover Guidelines" der Universität Hannover,[90] es folgten kurz drauf die Empfehlungen der Deutschen Gesellschaft für Klinische Pharmakologie und Therapie.[91] Da aus ökonomischer Sicht Konkurrenz zwar prinzipiell befruchtend ist, aber unterschiedliche Guidelines nicht unbedingt die Durchführung von Studien erleichtern, haben sich in der Folgezeit diese beiden und weitere Gruppen zu der *Konsensgruppe „Gesundheitsökonomie"* zusammengeschlossen. Sie hat 1996 eine gemeinsame Empfehlungen herausgegeben, die in deutscher und englischer Sprache mehrfach in verschiedenen Journals und Sammelwerken publiziert wurden.[92] Nach drei Jahren hat sich erwiesen, dass eine Revision der Empfehlungen erforderlich ist. Der Mitgliederkreis der Gruppe wurde erheblich erweitert, da ein großes Interesse an der Mitarbeit bestand. Der Titel der Empfehlungen und der Name der Gruppe selbst wurden leicht verändert. Schließlich bestand die *Hannoveraner Konsens Gruppe* aus insgesamt 22 Mitgliedern aus Pharmaindustrie, Krankenkassen, Ärzteschaft und universitären Institutionen. Die alten Empfehlungen wurden intensiv diskutiert und es wurde zum Teil heftig um verbesserte Formulierungen gerungen. Dabei wurden auch immer die Guidelines aus anderen Staaten auf ihre Verwendbarkeit geprüft, allerdings musste man auf-

---

[89] Vgl. Kori-Lindner, C., Berlin, M., Eberhardt, R. u. a. (1996).
[90] Vgl. Schulenburg, J.-M. Graf v. d., Greiner, W. (1995).
[91] Vgl. Brecht, J. G., Jenke, A., Köhler, M. E. u. a. (1995).
[92] Vgl. Konsensgruppe „Gesundheitsökonomie" (1996).

grund der spezifischen deutschen Gegebenheiten eine eigenständige Lösung finden. Die derzeit immer noch gültigen Empfehlungen wurden wiederum in einer
Vielzahl von Organen publiziert[93] und sind im Kapitel D 3.2 wiedergegeben.

Die Durchführung von gesundheitsökonomischen Evaluationen ist in Deutschland nicht gesetzlich vorgeschrieben, daher sind selbstverständlich auch die Guidelines unverbindlich. Die Orientierung an den deutschen Richtlinien kann somit
nur im Wege einer freiwilligen Selbsteinbindung geschehen. Auftraggeber sollten
die Einhaltung dieser Richtlinien in den Verträgen festschreiben, die durchführenden Institutionen sollten sich generell daran orientieren und die Adressaten der
Studien sollten nur Ergebnisse von Studien zur Kenntnis nehmen, die diesen Qualitätsanforderungen entsprechen. Die Entwicklung geht tatsächlich in diese Richtung. In Verträgen zwischen Auftraggeber und den durchführenden Institutionen
wird immer häufiger auf die Guidelines verwiesen und auch das derzeit in
Deutschland noch einzige Journal zum Thema, die „Zeitschrift für Gesundheitsökonomie und Qualitätsmanagement" setzt das Einhalten dieser Guidelines für eine Publikation voraus.

In einem so jungen Forschungsgebiet wie der Gesundheitsökonomie können
Guidelines nur immer den derzeitigen Stand der Wissenschaft wiedergeben. Man
muss sich daher darüber im Klaren sein, dass Guidelines weiterentwickelt werden
müssen. Auch die deutschen Empfehlungen bedürfen jetzt sicherlich auch wieder
einer Überarbeitung. Dieses ist bislang unterblieben da zu erwarten ist, dass in nä-
herer Zukunft das IQWiG eigene Durchführungsbestimmungen veröffentlichen
wird, wenn auch die Durchführung von Kosten-Nutzen-Aspekten zum Aufgabenbereich des IQWiG hinzugefügt wird. Solche Durchführungsbestimmungen sind
dann auch dringend erforderlich ist, da entsprechende Studien kostspielig sind und
die Auftraggeber der Studien schon wissen sollten, welches Studiendesign im
Nachhinein auch akzeptiert wird.

Wie sollen die Inhalte von Empfehlungen zur gesundheitsökonomischen Evaluation aber überhaupt aussehen? Sollten Guidelines möglichst „weit" formuliert
sein, um jedes Problem individuell lösen zu können? Dieses hätte zur Folge, dass
bis auf wenige Mindestanforderungen jeder noch im Wesentlichen die Freiheit
hat, sein eigenes Studiendesign zu entwerfen. Oder sollen die Empfehlungen sehr
„eng" sein? Dieses hätte als großen Vorteil die maximale Vergleichbarkeit der
Studien untereinander, kann allerdings zu nicht adäquaten Studienansätzen bei
Spezialfällen führen. Alle bislang national und international formulierten Guidelines präferieren tendenziell den ersten Weg und lassen den durchführenden Institutionen durchaus Freiheiten, da die Problemstellung zum großen Teil auch das methodische Rüstzeug determiniert. Hier sollen Guidelines nur den Rahmen für die
methodische Vorgehensweise abstecken. Explizit geregelt werden im Allgemeinen
einige Detailfragen, bei denen auch weitere Diskussionen keine abschließende Lösung bringen würden (z. B. Höhe des Diskontierungsfaktors, Bewertung der Produktivitätsverluste).

Gesundheitsökonomische Evaluationen waren und sind eine spannende Angelegenheit für alle Beteiligten. Dieses ist auch dadurch begründet, dass die Methodik noch nicht so festgeschrieben ist wie in anderen Bereichen. Dadurch wird ei-

---

[93] Vgl. Hannoveraner Konsens Gruppe (1999).

nerseits die Durchführung und Interpretation von Studien erschwert, auf der anderen Seite gilt es noch neue Ansätze zu entwickeln und zu erforschen sowie offene Fragen zu klären.

Man hört häufig die Kritik, dass die Aussagekraft gesundheitsökonomischer Evaluationsstudien schon deshalb gering ist, weil immer nur Studien mit guten Ergebnissen für das evaluierte Produkt publiziert werden. Dieser Auffassung kann allerdings nicht gefolgt werden. Sicherlich ist es richtig, dass insbesondere die guten Ergebnisse bekannt gegeben werden. Dieses liegt an der Freiwilligkeit der Durchführung und daran, dass die Ergebnispublikation in der Regel in den Verträgen nicht festgelegt ist. Hier wurden die Standards von klinischen Studien noch nicht erreicht. Trotzdem sind publizierte positive Ergebnisse für die Entscheidungsfindung immer noch besser als überhaupt keine Ergebnisse, wenn die Studie nachvollziehbare Qualitätskriterien erfüllt, die beispielsweise in Guidelines festgelegt sind. Solange für ein Produkt die Wirtschaftlichkeit nicht nachgewiesen ist, solange muss es hinter einem anderen Produkt zurückstehen, das diesen Nachweis führen kann.

Die Vorteile einer Standardisierung liegen auf der Hand. Eine Methodenforschung ist nicht mehr notwendig, damit können Studien schneller und billiger realisiert werden. Die Akzeptanz der Studien wird wesentlich steigen, weil die Gestaltungsfreiräume der Auftraggeber enger werden und damit die Adressaten die Ergebnisse besser interpretieren können, da sie die implizit enthaltenen Annahmen kennen.

Trotzdem dürfen auch die negativen Auswirkungen einer Standardisierung nicht übersehen werden. Entscheidungsträger könnten verleitet werden, die Ergebnisse unreflektiert zu nutzen. Außerdem müssen die methodischen Ansätze, insbesondere bei Fragen der Berücksichtigung von Lebensqualitätseffekten, noch weiterentwickelt werden. Dieses würde faktisch unterbunden, wenn jetzt schon verbindliche Normen gesetzt würden. Hier müssen Guidelines genügend weit formuliert sein.

Nachdem bislang in erster Linie über die Problematik der Guidelines im deutschen Kontext geschrieben wurde, darf natürlich der internationale Kontext nicht vernachlässigt werden. So wurde auch in einer Reihe von Ländern in den letzten Jahren Guidelines formuliert, die hier nicht im Einzelnen dargestellt werden können. Einen kurzen Einblick über Heterogenität und Konsistenz der verschiedenen Ansätze gibt die Tabelle 3.1.

Tabelle 3.1. Vergleichender Überblick über Guidelines[94]

Herkunft der Empfehlung	Australien - Common Wealth Department	Kanada-Ontario	Finnland -Ministerium für Gesundheit und Soziales
Hintergrund			
Autoren	Mitglieder des Pharmaceutical Benefit Advisory Committee (PBAC).	Gesundheitsministerium von Ontario	Miisterium für Gesundheit und Soziales
Jahr der letzten Überarbeitung	1995	-	-
Jahr der ersten Implementierung	1993	-	1999
Zweck der Empfehlung	Leitlinie für die Sponsoren von Studien zur Umsetzung und Darstellung klinischer Effektivitätsdaten sowie eine Übersicht über die am weitesten verbreiteten Formen ökonomischer Evaluationen.	Leitlinie zur Kommunikation und Darstellung ökonomischer Sachverhalte bei Einreichung neuer Produkte (aber außerhalb der reinen Preissetzung).	Darstellung einer einfachen Bewertung der Kosten von Arzneimitteln und anderer alternativen Therapien sowie Gegenüberstellung des jeweiligen Nutzen.
Zielgruppe	Hersteller (Unternehmen, die eine Eingabe beabsichtigen).	Hersteller	Hersteller
Methodik			
Perspektive	Gesellschaftliche sowie Perspektive des Gesundheitssektors (Kostenträger)	Gesundheitssektor (Kostenträger) und/oder gesellschaftliche Perspektive	Gesellschaftliche Perspektive
Nutzenparameter	Effektivität als patientenrelevanter Nutzen. Lebensqualität (QoL)	Zunächst die Effektivität, dann die Effizienz. Nichtmonetärer Nutzen (QALYs), monetärer Nutzen (Zahlungsbereitschaft) sowie anderer patientenrelevanter Nutzen.	-
Bevorzugte Studienformen	Kosten-Minimierungs-Analyse (CMA), Kosten-Effektivitäts-Analyse (CEA), Kosten-Nutzwert-Analyse (CUA)	Kosten-Konsequenz-Analyse (CCA), CEA, CUA, Kosten-Nutzen-Analyse (CBA). Keine spezifische Präferenz für eine der Methoden.	CMA, CEA, CUA, CBA. Auswahl der Methode muss begründet werden.
Bewertung der Kosten-Effektivität	Inkrementelles Kosten-Effektivitäts-Verhältnis (ICER)	Inkrementelles Kosten-Effektivitäts-Verhältnis (ICER)	Inkrementelles Kosten-Effektivitäts-Verhältnis (ICER)
Modellierung	Ja, zur Abbildung patientenrelevanter Zustände und Ereignisse, die nicht in einem RCT erhoben werden können. Methoden: Markov-Modelle, Entscheidungsbäume, Monte-Carlo-Simulation	Ja, zur Abbildung zukünftiger Kosten (gesamte Patientenkarriere). Der Zeithorizont muss ausführlich begründet werden.	Ja, soweit sich die Behandlungssituation verändert hat, und aktuelle (empirische) Daten nicht vorliegen.

---

[94]   Vgl. dazu Hoffmann, C., Schulenburg, J.-M. Graf v. d. (2000), Schulenburg, J.-M. Graf v. d., Hoffmann, C. (2000), Murray, C. J., Evans, D. B., Acharya, A., Baltussen, R. M.

Niederlande - Empfehlungen für pharmakoökonomische Studien	Schweden - LFN	Frankreich - Collège des Économistes de la Santé	Großbritannien - NICE
Beirat der Krankenversicherung	Mitglieder des Pharmaceutical benefits Board	Wissenschaft und Industrie	Beirat (Wissenschaft und NICE)
1999	2003	2003	2004
2000	2003	1997	2000
Darstellung der aktuellen internationalen Methodik für pharmakoökonomische Studien als Referenz für nachvollziehbare Schlussfolgerungen über den therapeutischen Wert eines Arzneimittels.	Einfache Leitlinie mit der Darstellung wesentlicher Grund-prinzipien ges.-ök. Studien, die für die Bewertung durch die LFN von Bedeutung sind.	Ausführliche und strukturierte Leitlinie für das Anfertigen ges.-ök. Studien	Empfehlungen für das Einreichen von Eingaben durch Hersteller und Sponsoren von Technologien.
Ministerium für öffentliche Gesundheit, Soziales und Sport	Hersteller	Autoren und Hersteller	Hersteller und Sponsoren
Gesellschaftliche Perspektive	Gesellschaftliche Perspektive	Gesellschaftliche sowie Kostenträgerperspektive (inkl. Krankenhaus).	Kostenträger- bzw. Entscheidungsträgerperspektive des NHS sowie der Pflegeversicherung (PPS)
Zunächst die Effektivität, dann die Effizienz. Lebensqualität (QALYs) sind als Index- oder Profilinstrument zu erheben.	QALYs als wesentlichstes Effektivitätskriterium. Daneben gewonnene Lebensjahre. Surrogatparameter möglich. Dann aber Auswirkungen auf Morbidität und Mortalität aufzeigen.	Effektivität vor Effizienz. Finale Endpunkte, Surrogatpunkte, Lebensqualität (QALYs)	Langfristige Effektivität. Lebensqualität, Morbidität und Mortalität. Endpunkte.
CEA oder CUA. Eine reine Kosten-Nutzen-Analyse sollte nicht erfolgen.	CUA, CEA, CBA.	CEA, CUA, CMA	CEA oder CUA. Subgruppenanalyse, soweit Unterschiede zu vermuten sind. Unterscheidung zwischen Hochrisikopatienten und der allgemeinen Patientenpopulation.
Inkrementelles Kosten-Effektivitäts-Verhältnis (ICER) sowie Gesamtkosten.	Inkrementelles Kosten-Effektivitäts-Verhältnis (ICER)	Inkrementelles Kosten-Effektivitäts-Verhältnis (ICER)	Inkrementelles Kosten-Effektivitäts-Verhältnis (ICER)
Ja, soweit die primären Daten keinen ausreichenden Einblick in die langfristigen Effekte und Kosten ermöglichen.	Ja, soweit keine guten empirischen Daten vorliegen. Insbesondere zur Übertragung internationaler Studienergebnisse auf die lokalen Verhältnisse einen längerfristigen Zeitrahmen sind Modelle gut geeignet.	Ja, um Nutzen und Kosten gleichzeitig zu analysieren. Insbesondere bei langen Bewertungszeiträumen, indirekten Vergleichen sowie zur Kalkulation von Budgeteffekten.	Ja. Modelle schließen die Lücke zwischen Wirksamkeit und Effizienz, indem sie beide Perspektiven integrieren.

(2000), Hjelmgren, J., Berggren, F., Andersson, F. (2001), und Weinstein, M. C., O'Brien, B., Hornberger, J., Jackson, J., Johannesson, M., McCabe, C. u. a. (2003).

Mit rein nationalen Lösungen bei der Vereinheitlichung der Methodik wird man allerdings nicht weit kommen und zwar aus folgenden Gründen:

- Der zunehmende Druck für Entscheidungsträger im Gesundheitswesen, die knappen Ressourcen effizient einzusetzen, ist ein globales Problem.
- Ökonomische Analysen werden als prospektive Studien parallel zu klinischen Studien geführt. Diese klinischen Studien ihrerseits stehen in einem multinationalen Kontext.
- Die internationale Gesundheitsindustrie hat ein großes Interesse, die Evaluation von einem Setting in ein anderes zu übertragen und nationale Studienergebnisse miteinander zu vergleichen.
- Eine länderübergreifende einheitliche Methodik verhindert die unnötige Duplizierung von Studien und trägt damit zur Kostensenkung bei.
- Fachwissen und Information kann international genutzt werden.
- Eine internationale Standardisierung trägt dazu bei, die Glaubwürdigkeit und Nutzungsmöglichkeiten von Studien zu verbessern und es wird wahrscheinlicher, dass sie als Instrument bei der Entscheidungsfindung dienen können.
- Der Übergang zu einer Zentralisierung für Preisfestsetzung und Erstattungsfähigkeit von Arzneimitteln innerhalb der Europäischen Union könnte durch die Anwendung internationaler Guidelines vereinfacht werden. Auch umgekehrt gilt der Zusammenhang: Die Entwicklung hin zu einem zentralisierten Verfahren könnte den Bedarf nach internationalen Guidelines fördern.

Mit der Standardisierung der Methodik innerhalb Europas haben sich in den vergangenen Jahren verschiedene Projekte beschäftigt, die durch Forschungsgelder der EU-Kommission finanziert wurden. Ein wichtiger Impuls wurde durch das HARMET-Projekt gegeben,[95] bei dem europäische Gesundheitsökonomen einen Konsens über die Inhalte grundlegender Begriffe gesundheitsökonomischer Studien erzielten. Hieran anknüpfend konzentrierte sich das von der EU-Kommission geförderte EUROMET-Projekt[96] auf die Standardisierung der Evaluationsmethoden in der Europäischen Union. An EUROMET waren vierzehn Gesundheitsökonomen aus elf europäischen Ländern beteiligt. Neben der Standardisierungsdiskussion befassten sie sich schwerpunktmäßig mit der Untersuchung des Einflusses von Evaluationsstudien auf die gesundheitspolitische Entscheidungsfindung. Das vorliegende Konsenspapier der EUROMET-Gruppe skizziert wichtige Anforderungen an gesundheitsökonomische Studien, die auch in den existierenden nationalen Guidelines bereits Berücksichtigung gefunden haben. Darüber hinaus werden hier auch einige weitergehende methodische Aspekte im Bereich der Diskontierung und der Lebensqualität angesprochen. Die Empfehlungen, die hier

---

[95] HARMET = The Harmonisation by Consensus of the Methodology for Economic Evaluation of Health Care Technologies in the European Union, project no. BMH1-CT94-1252.

[96] EUROMET = European Network on Methodology and Application of Economic Evaluation Techniques, project no. BMH4-CT96-1666, Vergleich dazu auch Schulenburg, J.-M. Graf v. d. (Hrsg.) (2000), und Schulenburg, J.-M. Graf v. d., Eberhardt, S., Stoklossa, C. (Hrsg.) (2004).

gegeben werden, sind Mindestanforderungen, die zu diskutieren und weiter zu entwickeln sind. In diesem Stadium wird das europäische Konsenspapier nicht notwendigerweise als ein Substitut für nationale Empfehlungen gesehen. In den Ländern, in denen nationale Guidelines bisher nicht existieren, können diese Empfehlungen Anregungen für ein nationales Konzept geben. In Unterkapitel D 3.3 sind die EUROMET-Guidelines wiedergegeben.

3.2
Deutsche Empfehlungen zur gesundheitsökonomischen Evaluation – Revidierte Fassung des Hannoveraner Konsens – der Hannoveraner Konsens Gruppe

Einführung

Finanzielle Restriktionen und eine stärkere Ergebnisorientierung erfordern mehr und mehr rationale Entscheidungen über den Mitteleinsatz im Gesundheitswesen. Solche Entscheidungen sind Gegenstand medizinischer, ethischer und wirtschaftlicher Erwägungen. Die Steuerung des Gesundheitswesens bedarf sowohl auf gesamtwirtschaftlicher Ebene der medizinischen und wirtschaftlichen Orientierung, als auch bei der Auswahl von geeigneten Versorgungsformen in Klinik und Praxis. Die evaluative Gesundheitsökonomie kann dabei ein wichtiges Hilfsmittel zur Entscheidungsfindung sein.

Damit die Ergebnisse von gesundheitsökonomischen Evaluationsstudien valide interpretiert werden können, ist ein Mindestmaß an gemeinsamer Methodik und ausreichender Transparenz erforderlich. Zu diesem Zweck wurden die nachfolgenden Empfehlungen entwickelt. Sie sollen einerseits Standards vermitteln, andererseits den methodischen Fortschritt und die wissenschaftliche Freiheit in der Gesundheitsökonomie nicht unnötig einengen. Es werden daher nur an den Punkten Regelungen vorgegeben, die theoretisch und praktisch als unabdingbare Mindestanforderungen für Evaluationen gelten können und bereits heute den Standard qualitativ gehobener Studien bilden. Für die Zukunft ist eine ständige Weiterentwicklung der Empfehlungen und ihre Anpassung an den jeweiligen Stand der gesundheitsökonomischen Forschung anzustreben. Die Konsensgruppe „Gesundheitsökonomie" ist eine auch in Zukunft offene Arbeitsgemeinschaft von Institutionen der Wissenschaft und Praxis und wird deshalb weiterhin Empfehlungen zur gesundheitsökonomischen Evaluationsforschung erarbeiten.

Studiendesign

Eine gesundheitsökonomische Studie soll analog den wissenschaftlichen Gepflogenheiten konzipiert und aufgebaut werden. Dazu gehört die Darstellung der Zielsetzung, stringente Herleitung der Hypothesen, Angaben zur Methodik, Begründung der zu bewertenden Alternativen sowie Definition der Perspektive und der Zielpopulation. Bezüglich der letztgenannten Größe ist sowohl zu definieren, von welchen Patienten Daten erhoben wurden als auch für welche Patienten die Ergebnisse angewendet werden sollen. Ein Studienprotokoll zu medizinischen, ökonomischen und statistischen Fragestellungen und Verfahren muss vor Beginn einer jeglichen Erhebung erstellt werden. Grundsätzlich soll dabei ein möglichst realitätsnahes Studiendesign angestrebt werden.

Distributive und ethische Fragestellungen können in die Studie aufgenommen werden, sofern das primäre Studienziel dies erfordert. Sie sollten jedoch durch empirisches Datenmaterial unterlegt und anhand der einschlägigen Literatur diskutiert werden. Diese Aspekte sind streng getrennt von den ökonomischen Fragestellungen zu behandeln.

Studienformen

Gesundheitsökonomische Studien lassen sich nach Art der untersuchten Zielgrößen und nach ihrem analytischen Ansatz klassifizieren. Die Wahl der Analyseart hängt vom Studiengegenstand und dem Zweck der Studie ab und ist entsprechend zu begründen. Es kann sich sowohl um Studien zur Ermittlung der Kosten handeln, die von einer Krankheit oder einzelnen Gesundheitsleistungen verursacht werden, als auch um vergleichende Studien zur Abschätzung von Kosten und Konsequenzen verschiedener Maßnahmen.

Systematik von vergleichenden gesundheitsökonomischen Untersuchungen	
Untersuchungsart	Aussageebene, Quantifizierung
Kosten-Minimierungs-Analyse	Kostengrößen unter Annahme der klinischen Ergebnisgleichheit
Kosten-Wirksamkeits-Analyse	Kostengrößen, gleichartige Ergebnisgrößen
Kosten-Nutzwert-Analyse	Kostengrößen, aus verschiedenen Ergebnisgrößen zusammengesetzte Nutzwertgröße
Kosten-Nutzen-Analyse	Kostengrößen, Ergebnisgrößen in Geldeinheiten

Kosten-Nutzen-Analysen sind nur dann zu empfehlen, wenn die methodischen Probleme bezüglich der Bewertung intangibler Effekte in Geldeinheiten hinreichend gelöst sind.

Ergänzende Studienformen sind solche, die keinen vergleichenden Charakter haben. Hier ist insbesondere die Krankheitskosten-Analyse zu nennen. Sie soll Aufschluss geben über die Häufigkeit der Krankheit, Art der Therapie, Häufigkeit und Kosten der Therapie sowie die sonstigen Rahmenbedingungen der betreffenden Krankheit. Diese Studienform hat besondere Bedeutung bei der Einschätzung der volkswirtschaftlichen Relevanz einer Krankheit. Im Rahmen von Krankheitskosten-Analysen können bezüglich definierter Subgruppen auch deskriptiv Kostenvergleiche vorgenommen werden.

Hinsichtlich der Durchführung prospektiver Studien sollen die entsprechenden Qualitätsrichtlinien nach dem aktuellen Kenntnisstand (insbesondere Good Clinical Practice – GCP – bei randomisierten klinischen Studien und die Empfehlungen der Cochrane-Gruppe) Anwendung finden. Bei anderen prospektiven und retrospektiven Studien sollen die Literaturrecherche, die Bewertung der herangezogenen Literatur, die durchgeführten Berechnungen und Modellierungen sowie die verwendeten Computerprogramme eingehend und nachvollziehbar dokumentiert und ihre Annahmen deutlich begründet werden.

Perspektive

Als Perspektive wird der Standpunkt bezeichnet, aus dessen Sicht die Kosten und Nutzen erfasst und bewertet werden. Neben der gesellschaftlichen/volkswirtschaftlichen Perspektive, die den umfassendsten Ansatz darstellt, sind andere Perspektiven möglich (z. B. Sichtweise der Krankenkassen, Krankenhausverwaltungen, Ärzte, Patienten). Die Perspektivenwahl muss begründet und logisch aus der Fragestellung herausgearbeitet werden. Werden mehrere Perspektiven in einer Studie eingenommen, sind die Annahmen und Ergebnisse getrennt für jede Studienperspektive anzugeben.

Alternativenwahl

Das Ziel einer gesundheitsökonomischen Evaluation besteht im krankheitsspezifischen Vergleich einer Therapie mit Handlungsalternativen. Der Vergleich soll vor dem Hintergrund einer möglichst vollständigen Beschreibung der Versorgungspfade vorgenommen werden. In der Studie soll ein Vergleich mit der häufigsten, der klinisch wirksamsten oder der effizientesten Handlungsalternative vorgenommen werden. Dabei muss gegebenenfalls auch die Alternative der Nichtbehandlung berücksichtigt werden. Die Wahl der Referenzalternative(n) ist zu begründen.

Validität und Datenquellen

Die Datenquellen für gesundheitsökonomische Evaluationsstudien betreffen sowohl Informationen zur medizinischen Wirksamkeit bestimmter Handlungsalternativen, als auch Informationen zu ökonomischen Folgen dieser Handlungsalternativen. Weiterhin sollten ökonomische, medizinische und epidemiologische Rahmenbedingungen der Versorgung berücksichtigt werden. Alle in einer gesundheitsökonomischen Evaluation verwendeten Datenquellen sind genau zu beschreiben, ihre Auswahl hinsichtlich des Studienziels zu begründen und hinsichtlich ihrer Eignung und ihrer Validität zu bewerten. Dabei ist sowohl auf die interne als auch auf die externe Validität der Studienaussagen einzugehen.

Die vergleichende Quantifizierung der Effektivität von Handlungsalternativen verlangt Studien mit einem experimentellen Design, wie sie durch randomisierte, kontrollierte Studien im Rahmen von Arzneimittelprüfungen vorgenommen werden. Schon als Voraussetzung von ökonomischen Überlegungen sind derartige Studien zur Feststellung der medizinischen Wirksamkeit unverzichtbar. Sie können oft nicht als alleinige Informationsgrundlage einer gesundheitsökonomischen Bewertung dienen: Einerseits ist eine realistische Schätzung des Kostenanfalls unter Studienbedingungen oft nicht möglich, weil sich die Inanspruchnahme einiger Leistungen aus dem Prüfplan ergibt. Andererseits sind klinische Studien oft zu kurz, ihre Indikation häufig zu eng eingegrenzt und ihre Populationen im Hinblick auf Ein- und Ausschlusskriterien (z. B. Komplikationen und Alter) zu stark selektiert. Ferner wird ihr Stichprobenumfang in der Regel nur in der Absicht festgelegt, die medizinische Wirksamkeit einer Handlungsalternative zu prüfen, und ist deshalb oft zu gering, um seltene Ereignisse mit schwerwiegenden ökonomischen Folgen abbilden zu können. Daher werden zur Herstellung der externen Validität in der Regel modellhafte Überlegungen erforderlich sein, die zusätzlich durch Beobachtungsstudien abgesichert werden können. Bei der Einbeziehung von Expertenmeinungen in solchen Berechnungen sind die Auswahlkriterien des entsprechenden Panels sowie der Prozess der Konsensbildung detailliert zu beschreiben.

Kostenermittlung

Grundsätzlich sind alle für die gewählte Perspektive relevanten Kosten und Ergebnisgrößen zu ermitteln und zu berücksichtigen. Als direkte Kosten sollen alle Ressourcenverbräuche inklusive Kapital- und Verwaltungskosten aufgeführt werden, die mit der medizinischen Behandlung in Zusammenhang stehen. Direkte medizinische Kosten entstehen unmittelbar durch die Behandlung (z. B. Kosten der Medikamente, Personalkosten). Als direkte nicht-medizinische Kosten sollen alle durch die Folgen der Behandlung oder Erkrankung hervorgerufenen Ressourcenverbräuche aufgeführt werden (z. B. Diät- oder Transportkosten). Ist die untersuchte Maßnahme Teil einer Gesamtbehandlungsstrategie bzw. bedingt sie Notfall- oder Folgetherapien, sollten nach Möglichkeit alle durch die Maßnahme verursachten Veränderungen des weiteren Ressourcenverbrauchs ermittelt werden.

Die Ressourcenverbräuche sollen getrennt von den Preisen als Mengeneinheiten ausgewiesen werden. Idealerweise erfolgt die Bewertung der direkten und indirekten Ressourcenverbräuche mit Hilfe der Opportunitätskosten. Auf diese Weise wird festgestellt, welchen Nutzen die eingesetzten Mittel in der nächstbesten Alternative erreicht hätten. Ressourcenverbräuche sollten daher mit Fremdbezugspreisen bewertet werden. Wenn dies nicht möglich ist, kommen auch administrierte Entgeltwerte (z. B. aus Gebührenordnungen) und Durchschnittswerte in Frage.

Eine Marginalbetrachtung ist anzustreben, um die Kosten und Ergebnisse einer zusätzlich produzierten Einheit zu quantifizieren. Durchschnittswerte sollen nur dann verwendet werden, wenn Marginalwerte nicht zur Verfügung stehen. In diesem Fall ist explizit auf die Verwendung von Durchschnittswerten hinzuweisen.

Für die Interpretation der Kosten muss eine Überschätzung durch Kosten, die nicht originär der Krankheit selbst zugeordnet werden können, vermieden werden. Bestehende Ineffizienzen im System und ihre Kostenwirkungen sollten bei einer gesellschaftlichen Betrachtungsweise ebenfalls getrennt ausgewiesen bzw. diskutiert werden.

Als indirekte Kosten gelten alle sonstigen Kosten, die mittelbar durch die Behandlung bzw. die Erkrankung verursacht werden. Hierzu zählen die durch Krankheit bedingten Produktivitätsverluste am Arbeitsplatz sowie bei unentgeltlicher Tätigkeit (z. B. Hausarbeit). Neben den Verlusten durch Abwesenheit von diesen Tätigkeiten ist die Einschränkung der Leistungsfähigkeit (während dieser Tätigkeiten) getrennt auszuweisen. In den meisten Studien werden nur die Produktivitätsverluste erfasst. In diesem Falle sollte dieser Begriff dem Ausdruck „indirekte Kosten" vorgezogen werden.

Aufgrund der Arbeitsmarktsituation können Arbeitsplätze im Allgemeinen in relativ kurzer Zeit neu besetzt werden. Eine Möglichkeit, diesem Sachverhalt gerecht zu werden, ist es, als Produktivitätsverlust nur die Periode bis zur Neubesetzung des Arbeitsplatzes (Friktionsperiode) zu bewerten. Kurzfristige Arbeitsausfälle sind vorsichtiger zu bewerten, da zum Teil die Aufgaben während der Erkrankung von anderen Mitarbeitern beziehungsweise nach der Behandlung von den Betroffenen selbst erledigt werden.

Die Produktivitätsverluste sollen mit dem individuellen periodenbezogenen Einkommen der betroffenen Studienteilnehmer bewertet werden. Falls keine detaillierten Daten zur Verfügung stehen, kann eine erste grobe Schätzung anhand der Daten des Statistischen Bundesamtes wie folgt vorgenommen werden:

$$\text{Produkt.verlust} = \text{Arbeitsunfähigkeitstage} \cdot \frac{\text{Bruttoeinkommen aus unselbständiger Arbeit}}{\text{Zahl abhängig Erwerbstätiger} \times 365 \text{ Tage}}$$

Bei den Arbeitsunfähigkeitstagen sind bei dieser Berechnungsmethode auch Sonn- und Feiertage zu berücksichtigen. Der durchschnittliche Produktivitätsverlust wird ebenso für selbständig Tätige verwendet.

Je nach Perspektive können auch Transferzahlungen berücksichtigt werden, wobei allerdings die Gefahr der Mehrfachbewertung beachtet werden muss.

Erhebung der Ergebnisparameter

Die Eignung von Ergebnisparametern hängt sowohl von der Indikation als auch von der Fragestellung der ökonomischen Evaluation ab. Im Rahmen der dadurch vorgegebenen Bandbreite können sowohl mortalitäts- und morbiditätsbezogene Parameter als auch klinischer, nicht-intermediärer Status, lebensqualitätsbezogene Ergebnisse und ähnliche Parameter Verwendung finden. Die Wahl der Ergebnisparameter ist vorab zu treffen und zu begründen. Der Vergleich zwischen verschiedenen Evaluationsstudien wird erleichtert durch die Wahl von Ergebnisparametern, die in der Literatur validiert und geläufig sind. Dabei sollte auf die Empfehlungen der jeweiligen Fachgesellschaft zurückgegriffen werden.

Zeithorizont

Die Wahl des Zeithorizonts hängt von dem Studiengegenstand ab und kann von wenigen Wochen bis zu mehreren Jahren bei chronischen Krankheiten reichen. In jedem Fall ist der gesamte Zeitraum zu wählen, in dem ein Einfluss einer Handlungsalternative auf den Ressourcenverbrauch, die Effektivität, den Nutzwert oder die Lebensqualität zu erwarten bzw. durch Daten belegt ist.

Diskontierung

Wenn Kosten und/oder Ergebnis über mehr als ein Jahr anfallen, ist die Berechnung von Gegenwartswerten notwendig, um eine Vergleichbarkeit der Zahlungsströme und des assoziierten Nutzens zu gewährleisten. Als jährliche Diskontierungsrate ist 5 Prozent anzusetzen, wobei in Sensitivitätsanalysen mit höheren und niedrigeren Diskontierungssätzen (z. B. 0, 3, 10 Prozent) die Robustheit der Ergebnisse überprüft werden soll. Außerdem sind nicht-monetäre Kosten und Ergebnisse in einer gesonderten Rechnung zu diskontieren.

Sensitivitätsanalyse

In der Sensitivitätsanalyse soll der Einfluss von unsicheren und/oder geschätzten Kosten- und Ergebnisparametern auf das Resultat einer ökonomischen Evaluation untersucht werden. Für die Veränderung der exogenen Größen werden dabei bestimmte Eckwerte verwendet, die sich entweder aus sachlichen Überlegungen oder durch schematische Variation, etwa um einen Prozentwert innerhalb bestimmter Schwankungsbreiten ergeben. Die Sensitivitätsanalyse auf Zufallsschwankungen der exogenen Größen erübrigt sich dann, wenn die Ergebnisgröße mit ihrer Streuung dargestellt wird. In diesem Fall ist eine analytische Darstellung des Zusammenhangs zwischen Ergebnisgröße und exogenen Größen oder auch als Entscheidungsbaum vorteilhaft.

Die Ergebnisse der Sensitivitätsanalyse sind kritisch zu diskutieren. Die Schlussfolgerungen sind hinsichtlich ihrer Beständigkeit und einschließlich ihrer ethischen Implikationen darzustellen.

Publikation der Ergebnisse

Gesundheitsökonomische Studien müssen transparent sein. Ihre Qualität hängt damit auch vom Umfang ihrer Publizität ab. Die Publikation der Ergebnisse sollte möglichst in Zeitschriften erfolgen, die vor Veröffentlichung ein internes Begutachtungsverfahren (Peer-Review) durchführen. Dabei sollen nicht nur Zeitschriften mit gesundheitsökonomischen Themenstellungen berücksichtigt werden, sondern auch die wissenschaftlichen Zeitschriften des jeweiligen medizinischen Fachgebietes. Bei methodisch aufwändigen Studien ist es vorteilhaft, neben der

Publikation eine ausführliche Methodendokumentation zu erstellen, die auf Wunsch zur Verfügung gestellt werden kann.

Bedeutende Ergebnisse sollten aggregiert und disaggregiert dargestellt werden. Die Ergebnisse der Studie sind mit den Resultaten von anderen Studien mit ähnlicher Fragestellung zu vergleichen. Auf methodologische Unterschiede und differierenden Studienbedingungen sollte hierbei hingewiesen und detailliert eingegangen werden, da unterschiedliche Studienbedingungen und -populationen zu verschiedenen Ergebnissen beitragen können. Insofern sind die Ergebnisse aus der jeweiligen Studienperspektive spezifisch zu interpretieren. Soweit möglich sollte auch die potentielle Relevanz der Studienergebnisse für die Entscheidungsträger dargestellt werden.

Eine Publikation der Studie ist unabhängig vom Ergebnis anzustreben. Bei der Veröffentlichung sind die Beziehungen zwischen Auftraggeber und durchführender Institution offenzulegen.

Mitglieder der Hannoveraner Konsens Gruppe:
Bestehorn, K., Biller, M., Brecht, J. G., Clouth, J., Fricke, F.-U., Glaeske, G., Greiner, W., Hartmann, G., Kamke, K., Köhler, M., Kilburg, A., Lauterbach, K. W., Leidl, R., Mast, O., Naujoks, C., Rychlik, R., Schöffski, O., Schulenburg, J.-M. Graf v. d., Thürmann, P. A., Volmer, T., Waldorf, K., Weinreich, J.

3.3
Consensus on a Framework for European Guidelines
– Declaration of the EUROMET Group –

Study frame

A health economic evaluation study has to be designed according to scientific state of the art. The research question being addressed in the study should be clearly stated. At the outset of a study report the hypothesis, the identification of the target population, the study perspective, the reasons for choosing the comparators and the methods used should also be explicitly outlined. The study design should be as realistic as possible.

Analytical technique

The choice of the study type of economic evaluation depends on the study question and the purpose being pursued. Various techniques exist, which have serious strengths and weaknesses. Therefore, the reason for choosing the technique should be stated. Economic evaluation studies aim at comparing different health technologies and therapies to a related set of study types that are comparative in nature. Those which are not comparative in nature are also possible, e. g. cost-of-illness studies. This type of study aims at providing information on the prevalence of a disease, the frequency, the treatment methods and the economic impact of a given disease. The reasons for the choice of the study type should be given.

Study perspective

The societal perspective is the broadest viewpoint for an economic evaluation, since it includes all costs and outcomes regardless of whom they accrue. For this reason, the societal view, including productivity changes, should be adopted if the study question does not require a narrower perspective. If the study is conducted from more than one perspective the results should be presented in a disaggregated way. The reason for the choice of perspective should be clearly stated and should be logically derived from the study question.

Selection of alternatives

The alternatives being compared should be described in detail and the choice must be justified. A comparison with the most commonly used, the clinically most effective or the currently most efficient alternatives is recommended. In the case where there is no other option, include the alternative of "doing nothing".

Data collection

Information on both the medical efficacy and safety and the economic impact of various treatments should be considered in a health economic study. Any data source has to be described in detail and the reason for choice has to be reported. An economic evaluation may be based on a single efficacy study (e. g. a clinical trial), on a meta-analysis of a number of effectiveness studies or on large observational and epidemiological data. It must be completed with a systematic review of the literature. Clinical trials may be the best way for collecting the data base of economic evaluation studies. However, attention should be drawn to the experimental design of those studies. Clinical trials may not reflect clinical and medical consequences of medical technology in day to day practice. The gap between trials and real clinical practice can be filled by results from observational studies. Details of the design and the results of that study have to be outlined.

Costing

All relevant costs in reference to the viewpoint specified should be identified, collected and reported. Ideally, all costs should reflect full opportunity cost including capital and overhead cost. Physical units of resource use should be collected and reported separately from the costs of resources. It is advisable to evaluate resource use with respect to extraneous reference prices. If this is not possible, administration remuneration values (e. g. fee schedules) and average values may be considered. In order to determine the extra cost of an additional benefit a marginal view needs to be adopted. Average values only should be used if marginal data is not available. In this case, the use of average values has to be clearly reported. In the long run, average cost data is often acceptable as a proxy for marginal cost. The societal viewpoint involves consideration of productivity changes. An estimation of indirect cost includes the resource use resulting indirectly in the medical treatment, e. g. productivity losses at work. Direct and indirect costs must be presented in a disaggregated way. Reference should be made to the quality of data.

When calculating indirect costs it is important to keep in mind that European economies are characterised by unemployment. Therefore, jobs can be filled within a short space of time. It is recommended to base the productivity losses on the period it takes until the position is filled (friction period). Attention should also be drawn to short time periods of absence. Tasks may be fulfilled by colleagues during the illness or by the patient himself following the recovery. Therefore, short absence of work should be evaluated more cautiously.

Outcome Measurement

The choice of outcome parameters depends on both the question and the indication addressed in the analysis. Possible outcome measures are mortality and morbidity-related parameters, clinical non-intermediary endpoint and quality of life outcomes. The primary outcome measures should be clearly reported.

When values for health states are used to weight life years, a distinction should be made between (1) estimating the quality of life associated with different states (= individual utility) and (2) modelling society's valuation of different health programs. The latter should include concerns for equity that go beyond quality of life considerations, see section "Equity" below.

In modelling society's valuations of programs, it is important to encapsulate the general public's perceptions of the undesirability of different states of illness and disability. Rating scales may be helpful in measuring such perceptions at an ordinal level. To estimate utilities with cardinal properties, use of willingness to sacrifice measures are required. The time trade-off is recommended, but the standard gamble and willingness to pay may also be used.

The general public's perceptions of health states should be as informed as possible. This implies that when valuations of health states are elicited from members of the general public, respondents should, as part of the valuation procedure, be informed as to how the states in question are felt and valued by people who have or have had personal experience with them, i. e. patients, former patients and disabled people.

When generic quality of life indexes are used to assign utilities to health states, one should carefully discuss the degree to which the above requirements are satisfied.

Time Frame

The time horizon over which costs and benefits are considered depends on the study question and may range from a few weeks to several years in the case of chronic diseases. The time frame should be long enough to capture all effects of alternatives analysed on resource use, efficacy, utility or quality of life. As the availability of data is often limited, the time horizon has to be restricted. In this case, models can be used to estimate long-term costs and outcomes. A decision for a shortened time horizon (e. g. for practical reasons) has to be justified and an estimation of any possible bias has to be given.

Discounting for time preference

Discounting of costs and benefits is necessary when costs and consequences occur at different points of time. For the purpose of comparing studies a discount rate of at least 5 % for all costs and benefits is recommended. If national guidelines require rates different to 5 %, both the national rate and the 5 % rate should be considered. Higher and lower rates should be used in a sensitivity analysis. Non-monetary costs and benefits should be discounted in a separate calculation. If costs or benefits are not discounted an explanation should be given.

The purpose of the suggested discount rate of 5 % is to devalue costs and benefits for *distance in time* only, for instance when comparing the benefits of curative and preventive programs. Benefits that arise at the same time may differ with respect to the number of years people have to enjoy them. This is a matter of *duration* rather than distance in time. Differences in duration need to be valued or in effect discounted - independently, see section "Equity".

Sensitivity analysis

Sensitivity analysis should be conducted to test the robustness of the study results with respect to a variation of assumptions and socio-economic and medical parameters. An explanation as to which parameters are taken and which are not should be given and the variation must be justified.

Equity

The societal value of a health care program is a function not simply of the total number of life years or QALYs produced, but also of the degree to which concerns for equity are respected. Such concerns may include a preference for treating the severely ill before the less severely ill (all else equal), a preference for equity in health and a preference for not discriminating too strongly against those with a lesser capacity to benefit, be it in terms of lesser increases in their level of functioning or fewer years that their improved functioning may be enjoyed. Because of such concerns, the priority rating that the general public would assign to different health programs may not be reflected in conventional cost-effectiveness and cost utility ratios, which may need to be adjusted. Research is needed to develop more valid indicators of the societal value of health care programmes. When decisions are made at the societal level the normative basis and the other factors determining priorities besides economic evidence should thus be explored and made transparent.

Members of the EUROMET group:
Abbühl, B., Brandt, A., Dolan, P., Drummond, M. F., Jönsson, B., Launois, R., Leidl, R., LePen, C., Nord, E., Pinto, C., Rovira, J., Rutten, F., Schulenburg, J.-M. Graf v. d., Sintonen, H.

4 Die Übertragbarkeit internationaler Ergebnisse auf nationale Fragestellungen

W. Greiner, O. Schöffski, J.-M. Graf. v. d. Schulenburg

Fakultät für Gesundheitswissenschaften, Gesundheitsökonomie und Gesundheits-
management, Universität Bielefeld
Lehrstuhl für Gesundheitsmanagement, Universität Erlangen-Nürnberg
Forschungsstelle für Gesundheitsökonomie und Gesundheitssystemforschung,
Universität Hannover

4.1
Die Bedeutung multinationaler Daten in gesundheitsökonomischen Studien

Gesundheitsökonomische Studien sind international in den letzten Jahren immer
mehr zu einem etablierten entscheidungsunterstützenden Verfahren der Gesundheitspolitik geworden. Insbesondere bei der Entscheidung über die Erstattungsfähigkeit von Medikamenten kommt in Ländern wie Frankreich, Großbritannien und
Australien solchen Untersuchungen eine große Bedeutung zu.[97] Aber auch bei anderen medizinischen Dienstleistungen, wie beispielsweise dem Einsatz von
Stammzellentransplantationen bei der Hochdosischemotherapie in der onkologi-
schen Behandlung, werden entsprechende ökonomische Studienergebnisse herangezogen, um wissenschaftlich fundiert etwa über die Aufnahme in den Leistungskatalog der jeweiligen staatlichen Gesundheitssysteme zu entscheiden.[98] Beispiel
hierfür ist das Health Technology Assessment (HTA) Programm des Bundesgesundheitsministeriums, das seit dem Jahr 2000 durch das Deutschen Instituts für
Medizinische Dokumentation und Information (DIMDI) koordiniert wird. Auch
das Institut für Qualität und Wirtschaftlichkeit in der Medizin (IQWiG), das ge-

---

[97] Vgl. Cookson, R., Hutton, J. (2003), und Blanke, M., Schulenburg, J.-M. Graf v.d.
(Hrsg.) (2004).
[98] Vgl. Bitzer, E., Greiner, W. (2000), und Conseil d'évaluation des technologies de la san-
té de Québec (1992).

mäß § 35b SGB V zunächst bei Arzneimitteln nur Nutzenbewertungen vornehmen sollte, nimmt seit 2007 auch eine Kosten-Nutzen-Bewertung für den Gemeinsamen Bundesausschuss vor.

Im Prozess der Erstellung eines Health Technology Assessments (HTA)[99] werden nicht nur Studien aus dem eigenen Land zur Beurteilung herangezogen, sondern es wird ein möglichst umfassendes Bild der weltweit vorhandenen medizinischen und ökonomischen Evidenz angestrebt. Damit stellt sich allerdings die Frage, inwieweit die Ergebnisse ökonomischer Studien von einem Land auf das andere übertragen werden können.[100] Überraschenderweise hat diese Frage bisher wenig Aufmerksamkeit erregt und es wurde nur vereinzelt empirisch oder konzeptionell an der Beantwortung gearbeitet.[101]

Bei Arzneimitteln ergibt sich dieses Problem vor allem dadurch, dass gerade bei größeren medizinischen Innovationen, bei denen heute fast durchweg neben ihrer medizinischen Wirksamkeit und Sicherheit auch die ökonomische Vorteilhaftigkeit nachgewiesen wird, in der Regel nur multinationale Studiendaten zur Verfügung stehen.[102] Für den Nachweis der medizinischen Wirksamkeit und Sicherheit ist ein solches globales Studiendesign vorteilhaft, weil auf diese Weise eine hohe regionale Abdeckung, eine größere Zahl von Zentren und somit auch eine höhere statistische Sicherheit erreicht wird als wenn die teilnehmenden Patienten nur aus einer einzigen Region oder Klinik kämen.

Aus ökonomischer Sicht ist diese internationale Datenerhebung eher problematisch: So können sich die ökonomisch relevanten Parameter (z. B. die Anzahl der Krankenhaustage, die Anzahl der notwendigen Laboruntersuchungen oder intensivmedizinische Behandlungen) innerhalb dieser Studien je nach Erhebungsort nicht unerheblich unterscheiden.[103] Gerade im Vergleich US-amerikanischer und mitteleuropäischer Kliniken zeigen sich häufig bedingt durch unterschiedliche Versorgungssettings stark differierende Ergebnisse bezüglich der Kosten einer Intervention und entsprechend auch der möglichen Einsparungen bzw. Mehrkosten gegenüber der Vergleichsalternative.[104]

Dies ist einer der gravierenden Nachteile des Piggy-back Designs bei multizentrischen klinischen Studien. Hier wird die ökonomische Evaluation auf die klinische Erprobung quasi aufgesetzt, um die günstigen Studienbedingungen von zwei Vergleichsgruppen, die zeitnahe Datenerhebung, ein sehr umfassendes Monitoring und die organisatorische Einbindung verschiedener Zentren für die ökonomische Analyse mit zu nutzen. Publiziert werden häufig nur die studienweiten Ressourcenverbräuche und die studienweiten medizinischen Ergebnisse.[105] Bei dieser Vorgehensweise entstehen neben der Problematik unterschiedlicher Ressourcenverbrauchsstrukturen zwischen einzelnen Ländern (oder innerhalb eines Landes zwischen einzelnen Kliniken) auch Probleme bezüglich der Realitätsnähe

---

[99] Vgl. Kapitel D 2.
[100] Vgl. Wilke, R. J. (2003).
[101] Vgl. Goeree, R., Gafni, A., Hannah, M. u. a. (1999), S. 562.
[102] Vgl. Coyle, D., Drummond, M. F. (2001).
[103] Vhl. Welte, R., Feenstra, T., Jager, H., Leidl, R. (2004).
[104] Vgl. Jönsson, B., Weinstein, M. C. (1997), S. 54.
[105] Vgl. Schulman, K., Burke, J., Drummond, M. u. a. (1998), S. 630.

der Studienbedingungen. Dazu gehört, dass bestimmte Tests in klinischen Untersuchungen nur aufgrund des Studienprotokolls durchgeführt werden (d. h. höherer
Ressourcenverbrauch als in der Realität). Diese Untersuchungen (*protocol driven
costs*) blähen die Ressourcenverbräuche in allen Behandlungsgruppen der Studie
auf. Andererseits werden bestimmte Ressourcenverbräuche der alltäglichen Praxis
auch unterschätzt, weil beispielsweise suboptimale Ressourcenverwendung wegen
der hohen Dokumentationspflichten im klinischen Versuch weniger wahrscheinlich ist.[106]

In klinischen Studien ist die Übertragung von Studienresultaten auf fremde Gesundheitssysteme seit jeher üblich. Dieses hängt vor allem damit zusammen, dass
solche klinischen Studien sehr genau festgelegte Studienprotokolle mit modellhaft
idealen Studienbedingungen vorsehen, die nur begrenzt den Anspruch haben, den
medizinischen Alltag exakt abzubilden. Mit klinischen Studien soll vielmehr festgestellt werden, ob für die jeweilige Gesundheitsleistung unter gegebenen Studienbedingungen überhaupt ein (im Sinne einer Gesundheitsverbesserung) positiver Behandlungseffekt statistisch nachweisbar ist und ob unerwünschte Effekte
(Nebenwirkungen, Komplikationen) auftreten. Es wird von der Annahme ausgegangen, dass die medizinischen Effekte über alle Patienten die gleichen sind und
eine Poolung über Zentren und Länder unproblematisch ist.[107] Letztlich ist es dann
theoretisch unerheblich, in welchem Land die klinische Studie tatsächlich durchgeführt wird, da die Behandlung und Überwachung der Patienten detailliert vorgeschrieben ist.

Die *interne* Reliabilität der Daten ist somit bei klinischen Studien bedingt durch
das detaillierte Studiendesign hoch. Die *externe* ökonomische Validität der Studienergebnisse ist, bezogen auf die Realität der täglichen Behandlungspraxis, aber
weit weniger eindeutig. Trotz dieser Probleme werden durch die ansteigende Zahl
der Wirtschaftlichkeitsuntersuchungen im Gesundheitswesen auch zunehmend
multinationale Datenquellen für ökonomische Analysen herangezogen.[108] Gerade
für kleinere Länder und Märkte sind Datenquellen aus fremden Ländern zudem
häufig aus Kostengründen die einzige Möglichkeit, zu vertretbaren Kosten Analysen zur Effizienz von Gesundheitsleistungen durchzuführen.[109] Einige Probleme,
die dabei auftreten können, werden im folgenden Abschnitt näher beschrieben.
Auch verschiedene Ansätze, auf welche Weise zurzeit die Übertragung von Daten
ausländischer Studien auf das eigene Gesundheitssystem durchgeführt werden
kann, werden vorgestellt und beurteilt. Diese Lösungsansätze gelten nicht nur bei
der Übertragung *zwischen* verschiedenen Gesundheitssystemen auf der internationalen Ebene, sondern ebenso auf der nationalen Ebene, da nicht selten auch innerhalb eines Landes (z. B. von einer Klinik zur anderen) verschiedene Behandlungsmuster und damit Ressourcenverbräuche anzutreffen sind.[110] Schließlich können
diese Verfahren auch bei den erwähnten Beurteilungen eines Health Technology

---

[106] Vgl. Drummond, M. F., Davies, L. (1991).

[107] Vgl. Goeree, R., Gafni, A., Hannah, M. (1999), S. 563.

[108] Vgl. Pang, F. (2002), und Drummond, M. (2003).

[109] Vgl. Barbieri, M., Drummond, M., Willke, R., Chancellor, J., Jolain, B., Towse, A.
(2005).

[110] Vgl. O'Brian, B. J., Heyland, D., Richardsen, W. S. u. a. (1997).

Assessments oder bei anderen Reviews ökonomischer Studien im Gesundheitswesen angewandt werden, wenn das Ziel erreicht werden soll, aufgrund von Einzeldaten aus verschiedenen Settings Schlussfolgerungen für ein bestimmtes (nationales oder regionales) Gesundheitssystem zu treffen.

4.2
Die Vergleichbarkeit der Ressourcenverbräuche und Kosten in multinationalen Studien

4.2.1
Vergleichbarkeit der Preise

Die Kosten einer Maßnahme sind das Produkt eines Preis- und eines Mengenvektors. In der Theorie wird immer die strikte Trennung des Preis- und Mengenvektors gefordert. Es ist allerdings fraglich, ob eine solche Trennung überhaupt möglich ist. Die eingesetzte Menge beeinflusst den Einzelpreis und die Einzelpreise beeinflussen die Entscheidung, ob und wie häufig eine Maßnahme eingesetzt wird. Eine Trennung und Substitution von nationalen Preisvektoren kann damit eventuell nicht angemessen sein.[111]

Während es noch verhältnismäßig einfach ist, länderspezifische Preise für bestimmte Produkte (z. B. Medikamente), Dienstleistungen (z. B. Honorar für eine Stunde Krankengymnastik) oder Prozesse (z. B. die Gesamtkosten für eine intensiv-diagnostische kardiologische Abklärung) zu ermitteln, sind die Mengengerüste für die Erstellung einer Gesundheitsleistung länderspezifisch nicht vollständig exakt aus den Daten anderer Gesundheitssysteme zu ermitteln. Möglich sind aber Annäherungswerte, bei deren Interpretation die im Folgenden genannten Probleme der Übertragbarkeit von Studienergebnissen gleichwohl in Betracht gezogen werden sollten.[112]

Geht man zunächst zur Vereinfachung davon aus, dass das Mengengerüst sowohl im Ursprungsland der Daten als auch im Zielland der Studie gleich ist, müssen nationale Preise gefunden werden, die die Ressourcenverbräuche zutreffend bewerten. Dazu ist es notwendig, die gleiche Studienperspektive wie im Ursprungsland einzunehmen, da andernfalls falsche Preise zugeordnet werden. Wurden die Ressourcenverbräuche beispielsweise aus Sicht einer Krankenhausleitung erhoben, sind Abrechnungsziffern aus einem Gebührenordnungskatalog keine hinreichend genaue Grundlage zur Preiszurechnung, da Gebührenordnungen prinzipiell eher der Perspektive der Krankenversicherer oder des Nationalen Gesundheitsdienstes zuzurechnen sind.

---

[111] Vgl. Goeree, R, Gafni, A., Hannah, M. (1999), S. 570.
[112] Vgl. Manca, A., Rice, N., Sculpher, M. J., Briggs, A. H. (2005).

Ein weiteres Problem der Bewertung betrifft die Definition der zu bewertenden Mengengröße. Diese unterscheiden sich in den einzelnen Ländern aufgrund institutioneller Gegebenheiten erheblich. Besonders augenfällig ist dies, wenn Honorartarife (z. B. Gebührenordnungen) zur Bewertung verwendet werden sollen. Während es in den USA beispielsweise üblich ist, bei ambulanten Arztbesuchen vor allem die Anzahl der Arztkontakte zu ermitteln, ist dies in Deutschland im Sinne der Abrechnungen der ärztlichen Dienstleistungen nur von untergeordneter Bedeutung. Bei jedem Folgebesuch erhält der ambulant tätige Arzt (neben den Einzelleistungen) lediglich ein relativ niedriges Grundhonorar pro Patientenkontakt. Wenn aus den amerikanischen Ursprungsdaten also nur die Zahl der Kontakte bekannt sind, ist dies für Berechnungen der deutschen Kosten nicht hinreichend.

In solchen Fällen könnten dann beispielsweise vorab die „üblichen" Einzelleistungen pro Arztbesuch in dem betreffenden Zielland ermittelt werden, um die amerikanischen Daten nutzen zu können. Eine solche Modellierung der Bemessungsgröße der Kosten (im Beispiel die Berechnung des Honorars auf Basis von Einzelleistungen mit Daten auf der Basis von pauschalierten Arztkontakten) führt dazu, dass die ermittelten Preise und damit auch die Kosten in der Regel nicht mehr exakt der Situation im Ursprungsland entsprechen.

Hat man in einem internationalen Studienprotokoll die Mengengrößen festgelegt, die quantifiziert werden sollen, besteht das Problem, jeder dieser Mengengröße nationale Preise zuzuordnen. Aus den bereits dargestellten Gründen ist dieses oft nicht direkt möglich, man muss daher auf indirekte Methoden zurückgreifen. Eine dieser indirekten Methoden ist die *Warenkorbmethode*, die 1998 von Schulman u. a. beschrieben wurde.[113] An einer Studie waren sieben Länder beteiligt. In jedem dieser Länder sollten die Preise für bestimmte Prozeduren erhoben werden, die Preisliste wies allerdings je nach Land mehr oder weniger große Lücken auf. Zum Schließen dieser Lücken wurde in einem ersten Schritt ein Korb von sechs verschiedenen Leistungen definiert, für die aus jedem Land Preise verfügbar waren. Jede Leistung ging dabei gemäß der durchschnittlichen Häufigkeit ihrer Nutzung in der Gesamtstudie in den Korb mit ein. Es ergaben sich so sieben nationale Preise für den standardisierten Korb, die in eine Währung (hier: US-$) umgerechnet wurden. In einem zweiten Schritt wurde eine Index-Liste erstellt, in der immer paarweise die Korbpreise von zwei Ländern gegenübergestellt wurden (z. B. Land 1: Land 2, Land 1: Land 3, ...). Es ergaben sich so 49 Verhältniszahlen, die das unterschiedliche Preisniveau für den Korb ausdrückten (z. B. Land 1: Land 2 = 0,74). Ist ein Preis in einem Land nicht verfügbar, werden die Preise für diese Prozedur aus den anderen Ländern genommen und mit der jeweiligen Verhältniszahl multipliziert. Durch Summierung der sich daraus ergebenden Werte und anschließender Division durch die Anzahl der Länder, bei denen dieser Preis verfügbar ist, erhält man den Durchschnittswert. Dieser wird als Substitut für den fehlenden nationalen Preis verwendet. Diese Vorgehensweise funktioniert allerdings nur, wenn mindestens in einem Land ein Preis für die Prozedur vorliegt. Ist dieses nicht der Fall, müssen die Preise für alle Länder in einem anderen Verfahren generiert werden.[114]

---

[113] Vgl. Schulman, K., Burke, J., Drummond, M. u. a. (1998), S. 632.
[114] Möglichkeiten dazu zeigen Schulman, K., Burke, J., Drummond, M. u. a. (1998), S. 637.

4.2.2
Vergleichbarkeit der Ressourcenverbräuche

Auch bei der Übertragung der Ressourcenverbräuche vom Ursprungsland auf das Zielland ergibt sich eine Reihe von Problemen. Beispielsweise muss auch hier noch einmal die Frage der Perspektive problematisiert werden. Selbst bei identisch gewählter Perspektive in allen Ländern (z. B. die der Kostenträger) können die zu berücksichtigenden Ressourcenverbräuche unterschiedlich sein, da die Leistungskataloge sich unterscheiden.

Welte und Leidl unterscheiden bei den Ressourcenverbräuchen zwischen technologischem, epidemiologischen und demographischen Kontext sowie der Verortung der Technologie und den Anreizstrukturen.[115] Ihre Überlegungen sind Grundlage der folgenden Ausführungen.

Zum *technologischen* Kontext gehören Kapazitäts- und Skaleneffekte, die je nach Ausnutzung der vorhandenen Kapazitäten in den verschiedenen Ländern zu sehr unterschiedlichen Ergebnissen führen können. Wenn im Ursprungsland beispielsweise eine Vergleichstechnologie aufgrund ihres besonders hohen Marktanteils gewählt wurde und diese Technologie im Zielland kaum verbreitet ist, so könnten sich aufgrund der unterschiedlichen Kapazitätsauslastungen oder Lerneffekte erheblich differierende Kosteneffektivitätsquotienten ergeben, die der evaluierten Technologie nicht zurechenbar sind.

Zudem können hinsichtlich des technologischen Kontextes sehr unterschiedliche fachliche Gegebenheiten beim ausführenden Personal auftreten, die die Kosten der Maßnahme nicht unerheblich beeinflussen. So kann sich im Vergleich zu einem Land, in dem sich die betreffende Technologie erst seit kürzerer Zeit durchgesetzt hat, durch Lerneffekte beispielsweise die notwendige Durchschnittszeit zur Durchführung der Gesundheitsleistung verkürzen, wenn diese erst einmal länger angewandt worden ist. Zudem können mit weitgehend identischen Dienstleistungen sehr unterschiedliche Personenkreise befasst sein, was ebenfalls die Kostenstruktur stark beeinflussen kann. So werden Tätigkeiten, die in vielen Ländern grundsätzlich nur von Ärzten ausgeführt werden, in anderen Ländern auch durch Pflegepersonal durchgeführt.

Schließlich können identische Gesundheitsleistungen von Land zu Land auch unterschiedlich ausgeführt werden. Die Komplikationsrate könnte beispielsweise vergleichsweise höher sein in einem Land, in dem die Vorschriften zur Sterilität weniger strikt sind als in einem Vergleichsland. Auch der unterstützende Arzneimitteleinsatz kann sehr unterschiedlich standardisiert sein: In einigen Ländern werden sehr stark wirksame Medikamente relativ früh im Krankheitsverlauf eingesetzt, teilweise sogar präventiv, in anderen Ländern mit einem stärker abgestuften Behandlungsmuster dagegen nur dann, wenn eine Komplikation aufgetreten ist, die das betreffende Medikament erfordert (z. B. bei der Prävention gegen das CMV-Virus im Transplantationswesen).[116]

Im *epidemiologischen* Kontext sind vor allem länderspezifisch unterschiedliche Inzidenzen und Prävalenzen von Krankheiten von Bedeutung, weil dadurch die

---

[115] Vgl. Welte, R., Leidl, R. (1999).
[116] Vgl. Schulenburg, J.-M., Graf v. d., Wähling, S., Stoll, M. (1996).

jeweilige Fallmischung beeinflusst wird. Dies bezieht sich sowohl auf die Altersstruktur, den Geschlechteranteil und die Verteilung auf einzelne Schweregrade als auch auf die Inzidenz und Prävalenz von Komorbiditäten. Wenn beispielsweise in einem Land durch die dortigen Ernährungsgewohnheiten oder eine effektive Prävention bestimmte Erkrankungen erst in einem späteren Durchschnittslebensalter bzw. mit geringerer Wahrscheinlichkeit auftreten, so verändert dies in der Regel auch die Kostenstruktur der Behandlung, soweit diese beispielsweise alters- oder geschlechtsabhängig ist. Dies kann zu international abweichenden Ergebnissen der Kosten pro Patient führen.

Im *demographischen* Kontext ist neben den bereits erläuterten Variablen Alter und Geschlecht die Lebenserwartung und Aspekte der Reproduktion von Bedeutung. Insbesondere in Kosten-Wirksamkeits-Analysen wird als Ergebnisparameter sehr häufig die Mortalität angegeben. Wenn die Lebenserwartung im Ursprungsland der Daten relativ zum Zielland geringer ist, so ist es durchaus wahrscheinlich, dass ein vergleichsweise hoher Zugewinn an Lebensjahren durch die evaluierte Intervention realisiert werden kann. In einem Land, in dem schon eine relativ hohe durchschnittliche Lebenserwartung besteht, ist es dagegen wegen des höheren Ausgangsniveaus weniger wahrscheinlich, einen gleich großen Mortalitätseffekt zu erzielen. Eine unkritische Übernahme der Studiendaten aus einem fremden Kontext würde dann zu einer Überschätzung der Kosten-Effektivitäts-Relation im Zielland führen. Analog gilt dies auch für Kosten-Nutzwert-Analysen, bei denen Mortalitätsveränderungen ebenfalls einen wichtigen Parameter darstellen. Bei der Reproduktion ist insbesondere das Durchschnittsalter bei der Empfängnis von Bedeutung, weil dies einen statistisch nachweisbaren Einfluss auf die Inzidenz bestimmter genetischer Erkrankungen sowie von Komplikationen in der Schwangerschaft hat.[117]

Große Unterschiede selbst auf europäischer Ebene bestehen bei der institutionellen Organisation der Erstellung von Gesundheitsleistungen (*Verortung*). Gemeint ist die Aufteilung der Behandlung der Patienten auf verschiedene Versorgungsstufen wie Primärarzt, Facharzt und Krankenhaus. In verschiedenen Ländern mit Primärarztsystem werden eine Reihe von Leistungen ausschließlich von Hausärzten erbracht, die in anderen Ländern hauptsächlich durch Fachärzte durchgeführt werden. Ebenso unterschiedlich ist der Zugang (und damit auch die Aufenthaltsdauer) im Krankenhaus. In Großbritannien werden beispielsweise fachärztliche Tätigkeiten hauptsächlich von Krankenhausärzten erbracht, wodurch auch die in Deutschland übliche strikte Trennung zwischen ambulanter und stationärer Versorgung weit weniger ins Gewicht fällt.[118]

Schließlich sind unterschiedliche *Anreizstrukturen* in den nationalen Gesundheitswesen nicht ohne Bedeutung auf den jeweilig messbaren Ressourcenverbrauch für die Erstellung der gleichen Leistung. In einem Krankenhaussystem,

---

[117] Vgl. Buselmaier, W., Tariverdian, G. (1991).

[118] Allerdings ist es auch in Deutschland ein politisches Ziel, diese strikte Trennung zu überwinden. So sind im GKV-Wettbewerbsstärkungsgesetz 2006 Regelungen enthalten, die Krankenhäusern unter bestimmten Voraussetzungen auch bestimmte ambulante Behandlungen ermöglichen sollen. Umgekehrt soll es für Fachärzte leichter werden, als Belegarzt im stationären Sektor tätig zu sein.

das wie in Deutschland bis in die achtziger Jahre hinein nach dem Selbstkostendeckungsprinzip und fast ausschließlich mit tagesgleichen Pflegesätzen finanziert wird, sind generell höhere Ressourcenverbräuche zu erwarten (und empirisch auch feststellbar) als in Ländern mit eher pauschalisierten Entgeltsystemen (wie der Honorierung nach einem Fallpauschalsystem). Bei den letztgenannten Honorierungsformen besteht ein Anreiz für die Leistungserbringer, die eigenen Kosten gering zu halten, damit (je nach betrieblicher Zielsetzung) die empfangenen Erlöse kostendeckend sind bzw. ein Gewinn erwirtschaftet werden kann. Ähnliches gilt auch für Honorierungssysteme im ambulanten Versorgungsbereich.[119] Diese Diskussion ist verbunden mit den Möglichkeiten und Wirkungen angebotsinduzierter Nachfrage,[120] bei der der Arzt durch seinen medizinischen Wissensvorsprung gegenüber dem Patienten die Möglichkeit hat, einen erheblichen Teil der Nachfragemenge selbst zu bestimmen. Wenn dadurch in einem Gesundheitssystem beispielsweise die Zahl der Arztkontakte beträchtlich über denen in einem Vergleichsland liegt, so ist die Übertragbarkeit von Studiendaten wiederum eingeschränkt.

Die in Kasten 1 genannten Einflussfaktoren technologischer, epidemiologischer, demographischer und systemimmanenter Art haben je nach dem Einzelfall der betreffenden Studie eine unterschiedliche Bedeutung für die Übertragbarkeit ausländischer Studienergebnisse auf andere Gesundheitssysteme. Es ist daher nicht möglich, generelle Aussagen dazu zu treffen, welche Modifikationen des Ursprungsdatenmaterials nötig sind, um im Zielland zu validen Aussagen zur ökonomischen Vorteilhaftigkeit einer Gesundheitsleistung zu gelangen. Die im folgenden Abschnitt genannten Hinweise zur praktischen Vorgehensweise bei der Übertragung der Daten müssen daher sorgfältig für jede Studiensituation gesondert diskutiert werden.

Kasten 1. Prüfung der Anpassungsnotwendigkeit bei internationalen Datenübertragungen

1. Ist das Mengengerüst der medizinischen Ressourcenverbräuche in beiden Ländern (Ursprungs- und Zielland) gleich?
2. Ist die Preisstruktur, d. h. die Relation der Preise/Bewertungen der einzelnen Leistungen, in beiden Ländern gleich?
3. Ist das Preisniveau in beiden Ländern gleich?
4. Bestehen Unterschiede in der Kapazitätsauslastung der vorhandenen Gesundheitseinrichtungen in den beiden Ländern?
5. Ist das in der Patientenversorgung eingesetzte Personal in beiden Ländern fachlich gleich qualifiziert?
6. Existieren relevante Unterschiede in den
   - gesetzlichen Rahmenbedingungen,
   - epidemiologischen Grunddaten,
   - demographischen und sozio-ökonomischen Strukturen,
   - institutionellen und organisatorischen Strukturen der Patientenversorgung?

---

[119] Vgl. Schulenburg, J.-M. Graf v. d., Greiner, W. (2000).
[120] Vgl. Breyer, F., Zweifel, P. (1997), S. 242–243.

Ressourcenverbrauch und Preise spielen bei gesundheitsökonomischen Studien eine dominierende Rolle und müssen daher so weit wie möglich nationale Verhältnisse widerspiegeln, damit in der Studie valide Ergebnisse ermittelt werden. Drummond und Davis berichten von Beispielen, bei denen die Nutzung verschiedener Preise zu anderen Schlussfolgerungen in den Studien geführt hat.[121]

4.3
Ansätze zur Übertragung von Studienergebnissen in andere Gesundheitssysteme

4.3.1
Gleiche oder ähnliche Ressourcenverbräuche

4.3.1.1.
Subanalyse aus der Gesamtstudie

Es ist in den vorangegangenen Abschnitten deutlich geworden, dass ein großer Bedarf nach der Übertragung von Studiendaten zwischen Gesundheitssystemen besteht, um gesundheitsökonomische Evaluationsstudien durchzuführen. Gleichzeitig wurde auf die damit verbundenen methodischen Probleme hingewiesen. Im Folgenden werden nun verschiedene Methoden vorgestellt und beurteilt, die bislang zur Lösung dieser Probleme genutzt werden.

Zu unterscheiden ist dabei zunächst zwischen Studien, die multinational (und zwar unter anderem auch im Zielland) durchgeführt wurden, und solchen, die vollständig außerhalb des Ziellandes durchgeführt worden sind. Im ersten Fall sind zumindest von einer Teilgruppe der Studienpopulation die Kosten und die Ergebnisse der Behandlung bekannt. Willke u. a. haben gezeigt, dass es unter Umständen möglich ist, mittels linearer Regression und multivariater Analyse aus diesen Daten bereits Rückschlüsse für die Kosteneffektivität im Zielland zu ziehen.[122] Für das Beispiel der Behandlung einer aneurysma-bedingten Blutung unterhalb der Hirnhaut konnten die Autoren zeigen, dass sich für fünf beteiligte Länder in einer klinischen Studie erhebliche Unterschiede bezüglich der durchschnittlichen Krankenhauskosten und der Mortalitätsraten ergaben, die für länderspezifische Analysen verwendet werden konnten.

Diese Form der Auswertung ist allerdings wegen der geringen statistischen Aussagekraft von Subanalysen einzelner Patientenpopulationen beschränkt auf relativ große Kosten- und Ergebnisunterschiede zwischen den Ländern. Ein Lösungsansatz kann dabei die Zusammenfassung von Ländern mit ähnlichen Res-

---

[121] Vgl. Drummond, M. F., Davis, L. M. (1991).
[122] Vgl. Willke, R. J., Glick, H. A., Polsky, D., Schulman, K. (1998).

sourcenverbräuchen sein. Es handelt sich dabei um einen Kompromiss zwischen möglichst großer Grundgesamtheit (wegen der statistischen Aussagekraft der Ergebnisse) und möglichst lokaler Nähe (um für das nationale Gesundheitssystem zu relevanten Aussagen zu kommen). Es besteht allerdings die Frage, wie man „ähnliche" Ressourcenverbräuche definiert. Da viele unterschiedliche Ressourcen existieren, ist eine Gruppenbildung häufig schwierig oder sogar unmöglich. Eine gute Möglichkeit zur Poolung existiert immer dann, wenn sich der Haupteinflussfaktor von Kostenunterschieden zwischen den Ländern identifizieren lässt.[123] In einer Studie zum Myokardinfarkt wurde beispielsweise die Häufigkeit der diagnostischen Katheterisierung als Haupteinflussfaktor ermittelt.[124] Anhand statistischer Verfahren ließen sich drei Gruppen von Ländern identifizieren, die über eine ähnliche Katheterisierungsrate verfügten. Die Länder einer Gruppe wurden dann bezüglich der gesamten Ressourcenverbräuche gepoolt.

Häufig wird sich diese Vorgehensweise aber nicht anbieten, da eine Klassifizierung von Behandlungsmustern in der Praxis schwierig ist und die Abwägung einerseits zwischen einem notwendig hohen Maß an Detailliertheit der Daten und andererseits einem hinreichend großen Spielraum für Verschiedenheit erfordert, um noch sinnvoll Gruppen zusammenfassen zu können.

4.3.1.2
Explorationsstudie zur Anpassung der Daten

Schwieriger ist die Situation in dem Fall, wenn die Patientengruppe des Ziellandes in einer multinationalen Studie zu klein oder aus anderen Gründen (z. B. aufgrund eines Selektionsbias) ungeeignet für eine statistische Subanalyse ist. In solchen Fällen werden Explorationsstudien im Zielland durchgeführt, um sich über die Kostensituation (und gegebenenfalls auch über den aktuellen Stand der Ergebniswahrscheinlichkeiten für die betreffende Intervention) ein Bild zu machen. Die Daten aus diesen meist eher kleinen Studien, die teilweise noch durch Experteneinschätzungen ergänzt werden, werden anschließend in Modellrechnungen mit den Daten aus der vorliegenden klinischen Studie verknüpft. Weitere Datenquellen, die zur Übertragung von Daten herangezogen werden, sind in Kasten 2 aufgelistet.

Selbst wenn man in einer Subgruppenanalyse (bei multinationalen Studien) oder bei einer kleineren Explorationsstudie im betreffenden Land mit einer kleinen Patientengruppe zum Ergebnis kommt, dass die Ressourcenverbräuche annähernd denjenigen entsprechen, die sich in der klinischen Gesamtstudie ergeben haben (was selten genug der Fall ist), ist trotzdem unklar, wie eine neue Behandlungsform den Ressourcenverbrauch verändert hätte. Wenn unterschiedliche Behandlungsmuster zu unterschiedlichen Ressourcenverbrauchsstrukturen führen, kann die Hypothese, bei gleichem Ausgangswert auch gleiche Veränderungswerte (nach Intervention) zu erhalten, nicht aufrechterhalten werden.

---

[123] Vgl. Cook, J. R., Drummond, M., Glick, H., Heyse, J. F. (2003).
[124] Vgl. Schöffski, O. (1999b).

Kasten 2. Instrumente zur Übertragung von Daten zwischen Gesundheitssystemen

1. Anpassung von Mengendaten aufgrund von Expertenbefragungen
2. Anpassung von Mengendaten aufgrund von Vergleichsstichproben aus dem Zielland
3. Anpassung von Preisen durch Preisvergleiche (z. B. Vergleiche des Honorarniveaus)
4. Anpassung von Daten mit Hilfe von Koeffizienten, die ermittelt wurden durch
   - Regressionsanalysen,
   - Delphi-Experten-Befragungen,
   - Statistiken von repräsentativen Leistungsanbietern (z. B. Krankenhäusern) oder
     Anbieterorganissatoren (z. B. Kassenärztliche Vereinigungen),
   - Statistiken von Finanzierungsträgern (z. B. Krankenkassen),
   - Statistiken von Patientenorganisationen (z. B. Selbsthilfegruppen).

Aus diesem Grunde akzeptieren beispielsweise die kanadischen Guidelines zur Kostenerfassung in pharmakoökonomischen Studien die Übertragung ausländischer Ressourcenverbrauchswerte mit einer einfachen Bewertung zu kanadischen Preisen ausdrücklich nicht.[125] Andere Guidelines machen hier weniger explizite Vorschriften als die kanadischen, sondern verlangen lediglich eine adäquate und transparente Modellierung der Kosten[126].

4.3.2
Unterschiedliche Ressourcenverbräuche

4.3.2.1
Übertragung absoluter Werte

Schwieriger noch ist die Situation, wenn die Ausgangswerte in den einzelnen Ländern nicht übereinstimmen, was die Mehrzahl der Fälle betrifft. Unter diesen Umständen müssen in jedem Fall Annahmen zum Ressourcenverbrauch bei Intervention getroffen werden. Bei der *Übertragung absoluter Werte* wird eine im Datenursprungsland festgestellte Wirkung einer Intervention auf Ressourcenverbrauch und Nutzen auf die Situation im Zielland in absoluten Werten übertragen. Die Vorgehensweise soll an einem kleinen hypothetischen Beispiel erläutert werden. Es sei hierzu angenommen, dass in einem klinischen Versuch zur Wirksamkeit eines neuen Arzneimittels in den USA Patienten einer bestimmten Indikation auf zwei Gruppen randomisiert worden seien. Die eine Gruppe erhielt das neue Arzneimittel (Verumgruppe), die andere wurde mit der einzigen bislang verfügbaren Therapie behandelt (Kontrollgruppe). Bezüglich des Ressourcen-

---

[125] Vgl. Canadian Coordinating Office for Health Technology Assessment (1997).
[126] Vgl. Hjelmgren, J., Berggren, F., Andersson, F. (2001).

verbrauchs ergab sich eine Reduktion der durchschnittlichen Krankenhausverweildauer von 25 Tagen (Kontrollgruppe) auf 20 Tage (Verumgruppe). In einer kleinen Explorationsstudie war für das bisherige Behandlungsverfahren in Deutschland eine durchschnittliche Krankenhausverweildauer von 30 Tagen ermittelt worden. Der Einfachheit halber nehmen wir weiterhin an, dass die Komplikations- und Heilungsraten in beiden Ländern für das traditionelle Verfahren gleich seien. Wie könnten diese Daten auf den deutschen Kontext übertragen werden?

Nach dem Verfahren der Übertragung absoluter Werte würde für Deutschland ebenfalls von einer Reduktion der mittleren Krankenhausverweildauer in Höhe von fünf Tagen ausgegangen werden, also von 30 auf 25 Tage. Das Einsparpotential des Medikamentes würde dann durch Bewertung mit einem durchschnittlichen Preis pro Krankenhaustag errechnet werden. Ein Beispiel für eine Studie aus dem deutschsprachigen Bereich, die nach diesem einfachen Prinzip der Übertragung von Studiendaten vorgeht, ist die Kosten-Minimierungsanalyse eines Medikamentes zur Behandlung von Mukoviszidose.[127]

Um andere Kosteneinflussgrößen als nur direkt messbare Variablen wie Krankenhaustage oder Medikamenteverbrauch zu berücksichtigen, ist es auch möglich, aus den amerikanischen Ursprungsdaten *Schattenpreise* für weitere bedeutsame Einflussfaktoren (wie z. B. Alter, Geschlecht, soziale oder ethnische Zugehörigkeit) mittels statistischer Regression zu generieren, die dann ebenfalls analog auf den deutschen Kontext übertragen werden. Dazu wendet man das gleiche Regressionsmodell (mit den gemessenen Gesamtkosten pro Patient als abhängige Variable) wie im Ursprungsland (im Beispiel die USA) auf eine Patientengruppe aus dem Zielland (im Beispiel Deutschland) an. Die festgestellten Regressionskoeffizienten stellen Schattenpreise für den durch die Regressionsvariablen verursachten Ressourcenverzehr dar. Diese werden im Beispiel auf die Daten aus der amerikanischen Studie in Kontroll- und Verumgruppe angewendet, und die potentiellen Einsparungen als Differenz der so modellierten Durchschnittsgesamtkosten beider Gruppen ermittelt. Auch diese Vorgehensweise stellt eine Übertragung von absoluten Werten des Ursprungslandes auf das Zielland dar.

Problematisch an diesem einfachen Verfahren zur Übertragung von Daten auf andere Gesundheitssysteme ist die mangelnde Berücksichtigung unterschiedlicher Kostenstrukturen. Wenn beispielsweise im Zielland die längeren Verweildauern gerade auf Ursachen zurückzuführen sind, denen mit der neuen Technologie abgeholfen werden kann (z. B. besonders aufwendige Behandlungen von Komplikationen), dann ist das Einsparpotential dort gegebenenfalls erheblich größer als die absoluten Werte aus dem Ursprungsland suggerieren. Umgekehrt ist auch eine Überschätzung des Einsparpotentials denkbar, wenn beispielsweise aufgrund institutioneller Gegebenheiten wie dem Honorierungssystem das Krankenhaus kein Interesse an kürzeren Verweildauern hat und deshalb sehr zurückhaltend dabei ist, die Patienten früher als bisher zu entlassen.

---

[127] Vgl. Schulenburg, J.-M. Graf v. d., Greiner, W., Hardt, H. v. d. (1995).

4.3.2.2
Übertragung relativer Werte

Bei der *Übertragung relativer Werte* wird eine im Datenursprungsland festgestellte Wirkung einer Intervention auf Ressourcenverbrauch und Nutzen auf die Situation im Zielland als anteiliger, beispielsweise prozentualer Wert übertragen. Im Beispiel, das oben skizzierte wurde, würde man die um 20 % verminderte Anzahl der durchschnittlichen Krankenhaustage im Datenursprungsland (von 25 auf 20 Tage) übertragen auf die Situation im Zielland. Wenn für die konventionelle Therapie in einer Explorationsstudie in deutschen Krankenhäusern ein Durchschnittswert von 30 Tagen ermittelt wurde, so würde man aufgrund der amerikanischen Daten von einem Einsparpotential in Höhe von sechs Tagen in Deutschland ausgehen. Grundannahme dieser Methode ist somit, dass sich der Ressourcenverzehr durch die Einführung neuer Technologien international immer genau proportional verändert. Dies ist wenig realistisch, da sich die Kostenstrukturen, wie im letzten Abschnitt dargelegt, von Land zu Land in der Regel unterscheiden und sich folglich proportionale Einsparverläufe bezüglich einzelner Variablen (wie der Krankenhausverweildauer) oder bezüglich der Gesamtkosten allenfalls zufällig ergeben können.

4.3.2.3
Entscheidungsanalytische Verfahren

Entscheidungsanalytische Verfahren haben in den letzten Jahren auch im Bereich der Übertragbarkeit von Daten zwischen verschiedenen Gesundheitssystemen immer mehr an Bedeutung erlangt. In der Regel werden dazu die Realität vereinfachende Entscheidungsbäume entwickelt, die mit Wahrscheinlichkeiten und Kostendaten für bestimmte mögliche Behandlungssituationen und -ergebnisse versehen werden. Die Entscheidungsbäume sollen medizinisch und ökonomisch relevante Krankheitsereignisse und -verläufe abbilden und sind meist das Ergebnis von Experteneinschätzungen. Für die Übertragung von Studiendaten werden die Wahrscheinlichkeiten des Eintreffens eines bestimmten Ereignisses im Behandlungsverlauf (z. B. einer Heilung, einer Nebenwirkung, einer Komplikation oder auch des Todes des Patienten) aus den ausländischen Studiendaten übernommen. Die Kostendaten, mit denen diese Ereignisse bewertet werden sollen, werden dagegen aus inländischen Quellen des Ziellandes (z. B. publizierten Kostendaten oder den Ergebnissen einer Explorationsstudie) entnommen. Die modellhafte Vereinfachung dieses Verfahrens liegt in der Begrenztheit der Szenarien, die dabei berücksichtigt werden können, und der Verallgemeinerung der Kosten- und Wahrscheinlichkeitsdaten auf alle einbezogenen Fälle.

Ein Beispiel für diese Vorgehensweise ist die Studie von Drummond u. a. zur Kosteneffektivität eines Medikamentes (Misoprostol) zur Prävention von Magenschleimhautgeschwüren bei Patienten mit Osteoarthrose, einer schmerzhaften Gelenkerkrankung.[128] Diese Krankheit wird in der Langzeittherapie häufig mit nichtsteroidalen antientzündlichen Medikamenten (NSAID) behandelt, wobei Magen-

---

[128] Vgl. Drummond, M. F., Bloom, B. S., Carrin, G. u. a. (1992).

schleimhautgeschwüre als unerwünschte Arzneimittelwirkung auftreten können. Zur Abschätzung der Kosteneffektivität des Medikamentes wurde in Belgien, Frankreich, Großbritannien und den USA der folgende Entscheidungsbaum genutzt (s. Abb. 4.1).[129]

Die Wahrscheinlichkeiten für die einzelnen Zweige des Entscheidungsbaums wurden bezogen auf die klinische Effektivität des Medikaments den Ergebnissen einer randomisierten, doppelblinden klinischen Studie aus den USA entnommen. Daten zur Compliance wurden der Literatur entnommen. Für die Kosten der ambulanten Behandlung wurden Experteninterviews geführt und bei den Krankenhauskosten entweder vorhandene Datenquellen genutzt oder ergänzende Kostenerhebungen durchgeführt. Auf diese Weise wurden die klinischen Daten aus den USA in einem Entscheidungsbaummodell verknüpft mit national verfügbaren Daten (insbesondere zum Ressourcenverbrauch und den Kosten der einzelnen Behandlungsszenarien).

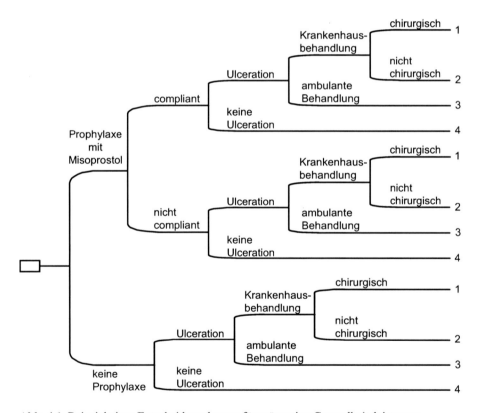

Abb. 4.1. Beispiel eines Entscheidungsbaums für präventive Gesundheitsleistungen

---

[129] Vgl. Knill-Jones, R., Drummond, M., Kohli, H., Davies, L. (1990).

Dieser Ansatz erfreute sich in den letzten Jahren wachsender Beliebtheit, wobei nicht nur die Entscheidungsbaum-Technik sondern häufig auch Markov-Modelle eingesetzt wurden. Epidemiologische Daten werden aus der Literatur entnommen (z. B. aus großen bevölkerungsbezogenen Untersuchungen), aufgrund fehlender nationaler Daten wird in der Regel davon ausgegangen, dass diese Werte auch für andere Länder Gültigkeit haben. Die klinischen Daten werden aus einer aktuellen klinischen Studie (national oder international) entnommen und üblicherweise e-benfalls für alle Länder verwendet. Die Angaben zum Ressourcenverbrauch und auf jeden Fall zu den Preisen werden national erhoben. Ausgewertet wird dann zentral für jedes Land gesondert oder dezentral in dem jeweiligen Land. Diese Vorgehensweise stellt einen Kompromiss dar zwischen Erhebungsaufwand, nationaler Aussagefähigkeit und internationaler Vergleichbarkeit der Ergebnisse.

Nicht zu vernachlässigen ist allerdings das Problem der nationalen Erhebung der Ressourcenverbräuche und Kosten. Häufig beschränkt man sich aus Zeit- und Kostengründen auf exemplarische Daten beispielsweise eines Krankenhauses. Eine einseitige Auswahl kann aber zu Ergebnisverzerrungen führen.[130]

Entscheidungsanalytische Verfahren sind insbesondere dann einsetzbar, wenn der Wirkzusammenhang für eine veränderte Wahrscheinlichkeit bestimmter Krankheitsereignisse deutlich ist, wenn beispielsweise mittels präventiv eingesetzter Medikamente ein bestimmtes Krankheitsereignis mit bestimmter Wahrscheinlichkeit vermieden werden kann. Diese Vorgehensweise ist weniger angebracht, wenn (wie meist der Fall) der Ressourcenverbrauch beim Auftreten eines bestimmten Behandlungsereignisses durch die evaluierte Technologie verändert wird. Wenn im obigen Beispiel das neue Medikament beispielsweise nicht präventiv wirken würde, sondern im Falle des Auftretens von Ulcerationen die Heilung beschleunigen würde, wären die mit dem Entscheidungsbaumzweig „Ulceration tritt auf" verbunden Kosten nicht mehr gleich, sondern unterschieden sich je nachdem, ob Misoprostol verabreicht wurde oder nicht. Ein entscheidungs-analytisches Vorgehen ist dann nicht mehr so vereinfacht möglich wie in dem oben wiedergegebenen Entscheidungsbaum.

Zumindest für Partialanalysen können in solchen Fällen entscheidungs-analytische Verfahren trotzdem sinnvoll sein. Wenn beispielsweise ein Teil des Nutzens einer neuen Gesundheitsleistung darin besteht, die Mortalität zu senken, so können die Kostenwirkungen dieses einen Aspektes mit einem einfachen Entscheidungsbaum transparent gemacht werden (s. Abb. 4.2). Die Mortalitätsdaten können dazu gegebenenfalls einer ausländischen klinischen Studie entnommen werden, während die Durchschnittskosten der überlebenden Patienten und die Durchschnittskosten der bei der Behandlung verstorbenen Patienten auf nationaler Ebene erhoben werden.

Soweit es der Studienaufbau und die Fragestellung der Studie zulassen, sollte bei der Übertragung von Studiendaten auf fremde Gesundheitssysteme der entscheidungsanalytische Ansatz erste Wahl sein. Auf diese Weise kann den unterschiedlichen Kostenstrukturen und institutionellen Gegebenheiten der einzelnen Gesundheitssysteme am besten Rechnung getragen werden. Je detaillierter die

---

[130] Die Problematik, die sich bei der Selektion der betrachteten Krankenhäuser ergibt, wird diskutiert bei Goeree, R., Gafni, A., Hannah, M. u. a. (1999).

Analyse, d. h. je verzweigter der Entscheidungsbaum ist, desto eher ist es möglich, diese Differenzierungen hinreichend vorzunehmen. Allerdings steigen damit auch die Datenanforderungen und gegebenenfalls die Kosten zur Generierung dieser Daten. Der Kostenvorteil, bereits in klinischen Studien erhobene Daten in anderen Ländern verwenden zu können, kann somit relativ rasch verloren sein. Es bleibt in diesem Falle aber immer noch der zusätzliche Vorteil der internationalen Vergleichbarkeit von Resultaten solcher gesundheitsökonomischer Evaluationen, soweit die Studienprotokolle der einzelnen Untersuchungen in den betreffenden Ländern aufeinander abgestimmt waren.

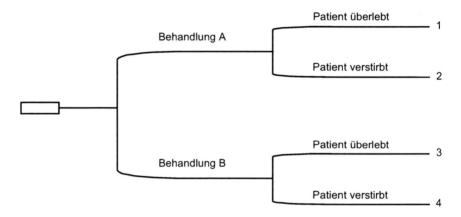

Abb. 4.2. Schema eines partialanalytischen Entscheidungsbaums zur Abschätzung der Kostenwirkung unterschiedlicher Mortalität

4.4
Fazit

Es ist zu erwarten, dass auch zukünftig in kleineren Ländern, in denen keine separate Kosten-Wirksamkeits-Analyse lohnt, und in Ländern, die gemeinsam in klinischen Studien eingebunden waren, Daten aus fremden Gesundheitssystemen genutzt werden, um Aussagen zu ökonomischer Vorteilhaftigkeit einer Gesundheitsleistung zu treffen. Im Gegensatz zur medizinischen Wirksamkeit, die sich international kaum unterscheidet, werden für ökonomische Studien aber generell immer zusätzlich nationale Datenquellen benötigt werden, sei es zur Bewertung der Ressourcenverbräuche, sei es zusätzlich auch zur Anpassung der ausländischen Studiendaten zum Mengenverbrauch auf den jeweiligen nationalen Kontext. Insofern ist es vorteilhaft, bereits bei der Studienplanung entsprechende Datenerhebungen auf nationaler Ebene einzuplanen.

Wie bereits dargestellt, bestehen dabei eine Reihe von Optionen (s. Abb. 4.3). Als erstes muss man sich fragen, in welcher regionalen Abgrenzung Subanalysen durchgeführt werden sollen. Neben der Gesamtauswertung sind hier bestimmte Gruppen von Ländern, einzelne Länder oder sogar Regionen innerhalb eines Landes möglich. Für die Erfassung der Ressourcenverbräuche und Kosten kann man auf die Daten von nur einem, wenigen oder vielen Leistungserbringern zurückgreifen. Diese Leistungsanbieter können dabei nach Bequemlichkeits- (z. B. befreundete oder benachbarte Leistungsanbieter) oder Verfügbarkeitsaspekten (z. B. Daten liegen in benötigter Form bereits vor), Repräsentativität für innere (= innerhalb aller an der Studie beteiligten Leistungsanbieter) oder äußere Vergleichbarkeit (= innerhalb der „normalen" Anwender) bzw. zufällig ausgewählt werden. Für valide Ergebnisse der Studie ist die richtige Auswahl dieser Parameter ausschlaggebend.

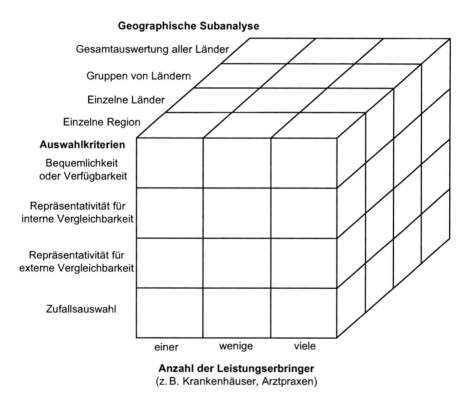

Abb. 4.3. Optionen bei der Ermittlung der Ressourcenverbräuche und Kosten[131]

International hat sich in den vergangenen Jahren (zumindest in den westlichen Industriestaaten) aufgrund der Marketingstrategien der pharmazeutischen Industrie und einem stärkeren Informationsaustausch und Vernetzungsgrad der Leistungsanbieter die Diffusionsgeschwindigkeit medizinischer Innovationen stark beschleunigt. Bereits nach relativ kurzer Zeit sind relativ aufwendige Technologien

---

[131] Quelle: Angelehnt an Goeree, R., Gafni, A., Hannah, M. u. a. (1999), S. 565.

breit gestreut verfügbar. Dies schafft einerseits international immer mehr Vergleichbarkeit der eingesetzten diagnostischen und therapeutischen Verfahren. Andererseits ist auch erkennbar, dass sich die Versorgungsformen der Gesundheitssysteme keineswegs durchweg angleichen, sondern zwischen eher privatwirtschaftlich wettbewerblich organisierten Systemen (wie z. B. Managed Care) und eher staatlich reglementierten Formen in großer Bandbreite differieren.[132] Die Form der Organisation von Angebot und Nachfrage im Gesundheitswesen bleibt nicht ohne Auswirkungen auf das Leistungsspektrum im jeweiligen Gesundheitssystem und den Umfang der tatsächlichen Verfügbarkeit medizinischer Verfahren. Da auf dem gesundheitspolitischen Feld zunächst wenig Angleichung der Systeme zu erwarten ist (und unter dem Gesichtspunkt des Systemwettbewerbs auch nicht anzustreben ist), werden nationale Besonderheiten auch weiterhin stärker das Marktumfeld für Gesundheitsleistungen bestimmen als dies bei anderen Produkten in anderen Märkten der Fall ist, selbst auf der europäischen Ebene.[133] Deshalb wird das Problem der internationalen Übertragbarkeit von Studienresultaten auch weiterhin bedeutsam bleiben.

Angesichts dieser Herausforderung sind mehr oder minder komplexe Modellierungen von Studiendaten unumgänglich, um sie sowohl der medizinischen Praxis als auch dem nationalen Kontext anzupassen. Dazu sind Modelle notwendig, die ausreichend valide, transparent und nachvollziehbar sind und die ökonomische Situation in dem betreffenden System hinreichend abbilden. Dies stellt sowohl an die Autoren als auch an die Gutachter ihrer Studienberichte und nicht zuletzt an die Leser dieser Artikel hohe Anforderungen an ihre Methodenkenntnisse. Grundvoraussetzung für alle Überlegungen bezüglich der Nutzung internationaler Daten ist allerdings ein detailliertes Studienprotokoll, in dem für jedes Land die Erfassungs- und Bewertungskriterien offen gelegt werden.[134]

---

[132] Vgl. Schulenburg, J.-M. Graf v. d., Greiner, W. (2000).
[133] Vgl. Boulenger, S., Nixon, J., Drummond, M., Ulmann, P., Rice, S., de Pouvourville, G. (2005).
[134] Vgl. Jönsson, B., Weinstein, M. C. (1997), S. 50.

5 Der gesundheitspolitische Nutzen von Evaluationsstudien

F.-U. Fricke

Fricke & Pirk GmbH, Member of the IMS Health Group, Nürnberg

5.1 Problemstellung

> „If economic evaluations of healthcare programmes were to have no impact on decisions about the allocation of resources to healthcare programmes, carrying out such evaluations is a meaningless activity."[135]

Gesundheitsökonomische Studien kosten Geld und haben in Deutschland bislang wenig Einfluss auf die Gesundheitsversorgung gehabt.[136] Darüber hinaus wird am möglichen Erkenntnisgewinn für die System- und Prozessgestaltung gezweifelt, den gesundheitsökonomische Studien bewirken können. Auch in anderen, insbesondere in europäischen Ländern, wird die Frage nach dem Sinn gesundheitsökonomischer Studien gern gestellt. Die Diskussionen sind allerdings nicht selten von sachfremden und teilweise sogar sachlich falschen Argumenten geprägt. Wirtschaftlichkeit wird mit niedrigen Ausgaben gleichgesetzt, Rationierung wird für vermeidbar gehalten, obwohl sie zu den Grundtatbeständen menschlichen Seins zu zählen ist und auch im Gesundheitswesen etwa bei der Zuteilung von Kassenarztsitzen in einem monopolistisch geprägten System praktiziert wird.

Im nachfolgenden Beitrag wird der Frage nachgegangen, worin denn vor diesem Hintergrund der gesundheitspolitische Nutzen gesundheitsökonomischer Evaluationen liegt. Zu diesem Zweck wird eine kurze Skizze gesundheitsökonomischer Grundlagen vorangestellt. An diese schließt sich eine Untersuchung des

---

[135] Blumenschein, K., Johannesson, M. (1996), S. 120.
[136] Vgl. Breyer, F., Leidl, R. (1997), S. 121.

theoretischen Nutzenpotenzials gesundheitsökonomischer Studien für die verschiedenen Beteiligten an. Die Ausschöpfung dieses Nutzenpotenzials wird reali-
ter durch Zielkonflikte, methodische und strukturelle Probleme wie beispielsweise
die konkreten Interessen der Beteiligten im deutschen Gesundheitssystem begrenzt. Abschließend werden Maßnahmen aufgezeigt, die nach Auffassung des
Verfassers die Verwertbarkeit gesundheitsökonomischer Erkenntnisse steigern
könnten.

5.2
Gesundheitsökonomische Evaluationen

5.2.1
Begriffsdefinition und Gegenstände

Gesundheitsökonomische Evaluationsstudien werden nicht erst seit dem Gesund-
heitsstrukturgesetz 1993 durchgeführt. Die Geschichte der Bewertung von Maßnahmen zur Gesundheitsversorgung ist erheblich älter.[137] Eine Einrichtung „Public
Health Economics" findet sich bereits 1944 an der School of Public Health der
University of Michigan, die American Economic Association führte auf ihrer Jah-
restagung 1951 Sitzungen unter dem Titel „Economics of Medical Care" durch.
Definitionen des Begriffs und eine lehrbuchartige Auseinandersetzung mit dem
Thema findet sich 1965 bei Klarman.[138] Als „Geburtsstunde" der Gesundheitsöko-
nomie in Deutschland kann man durchaus mit Schulenburg das erste gleichnamige
Kolloquium auf Einladung der Robert-Bosch-Stiftung bezeichnen (s. Kap. A 2).

Der Begriff „Gesundheitsökonomie" umfasst die wissenschaftliche Beschäftigung mit den wirtschaftlichen Aspekten der Gesundheit und der Gesundheitsversorgung.[139] Die Kernfragen lauten:

- Was sind die ökonomischen Folgen der Krankheit?
- Wie wird Gesundheit produziert?
- Was kostet die Produktion von Gesundheit?
- Wie sind die Ergebnisse der Gesundheitsproduktion zu bewerten (QoL)?
- Wie funktionieren Gesundheitsversorgungssysteme?
- Wie können sie gesteuert werden?
- Wie hängen Gesundheitssysteme mit dem Wirtschaftssystem zusammen?
- Wie sollten diese Zusammenhänge in marktwirtschaftlichen Systemen gestaltet
  sein?

---

[137] Vgl. Leidl, R. (1994), S. 132–134, und Blumenschein, K., Johannesson, M. (1996),
S. 115–117.
[138] Vgl. Klarman, H. E. (1965).
[139] Vgl. zur Begriffsdefinition Leidl, R., (1994), S. 137.

Folglich lassen sich zwei große Teilgebiete erkennen: die „Produktionstheorie" und die positive und normative „Institutionenlehre" zur effizienten Systemsteuerung.[140] Damit ergeben sich als Untersuchungsgegenstände evaluierende Vergleiche verschiedener Möglichkeiten des Ressourceneinsatzes:[141]

- Ausbau der sanitären Infrastruktur versus Ausbau der Gesundheitsversorgung,
- Prävention versus Behandlung im Bedarfsfall,
- Verfeinerung der Diagnostik zur frühzeitigen Krankheitserkennung und -behandlung versus Nicht-Behandlung in frühen Krankheitsstadien,
- Operation versus Medikation und
- Arzneimittelvergleiche untereinander.

Weitere Untersuchungsgegenstände sind im Sinne einer „Institutionenlehre" Analysen der Systemkomponenten, ihrer Funktions- und Interaktionsweisen im Versorgungsprozess, die effiziente Organisation von Versorgungsprozessen und die Effizienz der gesundheitspolitischen Institutionen. Vorschläge zur Restrukturierung von Anreiz- und Finanzierungssystemen mit dem Ziel der Effizienzsteigerung gehören zum normativen Teil der Lehre.

Mit dieser Definition und den abgeleiteten Gegenständen zeigt sich auch zugleich der Unterschied zu einer engen „pharmakoökonomischen" Interpretation der Materie: Eine Beschränkung des gesundheitsökonomischen Untersuchungsgegenstandes auf einen reinen Vergleich verschiedener Arzneimittel in einer Indikation greift erheblich zu kurz. Die Substitutionsmöglichkeiten umfassen alle eingesetzten Güter und Dienstleistungen in der Gesundheitsversorgung. Eine Verengung auf einen einzigen Parameter in der Produktion wäre kurzsichtig.

Gesundheitsökonomie befasst sich folglich mit dem Produktionsprozess von Gesundheit und der Organisation der Gesundheitsversorgung. Dabei ist das ökonomische Zielkriterium der effizienten Verwendung knapper Ressourcen die Richtschnur.

5.2.2
Ökonomische Perspektive und Ziele der Analyse

Was bietet den Anlass für die Beschäftigung mit gesundheitsökonomischen Fragen? Abgesehen vom wissenschaftlichen Erkenntnisinteresse und der Tatsache, dass Gesundheitsökonomie inzwischen auch „seinen Mann" nährt, immer noch das Knappheitsproblem und die Hoffnung, die systematische Auseinandersetzung mit Knappheitsfragen in der Gesundheitsversorgung könnte zur Besserung der Situation und zur Entschärfung von Verteilungsfragen im Umgang mit knappen Gütern führen.[142] Dies bedeutet theoretisch, dass die Erkenntnisse der Gesundheits-

[140] Vgl. Leidl, R. (1994), S. 146.
[141] Vgl. Sachverständigenrat für die Konzertierte Aktion im Gesundheitswesen (1998), S. 250.
[142] Siehe hierzu grundlegend Fuchs, V. R. (1974).

ökonomie gestalterisch gesundheitspolitisch genutzt werden können. Ihnen kommt damit ein gesundheitspolitischer Nutzen zu.[143]

Die ökonomische Perspektive umfasst die Betrachtung der eingesetzten Güter und Dienstleistungen sowie die damit verbundenen Ergebnisse des Versorgungsprozesses. Andere Aspekte bleiben zunächst außen vor. Hier besteht häufig ein Missverständnis: Kostendämpfungsmaßnahmen oder Ansätze zur Ausgabenminderung haben noch nichts mit ökonomischer Analyse zu tun. Die ökonomische Effizienzbetrachtung ist eine Betrachtung von Relationen: Die eingesetzten Güter und Dienstleistungen werden damit verglichen, was der Einsatz an Ergebnissen erbracht hat. Die Betrachtung von Output oder Outcome ist mithin unumgänglich.

Leider ist die systematische Betrachtung von Outcome über eine hinreichend große Gruppe von Versicherten etwas, was bislang in der deutschen Versorgungslandschaft allenfalls eine Randerscheinung ist. Neben Effizienzparametern, die aus klinischen Studien geläufig sind, für die Versorgungsrealität aber in der Regel bestenfalls Anhaltspunkte für die Behandlungsergebnisse liefern, sind so genannte „echte Outcomes" in der Diskussion, die das Behandlungsergebnis für den Patienten besser erfassen. So besteht ein Unterschied zwischen einer Blutdrucksenkung, die für den Patienten in der Regel nicht unmittelbar spürbar ist, oder einer Verminderung der Anzahl epileptischer Anfälle eines Epileptikers. Letzteres ist nicht nur ein „echter Outcome" aus Patientensicht, sondern verbessert darüber hinaus die Lebensqualität des Patienten erheblich, da er etwa als selbständiger Unternehmer mit medikamentös erreichter Anfallsfreiheit immerhin seiner Berufstätigkeit ohne größere Einschränkungen nachgehen kann.[144]

Das generelle Ziel ist somit die Effizienzsteigerung in der Gesundheitsversorgung allgemein. Damit sind Unterziele wie die Kenntnis der relevanten Alternativen auf Basis systematischer Analyse, die Kenntnis der unterschiedlichen Standpunkte und die Reduzierung der Unsicherheit über die Entscheidungsfolgen und die entgangenen Möglichkeiten verbunden. Gestaltungsentscheidungen sollen in System und Prozess unterstützt und nicht gänzlich übernommen werden.[145] Der Grund für dieses bescheidenere Ziel liegt darin, dass neben ökonomischen auch andere Kriterien entscheidungsrelevant sind. Daher kann die gesundheitsökonomische Analyse bestenfalls die Datenbasis der Entscheidung anreichern und damit tendenziell die Entscheidung verbessern. Sie kann jedoch nicht die Entscheidung durch Menschen ersetzen.

5.2.3
Voraussetzungen

Damit gesundheitsökonomische Analysen mit den eben angeführten Gegenständen möglich und gesundheitspolitisch hilfreich sein können, müssen einige Vor-

---

[143] Vgl. Sachverständigenrat für die Konzertierte Aktion im Gesundheitswesen (1998), S. 249–251.

[144] Vgl. zur Lebensqualität und ihrer Messung Kap. C 1 und C 2.

[145] Vgl. Sachverständigenrat für die Konzertierte Aktion im Gesundheitswesen (1998), S. 262–263.

aussetzungen erfüllt sein. Zunächst muss eine ausreichende Theoriebildung sicherstellen, dass gesundheitsökonomische Analysen auch praktische Relevanz entwickeln können.[146] Sollten bereits theoretische Überlegungen den Sinn der Analyse in Frage stellen, wird es zur Diskussion der praktischen Relevanz nicht mehr kommen.

Ferner lassen sich gesundheitsökonomische, empirisch gehaltvolle Analysen und Ergebnisse nur dann erzeugen, wenn denn auch hinreichend Daten oder Strukturen zur Datenerhebung zur Verfügung stehen. Diese Daten sollten auch allgemein zugänglich sein. Da in der Forschung grundsätzlich von Hypothesenkonkurrenz auszugehen ist, sollten die Daten den verschiedenen Interessenten zur Verfügung stehen. Monopolartige Zugriffsrechte verhindern Forschungskonkurrenz, sichern Informationsvorsprünge der bevorzugten Interessengruppen und behindern damit die Gesundheitssystementwicklung und die Diskussion konkurrierender Forschungsergebnisse.

Je nach Fragestellung werden Daten aus dem Versorgungsprozess, aus der klinischen Forschung oder Daten über die Inanspruchnahme von Versorgungsstrukturen und die entsprechenden Ergebnisse bei unterschiedlichen Anreizstrukturen benötigt.[147] Insbesondere Daten aus dem Versorgungsprozess und Gesundheitssystemdaten stehen nur zur Verfügung, wenn eine entsprechende Dateninfrastruktur diese Informationen regelmäßig und wiederkehrend erhebt. Damit dies möglich ist, muss das Datenrecht die Erhebung solcher Informationen zulassen.[148] Allerdings muss auch das Sozialrecht die Verknüpfung personenbezogener, anonymisierter Informationen ermöglichen.

Die Analyse des Versorgungsprozesses, der Systemeffizienz und ihres Steigerungspotenzials kommt ohne Daten nicht aus. Ohne diese wird die Diskussion um mögliche Effizienzsteigerungen durch Glaubenssätze und abgeleitete Behauptungen dominiert. Glaube und Vermutungswissen sollten aber wohl kaum zu Änderungen im Versorgungsprozess und im Gesundheitssystem führen.

Gesundheitsökonomische Studien und die Anwendung der Erkenntnisse daraus setzt folglich eine hinreichende Theoriebildung, Dateninfrastruktur und Datenzugriffs- und -verknüpfungsmöglichkeiten voraus. Ohne Datenerhebung gibt es keine Gesundheitsökonomie, allerdings auch keine zielorientierte, qualitativ akzeptable, effiziente Gesundheitsversorgung.

---

[146] Vgl. zum Sinn der Theoriebildung vor empirischer Arbeit Albert, H. (1972), Popper, K. (1979) und andere.

[147] Vgl. Stillfried, D. v., Glaeske, G. (1998), S. 293.

[148] Die Opportunitätskosten des Datenschutzes sind im Bereich des Gesundheitswesens insbesondere in verhinderten Effizienzsteigerungen zu sehen. Das Unterlassen von Datenerhebung und Verknüpfung führt hier zu einem Fehlen von steuerungsrelevanten Informationen.

5.3
Das gesundheitspolitische Nutzenpotenzial

Gesundheitsökonomische Studien liefern ganz allgemein Informationen und Erkenntnisse über das Gesundheitssystem und die Versorgungsprozesse aus der ö-
konomischen Perspektive. Ökonomische Instrumente angewandt auf die Gesundheitsversorgung suchen nach Wegen zur Linderung der Knappheit der einsetzbaren Güter und Dienstleistungen durch Effizienzsteigerung. Das maximale
gesundheitspolitische Nutzenpotenzial ist dann bei vollständiger Anwendung aller
gewonnenen ökonomischen Erkenntnisse erreicht.[149] Damit wäre

- eine bessere Gesundheitsversorgung (qualitativer Aspekt) für eine definierte
  Versorgungsgruppe oder
- eine definierte Gesundheitsversorgung für eine größere Versorgungsgruppe
  (quantitativer Aspekt) oder
- eine definierte Gesundheitsversorgung für eine definierte Versorgungsgruppe
  bei geringerem Aufwand an Gütern und Dienstleistungen

erreichbar. Aus dieser abstrakten Überlegung entstehen zunächst zahlreiche konkrete Fragen, die hier nur teilweise diskutiert werden können:

- Welche Güter, Dienstleistungen und Ergebnisse müssen in der gesundheitsöko-
  nomischen Analyse mit welchen Wertansätzen berücksichtigt werden?
- Wie wird die Steigerung der Effizienz gemessen?
- Wie wird eine bessere Gesundheitsversorgung gemessen?
- Wie müssen informative, entscheidungsrelevante, gesundheitsökonomische
  Studien beschaffen sein?
- Was für Informationen liefern gesundheitsökonomische Studien?
- Wie können diese Informationen in den Versorgungsprozess integriert werden?
- Wer hat ein Interesse an der Anwendung der gewonnenen Erkenntnisse, so dass
  sie ihr Nutzenpotenzial entfalten können?

Die erste Frage nach den zu berücksichtigenden Gütern und Dienstleistungen, also
den Kosten und Nutzen, ist bereits in den vorhergehenden Kapiteln dieses Buches
aufgearbeitet worden, die Frage nach der Messung von Effizienz, die Frage nach
der Messung einer besseren Gesundheitsversorgung (Outcomes), die Frage nach
der Beschaffenheit von Studien ebenfalls. Die letzten drei Fragen werden nachfolgend kurz betrachtet.

---

[149] Vgl. Johannesson, M. (1995a), S. 190.

5.3.1
Anwendungsgebiete gesundheitsökonomischer Studien

Was für Informationen liefern gesundheitsökonomische Studien?[150] Die Ergebnisse gesundheitsökonomischer Studien können nach Breyer und Leidl grundsätzlich Allokationsentscheidungen, Regulierungsentscheidungen oder Entwicklungsentscheidungen unterstützen.

Zu den *Allokationsentscheidungen* werden Entscheidungen über die Budgetallokation, Entscheidungen zur Vergütung eingesetzter Güter und Dienstleistungen, Kauf-/Zuteilungsentscheidungen und Angebotsentscheidungen gezählt. Diese Entscheidungen werden auf verschiedenen Ebenen und von verschiedenen Beteiligten des Gesundheitssystems getroffen. Typische Allokationsentscheidungen auf der oberen Systemebene sind etwa Entscheidungen in der Krankenhausplanung oder Entscheidungen über Budgetmittel. Zuteilungsentscheidungen auf der Arzt-Patienten-Ebene sind etwa Verordnungsentscheidungen oder Überweisungsentscheidungen.

Regulierungsentscheidungen können Preise, Mengen oder einzusetzende Verfahren in der Gesundheitsversorgung betreffen. Beispielhaft sind hier etwa Fallpauschalen in der Krankenhausversorgung, Fallzahlbegrenzungen in der kassenärztlichen Versorgung oder die Zulassung neuer Untersuchungs- und Behandlungsmethoden nach § 135 SGB V zu nennen.

Entscheidungen über die Richtung der Grundlagenforschung oder die Entwicklung von Produkten der medizintechnischen oder pharmazeutischen Industrie (*Entwicklungsentscheidungen*) können von Ergebnissen gesundheitsökonomischer Evaluationen ebenfalls unterstützt werden.

In diesen Anwendungsgebieten können die Ergebnisse gesundheitsökonomischer Studien Mitglieder gesetzgebender Körperschaften, Krankenkassen, Ärzte, Krankenhäuser, pharmazeutische Unternehmen und andere Interessengruppen in ihren Entscheidungen unterstützen.

5.3.1.1
Einsatzmöglichkeiten für gesetzgebende Körperschaften

Gesundheitsökonomische Studien können von gesetzgebenden Körperschaften zur Gestaltung von Anreizstrukturen im Gesundheitssystem in Auftrag gegeben werden. Der Beitrag dieser Studien zum generellen Ziel der Effizienzsteigerung in der Gesundheitsversorgung liegt dann in der Darlegung der relevanten Alternativen und der Reduzierung der Unsicherheit über die Entscheidungsfolgen und die entgangenen Möglichkeiten. Dabei müssen sich die Gestaltungsentscheidungen auf den Systemrahmen beschränken. Der Versorgungsprozess und die Effizienz desselben sollten lediglich durch Maßnahmen gestaltet werden, bei denen Handlung und Haftung zusammengeführt werden, so dass Handlungen und Entscheidungen zu Lasten Dritter minimiert werden.

---

[150] Vgl. insgesamt zu diesem Abschnitt Breyer, F., Leidl, R. (1997), S. 124–126.

Grundsätzlich sollte in marktwirtschaftlichen Systemen der Eingriff in einzelne Versorgungsbereiche oder Märkte möglichst klein ausfallen. Daher müssen sich gesetzgebende Körperschaften auf die Analyse und Gestaltung der Rahmenbedingungen konzentrieren. Die Beschränkung der Gestaltung auf den Handlungsrahmen sollte genügend Freiräume für kreative Gestaltungen lassen, um ein hinreichend effizientes Gesundheitswesen zu ermöglichen.

5.3.1.2
Einsatzmöglichkeiten für Krankenkassen

Krankenkassen müssen beim Wettbewerb darauf achten, dass ihr Leistungsangebot bei einem bestimmten Beitragssatz oder ein bestimmtes Leistungsangebot bei wettbewerbsfähigem Beitragssatz für ihre Kunden, den künftigen Patienten, im Vergleich zu anderen Krankenkassen attraktiv ist.[151] Dementsprechend werden sie in der Versorgung ihrer Kunden darauf achten, dass die Ausgaben den erbrachten ambulanten und stationären Dienstleistungen angemessen sind. Die Kassen werden folglich bei einheitlichem Leistungsangebot über die Qualität und die Preise oder Gebühren der ambulanten und stationären Versorgung in Verhandlungen mit Ärzten oder deren Vertretungen treten. Sind an das Leistungsangebot der Kassen lediglich Mindestanforderungen gestellt, so werden sich unterschiedliche Leistungsangebote zu unterschiedlichen Beitragssätzen herausbilden. In der jüngeren Vergangenheit sind neue Versorgungsformen (Modellversuche, Strukturverträge, Integrierte Versorgung) als Wettbewerbsparameter hinzugetreten, so dass auch hier die Kosten-Nutzen-Relationen für Entscheidungsträger in Krankenkassen von Bedeutung sind.

Die Durchführung gesundheitsökonomischer Studien kann Krankenkassen im Wettbewerb für die Steuerung ihres allgemeinen Leistungsangebots, ihrer Beitragssätze und der Qualität der Gesundheitsversorgung der Kassenmitglieder dienen.[152] In diesem Zusammenhang wird häufig auch die Entdeckung von Ressourcenverschwendung genannt. Darüber hinaus können sie offenbar zur Profilierung gegenüber der privaten Krankenversicherung genutzt werden.

5.3.1.3
Einsatzmöglichkeiten für Ärzte

Ärzte als Dienstleister gegenüber Krankenkassen aber auch gegenüber Patienten können gesundheitsökonomische Studien zur Steuerung von Diagnose und Therapie in der Arztpraxis einsetzen. Mit Hilfe gesundheitsökonomischer Studien und anderer entscheidungsunterstützender Methoden wie etwa Evidence Based Medicine lässt sich theoretisch die individuelle Diagnose- und Therapieentscheidung optimieren. Darüber hinaus ermöglicht die Berücksichtigung gesundheitsökonomischer Informationen dem Arzt die Anpassung an veränderte Knappheitsrelationen.

---

[151] Vgl. Knieps, F. (1998), S. 268–269.
[152] Vgl. Knieps, F. (1998), S. 270–271.

Gleichzeitig haben Ärzte die Möglichkeit mit Hilfe gesundheitsökonomischer Instrumente selbst Daten aus dem eigenen Versorgungsalltag zu erheben und aufzubereiten, um so ihr eigenes Dienstleistungsangebot gegenüber ihren „Kunden" hinsichtlich Qualität und Wirtschaftlichkeit darzustellen, aber auch um den Ressourceneinsatz zur Dienstleistungserbringung zu steuern. Auf diese Weise wird ein Controlling des Dienstleistungsprozesses in der Arztpraxis möglich.

5.3.1.4
Einsatzmöglichkeiten für Krankenhäuser

Krankenhäuser befinden sich verglichen mit niedergelassenen Ärzten in einer ähnlichen Situation: Als Dienstleister gegenüber Krankenkassen und Patienten können gesundheitsökonomische Studien zur Steuerung von Diagnose und Therapie im Krankenhaus eingesetzt werden. Gleichzeitig lässt sich im Krankenhaus mit Hilfe von Studien die Kosten- und Ertragssituation beeinflussen. Im Krankenhaus können mit Hilfe entsprechender Analysen knappe Ressourcen effizienter eingesetzt werden. Dies betrifft die Kapazitätsauslastung auf allen Stationen, dies betrifft aber auch die Definition von Schnittstellen zwischen der ambulanten und der stationären Versorgung. Gerade nach Einführung von Fallpreisen für die Krankenhausbehandlung (G-DRG) ist die Notwendigkeit der betriebswirtschaftlichen Steuerung im Krankenhaus und des Schnittstellenmanagements größer geworden.

Ein relativ ausgebautes Teilgebiet ist hier die Gesundheitsökonomie im Rahmen der internen Dienstleistungstätigkeiten der Krankenhausapotheke, vermutlich auch der Versorgungsapotheke. Hier ist die Bewertung der einzusetzenden Ressourcen, im wesentlichen Arzneimittel, üblich.[153]

5.3.1.5
Einsatzmöglichkeiten für pharmazeutische Unternehmen

Für pharmazeutische Unternehmen ergibt sich eine Reihe von Einsatzmöglichkeiten gesundheitsökonomischer Informationen. Angefangen von der Auswahl von Forschungs- und Entwicklungsprojekten bereits in frühen Phasen der klinischen Forschung, fortgeführt mit der Erhebung gesundheitsökonomischer Informationen zu Vermarktungszwecken zur Markteinführung oder zur Erlangung der Erstattungsfähigkeit sowie bei der Betrachtung des Einsatzes von Arzneimitteln im Alltag der Gesundheitsversorgung, der so genannten Versorgungsforschung, können die Ergebnisse verwendet werden.[154] Der Aspekt der Wirtschaftlichkeit wird nicht nur für die Erstattungsfähigkeit von Arzneimitteln weiter an Bedeutung gewinnen. Die weltweiten Entwicklungen, beispielsweise in Australien und Kanada, aber auch die Bemühungen einiger europäischer Länder um die Berücksichtigung des Wirtschaftlichkeitsaspekts in der Erstattungsentscheidung und bei der Genehmigung von Preisen, unterstreichen diese Einschätzung. Daher dient der Nachweis der Wirtschaftlichkeit eines Präparates zukünftig unter anderem der Absatzsiche-

---

[153] Vgl. Kämmerer, W. (1998), S. 402–403.
[154] Vgl. Glaser, P. (1998a), S. 418–425.

rung insbesondere im Bereich des erstattungsfähigen Produktprogramms eines pharmazeutischen Unternehmens.

Neben diesen geradezu klassischen Aufgabengebieten gesundheitsökonomischer Studien treten Anwendungen im Bereich des Business Development und der strategischen Planung hinzu. In diesen Feldern werden Analysen an der Schnittstelle von Epidemiologie und Gesundheitsökonomie zur Identifikation attraktiver künftiger Geschäftsfelder oder zur Beurteilung von möglichen Einlizensierungen von Produkten erforderlich.

5.3.1.6
Einsatzmöglichkeiten für weitere Interessenten

Außer den genannten Interessenten an gesundheitsökonomischen Informationen gibt es weitere, die aufgrund der Besonderheiten des deutschen Systems selten genannt werden: die Rentenversicherer, Arbeitgeber und die Versicherten selbst.

Die Finanzierungsstruktur der sozialen Sicherung in der Bundesrepublik führt zu einer typischen Gefangenendilemma-Situation. Krankenversicherungen können die Konsequenzen minderwertiger Therapien, sofern sie zu dauerhafter Arbeitsunfähigkeit und Frühverrentung führen, externalisieren. Ein Interesse an einer Therapie, die zwar im akuten Fall höhere Kosten verursacht, langfristig aber die dauerhafte Arbeitsunfähigkeitszeit reduziert, besteht bei Krankenversicherern zumindest bei ökonomischer Betrachtung kaum. Die vermeidbaren Rentenzahlungen und die entgangenen Beiträge zur *Rentenversicherung* interessieren jedoch die Rentenversicherer bzw. deren Beitragszahler. Insofern könnten hier die Rentenversicherer ein eigenes aber auch ein gesellschaftliches Interesse an gesundheitsökonomischen Studien artikulieren.

Neben den Auswirkungen von Diagnose und Therapie auf die Lebensarbeitszeit ergeben sich auch Auswirkungen auf die Unterbrechungen der Lebensarbeitszeit durch vorübergehende Arbeitsunfähigkeit. In der gesetzlichen Krankenversicherung übernimmt hier der *Arbeitgeber* in der Regel die Lohnfortzahlung im Krankheitsfall für die ersten sechs Wochen. Danach belastet ihn „nur noch" der Verlust eines qualifizierten Arbeitnehmers mit entsprechenden Folgen für den Betriebsablauf. Da auch eine Wechselwirkung zwischen Therapie und Dauer der vorübergehenden Arbeitsunfähigkeit bestehen kann, würde man ein Interesse seitens der Arbeitgeber an einer effizienten Gesundheitsversorgung auch unter Berücksichtigung der Erkrankungsdauern vermuten.[155]

Zu kurz ist hier das Interesse eines jeden aktuellen und potenziellen *Patienten* an einer effektiven und effizienten Therapie gekommen. Der sorgsame Umgang mit knappen Ressourcen auch im Gesundheitswesen sollte ein ethisches wie ökonomisches Gebot sein. Daher liegen therapeutische Entscheidungen auch auf öko-

---

[155] Diskussionen mit Vertretern von Betriebskrankenkassen haben diese Vermutung in der Vergangenheit bestätigt. Auch die US-amerikanischen Erfahrungen deuten auf ein starkes diesbezügliches Interesse der Arbeitgeber. Offen bleibt, ob dieses Interesse ebenfalls bei Arbeitgebern besteht, deren Arbeitnehmer nicht bei Betriebskrankenkassen versichert sind. Offen muss auch bleiben, ob dieses Interesse irgendwelche Konsequenzen für die Gesundheitsversorgung gehabt hat.

nomisch fundierter Basis im Interesse des Gemeinwesens, wenn auch die Artikulation dieses allgemeinen Interesses schwierig ist. Gesundheitsökonomische Studien dienen dem effizienten Einsatz knapper Ressourcen im Gesundheitswesen und sind damit für alle Beteiligten interessant und sollten für alle Entscheidungsträger auch relevant sein.

Entscheidungen werden jedoch auf den verschiedenen Ebenen des Gesundheitssystems von Entscheidungsträgern mit heterogenen Interessenlagen getroffen. Dabei stimmen nicht immer die Interessen des Entscheiders mit den Interessen derjenigen, die durch die Entscheidungen begünstigt oder belastet werden, überein. Damit leuchtet unmittelbar ein, dass gesundheitsökonomische Erkenntnisse keineswegs zwingend berücksichtigt werden. Es müssen vielmehr die entsprechenden Möglichkeiten zur prozessualen Integration solcher Informationen geschaffen werden. Diese Möglichkeiten werden nachfolgend kurz diskutiert.

5.3.2
Möglichkeiten der Integration gesundheitsökonomischer Erkenntnisse

Wie können gesundheitsökonomische Erkenntnisse in den Versorgungsprozess integriert werden? Grundsätzlich stellt sich die Frage, ob konkrete, spezifische Erkenntnisse in Form von Ge- und Verboten in den Prozess integriert werden sollen, oder ob vielmehr abstrakte Regeln, die die Berücksichtigung gesundheitsökonomischer Erkenntnisse vorteilhaft erscheinen lassen, zu formulieren sind.[156]

Gebote und *Verbote* haben den Vorteil, dass kein Umgehungsspielraum und damit keine Unsicherheit über Recht und Unrecht für die Beteiligten besteht. Gleichzeitig sind die Konsequenzen von Geboten und Verboten vermeintlich am leichtesten zu überschauen. Allerdings nur vermeintlich: die nicht-beabsichtigten Konsequenzen von Ge- und Verboten sind auch nicht zu kontrollieren und werden häufig übersehen.[157] In der vermeintlichen Überschaubarkeit liegt gleichzeitig der Nachteil: Mangels flexibler Handhabung konkreter Anweisungen sind Anpassungen an veränderte Knappheitsrelationen oder andere Änderungen der Versorgungsbedingungen unmöglich. Konkrete Gebote bilden Eintrittsbarrieren in das Versorgungssystem für alles, was nicht in den Geboten abgedeckt ist, also Neuerungen. Innovationen sind bei konkreten Geboten in diesen nicht enthalten. Das System erstarrt. Diese mangelhafte Anpassungsflexibilität führt ihrerseits zu Ineffizienzen und zur Verzögerung des Neuerungsprozesses.[158] Der Versuch, mit der Entwicklung Schritt zu halten, bringt erheblichen bürokratischen Aufwand für die laufende Pflege und Aktualisierung der Gebote, Verbote und Handlungsanweisungen mit sich. Gebote, normative Handlungsanweisungen sind damit innovationsfeindlich, teuer und ineffizient.

---

[156] Vgl. grundlegend zur Problematik von Regelbildung Hayek, F. A. v. (1983).
[157] Vgl. hierzu die Ausführungen bei F. A. v. Hayek (1969), und mit einem konkreten Beispiel aus dem Gesundheitswesen Horn, S. D., Sharkey, P. D., Tracy, D. M. u. a. (1996).
[158] Ein gutes Beispiel hierfür sind Positivlisten und der administrative Aufwand der erforderlich ist, sie auf dem aktuellen Stand der Arzneimitteltherapie zu halten.

Die Alternative, *abstrakte Regeln* mit dem Ziel der Berücksichtigung gesundheitsökonomischer Erkenntnisse zu formulieren, ist unter den Kriterien Innovationseinfluss und Effizienz überlegen. Abstrakte Regeln lassen Neuerungen zu, sofern diese nicht mit den abstrakten Regeln kollidieren. Außerdem bedarf es nicht der laufenden Pflege und Aktualisierung der Regeln. Gerade ihre Dauerhaftigkeit gibt Handlungssicherheit für die Akteure. Damit sind abstrakte Regeln effizienter. Sie halten das System flexibel und geben lediglich die Entwicklungsrichtung vor. Abstrakte Regeln haben jedoch – zumindest für Politiker[159] – den entscheidenden Nachteil, dass ein diskretionäres Eingreifen zu erheblichen Störungen der Systemprozesse führt und darum mit erheblichen Kosten verbunden ist. Abstrakte Regeln sind für die „Betroffenen" attraktiv, nicht jedoch für die politischen Akteure.

Abstrakte Regeln werden sich regelmäßig in der Ausgestaltung der Anreizstrukturen im Gesundheitssystem niederschlagen. Auf diese Weise ist ihre Einhaltung am besten zu gewährleisten. Eine Regel, die abstrakt die Berücksichtigung der Erkenntnisse gesundheitsökonomischer Studien vorschreibt, ohne dass eine Missachtung der Regel für die Missachtenden Sanktionen zur Folge hätte, ist naiv und ähnlich wirksam wie die Vorgabe eines allgemeinen Wirtschaftlichkeitsgebots. Dies wird offenbar auch von zahlreichen Beteiligten so gesehen: In aktuellen Modellversuchen zur Gesundheitsversorgung werden finanzielle Anreize in Form von Anteilen an erzielten Einsparungen vereinbart. Dazu zählen etwa Beitragsrückzahlungen für Versicherte bei Nutzung bestimmter Versorgungsmodelle oder Anteile für Ärzte bei Realisierung bestimmter Einsparungen.

Gesundheitsökonomie steigert im Idealfall die Effizienz der Gesundheitsversorgung. Daher müssten auch hier abstrakte Regeln die Verteilung von Effizienzgewinnen regeln. Ein System abstrakter Regeln, welches dies leistet, ist die marktwirtschaftliche Ordnung, in der das Streben nach Effizienz zu Gewinnen führt und damit einen entsprechenden Anreiz zur Berücksichtigung von Knappheitsinformationen liefert. Da die Gesundheitsversorgung weitgehend nicht adäquat marktwirtschaftlich geregelt ist und in vielen Situationen auf den Einsatz von Knappheitsindikatoren wie etwa den Preis verzichtet wird, werden hier hilfsweise Knappheitsinformationen über den Umweg gesundheitsökonomischer Studien erhoben. Die Berücksichtigung der erhobenen Knappheitsinformationen erfordert entsprechende Vorkehrungen im Anreizsystem.

Gebote, Verbote, konkrete Handlungsanweisungen oder abstrakte Regeln sind damit Möglichkeiten, gesundheitsökonomische Informationen in den Versorgungsprozess zu integrieren. Allerdings wurde schon angedeutet, dass die Interessen der Beteiligten sowohl bei der erforderlichen Anpassung des Anreizsystems in der Gesundheitsversorgung als auch bei der Anwendung gesundheitsökonomischer Erkenntnisse heterogen sind und in den seltensten Fällen einem gedachten übergeordneten „Systeminteresse" an effizienten Lösungen entsprechen. Dieser

---

[159] Politiker im Sinne dieser Arbeit sind ausschließlich Mitglieder gesetzgebender Körperschaften. „Standespolitiker", wie sie das Gesundheitswesen in großer Zahl kennt, fallen nicht unter diese Definition. Diese Differenzierung dient der Abgrenzung der verschiedenen Handlungsebenen im Gesundheitssystem. Aus verhaltenstheoretischer Perspektive bedarf es dieser Differenzierung nicht.

Sachverhalt und die Folgen, die sich daraus ergeben, werden weiter unten diskutiert.

5.4
Anwendungshindernisse für gesundheitsökonomische Erkenntnisse

Die Vorstellung von einem optimalen System ohne Ressourcenverschwendung oder Ineffizienzen ist irreal. Ineffizienzen treten überall auf, wo Menschen unter Unsicherheit über die Randbedingungen, die Alternativen und die Zukunft agieren. Ebenso ist die Annahme von der Realisierung des maximal möglichen gesundheitspolitischen Nutzens gesundheitsökonomischer Evaluationen höchst unwahrscheinlich. Die Anwendung wird behindert von

* Zielkonflikten,
* methodischen Problemen und
* strukturellen Problemen.

5.4.1
Zielkonflikte

Die Steuerung der Gesundheitsversorgung folgt nicht allein ökonomischen Zielvorstellungen, auch wenn dies in diesem Beitrag bislang den Anschein gehabt haben mag. Sozialpolitische Vorstellungen haben schon aufgrund der historischen Entwicklung der gesetzlichen Krankenversicherung einen ungleich stärkeren Einfluss auf die Steuerung gehabt. So sollte die Verteilung des Wohlstands allenfalls einen begrenzten Einfluss auf die Gesundheitsversorgung des einzelnen haben.[160] Eine „Zwei-Klassen-Medizin" sei zu vermeiden, so ist auch heute noch häufiger zu lesen. Dies impliziert eine Gleichbehandlung aller, die Frage ist, auf welchem Niveau. Eine Gleichbehandlung aller auf dem Niveau einer maximalen Versorgung scheitert am Grundtatbestand der Mittelknappheit. Der Ausweg wäre die Definition eines „Basisversorgungsbereichs notwendiger Gleichheit" und von „Versorgungssektionen erlaubter, d. h. unparteilich rechtfertigbarer Ungleichheit". Die Frage stellt sich jedoch auch, was denn alles zum „Basisversorgungsbereich notwendiger Gleichheit" und was zu den „Versorgungssektionen erlaubter, d. h. unparteilich rechtfertigbarer Ungleichheit" zu zählen ist.[161]

In diesem Kontext geraten dann vermeintlich medizinische und ökonomische Ziele in den Widerstreit. Dies passiert insbesondere dort, wo der Mediziner eine Maximalversorgung des Einzelnen anstrebt, „koste es, was es wolle".

---

[160] Vgl. zu den folgenden Ausführungen Kap. A 3.
[161] Vgl. zu diesen Fragen auch Höffe, O. (1998).

5.4.2
Methodische Probleme

Das ökonomische Instrumentarium zur Analyse von Gesundheitssystem und Versorgungsprozessen wird jedoch auch durch methodische Probleme der Untersuchungen und der Interpretation ihrer Ergebnisse selbst behindert. So sind die Zielgrößen der Analyse durchaus kritisch zu betrachten.[162] Außerdem sind die oben angeführten Zielkonflikte zu berücksichtigen. Darüber hinaus sind die eingesetzten Analyseverfahren mit Einschränkungen bezüglich ihrer Entscheidungsrelevanz zu versehen.[163] So ist zwar die Kosten-Wirksamkeits-Analyse unter bestimmten Voraussetzungen als Instrument der Entscheidungsunterstützung wünschenswert, allerdings sind Anwendungsvoraussetzungen wie beliebige Teilbarkeit der eingesetzten Güter und Dienstleistungen, beliebige Wiederholbarkeit oder konstante Dosis-Wirkungs-Relationen für viele Interventionen im Gesundheitswesen nicht erfüllt.

Bei der Kosten-Nutzwert-Analyse treten alle Probleme der Nutzenmessung hinzu. Hierzu zählen Zweifel an der interpersonellen Vergleichbarkeit des Nutzens von Interventionen oder damit erzielter Zustandsveränderungen ebenso wie Zweifel an der intertemporalen Vergleichbarkeit.[164] Damit ist auch die Nutzenaggregation über verschiedene Individuen mangels Vergleichbarkeit unmöglich. Ferner werden die Ergebnisse von Kosten-Nutzwert-Analysen in EUR/QALY ausgedrückt. Eine solche Größe informiert einen Entscheider kaum besonders gut, wenn vergleichbare Daten nicht zur Verfügung stehen oder eine normative Referenzgröße fehlt.[165]

Bei der Kosten-Nutzen-Analyse verstärkt sich das Problem der Kosten-Nutzwert-Analyse noch:[166] Hier ist dem Nutzen ein Geldwert zuzuordnen. Dieser Geldwert hängt von der individuellen Zahlungsbereitschaft des jeweiligen Betroffenen für Gesundheit ab. Mag die Abfrage für den einzelnen Selbstzahler zwar makaber, aber denkbar erscheinen, so ist die Übertragung auf eine Gruppe von Versicherten allenfalls mit einer Reihe von Annahmen und Hilfskonstrukten zu erreichen. Dies beeinträchtigt die Entscheidungsrelevanz der Analyseform.

Die Bewertungsansätze, die in den verschiedenen Analyseverfahren eingesetzt werden, sind ebenfalls kritisch in der Diskussion: Dabei soll hier weniger die Diskussion um die Wertansätze, Opportunitätskosten oder berechnete Gebühren angeführt werden, als vielmehr die auch ethisch bemerkenswerte Diskussion um die Bewertungsansätze bei verlorener Arbeitszeit. Hier stehen sich der Humankapital-

---

[162] Vgl. Breyer, F., Leidl, R. (1997), S. 126–127. Das häufig verwandte Pareto-Kriterium ist seit Jahren in der kritischen Diskussion und immer mehr einer evolutionstheoretischen Betrachtungsweise gewichen. Das statisch definierte Allokationsoptimum nach Pareto ist zwar immer noch ein interessantes Kapitel der Theoriegeschichte und der universitären Ausbildung, aber als Gestaltungskriterium der gesundheitlichen Versorgung problematisch.

[163] Vgl. Breyer, F., Leidl, R. (1997), S. 128–134.

[164] Vgl. Breyer, F., Leidl, R. (1997), S. 130.

[165] Vgl. Breyer, F., Leidl, R. (1997), S. 130.

[166] Vgl. Breyer, F., Leidl, R. (1997), S. 133.

ansatz und die Friktionskostenmethode gegenüber.[167] Unabhängig von den gewählten Ansätzen gibt es jedoch grundsätzliche Bedenken, verlorene Arbeitszeit zu bewerten, da auf diese Weise nicht auszuschließen wäre, dass Menschen in unterschiedlichen Lebensphasen unterschiedlich wertvoll erscheinen.[168]

Neben den theoretischen Problemen ergeben sich ganz praktische Probleme bei der Entscheidungsunterstützung durch gesundheitsökonomische Erkenntnisse: Die handwerkliche Qualität der gesundheitsökonomischen Studien unterliegt einer gewissen Streubreite.[169] Zwar werden hier allseits Verbesserungen mit dem zeitlichen Fortschreiten des Faches konstatiert, die erwähnte Streubreite führt jedoch auf der Seite der Entscheidungsträger zu misstrauen.[170]

5.4.3
Strukturproblem I: Sektorale Trennung

Zu den strukturellen Problemen, die die Anwendung ökonomischer Erkenntnisse in der Gesundheitsversorgung behindern, zählen die sektorale Gliederung der Versorgungslandschaft und die damit einhergehenden Interessenlagen der Beteiligten.[171] Letztere schlagen auf die Informationsstrukturen im Gesundheitssystem und den Versorgungsprozess durch. Auch die aktuell praktizierten Verfahren der Kapazitätssteuerung ebenso wie die Gestaltung des konkreten Versorgungsprozesses leiden unter der sektoralen Trennung im Dienstleistungsprozess und seiner Finanzierung.

Die sektorale Gliederung und die damit verbundene sektorale Ausrichtung der Finanzierungsstrukturen im Gesundheitswesen führen zu Verzerrungen in den ökonomischen Anreizstrukturen. Daraus resultiert die Gefahr einer teilsystemorientierten anstelle einer patientenorientierten Versorgung mit allen Ineffizienzen, die in der Vergangenheit zu beobachten waren. Teilsystemorientierte Versorgung zeigt sich etwa an möglichen Kostenverlagerungen zwischen Krankenkassen und Rentenversicherung, aber auch an Kostenverschiebungen zwischen der hausärztlichen und der fachärztlichen oder der ambulanten und der stationären Versorgung. Käme es hier zu einer Zusammenführung von Entscheidung und Entscheidungsfolgen anstelle von Sparaufrufen an die Beteiligten, wäre die Aufhebung der Barrieren zwischen den Bereichen zwangsläufig.[172]

Die sektorale Gliederung zeigt sich auch in den sektoral orientierten Regulierungsversuchen. Erst jetzt finden sich unter dem Rubrum „Modellversuche und Strukturverträge" zaghafte Ansätze, die sektorale Gliederung und Finanzierung zu überwinden. Insbesondere letzteres wirft offenbar erhebliche Probleme auf, da alle

---

[167] Vgl. zu den Verfahren Drummond, M. F., O'Brian, B. J., Stoddart, G. L., Torrance, G. W. (1997), S. 105 sowie S. 209–212.
[168] Vgl. Stillfried, D. v. (1995), S. 304.
[169] Vgl. Iskedjian, M., Trakas, K., Bradley, C. A. u. a. (1997).
[170] Vgl. Knieps, F. (1998), S. 276–278.
[171] Vgl. Breyer, F., Leidl, R. (1997), S. 122 und 126.
[172] Vgl. zum Sinn der Barrierenüberwindung auch Stillfried, D. v., Glaeske, G. (1998), S. 292.

Beteiligten insbesondere bei Finanzierungsfragen zum Einlenken nur auf der Basis von gesundheitsökonomischen Informationen, nämlich dem Nachweis effizienter Leistungserbringung durch die jeweils substituierende Ressource, bereit sind. Die sektorale Gliederung ist ein Effizienz- und Anwendungshindernis für gesundheitsökonomische Studien und Erkenntnisse.

5.4.4
Strukturproblem II: Interessenlagen

Wer hat ein Interesse an der Anwendung der gewonnenen Erkenntnisse, so dass sie ihr Nutzenpotenzial entfalten können?[173] Wer hat somit auch ein Interesse an der Durchführung gesundheitsökonomischer Studien? Die Antwort auf diese Frage hängt in hohem Maß von der Organisation der Gesundheitsversorgung ab.

In einem staatlichen Versorgungssystem wird zunächst der Versorger ein Interesse an einer Versorgung haben, die von den Versorgten akzeptiert wird. In der Regel bedeutet dies konkret die Erzielung einer zufriedenstellenden Versorgung vor dem Hintergrund eines gegebenen Budgets. Ob darüber hinaus weitere Beteiligte im Versorgungsprozess ein Interesse an effizienter Versorgung haben oder sich auf die Anwendung von Behandlungsvorschriften beschränken, dies hängt von der Ausgestaltung des jeweiligen Systems ab.

Auf der anderen Seite werden in einem privatwirtschaftlich organisierten System bei Wettbewerb alle Beteiligten ein Interesse an einem möglichst effizienten Versorgungsprozess haben, da die Effizienz der Versorgung sich direkt in ihrem individuellen Einkommen oder in Gewinnen niederschlägt. Darunter muss die Qualität keineswegs leiden. Effizienz und deren Verbesserung kann auf beiden Seiten, bei den eingesetzten Gütern und Dienstleistungen oder bei den Ergebnissen der Versorgung, ansetzen.

In Systemen, die staatliche und private Elemente in unterschiedlichem Ausmaß kombinieren, werden sich die Beteiligten verschieden stark für die Systemeffizienz interessieren. Kollektive und individuelle Rationalität müssen keineswegs in Einklang stehen. Häufig kommt es hier zu einem Auseinanderfallen der Rationalitäten, wie es etwa spieltheoretisch mit der Situation des *Gefangenendilemmas* beschrieben wird. Für die bundesdeutsche Versorgungslandschaft als einem Mischsystem aus staatlichen und privaten Elementen soll nachfolgend auf die Interessen detaillierter eingegangen werden.

5.4.4.1
Die Interessen von Mitgliedern gesetzgebender Körperschaften

Die Mitglieder gesetzgebender Körperschaften[174] haben zuerst ein Interesse an ihrer Wiederwahl. Dies sichert Einkommen und Macht. Damit haben Politiker ein Interesse daran, dass ihre Aktionen vom Wahlvolk als sinnvoll und nicht schädlich für die Bedürfnisbefriedigung wahrgenommen werden.

---

[173] Vgl. Blumenschein, K., Johannesson, M. (1996), S. 120–121.
[174] Nachfolgend werden diese und nur diese als Politiker bezeichnet.

Allerdings wird das Wahlvolk sein Urteil allenfalls punktuell offenbaren. Auch die Präferenzstrukturen des Wahlvolks liegen höchstens partiell offen. Mithin sind Politiker auf Hypothesen über die Präferenzen des Wahlvolks angewiesen. Diese entsprechen weitgehend den Hypothesen über menschliche Präferenzstrukturen im Allgemeinen und haben damit einen Schwerpunkt auf kurzfristiger Bedürfnisbefriedigung in der Gegenwart, auch wenn dies zu Lasten der zukünftigen Bedürfnisbefriedigung gehen mag. Ferner versuchen Menschen individuelle Kosten-Nutzen-Relationen zu optimieren.[175]

Damit liegt für Politiker die Vermutung nahe, dass die Gewährung von „Wohltaten" an ihre Klientel die Chancen der Wiederwahl steigert, wenn die Kosten für diese „Wohltaten" in die Zukunft oder auf andere Schultern verlagert oder zumindest verschleiert werden können. Umgekehrt sind Maßnahmen weniger attraktiv, deren positive Effekte in der Zukunft liegen und die heute das Wahlvolk tendenziell belasten.

Auf der Basis dieses Verhaltensmusters sind gesundheitsökonomische Untersuchungen für Politiker höchst kritisch einzuschätzen:[176]

- Gesundheitsökonomische Untersuchungen ermöglichen im Idealfall eine Überprüfung politischer Aussagen und Aktivitäten mit Blick auf das Ziel einer Effizienzsteigerung in der Gesundheitsversorgung.
- Sie entlarven politische Behauptungen als solche und erfordern gegebenenfalls eine Umstrukturierung des Systems.
- Sie zeigen aber auch die Kosten auf, die entstehen, wenn Politiker aufgrund anderer Zielkriterien ökonomisch sinnvolle Anreizstrukturen und Prozessveränderungen verwerfen.
- Sie sind für das Wahlvolk unter Umständen unbequem und mit Veränderungen verbunden, deren Effekte auf die Wählerstimmenmenge für den jeweiligen Politiker nicht abschätzbar sind.

Damit ist das Interesse an gesundheitsökonomischen Untersuchungen auf Seiten der Politiker relativ gering. Vor dem Hintergrund der Stimmenmaximierung sind für Politiker alle Änderungen im System von geringem Interesse, sofern die konkreten Konsequenzen für das Wahlvolk und damit für die Wählerstimmenmenge nicht abschätzbar sind. Damit ist auch das politische Interesse an Innovationen in der Gesundheitsversorgung relativ gering, da die Auswirkungen auf die Wählerstimmenmenge unsicher sind.

---

[175] Vgl. Fricke, F.-U. (1994), S. 33–34 und 103. Wie diese Kosten-Nutzen-Relationen aussehen, hängt von den individuellen Bedürfnissen ab und ist nicht auf materielle Güter beschränkt.

[176] In den nachfolgenden Ausführungen des Abschnitts wird unterstellt, dass gesundheitsökonomische Untersuchungen selbst quasi fehlerfrei und ohne eigene Problematik sind. Dies entspricht nicht der Realität, wie oben bereits gezeigt wurde. Um jedoch für die weitere Diskussion eine möglichst klare Trennung zwischen den Nutzungsschwierigkeiten aufgrund methodischer und anderer Probleme auf der Seite der Studien und den Nutzungsschwierigkeiten aufgrund der Motivationsstrukturen der potentiellen Interessenten zu erreichen, wird hier dieser „Kunstgriff" gewählt.

Diese Anreizstrukturen und die Wirkweise des Gesundheitssystems gehören zur Erklärung, warum Politiker das Gebiet der Gesundheitsversorgung möglichst unangetastet lassen. Gesundheitsökonomische Evaluationen werden bestenfalls punktuell zu Rate gezogen. Grundsätzlich besteht aufgrund des Ziels der Wiederwahl eine Aversion gegenüber gesundheitsökonomischen Informationen, da sie tendenziell den politischen Handlungsspielraum auf ökonomisch sinnvolle Handlungen beschränken.

5.4.4.2
Die Interessenlage von Krankenkassen[177]

Das Ziel einer jeden Krankenkasse ist die Bestandssicherung der eigenen Organisation und damit ein möglichst hoher Bestand an Versicherten, die mit einem möglichst geringen Erkrankungsrisiko behaftet sind.[178] Allerdings stehen Krankenkassen nach dem Gesundheitsstrukturgesetz seit 1996 im Wettbewerb um Versicherte. Die einsetzbaren Wettbewerbsparameter sind der Beitragssatz und die Ausgestaltung der Leistungen. Erfolg im Wettbewerb bei Beitragssatzstabilität sind abgeleitete Ziele zur Bestandssicherung der Organisation.[179] „Gemeinsam und einheitlich" handeln Kassen kaum noch oder bestenfalls vordergründig. Jedoch sind die Krankenkassen bei der Ausgestaltung ihrer Leistungskataloge durch den Gesetzgeber in hohem Maß beschränkt, so dass eine hinreichende Differenzierung der Kassen über ihr Leistungsangebot in der Vergangenheit kaum möglich war. Der Wettbewerb konzentrierte sich im Wesentlichen auf den Beitragssatz. Damit war und ist aber auch dem Qualitätswettbewerb der Kassen untereinander ein enger Rahmen gesetzt.

Mit den Reformgesetzen der vergangenen Jahre ist der Wettbewerbsparameter „Neue Versorgungsformen" hinzugekommen. Krankenkassen haben die Möglichkeit, neue Versorgungsstrukturen und -prozesse im Rahmen von Modellvorhaben, Strukturverträgen und Verträgen zur integrierten Versorgung zu erproben und ihren Versicherten anzubieten. Hierbei wird in der Regel zuerst der Imageeffekt zugunsten der jeweiligen Kasse positiv auf den Mitgliederbestand wirken. Neue Versorgungsformen haben zwar bislang in der öffentlichen Diskussion um die Gesundheitsversorgung erhebliche Aufmerksamkeit auf sich ziehen können, ihr Beitrag zur Versorgungseffizienz in der Bundesrepublik war aber bislang eher ein bescheidener.[180] Allerdings steigt das Interesse der Krankenkassen an neuen Versorgungsformen, da sie in der Mitgliedergewinnung zu Werbezwecken eingesetzt werden können. Dies bedeutet jedoch nicht, dass das Interesse an einer wis-

---

[177] Nachfolgend werden lediglich die gesetzlichen Krankenversicherungen behandelt, da sie im bundesdeutschen Krankenversicherungsmarkt einen Anteil von etwa 90 % halten.

[178] Vgl. Stillfried, D. v. (1995), S. 303, und Stillfried, D. v., Glaeske, G. (1998), S. 291–292.

[179] Vgl. Biller, M. (1998), S. 335.

[180] Diese Behauptung stützt sich im Wesentlichen auf die Tatsache, dass dem Verfasser bislang nur wenige ernstzunehmende Evaluationen solcher Projekte bekannt geworden sind.

senschaftlichen Bewertung der Effizienzsteigerung durch neue Versorgungsformen gestiegen ist.

Damit ist in der aktuellen Versorgungslandschaft der Bundesrepublik Deutschland bei den gegebenen gesetzlichen Rahmenbedingungen das Interesse der gesetzlichen Krankenversicherungen an gesundheitsökonomischen Studien und Informationen relativ gering. Ein Anreiz zur Berücksichtigung solcher Erkenntnisse besteht bei Krankenkassen allenfalls kurzfristig innerhalb des jeweiligen Sektors aufgrund der Wirkungen auf den Beitragssatz. Studien, die etwa zeigen, dass das gleiche Behandlungsergebnis auf zwei Wegen mit unterschiedlichen Ausgaben erreicht werden kann, werden bei Krankenkassen immer auf Interesse stoßen. Noch einfacher ist die einzelwirtschaftlich vernünftige Analyse von Arzneimittelausgaben unter der Annahme gleich bleibender Behandlungsergebnisse, da mangels Studien die Überprüfung dieser Annahme kaum vorgenommen werden kann.[181] Kostenminimierung ist kurzfristig wirtschaftlich attraktiver als eine Verbesserung der Behandlungsergebnisse.

Überdies ist die Finanzierung der Versorgung segmentiert und lässt damit eine Realisierung der Effizienzverbesserungen wirtschaftlich spürbar für die Krankenkasse kaum zu. Der flexible Mittelfluss zur Finanzierung der „Produktionsfaktoren" Arznei-, Heil- und Hilfsmittel, ambulante Versorgung und stationäre Versorgung ist nicht gegeben. Krankenkassen haben damit kaum die Möglichkeit, an Einsparungen eines „Produktionsfaktors" zu partizipieren. So führen zum Beispiel Einsparungen in der stationären Versorgung kaum zu geringeren Ausgaben für die Krankenkassen, da die Krankenhäuser einen definierten Zahlungsanspruch auch bei minderer Kapazitätsauslastung haben. Ferner partizipieren Krankenkassen nicht an vermiedenen Frühverrentungen oder an verhinderter Arbeitsunfähigkeit innerhalb der ersten sechs Wochen der Erkrankung. Auch bei der Vermeidung von künftigen Ausgaben für die Behandlung etwa von Schlaganfällen, Herzinfarkten, diabetischen Retinopathien und anderen Erkrankungen durch die heutige sorgfältige Behandlung des hohen Blutdrucks oder des Diabetes Mellitus besteht die Gefahr, dass die jeweilige Krankenkasse nicht in den Genuss der Einsparung gelangt, da der Versicherte zwischenzeitlich die Kasse gewechselt hat. Die Kosten der Vermeidung des Herzinfarkts durch die Behandlung des hohen Blutdrucks trägt damit vielleicht die Allgemeine Ortskrankenkasse Rheinland, während die spätere Einsparung aus dem vermiedenen Infarkt einer BKK in Bayern zugute kommt.

Insgesamt ist damit der Anreiz für die gesetzlichen Krankenversicherungen, gesundheitsökonomische Studien und Informationen in der Gestaltung des Versorgungsangebots zu berücksichtigen, gering und auf kurzfristige, innerhalb der jeweiligen Kasse zu realisierenden Effizienzgewinne ausgerichtet. Da die Ergebnisse der Leistungserbringung kaum systematisch erfasst und ausgewertet werden und somit auch nicht zur Mitgliederakquisition herangezogen werden können, ist eine Konzentration des Interesses auf die Seite der einzusetzenden Güter und Dienstleistungen nahezu unvermeidlich.

---

[181] Ferner können bessere Behandlungsergebnisse kaum zur Kassenwerbung eingesetzt werden. Die Reduktion von Arzneimittelausgaben, lässt jedoch tendenziell Senkungen des Beitragssatzes zu.

5.4.4.3
Die Interessenlage niedergelassener Ärzte

Niedergelassene Ärzte haben aus ökonomischer Sicht ein Interesse an hohen Einkommen bei persönlich vertretbarem Zeitaufwand und demzufolge an einem hinreichend großen Marktanteil für ihre Dienstleistungen. Aufgrund der Finanzierungsregelungen in der Gesetzlichen Krankenversicherung[182] erzielen Ärzte ein hohes Einkommen, wenn sie möglichst zahlreich solche Leistungen, die einzeln vergütet werden, und möglichst geschickt solche Leistungen, die periodenspezifisch pauschal vergütet werden, abrechnen.[183] Gleichzeitig ist Ärzten daran gelegen, dass die für die Vergütung zur Verfügung stehende Honorarsumme möglichst hoch ist und nicht etwa durch Budgetüberschreitungen der Vorperiode vermindert wird. Kollektivregresse, die zu solchen Abzügen führen, liegen nicht im Interesse der Ärzte. Dadurch wird der zeitliche Horizont bei der Betrachtung von Kosten und Nutzen ärztlichen Handelns und damit auch der Verordnungen zwangsläufig auf maximal ein Jahr begrenzt. Betrachtungen über längerfristige Zeiträume können kaum im Einkommensinteresse eines Arztes liegen.

Ferner wird das individuelle Einkommen der Ärzte immer durch den Vorwurf unwirtschaftlichen Verhaltens bedroht. Dabei scheint sich die Überprüfung der ärztlichen Wirtschaftlichkeit in der Behandlung weitgehend auf den Einsatzfaktor Arzneimittel zu konzentrieren.[184] Überschreitet etwa ein Arzt die relevanten Durchschnittswerte oder Richtgrößen seiner Facharztgruppe um 15 %, so wird eine Wirtschaftlichkeitsprüfung ohne Antragstellung eingeleitet. Bei einer Überschreitung um 25 % wird automatisch Unwirtschaftlichkeit unterstellt und der Arzt zur Erstattung verpflichtet.[185] Unwirtschaftlichkeit wird anhand der Quartalsabrechnungen der Kassenärzte festgestellt. Auch wenn im Rahmen der Wirtschaftlichkeitsprüfung nach Richtgrößen Kalenderjahre betrachtet werden, stellt sich so für den einzelnen Kassenarzt ein gedanklicher Zeithorizont von drei Monaten ein. Sofern der einzelne Kassenarzt einen Regress befürchtet, hat er zumindest theoretisch folgende Ausweichstrategien: Er kann Patienten an Kollegen überweisen oder in ein Krankenhaus einweisen, sofern er Behandlung für unerlässlich hält. Er

---

[182] Auf die Finanzierungsregelungen in der Gesetzlichen Krankenversicherung kann hier allenfalls in Nebensätzen eingegangen werden. Die wesentlichen Beeinträchtigungen für die freiberufliche Tätigkeit des Arztes ergeben sich jedoch aus der Honorarverteilung und dem Einheitlichen Bewertungsmaßstab gemäß SGB V.

[183] Vgl. hierzu mit einem allgemeinen Beispiel zum Zusammenhang von Einzelleistungsvergütung und individuellen Behandlerentscheidungen Breyer, F., Leidl, R. (1997), S. 129.

[184] So heißt es im Gesetzestext § 106 Abs. 1 Nr. 2 SGB V: „Die Prüfungen von Durchschnittswerten und Zufälligkeitsprüfungen umfassen auch die Häufigkeit von Überweisungen, Krankenhauseinweisungen und Feststellungen der Arbeitsunfähigkeit."

[185] Vgl. § 106 Abs. 5a SGB V. Dieses Verfahren hat zu einem Wirtschaftlichkeitsverständnis geführt, das aus ökonomischer Sicht eine Karikatur seiner selbst ist. Wirtschaftlichkeit wird zu einer reinen Betrachtung der eingesetzten Güter und Dienstleistungen, die ein bestimmtes Maß nicht überschreiten dürfen. Dieses Maß orientiert sich an den Durchschnitten der Vergangenheit und damit auch an allen Fehlern, die in der Vergangenheit gemacht worden sind. Neuerungen und Strukturveränderungen werden kaum berücksichtigt. Die jeweils erzielten Behandlungsergebnisse ebenso wenig.

kann aber auch die medikamentöse Behandlung verzögern, sofern er dies für vertretbar hält. Medizinische Erwägungen zur Patientenbetreuung treten in solchen Situationen vermutlich in den Hintergrund.

Bei dieser Interessenlage muss das Interesse an gesundheitsökonomischen Studien ein eher akademisches sein.[186] Gesundheitsökonomische Studien betrachten Krankheitsverläufe und Kosten sowie Ergebnisse alternativer Behandlungsverfahren und Versorgungsprozesse. Damit wird auf den zeitlichen Horizont von Kassenärzten keine Rücksicht genommen. Allenfalls solche Analysen sind für den Arzt interessant, die auch sehr kurzfristig zu höherer Effizienz führen, ohne dass sie seinen Einkommensinteressen schaden. Vergleiche von Arzneimitteln mit gleichem Behandlungsergebnis aber unterschiedlichen Behandlungskosten sind für den Kassenarzt interessant. Studien, die die Einspareffekte aus Verzögerungen der Krankheitsprogression ermitteln, sind kaum interessant, da in der Regel dem höheren Ressourceneinsatz heute noch höhere Einsparungen erst in der Zukunft gegenüberstehen. Auch solche Studien, die zu höherem Ressourceneinsatz in der ambulanten Versorgung raten, weil der Ressourceneinsatz in der stationären Versorgung überproportional sinken würde, stoßen kaum auf große Begeisterung, da bei getrennten Budgets für die ambulante und stationäre Versorgung der höhere Ressourceneinsatz in der ambulanten Versorgung zu Einkommensschmälerungen der Kassenärzte oder zahlreicheren Dienstleistungen bei gleichem Honorar führen müsste.

Das Interesse der Kassenärzte an der Durchführung ökonomischer Studien und der nachfolgenden Anwendung der damit verbundenen Erkenntnisse kann unter den gegebenen Systemstrukturen allenfalls ein begrenztes sein.

5.4.4.4
Die Interessenlage von Krankenhäusern

Krankenhäuser werden von vielen Trägern mit sehr unterschiedlichen Interessen betrieben. Mithin sind pauschale Aussagen hier besonders problematisch. Generell wird man jedoch annehmen können, dass Krankenhäuser und die in ihnen Tätigen ein Interesse am Fortbestehen des jeweiligen Krankenhauses haben. Daraus entsteht die Notwendigkeit eines zumindest langfristig verlustfreien Betriebs bei ausreichender Kapazitätsauslastung und Mittelbereitstellung für Investitionszwecke, so dass eine Diskussion um die Leistungsfähigkeit und die Existenz des jeweiligen Krankenhauses vermieden werden kann.

Vor Einführung von Fallpauschalen für die Honorierung der Krankenhausleistungen wurden im Krankenhaus für die meisten Dienstleistungen tagesgleiche Pflegesätze in Rechnung gestellt. Daneben existierten für bestimmte Dienstleistungen des Krankenhauses Fallpauschalen und Sonderentgelte.

Seit Einführung der Abrechnung der Krankenhausbehandlung nach Fallpauschalen, dem deutschen Diagnosis-Related-Group-System (DRG-System), besteht ein großes Interesse an gesundheitsökonomischen Studien im Krankenhaus. Das Interesse konzentriert sich betriebswirtschaftlich auf die Frage, wie die gesundheitsökonomischen Informationen zur Vergrößerung der Differenz zwischen den

---

[186] Vgl. Biller, M. (1998), S. 334.

Ausgaben für die eingesetzten Güter und Dienstleistungen und den gegenüberstehenden Fallpauschalen genutzt werden können. Ferner besteht ein Interesse an Studien, die die stärkere Nutzung der stationären Versorgung im Vergleich zur ambulanten nahelegen, weil dies der Sicherung der Kapazitätsauslastung dient. Damit ist auch im Krankenhaus der Zeithorizont ein relativ kurzfristiger: Einsparungen im gesamten Versorgungsprozess, die durch höheren Ressourceneinsatz im Krankenhaus erreicht werden, liegen kaum im einzelwirtschaftlichen Interesse des jeweiligen Krankenhauses.[187] Geben gesundheitsökonomische Studien Hinweise auf mögliche Einsparungen durch geänderten Ressourceneinsatz im Krankenhaus, dürfte die Anwendung der Ergebnisse sichergestellt sein.

5.4.4.5
Die Interessenlage von pharmazeutischen Unternehmen[188]

Pharmazeutische Unternehmen streben nach Gewinn. Mithin werden gesundheitsökonomische Untersuchungen dann eingesetzt, wenn sie positive Wirkungen auf den erwarteten Gewinn haben. Wie oben bereits beschrieben ergibt sich eine Reihe von Einsatzmöglichkeiten gesundheitsökonomischer Informationen. Allerdings wird Gesundheitsökonomie auch in pharmazeutischen Unternehmen häufig als „Pharmako-Ökonomie" missverstanden. Aus dieser Verengung heraus ergeben sich nicht nur hausinterne Verständnisprobleme,[189] sondern auch strategische Nachteile für den Einsatz solcher Informationen und damit auch eine gewisse Zurückhaltung auf Seiten der Unternehmen.

Zwar sind die Unternehmen gern bereit, gesundheitsökonomische Informationen zu ihren Präparaten als Vermarktungsargumente einzusetzen, eine „vierte Hürde" etwa zur Erlangung der Erstattungsfähigkeit lehnen sie ab.[190] Ferner können gesundheitsökonomische Studien den Preisspielraum für Arzneimittel transparent werden lassen. Über die Verteilung dieses Spielraums über den Preis kann dann offen diskutiert werden. Hier bestehen erhebliche Hemmungen, in die Diskussion einzutreten.[191] Die Argumente gegen die formale Einführung gesundheitsökonomischer Informationen in den Prozess zur Erlangung der Erstattungsfähigkeit sind im Wesentlichen die Verlängerung des Zeitraums bis zur Vermarktung und die Verteuerung des Entwicklungsprozesses.

Pharmazeutische Unternehmen stehen somit in vielen Fällen gesundheitsökonomischen Untersuchungen zwiegespalten gegenüber. Eine Situation, die der Anwendung solcher Informationen zumindest für weite Entscheidungsbereiche in den Unternehmen im Wege steht.

Insgesamt sind damit die Interessenlagen aller Beteiligten, gemessen an ihren Konsequenzen, weitgehend gleichgerichtet: Das Interesse an der Anwendung gesundheitsökonomischer Erkenntnisse ist in Deutschland relativ gering. Dieser Tat-

---

[187] Vgl. Kämmerer, W. (1998), S. 405–406.
[188] Vgl. Glaser, P. (1998a).
[189] Vgl. Fink-Anthe, C. (1999), S. IX/176.
[190] Vgl. Egler, M., Geursen, R. (1998).
[191] Offenbar gilt unternehmerischer Erfolg gemessen am Gewinn bei der Entwicklung und Vermarktung von Arzneimitteln immer noch als „unanständig".

bestand schlägt auf die Durchführung gesundheitsökonomischer Studien durch. Die Organisation der Gesundheitsversorgung bietet kaum Anreize für die Beteiligten, gesundheitsökonomische Informationen systematisch zu „produzieren" und in ihren Entscheidungsprozessen zu berücksichtigen.

5.5
Künftige Aufgaben zur Verbesserung der Nutzung

Vor dem Hintergrund der oben dargestellten Voraussetzungen und den derzeitigen Anwendungsbehinderungen sind für die Erschließung des Nutzenpotenzials gesundheitsökonomischer Studien künftig folgende Aufgaben zu lösen: Integration der Sektoren, Integration der Daten, Integration der Finanzierungssysteme.

5.5.1
Integration der Sektoren

Aus einer Ansammlung unverbundener sektoraler Teilsysteme, dem ambulanten Bereich, der stationären Versorgung und der Arzneimittelversorgung, sollte ein integriertes System entwickelt werden.[192] Innerhalb eines solchen Systems sollte der Versorgungsprozess entlang des Patientenproblems strukturiert sein. Damit wird sich die bisher bekannte Arbeitsteilung der so genannten „Leistungserbringung" auflösen. Der ehemalige Sektorenübergang wird fließend. Außerdem werden die Behandlungsergebnisse in den Mittelpunkt der Betrachtung rücken.[193]

5.5.2
Integration der Daten

In diesem integrierten System bedarf es der Integration der Daten, damit ein ungehinderter Datenfluss zur Versorgungssteuerung erreicht werden kann. Nur so können gesundheitsökonomische Daten zu sinnvollen Informationen verarbeitet werden.[194] Diese Dokumentation muss die Beurteilung der Wirtschaftlichkeit, also den Vergleich der eingesetzten Güter und Dienstleistungen mit den Versorgungsergebnissen, gemessen in Morbidität und Mortalität, ermöglichen. Die Integration der Daten führt zur Steuerung der Dienstleistungsprozesse nach Effizienz- und Qualitätskriterien. Die Ergebnisse dieser Messprozesse würden regelmäßig in der kontinuierlichen Verbesserung der Abläufe berücksichtigt werden.

---

[192] Ohne Zweifel sind weitere Dienstleistungsbereiche der Gesundheitsversorgung wie Rehabilitation und Pflege zu integrieren. Die genannten Sektoren der Versorgung stehen hier exemplarisch.

[193] Vgl. Stillfried, D. v., Glaeske, G. (1998), S. 299.

[194] Vgl. Stillfried, D. v., Glaeske, G. (1998), S. 298.

Hier wächst zwar das Verständnis der Beteiligten für den Sinn eines solchen Informationssystems, allerdings überwiegen derzeit noch die Bedenken vieler Beteiligten, dass die erhobenen Daten eher zu Lasten der Patienten eingesetzt werden. Diese Bedenken werden sich nicht gänzlich auflösen lassen. Allerdings wird auch hier zu klären sein, ob der potentielle Nutzen für die Patienten nicht den denkbaren Schaden aus potenziellem Missbrauch überwiegt.

5.5.3
Integration der Finanzierungssysteme

Auch die Finanzierungsseite der bisherigen Teilsysteme ist zu integrieren. Die Finanzierung der Gesundheitsversorgung „aus einer Hand" bietet einen erheblichen Anreiz zu effizienter Leistungserbringung und damit zur Nutzung gesundheitsökonomischer Informationen. Die Verschiebung von finanzieller Verantwortung zwischen den Sektoren je nach Lage des individuellen Falls wäre dann obsolet. Einsparungen über alle Sektoren hinweg, die mit Mehrausgaben in einem einzelnen Sektor verbunden sind, wären aufgrund der Bündelung der finanziellen Anreize möglich. Sektorale Partikularinteressen verlören ihre destruktive Wirkung auf das Gesamtsystem.

5.6
Zusammenfassung

Ausgehend von der Frage nach dem gesundheitspolitischen Nutzen gesundheitsökonomischer Studien stellt der vorliegende Beitrag eine Meta-Betrachtung der Kosten und Nutzen gesundheitsökonomischer Studien mit Schwerpunkt auf der Nutzenseite an. Dabei werden zunächst Begriffe und Gegenstände gesundheitsökonomischer Evaluationen skizziert. Daran schließt sich eine Darstellung der spezifisch ökonomischen Perspektive und der Analyseziele an. Auf den Nutzen gesundheitsökonomischer Evaluationen hat auch der Umfang der erfüllten Voraussetzungen Einfluss. Diese, ausreichende Theoriebildung, Dateninfrastruktur, Datenzugriffs- und -verknüpfungsmöglichkeiten werden kurz diskutiert.

Als nächstes folgt eine Untersuchung des gesundheitsökonomischen Nutzenpotenzials. Dieses wird entlang der mit Gesundheitsversorgung verbundenen Entscheidungstypen sowie entlang der an der Gesundheitsversorgung Beteiligten betrachtet. Dabei zeigt sich, dass gesundheitsökonomische Evaluationen zumindest partiell auch im derzeitigen System der Gesundheitsversorgung für die Beteiligten nützlich sind und Effizienzverbesserungen erlauben. Letztere hängen jedoch von den Möglichkeiten der Integration gesundheitsökonomischer Erkenntnisse in den Versorgungsprozess ab. Die grundsätzlichen Möglichkeiten der Integration werden in einem weiteren Abschnitt des Kapitels exploriert.

Allerdings stehen der Anwendung gesundheitsökonomischer Erkenntnisse im Versorgungsalltag eine Reihe von Hindernissen im Weg: Zielkonflikte, methodische Unzulänglichkeiten der gesundheitsökonomischen Analyse sowie strukturelle Probleme, im Wesentlichen zurückzuführen auf das sektoral gegliederte System der Gesundheitsversorgung und -finanzierung sowie die daraus resultierenden Interessenlagen der beteiligten Gruppen.

Vor dem Hintergrund des Nutzenpotenzials und der Anwendungshindernisse schließt der Beitrag mit einer kurzen Skizze künftiger Aufgaben zur Verbesserung der Nutzung gesundheitsökonomischer Studien. Dabei steht die Integration des Versorgungsprozesses und damit einhergehend die Integration der Daten und der Finanzierungssysteme im Vordergrund.

Gesundheitsökonomische Studien können nicht mehr, als Entscheidungsprozesse mit Informationen zu unterstützen. Käme es zur regelmäßigen Beachtung der ökonomischen Erkenntnisse, so wären Effizienzverbesserungen unvermeidlich und entsprechende „Wirtschaftlichkeitsgebote" entbehrlich. Bei effizienter Ressourcennutzung ist auch die vermeintliche Konkurrenz von ethischer und volkswirtschaftlicher Betrachtungsweise aufgehoben. Das ökonomische Instrumentarium unterstützte dann die Beteiligten im Prozess der Gesundheitsversorgung in ihrem Bemühen um „gutes" Handeln aus ethischer Perspektive. Gesundheitsökonomie mag zwar die Vertreibung aus dem Paradies der unbegrenzten Ressourcen erkennbar gemacht haben, ihre Anwendung brächte uns jedoch dem Paradies durch die effiziente Nutzung knapper Ressourcen wieder ein Stück näher.

6 Ausblick

O. Schöffski

Lehrstuhl für Gesundheitsmanagement, Universität Erlangen-Nürnberg

Gesundheitsökonomische Evaluationen bleiben eine spannende Angelegenheit für alle Beteiligten. Die Methodik ist noch nicht so festgeschrieben wie in anderen Bereichen. Dieses erschwert einerseits die Durchführung und Interpretation von Studien, auf der anderen Seite gibt es immer noch neue Ansätze zu entwickeln und zu erforschen sowie offene Fragen zu klären. Hier sei beispielsweise an die Diskontierung von nicht-monetären Effekten, die Monetarisierung der intangiblen Effekte, die Bewertung von indirekten Kosten und Nutzen und nicht zuletzt an die Bewertung und die Einbeziehung von Lebensqualitätseffekten gedacht. Es gibt auf dem Gebiet der Evaluationsforschung noch viel zu tun. Die allgemeine epidemiologische und ökonomische Datenbasis im deutschen Gesundheitswesen ist immer noch als dürftig zu bezeichnen. Eine Besserung des Zustands ist allerdings festzustellen. Die Gesundheitsberichterstattung des Statistischen Bundesamts nimmt quantitativ und qualitativ zu, im Rahmen des Health Technology Assessment wird eine Bewertung systematisch angegangen und vielleicht erfolgt ja auch in Zukunft eine qualifizierte Kosten-Nutzen-Bewertung durch das IQWiG.

Als Anbieter von Gesundheitsleistungen darf man sich allerdings keinen Illusionen hingeben. Gesundheitsökonomische Evaluationen sind kein Mittel, um schlechte Ergebnisse in klinischen Studien schönzurechnen. Wenn bereits die Effektivität einer medizinischen Maßnahme nicht gegeben ist, hat sie kaum eine Chance auf breite Anwendung in einem immer stärker an Effizienz orientierten Gesundheitssystem. Es wird daher in Zukunft schwieriger sein, sich als Anbieter in einem immer enger werdenden Markt zu behaupten. Wer allerdings auch ökonomische Argumente auf seiner Seite hat, wird von der gegebenen Situation profitieren. Dieses ist im Sinne einer optimalen Allokation im Gesundheitswesen auch wünschenswert. [195]

Zwei neue Problemfelder werden sich in Zukunft im Bereich der Evaluationsforschung im Gesundheitswesen ergeben und sollen hier zumindest einmal kurz angerissen werden. Das erste Problem ist die strikte Trennung der Entscheidungen zur Zulassung und zur Erstattungsfähigkeit, bislang eine heilige Kuh für alle Be-

---

[195] Ob entsprechende Studien eine Chance oder eine Begrenzung darstellen, wird aus Sicht der pharmazeutischen Industrie diskutiert bei Raths, J. (1996).

teiligten. Es ist fraglich, ob diese Trennung nicht kontraproduktiv ist und man eine bessere Abstimmung benötigt. Folgendes fiktives Beispiel dazu: Ein Produkt erweist sich als so innovativ, dass bereits auf der Basis der Phase 2-Studien die Zulassung erteilt wird und daraufhin die laufenden Phase 3-Studien abgebrochen werden, da es unethisch wäre, den Patienten des Placebo-Arms das Verum vorzuenthalten. Bei der Frage der Erstattungsfähigkeit wird aktuell in Deutschland insbesondere der Nutzen bewertet, dieser sollte allerdings durch randomisierte, multizentrische klinische Studien nachgewiesen sein. Diese existieren nicht, damit wäre das Produkt nicht erstattungsfähig. Gerade weil es sich um einen besonders deutlichen medizinischen Fortschritt handelt, würde dieses Präparat den Patienten vorenthalten werden. An diesem Beispiel wird deutlich, dass zumindest die Abstimmung zwischen den einzelnen Behörden besser werden muss, das gilt auch, wenn zusätzlich zu Nutzenbewertung die Kosten-Nutzen-Bewertung hinzukommt.

Eine weitere neuere Entwicklung, die relevant für die Zukunft der Wirtschaftlichkeitsbeurteilung im Gesundheitswesen ist, ist die Individualisierung der Pharmakotherapie. In klinischen Studien und auch bei gesundheitsökonomischen Evaluationen werden immer Aussagen über größere Grundgesamtheiten getroffen, gerade in der Gesundheitsökonomie vermeidet man es ja bewusst, Aussagen ökonomischer Natur über ein identifiziertes Individuum zu treffen. Nun wird aber immer deutlicher, dass Arzneimittel aufgrund der genetischen Ausstattung bei jedem Individuum unterschiedlich wirken (*pharmacogenomics*) und dass man daher auch eine individuelle Pharmakotherapie benötigt, die die Effektivität erhöht, die unerwünschten Nebenwirkungen reduziert und damit auch die Kosten-Effektivität verbessert.[196] Wenn aber schon ein Arzneimittel nicht für jeden Patienten passt, dann passt auch nicht eine gesundheitsökonomische Analyse für jeden Patienten. Schlussfolgerung wäre eine individuelle Kosten-Effektivitätsbetrachtung, um die soziale Wohlfahrt zu maximieren.[197] Dazu ein kleines Zahlenbeispiel:

Für eine Population bestehend aus zwei Personen A und B bestehen drei Therapiealternativen X, Y und Z, die alle die gleichen Kosten verursachen, nur der QALY-Gewinn unterscheidet sich von Patient zu Patient. Medikament X bringt aufgrund einer unterschiedlichen genetischen Ausstattung für den Patienten A 2 QALYs und für Patient B 1 QALY, Medikament Y für A 1,75 QALYs und für B 1,75 QALYs und Medikament Z für A 1 QALY und für B 2 QALYs. In einer typischen gesundheitsökonomischen Evaluation würde ermittelt, dass das Durchschnittsnutzen des Medikaments Y 1,75 QALYs beträgt, wogegen der Durchschnittsnutzen von X und Z nur jeweils 1,5 QALYs beträgt. Bei gleichen Kosten wäre damit Y das vorzuziehende Produkt. Splittet man allerdings die Population in ihre Individuen auf, so erkennt man, dass Patient A das Medikament X erhalten sollte und B das Medikament Z, da dann beide jeweils 2 QALYs erhalten und der Durchschnittsgewinn bezogen auf die Population bei dieser individualisierten Therapie 2 betragen würde.[198] Mit diesem Problemfeld wird sich die Gesundheitsökonomie in der nächsten Zeit noch auseinandersetzen müssen.

---

[196] Vgl. Flowers, C. R., Veenstra, D. (2004), S. 482.
[197] Vgl. Bala, M. V., Zarkin, G. A. (2004), S. 495.
[198] Vgl. Bala, M. V., Zarkin, G. A. (2004), S. 496.

Wie bereits erwähnt, besteht auf dem Gebiet der Gesundheitsökonomie im Allgemeinen und bei den gesundheitsökonomischen Evaluationen im Speziellen noch
weiterer Forschungsbedarf. Eine Vielzahl von Fragen ist allerdings auch schon
geklärt, ökonomische Evaluationsstudien können daher qualitativ hochwertig gemäß dem heutigen state-of-the-art durchgeführt werden. In den letzten Jahren ist
bereits ein deutliches Ansteigen der Qualität der Studien festzustellen. Dieses
Buch wird hoffentlich auch seinen Teil dazu beitragen, dass immer mehr Personen, die mit entsprechenden Studien konfrontiert werden, die Qualität der Studien
beurteilen können. Dieses wird dazu führen, dass die Qualitätsanforderungen steigen und die Auftraggeber und die durchführenden Institutionen noch mehr als
schon in der Vergangenheit Wert auf qualitativ hochwertige Studien legen.

Eine direkte Art zur Qualitätssicherung bei gesundheitsökonomischen Evaluationen ist die Verabschiedung von Guidelines bzw. Empfehlungen.[199] Entsprechende Richtlinien liegen schon aus vielen Ländern vor und ständig kommen neue
hinzu. Zum Teil sind diese Richtlinien beschränkt auf pharmakoökonomische Studien, zum Teil gelten sie für alle gesundheitsökonomischen Evaluationen. Die
neueste Entwicklung geht dahin, dass Gruppen von Leistungsanbietern und/oder
Versicherungsträgern (so beispielsweise die HMO Blue Cross/Blue Shield aus Colorado und Nevada) eigenständige Guidelines aufstellen, um die Allokation in ihrem Verantwortungsbereich zu optimieren.[200] Evaluationen entsprechend dieser
Vorschriften müssen jedem Antrag auf Listung eines neuen Arzneimittels beige-
fügt werden. Denkbar wäre so etwas auch in Deutschland beispielsweise bei Praxisnetzen, die die Budgetverantwortung für ihre Patienten übernommen haben.
Diese müssten einerseits die Qualität der Versorgung ihrer Patienten sicherstellen,
da diese sonst das Netz verlassen würden, andererseits sind die Netze auch an geringen Kosten interessiert, da Sie damit ihr monetäres Ergebnis verbessern. Dieses
ist eine typische Ausgangsstellung für gesundheitsökonomische Evaluationsstudien.

Da in Deutschland keine gesetzliche Instanz existiert, die Standards verbindlich
vorschreiben kann oder will, hat sich hier bislang eine dezentrale Lösung auf freiwilliger Basis ergeben. Die Orientierung an den deutschen Richtlinien kann nur im
Wege einer freiwilligen Selbsteinbindung geschehen. Auftraggeber sollten die
Einhaltung dieser Richtlinien in den Verträgen festschreiben, die durchführenden
Institutionen sollten sich generell daran orientieren und die Adressaten der Studien
sollten nur Ergebnisse von Studien zur Kenntnis nehmen, die diesen Qualitätsanforderungen entsprechen. Falls die Kosten-Nutzen-Bewertung tatsächlich eine
Aufgabe des IQWiG wird, so wäre zu fordern, dass schnellstmöglich Durchführungsbestimmungen erarbeitet werden, an denen sich alle Beteiligten orientieren
können.

Abschließend lässt sich sagen, dass es im Prinzip schon eine merkwürdige Situation ist, wenn auf finanzielle Probleme im Gesundheitswesen so reagiert wird,
dass eine neue Berufsgruppe (Ökonomen) einbezogen wird und aufwändige Studien durchgeführt werden. Trotzdem ist davon auszugehen, dass sich durch diesen

---

[199] Zu den unterschiedlichen Ansatzpunkten bei einer Standardisierung vgl. Schöffski, O.
(1995), S. 90–94.
[200] Vgl. Langley, P. C. (1999).

zusätzlichen Ressourcenverbrauch die Situation im Gesundheitswesen im Hinblick auf eine effiziente Ressourcenallokation verbessern wird. Die Zeit der instinktiven oder intuitiven Lösungen im Gesundheitswesen[201] sollte so langsam beendet sein. Entscheidungen müssen auf eine rationale Basis gestellt werden, gesundheitsökonomische Evaluationen stellen dabei das Mittel der Wahl dar.

Trotzdem bleiben die ökonomischen Prinzipien auch bei der konkreten Entscheidung für oder gegen die Durchführung einer Wirtschaftlichkeitsuntersuchung bestehen. Auch hier muss für den Einzelfall entschieden werden, ob der Nutzen der Studie die Studienkosten überwiegt. Dieser ökonomischen Evaluation müssen sich selbstverständlich auch gesundheitsökonomische Evaluationsstudien stellen.[202]

---

[201] Vgl. Andreae, C.-A., Theurl, E. (1980), S. 576.
[202] Vgl. Kori-Lindner, C., Berlin, M., Eberhardt, R. u. a. (1996), S. 1071.

Abbildungsverzeichnis

Teil B: Das Studiendesign: Field Research und Desk Research

Teil C: Bewertung von Lebensqualitätseffekten

**Teil D: Qualität und Akzeptanz gesundheitsökonomischer
    Evaluationsstudien**

Tabellenverzeichnis

Teil C: Bewertung von Lebensqualitätseffekten

**Teil D: Qualität und Akzeptanz gesundheitsökonomischer
          Evaluationsstudien**

Abkürzungsverzeichnis

ABPI	Association of the British Pharmaceutical Industry
ACP	American College of Physicians
ADL	Activities-of-Daily-Living
AETS	Agencia de Evaluation de Technologias Sanitarias
AHCPR	Agency of Health Care Policy and Research
AHFMR	Alberta Heritage Foundation for Medical Research
AIDS	Acquired immune(o) deficiency syndrome
ANAES	Agence Nationale d'Accréditation et d'Evaluation en Santé
AQLQ	Asthma Quality of Life Questionnaire
AVK	Arterielle Verschlusskrankheit
AVWG	Arzneimittelversorgungs-Wirtschaftlichkeitsgesetztes
AWMF	Arbeitsgemeinschaft der wissenschaftlichen medizinischen Fachgesellschaften
BCBS	BlueCross BlueShield Association
BCOHTA	British Columbia Office of Health Technology Assessment
BDSG	Bundesdatenschutzgesetz
BMG	Bundesministerium für Gesundheit
BPI	Bundesverband der Pharmazeutischen Industrie e. V.
CAHTA	Catalan Agency for Health Technology Assessment
CBA	Cost-benefit analysis
CCOHTA	Canadian Coordinating Office for Health Technology Assessment
CEA	Cost-effectiveness analysis
CMA	Cost-minimization analysis
CRT	Clinical randomised trial
CUA	Cost-utility analysis
CVM	Contingent valuation method
DALY	Disability-adjusted life year
DFLE	Disability-free life expectancy
DIHTA	Danish Institute for Health Technology Assessment
DIMDI	Deutsches Inst. f. Medizinische Dokumentation u. Information Köln
DMA	Decision Making Approach
DMP	Disease Management Programme
DRGs	Diagnosis Related Groups
DSI	Danish Institute for Health Services Research and Development
DUSC	Drug Utilisation Sub-Committee

EBHC	Evidence-based healthcare
EBM	Einheitlicher Bewertungsmaßstab
EBM	Evidenz-basierte Medizin / evidence-based-medicine
ECHTA	European Collaboration for Health Technology Assessment
EMEA	European Medicines Agency
EQ-5D	EuroQol, 5 Dimensionen
ESC	Economic Sub-Committee
EUROMET	European Network on Methodology and Application of Economic Evaluation Techniques
FAP	Fragebogen für Asthma-Patienten
FINOHTA	Finnish Office for Health Care Technology
FLA	Fragebogen zur Lebensqualität bei Asthma
G-BA	Gemeinsamer Bundesausschuss
GCP	Good Clinical Practice
GKV	Gesetzliche Krankenversicherung
GMG	GKV-Modernisierungsgesetz
GOÄ	Gebührenordnung Ärzte
GRG	GKV-Gesundheitsreformgesetzes
HALE	Health-adjusted life expectancy
HAPY	Health-adjusted person-year
HARMET	The Harmonisation by Consensus of the Methodology for Economic Evaluation of Health Care Technologies in the European Union
HCRA	Harvard Center For Risk Analysis
HEED	Health Economic Evaluation Database
HIV	Human immunodeficiency virus
HIV-SELT	Skalen zur Erfassung der Lebensqualität bei HIV-Positiven
HLE	Healthy life expectancy
HMO	Health Maintenance Organisation
HR-QOL	Health-related quality of life
HSI	Health-Status-Index
HTA	Health Technology Assessment
HTAi	Health Technology Assessment International
HUI 1	Health Utility Index Mark 1
HUI 2	Health Utility Index Mark 2
HUI 3	Health Utility Index Mark 3
HYE	Health years equivalent
ICD-9	International Classification of Diseases and Causes of Death, 9th rev.
ICER	Incremental cost-effectiveness ratio
ICH	International Conference on Harmonisation
INAHTA	International Network of Agencies for Health Technology Assessment
IQOLA	International Quality of Life Assessment
IQWiG	Institut für Qualität und Wirtschaftlichkeit im Gesundheitswesen

ISTAHC	International Society for Technology Assessment in Health Care
LAQ	Living with Asthma Questionnaire
LASA	Lineare Analogskalen zur Messung der Lebensqualität
LFN	Läkemedelsförmånsnämnden, Pharmaceutical Benefits Board, Sweden
LQ	Lebensqualität
LQI	Lebensqualitätsindex
LY	Life Year
MDK	Medizinischer Dienst der Krankenkassen
MDS	Medizinischer Dienst der Spitzenverbände der Krankenkassen
MMST	Mini-Mental-Status-Test
NDSG	Niedersächsisches Datenschutzgesetz
NHP	Nottingham Health Profile
NHS	National Health Service
NICE	National Institute for Health and Clinical Excellence
NZHTA	New Zealand Health Technology Assessment
OMP	Oregon-Medicaid-Programme
PBAC	Pharmaceutical Benefits Advisory Committee
PBPA	Pharmaceutical Benefit Pricing Agency
PBS	Pharmaceutical Benefit Scheme
PDA	Personal Digital Assistant
PICOS	United Kingdom Paediatric Intensiv Care Outcome Study
PYLL	Potential years of life lost
QALD	Quality-adjusted life-day
QALW	Quality-adjusted life-week
QALY	Quality-adjusted life-year
QL	Quality-of-Life
QoL	Quality-of-Life
QUALM	Quality-adjusted life-month
RCT	Randomisierte klinische Studien / Randomized clinical trial
Rg.	Rang
SAVE	Save young life equivalent
SBU	The Swedish Council on Technology Assessment in Health Care
SF-36	Short Form-36 Health Survey
SG	Standard Gamble
SGB	Sozialgesetzbuch
SGRQ	St.-George Respiratory Questionnaire
SIP	Sickness-Impact-Profile
TIOLI	Take-it-or-leave-it
TTO	Time Trade-off

USPHS	US Public Health Service Panel on Cost-Effectiveness in Health and Medicine
VFA	Verband Forschender Arzneimittelhersteller
WHO	World Health Organisation

Literaturverzeichnis

Aaronson, N. K., Acquadro, C., Alonso, J. u. a. (1992): International quality of life assessment (IQOLA) project. Quality of Life Research 1, 349–351

Aaronson, N. K., Ahmedzai, S., Bullinger, M. für die EORTC Quality of Life Gruppe (1993): Validation of the EORTC-QLQ 30. European Journal of the National Cancer Institute 85, 365–376

AARP (American Association of Retired Persons) (1993) zitiert nach ANON (1995): The economics of non-compliance. Pharmacoresources, 11.02.1995, 4

Adam, J. (1992): Statistisches Know-how in der medizinischen Forschung. Berlin

ADM – Arbeitskreis Deutscher Marktforschungsinstitute (Hrsg.) (1979): Muster-Stichproben-Pläne. München

Agro, K. E., Bradley, C. A., Mittmann, N., Iskedjian, M., Ilersich, A. L., Einarson, T. R. (1997): Sensitivity analysis in health economic and pharmacoeconomic studies. An appraisal of the literature. PharmacoEconomics 11, 1, 75–88

Akehurst, R. (2002): Discussion: The use of thresholds. In: Towse, A., Pritchard, C., Devlin, N. (Hrsg.): Cost-effectiveness thresholds: Economic and ethical issues. London, 38–43

Al, M. J., Feenstra, T., Brouwer, W. B. F. (2004): Decision makers' views on health care objectives and budget constraints: results from a pilot study. Health Policy 70, 33–48

Al, M. J., Hout, B. A. v., Michel, B. C., Rutten, F. F. H. (1998): Sample size calculation in economic evaluations. Health Economics 7, 327–335

Albach, H. (1970): Informationsgewinnung durch strukturierte Gruppenbefragung – Die Delphi-Methode. Zeitschrift für die Betriebswirtschaft 40, Ergänzungsheft, 11–26

Albert, H. (1972): Theorien in den Sozialwissenschaften. In: Albert, H. (Hrsg.): Theorie und Realität. Tübingen, 3–25

Alter, U., Klausing, M. (1974): Effizienzmessung im Gesundheitswesen. Beispiele der Kosten-Nutzen-Analyse. Deutsches Ärzteblatt 71, 3262–3267 und 3338–3341

Ament, A., Baltussen, R. (1997): The interpretation of results of economic evaluation: Explicating the value of health. Health Economics 6, 625–635

Anand, S., Hanson, K. (1997): Disability-adjusted life years: A critical review. Journal of Health Economics 16, 685–702

Andersen, H. H., Henke, K.-D., Schulenburg, J.-M. Graf v. d. (Hrsg.) (1992): Basiswissen Gesundheitsökonomie, Band 1: Einführende Texte, Band 2: Kommentierte Bibliographie. Berlin

Andersen, H. H., Schulenburg, J.-M. Graf v. d. (1987): Kommentierte Bibliographie zur Gesundheitsökonomie. Berlin

Andreae, C.-A. (1981): Anmerkungen zum Stellenwert ökonomischer Überlegungen im Gesundheitswesen, dargestellt am Beispiel der Nutzen-Kosten-Analyse. Wiesbaden

Andreae, C.-A., Theurl, E. (1980): Kostendämpfung im Gesundheitswesen – durch Arzneimittel oder bei Arzneimitteln. Die pharmazeutische Industrie 42, 576–581

Anell, A. (2004): Priority setting for pharmaceuticals. European Journal of Health Economics 1, 28–35

Antes, G. (1998): EBM praktizieren. Wie erhalte ich Antwort auf meine Fragen? In: Perleth, M., Antes, G. (Hrsg.): Evidenz-basierte Medizin. Wissenschaft im Praxisalltag. München, 19–26

Antes, G., Rüther, A., Kleijnen, J. (1996): Die Cochrane Collaboration. Erstellung, Aktualisierung und Verbreitung systematischer Übersichtsarbeiten. Münchener Medizinische Wochenschrift 138, 829–832

Antman, E., Lau, J., Kupelnick, B., Mosteller, F., Chalmers, T. C. (1997): A comparison of results of meta-analyses of randomized control trials and recommendations of clinical experts. Journal of the American Medical Association 268, 240–248

Armitage, P., Berry, G. (1987): Statistical methods in medical research, 2. Auflage. Oxford

Arnold, M. (1992): Warum stellt sich das Thema „Ethik der Gesundheitsökonomie"? In: Mohr, J., Schubert, C. (Hrsg.): Ethik der Gesundheitsökonomie. Berlin, 1–10

Arrow, K. J. (1963): Uncertainty and the welfare economics of medical care. The American Economic Review 53, 5, 941–973

Arrow, K. J. (1968): The economics of moral hazard. American Economic Review 58, 537–538

Australian Commonwealth Department of Health Housing CS (2002): Guidelines for the pharmaceutical industry on preparation of submissions to the Pharmaceutical Benefits Advisory Committee . Canberra

Australian Commonwealth Department of Health Housing CS (2005): Pharmaceutical benefit authority: Policies, procedures and methods used in the pricing of pharmaceutical goods. Canberra

Backhouse, M. E., Backhouse, R. J., Edey, S. A. (1992): Economic evaluation bibliography. Health Economics 1 (Supplement), 1–236

Bala, M. V., Zarkin, G. A. (2004): Pharmacogenomics and the evolution of healthcare. Is it time for cost-effectiveness analysis at the individual level? Pharmacoeconomics 22, 4, 495–498

Bala, M., Mauskopf, J. (1999): The estimation and use of confidence intervals in economic analysis. Drug Information Journal 33, 841–848

Baltussen, R., Leidl, R., Ament. A. (1999): Real world designs in economic evaluation: Bridging the gap between clinical research and policy-making. PharmacoEconomics 16, 5, 449–458

Bamberg, G., Coenenberg, A. G. (2004): Betriebswirtschaftliche Entscheidungslehre, 12. Auflage. München

Banta, D. (1997): Report from the EUR-ASSESS-project. International Journal of Technology Assessment in Health Care 13, 131–340

Banta, D. (2003): The development of health technology assessment. Health Policy 63, 121–132

Barbieri, M., Drummond, M., Willke, R., Chancellor, J., Jolain, B., Towse, A. (2005): Variability of cost-effectiveness estimates for pharmaceuticals in western europe: Lessons for inferring generalizability. Value in Health 8, 1, 10–23

Bastian, H., Bender, R., Kaiser, T. (2006): Methoden - Version 2.0 vom 26. April 2006

Beck, J. R., Pauker, S. G. (1983): The Markov process in medical prognosis. Medical Decision Making 3, 419–458

Begg, C. B., Mazumdar, M. (1994): Operating characteristics of a rank correlation test for publication bias. Biometrics 50, 1088–1101

Behrens, T., Ahrens, W. (2006): Epidemiologische Studien als Teil des HTA-Bewertungsprozesses. In: Bundesgesundheitsblatt 49, 264–271

Berekoven, L., Eckert, W., Ellenrieder, P. (1989): Marktforschung – Methodische Grundlagen und praktische Anwendung, 4., neu bearbeitete Auflage. Wiesbaden

Berger, K. (2002): Funktion und Ansatz pharmakoökonomischer Betrachtungsweisen. Deutsche Zeitschrift für klinische Forschung, 11/12, 40–44

Berger, M., Richter, B., Mühlhauser, J. (1997): Evidence based medicine. Eine Medizin auf rationaler Grundlage. Internist 38, 344–351

Bergner, M. (1993): Development, use and testing of the Sickness Impact Profile. In: Walker, S., Rosser, M. (Hrsg.): Quality of life assessment: Key issues in the 1990's. Dordrecht, 201–219

Bergner, M., Bobbitt, R. A., Pollard, W. E. u. a. (1976): The sickness impact profile: Validation of a health status measure. Medical Care 14, 57–67

Bergstrom, T. C. (1982): When is a man's life worth more than his human capital? In: Jones-Lee, M. W. (Hrsg.): The value of life and safety. Amsterdam, 3–26

Berkey, C. S., Hoaglin, D. C., Mosteller, F., Colditz, G. A. (1995): A random-effects regression model for meta-analysis. Statistics in Medicine 14, 395–411

Berthelot, J., Roberge, R., Wolfson, M. (1993): The calculation of health-adjusted life expectancy for a Canadian province using a multi-attribute utility function: A first attempt. In: Robine, J. M., Mathers, C. D., Bone, M. R., Romieu, I. (Hrsg.): Calculation of health expectancies: Harmonization, consensus and future perspectives, 161–172

Berwick, D. M., Weinstein, M. C. (1985): What do patients value? Willingness to pay for ultrasound in normal pregnancy. Medical Care 23, 7, 881–893

Bevan, G., Hollinghurst, S. (2003): Cost per quality-adjusted life years: the need for a new paradigm. Pharmacoeconomics & Outcomes Research 3, 4, 469–477

Biller, M. (1998): Die Bedeutung der Gesundheitsökonomie zur effizienten Steuerung der Leistungsausgaben aus Sicht der Innungskrankenkassen. In: Schöffski, O., Glaser, P., Schulenburg, J.-M. Graf v. d. (Hrsg.): Gesundheitsökonomische Evaluationen. Grundlagen und Standortbestimmung. Berlin, Heidelberg, New York, 332–338

Billeter, E. P. (1970): Grundlagen der repräsentativen Statistik: Stichprobentheorie und Versuchsplanung. Wien

Birch, S. (1999): Appraising the methods for economic evaluation. PharmacoEconomics 16, Suppl. 1, 91–93

Birch, S., Gafni, A. (1992): Cost effectiveness/utility analysis: Do current decision rules lead us to where we want to be? Journal of Health Economics 11, 279–296

Birch, S., Gafni, A. (1993): Changing the problems to fit the solution: Johannesson and Weinstein's (mis)application of economics to real world problems. Journal of Health Economics 12, 469–476

Birch, S., Gafni, A. (2004): The 'NICE' approach to technology assessment: An economics perspective. Health Care Management Science 7, 1, 35–41

Birkett, M. A., Day, S. J. (1994): Internal pilot studies for estimating sample size. Statistics in Medicine 13, 2455–2463

Bitzer, E. M., Busse, R., Dörning, H., Duda, L., Köbberling, J., Kohlmann, T., Lühmann, D., Pasche, S., Perleth, M., Raspe, H., Reese, E., Richter, K., Röseler, S., Schwartz, F. W. (1998): Bestandsaufnahme, Bewertung und Vorbereitung der Implementation einer Datensammlung „Evaluation medizinischer Verfahren und Technologien" in der Bundesrepublik. Baden-Baden

Bitzer, E., Greiner, W. (2000): Hochdosis-Chemotherapie mit autologer Stammzellentransplantation zur Therapie des metastasierenden Mammakarzinoms. Schriftenreihe des Deutschen Instituts für Medizinische Dokumentation und Information im Auftrag des Bundesministeriums für Gesundheit zum Health Technology Assessment. Baden-Baden

Blanke, M., Schulenburg, J.-M. Graf v.d. (Hrsg.) (2004): Rationing of medical services in Europe: An empirical study. Amsterdam

Bleichrodt, H. (1995): QALYs and HYEs: Under what conditions are they equivalent? Journal of Health Economics 14, 17–37

Bleichrodt, H., Crainich, D., Eeckhoudt, L. (2003): The effect of comorbidities on treatment decisions. Journal of Health Economics 22, 805–820

Bleichrodt, H., Johanneson, M. (1997): An experimental test of a theoretical foundation for rating-scale valuations. Med Dec Making 17, 208–216

Bleichrodt, H., Johannesson, M. (1997): Standard gamble, time trade-off and rating scale: Experimental results on the ranking properties of QALYs. Journal of Health Economics 16, 155–175

Blomquist, G. (1981): Estimating the Value of Life and Safety: Recent Developments. In: Jones-Lee, M. W. (Hrsg.): The Value of Life and Safety. Amsterdam u. a., 27–40

Bloom, B. S., Fendrick, A. M. (1996): Timing and timelines in medical care evaluation. PharmacoEconomics 3, 9, 183–187

Blumenschein, K., Johannesson, M. (1996): Economic evaluation in healthcare. PharmacoEconomics 10, 2, 114–122

Bock, J. (1998): Bestimmung des Stichprobenumfangs für biologische Experimente und kontrollierte klinische Studien. München

Boer, M. J. d., Hoorntjes, J. C. A., Ottervanger, J. P., Reiffers, S., Suryapranata, H., Zijlstra, F. (1994): Imediate coronary angioplasty versus intravenous streptokinase ejection fraction, hospital mortality and reinfarction. Journal of the American College of Cardiology, 23, 1004–1008

Boer, M. J. d., Hout, B. A. v., Liem, A. L. (1995): A cost-effective analysis of primary coronary angioplasty versus thrombolysis for acute myocardial infarction. American Journal of Cardiology 76, 830–833

Böge, U. (1973): Kassenpraxis und Privatpraxis. Eine wirtschaftswissenschaftliche Studie über freiberufliche ärztliche Leistungen. Berlin

Böhning, D. (1988): Confidence interval estimating of a rate and the choice of sample size. Statistics in Medicine 7, 865–875

Bolten, W. W., Lang, B., Wagner, A. V., Krobot K. J. (1999): Konsequenzen und Kosten der NSA-Gastropathie in Deutschland. Aktuelle Rheumatologie 24, 127–134

Bonsel, G. J., Rutten, F. F. H., Uyl-de Groot, C. A. (1993): Economic evaluation alongside cancer trials: Methodological and practical aspects. Euro-Journal of Cancer 29A, 7, S10–S14

Bortz, J. (1999): Lehrbuch der Statistik für Sozialwissenschaftler, 5., vollständig neu bearbeitete und erweiterte Auflage. Berlin, Heidelberg, New York

Bos, J. M., Postma, M. J., Annemans, L. (2005): Discounting health effects in pharmacoeconomic evaluations: Current controversies. PharmacoEconomics 23, 7, 639–649

Boulenger, S., Nixon, J., Drummond, M., Ulmann, P., Rice, S., de Pouvourville, G. (2005): Can economic evaluations be made more transferable? European Journal of Health Economics 6, 4, 334–346

Boyle, M. H., Torrance, G. W., Sinclair, J. C., Horwood, S. P. (1983): Economic evaluation of neonatal intensive care of very-low-birth-weight infants. New England Journal of Medicine 308, 22, 1330–1337

Brand, A., Brand, H., Schröder, P., Laaser, U. (2006): Epidemiologische Verfahren in den Gesundheitswissenschaften. In: Hurrelmann, K., Laaser, U., Razum, O. (Hrsg.): Handbuch Gesundheitswissenschaften, 4. Auflage. Weinheim, München, 255–300

Brandt, A., Dinkel, R. (1988): Leitfaden zur Kosten-Nutzen-Analyse von Arzneimitteltherapien. Basel

Brazier, J., Jones, N., Kind, P. (1993): Testing the validity of the EuroQol and comparing it with the SF-36 health survey questionnaire. Quality of Life Research 2, 3, 169–180

Brazier, J., Roberts, J., Deverill, M. (2002): The estimation of a preference-based measure of health from the SF-36. Journal of Health Economics 21, 271–282

Brazier, J., Roberts, J., Tsuchiya, A. (2001): A comparison of the EQ-5D and SF-6D across seven patient groups. Proceedings of the 18th Plenary Meeting of the EuroQol Group, 9-33

Brazier, J., Usherwood, T., Harper, R., Thomas, K. (1998): Deriving a preferenced-based single index from the UK SF-36 Health Survey. Journal of Clinical Epidemiology 51, 11, 1115–1128

Brecht, J. G., Jenke, A., Köhler, M. E. u. a. (1995): Empfehlungen der Deutschen Gesellschaft für Klinische Pharmakologie und Therapie zur Durchführung und Bewertung pharmakoökonomischer Studien. Medizinische Klinik 90, 9, 541–546

Breyer, F., Leidl, R. (1997): Wozu dient Evaluation im Gesundheitswesen. In: Knappe, E. (Hrsg.): Reformstrategie „Managed Care". Baden-Baden, 121–137

Breyer, F., Zweifel, P. (1997): Gesundheitsökonomie, 2. Auflage. Berlin, Heidelberg, New York

Breyer, F., Zweifel, P. (1999): Gesundheitsökonomie. Berlin

Breyer, F., Zweifel, P., Kifmann, M.(2005): Gesundheitsökonomik, Fünfte, überarbeitete Auflage. Berlin

Bridges, J. F. P. (2006): What can economics add to health technology assessment? Please not just another cost-effectiveness analysis! Pharmacoeconomics & Outcomes Research 6, 1, 19–24

Briggs A. H., Fenn, P. (1998): Confidence intervals or surfaces? Uncertainty on the cost effectiveness plane. Health Economics 7, 723–740

Briggs, A. (1999): Handling uncertainty in economic evaluation. British Medical Journal 319, 120

Briggs, A., Sculpher, M. (1995): Sensitivity analysis in economic evaluation: A review of published studies. Health Economics 4, 355–371

Briggs, A., Sculpher, M. (1998): An introduction to Markov modelling for economic evaluation. PharmacoEconomics 13, 4, 397–409

Briggs, A., Sculpher, M., Buxton, M. (1994): Uncertainty in the economic evaluation of health care technologies: The role of sensitivity analysis. Health Economics 3, 95–104

Brock, D. (1988): Ethical issues in recipient selection for organ transplantation. In: Matthieu, D. (Hrsg.): Organ substitution technology: Ethical, legal, and public policy issues. Boulder, Co., 86–99

Bromaghin, J. F. (1993): Sample size determination for interval estimation of multinomial probabilities. The American Statistician 47, 3, 203–208

Bronder, E., Klimpel, A. (1992): Der Rücklauf unverbrauchter Arzneimittel. Pharmazeutische Zeitung 137, 554–556

Brook, R., Ware, J., Rogers, W. (1983): Does free care improve adults´ health? Results from a randomized controlled trial. New England Journal of Medicine 309, 1426–1434

Brooks, R. G. (1986): The development and construction of health status measures. IHE-Report 4

Brooks, R., Rabin, R., Charro, F. de (Hrsg.) (2003): The measurement and valuation of health status using EQ-5D – A European perspective – Evidence from the EuroQol BIOMED Research Program. Dortrecht

Brooks, R., with the EuroQol-Group (1996): EuroQol: The current state of play. Health Policy 37, 53–72

Broome, J. (1993): QALYs. Journal of Public Economics 50, 149–167

Brouwer, W. B. F. , van Exel, N. J. A., Baltussen, R. M. P. M., Rutten, F. F. H. (2006): A dollar is a dollar is a dollar - Or is it? Value in Health 9, 5, 341

Brouwer, W. B. F., Niessen, L. W., Postma, M. J., Rutten, F. F. H. (2005): Need for differential discounting of costs and health effects in cost effectiveness analyses. British Medical Journal 331, 446–448

Brouwer, W. B., Koopmanschap, M. A., Rutten, F. H. (1997): Productivity costs measurement through quality of life? A response to the recommendation of the Washington panel. Health Economics 6, 253–259

Brouwer, W. B., van Exel, N. J. (2004): Discounting in decision making: The consistency argument revisited empirically. Health Policy 67, 2, 187–194

Brouwer, W. B., van Exel, N. J., Koopmanschap, M. A., Rutten, F. F. (2002): Productivity costs before and after absence from work: As important as common? Health Policy 61, 2, 173–87

Brown, G. C., Sharma, S., Brown, M. M., Garrett, S. (1999): Evidence-based medicine and cost-effectiveness. Journal of Health Care Finance 26, 2, 14–23

Brown, J., Sculpher, M. (1999): Benefit valuation in economic evaluation of cancer therapies. A systematic review of the published literature. PharmacoEconomics 16, 1, 17–31

Brüggenjürgen, B. (1994): Lebensqualität und volkswirtschaftliche Kosten der Migräne in Deutschland. Sankt Augustin

Brüngger, H. (1974): Die Nutzen-Kosten-Analyse als Instrument der Planung im Gesundheitswesen. Zürich

Bryan, S., Roberts, T., Heginbotham, C., McCallum, A. (2002): QALY-maximisation and public preferences: Results from a general population survey. Health Economics 11, 679–693

Buchanan, A. (1988): Zur ethischen Bewertung des Gesundheitswesens in den USA. In: Sass, H.-M. (Hrsg.): Ethik und öffentliches Gesundheitswesen. Ordnungsethische und ordnungspolitische Einflußfaktoren im öffentlichen Gesundheitswesen. Berlin, 191–206

Bucher, H. C. (1998): Kritische Beurteilung einer Übersichtsarbeit. In: Perleth, M., Antes, G. (Hrsg.): Evidenz-basierte Medizin. Wissenschaft und Praxisalltag. München, 56–65

Buckingham, K. (1993): A note on HYE (healthy years equivalents). Journal of Health Economics 11, 301-309

Bullinger, M. (1992): Indices and profiles: Advantages and Disadvantages. In: Walker, S. (Hrsg.): Key Issues in Quality of Life Assessment. Dordrecht, 215–226

Bullinger, M. (1993): Indices versus Profiles – Advantages and disadvantages. In: Walker, S. R., Rosser, R. M. (Hrsg.): Quality of life assessment, Key issues in the 1990s. Lancaster, 209-220

Bullinger, M. (1994): Lebensqualität – Ein neues Bewertungskriterium für den Therapieerfolg. In: Pöppel, E., Bullinger, M., Härtel, U. (Hrsg.): Kurzlehrbuch der Medizinischen Psychologie. Weinheim, 369-376

Bullinger, M. (1995): German translation and psychometric testing of the SF-36 – Preliminary results from the IQOLA-Project. Social Science and Medicine 41, 1359-1366

Bullinger, M., Alonso, J., Apolone, G., Leplége, A. Sullivan, M., Wood-Dauphinee, S., Gandek, B., Wagner, A., Aaronson, N., Bech, P., Fukuhara, S., Kaasa, S., Ware, J. E. (1998): Translating health status questionnaires and evaluating their quality: The International Quality of Life Assessment project approach. Journal of Clinical Epidemiology 51, 11, 913–923

Bullinger, M., Cella, D., Anderson, R., Aaronson, N. K. (1996): Creating and evaluating cross-national instruments. In: Spilker, B. (Hrsg.): Quality of life and pharmaeconomics in clinical trials. Philadelphia, 659–668

Bullinger, M., Kirchberger, I. (1998): Der SF-36 Fragebogen zum Gesundheitszustand (Handanweisung). Göttingen

Bullinger, M., Kirchberger, I., Steinbüchel, N. v. (1993): Der Fragebogen Alltagsleben – Ein Verfahren zur Erfassung der gesundheitsbezogenen Lebensqualität. Zeitschrift für die medizinische Psychologie, 3, 121–131

Bullinger, M., Kirchberger, I., Ware, J. E. (1995): Der deutsche SF-36 Health Survey. Übersetzung und psychometrische Testung eines krankheitsübergreifenden Instruments zur Erfassung der gesundheitsbezogenen Lebensqualität. Zeitschrift für Gesundheitswissenschaften 3, 1, 21–36

Bullinger, M., Morfeld, M., Kohlmann, T., Nantke, J., Bussche, van den H., Dodt, B., Dunkelberg, S., Kirchberger, I., Krüger-Bödeker, A., Lachmann, A., Lang, K., Mathis, C., Mittag, O., Peters, A., Raspe, H.-H., Schulz, H. (2003): Der SF-36 in der rehabilitationswissenschaftlichen Forschung - Ergebnisse aus dem Norddeutschen Verbund für Rehabilitationsforschung (NVRF) im Förderschwerpunkt Rehabilitationswissenschaften. Die Rehabilitation 42, 4, 218–225

Bundesamt für Sozialversicherung (1998): Handbuch zur Standardisierung der medizinischen und wirtschaftlichen Bewertung medizinischer Leistungen. Bern

Burke, K. (2002): No cash to implement NICE, health authorities tell MPs. British Medical Journal 324, 258

Buschmann, P. (1998): Compliance – Die Perspektive einer Krankenkasse. In: Petermann, F. (Hrsg.): Compliance und Selbstmanagement. Göttingen, 151–157

Buselmaier, W., Tariverdian, G. (1991): Humangenetik. Berlin, Heidelberg, New York

Busse, R. u. a. (2002): Best practice in undertaking and reporting health technology assessment. International Journal of Technology Assessment in Health Care 18, 2, 361–422

Buxton, M. (2005): How much are health-care systems prepared to pay to produce a QALY? The European Journal of Health Economics, 6, 4, 285–287

Buxton, M. J., Drummond, M. F., Hout, B. A. v., Prince, R. L., Sheldon, T. A., Szucs, T., Vray, M. (1997): Modelling in economic evaluation: An unavoidable fact of life. Health Economics 6, 217–227

Cadman, D., Goldsmith, C., Torrance, G. u. a. (1986): Development of a health status index for Ontario Children. Final Report, Ontario Ministry of Health Grant Research DM 648 (00633), McMaster University, Hamilton, Ontario

Cairns, J. A., Pol, M. M. v. d. (1997): Saving future lives. A comparison of three discounting models. Health Economics 6, 341–350

Calman, K. C. (1987): Definitions and dimensions of quality of life. In: Aaronson, N. K., Beckmann, J. (Hrsg.): The quality of life of cancer patients. New York, 1–9

Canadian Coordinating Office for Health Technology Assessment (1997): Guidelines for economic evaluation of pharmaceuticals, 2nd edition. Ottawa

Canadian Handbook on Health Impact Assessment, Volume 3 (2004): A report of the Federal/Provincial/Territorial Committee on Environment an Occupational Health

Card, W. J., Mooney, G. H. (1977): What is the monetary value of a human life? British Medical Journal 2, 1627–1629

Carr-Hill, R. A. (1989): Background material for the workshop on QALYs: Assumptions of the QALY procedure. Social Science and Medicine 29, 469–477

Carr-Hill, R. A., Morris, J. (1991): Current practice in obtaining the "Q" in QALYs: a cautionary note. The British Medical Journal 303, 699–701

Casagrande, J. T., Pike, M. C., Smith, P. G. (1978): An improved approximate formula for calculating sample sizes for comparing two binomial distributions. Biometrics 34, 483–486

Chancellor, J. V. M., Coyle, D., Drummond, M. F. (1997): Constructing health state preference values from descriptive quality of life outcomes: Mission impossible? Quality of Life Research 6, 159–168

Chapman, R. H., Berger, M., Weinstein, M. C. u. a. (2004): When does quality-adjusted life-years matter in cost-effectiveness analysis? Health Economics 13, 429–436

Chapman, R. H., Stone, P. W., Sandberg, E. A., Bell, C., Neumann, P. J. (2000): A comprehensive league table of cost-utility ratios and a sub-table of „panel-worthy" studies. Medical Decision Making 20, 4, 451–467

Cheng, A. K., Rubin, H. R., Powe, N. R., Mellon, N. K., Francis, H. W., Niparko, J. K. (2000): Cost-utility analysis of Cochlear Implant in children. JAMA Journal of the American Medical Association 284, 7, 850–856

Clauß, G., Finze, F.-R., Partzsch, L. (1995): Statistik für Soziologen, Pädagogen, Psychologen und Mediziner, 2., überarbeitete und erweiterte Auflage. Thun, Frankfurt am Main

Claxton, K. (1999): The irrelevance of inference: a decision-making approach to the stochastic evaluation of health care technologies. Journal of Health Economics 18, 341–364

Coast, J. (2001): Who wants to know if their care is rationed? Views of citizens and service informants. Health Expectations 4, 243–252

Coast, J. (2004): Is economic evaluation in touch with society's health values? The British Medical Journal 329, 1233–1236

Cohen, B. J. (2003): Discounting in cost-utility analysis of healthcare interventions. Reassessing current practice. PharmacoEconomics 21, 2, 75–87

Coleman, M. S., Washington, M. L., Orenstein, W. A., Gazmaraian, J. A., Prill, M. M. (2006): Interdisciplinary epidemiologic and economic research needed to support a universal childhood influenza vaccination policy. Epidemiologic Review 28, 41–46

Cook, J. R., Drummond, M., Glick, H., Heyse, J. F. (2003): Assessing the appropriateness of combining economic data from multinational clinical trials. Statistics in medicine 22, 1955–1976

Cooke, I. E. (1996): Finding the evidence. In: Cooke, I. E., Sackett, D. L. (Hrsg.): Clinical obstetrics and gynaecology. International practice and research. Ballière, London

Cookson, R., Hutton, J. (2003): Regulating the economic evaluation of pharmaceuticals and devices: A European perspective. Health Policy 63, 167–178

Cookson, R., McDaid, D., Maynard, A. (2001): Wrong SIGN, NICE mess: Is national guidance distorting allocation of resources? BMJ 29, 323, 7315, 743–745

Copeland, K., Wilson, P. (1995): Retrospective data. A useful analytical tool. Scrip Magazine July/August, 48–52

Coyle, D., Drummond, M. F. (2001): Analyzing differences in the costs of treatment across centers within economic evaluations. International Journal of Technology Assessment in Health Care 17, 2, 155–163

Croog, S. H., Levine, S., Testa, M. (1980): The effects of antihypertensive therapy on the quality of life. New England Journal of Medicine 314, 1657–1664

Cropper, M. L., Aydele, S. K., Portney, P. R. (1994): Preferences for life saving programs: How the public discounts time and age. Journal of Risk and Uncertainty 8, 243–265

Culyer, A. J., Wagstaff, A. (1993): QALYs versus HYEs. Journal of Health Economics 11, 311–323

Culyer, A., Newhouse, J. (Hrsg.) (2000): Handbook of Health Economics. Amsterdam

Culyer, T. (2002): Introduction: Ought NICE to have a cost-effectiveness threshold? In: Towse, A., Pritchard, C., Devlin, N. (Hrsg.), Cost-effectiveness thresholds: Economic and ethical issues. London, 9–14

Dalen, H. v., Williams, A., Gudex, C. (1994): Lay people's evaluations of health: Are there variations between different sub-groups? Journal of Epidemiology and Community Health 48, 3, 248–253

Daniel, W. W. (1991): Biostatistics: A foundation for analysis in the health sciences, 5. Auflage. New York

Daniels, N. (1985): Just health care. Cambridge

Daniels, N. (1988): Am I my parents keeper? An essay on justice between the young and the old. Oxford

Daniels, N. (1996a): Health-care needs and distributive justice. In: Daniels, N. (Hrsg.): Justice and justification. Reflective equilibrium in theory and practice. Cambridge, 179–207

Daniels, N. (1996b): Prudential life-span account of justice across generations. In: Daniels, N. (Hrsg.): Justice and justification. Reflective equilibrium in theory and practice. Cambridge, 257–283

Daniels, N. (1996c): Rationing fairly: Programmatic considerations. In: Daniels, N. (Hrsg.): Justice and justification. Reflective equilibrium in theory and practice. Cambridge, 317–332

Daniels, N., Light, D. W., Caplan, R. L. (1996): Benchmarks of fairness for health care reform. Oxford

Davidoff, F., Haynes, B., Sackett, D., Smith, R. (1995): Evidence-based medicine: A new journal to help doctors identify the information they need. British Medical Journal 310, 1085–1086

Davis, K., Russel, L. B. (1972): The substitution of hospital outpatient care for inpatient care. Review of Economics and Statistics 54, 109 ff

Department of Health (2003): Chances to the treasury green book. URL: http://www.dh.gov.uk/ProcurementAndProposals/PublicPrivatePartnership/PrivateFinanceInitiative/ChangesToTreasuryGreenBook/fs/en [Stand 27.07.2004]

DerSimonian, R., Laird, N. (1996): Meta-analysis in clinical trials. Controlled Clinical Trials 7, 177–188

Desu, M. M., Raghavarao, D. (1990): Sample size methodology. San Diego

Deutsche Gesellschaft für Ernährung e. V. (1988): Ernährungsbericht 1988. Frankfurt am Main

Devlin, N. (2002): An introduction to the use of cost-effectiveness thresholds in decision making: What are the issues? In: Towse, A., Pritchard, C., Devlin, N. (Hrsg.), Cost-effectiveness thresholds: Economic and ethical issues, London, 16–24

Devlin, N., Parkin, D. (2004): Does NICE have a cost-effectiveness threshold and what other factors influence its decisions? A binary choice analysis. Health Economics 13, 437–452

Diener, A., O'Brian, B., Gafni, A. (1998): Health care contingent valuation studies: A review and classification of the literature. Health Economics 7, 313–326

Dietrich, E. S. (2003): „Vierte Hürde" im Gesundheitswesen: Auf Kosten und Nutzen geprüft. Deutsches Ärzteblatt 100, 9, 522–523

DiMasi, J. A., Caglarcan, E., Wood-Armany, M. (2001): Emerging role of pharmacoeconomics in the research and development decision-making process. Pharmacoeconomics 19, 7, 753–766

Dolan, P. (1997): Modeling valuations for EuroQol health state valuations. Social Science & Medicine 42, 4, 609–615

Dolan, P., Green, C. (1998): Using the person trade-off approach to examine differences between individual and social values. Health Economics 7, 307–312

Dolan, P., Gudex, C. Kind, P., Williams A. (1996): The time trade-off method: Results from a general population study. Health Economics 5, 141–154

Dolan, P., Shaw, R. (2003): A note on the relative importance that people attach to different factors when setting priorities in health care. Health Expectations 6, 53–59

Dolan, P., Sutton, M. (1997): Mapping visual analogue scale scores onto time trade-off and standard gamble utilities. Social Science and Medicine 44, 10, 1519–1530

Donaldson, C. (1990): Willingness to pay for publicly-provided goods. A possible measure of benefit? Journal of Health Economics 9, 103–118

Donaldson, C., Shackley, P., Abdalla, M. (1997): Using willingness to pay to value close substitutes: Carrier screening for cystic fibrosis revisited. Health Economics 6, 2, 145–159

Dowie, J. (1997): Clinical trials and economic evaluations? No, there are only evaluations. Health Economics 6, 87–89

Doyal, L. (1997): The rationing debate: Rationing within the NHS should be explicit: The case for. The British Medical Journal 314, 1114

Drummond, M. (1991): Output measurement for resource-allocation decisions in health care. In: McGuire, A., Fenn, P., Mayhew (Hrsg.): Providing health care: The economics of alternative systems of finance and delivery. Oxford, 99–119

Drummond, M. (2003): Making economic evaluations more accessible to health care decision-makers. European Journal of Health Economics 4, 246–247

Drummond, M. F. (1980): Principles of economic appraisal in health care. Oxford

Drummond, M. F. (1987a): Discussion: Torrance's „Utility Approach to Measuring Health-Related Quality of Life". Journal of Chronic Diseases 40, 6, 601–603

Drummond, M. F. (1987b): Resource allocation decisions in health care: A role for quality of life assessments. Journal of Chronic Diseases 40, 6, 605–616

Drummond, M. F. (1998): Principles of economic appraisal in health care. Oxford

Drummond, M. F. (2003): Will there ever be a European drug pricing and re-imbursement agency? The European Journal of Health Economics 4, 2, 67–69

Drummond, M. F., Bloom, B. S., Carrin, G., Hilman, A. L., Hutchings, H. C., Knill-Jones, R. P., Porvourville, G. d., Torfs, K. (1992): Issues in the cross-national assessment of health technology. International Journal of Technlogy Assessment in Heath Care 8, 4, 671–682

Drummond, M. F., Davies, L. (1991): Economics analysis alongside clinical trials – Revisiting the methodological issues. International Journal of Technology Assessment in Health Care 7, 4, 561–573

Drummond, M. F., O'Brien, B., Stoddart, G. L. u. a. (1997): Methods for the economic evaluation of health care programmes. Oxford

Drummond, M. F., Sculpher, M. J., Torrance, G. W., O'Brian, B. J., Stoddart, G. L. (2005): Methods for the economic evaluation of health care programmes, 3rd edition. Oxford

Drummond, M. F., Stoddard, G. L. (1984): Economic analysis and clinical trials. Controlled Clinical Trials 5, 123–125

Drummond, M. F., Stoddart, G. L., Torrance, G. W. (1987): Methods for the economic evaluation of health care programmes. Oxford

Drummond, M. F., Stoddart, G. L. (1995): Economic evaluation of health-producing technologies across different sectors: Can valid methods be developed? Health Policy 33, 219–231

Drummond, M. F., Teeling Smith, G., Wells, N. (1989): Wirtschaftlichkeitsanalyse bei der Entwicklung von Arzneimitteln. Bonn

Drummond, M., Menzin, J., Oster, G. (1994): Methodological issues in economic assessment of new therapies – The case of colony-stimulating factors. PharmacoEconomics 6, 2, 18–26

Drummond, M., O'Brien, B. (1993): Clinical importance, statistical significance and the assessment of economic and quality-of-life outcomes. Health Economics 2, 205–212

Dubourg, W. R., Jones-Lee, M. W., Loomes, G. (1994): Imprecise preferences and the WTP-WTA disparity. Journal of Risk and Uncertainty 9, 115–133

Duru, G., Auray, J. P., Méresniak, A., Lamure, M. Paine, A., Nicoloyannis, N. (2002): Limitations of the methods used for calculating quality-adjusted life-year values. Pharmacoeconomics 20, 7, 463–473

Eggers, M., Smith, G. D., Schneider, M., Minder, C. (1997): Bias in meta-analysis detected by a simple graphical test. British Medical Journal 315, 629–634

Egler, M., Geursen, R. (1998): Intern nützlich – extern zweischneidig. Pharma-Marketing Journal, 1, 16–20

Eichhorn, P., Seelos, H.-J., Schulenburg, J.-M.Graf v.d. (Hrsg.) (2000): Krankenhausmanagement. München

Eichhorn, S. (1975): Krankenhausbetriebslehre. Stuttgart

Eichler, H. G., Kong, S. X., Gerth, W. C. u. a. (2004): Use of cost-effectiveness analysis in health-care resource allocation decision-making: how are cost-effectiveness thresholds expected to emerge? Value Health 7, 5, 518–528

Eimeren, W. v., Horisberger, B. (Hrsg.) (1988): Socioeconomic evaluation of drug therapy. Berlin u. a.

Ellert, U., Bellach, B.-M. (1999): Der SF-36 im Bundes-Gesundheitssurvey – Beschreibung einer aktuellen Normstichprobe. Sonderheft „Das Gesundheitswesen" (in Druck)

Ellert, U., Lampert, T., Ravens-Sieberer, U. (2005): Messung der gesundheitsbezogenen Lebensqualität mit dem SF-8. Eine Normstichprobe für Deutschland. Bundesgesundheitsbl - Gesundheitsforsch - Gesundheitsschutz, 48, 1330–1337

EMNID (1996): Umfrage zum Medikamentengebrauch. Internistische Praxis 36, 140–141

Endres, A. (2000): Armut und Gesundheit: „Ärzte müssen ihr Wissen mit den Patienten teilen". Deutsches Ärzteblatt 97, 41, A2684

Erhart, M., Wetzel, R., Krüger, A., Ravens-Sieberer, U. (2005): Erfassung der gesundheits-bezogenen Lebensqualität mit dem deutschen SF-8. Ein Vergleich der telefonischen und postalischen Befragungsmethode, Bundesgesundheitsbl - Gesundheitsforsch - Gesundheitsschutz, 48, 1322–1329

Erickson, P., Wilson, R., Shannon, I. (1995). Years of healthy life. Statistical Notes, 7, April 1995. National Center of Health Statistics. Maryland

EuroQol Group (1990): EuroQol – A new facility for the measurement of health-related quality of life. Health Policy 16, 199–208

Evans, C. (1997): The use of consensus methods and expert panels in pharmacoeconomic studies. Practical applications and methodological shortcomings. PharmacoEconomics 12, 2, 121–129

Evans, R. G. (1995): Manufacturing consensus, marketing truth: Guidelines for economic evaluation. Annals of Internal Medicine 123, 1, 59–60

Evidence-based Care Resource Group (1994): Evidence-based care: 1. Setting priorities: How important is this problem? Canadian Medical Association Journal 150, 1249–1254

Fanshel, S., Bush, J. W. (1970): A health-status index and its application to health-services outcomes. Operations Research 18, 1021–1066

Feeney, D. H., Torrance, G. W., Furlong, W. J. (1996): Health Utilities Index. In: Spilker, B. (Hrsg.): Quality of life and pharmacoeconomics in clinical trials, 2nd edition. Philadelphia, 239–252

Feeney, D., Furlong, W., Torrance, G. W. (1999): The Health Utilities Index: An Update. In: Quality of life Newsletter 22, May-August, 8–9

Feldstein, M. S. (1964): Opportunity cost calculation in cost-benefit analysis. Public Finance 19, 117–139

Feldstein, M. S. (1971): Hospital cost inflation: A study of nonprofit price dynamics. American Economic Review 61, 853–872

Feldstein, M. S., Severson, R. (1964): The demand for medical care. In: The Commission on the Cost of Medical Care (Hrsg.): General report I. Chicago

Field, J. M., Gold, M. R. (Hrsg.) (1998): Summarizing population health: Directions for the development and application of population metrics. Washington, D.C.

Field, M. J. (Hrsg.): Setting priorities for clinical practice guidelines. Washington, D.C.

Fieller, E. C. (1954): Some problems in interval estimation. Journal of the Royal Statistical Society, Series B, 16, 175–185

Fink-Anthe, C. (1999): Pharmakoökonomie – Pflicht oder Kür. Pharmazeutische Industrie 61, 9, IX/176–177

Finkler, S. A. (1982): The distinction betweeen cost and charges. Annals of Internal Medicine 96, 102–109

Fisk, J. D., Brown, M. G., Sketris, I. S. u. a. (2005): A comparison of health utility measures for the evaluation of multiple sclerosis treatments. J Neurol Neurosurg Psychiatry 76, 58–63

Flowers, C. R., Veenstra, D. (2004): The role of cost-effectiveness analysis in the era of pharmacogenomics. Pharmacoeconomics 22, 8, 481–493

Fozouni, B., Güntert, B. (2000): Prioritätensetzung im deutschen Gesundheitswesen – Die Triade zwischen Rationierung, Rationalisierung und rationaler Allokation. Gesundheitswesen 62, 559–567

Francke, R., Hart, D. (2006): HTA in den Entscheidungsprozessen des IQ-WiG und G-BA. Bundesgesundheitsblatt - Gesundheitsforschung – Gesundheitsschutz 49, 3, 241–250

Fricke, F.-U. (1994): Wirtschaftliche Entwicklung und individuelles Verhalten. Bayreuth

Fried, C. (1982): Equality and rights in medical care. In: Beauchamp, T. L., Walters, L. (Hrsg.): Contemporary issues in bioethics, 2nd edition. Belmont, California, 395–401

Froberg, D. G., Kane, R. L. (1989): Methodology for measuring health-state preferences II: Scaling Methods. Journal of Clinical Epidemiology 42, 5, 459–471

Fuchs, V. R. (1966): The contribution of health services to the american economy. Milbank Fund Quarterly 44, 4, 65 – 103

Fuchs, V. R. (1974): Who shall live? Health, economics and social choice. New York

Fuchs, V. R. (1983): How we live. An economic perspective on Americans from birth to death. London

Furlong, W., Feeny, D., Torrance G. W. u. a. (1998): Multiplicative multi-attribute utility function for the health utilities index mark 3 (HUI3) system: A technical report, McMaster University, Centre for Health Economics and Policy Analysis (CHEPA), Working Paper No. 98–11

Gäfgen, G. (1986): Ergebnisse gesundheitsökonomischer Forschung und ihre Bedeutung – Eine Zusammenfassung. In: Gäfgen, G. (Hrsg.): Ökonomie des Gesundheitswesens. Berlin, 649–656

Gäfgen, G. (1987): Effektivität und Nettonutzen medizinischer Innovationen: Eine Besinnung auf die Grundlagen der Bewertung und eine Anwendung auf diagnostische Verfahren. Diskussionsbeiträge, Serie I, Nr. 235, Universität Konstanz

Gafni, A., Birch, S. (1991): Equity considerations in utility-based measures of health outcomes in economic appraisals: An adjustment algorithm. Journal of Health Economics 10, 329–342

Gafni, A., Birch, S. (1993): Economics, health and health economics – HYE versus QALYs. Journal of Health Economics 1, 325–339

Gafni, A., Birch, S. (1993): Guidelines for the adoption of new technologies: A prescription for uncontrolled growth in expenditures and how to avoid the problem. Canadian Medical Association Journal 148, 6, 913–917

Gafni, A., Birch, S. (1997): QALYs and HYEs: Spotting the differences. Journal of Health Economics 16, 601–608.

Gandek, B., Ware, J. E., Aaronson, N. K., Alonso, J., Apolone, G., Bjorner, J., Brazier, J., Bullinger, M., Fukuhara, S., Kaasa, S., Leplége, A., Sullivan, M. (1998): Tests of data quality, scaling assumptions, and reliability of the SF-36 in eleven countries: Results from the IQOLA project. Journal of Clinical Epidemiology 51, 11, 1149–1158

Gandjour, A., Lauterbach, K. W. (2000): Allocating resources in health care. Health Economics of Prevention and Care 1, 116–121

Garber, A. M., Phelps, C. E. (1992): Economic foundations of cost-effectiveness analysis. Cambridge

Genduso, L. A., Kotsanos, J. G. (1996): Review of health economic guidelines in the form of regulations, principles, policies and positions. Drug Information Journal 30, 1003–1016

George, B., Harris, A., Mitchell, A. (1999): Cost-effectiveness analysis and the concistency of decision making: Evidence from pharmaceutical reimbursement in Australia 1991-1996. West Heidelberg

Gerard, K. (1992): Cost-utility in practice: A policy-maker's guide to the state of the art. Health Policy 21, 249–279

Gerhardus, A. (2006): Die Rolle von HTA-Berichten im deutschen Gesundheitswesen – Brauchen wir Impactziele? Bundesgesundheitsblatt 49, 233–240

Gesellschaft für Pädiatrische Onkologie und Hämatologie (2005): Leitlinien für die Diagnostik und Therapie in der Pädiatrischen Onkologie und Hämatologie: Psychosoziale Versorgung in der Kinder- und Jugendonkologie. AWMF Reg.-Nr. 025/002

Ginsberg, G., Blau, H., Kerem, E. u. a. (1994): Cost-benefit analysis of a national screening programme for cystic fibrosis in an Israeli population. Health Economics 3, 5–23

Glaser, P. (1998a): Evaluation von Gesundheitsleistungen aus Sicht der pharmazeutischen Industrie. In: Schöffski, O., Glaser, P., Schulenburg, J.-M. Graf v. d. (Hrsg.): Gesundheitsökonomische Evaluationen. Grundlagen und Standortbestimmung. Berlin, Heidelberg, New York, 415–442

Glaser, P. (1998b): Strategische Vorgehensweise bei der Anlage einer Wirtschaftlichkeits-untersuchung. In: Schöffski, O., Glaser, P., Schulenburg, J.-M. Graf. v. d. (Hrsg.): Gesundheitsökonomische Evaluationen. Grundlagen und Standortbestimmung. Berlin, Heidelberg, New York, 39–53

Goeree, R., Gafni, A., Hannah, M., Myhr, T., Blackhouse, G. (1999): Hospital selection for unit cost estimates in multicentre economic evaluations. Does the choice of hospitals make a difference? PharmacoEconomics 15, 6, 561–572

Gold, M. R., Siegel, J. E., Russel, L. B., Weinstein, M. C. (Hrsg.) (1996): Cost-effectiveness in health and medicine. New York

Gold, M. R., Stevenson, D., Fryback, D. G. (2002): HALYs and QALYs and DALYs, oh my: Similarities and differences in summery measures of population health. Annu. Rev. Public Health 23, 115–134

Goodman, C. (2004): Introduction to Health Technology Assessments, www.nlm.nih.gov/nichsr/hta101/hta101.pdf

Gray, M. (1997): Evidence-based health-care. New York

Green, C., Brazier, J., Beverill, M. (2000): Valuing health-related quality of life. A review of health state valuation techniques. PharmacoEconomics 17, 2, 151–165

Greiner, W. (1999): Ökonomische Evaluierung von Gesundheitsleistungen. Fragestellungen, Methoden und Grenzen dargestellt am Beispiel der Transplantationsmedizin. Baden-Baden

Greiner, W. u. a. (2003): A single European currency for EQ-5D health states. European Journal of Health Economics 4, 222–231

Greiner, W., Claes, C., Busschbach, J. J. V., Schulenburg, J.-M. Graf v. d. (2005): Validating the EQ-5D with time trade-off for the German population. European Journal of Health Economics 6, 124–130

Greiner, W., Schulenburg, J.-M. Graf v. d. (1995): Ansätze der Lebensqualitätsmessung bei Leber- und Nierentransplantatsempfängern. In: Oberender, P. (Hrsg.): Transplantationsmedizin. Baden-Baden, 79–114

Grobe, T. P., Ihle, P. (2005): Versichertenstammdaten und sektorübergreifende Analyse. In: Swart, E., Ihle, P. (Hrsg.), Routinedaten im Gesundheitswesen. Bern, 20

Großkinsky, S. (2003): Das Allokationsproblem im Gesundheitswesen. Karlsruher Transfer 28, Ausgabe Wintersemester 2002/03, 36–39

Gryd-Hansen, D., Søgaard, J. (1998): Discounting life-years: Whither time preference? Health Economics 7, 121–127

Guggenmoos-Holzmann, I., Wernecke, K.-D. (1996): Medizinische Statistik. Berlin

Güssow, J., Greulich, A., Ott, R. (2002): Beurteilung und Einsatz der Prozesskostenrechnung als mögliche Antwort der Krankenhäuser auf die Einführung der DRGs. Kostenrechnungpraxis (krp) 46, 3, 179–189

Guyatt, G. H. (1986): Measuring disease specific quality of life in clinical trials. Canadian Medical Association 134, 889–895

Gyrd-Hansen, D. (2005): Willingness to pay for a QALY. Theoretical and methodological issues. PharmacoEconomics 23, 5, 423–432

Ham, C. (1998): Retracing the Oregon trail: The experience of rationing and the Oregon health plan. The British Medical Journal 316, 1965–1969

Hammitt, J. K. (2003): Valuing health: Quality-adjusted life years or willingness to pay? Harvard Center for Risk Analysis, Risk in Perspective 11, 1, 1–6

Hannoveraner Konsens Gruppe (1999): Deutsche Empfehlungen zur gesundheitsökonomischen Evaluation – Revidierte Fassung des Hannoveraner Konsens –. Gesundheitsökonomie & Qualitätsmanagement 4, 3, A62–A65

Hannoveraner Konsensus Gruppe (2000): Deutsche Empfehlungen zur gesundheitsökonomischen Evaluation – Revidierte Fassung des Hannoveraner Konsens. Medizinische Klinik 95, 1, 52–55

Hansmann, H.-W. (1983): Kurzlehrbuch Prognoseverfahren. Mit Aufgaben und Lösungen. Wiesbaden

Hardens, M., Souetre, E. (1995): Theorie und Anwendung von naturalistischen klinisch-ökonomischen Prüfungen. In: Kori-Lindner, C. (Hrsg.): Pharmakoökonomie in Deutschland. Aulendorf, 108–116

Harris, J. (1987): Qualifying the value of health. Journal of Medical Ethics 13, 117–123

Harris, J. (1988): Life: Quality, value and justice. Health Policy 10, 259–266

Hart, D. (2001): Health Technology Assessment (HTA) und gesundheitsrechtliche Regulierung. MedR Medizinrecht 19, 1, 1–8

Hartunian, N. S., Smart, C. N., Thompson, M. S. (1980): The incidence and economic costs of cancer, motor vehicle injuries, coronary heart disease, and stroke: A comparative analysis. American Journal of Public Health 70, 12, 1249–1260

Harvard Center For Risk Analysis (o. J.): Comprehensive Table of Cost-Utility Rations 1976-1997, ULR: http://www.hsph.harvard.edu/cearegistry/comprehensive-revised.pdf, Panel-worthy" Table of Cost-Utility Ratios 1976-1997, URL: http://www.hsph.harvard.edu/cearegistry/panel_worthy.pdf, und Comprehensive Table of Cost-Utility Ratios 1976-2001, URL: http://www.hsph.harvard.edu/cearegistry/1976-2001_CEratios_ comprehensive _4-7-2004.pdf [jeweils Stand 22.07.2004]

Hasford, J., Mimran, A., Simons W. R. (2002): A population-based European cohort study of persistance in newly diagnosed hypertensive patients. Journal of Human Hypertension 16, 569–575

Häussler, B., Ecker, T. (2004): Pharmakoökonomische Analyseverfahren. Deutsche Zeitschrift für klinische Forschung, 9/10

Hayek, F. A. v. (1969): Die Ergebnisse menschlichen Handelns aber nicht menschlichen Entwurfs. In: Hayek, F. A. v. (Hrsg.): Freiburger Studien. Tübingen, 97–107

Hayek, F. A. v. (1983): Die Verfassung der Freiheit. Tübingen

Haynes, R. B. (1979): Introduction. In: Haynes, R. B., Taylor, D. W., Sackett, D. L. (Hrsg.): Compliance in health care. Baltimore, 49–62

Haynes, R. B. (1982): Einleitung. In: Haynes, R. B., Taylor, D. W., Sackett, D. L. (Hrsg.): Compliance-Handbuch. München, 11–18

Henke, K.-D. (1978): Kosten-Nutzen-Analysen und Hypertoniebekämpfung. In: Bock, K. D. (Hrsg.): Sozialmedizinische Probleme der Hypertonie in der Bundesrepublik Deutschland. Stuttgart, 42–55

Henke, K.-D., Martin, K., Behrens, C. (1997): Direkte und indirekte Kosten von Krankheiten in der Bundesrepublik Deutschland. Zeitschrift für Gesundheitswissenschaften 5, 2, 123–145

Henry, D. A., Hill, S. R., Harris, A. (2005): Drug prices and value for money: The Australian Pharmaceutical Benefits Scheme. JAMA 23, 294, 20, 2630–2632

Henshall, C. u. a. (1997): Priority Setting for health technology assessment. International Journal of Technology Assessment in Health Care 13, 2, 144–185

Herder-Dorneich, P., Kötz, W. (1972): Zur Dienstleistungsökonomik. Systemanalyse und Systempolitik der Krankenhauspflegedienste. Berlin

Herdman, M. u. a. (2003): Producing other language versions of the EQ-5D. In: Brooks, R., Rabin, R., Charro, F. d. (Hrsg.): The measurement and validation of health status using EQ-5D: A European perspective – Evidence from the EuroQol BIOMED research programme. Dordrecht: Kluwer, 183–189

Herrmann, M. (1991): Arzneien: Verschrieben und vergessen. Ärztliche Praxis 53, 5

Hill, S. R., Mitchell, A. S., Henry, D. A. (2000): Problems with the interpretation of pharmacoeconomic analyses: A review of submissions to the Australian Pharmaceutical Benefits Scheme. JAMA 26, 283, 16, 2116–2121

Hirth, R .A , Chernew, M. E., Miller, E. (2000): Willingness to pay for a quality-adjusted life year: in search of a standard. Med Decision Making 20, 332–342

Hjelmgren, J., Berggren, F., Andersson, F. (2001): Health economic guidelines – Similarities, differences and some implications. Value in Health 4, 3, 225–250

Höffe, O. (1998): Aus philosophischer Sicht: Medizin in Zeiten knapper Ressourcen oder: Besonnenheit statt Pleonexie. Deutsches Ärzteblatt 95, 5, 30.10.1998, 202–205

Hoffmann, C., Schulenburg, J.-M. Graf v. d. (2000): The influence of economic evaluation studies on decision making: A European survey. Health Policy 52, 3, 179–192

Holle, R. (1996): Stellt das QALY-Konzept eine geeignete Grundlage für gesundheitsökonomische Studien dar? In: Braun, W., Schaltenbrand, R. (Hrsg.): Pharmakoökonomie. Methodik, Machbarkeit und Notwendigkeit. Berichtsband zum 2. Symposium. Witten/Herdecke, 177–189

Horisberger, B. (1986): Die Bewertung von Arzneimitteln. In: Horisberger, B., Eimeren, W. v. (Hrsg.): Die Kosten-Nutzen-Analyse – Methodik und Anwendung am Beispiel von Medikamenten. Berlin u. a., 301–305

Horn, M., Vollandt, R. (1995): Biometrie – Multiple Tests und Auswahlverfahren. Stuttgart

Horn, S. D., Sharkey, P. D., Tracy, D. M., Horn, C. E., James, B., Goodwin, F. (1996): Intended and unintended consequences of HMO cost containment strategies: Results from the Managed Care Outcomes Project. American Journal of Managed Care II, 3, 253–264

Horowitz, N. S., Gibb, R. K, Menegakis, N. E. u. a. (2002): Utility and cost-effectiveness of preoperative autologous blood donation in gynecologic and gynecologic oncology patients. Obstetrics and Gynecology 99, 5, 771–776

Horsman, J., Furlong, W., Feeny, D., Torrance, G. (2003): The Health Utilities Index (HUI): concepts, measurement, properties and applications. Health and Quality of Life Outcomes 1, 54

Hout, B. A. v. (1998): Discounting costs and effects: A reconsideration. Health Economics 7, 581–594

Hunt, E. K., Sherman, H. J. (1974): Ökonomie. Aus traditioneller und radikaler Sicht, 2 Bände. Frankfurt am Main (orig. Economics: An introduction to traditional und radical views, New York, 1972)

Hunt, S. M., McEwen, J., McKenna, S. P. (1986): Measuring health status. London u. a.

Hunt, S. M., McKenna, S. P., McEwen, J. u. a. (1981): The Nottingham Health Profile: Subjective health status and medical consultations. Social Science and Medicine 15A, 221–229

Hurrelmann, K., Laaser, U., Razum, O. (Hrsg.) (2006): Handbuch Gesundheitswissenschaften, 4. Auflage. Weinheim, München

Hüsler, J., Zimmermann, H. (1996): Statistische Prinzipien für medizinische Projekte, 2., ergänzte Auflage. Bern, Göttingen

Hutton, J., McGrath, C., Frybourg, J.-M., Tremblay, M., Bramlay-Harker, E. Henshall, C. (2006): Framework for describing and classifying decision-making systems using technology assessment to determine the reimbursement of health technologies (fourth hurdle systems). International Journal of Technology Assessment in Health Care 22, 1, 10–18

Hutubessy, R., Baltussen, R., Barendregt, J., (2001): Stochastic league tables: communicating cost-effectiveness results to decision-makers. Health Economics 10, 5, 473–474

Ickovics J. R., Meisler A. W. (1997): Adherence in AIDS clinical trials: A framework for clinical research and clinical care. Journal of Clinical Epidemiology 50, 385–391

idv – Datenanalyse und Versuchsplanung (1993): N (Version 2.2) Handbuch, 2. Auflage. Gauting/München

IJzerman, M. J., Reuzel, R. P. B., Severens, H. L. (2003): Pre-Assessment to assess the match between cost-effectiveness results and decision makers' information needs. International Journal of Technology Assessment in Health Care 19, 17–27

Institut für Qualität und Wirtschaftlichkeit im Gesundheitswesen (IQWIG) (2005): Methoden. Köln

Institut für Qualität und Wirtschaftlichkeit im Gesundheitswesen (IQWiG) (2006): Methoden – Version 2.0, Köln (abrufbar über http://www.iqwig.de/download/06_09_28_IQ-WiG_Methoden_V-2-0_Entwurf_2.pdf)

Institute of Medicine (1985): Assessing medical technologies. Washington, D.C.

International Quality of Life Assessment Group (IQOLA) (1998): Journal of Clinical Epidemiology 51, 11

Ioannidis, J. P. A. (1998): Effects of statistical significance of results on the time of completion and publication of randomized efficacy trials. JAMA 279, 281–286

Iskedjian, M., Trakas, K., Bradley, C. A., Addis, A., Lanctôt, K., Kruk, D., Ilersich, A. L., Einarson, T. R. (1997): Quality assessment of economic evaluations published in PharmacoEconomics. PharmacoEconomics 12, 6, 685–694

Iwane, M., Palensky, J., Plante, K. (1997): A user's review of commercial sample size software for design of biomedical studies using survival data. Controlled Clinical Trials 18, 65–83

Jachuk, S. J., Brierly, H., Jachuk, S. u. a. (1982): The effect of hypotensive drugs on the quality of life. Journal of the Royal College of General Practioners 32, 103–105

Jacobs, P., Bachynsky, J., Baladi, J.-F. (1995): A comparative review of pharmacoeconomic guidelines. PharmacoEconomics 3, 3, 182–189

Jacobs, P., Fassbender, K. (1998): The measurement of indirect costs in the health economics evaluation literature – A review. International Journal of Technology Assessment in Health Care 14, 4, 799–808

Jefferson, T., Mugford, M., Demicheli, V. (1994): QALY league tables. Health Economics 3, 205

Joel Coons, S., Rao, S., Keininger, D. L., Hays, R. D. (2000): A comparative review of generic quality-of-life instruments. PharmacoEconomics 17, 1, 13–35

Johannesson, M. (1995a): Economic evaluation of drugs and its potential uses in policy making. Pharmacoeconomics 8, 3, 190–198

Johannesson, M. (1995b): The ranking properties of healthy-years equivalents and quality-adjusted life-years under certainty and uncertainty. International Journal Technology Assessment in Health Care 11, 40–48

Johannesson, M. (1995c): Quality-adjusted life-years versus healthy-years equivalents: A comment. Journal of Health Economics 14, 9–16

Johannesson, M. (1996): Theory and methods of economic evaluation of health care. Dordrecht

Johannesson, M., Johansson, P. O. (1997): Is the valuation of a QALY gained independent of age? Some empirical evidence. Journal of Health Economics 16, 589–599

Johannesson, M., Johansson, P.-O., Jönsson, B. (1992): Economic evaluation of drug therapy – A review of the contingent valuation method. PharmacoEconomics 1, 5, 325–337

Johannesson, M., Jönsson, B., Karlsson, G. (1996): Outcome measurement in economic evaluation. Health Economics 5, 4, 279–296

Johannesson, M., Karlsson, G. (1997): The friction cost method – A comment. Journal of Health Economics 16, 2, 249–259

Johannesson, M., Meltzer, D., O'Conner, R. M. (1997): Incorporating future costs in medical Cost-Effectiveness Analysis: Implications for the cost-effectivenss of treatment of hypertension. Medical Decision Making 17, 382–389

Johannesson, M., Weinstein, M. C. (1993): On the decision rules of cost-effectiveness analysis. Journal of Health Economics 12, 459–467

Johansson, P. O. (1995): Evaluating health risks: An economic approach. Cambridge

Johnston, K., Buxton, M. J., Jones, D. R., Fitzpatrick, R. (1999): Assessing the costs of healthcare technologies in clinical trials. Health Technology Assessments des NHS-HTA-Programms 3, 6

Jönsson, B. (1994): Economic evaluation and clinicial uncertainty: Response to Freemantly and Maynard. Health Economics 3, 305–307

Jönsson, B., Weinstein, M. C. (1997): Economic evaluation alongside multinational clinical trials. Study considerations for GUSTO IIb. International Journal of Technology Assessment in Health Care 13, 1, 49–58

Jonsson, E. (2002): Development of health technology assessment in Europe – a personal perspective. International Journal of Technology Assessment in Health care 18, 2, 1781–183

Jonsson, W., Banta, D. (1999): Management of health technologies – an international view. British Medical Journal 319, 1293–1295

Kamlet, M. S. (1992): The comparative benefits modeling project: A framework for cost-utility analysis of government health care programs. US Department of Health and Human Services. Washington

Kamm, F. (1993): Mortality and Morality, Vol. 1. Oxford

Kämmerer, W. (1998): Standortbestimmung und Ausblick aus Sicht der Krankenhausapotheken. In: Schöffski, O., Glaser, P., Schulenburg, J.-M. Graf v. d. (Hrsg.): Gesundheitsökonomische Evaluationen. Grundlagen und Standortbestimmung. Berlin, Heidelberg, New York, 401–414

Kaplan, R. M. (1995): Utility assessment for estimating quality-adjusted life years. In: Sloan, F. A. (Hrsg.): Valuing health care: costs, benefits, and effectiveness of pharmaceuticals and other medical technologies, 31–97

Kaplan, R. M. (2001): Assessment of Health Outcomes. In: Smelser, N. J., Baltes P., B. (Hrsg.): International Encyclopedia of the Social & Behavioral Sciences, 6581–6586

Kaplan, R. M., Anderson, J. P., Ganiats, T. G. (1993): The quality of well-being scale: Rationale for a single quality of life index. In: Walker, S. R., Rosser, R. M. (Hrsg.): Quality of life assessment. Key issues in the 1990s. Lancaster, 65–94

Kaplan, R. M., Bush, J. W. (1982): Health related quality of life measurement for evaluation and policy analysis. Health Psychology 1, 61–80

Kaplan, R. M., Bush, J. W., Berry, C. C. (1976): Health status: Types of validity and its index of well-being. Health Services Research 11, 478–507

Karlsson, G., Johannesson, M, (1996): The decision rules of cost-effectiveness analysis. PharmacoEconomics 9, 2, 113–120

Karnofsky, D. A., Burchenal, J. H. (1949): The clinical evaluation of chemotherapeutic agents in cancer. In: MacLeod, C. M. (Hrsg.): Evaluation of chemotherapeutic agents. New York, 191–205

Kassirer, J. P., Angell, M. (1994): The journal's policy on cost-effectiveness analyses [Editorial]. New England Journal of Medicine 311, 669–670

Kassirer, J. P., Kopelman, R. I. (1991): Learning clinical reasoning. Baltimore

Katz, S., Ford, A. B., Moskowitz, R. W. u. a. (1963): Studies of illness in the aged. The index of ADL: A standardized measure of biological and psychosocial function. Journal of the American Medical Association 185, 94–99

Kawachi, I. (1989): QALYs and justice. Health Policy 13, 115–120

Keeler, E. B., Cretin, S. (1983): Discounting of life-saving and other non-monetary effects. Management Science 29, 3, 300–306

Keeler, E. B., Morrow, P. T., Newhouse, J. P. (1977): The demand for supplementary health insurance, or Do deductibles matter? Journal of Political Economy 85, 789–801

Keeny, R. L., Raiffa, H. (1976): Decisions with multiple objectives: Preferences and value tradeoffs. New York

Keller, S. D., Ware, J. E., Bentler, P. M., Aaronson, N. K., Alonso, J., Apolone, G., Bjorner, J. B., Brazier, J., Bullinger, M., Kaasa, S., Leplége, Sullivan, M., Gandek, B. (1998): Use of structural equitation modeling to test the construct validity of the SF-36

Health Survey in ten countries: Results from the IQOLA project. Journal of Clinical Epidemiology 51, 11, 1179–1188

Kelly, T. F., Schieber, G. J. (1972): Factors affecting medical services utilization: A behavioral approach. Washington, D.C.

Kerba, M. (2001): Assessing health-related quality of life. University of Toronto Medical Journal 78, 3, 196–199

Kerek-Bodden, H., Heuer, J., Brenner, G., Koch, H., Lang. A. (2005): Morbiditäts- und Inanspruchnahmeanalysen mit personenbezogenen Abrechnungsdaten aus Arztpraxen. In: Swart, E., Ihle, P. (Hrsg.): Routinedaten im Gesundheitswesen. Bern, 38–40

Kernick, D. P. (1998): Has health economics lost its way? British Medical Journal 317, 197–199

Kersting, W. (1993): John Rawls zur Einführung. Hamburg

Kersting, W. (1994): Die politische Philosophie des Gesellschaftsvertrags. Darmstadt

Kersting, W. (1995): Gerechtigkeit und Medizin. Köln

Kersting, W. (1996): Sozialstaat und Gerechtigkeit. In: Sozialstaat – Idee und Entwicklung, Reformzwänge und Reformziele. Veröffentlichungen der Walter-Raymond-Stiftung. Köln, S. 243–288

Khan K. S. u. a. (2000): Undertaking systematic reviews of research on effectivness: CRD's guidance for carrying out or commissioning reviews. NHS Center for Reviews and Diessemination, Report no.4

Kind, P., Rosser, R., Williams, A. (1982): Valuation of quality of life. Some psychometric evidence. In: Jones-Lee, M. W. (Hrsg.): The value of life and safty. Amsterdam, 159–170

Kindig, D. A. (1997): Purchasing population health: Paying for results. University of Michigan

Kirshner, B., Guyatt, G. (1985): A methodological framework for assessing health indices. Journal for Chronic Diseases 38, 1, 27–36

Kjellgren, K.J., Ahlner, J., Saljo, R. (1995): Taking antihypertensive medication – Controlling or cooperation with patients? International Journal of Cardiology 47, 257–268

Klarman, H. E. (1965): The economics of health. New York, London

Klarman, H., Francis, J., Rosenthal, G. (1968): Cost-effectiveness analysis applied to the treatment of chronic renal disease. Medical Care 6, 1, 48–54

Kliewer, M. A., Shcafor, D. H., Paulson, E. K., Helsper, R. S., Hertzberg, B. S., Nelson, R. C. (1999): Percutanous liver biopsy: A cost-benefit anlalysis comparing sonographic and CT guidance. AJR 173, 11, 1199–1202

Klose, T. (1999): The contingent valuation method in health care. Health Policy 47, 97–123

Kmietowicz, Z. (2001): Government insists NHS pays for drugs approved by NICE. BMJ 15, 323, 7326, 1386

Kmietowicz, Z. (2001): Reform of NICE needed to boost its credibility. BMJ, 8, 323, 7325, 1324a

Knieps, F. (1998): Gesundheitsökonomische Evaluationen – Standortbestimmung aus Sicht des AOK-Bundesverbands. In: Schöffski, O., Glaser, P., Schulenburg, J.-M. Graf v. d. (Hrsg.): Gesundheitsökonomische Evaluationen. Grundlagen und Standortbestimmung. Berlin, Heidelberg, New York, 267–284

Knill-Jones, R., Drummond, M., Kohli, H., Davies, L. (1990): Economic ecvaluation of gastric ulcer prophylaxis in patients with arthritis receiving non-steroidal anti-inflammatory drugs. Postgraduate Medical Journal 66, 639–646

Knöfferl, G. (1971): Die Nachfrage nach freiberuflichen ärztlichen Leistungen. Versuch der Grundlegung für eine Nachfrageprognose. Dissertation Erlangen/Nürnberg

Kohlmann, T. (1992): The German version of the NHP – Results of validation studies. Medical University of Lübeck

Kohlmeier, L., Kroke, A., Pötzsch, J., Kohlmeier, M., Martin, K. (1993): Ernährungsbedingte Krankheiten und ihre Kosten. Schriftenreihe des Bundesministeriums für Gesundheit, Band 27. Baden-Baden

König, H. H., Stratmann, D., Leidl, R. (1998): Effektivität der Kosten medizinischer Leistungen. Grundprinzipien und Qualitätskriterien der ökonomischen Evaluation. In: Perleth, M., Antes, G. (Hrsg.): Evidenz-basierte Medizin. Wissenschaft im Praxisalltag. München, 84–93

Konsensgruppe „Gesundheitsökonomie" (1996): Deutsche Empfehlungen zur gesundheitsökonomischen Evaluation – Hannoveraner Konsens. Abgedruckt beispielsweise in: Zeitschrift für Allgemeinmedizin 72, 485–490, Deutsche Medizinische Wochenschrift 121, 51/52, A19–A21, Klinische Pharmakologie aktuell 7, 1, 53–56, und PharmacoEconomics & Outcome News, 56, 06.04.1996, 4–6 (Titel: Health Economic Guidelines: The German Perspective Revisited)

Koopmanschap, M. A. (1994): Complementary analyses in economic evaluation of health care. Rotterdam, 93

Koopmanschap, M. A., Rutten, F. F. H., Ineveld, B. M. v., Roijen, L. v. (1997): Reply to Johanneson's and Karlsson's comment. Journal of Health Economics 16, 2, 257–259

Kori-Lindner, C., Berlin, M., Eberhardt, R. u. a. (1996): Pharmakoökonomie. Informationen der Fachgesellschaft der Ärzte in der Pharmazeutischen Industrie e. V. (FÄPI) – FÄPI-Projektgruppe „Pharmakoökonomie". Die pharmazeutische Industrie 58, 12, 1069–1079

Köster, I., von Ferber, L., Ihle, P., Schubert, I., Hauner, H. (2006): The cost burden of diabetes mellitus: The evidence from Germany - the CoDiM Study. Diabetologia 49, 7, 1498–1504

Krämer, H. C., Thiemann, S. (1987): How many subjects? Statistical power analysis in research. Beverly Hills

Krämer, W. (1988): Der statistische Wert eines Menschenlebens. Medizin, Mensch, Gesellschaft 13, 24–41

Krappweis, J., Kirch, W. (1995): Kosten-Nutzen-Analysen aus der Sicht der klinischen Pharmakologie. In: Oberender, P. (Hrsg.): Kosten-Nutzen-Analysen in der Pharmaökonomie, Möglichkeiten und Grenzen. Gräfelfing, 24–39

Kreyszig, E. (1991): Statistische Methoden und ihre Anwendungen, 4. unveränderter Nachdruck der 7. Auflage. Göttingen

Kriedel, T. (1979): Der Diskontsatz in Nutzen-Kosten-Analysen. Wirtschaftsdienst, 631–636

Kriedel, T. (1980a): Effizienzanalysen von Gesundheitsprojekten. Diskussion und Anwendung auf Epilepsieambulanzen. Berlin u. a.

Kriedel, T. (1980b): Wirtschaftlichkeitsuntersuchungen von Gesundheitsmaßnahmen: Ein Vorschlag zur Ertragsmessung mit Hilfe eines Gesundheitsstatus-Index. Jahrbuch für Sozialwissenschaften 31, 337–354

Kristensen, F. B., Chamova, J, Hansen, N. W. (2006): Toward a sustainable European network for health technology assessment. The EUnetHTA project. Bundesgesundheitsblatt 49, 283–285

Kroeber-Riel, W. (1990): Konsumentenverhalten, 4., wesentlich erneuerte und erweiterte Auflage. München

Krug, W., Nourney, M., Schmidt, J. (1996): Wirtschafts- und Sozialstatistik. Gewinnung von Daten, 4., durchgesehene Auflage. München

Kruse, W. (1996): Patient und Medikament – Neue Perspektiven zur Verbessserung der Compliance. In: Lang, E., Arnold, K. (Hrsg.): Die Arzt-Patient-Beziehung im Wandel. Stuttgart, 91–96

Kulp, W., Greiner, W. (2006): Gesundheitsökonomie und HTA. Bundesgesundheitsblatt 49, 257–263

Kulp, W., Greiner, W., Schulenburg, J.-M. Graf v. d. (2005): Nutzenbewertung von Arzneimitteln durch das Institut für Qualität und Wirtschaftlichkeit im Gesundheitswesen (IQWiG) am Beispiel der Statine. Perfusion, 316–320

Lacey, R. (1997): Internal markets in the public sector: The case of the British National Health Service. Public Administration and Development, 17, 141–159

Lange, S. (2006): Die Rolle randomisierter kontrollierter Studien bei der medizinischen Bewertung von Routineverfahren. Bundesgesundheitsblatt 49, 272–277

Langkilde, L. K., Søgaard, J. (1997): The adjustment of cost measurement to account for learning. Health Economics 6, 83–85

Langley, P. C. (1999): Formulary submission guidelines for Blue Cross and Blue Shield of Colorado and Nevada. Structure, application and manufacturers responsibilities. PharmacoEconomics 16, 3, 211–224

Laska, E. M., Meisner, M., Siegel, C. (1997): The usefulness of average cost-effectiveness ratios. Health Economics 6, 497–504

Laupacis, A., Feeny, D., Detsky, A. S. u. a. (1992): How attractive does a new technology have to be to warrant adoption and utilization? Tentative guidelines for using clinical and economic evaluations. Canadian Medical Association Journal 146, 4, 473–481

Laupacis, A., Feeny, D., Detsky, A. S. u. a. (1993): Tentative guidelines for using clinical and economic evaluations revisited. Canadian Medical Association Journal 148, 6, 927–929

Le Pen, C. (2000): Diagnosis related group costs in a regulated environment: A note about their economic interpretation. PharmacoEconomics 17, 2, 115–120

Leidl, R. (1994): Gesundheitsökonomie als Fachgebiet. Zeitschrift für Gesundheitswissenschaften 2, 2, 131–148

Leidl, R. (1997): Der Effizienz auf der Spur: Eine Einführung in die ökonomische Evaluation. In: Schwartz, F. W., Badura, B., Leidl, R., Raspe, H., Siegrist, J. (Hrsg.): Das Public Health Buch. Gesundheit und Gesundheitswesen. München, Wien, Baltimore, 347–369

Leidl, R., Schulenburg, J.-M. Graf v.d., Wasem, J. (Hrsg.) (1999): Ansätze und Methoden der ökonomischen Evaluation – eine internationale Perspektive. Baden-Baden

LeLorier, J., Gregoire, G., Benhaddad, A., Lapierre, J., Derderian, F. (1997): Discrepancies between meta-analysis and subsequent large randomized, controlled trial. New England Journal of Medicine 337, 536–542

Lemeshow, S., Hosmer, D. W., Klar, J., Lwanga, S. K. (1990): Adequacy of sample size in health studies. Chichester

Lerner, M. (1973): Conceptualization of health and social well-being. In: Berg, R. L. (Hrsg.): Health status indexes, Hospital Resaerch and Educational Trust. Chicago, 1–6

Leu, R. E., Schaub, T. (1990): Gesundheit, Behinderung, Lebensqualität: Der Patient hat das Wort. Baden-Baden

Levy, P. S., Lemeshow, S. (1991): Sampling of populations, 2. Auflage. New York

Lienert, G. A., Raatz, U. (1994): Testaufbau und Testanalyse, 5. Auflage. Weinheim

Lilford, R.J., Braunholtz, D. A., Greenhalgh, R. Edwards, S. J. L. (2000): Trials and fast changing technologies: The case for tracker studies. British Medical Journal 320, 43–46

Liljas, B. (1998): How to calculate indirect costs in economic evaluations. PharmacoEconomics 13, 1–7

Liljas, B., Lindgren, B. (2002): On individual preferences and aggregation in economic evaluation in healthcare. PharmacoEconomics 19, 4, 323–335

Linnerooth, J. (1981): Murdering statistical lifes ...? In: Jones-Lee, M. W. (Hrsg.): The value of life and safety. Amsterdam u. a., 229–261

Littlejohns, P. (2002): Does NICE have a threshold? A response. In: Towse, A., Pritchard, C., Devlin, N. (Hrsg.): Cost-effectiveness thresholds: Economic and ethical issues. London, 31–37

Loomes, G. (1995): The myth of the HYE. Journal of Health Economics 14, 1–7

Loomes, G. (2002): Valuing life years and QALYs: Transferability and convertibility of values across the UK public sector. In: Towse, A., Pritchard, C., Devlin, N. (Hrsg.): Cost-effectiveness thresholds: Economic and ethical issues. London, 46–55

Lorenz, R. J. (1996): Grundbegriffe der Biometrie, 4. Auflage. Stuttgart

Lyttkens, C. H. (2003): Time to disable DALYs? On the use of disability-adjusted life-years in health policy. The European Journal of Health Economics 4, 3, 195–202

Manca, A., Rice, N., Sculpher, M. J., Briggs, A. H. (2005): Assessing generalisability by location in trial based cost effectiveness analysis: The use of multilevel models. Health Economics 14, 471–485

Mandelblatt, J. A., Fryback, D. G., Weinstein, M. C., Russell, L. B., Gold, M. R., Hadorn, D. C. (1996): Assessing the effectiveness of health interventions. In: Gold, M. R., Siegel, J., Russell, L., Weinstein, M. (Hrsg.): Cost-effectiveness in health and medicine. New York, Oxford, 135–175

Marckmann, G. (2005): Alter als Verteilungskriterium in der Gesundheitsversorgung? Deutsche Medizinische Wochenschrift 130, 351–352

Martin, S. C., Gagnon, D. D., Zhang, Z. u. a. (2003): Cost-utility analysis of survival with epoetin-alfa versus placebo in stage IV breast cancer. PharmacoEconomics 21, 16, 1153–1169

Mason, J., Drummond, M. (1995): Reporting guidelines for economic studies. Health Economics 4, 85–94

Maurischat, C., Morfeld, M., Kohlmann, T., Bullinger, M. (2004): (Hrsg.) Lebensqualität: Nützlichkeit und Psychometrie des Health Survey SF-36/SF-12 in der medizinischen Rehabilitation. Lengerich

Mauskopf, J. A., Earnshaw, S. R., Mullins, C. (2005): Budget impact analysis: Review of the state of the art. Pharmacoeconomics & Outcomes Research 5, 1, 65–79

Mauskopf, J., Rutten, F., Schonfeld, W. (2003): Cost-effectiveness league tables. Valuable guidedance for decision makers? PharmacoEconomics 21, 14, 991–1000

Mauskopf, J., Schulman, K., Bell, L., Glick, H. (1996): A strategy for collecting pharma-coeconomic data during phase II/III clinical trials. PharmacoEconomics 3, 264–277

Maynard, A. (1991): Developing the health care market. The Economic Journal 101, 1277–1286

Maynard, A. (1993): Requirements for health care purchasers. In: Walker, S. R., Rosser, R. M. (Hrsg.): Quality of life assessment; Key Issues in the 1990s. Dordrecht u. a., 413–426

McArthur, D. (2004): Preisfestsetzung und Erstattung von Arzneimitteln in Großbritannien

McCabe, C., Stevens, K., Roberts, J., Brazier, J. (2005): Health state values for the HUI 2 descriptive system: results from a UK survey. Health Economics 14, 231–244

McDowell, I., Newell, C. (1987): Measuring health. A guide to rating scales and question-naires. New York, Oxford

McGregor, M. (2003): Cost-utility analysis: Use QALYs only with great caution. Journal of the Canadian Medical Association 168, 4, 433–434

McGuire, A., Henderson, J., Mooney, G. (1988): The economics of health care. An intro-ductory text. London, New York

McGuire, T., Wells, K. B., Bruce, M. L., Miranda, J., Scheffler, R., Durham, M., Ford, D. E., Lewis, L. (2002): Burden of illness. Mental Health Services Research 4, 4, 179–185

McIntosh, E. D. G., Conway, P., Willingham, J. u. a. (2003): The cost-burden of paediatric pneumococcal disease in the UK and the potential cost-effectiveness of prevention using 7-valent pneumococcal conjugate vaccine. Vaccine 21, 2564–2572

McKie, J. (1998): The allocation of health care ressources: An ethical evaluation of the ‚Qaly' approach. Hants

McKie, J., Richardson, J., Singer, P. u. a. (1998): The allocation of health care resources: An ethical evaluation of the QALY approach. Aldershot

Mehrez, A., Gafni, A. (1989): Quality-adjusted life years, utility theory, and healthy-years equivalents. Medical Decision Making 9, 2, 142–149

Mehrez, A., Gafni, A. (1991): The healthy-years equivalents – How to measure them using the standard gamble approach. Medical Decision Making 11, 140–146

Mehrez, A., Gafni, A. (1992): Preference based outcome measures for economic evaluation of drug interventions – Quality adjusted life years (QALYs) versus healthy years equivalents (HYEs). PharmacoEconomics 1, 5, 338–345

Menzel, P. T. (1983): Medical costs, moral choices. New Haven

Menzel, P. T. (1990): Strong medicine. The ethical rationing of health care. New York, Oxford

Mildner, R. (1983): Die Nutzen-Kosten-Untersuchung als Beurteilungsverfahren für die Wirtschaftlichkeit und Leistungsfähigkeit im Gesundheitswesen. Medizin Mensch Gesellschaft 1, 42–51

Miller, W., Robinson, L. A., Lawrence, R. S. (Hrsg.) (2006): Valuing health for regulatory cost-effectiveness analysis. Washington. D. C.

Monopolkommission (1998): Marktöffnung umfassend verwirklichen. Hauptgutachten 1996/97. Baden-Baden

Mooney, G., Olsen, J. A. (1991): QALYs: Where next? In: McGuire, A., Fenn, P., Mayhew, K. (Hrsg.): Providing health care. The economics of alternative systems of finance and delivery. Oxford.

Morfeld, M., Bullinger, M., Nantke, J., Brähler, E. (2005): Die Version 2.0 des SF-36 Health Survey - Ergebnisse einer bevölkerungsrepräsentativen Studie Sozial- und Präventivmedizin 50, 292–300

Morfeld, M., Dietsche, S., Bürger, W., Koch, U. (2003): Der SF-12 - Das Problem der Missing Data. Diagnostica 49, 3, 129–135

Morfeld, M., Koch, U. (2005): Ansprüche an die Evaluation komplexer Gesundheitsprogramme - Disease-Management-Programme in Deutschland. Z. ärztl. Fortbild. Qual. Gesundh.wes. (ZaeFQ) 99, 179–184

Morfeld, M., Wirtz, M. (2006): Methodische Ansätze in der Versorgungsforschung. Das Beispiel Evaluation der Disease-Management-Programme. Bundesgesundheitsbl - Gesundheitsforsch - Gesundheitsschutz 49, 120–129

Morrison, G. C. (1997): HYE and TTO: What is the difference? Journal of Health Economics 16, 563–578

Mossialos, E., King, D. (1999): Citizens and rationing: analysis of a European survey. Health Policy 49, 75–135

Müller-Bohn, T., Ulrich, V. (2000): Pharmakoökonomie. Stuttgart

Murlow, C. D., Cook, D. J., Davidoff, F. (1997): Systematic reviews: Critical links in the great chain of evidence. Annals of Internal Medicine 126, 389–391

Murray, C. J. L. (1994): Quantifying the burden of disease: The technical basis for disability-adjusted life years. Bulletin of the World Health Organization 72, 429–445

Murray, C. J. L., Acharya, A. K. (1997): Understanding DALYs. Journal of Health Economics 16, 703–730

Murray, C. J. L., Lopez, A. D. (1996): The global burden of disease: A comprehensive assessment of mortality and disability from diseases, injuries, and risk factors in 1990 and projected to 2020. Global Burden of Disease an Injuries Series, Vol. 1. Cambridge, MA

Murray, C. J., Evans, D. B., Acharya, A., Baltussen, R. M. (2000): Development of WHO guidelines on generalized cost-effectiveness analysis. Health Economics 9, 3, 235–251

National Institute for Clinical Excellence (2001): Guidance on the use of riluzole (Rilutek) for the treatment of motor neurone disease

National Institute for Clinical Excellence (2002): Guidance on the use of beta interferon and glatiramer acetate for the treatment of multiple sclerosis

National Institute for Clinical Excellence (NICE) (2005): Correction of factual inaccuracies and process misunderstandings. URL: http://www.nice.org.uk/pdf/PaperTwo.pdf [Stand 31.07.2005]

National Institute for Clinical Excellence (NICE) (2005): Guidance on the use of orlistat for the treatment of obesity in adults, technology appraisal guidance No. 22. URL: http://www.nice.org.uk/pdf/orlistatguidance.pdf [Stand 31.07.2005]

National Institute for Health and Clinical Excellence (2004): A guide for manufacturers and sponsors - Contributing to a technology appraisal. National Institute for Health and Clinical Excellence

National Institute for Health and Clinical Excellence (2004): Guide to the Technology Appraisal Process

National Oceanic and Atmospheric Administration (1993): Report of the NOAA-panel on contingent valuation. Federal register 58, 4601–4614

Naturforschende Gesellschaft in Basel (Hrsg.) (1975): Die Werke von Jakob Bernoulli, Band 3. Basel

Naylor, C. D., Williams, J. I., Basinski, A. u. a. (1993): Technology assessment and cost-effectiveness analysis: Misguided guidelines? Canadian Medical Association Journal 148, 6, 921–924

Neumann, J. v., Morgenstern, O. (1953): Theory of games and economic behaviour. New York

Neumann, J. v., Morgenstern, O. (1974): Theory of games and economic behaviour. Princeton

Neumann, P. J. (2003): 25 years of cost-utility analysis: What have we learned? Presentation at University of Minnesota, February 27, 2003, URL: http://www.csom.umn.edu/Assets/7927.pdf [Stand 20.07.2004]

Neumann, P. J., Goldie, S. J., Weinstein, M. C. (2000): Preference-based measures in economic evaluation in health care. Annual Revue in Public Health 21, 587–611

Neumann, P. J., Hermann, R. C., Kuntz, K. M., Araki, S. S., Duff, S. B., Leon, J., Berenbaum, P. A., Goldman, P. A., Williams, L. W., Weinstein, M. C. (1999): Cost-effectiveness of donepezil in the treatment of mild or moderate Alzheimer's disease. Neurology 52, 1138–1145

Neumann, P. J., Johannesson, M. (1994): The willingness to pay for in vitro fertilization: A pilot study using contingent valuation. Medical Care 32, 686–699

Newhouse, J. P., Manning, W. G., Morris, C. N. (1981): Some interim results from a controlled trial of cost sharing in health insurance. New England Journal of Medicine 305, 1501–1507

NHLB/NIH (1992): National Heart, Lung and Blood Institute, National Institutes of Health. International consensus report on diagnosis and treatment of asthma. European Respiratory Journal 5, 601–641

NHLBI/WHO (1995): National Heart, Lung and Blood Institute, World Health Organization. NHLBI/WHO Workshop Report: Global Strategy for Asthma Management and Prevention. Online-Dokument: http://www.mdnet.de/asthma/gina/info.htm

NICE (o. J.): Guidance for manufacturers and sponsors. URL: http://www.nice.org.uk/pdf/-technicalguidanceformanufacturersandsponsors.pdf [Stand 06.08.2004]

Nord, E. (1991): The validity of the visual analogue scale in determining social utility weights for health states. International Journal of Health Planning and Management 6, 234–242

Nord, E. (1992): An alternative to QALYs: The saved young life equivalent (SAVE). British Medical Journal 305, 875–877

Nord, E. (1993): The trade-off between severity of illness and treatment effect in cost-value analysis of health care. Health Policy 24, 227–238

Nord, E. (1995):The person-trade-off approach to valuing health care programmes. Medical Decision Making 15, 3, 201–208

Nord, E. (1996): Health status index models for use in resource allocation decisions: A critical review in the light of observed preferences for social choice. International Journal of Technology Assessment in Health Care 12, 1, 31–44

Nord, E., Pinto, J. L., Richardson, J., Menzel, P., Ubel, P. (1999): Incorporating societal concerns for fairness in numerical valuations of health programmes. Health Economics 8, 25–39

Nord, E., Richardson, J., Macarounas-Kirchmann, K. (1993): Social evaluation of health care versus personal evaluation of health states. International Journal of Technology Assessment in Health Care 9, 4, 463–478

Nuijten, M. J. C., Berto, P., Berdeaux, G., u. a. (2001): Trends in decision-making process for pharmaceuticals in Western European countries. HEPAC Health Economics in Prevention and Care 2, 4, 162–169

Nuijten, M. J. C., Rutten, F. (2002): Combining a budgetary-impact analysis and a cost-effectiveness analysis using decision-analytic modelling techniques. Pharmacoeconomics 20, 12, 855–867

Nuijten, M. J. C., Starzewski, J. (1998): Applications of modelling studies. Pharmacoeconomics 13, 3, 289–291

O'Brian, B. J., Heyland, D., Richardson, W. S., Levine, M., Drummond, M. F., for the Evidence-Based Medicine Working Group (1997): Users' guides to the medical literature. XIII. How to use an article on economic analysis of clinical practice. B. What are the results and will they help me in caring for my patients? Journal of the American Medical Association 277, 2, 1802–1806

O'Brien, B. (1996): Economic evaluation of pharmaceuticals. Medical Care 34, 12, 99–108

O'Brien, B. J., Gertsen, K., Willan, A. R., Faulkner, L. A. (2002): Is there a kink in consumers' threshold value for cost-effectiveness in health care? Health Economics 11, 2, 175–180

O'Brien, B. J., Spath, M., Blackhouse, G., Severens, J. L., Dorian, P., Brazier, J. (2003): A view from the bridge: agreement between the SF-6D utility algorithm and the Health Utiltiy Index. Health Economics 12, 975–981

O'Brien, B., Sculpher, M. (2000): Building uncertainty into cost-effectiveness rankings: Portfolio risk-return tradeoffs and implications for decision rules. Medical Care 38, 460–468

Oberender, P. (1991): Kosten-Nutzen-Analyse der medikamentösen Angina-pectoris-Prophylaxe in der Bundesrepublik Deutschland. In: Gäfgen, G., Oberender, P. (Hrsg.): Evaluation gesundheitspolitischer Maßnahmen. Baden-Baden, 143–166

Oberender, P. (Hrsg.) (1995): Kosten-Nutzen-Analysen in der Pharmaökonomie, Möglichkeiten und Grenzen. Gräfelfing

Office of Health Economics (1985): Measurement of health. London

Office of Technology Assessment (1980): The implications of cost-effectiveness analysis of medical technology. Background paper 1: Methodological issues and literature review. Washington

Olsen, J. A. (1993): On what basis should health be discounted? Journal of Health Economics 1993, 12, 39–53

Olson, J. A. (1994): Production gains – Should they count in health care evaluation? Scottish Journal of Political Economy 41, 1, 69–84

Ontario Ministry of Health (1993): Ontario guidelines for economic analysis of pharmaceutical products. Toronto

Orlewska, E., Mierzejewski, P. (2004): Proposal of polish guidelines for conducting financial analysis and their comparison to existing guidance on budget impact in other countries. Value in Health 7, 1, 1–10

Orth-Gomer, K., Britton, M., Rehnqvist, N. (1979): Quality of care in an out-patient department: The patient's view. Social Science and Medicine 13A, 347–357

Ortseifen, C., Bruckner, T., Burke, M., Kiesner, M. (1997): An overview of software tools for sample size determination. Informatik, Biometrie und Epidemiologie in Medizin und Biologie 28, 2, 91–118

Owens, D. K. (1998): Interpretation of cost-effectiveness analysis. Journal of General Internal Medicine 13, 10, 716

Oxford Centre of Evidence-based Medicine, Levels of Evidence http://www.cebm.net/-levels_of_evidence.asp [12.12.2006]

Pang, F. (2002): Design, analysis and presentation of multinational economic studies. The need for guidance. Pharmacoeconomics 20, 2, 75–90

Parliamentary Office of Science and Technology (2006): Healthy life expectancy. Postnote, February 2006, Number 257

Patrick, D. L., Bush, J. W., Chen, M. M. (1973): Methods for measuring levels of well-being for a health status index. Health Services Research 8, 228–245

Patrick, D. L., Deyo, R. A. (1989): Generic and disease specific measures in assessing health status and quality of life. Medical Care 27, 3, Supplement, S217–S232

Patrick, D. L., Erickson, P. (1988): What constitutes quality of life? Concepts and dimensions. American Journal of Clinical Nutrition 7, 53–63

Patrick, D. L., Erickson, P. (1993): Assessing health-related quality of life for clinical decision-making. In: Walker, S. R., Rosser, R. M. (Hrsg.): Quality of life assessment. Key issues in the 1990s. Lancaster, 11–63

Patrick, D. L., Erickson, P. (1993): Health status and health policy: Quality of life in health care evaluation and resource allocation. New York

Patrick, D. L., Starks, H. E., Cain, K. C., Uhlmann, R. F., Pearlman, R. A. (1994): Measuring preferences for health states worse than death. Medical Decision Making 14, 9–18

Paul, J. E., Trueman, P. (2001): 'Fourth hurdle reviews', NICE, and database applications. Pharmacoepidemiol Drug Saf 10, 5, 429–438

Pauly, M. V. (1968a): The economics of moral hazard. American Economic Review 58, 531 ff.

Pauly, M. V. (1968b): Efficiency in public provision of medical care. American Economic Review 58, 109 ff.

Pauly, M. V. (1995): Valuing health care benefits in money terms. In: Sloan, F. A. (Hrsg.): Valuing health care: costs, benefits, and effectiveness of pharmaceuticals and other medical technologies. Cambridge, 99–124

Pearce, D., Atkinson, G., Mourato, S. (2006): Cost-benefit analysis and the environment. Recent developments. OECD

Pedroni, G., Zweifel, P. (1990): Wie mißt man Gesundheit? Basel

Perleth, M. (1998a): Bewertung von Leitlinien für die klinische Praxis. In: Perleth, M., Antes, G. (Hrsg.): Evidenz-basierte Medizin. Wissenschaft im Praxisalltag. München, 66–75

Perleth, M. (1998b): Evidenz-basierte Medizin: Eine Einführung. In: Perleth, M., Antes, G. (Hrsg.): Evidenz-basierte Medizin. Wissenschaft im Praxisalltag. München, 13–18

Perleth, M. (2003): Evidenzbasierte Entscheidungsunterstützung im Gesundheitswesen – Konzepte und Methoden der systematischen Bewertung medizinischer Technologien (Health Technology Assessment) in Deutschland. Berlin

Perleth, M. (2003): Health Technology Assessment (HTA) In: Schwartz, F.W. (Hrsg.): Public Health – Gesundheit und Gesundheitswesen, 2. völlig neu bearbeitete und erweiterte Auflage. München, 745–754

Perleth, M. u. a. (2006): Das Curriculum Health Technology Assessment (HTA). Zeitschrift für die ärztliche Fortbildung und Qualität im Gesundheitswesen 100, 297–302

Perleth, M., Antes, G. (Hrsg.) (1998): Evidenz-basierte Medizin. Wissenschaft im Praxis-alltag. München

Perleth, M., Beyer, M. (1996): Evidenz-basierte Medizin, die Cochrane Collaboration und der Umgang mit medizinischer Literatur. Implikationen für die ärztliche Aus-, Fort- und Weiterbildung. Zeitschrift für die ärztliche Fortbildung 90, 67–73

Petitti, D. B. (1994): Meta-analysis, decision analysis, and cost-effectiveness analysis. Methods for quantitative synthesis in medicine. Monographs in epidemiologie and bio-statistics 24. New York

Petrie, K. J., Weinman, J. A. (Hrsg.) (1997): Perceptions of health and illness. Amsterdam

Petrou, S. (2001): What are health utilities? www.evidence-based-medicine.co.uk

Petrou, S., Hockley, C. (2005): An investigation into the empirical validity of the EQ-5D and SF-6D based on hypothetical preferences in a general population. Health-Econ 14, 11, 1169–89

Petry, J. (1993): Behandlungsmotivation: Grundlagen und Anwendungen in der Suchtthe-rapie. Weinheim

Pfizer Inc. (2005): Financial Report 2005. http://www.pfizer.com/pfizer/annualreport/2005/financial/financial2005.pdf [14.11.06]

Phelps, C. E., Newhouse, J. P. (1974a): Coinsurance, the price of time and the demand for medical services. Review of Economics and Statistics 56, 334–342

Phelps, C. E., Newhouse, J. P. (1974b): Price and income elasticities for medical services. In: Perman, M. (Hrsg.): The economics of health and medical care. London, 139–161

PhRMA Task Force on the Economic Evaluation of Pharmaceuticals (1995): Methodologi-cal and conduct principles for pharmacoeconomic research. Pharmaceutical Research and Manufacturers of America. Washington, D.C.

Pickard, A. S., Wang, Z., Walton, S. M., Lee, T. A. (2005): Are decisions using cost-utility analyses robust to choice of SF-36/SF-12 preference-based algorithm? Health and Qual-ity of Life Outcomes 3, 11

Pinto Prades, J.-L. (1997): Is the person trade-off a valid method for allocating health care resources? Health Economics 6, 1, 71–81

Popper, K. R. (1979): Die beiden Grundprobleme der Erkenntnistheorie. Tübingen

Praag, B. M. S. van, Ferrer-i-Carbonell, A. (2001): Age-differentiated QALY losses. IZA Diskussionspapier Nr. 314, Forschungsinstitut zur Zukunft der Arbeit. Bonn

Productivity Commission 2005 (2005): Productivity Commission Progress Report: Impacts of Medical Technology in Australia. Melbourne

Pullar, T., Birtwell, A. J., Wiles, P. G., Hay, A., Feely, M. P. (1988): The development of reliable compliance tests for antihypertensive drugs. European Journal of Clinical Phar-macology 29, 535–539

Pyne, J. M., Rost, K. M., Zhang, M. u. a. (2003): Cost-effectiveness of a primary care de-pression intervention. Journal of General Internal Medicine 8, 432–441

Raczek, A. E., Ware, J. E., Bjorner, J. B., Gandek, B., Haley, S. M., Aaronson, N. K., Apolone, G., Bech, P., Brazler, J. E., Bullinger, M., Sullivan, M. (1998): Comparison of rasch and summated rating scales constructed from SF-36 physical functioning items in seven countries: Results from the IQOLA project. Journal of Clinical Epidemiology 51, 11, 1203–1214

Radoschewski M. & Bellach B.-M. (1999): Der SF-36 im Bundesgesundheitssurvey - Mög-lichkeiten und Anforderungen der Nutzung auf der Bevölkerungsebene. Das Gesund-heitswesen 61, Sonderheft 2, S191–S199

Raftery, J. (2001): NICE: Faster access to modern treatments? Analysis of guidance on health technologies. The British Medical Journal 323, 1300–1303

Raftery, J. (2006): Review of NICE's recommendations, 1999-2005. BMJ 27, 332, 7552, 1266–1268

Rahner, E., Zöllner, D. (1965): Kosten Ertragsanalyse im Gesundheitswesen. Versuch einer ökonomischen Beurteilung von gesundheitspolitischen Maßnahmen in der Bundesrepublik Deutschland. Dissertation Saarbrücken

Ramsberg, J. A. K., Sjoberg, L. (1997): The cost-effectiveness of lifesaving interventions in Sweden. Risk Analysis 17, 467–478

Ramsey, S., Willke, R., Briggs, A., Brown, R., Buxton, M., Chawla, A. u. a. (2005): Good research practices for cost-effectiveness analysis alongside clinical trials: The ISPOR RCT-CEA task force report. Value in Health 8, 5, 521–533

Räsänen, P., Roine, E., Sintonen, H., Semberg-Konttinen, V., Ryynänen, O.-P., Roine, R. (2006): Use of quality-adjusted life years for the estimation of effectiveness of health care – A systematic literature review. International Journal of Technology Assessment in Heath Care 22, 2, 235–241

Raths, J. (1996): Pharmakoökonomie – Chance oder Begrenzung. Eine Einschätzung von seiten der pharmazeutischen Industrie. In: Schulenburg, J.-M. Graf v. d. (Hrsg.): Ökonomie in der Medizin. Stuttgart, New York, 33–38

Rawlins, M. (1999): In pursuit of quality: the National Institute for Clinical Excellence. Lancet 27, 353, 9158, 1079–1082

Rawlins, M. D., Culyer, A. J. (2004): National Institute for Clinical Excellence and its value judgments. BMJ 24, 329, 7459, 224–227

Rebscher, H. (Hrsg.) (2006): Gesundheitsökonomie und Gesundheitspolitik. Heidelberg

Reed Johnson, F., Fries, E. E., Spencer Banzhaf, H. (1997): Valuing morbidity: An integration of the willingness-to-pay and health-status index literatures. Journal of Health Economics 16, 641–665

Reinhardt, U. E. (1975): A production function for physician services. Review of Economics and Statistics 54, 55–66

Rice, D. P. (1994): Cost-of-illness studies: Fact or fiction. The Lancet 344, 3, 1519–1520

Richardson, J. (1999): The role of willingness-to-pay in resource allocation in a national health scheme. West Heidelberg

Richardson, J. (2004): Returns on investment in public health: Comments on the report by applied economics. West Heidelberg

Richarz, H.-R., Kaiser, H. (1999): Eiskalte Rechnung. Stern, 30, 22.07.1999, 126

Ridder, M. d., Dissmann, W. (1999): Alptraum Medizin. Der Spiegel, 29, 19.07.1999, 184–185

Ried, W. (1998): QALYs versus HYEs – what's right and what's wrong. A review of the controversy. Journal of Health Economics 17, 607–625

Riegelmann, R. K., Hirsch, R. P. (1996): Studying a study and testing a test. Boston

Robinson, A, Dolan, P., Williams, A. (1997): Valuing health states using VAS and TTO: what lies behind the numbers? Soc Sci Med 45, 1289–1297

Robinson, A., Loomes, G., Jones-Lee, M. (2001): Visual analogue scales, standard gambles and relative risk aversion. Med Dec Making 21, 17–27

Rogalski, C., Paasch, U., Simon, J. C. (1994): Gesundheitsökonomische Studien in der Dermatologie – Review der Literatur, Bewertung und zugrunde liegende Aspekte der Durchführung. Journal der Deutschen Dermatologischen Gesellschaft 2, 4, 279–285

Rogers, S. L., Farlow, M. R., Doody, R. S., Mohs, R., Friedhoff, L. T., and the Donepezil Study Group (1998): A 24-week, double-blind, placebo-controlled trial of donepezil in patients with Alzheimer's disease. Neurology 50, 136–145

Roick, C. (1999): Die indirekten Kostern schizophrener Psychosen. Eine Untersuchung der Komponenten und Berechnungsmöglichkeiten krankheitsbedingter Ressourcenverluste. Unveröffentlichtes Manuskript, eingereicht bei Gesundheitsökonomie & Qualitätsmanagement

Rosen, A. B., Tsai, J. S., Downs, S. M. (2003): Variations in risk attitude across race, gender, and education. Medical Decision Making 23, 511–517

Rosen, R., Gabbay, J. (1999): Linking health technology assessment to practice. British Medical Journal 319, 1292–1294

Rosenberg, P. (1975): Möglichkeiten der Reform des Gesundheitswesens in der Bundesrepublik Deutschland. Göttingen

Rosenthal, G. (1970): Price elasticity for short-term general hospital services. In: Klarman, H. E., Jasei, H. H. (Hrsg.): Empirical studies in health economics. Proceedings of the second conference of the economics of health. Baltimore, 101–117

Rosett, R. N., Huang, L.-F. (1973): The effect of health insurance on the demand for medical care. Journal of Political Economy 81, 281–305

Rosser, R. M., Sintonen, H. (1993): The EuroQol© quality of life project. In: Walker, S. R., Rosser, R. M. (Hrsg.): Quality of Life Assessment. Key Issues in the 1990s. Dordrecht u. a., 197–198

Rosser, R., Kind, P. (1978): A scale of valuations of states of illness: Is there a social consensus? International Journal of Epidemiology 7, 347–358

Rothgang, H., Niebuhr, D., Wasem, J., Greß, S. (2004): Das National Institute for Clinical Excellence (NICE) – Staatsmedizinisches Rationierungsinstrument oder Vorbild für eine evidenzbasierte Bewertung medizinischer Leistungen? Das Gesundheitswesen 66, 303–310

Rudd, P. (1993): In search for the gold standard for compliance measurement. Archives of Internal Medicine 139, 627–628

Ruof, J., Hülsemann, J. L., Mittendorf, T., Schulenburg, J.-M. Graf v. d., Zeidler, H., Merkesdal, S. (2004): Konzeptionelle und methodische Grundlagen von Krankheitskostenerhebungen in der Rheumatologie. Zeitschrift für Rheumatologie, 372–379

Russell, L. B. (1984): The economics of prevention. Health Policy 4, 85–100

Rusthoven, J. J. (1997): Are quality of life, patient preferences, and costs realistic outcomes for clinical trials? Support Care Cancer 5, 112–117

Rüther, E. (1996): Pharmakoökonomische Studien aus ärztlicher Sicht. In: Schulenburg, J.-M. Graf v. d. (Hrsg.): Ökonomie in der Medizin. Stuttgart, New York, 27–31

Ryan, M. (1996): Using willingness to pay to assess benefits of assisted reproductive techniques. Health Economics 5, 6, 543–558

Rychlik, R. (1999): Gesundheitsökonomie. Grundlagen und Praxis. Stuttgart

Sachs, L. (1968): Statistische Methoden in der Medizin. Klinische Wochenschrift 46, 18, 969–975

Sachs, L. (1997): Angewandte Statistik: Anwendung statistischer Methoden, 8., völlig neu bearbeitete und erweiterte Auflage. Berlin, Heidelberg

Sachverständigenrat für die Konzertierte Aktion im Gesundheitswesen (1998): Evaluation der Gesundheitsversorgung. In: Schöffski, O., Glaser, P., Schulenburg, J.-M. Graf v. d. (Hrsg.): Gesundheitsökonomische Evaluationen. Grundlagen und Standortbestimmung. Berlin, Heidelberg, New York, 249–266

Sachverständigenrat für die Konzertierte Aktion im Gesundheitswesen (Hrsg.) (1995): Gesundheitsversorgung und Krankenversicherung 2000: Mehr Ergebnisorientierung, mehr Qualität und mehr Wirtschaftlichkeit, Sondergutachten 1995, Kurzfassung und Empfehlungen. Bonn

Sackett, D. L. (1998): Was ist Evidenz-basierte Medizin? In: Perleth, M., Antes, G. (Hrsg.): Evidenz-basierte Medizin. Wissenschaft im Praxisalltag. München, 9–12

Sackett, D. L., Rosenberg, W. M. C., Gray, J. A. M., Haynes, R. B., Richards, W. S. (1996): Evidence-based medicine: What it is and what it isn't [editorial]. British Medical Journal 312, 71–73

Sass, H.-M. (1988): Persönliche Verantwortung und gesellschaftliche Solidarität. In: Sass, H.-M. (Hrsg.): Ethik und öffentliches Gesundheitswesen. Ordnungsethische und ordnungspolitische Einflußfaktoren im öffentlichen Gesundheitswesen. Berlin, 93–112

Sauerland, S. (2006): Die kritische Rolle wissenschaftlicher Evidenz im Rahmen von Health Technology Assessment. Bundesgesundheitsblatt 49, 251–256

Schmidt, K. (2003): Wie kann HTA zur Steuerung der Innovationen und Leistungskataloge in den neuen Strukturen des Gesundheitswesens zur Verbesserung der Qualität wirken? In: DAHTA@DIMDI (Hrsg.): 4. Symposium Health Technology Assessment, 13.-14. November 2003. Köln, 21–24

Schmidt, S., Bullinger, M. (2003): Current issues in cross cultural quality of life instrument development. Archives of Physical Medicine and Rehabilitation 84, 4, 29–33

Schmidt, S., Mühlan, H., Power, M. (2005): The cross-cultural performance of the EUROHIS QoL index. European Journal of Public Health 15, 4, Online Advanced Access, 1–9

Schöffski, O. (1990): Wirtschaftlichkeitsuntersuchungen von Arzneimitteln. Prinzipien, Methoden und Grenzen der Gesundheitsökonomie. Hannover

Schöffski, O. (1994a): Lebensqualitätsbewertung im Gesundheitswesen als Problem der Medizin und der Ökonomie. In: Apel, K.-O., Kettner, M. (Hrsg.): Mythos Wertfreiheit? Neue Beiträge zur Objektivität in den Human- und Kulturwissenschaften. Frankfurt, New York, 259–273

Schöffski, O. (1994b): Möglichkeiten und Grenzen der Allokationsverbesserung im Gesundheitswesen: Das Konzept der qualitätsbereinigten Lebensjahre (QALYs). In: Bach, O., Günther, H. (Hrsg.): Gesundheitswissenschaften in der Onkologie. 6. Dresdner hämatologisch-onkologisches Gespräch. Dobersdorf, 45–62

Schöffski, O. (1995): Design pharmakoökonomischer Studien. Gibt es Standardisierungen? Krankenhauspharmazie 16, 3, 89–94

Schöffski, O. (1996): Messung des Nichtmeßbaren. Die Bewertung von Lebensqualität unter besonderer Berücksichtigung von Zuständen „schlechter als der Tod". In: Anschütz, F., Wedler, H.-L. (Hrsg.): Suizidprävention und Sterbehilfe. Berlin, Wiesbaden, 137–149

Schöffski, O. (1999a): Internationale und deutsche Richtlinien zur gesundheitsökonomischen Evaluation. Der Onkologe 5, 572–576

Schöffski, O. (1999b): Kosten-Effektivitäts-Analyse zu Integrilin. Unveröffentlichtes Manuskript

Schöffski, O. (2000a): Gendiagnostik: Versicherung und Gesundheitswesen. Eine Analyse aus ökonomischer Sicht. Karlsruhe

Schöffski, O. (2000b): Gesundheitsökonomische Evaluationen: Wie können sie im Bereich der Gendiagnostik eingesetzt werden? In: Schmidtke, J. (Hrsg.): Kosten-Nutzen-Überlegungen in der Humangenetik. München, Jena, 43–76

Schöffski, O., Rose, K. (1994): Das QALY-Konzept. Ein Ansatz zur Optimierung der Allokation im Gesundheitswesen. Wirtschaftswissenschaftliches Studium 23, 1, 31–34

Schöffski, O., Rose, K. (1995): Die Lebensqualität als Zieldimension ökonomischer Untersuchungen im Gesundheitswesen. Wirtschaftswissenschaftliches Studium 24, 11, 597–600

Schöffski, O., Schulenburg, I. Gräfin v. d. (1999): Ökonomische Aspekte in der therapeutischen Versorgung von Demenzpatienten. Gesundheitspolitik 5, 1, 6–11

Schöffski, P. (1991): Bewertende Literaturanalyse von Lebensqualitätsmaßen für die klinisch-experimentelle Onkologie. Magisterarbeit zum Magister Sanitatis Publicae. Medizinische Hochschule Hannover

Schölmerich, P., Thews, G. (Hrsg.) (1990): Lebensqualität als Bewertungskriterium in der Medizin – Symposium der Akademie der Wissenschaften und der Literatur. Mainz u. a.

Schöne-Seifert, B. (1988): Verantwortungsprobleme in der medizinischen Mikroallokation. In: Sass, H.-M. (Hrsg.): Ethik und öffentliches Gesundheitswesen. Ordnungsethische und ordnungspolitische Einflußfaktoren im öffentlichen Gesundheitswesen. Berlin, 135–150

Schöne-Seifert, B. (1992): Was sind gerechte Verteilungskriterien? In: Mohr, J., Schubert, C. (Hrsg): Ethik der Gesundheitsökonomie. Berlin, 34–44

Schopen, M., Rüther, A. (2006): Health Technology Assessment: Sauerstoff des Gesundheitswesens. Bundesgesundheitsblatt - Gesundheitsforschung - Gesundheitsschutz 49, 3, 223–224

Schreiber, W., Allekotte, H. (Hrsg.) (1970): Kostenexplosion in der gesetzlichen Krankenversicherung? Köln

Schulenburg, J.-M. Graf v. d. (1978): Moral hazard and its allocative effects under market insurance and compulsory insurance. Munich Science Review 4, 83–98

Schulenburg, J.-M. Graf v. d. (1987): Selbstbeteiligung. Tübingen

Schulenburg, J.-M. Graf v. d. (1993): Gesundheitsökonomie und Wirtschaftlichkeit von Arzneimitteln. In: Wagner, W. (Hrsg.): Arzneimittel und Verantwortung. Grundlagen und Methoden der Pharmaethik. Berlin u. a., 413–431

Schulenburg, J.-M. Graf v. d. (1995): Kostenanalyse. Modelle und Methoden der ökonomischen Bewertung. Der Kassenarzt, 27/28, 40–41

Schulenburg, J.-M. Graf v. d. (1996): Bedeutung von gesundheits- und pharmakoökonomischen Studien – Ein internationaler Vergleich. In: Schulenburg, J.-M. Graf v. d. (Hrsg.): Ökonomie in der Medizin. Stuttgart, New York, 39–43

Schulenburg, J.-M. Graf v. d. (2002): Commentary On Drummond's "Time for a change in drug licensing requirements?" The European Journal of Health Economics 3, 2, 138

Schulenburg, J.-M. Graf v. d. (Hrsg.) (2000): The influence of economic evaluation studies on health care decision-making (EUROMET 2000). Amsterdam

Schulenburg, J.-M. Graf v. d., Claes, C., Greiner, W., Uber, A. (1998): Die deutsche Version des EuroQol-Fragebogens. Zeitschrift für Gesundheitswissenschaften 6, 3–30

Schulenburg, J.-M. Graf v. d., Greiner, W. (1995): Hannoversche Guidelines für die ökonomische Evaluation von Gesundheitsgütern und -dienstleistungen. Pharmazeutische Industrie 57, 4, 265–268

Schulenburg, J.-M. Graf v. d., Greiner, W. (2000): Gesundheitsökonomik. Tübingen

Schulenburg, J.-M. Graf v. d., Greiner, W., Hardt, H. v. d. (1995): Sozioökonomische Evaluation des Einflusses von rhDNase auf die Kosten der Behandlung von Infektionen der Atemwege bei Patienten mit zystischer Fibrose. Medizinische Klinik 90, 4, 220–224

Schulenburg, J.-M. Graf v. d., Hoffmann, C. (2000): Review of European guidelines for economic evaluation of medical technologies and pharmaceuticals. HEPAC Health Economics in Prevention and Care 1, 1, 2–8

Schulenburg, J.-M. Graf v. d., Kielhorn, A., Greiner, W., Volmer, T. (1998): Praktisches Lexikon der Gesundheitsökonomie. Sankt Augustin

Schulenburg, J.-M. Graf v. d., Klein, S., Piojda, U., Schöffski, O. (1990): The German case study. In: Leese, B., Hutton, J., Maynard, A. (Hrsg.): The costs and benefits in the treatment of Anaemia arising from chronic renal failure: a European study. York, 35–52

Schulenburg, J.-M. Graf v. d., Schöffski, O. (1993): Kosten-Nutzen-Analysen im Gesundheitswesen. In: Nagel, E., Fuchs, C. (Hrsg.): Soziale Gerechtigkeit im Gesundheitswesen. Ökonomische, ethische, rechtliche Fragen am Beispiel der Transplantationsmedizin. Berlin u. a., 168–185

Schulenburg, J.-M. Graf v. d., Wähling, S., Stoll, M. (1996): German health economic cost evaluation on oral ganciclovir in treating CMV retinitis. PharmacoEconomics 10, 5, 522–530

Schulenburg, J.-M. Graf v.d., Eberhardt, S., Stoklossa, C. (Hrsg.) (2004): Influence of economic evaluation studies on health care decision-making (EUROMET 2004)

Schulenburg, J.-M. Graf. v. d., Mittendorf, T., Volmer, T., Lützelberger, U., Greiner, W. (2005): Praktisches Lexikon der Gesundheitsökonomie, 2. Auflage. Unterschleißheim

Schulman, K., Burke, J., Drummond, M., Davis, L., Carlsson, P., Gruger, J., Harris, A., Lucioni, C., Gisbert, R., Llana, T., Tom, E., Bloom, B., Willke, R., Glick, H. (1998):

Resource costing for multinational neurologic clinical trials: Methods and results. Health Economics 7, 629–638

Schumacher, J., Klaiberg, A. & Brähler, E. (Hrsg.) (2003): Diagnostische Verfahren zu Lebensqualität und Wohlbefinden. Göttingen

Schwappach, D. L. B. (2002): Resource allocation, social values and the QALY: A review of the debate and empirical evidence. Health Expectations 5, 210–222

Schwappach, D. L. B. (2002): The equivalence of numbers: The social value of avoiding health decline: An experimental web-based study. BMC Medical Informatics and Decision Making 2, 3, DOI: 10.1186/1472-6947-2-3 [Stand 30.07.2005]

Schwappach, D. L. B. (2003): Does it matter who you are or what you gain? An experimental study of preferences for resource allocation. Health Economics 12, 255–267

Schwartz, F. W., Dörning, H. (1992): Evaluation von Gesundheitsleistungen. In: Andersen, H. H., Henke, K.-D., Schulenburg, J.-M. Graf v. d. (Hrsg.): Basiswissen Gesundheitsökonomie. Band 1: Einführende Texte. Berlin, 173–200

Schwartz, F.W. (2003): Public Health. Stuttgart

Schwartz, F.W. (Hrsg.) (2003): Public Health – Gesundheit und Gesundheitswesen, 2. völlig neu bearbeitete und erweiterte Auflage. München

Schwarz, J. A. (1995): Klinische Prüfungen. Aulendorf

Schwefel, D., John, J., Satzinger, W. u. a. (1987): Evaluationsverfahren zur Bewertung von Gesundheitspolitiken. Das Beispiel des Bayern-Vertrages. Sozialer Fortschritt, 60–65

Sculpher, M. J., Pang, F. S., Manca, A., Drummond, M. F., Golder, S., Urdahl, H. u. a. (2004): Generalisability in economic evaluation studies in healthcare: A review and case studies. Health Technology Assessment 8, 49

Sendi, P., Al, M. J., Gafni, A. u. a. (2003): Optimizing a portfolio of health care programs in the presence of uncertainty and constrained resources. Social, Science and Medicine 57, 2207–2215

Sendi, P., Briggs, A. H. (2001): Affordability and cost-effectiveness: Decision-making on the cost-effectiveness plane. Health Economics 10, 675–680

Sendi, P., Gafni, A., Birch, S. (2002): Opportunity cost and uncertainty in the economic evaluation of health care interventions. Health Economics 11, 23–31

Shepard, D. S., Zeckhauser, R. J. (1981): Life-cycle consumption and willingness-to-pay for increased survival. In: Jones-Lee, M. W. (Hrsg.): The value of life and safety. Amsterdam u. a., 95–141

Shiell, A., Donaldson, C., Mitton, C., Currie, G. (2002): Health economic evaluation. Journal of Epidemiology and Community Health 56, 85–88

Siebert, U. (2003): When should decision-analytic modeling be used in the economic evaluation of health care? European Journal of Health Economics 4, 143–150

Siebert, U., Behrend, C. Mühlberger, N., Wasem, J., Greiner, W., Schulenburg, J.-M. Graf v. d., Welte, R., Leidl, R. (1999): Entwicklung einer Kriterienliste zur Beschreibung und Bewertung ökonomischer Evaluationsstudien in Deutschland. In: Leidl, R., Schulenburg, J.-M. Graf v. d., Wasem, J. (Hrsg.): Ansätze und Methoden der ökonomischen Evaluation – eine internationale Perspektive. Baden-Baden, 156–170

Siebert, U., Behrend, C., Mühlberger, N., Wasem, J. (1999): Medizinische und gesundheitsökonomische Evidenz des PSA-Screenings beim Prostatakarzinom. Systematischer Review im Rahmen von Health Technology Assessment in Deutschland. Das Gesundheitswesen 61, A184.

Siebert, U., Mühlberger, N., Behrend, C., Wasem, J. (1999): Instrumentarium zur Evaluation und systematischen Berichterstattung gesundheitsökonomischer Studien im Rahmen von Technology Assessment for Health Care. Das Gesundheitswesen 61, A184–A185

Sison, C. P., Glaz, J. (1995): Simultaneous confidence intervals and sample size determination for multinomial proportions. Journal of the American Statistical Association 90, 429, 366–369

Slevin, M. L., Plant, H., Lynch, D. u. a. (1988): Who should measure quality of life, the doctor or the patient? British Journal of Cancer 57, 109–112

Sloan, F. A. (1995): Valuing health care, costs, benefits, and effectiveness of pharmaceuticals and other medical technologies. Cambridge, New York, Melbourne

Smith, D. H., Gravelle, H. (2001): The practice of discounting in economic evaluations of healthcare interventions. International Journal of Technology Assessment in Health Care 17, 2, 236–243

Smith, T. J., Hillner, B. E., Desch, C. E. (1993): Efficacy and cost-effectiveness of cancer treatment: Rational allocation of resources based on decision analysis. Journal of the National Cancer Institute 85, 18, 1460–1474

Sonnenberg, F. A., Beck, J. R. (1993): Markov model in medical decision making: A practical guide. Medical Decision Making 13, 322–338

Souetre, E. J. u. a. (1994): Methodological approaches to pharmaco-economics. Fundamental Clinical Pharmacology 8, 101–107

Spilker, B. (1996): Quality of life and pharmaeconomics in clinical trials. Philadelphia

Spitzer, W. O., Dobson, A. J., Hall, J. u. a. (1981): Measuring the quality of life of cancer patients. A concise QL-Index for use by physicians. Journal of Chronic Diseases 34, 585–597

Stapff, M. (1998): Arzneimittelstudien. München

Stephenson, B. J., Rowe, B. H., Haynes, R. B., Macharia, W. M., Leon, G. (1993): Is this patient taking the treatment as prescribed? Journal of American Medical Association 269, 2779–2781

Stevens, A., Milne, R. (2004): Health technology assessment in England and Wales. Int J Technol Assess Health Care 20, 1, 11–24

Stewart, A. L., Ware, J. E. (1992): Measuring functionning and well-being. The medical outcomes study approach. Durham, London

Stich, B. I. (2004): Das QALY-Konzept: Ein geeignetes Instrument zur Optimierung der Ressourcenallokation. Unveröffentlichte Diplomarbeit, Universität Erlangen-Nürnberg, Lehrstuhl für Gesundheitsmanagement

Stillfried, D. v. (1995): Pharmakoökonomie als Entscheidungshilfe in der Arzneimittelversorgung. Die Ersatzkasse, 8, 298–307

Stillfried, D. v., Glaeske, G. (1998): Ökonomische Evaluationen der medizinischen Versorgung – Standortbestimmung aus Sicht der BARMER Ersatzkasse. In: Schöffski, O., Glaser, P., Schulenburg, J.-M. Graf v. d. (Hrsg.): Gesundheitsökonomische Evaluationen. Grundlagen und Standortbestimmung. Berlin, Heidelberg, New York, 285–306

Stradling, J. R., Davies, R. J. O. (1997): The unacceptable face of evidence-based medicine. Journal Evaluation of Clinical Practice 3, 99–103

Sträter, B., Ambrosius, M. (2006): Rechtliche Rahmenbedingungen. In: de la Haye, R., Herbold, M. (Hrsg.): Anwendungsbeobachtungen. Aulendorf, 13–29

Szucs, T. D. (1997): Medizinische Ökonomie. Eine Einführung. München

Szucs, T. D. (1999): Influenza – The role of burden-of-illness research. PharmacoEonomics 16, Suppl. 1, 27–32

Tarlov, A. R., Ware, J. E., Greenfield, S. u. a. (1983): The medical outcomes study: An application of methods for monitoring the results of medical care. Journal of the American Medical Association 262, 925-932

Task Force on Principles for Economic Analysis of Health Care Technology (1995): Economic analysis of health care technology. A report on principles. Annuals of Internal Medicine 122, 61–70

Teeling Smith, G. (1989): QALYs and qualms. Update, S. 11

Tengs, T. O., Adams, M. E., Pliskin, J. S. u. a. (1995): Five-hundred life-saving interventions and their cost-effectiveness. Risk Analysis 15, 3, 369–390

Thiemeyer, T. (1975): Soziale „Selbstverwaltung" unter ökonomischem Aspekt. Zeitschrift für Sozialreform, 9, 539–559

Thomas, M. R., Lyttle, D. (1980): Patient expectations about success of treatment and reported relief from low back pain. Journal of Psychosomatic Research 24, 297–301

Thomson, L., Krebs, C. J. (1997): A review of statistical power analysis software. Bulletin of the Ecological Society of America 78, 2, 128–139

Torrance, G. W. (1984): Health states worse than death. In: Eimeren, W. v., Engelbrecht, R., Flagle, C. D. (Hrsg.): Third conference on system science in health care. Berlin, 1085–1089

Torrance, G. W. (1986): Measurement of health state utilities for economic appraisal. A review. Journal of Health Economics 5, 1–30

Torrance, G. W. (1987): Utility approach to measuring health-related quality of life. Journal of Chronic Diseases 40, 6, 593–600

Torrance, G. W., Boyle, M. H., Horwood, S. P. (1982): Application of multi-attribute utility theory to measure social preferences for health states. Operations Resaerch 30, 6, 1043–1069

Torrance, G. W., Feeny, D. H., Furlong, W. J. u. a. (1996): Multi-attribute preference functions for a comprehensive health status classification system: Health utilities index mark 2. Medical Care 34, 7, 702–722

Torrance, G. W., Siegel, J. E., Luce, B. R. (1996): Framing and designing the cost-effectiveness analysis. In: Gold, M. R., Siegel, J. E., Russell, L. B. u. a. (Hrsg.): Cost-effectiveness in health and medicine. New York, 54–81

Towse, A., Pritchard, C. (2002): Does NICE have a threshold? An external view. In: Towse, A., Pritchard, C., Devlin, N. (Hrsg.): Cost-effectiveness thresholds: Economic and ethical issues. London, 25–30

Towse, A., Pritchard, C. (2002): National Institute for Clinical Excellence (NICE): Is economic appraisal working? PharmacoEconomics 20, 3, 95–105

Towse, A., Pritchard, C., Devlin, N. (Hrsg.) (2002): Cost-Effectiveness thresholds: Economic and ethical issues, London

Trampisch, H. J., Windeler, J. (1997): Medizinische Statistik. Berlin, Heidelberg, New - York

Tröhler, U. (1988): To improve the evidence of medicine: Arithmetic observation in clinical medicine in the eighteenth and early nineteenth centuries. History and Philosophy of the Life Sciences 10 (Supplement), 31–40

Trueman, P., Drummond, M., Hutton, J. (2001): Developing guidance for budget impact analysis. Pharmacoeconomics 19, 6, 609–621

Tsuchiya, A., Brazier, J., Roberts, J. (2006): Comparison of valuation methods used to generate the EQ-5D and the SF-6D value sets. J-Health-Econ 25, 2, 334–346

Tunis, S. R., Stryer, D. B., Clancy, C. M. (2003): Practical clinical trials – Increasing the value of clinical research for decision making in clinical and health policy. JAMA 290, 1624–1632

Tymstra, T., Andela, M. (1993): Opinions of Dutch physicians, nurses, and citizens on health care policy, rationing, and technology. Journal of the American Medical Association 270, 2995–2999

U.S. EPA (Hrsg.) (2001): Cost of illness handbook. Prepared by Abt Associates, Inc., for the U.S. Environmental Protection Agency, Office of Pollution Prevention and Toxics (http://www.epa.gov/opptintr/coi_handbook)

Ubel, P. A., Loewenstein, G., Scanlon, D., Kamlet, M. (1996): Individual utilities are inconsistent with rationing choices: A partial explanation of why Oregon's cost-effectiveness list failed. Medical Decision-Making 16, 2, 108–116

Udvarhelyi, I. S., Colditz, G. A., Rai, A., Epstein, A. M. (1992): Cost-effectiveness and cost-benefit analysis in the medical literature: Are methods being used correctly? Annals of Internal Medicine 116, 238–244

Vauth, C., Englert, H., Fischer, T., Kulp, W., Greiner, W., Willich, S. N., Stroever, B., Schulenburg, J. M. Graf v. d. (2005): Sonographische Diagnostik beim akuten Abdomen bei Kindern und Erwachsenen, DAHTA-Datenbank (DAHTA), Bericht-Nr. DAHTA015 (abrufbar über http://gripsdb.dimdi.de/de/hta/hta_berichte/hta084_bericht_de.pdf)
Velasco-Garrido, M., Busse, R. (2005): Health technology assessment – An introduction of objective, role of evidence, and structure in Europe, European Observatory on Health Systems and Policies. Brüssel
Victor, C. R. (1983): Survey of the elderly after discharge from hospital in Wales – The long report. St. David's Hospital, Cardiff
Victor, N., Schäfer, H., Nowak, H., Bethge, H., Ferber, L. v., Fimmers, R., Fink, H., Glaeske, G., Hasford, J., Kallischnigg, G., Kimbel, K. H., Kretschmer, F.-J., Lasek, R., Letzel, H., Weber, E. (1991): Arzneimittelforschung nach der Zulassung. Bestandsaufnahmen und Perspektiven. Heidelberg, New York
Visick, A. H. (1948): A study of failures after gastrectomy: Hunterian lecture. Annals of the Royal Collage of Surgeons of England 3, 266–284
Volmer, T., Kielhorn, A. (1998): Compliance und Gesundheitsökonomie. In: Petermann, F. (Hrsg.): Compliance und Selbstmanagement. Göttingen, 45–72

Walker, S. R. (1988): Quality of life – Principles and methodology. In: Eimeren, W. v., Horisberger, B. (Hrsg.): Socioeconomic evaluation of drug therapy. Berlin u. a., 151–165
Walker, S. R., Rosser, R. M. (Hrsg.) (1993): Quality of life assessment, Key issues in the 1990s. Lancaster
Walter, U., Paris, W. (Hrsg.) (1996): Public health. Meran
Ware, J. E. (1987): Standards for validating health measures: Definition and content. Journal of Chronic Diseases 40, 6, 473–480
Ware, J. E. (1993): SF-36 health survey: Manual survey: Manual and interpretation guide. Boston
Ware, J. E., Brook, R. H., Davies, A. R., Lohr, K. N. (1981): Choosing measures of health status for individuals in general populations. American Journal of Public Health 71, 6, 620–625
Ware, J. E., Gandek, B. (1998): Overview of the SF-36 Health Survey and the International Quality of Life Assessment (IQOLA) project. Journal of Clinical Epidemiology 51, 11, 903–912
Ware, J. E., Gandek, B., Kosinski, M., Aaronson, N. K., Apolone, G., Brazier, J., Bullinger, M., Kaasa, S., Leplége, A., Prieto, L., Sullivan, M., Thunedborg, K. (1998): The equivalence of SF-36 summary health scores estimated using standard and country-specific algorithms in 10 countries: Results from the IQOLA project. Journal of Clinical Epidemiology 51, 11, 1167–1170
Ware, J. E., Kosinski, M., Dewey, J. E., Gandek, B. (1999): How to score and interpret single-item health status measures: A manual for users of the SF-8 Health Survey (Manual)
Ware, J. E., Kosinski, M., Gandek, B., Aaronson, M., Apolone, G., Bech, P., Brazier, J., Bullinger, M., Kaasa, S., Leplége, A., Prieto, L., Sullivan, M. (1998): The factor structure fo the SF-36 Health Survey in 10 countries: Results from the IQOLA project. Journal of Clinical Epidemiology 51, 11, 1159–1165
Ware, J. E., Snow, K. K., Kosinski, M., Gandek, B. (1993): SF-36 Health Survey. Manual and interpretation guide. Boston
Warner, K. E., Luce, B. R. (1982): Cost-benefit and cost-effectiveness analysis in health care. Michigan

Wasem, J. (1997): Möglichkeiten und Grenzen der Verwendung von QALY-League-Tables bei der Allokation von Ressourcen im Gesundheitswesen. Arbeit und Sozialpolitik, 1–2, 12–20

Wasem, J., Hessel, F., Kerim-Sade, C. (2001): Methoden zur vergleichenden ökonomischen Evaluation von Therapien und zur rationalen Ressourcenallokation über Bereiche des Gesundheitswesens hinweg. Einführung, Vorteile, Risiken. Psychiatrische Praxis 28, Sonderheft 1, 12–20

Weeks, J., Tierney, M. R., Weinstein, M. C. (1991): Cost-effectiveness of prophylactic intravenous immune globulin in chronic lymphocytic leukemia. New England Journal of Medicine 325, 81–86

Weinstein M.C., O'Brien B., Hornberger J., Jackson J., Johannesson M., McCabe C. u. a. (2003): Principles of good practice for decision analytic modeling in health-care evaluation: Report of the ISPOR task force on good research practices-modeling studies. Value in Health 6, 1, 9–17

Weinstein, M. C. (1990): Principles of cost-effective resource allocation in health care organisations. International Journal of Technology Assessment in Health Care 6, 93–103

Weinstein, M. C. (1995): From cost-effectiveness ratios to resource allocation: Where to draw the line? In: Sloan, F. A. (Hrsg.): Valuing health care: Costs, benefits, and effectiveness of pharmaceuticals and other medical technologies. Cambridge, 77–97

Weinstein, M. C. (1999): High-priced technology can be good value for money. Ann Intern Med 18, 130, 10, 857–858

Weinstein, M. C., Fineberg, H. V., Elstein, A. S., Frazier, H. S., Neuhauser, D., Neutra, R. R., McNeil, B. J. (1980): Clinical decision analysis. Philadelphia

Weinstein, M. C., O'Brien, B., Hornberger, J., Jackson, J., Johannesson, M., McCabe, C. u. a. (2003): Principles of good practice for decision analytic modeling in health-care evaluation: Report of the ISPOR task force on good research practices-modeling studies. Value in Health 6, 1, 9–17

Weinstein, M. C., Shepard, D. S., Pliskin, J. S. (1980): The economic value of changing mortality probabilities: A decision-theoretic approach. Quarterly Journal of Economics 94, 373–396

Weinstein, M. C., Stason, W. B. (1977): Foundations of cost-effectiveness analysis for health and medicine practice. The New England Journal of Medicine 296, 716–721

Weinstein, M., Zeckhauser, R. (1973): Critical ratios and efficient allocation. Journal of Public Economics 2, 147–157

Wellek, S. (1994): Statistische Methoden zum Nachweis von Äquivalenz. Stuttgart

Welte, R., Feenstra, T., Jager, H., Leidl, R. (2004): A decision chart for assessing and improving the transferability of economic evaluation results between countries. Pharmacoeconomics 22, 13, 857–876

Welte, R., Leidl, R. (1999): Übertragung der Ergebnisse ökonomischer Evaluationsstudien aus dem Ausland auf Deutschland – Probleme und Lösungsansätze. In: Leidl, R., Schulenburg, J.-M. Graf v. d., Wasem, J. (Hrsg.): Ansätze und Methoden der ökonomischen Evaluation – Eine internationale Perspektive. Baden-Baden, 171–202

Westhoff, G. (1993): Handbuch psychosozialer Meßinstrumente. Göttingen

Wettwer, B. (1996): Punkt erreicht. Wieviel ist ein Menschenleben wert? 1,8 Millionen Mark, sagen britische Ökonomen. Wirtschaftswoche, 15, 28

Whitehead, J. (1993): Sample size calculations for ordered categorical data. Statistics in Medicine, 12, 2257–2271

WHOQOL Group (1995): The World Health Organization Quality of Life Assessment (WHOQOL): Positionpaper from the World Health Organization. Social Science and Medicine 41, 1403–1409

Wilke, R. J. (2003): Tailor-made or off-the-rack? The problem of transferability of health economic data. Pharmacoeconomics and Outcomes Research 3, 1, 1–4

Wille, E. (1996): Anliegen und Charakteristika einer Kosten-Nutzen-Analyse. In: Schulenburg, J.-M. Graf v. d. (Hrsg.): Ökonomie in der Medizin. Stuttgart, New York, 1–16

Williams, A. (1974): The cost-benefit approach. British Medical Bulletin 30, 3, 252–256

Williams, A. (1997): Intergenerational equity: an exploration of the ‚fair innings' argument. Health Economics 6, 117–132

Williams, A., Cookson, R. (2000): Equity in health. In: Culyer, A. J., Newhouse, J. P. (Hrsg.): Handbook of health economics. North Holland, 1863–1906

Willke, R. J., Glick, H. A., Polsky, D., Schulman, K. (1998): Estimating country-specific cost-effectiveness from multinational clinical trials. Health Economics 7, 481–493

Winer, B. J., Brown, D. R., Michels, K. M. (1991): Statistical principles in experimental design, 3. Auflage. New York

Wonder, M. J., Neville, A. M., Parsons, R. (2006): Are Australians able to access new medicines on the pharmaceutical benefits scheme in a more or less timely manner? An analysis of Pharmaceutical Benefits Advisory Committee recommendations, 1999-2003. Value in Health 9, 4, 205–212

World Health Organisation (WHO) (1948): Constitution of the World Health Organisation. In: WHO (Hrsg.): Basic documents. Genf

World Health Organization (WHO) (2002): The world health report 2002. Genf

World Health Organization (WHO), Commission on Macroeconomics and Health. Macroeconomics and Health (2001): Investing in health for economic development. Genf

Worthen, D. M. (1979): Patient compliance and the „usefulness product" of timolol. Survey of Ophthalmology 23, 403–406

Zentner A., Velasco-Garrido M., Busse R. (2005): Methoden zur vergleichenden Bewertung pharmazeutischer Produkte. Bericht Nr. 122

Zentrale Kommission zur Wahrung ethischer Grundsätze in der Medizin und ihren Grenzgebieten (Zentrale Ethikkommission) (2000): Prioritäten in der medizinischen Versorgung im System der Gesetzlichen Krankenversicherung (GKV): Müssen und können wir uns entscheiden? Deutsches Ärzteblatt 97, 15, 1017–1023

Zöllner, D. (1965): Die Ökonomie in der Versorgung mit Gesundheitsleistungen. Schmollers Jahrbuch für Gesetzgebung, Verwaltung und Volkswirtschaft, 171–198

Zweifel, P., Zysset-Pedroni, G. (1992): Was ist Gesundheit und wie läßt sie sich messen? In: Andersen, H. H., Henke, K.-D., Schulenburg, J.-M. Graf v. d. (Hrsg.): Basiswissen Gesundheitsökonomie. Band 1: Einführende Texte. Berlin, 39–62

Stichwortverzeichnis

Autorenverzeichnis

Bierbaum, Martin, Dipl.-Kfm.
Lehrstuhl für Gesundheitsmanagement
Friedrich-Alexander-Universität Erlangen-Nürnberg
Lange Gasse 20, 90403 Nürnberg

Bullinger, Monika, Prof. Dr. phil., Dipl. Psych.
Institut und Poliklinik für Medizinische Psychologie
Zentrum für Psychosoziale Medizin
Universitätsklinikum Hamburg-Eppendorf
Martinistr. 52, 20246 Hamburg

Claes, Christa, Dipl.-Ökon.
Forschungsstelle für Gesundheitsökonomie und Gesundheitssystemforschung
Leibniz Universität Hannover
Königsworther Platz 1, 30167 Hannover

Emmert, Martin, Dipl.-Kfm.
Lehrstuhl für Gesundheitsmanagement
Friedrich-Alexander-Universität Erlangen-Nürnberg
Lange Gasse 20, 90403 Nürnberg

Fricke, Frank-Ulrich, Dr. rer. pol., Dipl. Kfm.
Fricke & Pirk GmbH, Member of the IMS Health Group
Hefnersplatz 10, 90402 Nürnberg

Greiner, Wolfgang, Prof. Dr. rer. pol., Dipl.-Ökon.
Gesundheitsökonomie und Gesundheitsmanagement
Fakultät für Gesundheitswissenschaften
Universität Bielefeld
Universitätsstraße 25, 33615 Bielefeld

Kersting, Wolfgang, Prof. Dr. phil.
Philosophisches Seminar
Christian-Albrechts-Universität Kiel
Olshausenstr. 40, 24098 Kiel

Kulp, Werner, Apotheker
Forschungsstelle für Gesundheitsökonomie und Gesundheitssystemforschung
Leibniz Universität Hannover
Königsworther Platz 1, 30167 Hannover

Morfeld, Matthias, Dr. PH, Dipl. Soz., MPH
Institut und Poliklinik für Medizinische Psychologie
Zentrum für Psychosoziale Medizin
Universitätsklinikum Hamburg-Eppendorf
Martinistr. 52, S 35, 20246 Hamburg

Mühlberger, Nikolai, Dr., MPH
Institut für Public Health, Medical Decision Making and HTA
Private Universität für Gesundheitswissenschaften, Medizinische Informatik
und Technik
Eduard Wallnöfer-Zentrum 1, 6060 Hall i. T., Österreich

Pirk, Olaf, Dr. med.
Fricke & Pirk GmbH, Member of the IMS Health Group
Hefnersplatz 10, 90402 Nürnberg

Schöffski, Oliver, Prof. Dr. rer. pol., Dipl.-Ökon., MPH
Lehrstuhl für Gesundheitsmanagement
Friedrich-Alexander-Universität Erlangen-Nürnberg
Lange Gasse 20, 90403 Nürnberg

Schulenburg, J.-Matthias Graf v. d., Prof. Dr. rer. pol., Dipl. Volksw.
Forschungsstelle für Gesundheitsökonomie und Gesundheitssystemforschung
Leibniz Universität Hannover
Königsworther Platz 1, 30167 Hannover

Schumann, André, Dipl.-Hdl.
Institut für Betriebswirtschaftslehre des öffentlichen Bereichs und Gesund-
heitswesens
Universität der Bundeswehr München
Werner-Heisenberg-Weg 36, 85577 Neubiberg

Siebert, Uwe, Prof. Dr., MPH, MSc
Institut für Public Health, Medical Decision Making and HTA
Private Universität für Gesundheitswissenschaften, Medizinische Informatik
und Technik
Eduard Wallnöfer-Zentrum 1, 6060 Hall i. T., Österreich

Sohn, Stefan, Dipl.-Inf.
   Lehrstuhl für Gesundheitsmanagement
   Friedrich-Alexander-Universität Erlangen-Nürnberg
   Lange Gasse 20, 90403 Nürnberg

Lightning Source UK Ltd.
Milton Keynes UK
UKOW010613170911

178715UK00003B/8/P